1921-2021
厦门大学
XIAMEN UNIVERSITY

厦门大学百年校庆系列出版物

校史资料汇编与学生名录系列

厦门大学校史资料选编

（1992—2017）

第十册（2017）

主编：石慧霞　连　念

厦门大学出版社 XIAMEN UNIVERSITY PRESS
国家一级出版社
全国百佳图书出版单位

《厦门大学校史资料选编（1992—2017）》编纂组

组　长：石慧霞　连　念

成　员（以姓氏笔画为序）：

毛春红　石慧霞　刘珊珊　吴爱华　连　念　张璐阳

林秀莲　曾晓秋　蔡秋才　薛小勤　魏　昊

执行编辑：

1992—1994 年：曾晓秋　连　念　张璐阳　吴爱华

1995—1997 年：张璐阳　连　念　吴爱华

1998—1999 年：毛春红　魏　昊　连　念　张璐阳　吴爱华

2000—2002 年：吴爱华　连　念　张璐阳　魏　昊

2003—2004 年：蔡秋才　连　念　张璐阳　吴爱华　魏　昊

2005 年：薛小勤　连　念　张璐阳　吴爱华　魏　昊

2006—2008 年：毛春红　连　念　张璐阳　吴爱华　魏　昊　林秀莲　董健岚

2009—2010 年：薛小勤　连　念　张璐阳　吴爱华　魏　昊

2011 年：蔡秋才　连　念　张璐阳　吴爱华　魏　昊

2012 年：连　念　吴爱华　张璐阳　魏　昊

2013—2015 年：刘珊珊　连　念　张璐阳　吴爱华　魏　昊

2016—2017 年：连　念　吴爱华　张璐阳　魏　昊

总　序

厦门大学　党委书记　张　彦
校　　长　张　荣

2021年4月6日，厦门大学百年华诞。百载风雨，十秩辉煌，这是厦门大学发展的里程碑，继往开来的新起点。全校师生员工和海内外校友满怀深情地期盼这一荣耀时刻的到来。

为迎接百年校庆，学校在三年前就启动了“百年校庆系列出版工程”的筹备工作，专门成立“厦门大学百年校庆系列出版物编委会”，加强领导，统一部署。各院系、部门通力合作，众多专家学者和相关单位的工作人员全身心地参与到这项工作之中。同志们满怀高度的责任感和紧迫感，以“提升质量，确保进度，打造精品”为目标，争分夺秒，全力以赴，使这项出版工程得以快速顺利地进行。在这个重要的历史时刻，总结厦大百年奋斗历史，阐扬百年厦大“四种精神”，抒写厦大为伟大祖国所做出的突出贡献，激发厦大人的自豪感和使命感，无疑是献给百岁厦大最好的生日礼物。

“百年校庆系列出版工程”包括组织编撰百年校史、百年组织机构史、百年院系史、百年精神文化、百年学术论著选刊、校史资料与学生名录……有多个系列近150种图书将与广大读者见面。从图书规模、涉及领域、参编人员等角度看，此项出版工程极为浩大。这些出版物的问世，将为学校留下大量珍贵的历史资料，为学校深入开展校史教育提供丰富生动的素材，也将为弘扬厦门大学“自强不息，止于至善”校训精神注入时代的新鲜血液，帮助人们透过“中国最美大学校园”的山海空间和历史回响，更加清晰地理解厦门大学在中国发展进程中发挥的独特作用、扮演的重要角色，领略“南方之强”的文化与精神魅力。

百年校庆系列出版物将多方呈现百年厦大的精彩历史画卷。这些凝聚全校师生员工心血的出版物，让我们感受到厦大人弦歌不辍的精神风貌。图文并茂的《厦门大学百年校史》，穿越历史长廊，带领我们聆听厦大不平凡百年岁月的历史足音。《为吾国放一异彩——厦门大学与伟大祖国》浓墨重彩地记述厦门大学与全国34个省级行政区以及福建省九市一区一县血浓于水的校地情缘，从中可以读出厦门大学在中华民族伟大复兴征程中留下的深深烙印。参与面最广的“厦门大学百年院系史系列”、《厦门大学百年组织机构史》，共有30多个学院和直属单位参与编写，通过对厦门大学各学院和组织机构发展脉络、演变轨迹的细致梳理，深入介绍厦门大学的党建工作、学科建设、人才培养、组织管理、社会服务等方面的发展历程，展示办学成就，彰显办学特色。《厦门大学校史资料选编（1992—2017）》和《南强之星——厦门大学学生名录（2010—2019）》，连同已经出版的同类史料，将较完整、翔实地展现学校发展轨迹，记录下每位厦大学子的荣耀。“厦门大学百年精神文化系列”涵盖人物传记和校园风采两大主题，其中《陈嘉庚传》在搜集大量史料的基础上，以时代精神和崭新视角，生动展现了校主陈嘉庚先生的丰功伟绩。此次推出《林文庆传》《萨本栋传》《汪德耀传》《王亚南传》四部厦门大学老校长传记，是对他们为厦大发展所做出的突出贡献的深切缅怀。厦大校友、红军会计制度创始人、中国共产党金融事业奠基人之一高捷成的传记《我的祖父高捷成》，则是首次全面地介绍这位为中国人民解放事业做出杰出贡献的烈士的事迹。新版《陈景润传》，把这位“最美奋斗者”、“感动中国人物”、令厦大人骄傲的杰出校友、世界著名数学家不平凡的人生再次展现在我们眼前。抒写校园风采的《厦门大学百年建筑》、《厦门大学餐饮百年》、《建南大舞台》、《芙蓉园里尽芳菲》、《我的厦大老师》（百年华诞纪念专辑）、《创新创业厦大人2》、《志愿之光》、《让建南钟声传响大山深处》、《我的厦大范儿》以及潘维廉的《我在厦大三十年》等，都从不同的角度，引领我们去品读厦门大学的真正内涵，感受厦门大学浓郁的人文精神和科学精神。

此次出版的"厦门大学百年学术论著选刊"，由专家学者精选，重刊一批厦大已故著名学者在校工作期间完成的、具有重要价值的学术论著（包括讲义、未刊印的论著稿本等），目的在于反映和宣传厦门大学百年来的学术成就和贡献，挖掘百年来厦门大学丰厚的历史积淀和传统资源，展示厦门大学的学术底蕴，重建"厦大学派"，为学校"双一流"建设提供学术传统的支撑。学校将把这项工作列入长期规划，在百年校庆时出版第一辑共40种，今后还将陆续出版。

"自强！自强！学海何洋洋！"100年前，陈嘉庚先生于民族危难之际，抱着"教育为立国之本，兴学乃国民天职"的信念，创办了厦门大学这所中国历史上第一所由华侨独资建设的大学。100年来，厦大人秉承"研究高深学术，养成专门人才，阐扬世界文化"的办学宗旨，在实现中华民族伟大复兴的征程上书写自己的精彩篇章。我们相信，当百年校庆的欢庆浪潮归于平静时，这些出版物将会是一串串熠熠生辉的耀眼珍珠，成为记录厦门大学百年奋斗之旅的永恒坐标，成为流淌在人们心中的美好记忆，并将不断激励我们不忘初心继承传统，牢记使命乘风破浪，向着中国特色世界一流大学目标奋勇前行！

张彦 张荣

2020年12月

编纂说明

一、为回顾厦门大学发展历史，总结办学经验，继承发扬优良传统，更好利用档案史料，1987—1996年，厦门大学先后编纂出版《厦大校史资料》9辑，收录1921—1991年间的校史资料。2021年，厦门大学迎来百年华诞，根据百年校庆系列出版物编委会工作安排，档案馆承担《厦门大学校史资料选编(1992—2017)》丛书(以下简称丛书)的编纂工作。

二、丛书收录校史资料起止时间:1992年1月1日至2017年12月31日。

三、丛书主要内容包括厦门大学党委书记、校长的重要讲话稿，上级机关、领导贺信、贺电，学校党建、思想政治、教学、科研、管理与服务工作等方面的规章、制度、办法等，党代会、工会、教代会等重要会议的重要报告，全校性的工作规划、计划、总结，重大工作的实施方案，重要专题报告等。所选文献主要来源于厦门大学档案馆馆藏档案，包括《厦门大学报》部分文章。

四、丛书按照年度—主题的编排体例。收录校史资料以年度为序，各年度内容分特载、专文、党建与思想政治工作、教学与科研工作、管理与服务工作五大主题。由于各年度选录校史资料数存在差异，丛书根据年度材料多寡适当分册编排。

五、丛书是档案文献出版物，因收录时间跨度较长，其间一些文献的行文用语、称谓、时间、标点符号、层次序号、行文格式等与最新公文、图书出版标准存在不一致，为反映历史原貌，收录文献一般按原文照录原则处理;文献中明显的漏字、错别字等，则直接改正;有些文献根据图书出版规范重新拟写了标题。

六、丛书对部分涉及人名、个人电话号码、邮箱等个人隐私或其他不宜公开的内容做了删节。

七、丛书因保密、书稿篇幅限制等原因，所收录校史资料不尽齐全;丛书收录的规章、制度、办法等是档案文件的，其执行范围、时效等解释权归文件形成部门。

八、丛书于2019年5月立项:百年校庆系列出版物编委会审定丛书编纂原则;邓朝晖副校长就编纂原则、编排体例、审稿、出版等都给予悉心指导;编纂组成员多次开会研究落实编纂原则、编排体例，分工合作通读十余万份馆藏档案资料，认真挑选出2000多份史料，按档案文献编纂出版要求进行文稿录入和编辑加工;文件形成部门对其部门入选文件进行会稿确认;校保密办就史料出版进行保密审查;学校办公室积极参与"专文"部分的选编工作。在此，谨对各级领导的关心指导，对相关职能部门的大力支持，对出版社的细致审校，一并致以最衷心的感谢。

九、因编者水平有限，丛书疏漏、不当之处在所难免，敬请读者批评指正。

《厦门大学校史资料选编(1992—2017)》编纂组

2021年2月

目 录

2017年

特 载

专 文

党建与思想政治工作

教学与科研工作

管理与服务工作

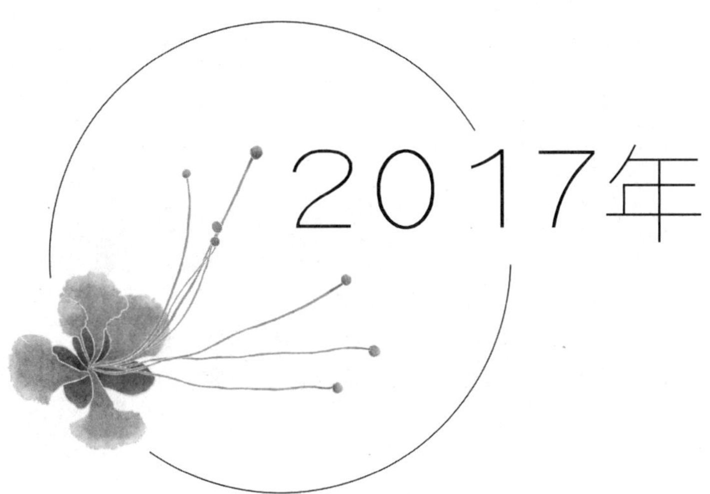

2017年

· 特　载 ·

成绩来之不易　使命照亮前程

——2017 年新年献词

（2017 年 1 月 6 日）

校党委书记　张　彦　校长　朱崇实

亲爱的老师们、同学们，海内外的校友们、朋友们：

2016 年即将过去，2017 年就要到来。在这个辞旧迎新的美好时刻，我们谨代表校党委、校行政向全校师生员工和海内外校友，向关心和支持厦门大学事业发展的社会各界朋友，致以诚挚的问候和美好的祝福！祝愿大家在新的一年里身体健康、工作顺利、阖家幸福、万事如意！

2016 年，是厦门大学历史上具有特殊意义的一年，我们成功举办了建校 95 周年庆祝活动，广泛凝聚了海内外师生校友的力量，极大推动了学校事业向前发展；我们隆重庆祝中国共产党成立 95 周年，全面纪念福建省第一个党组织中共厦门大学支部建立 90 周年，重温了党的光辉历史，弘扬了学校的革命传统，汲取了奋进力量；面对“莫兰蒂”特大强台风的灾害，我们众志成城、奋力拼搏，夺取了抗击台风及灾后恢复的胜利，凝聚起了团结向上的强大正能量。

过去的一年，也是学校“十三五”规划的开局之年。我们深入学习贯彻党的十八届六中全会精神，认真学习领会习近平总书记系列重要讲话精神和治国理政新理念新思想新战略，扎实开展“两学一做”学习教育，推进思想建党、制度治党，将全面从严治党推向了一个新的高度。我们坚持立德树人，推进思想政治工作落地生根，高奏爱校荣校、改革创新、团结合作、包容共享的校园主旋律，校园文化建设欣欣向荣、蓬勃向上；我们落实“四个全面”战略布局和五大发展理念，深化综合改革，进一步推进内涵发展、提高教育质量，学校各项事业实现新的发展。我们的工作得到了上级领导和社会各界的大力关心与支持，为学校改革发展事业创造了有利的内外部环境。

过去的一年，厦门大学捷报频传、态势喜人。我们深化人才培养模式和教育教学改革，成功承办联合国教科文组织 IQA 年会和第九届全国大学生创新创业年会，学生创新创业教育成效显著；推进科研管理体制改革，3000 吨级科考船“嘉庚号”正式下水，一批高水平研究成果在世界顶级刊物发表，创新能力明显增强；科学谋划推进“双一流”建设，学科布局日益完善，竞争力不断提升；深化人事分配制度改革，大力实施精准引才行动计划，博士后改革成效显现，一大批优秀人才加入了我们这个大家庭；深化拓展与大型企业、地方政府和兄弟院校的战略合作，落实“九市一区一地一重点”战略，服务新福建建设正在扎实地推进；深化对外交流与合作，厦门大学马来西亚分校正式招生，国际化办学迈出历史性一步；我们不断改善民生，优化办学条件，继续帮助家庭经济困难学生，提高教职工生活待遇，努力解决住房问题……在全校师生员工的共同努力下,学校的办学实力和办学水平不断提升。

这些成绩的取得,离不开全校师生员工的辛勤努力,也离不开离退休老同志和海内外广大校友的鼎力相助,更离不开各级领导和社会各界的关心、支持和帮助。在此,我们再次向全体师生员工、离退休老同志、海内外校友、各级领导和各界朋友表示诚挚感谢!

老师们、同学们、同志们,成绩来之不易,使命照亮前程,在即将到来的2017年,我们要紧密团结在以习近平同志为核心的党中央周围,进一步深入学习贯彻习近平总书记系列重要讲话精神和治国理政新理念新思想新战略,深入贯彻落实全国高校思想政治工作会议精神,不忘初心,牢记使命,敢于担当,开拓进取,以更加饱满的热情和更加昂扬的斗志,坚定不移地推进全面从严治党,努力推进"双一流"建设,不断开创学校事业发展新局面,争取以优异的成绩迎接金砖国家领导人在厦门会晤和党的十九大召开。

2017年,我们还将迎来红红火火的鸡年,鸡鸣天汉晓,燕舞阳春到。新年的钟声就要敲响,一个新的美好的年轮正呈现在我们的面前,让我们以更加昂扬自信的精神状态、更加坚定有力的步伐,在迈向中华民族伟大复兴的征程上,共创厦门大学更加辉煌灿烂的未来!

——本文摘录自《厦门大学报》,2017年1月6日第1184期

中央第三巡视组向厦门大学党委反馈专项巡视情况

（2017 年 6 月 19 日）

根据中央巡视工作领导小组的部署，2017 年 6 月 19 日，中央第三巡视组向厦门大学党委反馈专项巡视情况。中央巡视工作领导小组成员、办公室主任黎晓宏主持召开向厦门大学党委书记张彦的反馈会议，出席向厦门大学党委领导班子反馈专项巡视情况会议，对厦门大学党委主要负责人和党委领导班子抓好巡视整改工作提出要求。中央巡视工作领导小组成员、办公室主任黎晓宏向张彦传达了习近平总书记关于巡视工作的重要讲话精神，中央第三巡视组组长刘维佳代表中央巡视组分别向张彦和厦门大学党委领导班子反馈了专项巡视情况，副组长王新光、赵永旺、王晓光参加反馈会议。张彦主持向领导班子反馈会议并就做好巡视整改工作做表态讲话。

根据中央统一部署，2017 年 3 月 5 日至 2017 年 4 月 30 日，中央第三巡视组对厦门大学党委进行了专项巡视。巡视组认真贯彻中央巡视工作方针，坚定不移深化政治巡视，以“四个意识”为政治标杆，把坚决维护党中央集中统一领导作为根本政治任务，把贯彻“五位一体”总体布局和“四个全面”战略布局作为基本政治要求，突出问题导向，聚焦坚持党的领导、加强党的建设、全面从严治党，突出“关键少数”，查找政治偏差，从严从实开展巡视监督，发现问题、形成震慑，推动改革、促进发展，充分发挥政治“显微镜”、政治“探照灯”作用，发挥标本兼治战略作用。通过广泛开展个别谈话，认真受理群众来信来访，调阅有关文件资料，深入了解情况，顺利完成了巡视任务。中央巡视工作领导小组听取了巡视组的巡视情况汇报，并向中央政治局常委会报告了有关情况。

刘维佳指出，党的十八大以来，厦门大学党委认真传达学习十八大和十八届三中、四中、五中、六中全会以及习近平总书记系列重要讲话精神，努力落实全国高校思想政治工作会议精神，贯彻党的教育方针，党风廉政建设和反腐败工作取得新成效。巡视中，巡视组发现和干部群众反映了一些问题，主要是：“四个意识”不够强，党委领导作用发挥不够，执行党委领导下的校长负责制不到位，办学方向存在偏差，重科研教学轻立德树人，贯彻党的教育方针有差距，对引进人才把关不严，落实意识形态工作责任制不力。党的建设薄弱，党内政治生活不严肃，基层党建工作力度层层递减，选人用人问题较多。全面从严治党不力，政治担当不够，“两个责任”落实不到位，违反中央八项规定精神问题仍有发生，关键岗位和重点领域廉洁风险突出。同时，巡视组还收到反映一些领导干部的问题线索，已按有关规定转中央纪委、中央组织部等有关方面处理。

刘维佳提出了三点意见建议。一是切实加强党的领导。要增强“四个意识”，认真贯彻落实党的十八大和十八届三中、四中、五中、六中全会精神，贯彻落实“五位一体”总体布局、“四个全面”战略布局和新发展理念，坚定“四个自信”，深入学习贯彻习近平总书记系列重要讲话精神，结合实际贯彻落实全国高校思想政治工作会议精神。要坚持正确办学方向，把党的教育方针真正落到实处。严格落实意识形态工作责任制，加大查处问责力度。坚持和完善党委领导下的校长负责制，加强党委对学校工作的全面领导，严格执行“三重一大”决策制度。二是抓好基层党组织建设。要以上率下，严格执行党内政治生活的各项规定，加强思想政治建设，推进“两学一做”学习教育常态化制度化，把思想政治工作同党的建设工作结合起来，以改革创新精神抓好教工党支部工作。充分发挥党管干部、党管人才作用，严格执行干部选拔任用制度规定。三是认真履行“两个责任”。高度重视关键岗位和重点领域存在的廉洁风险，切实担负起全面从严治党主体责任,对贯彻落实中央八项规定精神实施意见重新梳理。实践运用好"四种形态",加大监督执纪问责力度,认真核查巡视移交的问题线索。坚持以下看上,召开巡视整改专题民主生活会,用好巡视成果,以整改的实际成效迎接党的十九大胜利召开。

黎晓宏对巡视整改提出明确要求,强调巡视是发现问题,整改是解决问题。巡视是政治体检,整改是政治任务。厦门大学党委要增强"四个意识",强化政治责任,针对巡视发现的问题纠正、纠错、纠偏,一件一件抓,把"四个意识"体现在具体行动中。要高度重视中央巡视组反馈的意见,深入分析,深挖病根,精准发力,综合施策,集中整治,既要有当下改的举措,也要有长久立的机制,做到条条要整改、件件有着落。党委书记和班子成员要坚决把自己摆进去,自觉为党担责、为党尽责、为党负责,主动认领责任,带头落实整改,既督任务、督进度、督成效,又查认识、查责任、查作风,做到真认账、真反思、真整改、真负责,确保整改取得扎实成效。对巡视整改情况,要以适当形式向社会公开,接受干部群众监督,中央巡视工作领导小组办公室将适时组织开展监督检查。

张彦表示,这次专项巡视是对厦门大学党委的"政治体检",是对全校党员干部和广大师生的一次深刻的党性党风党纪教育,为学校扎根中国大地办一流大学进一步指明了前进方向,提供了重要遵循。中央第三巡视组指出的问题定位准确、切中要害,提出的整改意见指导性、针对性很强,学校党委完全拥护、诚恳接受、照单全收、坚决整改。将认真贯彻落实习近平总书记关于巡视工作的重要讲话精神,紧紧围绕坚持党的领导、加强党的建设、落实"两个责任"、全面从严治党的根本要求,针对巡视组指出的问题逐条逐项制定整改措施并列出"路线图"和"时间表"。对巡视整改工作主动负责,领导班子成员主动认领问题,以"抓铁有痕、踏石留印"的作风,自觉带头抓整改落实,确保条条改到位、件件有着落、事事有回音,让党中央放心、让师生员工满意。

张彦表示,要继承和弘扬学校光荣革命传统,进一步坚定理想信念,强化政治担当,切实履行管党治党、办学治校的主体责任,不断增强"四个意识",坚决维护以习近平同志为核心的党中央权威,把讲政治的要求真正落到实处。将在巡视整改中见行动,深入贯彻落实全国高校思想政治工作会议精神,坚持社会主义办学方向,落实立德树人根本任务,完善党委领导下的校长负责制,以改革创新精神抓好党建和思想政治工作,坚定不移地把"四个坚持不懈""四个服务"要求贯彻到办学治校、教书育人的全过程。将把巡视整改和推进"两学一做"学习教育常态化制度化结合起来,努力将巡视成果转化为加快推进"双一流"建设的新动力,体现为新时期学校改革发展稳定的新成就,以扎实的整改成效和优异的工作成绩迎接党的十九大胜利召开。

中央第三巡视组有关成员、中央巡视工作领导小组办公室负责同志,中央纪委驻教育部纪检组负责同志、福建省委分管教育工作领导同志、厦门市委分管教育工作领导同志,厦门大学党委领导班子成员出席会议;学校中层正职领导干部,近年来退出领导班子的老同志代表等列席会议。

——本文摘录自《厦门大学年鉴 2018》,厦门大学出版社,2019 年 4 月版

厦门大学思想政治工作会议召开

（2017 年 4 月 20 日）

4 月 20 日，厦门大学召开全校思想政治工作会议，会期一天。会议的目的是统一思想，提高认识，进一步贯彻落实中央关于高校思想政治工作的决策部署，研究讨论学校的具体实施意见，部署当前和今后一段时期学校思想政治工作。校党委书记张彦出席会议并讲话。校长朱崇实主持会议。

张彦代表学校党委以“全面加强和改进思想政治工作，努力办好中国特色社会主义大学”为主题做了讲话。讲话从坚持社会主义办学方向，坚持中国特色，扎根中国大地办世界一流大学的战略高度，从贯彻“四个坚持不懈”“四个服务”要求，坚持马克思主义指导地位，坚持党的领导，坚持改革创新的政治高度，总结了党的十八大以来我校思想政治工作取得的成绩，并结合中央部署和迎接中央巡视过程中的对照检查，聚焦重点深入分析学校思想政治工作面临的新形势新问题，详细阐述新时期加强和改进学校思想政治工作的重大意义、思路举措和工作要求。

张彦在讲话中指出，习近平总书记在全国高校思想政治工作会上的讲话，是党的十八大以来总书记对教育工作的最全面最系统的一次讲话，充分体现了习近平同志的教育思想。贯彻落实好高校思想政治工作会议精神，关键是要学深吃透总书记的重要讲话精神，领会精神实质，把握核心要义。要深刻认识新形势下做好思想政治工作的重大意义，深刻认识坚持社会主义办学方向的原则立场，深刻认识“四个正确认识”和“四个统一”要求，深刻认识改革创新的必要性和紧迫性，深刻认识坚持党对高校领导这一根本保证。要不断强化政治意识、大局意识、核心意识、看齐意识，在政治上思想上行动上自觉与以习近平同志为核心的党中央保持高度一致，把中央的各项决策部署落实到学校改革发展稳定各项工作中，始终坚持正确的办学方向，用思想政治工作的积极成效有力推动学校的“双一流”建设。

张彦在讲话中强调，“十三五”时期是厦门大学深化综合改革、实现第一个“百年目标”的冲刺阶段。全面贯彻落实中央关于高校思想政治工作的总体部署，学校要立足工作实际，准确把握当前思想政治工作面临的形势，找准工作差距，切实增强责任感使命感；要紧紧围绕全面从严治党这条主线，不断开创学校思想政治工作新局面；要强化思想理论教育和价值引领，不断巩固马克思主义的指导地位，发挥课堂教学的主渠道作用，加强马克思主义理论的研究阐释，重视加强教材的建设和管理，掌握意识形态工作主导权；要凝聚弘扬昂扬向上的校园精神，培育和弘扬社会主义核心价值观，引领优良校风学风，坚持以文化人以文育人，倡导良好的学习风气；要推动改革创新，不断提高思想政治工作的针对性实效性，强化网络育人功能，健全实践育人体系，提升服务育人成效，推进共青团和其他群团组织改革；要强化教师的思想教育和引导，健全师德师风建设长效机制，加强思想政治工作队伍和党务工作队伍建设，提升教师思想政治素质，建设高质量高水准的工作队伍；要深化全面从严治党，把党的领导进一步落实到学校各项工作中，坚持和完善党委领导下的校长负责制，发挥基层党委、党总支的政治核心作用，加强党风廉政建设和基层党组织工作。

张彦特别强调，加强和改进思想政治工作是党委的政治责任，要切实履行好党委管党治党、办学治校的主体责任，推动从严治党向基层延伸，在管党治党过程中推动中央关于党建和思想政治工作的各项部署要求落地生根。要提升做好思想政治工作的本领，全面落实全国高校思想政治工作会议精神。要不断强化思想政治工作责任制，推进各项工作任务落细落小落实。要凝聚全员全方位全过程育人的强大合力，形成党委统一领导、党政各部门齐抓共管、分工协作的工作格局。

张彦在讲话中对党员和干部提出要求，深入学习贯彻党的十八届六中全会和全国高校思想政治工作会议精神，深入学习领会习近平总书记关于高等教育的重要论述，认真贯彻教育部党组和福建省委工作部署，按照“四个坚持不懈”“四个服务”要求，以对党负责、对事业负责、对师生负责的态度，全面加强和改进思想政治工作，为老师们静心从教、同学们安心求学营造一个积极向上、和谐稳定的校园环境，为推进“双一流”建设提供坚强保障，扎根中国大地办好中国特色社会主义大学，以优异的成绩迎接党的十九大胜利召开。

学校在前期调研和认真准备的基础上，起草了《中共厦门大学委员会、厦门大学关于加强和改进新形势下思想政治工作的实施意见》(征求意见稿)，提交会议进行讨论。校党委副书记林东伟对文件进行解读，说明文件起草过程、总体框架与主要内容。《实施意见》分为“指导思想和基本原则”“强化思想理论教育和价值引领”“充分发挥哲学社会科学育人功能”“推进思想政治工作改革创新”“加强对课堂教学和各类思想文化阵地的建设管理”“加强队伍建设”“加强和改善党的领导”七个部分。《实施意见》贯彻中央精神，坚持聚焦主要问题，坚持改革创新，明确了加强和改进我校思想政治工作的指导思想、基本原则，提出了 160 多条思路措施，既沿用、改进了学校原来的好办法、老办法，也探索提出了不少新办法、新举措。

参会的中层正职干部分小组进行了学习交流和研讨。之后，马克思主义学院副院长石红梅、药学院党委书记黎永强、管理学院党委副书记洪秋霞、人文学院张侃教授、化学化工学院朱亚先教授、生命科学学院生物医学科学系党支部书记袁立教授、后勤集团饮食服务中心副主任林琳、教务处学务科科长游文晖结合自身工作经历，分别以《坚持在改进中加强思想政治理论课教学工作》《“把准脉　配良方　用好药”　扎实做好教师思想政治工作》《思想政治工作就是要让学生“出彩”》《坚持以马克思主义中国化的最新成果指导教学和科研工作》《立德树人　勤勉敬业　以教书育人为最高使命》《发挥党支部主体作用　构筑立德树人的战斗堡垒》《强化服务　发挥餐饮工作育人功能》《从“心”出发　以情育人　把管理工作做到师生的心坎上》为题做了交流发言。

朱崇实在总结讲话中就贯彻落实大会精神和《实施意见》提出三点要求：

一是准确把握新形势新要求，自觉用思想政治工作会议精神统一思想认识、推动“双一流”建设。要从推进伟大事业、建设伟大工程的高度，牢固树立思想政治工作“只能加强不能削弱、只能前进不能停滞、只能积极作为不能被动应对”的思想，充分认识思想政治工作在办学治校、育人育才中的特殊重要性，自觉地用思想政治工作会议精神统一思想认识，自觉地把“立德树人”作为“双一流”建设的核心内容，自觉地把人才培养作为学校各项工作的“龙头”并以此来带动学校各项事业发展，从而为“双一流”建设提供强有力的思想保证和政治保证。

二是把握好传承与创新的关系，发扬厦大优良传统，遵循基本规律，抓好思想政治工作各项任务落实落地。要牢牢把握做好学校思想政治工作的根本动力，自觉遵循思想政治工作规律、学生成长规律，教书育人规律，把立德树人落实到学生健康成长、教师教书育人和校园文化建设上，积极适应形势变化，不断推进改革创新，使思想政治工作更加贴近实际、贴近人心。

三是加强组织领导，切实履行责任，抓好思想政治工作会议精神的宣传贯彻落实。全校各职能部门、各单位负责人要加强组织领导，先学一步、学深一层，带头学习领会、消化理解本次会议精神和即将出台的《实施意见》内容，精准对标聚焦此次会议和《实施意见》提出的目标、举措和办法，结合学校和单位实际，加强分析研究，强化联动协同，发挥主观能动性和创造性，调动一切可以调动的资源，尽快制定配套实施办法和任务分解方案，拿出切实有效的配套政策和配套措施，做到任务明确到人、责任落实到岗、措施细化到位，确保会议精神和《实施意见》得到及时有效、全面彻底的执行落实。全校各单位要从战略和全局的高度，把深入学习领会学校思想政治工作会议精神摆在当前和今后一个时期工作的突出位置，结合落实中央巡视整改要求，坚持问题导向，加强前瞻思考，深入剖析本单位思想政治工作的重点和难点问题，拿出真招、实招，创造性地开展工作，不断提高我校思想政治工作水平。

会前，现场播放了宣传部门制作的采访田昭武、吴宣恭、洪成得等一批学校老领导、著名专家学者、优秀中青年学术带头人的视频短片，大家纷纷畅谈了学习习近平总书记在全国高校思想政治工作会议上讲话的心得体会。

校领导，校党委常委，校长助理，中层干部，校关工委正、副主任，人文社科学院系主任、副系主任，教工党支部书记，思政课教师，党务秘书，辅导员，校学生会、研究生会主席等近700人参加了会议。

——本文摘录自《厦门大学年鉴2018》，厦门大学出版社，2019年4月版

中共中央、国务院任命张荣为厦门大学校长

(2017年7月21日)

7月21日上午,我校在科学艺术中心一楼多功能厅召开全校教师干部大会,中共中央组织部干部三局副局长魏向阳在会上宣布了中共中央、国务院的任免决定:张荣担任厦门大学校长(副部长级),朱崇实不再担任厦门大学校长职务。

教育部副部长、党组成员杜占元,福建省委常委、厦门市委书记裴金佳出席大会并讲话。教育部人事司副巡视员赵丹龄,厦门市委常委、组织部部长陈沈阳,厦门市副市长国桂荣,以及中组部干部三局、教育部人事司、福建省委组织部有关同志出席大会。校党委书记张彦主持大会。

受中组部领导同志委派,魏向阳宣读了中央决定并讲话,对朱崇实同志给予充分肯定,介绍了张荣同志的情况,并对厦门大学领导班子建设提出要求。

杜占元代表教育部党组表示完全拥护中央的决定,向福建省委省政府、厦门市委市政府和社会各界长期关心、支持和帮助厦门大学表示衷心感谢。他高度评价了厦门大学近年来在高等教育领域的积极探索和取得的成绩,充分肯定了朱崇实同志所做的努力和贡献,希望张荣同志不负重托,与张彦同志密切合作,团结带领班子成员和全校师生员工,继往开来、再接再厉,继续推动厦门大学各项事业不断迈上新台阶。他代表教育部党组,对我校当前的工作提出三点要求:一是坚持党的领导,牢牢把握社会主义办学方向;二是着力提升实力和竞争力,全面推进"双一流"建设;三是坚持从严从实,切实加强领导班子和干部队伍建设。

裴金佳代表福建省委省政府表示,坚决拥护中央的决定,对中组部、教育部长期以来对福建省教育事业和干部队伍建设的关心支持表示衷心感谢,对朱崇实同志为厦门大学、为福建省高等教育事业所做出的重要贡献表示衷心感谢,向张荣同志来厦大工作表示热烈欢迎,相信他一定会担负起厦门大学发展建设的历史重任,和张彦同志一道团结带领班子成员和师生员工,把厦门大学的各项工作做得更好。裴金佳表示,福建省委省政府、厦门市委市政府将一如既往地支持厦门大学的建设和发展,努力为全面建成世界知名的高水平研究型大学创造更好的办学条件。

朱崇实表示,完全拥护和坚决服从中央决定,衷心感谢组织上对自己工作的肯定,对张荣同志到厦门大学工作表示热烈欢迎和衷心祝贺。他说,虽然退出了校长的岗位,但是他作为一名共产党员、作为一个厦大人为党的事业奋斗终身,为厦大的事业奋斗终身的初心绝不会改变。相信在张彦书记、张荣校长的带领下,学校新的一届领导班子一定会与全校师生员工一道,团结一致,齐心协力,奋勇拼搏,力争早日实现厦大两个百年的光荣梦想,为实现中华民族伟大复兴的中国梦做出厦大人一份应有的更大贡献。

张荣表示,完全拥护、坚决服从中央的决定,衷心感谢中组部、教育部、福建省委省政府的重托和厦大全体师生的信任。作为一名新加盟的厦大人,将在上级组织和学校党委领导下,勇于担当,恪尽职守,虚心学习,扎实工作,全力推动厦大各项事业的发展。一是始终坚定办学方向。要坚持以马克思主义为指导,全面贯彻党的教育方针,努力培养又红又专、德才兼备、全面发展的中国特色社会主义事业合格建设者和可靠接班人。二是始终坚守创校初心。要积极践行"自强不息,止于至善"的校训精神,勇于承担人才培养、科学研究、社会服务、文化传承创新、国际交流合作等重要使命,不仅要成为"南方之强",而且要立志于"能与世界各大学相颉颃"。三是始终坚持教育品格。要坚持从厦门大学的实际出发,牢牢抓住全面提高人才培养能力这个核心点,认真遵循高等教育规律和人才成长规律,以学生成长为中心,以质量提

升为核心，不断优化育人环境，努力让进入厦大的每一个人都绽放出自己的光彩。

张彦代表学校党委和全校师生员工表示，坚决拥护党中央、国务院的决定，对张荣同志就任厦门大学校长表示热烈欢迎，同时向朱崇实同志表示衷心感谢和崇高敬意。他表示，朱崇实校长有理想、有情怀，有担当、有作为，有思路、有定力，厦大今天的发展成就，凝聚着朱崇实同志的心血和汗水，闪耀着朱崇实同志的智慧和思想。作为校党委书记，一定会竭尽全力、充分尊重并支持张荣校长的工作，坚持党委领导下的校长负责制，不断加强班子的思想、作风、能力建设，以更加激扬的工作态度、更加饱满的工作热情、更加务实的工作作风不断推动学校事业再上新台阶。当前正值学校深化综合改革、加快推进“双一流”建设的关键时期，学校要深入学习习近平总书记系列重要讲话精神和治国理政新理念新思想新战略，坚定社会主义办学方向，牢固树立“四个意识”，不断增强“四个自信”，深入贯彻落实“五位一体”总体布局、“四个全面”战略布局和新发展理念，秉承“自强不息，止于至善”的校训精神，切实履行管党治党、办学治校的主体责任，深入贯彻落实全国高校思想政治工作会议精神，以巡视整改为契机，进一步加强和改进党的领导，深化全面从严治党，落实立德树人根本任务，校领导班子要团结带领广大师生，不忘初心，坚定自信，继往开来，开拓创新，扎根中国大地办一流大学，以优异的成绩迎接党的十九大的胜利召开，以厦大的新创造、新辉煌为实现学校“两个百年”的奋斗目标和中华民族伟大复兴的中国梦做出新的更大贡献。

校党政领导班子成员，退出领导班子的老同志代表，院士、文科资深教授、长江学者，校长助理，机关职能部门、直属单位负责人，学院（研究院）党委（党总支）书记、院长，以及群团组织、民主党派负责人和其他师生代表参加会议。

——本文摘录自《厦门大学年鉴2018》，厦门大学出版社，2019年4月版

彭丽媛同金砖国家领导人第九次会晤和新兴市场国家与发展中国家对话会外方团长夫人共同出席“艾滋病防治宣传校园行——走进厦门大学”活动

(2017年9月5日)

新华社厦门9月5日电　国家主席习近平夫人彭丽媛5日邀请出席金砖国家领导人第九次会晤和新兴市场国家与发展中国家对话会外方代表团团长夫人共同出席“‘美好青春我做主’　艾滋病防治宣传校园行——走进厦门大学”活动。

初秋的厦门大学校园生机勃勃,到处洋溢着青春气息。彭丽媛热情欢迎前来参加活动的南非总统夫人恩盖马、几内亚总统夫人杰内、墨西哥总统夫人里韦拉、泰国总理夫人娜拉蓬。她和来宾们一同走入科学艺术中心,参观中国高校艾滋病防治工作主题展,听取关于中国政府和高校开展防艾抗艾工作的情况介绍。中国卫生计生委负责人表示,“艾滋病防治宣传校园行”活动在中国国家主席夫人、世界卫生组织结核病和艾滋病防治亲善大使彭丽媛的倡导和推动下,近年已在中国50多所高校举办,受到青年学生热烈欢迎,吸引了一大批大学生志愿者和各界知名人士积极参与,社会影响不断扩大。来宾们观看了厦门大学师生以“防艾抗艾”为主题创作的雕塑、绘画、手工艺等艺术和文创作品,饶有兴致地欣赏并学习吹奏印有红丝带标志的瓷埙,详细了解厦门大学艾滋病毒检测诊断技术研究成果及在校园实际应用,并同大学生志愿者代表亲切交流。她们高度赞赏中国防艾抗艾工作成就,不时报以热烈掌声。

彭丽媛说,今天我们参加这场活动,就是要提升全社会特别是青年人防艾抗艾意识,消除对艾滋病患者的歧视,打好“精神疫苗”,同时促进金砖国家、发展中国家深化卫生合作。她邀请各国来宾在红丝带心愿牌上签名,并将心愿牌挂在象征希望的“生命之树”上,寄托对青年一代健康成长的美好祝愿。

——本文摘录自《厦门大学年鉴2018》,厦门大学出版社,2019年4月版

彭丽媛同金砖国家领导人第九次会晤和新兴市场国家与发展中国家对话会外方团长夫人共同出席第二届联合国教科文组织女童和妇女教育奖颁奖仪式

（2017 年 9 月 5 日）

国家主席习近平夫人彭丽媛 5 日同金砖国家领导人第九次会晤和新兴市场国家与发展中国家对话会外方团长夫人共同出席在厦门大学举行的第二届联合国教科文组织女童和妇女教育奖颁奖仪式。南非总统夫人恩盖马、几内亚总统夫人杰内、墨西哥总统夫人里韦拉、泰国总理夫人娜拉蓬参加。

历史悠久的厦门大学建南大会堂气氛热烈，当彭丽媛和来宾们步入会场时，全场千余名师生起立鼓掌欢迎。联合国教科文组织总干事博科娃在致辞中表示，中国为促进妇女儿童教育国际合作做出重要贡献。很荣幸在中国举办此次颁奖仪式，感谢中国国家主席夫人、联合国教科文组织促进女童和妇女教育特使彭丽媛亲力亲为，积极推动。在观看主题短片并听取中国教育部、联合国有关负责人介绍后，彭丽媛和博科娃走上主席台，为来自泰国、秘鲁、南非的 3 位获奖项目代表颁奖。

厦门大学师生向来宾呈现了一台精彩的歌舞表演《最美中国梦》，展现奋发有为、积极向上的精神面貌和追寻梦想、世界同乐的美好愿景。彭丽媛和来宾们一一拉起儿童小演员的手，走上舞台合影留念。彭丽媛表示，重视教育是中华民族的优良传统，我们要向那些需要帮助的妇女和儿童伸出援手，让她们有机会、有能力改变命运，过上更好的生活。联合国教科文组织在中国举办此次颁奖活动，体现出对中方的重视和信任。希望金砖国家、发展中国家及世界各国携起手来，推动世界妇女儿童教育事业取得更大发展。

——本文摘录自《厦门大学年鉴 2018》，厦门大学出版社，2019 年 4 月版

砥砺自强精神　汲取奋进力量

——我校隆重举行内迁长汀办学80周年纪念大会

(2017年12月24日)

2017年是我校内迁长汀办学80周年。12月24日下午,学校举行内迁长汀办学80周年纪念大会,隆重纪念那段烽火中的不平凡岁月,从中汲取力量继续前行。1941级教育学系学长、我国著名高等教育学家、我校文科资深教授潘懋元,1943级机电工程系学长、菲律宾著名华侨实业家、教育家、慈善家邵建寅,1944级机电工程系学长、台湾著名企业家周詠棠,1944级数理系学长、我校物理系教授、我国发光学研究创始人之一的吴伯僖等长汀时期老校友与近千名师生共聚一堂,共忆艰苦自强岁月,共叙长汀办学精神。

大会开始前,师生们一起观看了反映内迁长汀办学历史的专题片《烽火南强》,半个小时的片子呈现了8年烽火硝烟中厦大始终弦歌不辍、自强不息,坚持办学,铸就"南方之强"辉煌的历史点滴,展现了在民族存亡的关键时刻,一所大学和大学里的知识分子和青年学生们用自己的方式爱国救国的一种坚守和一种气节,令在场师生深受感染和震撼。

大会由校党委书记张彦主持,校长张荣、长汀县委书记廖深洪、潘懋元、邵建寅、信息科学与技术学院2017级硕士生江建烽先后在会上发言。

张荣在致辞中明确指出内迁长汀办学的重大历史意义及其蕴含的永恒时代价值。他说,厦大内迁办学是一部爱国的历史、创业的历史和图强的历史。内迁长汀办学时期厦大形成的艰苦办学的自强精神,已经成为厦门大学宝贵的精神财富,成为厦大继往开来、生生不息的内在原因和强大动力。

回顾长汀办学历史,张荣特地指出,无论今天我们走得多远,都不能忘了来时的路,更不能忘了曾经与我们并肩奋斗、共赴国难的长汀和长汀人民。当80年前厦门大学办学遇到史无前例的困难时,具有光荣革命传统和爱国传统的长汀人民以宽广的胸怀接纳了厦大师生,为支持厦大办学提供了无私的帮助,甚至献出了半个县城,为厦大在艰难时期得以维系办学事业做出了巨大贡献。光荣属于厦大师生,也属于长汀人民。厦大师生永远不忘长汀办学的历史,永远铭记长汀人民的深情厚谊。

80年后的今天,当厦大纪念那段烽火岁月时,到底希望从这段历史中学习和继承些什么?张荣认为,支撑长汀时期厦大人的力量就是当年报国为民、烽火砥砺的家国情怀和临危不惧、超凡卓然的自强精神,以及育人为先、以生为本的办学理念。今天的厦大人要继承和发扬的是:内迁长汀时期厦大师生的家国情怀与担当精神、厦大师生艰苦奋斗的优良品格与自强不息的精神、长汀时期形成的先进办学理念与从严精神。

当前,厦大面临着"双一流"建设的历史重任。身处新时代,面临新使命,张荣要求厦大师生一要牢记使命、争创一流。牢固树立"国家队"意识,增强"四个意识",坚定办学方向,坚守前进定力,以世界一流大学建设为主线,以一流学科建设为重点,以深化学校综合改革为动力,坚持内涵发展、质量提升,坚持立德树人、育人为本,脚踏实地,埋头苦干,朝着学校"两个百年"目标奋力前行。二要坚定自信、追求卓越。在90多年的发展历程中,厦大始终以文化传承创新为己任,继承嘉庚精神和"自强不息,止于至善"的校训,努力践行"研究高深学问,养成专门人才,阐扬世界文化"的校旨,不断凝练最新最完善之文化,形成了"爱国、革命、自强、科学"的宝贵精神和"追求真理、艰苦奋斗、严谨治学、勇攀高峰"的优良校风。我们要不忘本来,吸收外来,面向未来,在继承前人的基础上勇攀高峰、追求卓越、实现超越。三要上下同心、合力共进。长汀办学历史告诉我们，一个学校在遇到困难时，师生员工的团结、拼搏是学校渡过难关的最重要力量。师生员工是学校发展最可信赖的依靠力量，也是创建世界一流大学的主力军。要充分调动师生员工的积极性、主动性、创造性，不断凝聚起爱校荣校、改革创新、团结合作、包容共享的校园正能量。全校师生员工要正确认识个人利益与集体利益的关系，将个人的成长发展与学校的建设发展紧密联系在一起，努力在“双一流”建设中展现新作为、争创新业绩。

廖深洪说，80 年前，长汀拥抱了厦大，厦大润泽了长汀。在汀 8 年间，厦大不仅与长汀结下了深厚情谊，更极大改变了长汀老区的面貌，留下了宝贵的精神财富。这股“自强不息，艰苦奋斗”“坚韧办学，弦歌不辍”的精神至今仍不断激励着老区人民。长汀人民始终珍视厦大在长汀创造的“南方之强”精神财富和历史遗迹，县校双方始终保持着密切的联系，开展着卓有成效的合作。走进新时代，长汀将以此次的纪念活动为新起点，深入融合厦大精神和长汀精神，持续推进交流合作，携手共赢共发展。

潘懋元于 1941 年入读厦大教育学系。他在会上以“讲故事”的口吻向年轻的学生们重现了抗战烽火硝烟中的厦大往事。谈及“舍身治校”的萨本栋校长，97 岁的潘懋元动情地说：“我见到萨校长时，他 39 岁，但是腰已经弯了。到他 1944 年离开厦大赴美治病时，已经像我这样需要拿着拐杖走路了。正是在他的精神感召下，长汀时期的厦大师生在艰难困苦中展现出了一种坚忍不拔、自强不息的精神。”

邵建寅深情回忆了自己经历的长汀岁月，分享了自己对时间和对“半空”“半满”的思考。他说，一个水杯倒半杯水，可以看成是“半空”，也可以看成是“半满”，人不能活在“半满”的回忆中，必须不懈不怠地使用那“半空”的余地，积极进取。回首过去，我们要饮水思源，永记先贤的功绩，紧跟先贤脚步，坚持南强精神，一心一意共创未来。希望全体厦大人好好珍惜“半空”的时间与机遇，好好使用“半空”的空间与资源，努力求突破、求创新。

信息科学与技术学院 2017 级硕士研究生江建烽代表全体厦大在校生表示，要不忘自强初心、传承自强基因、弘扬自强精神，志存高远，脚踏实地，做最好的自己，建设最好的厦大，服务最好的祖国，在实现中国梦的生动实践中放飞青春梦想，在为人民利益的不懈奋斗中书写人生华章。

张彦表示，今天的纪念是为了铭记一段历史，更是为了弘扬一种精神。党的十九大胜利召开以后，在教育系统全面开启建设高等教育强国的新征程的历史性时刻，学校隆重纪念内迁长汀办学的光荣历史，宣示建设世界一流大学的坚定信念，具有继往开来的意义。他强调，内迁长汀办学是学校发展史上的一个重要里程碑，它既昭示了厦大人一脉相承的自强不息、艰苦奋斗的精神，又时时刻刻在鞭策我们不断前行。长汀这段历史，对今天厦门大学的办学和“双一流”建设有着重要的启示意义。厦大将从中汲取奋进的力量，不忘初心、牢记使命，始终保持自强不息的优良品格，始终保持不畏艰难的精神状态，始终保持内涵发展的发展方向，以建设世界一流大学的生动实践赋予自强精神新的时代内涵。

1937 年 7 月 1 日，陈嘉庚无条件地把厦大交给国家。7 月 6 日，清华大学物理机电学家萨本栋教授临危受命，出任校长。7 月 7 日，卢沟桥事变发生，抗日战争全面爆发。面对战火威胁，甫一上任校长的萨本栋便面临着“厦大将何去何从”的抉择。

经过认真考虑，学校决定迁往距离厦门 800 里外的福建山城——长汀，在抗战中坚持办学。1937 年 12 月 24 日，厦门大学开始分批向长汀搬迁。经过 20 天的艰苦跋涉，1938 年 1 月 12 日，厦大师生安全抵达。1 月 17 日，厦大在长汀复课。厦大因此成为当时粤汉铁路线以东唯一的国立大学，也是最逼近战区的国立大学，撑起了中华民族高等教育的东南半壁。

在长汀办学的 8 年中，我校充分发扬自强不息的精神，克服重重困难，始终弦歌不辍、坚持办学，把厦门大学办成当时“国内最完备的大学之一”，在艰难困苦中铸就了“南方之强”的辉煌。在 1940 年、1941 年两次国民政府教育部举行的全国专科以上学校学生学业竞试上，厦大连续两次蝉联第一。国际学者慕名前往长汀参观考察厦大后大为感慨，称赞厦大是“印度加尔各答以东之第一大学”。据不完全统计，长汀时期厦大为国家和社会培养了数百位国家科学院和工程院院士、大学校长、海内外著名专家学者和企业家。

——本文摘录自《厦门大学年鉴 2018》，厦门大学出版社，2019 年 4 月版

厦门大学2017年工作计划要点

(2017年3月2日)

2017年,是深化综合改革、全面启动"双一流"建设的关键之年,我们将迎来党的十九大召开及金砖国家领导人厦门会晤。2017年学校工作的总体要求是:全面贯彻落实党的十八大及十八届三中、四中、五中、六中全会精神,认真学习贯彻习近平总书记系列重要讲话精神和治国理政新理念新思想新战略,学习贯彻全国高校思想政治工作会议精神,以"双一流"建设为核心目标,坚持深化全面从严治党,坚持立德树人,继续深化综合改革,全面加强党建与思想政治工作,不忘初心,牢记使命,敢于担当,勇于负责,不断汇聚起促进改革发展稳定的强大力量,进一步推动学校事业科学发展,以优异成绩迎接党的十九大胜利召开。2017年主要工作如下:

一、以迎接宣传贯彻党的十九大为主线,以贯彻六中全会精神为重点,深化全面从严治党,大力加强学校党建工作,营造更加风清气正的政治氛围

1.加强思想建党,强化理论武装。持续深入开展学习贯彻党的十八届三中、四中、五中、六中全会精神,以及习近平总书记系列重要讲话精神和治国理政新理念新思想新战略重大主题宣讲和"三进"工作,引导广大党员师生进一步树牢"四个意识",特别是核心意识、看齐意识,更加坚定地维护以习近平同志为核心的党中央的权威。以迎接十九大、宣传十九大、贯彻十九大为主线,营造浓厚的学习宣传氛围,认真学习领会党的十九大提出的一系列新思想新观点新论断。充分利用各类教育培训资源,充分发挥党委中心组学习的先导引领作用和党校主阵地作用,创新学习形式,改进学习方法,增强学习效果,着力提升党政领导干部的党性修养和思想政治素质。

2.抓好六中全会精神贯彻工作落实落地。贯彻《关于新形势下党内政治生活的若干准则》《中国共产党党内监督条例》精神,进一步严肃党内政治生活,强化党内监督,严明政治纪律和政治规矩,着力增强党内政治生活的政治性、时代性、原则性、战斗性。按照中央关于今年完成对中管高校巡视的统一部署,全力支持配合中央巡视组的工作,自觉诚恳地接受巡视监督,高度重视整改工作,做到巡视反馈问题和事项件件有着落、事事有回音。结合各级领导班子2016年度民主生活会查摆出来的问题和制订的整改方案,认真开展整改落实,做到即知即改、立行立改。

3.加强领导班子和干部队伍建设,强化经常性管理监督。坚持和完善党委领导下的校长负责制,健全"三重一大"决策制度,完善校党委、行政议事规则,督促学院(研究院)领导班子进一步完善并严格执行党政联席会制度和"三重一大"决策制度,努力提升各级领导班子贯彻民主集中制和科学决策、民主决策、依法决策的水平。完成学院(研究院)行政领导班子换届工作,选优配强领导班子,加强对新任行政领导班子成员的培训,开展院长任期目标责任制考核,同时指导任期届满的基层党委(党总支)做好换届选举筹备工作。严肃换届纪律,加强对换届过程中干部选任的廉政考察,严格把好政治关、廉洁关。完善干部选任工作制度,抓好干部选任调整工作,加大培养选拔优秀年轻干部力度,激发干部队伍活力。从严从实抓好干部经常性管理监督,坚持谈心谈话制度,严格执行提醒、函询、诫勉等制度,认真贯彻执行《领导干部报告个人有关事项规定》和《领导干部个人有关事项报告查核结果处理办法》。落实干部教育培训规

划，充分利用各类教育培训资源，创新培训形式，扩大培训覆盖面，不断提升党政干部理论思考、调查研究、科学管理、推动工作的水平。坚持党管人才原则，充分发挥各级党组织在关心、服务、凝聚和激励人才工作的作用，做好高层次人才的管理和服务工作。

4.以深化“两学一做”学习教育为抓手加强基层党组织和党员队伍建设。按照“两学一做”学习教育要求，抓好党支部专题组织生活会、民主评议党员等工作，推进学习教育和“三会一课”常态化制度化，将全面从严治党要求进一步向基层延伸、向党员拓展。坚持“书记抓、抓书记”，层层压实党建工作责任，推进基层党委（党总支）书记抓党建工作述职评议考核工作，做好党支部书记述职评议考核，加强党务工作者队伍建设，推动基层党建各项任务落实落地。进一步优化基层党支部设置，扩大党的工作覆盖面。加强教师党支部建设，充分发挥支部教育管理党员和宣传引导凝聚师生的主体作用。树立“党建＋”理念，积极创新基层党建工作，推进先锋系列和中心系列特色党支部建设，抓实党支部工作“立项活动”和“主题党日”活动。加大在学科带头人、优秀青年教师中发展党员的力度，适度发展大学生党员，不断优化党员队伍结构，提高发展党员质量。

5.加强党风廉政建设。强化从严治党、依规管党人人有责的意识，按照《中国共产党纪律处分条例》《中国共产党廉洁自律准则》《中国共产党问责条例》和中纪委七次全会精神，切实落实党风廉政建设主体责任和监督责任，强化“一岗双责”，形成压力传导、一级抓一级、层层抓落实的党风廉政建设工作格局。深化福建省委落实中央八项规定精神“1＋X”规定，充分发挥职能部门的监管作用，驰而不息正风肃纪，培育文明发展新风尚，营造清澈明朗的政治生态。加强重点部位关键环节的监督，加强和改进对主要领导干部行使权力的制约和监督，改进对基建（修缮）、物资（设备）采购、招生考试等方面的监督方式，强化对相关职能部门履行监管职责情况的监督。加强校内巡察工作，加大执纪审查力度，强化纪在法前、纪严于法，综合运用监督执纪“四种形态”和批评教育、组织处理、纪律处分等手段开展监督执纪。加强群众信访举报受理工作，不断完善网络举报和受理机制，建立健全问题线索排查制度，强化核查审查处理过程管理，对问题线索全面清理，分类处置。加强对师生反映强烈的突出问题的专项治理，着力查清主要违纪违规事实，严肃党纪政纪处理。制定学校党政领导干部问责实施办法，坚持权责对等和失责必问，实施“一案双查”制度，落实执纪问责。探索在校内二级党组织中先行试点设立二级纪检组织。

6.加强统战、工青妇、离退休和校友工作。落实校党委关于加强新形势下统一战线工作实施意见精神，强化党外人士思想政治引导，加强民主党派、无党派人士队伍和统战团体自身建设，努力为党外知识分子发挥作用创造条件、提供服务。落实中央关于加强和改进群团工作意见精神，扎实推进我校共青团改革，建设更加充满活力、更加坚强有力的共青团组织，同时按照全国总工会、福建省总工会部署，启动我校工会改革工作，建设更富吸引力和凝聚力的工会组织。支持妇委会开展工作。落实校党委关于进一步加强和改进离退休工作若干意见精神，加强离退休“两项建设”，全面提升离退休教职工服务管理水平，发挥老同志独特优势为学校事业增添正能量。健全学院、研究院校友工作机制，召开“九市一区”校友会会长秘书长联席会议和校友总会理事会第二次会议，完善国际毕业生校友会、孔子学院校友会工作网络。

二、以全国高校思想政治工作会议精神为引领，深入推进全过程全方位育人，全面提升学校思想政治工作水平

1.贯彻落实全国高校思想政治工作会议精神。组织理论报告员和思政课教师广泛开展会议精神宣讲，结合学校实际扎实开展体系式学习、融合式讨论、项目式研究。精心谋划召开全校党建与思想政治工作大会，深入研讨新时期学校育人工作新思路新举措新办法，研究出台校党委落实全国高校思想政治工作会议精神若干意见，做到在关键环节上有创新、在瓶颈问题上有突破、在工作落实上有保障，扎实推进会议精神落地生根。

2.加强理想信念教育。进一步加强教师思想政治工作，创新教师思政工作宣传、教育、考评、约束和

组织领导机制,建立切实有效的教师师德考评办法,强化教师政治意识、责任意识和底线意识,推动教师思政工作常态化长效化。深化中国梦宣传教育,引导师生牢固树立“四个自信”,将国家梦、民族梦与大学梦、个人梦有机结合。全面提升马克思主义学院建设质量与水平,采取有效措施加强思政课教师队伍建设,推动思政课“铸魂工程”建设,引导学生全面客观认识当代中国、看待外部世界。加强青年马克思主义者培养。全面推进“五位一体”网络文化建设,提升网络文化育人实效性。

3.培育和践行社会主义核心价值观。将社会主义核心价值观寓于教书育人、科研育人、实践育人、管理育人、服务育人、文化育人、组织育人中,结合学校“四种精神”,持续推进社会主义核心价值观主题教育活动。加强校园文化平台建设,培育扶持中华优秀传统文化类社团和项目,继续开展参与度高、趣味性强的群众性文体活动。广泛开展“书香校园、品读经典”读书活动。加强学生艺术团建设,创编优秀校园文化作品。继续办好“大学新生讲坛”。做好“我最喜爱的十位老师”“大学生自强之星”“身边好同学”“身边好故事”等优秀个人和先进集体寻访活动。统筹推进各具特色的校区校园文化建设。

4.深入推动全过程全方位育人。深入推进教风学风考风建设,通过规范管理、强化引导,按照国家考试标准,狠抓学生考风考纪。进一步加强就业诚信教育,坚决抵制各种违反诚信的就业合同违约行为。深化社会实践平台建设,完善实践项目和重点环节的科学管理和成果交流转化机制。深化志愿服务平台建设,出台学生志愿服务管理条例,做好金砖国家领导人厦门会晤等重大活动志愿服务组织工作。基本建成学生工作信息化平台,推出第二课堂成绩单。深度推进心理健康教育工作,加强兼职咨询师队伍的考核、聘用制度建设,探索不同群体心理健康教育工作的特殊机制,促进工作的深化、细化。完善学生公寓管理与服务,出台学生公寓住宿管理暂行规定,推进学生公寓学习交流场所建设。

5.提升校园综合治理水平。围绕迎接十九大召开和金砖国家领导人厦门会晤,重点抓好校园政治稳定工作,创造安全稳定的校园环境。落实安全工作“党政同责、一岗双责”规定,完善综治约谈机制,健全校园安全管理工作体系,实现安全岗位职责全员化、全覆盖。主动科学有效地管好宣传思想阵地,落实“一会一报”“一事一报”制,切实抓好意识形态工作。加强校园网络安全管理,主动做好网上舆论引导,营造更加清朗的网络空间。启动新一轮“平安校园”创建工作,抓细抓实“一标四实三清”工作和实验室基础安全大排查,加强实验室安全检查,继续做好防洪防台、防灾减灾工作。持续开展校园环境提升和周边秩序管理,配合访客中心及演武地下停车场即将建成投入使用,在思想上、理念上、体制上、机制上促进校园管理提升到一个新的高度。抓好校院机关办公室的整洁有序文明提升工作,从环境上文化上促进工作效率和服务质量的提高。推进安保工作人员管理体制和工作机制改革。全面总结警校合作经验,为全国校园安全工作贡献理论和实践成果。

三、以“双一流”建设为核心目标,聚焦重大任务,深化综合改革,不断推动学校事业科学发展

(一)编制“双一流”建设方案,全面启动“双一流”建设

按照教育部、财政部、国家发展改革委关于《统筹推进世界一流大学和一流学科建设实施办法(暂行)》的要求,科学编制整体建设方案、分学科建设方案、分年度建设任务和经费预算方案,明确建设重点和建设内容,确定建设思路和建设路径,在方案指导下全面启动“双一流”建设。推动部省市签署新一轮重点共建厦门大学协议,争取省市“双一流”重点建设配套资金。组织各建设项目编报 2017 年建设任务书,及时下达 2017 年度教育部专项引导资金和省市配套资金。

(二)深化人才培养模式改革,进一步提高人才培养质量

1.深化本科生培养模式改革。积极应对国家高考改革落地工作,确保一省一市招生改革平稳过渡。

推进跨学科人才培养全要素改革，完善大类培养模式探索科教协同、校企联合、国内外合作、主辅修制、书院制等多元化人才培养模式，推动通识教育工作，试点理学试验班。深入实施基础学科拔尖学生培养试验计划、卓越人才教育培养计划、国际化专业综合改革试点计划。改革创新教学组织，成立本科教学课程组，从制度上促进本科教学质量进一步提升。深化课程改革，全面推进本科课程互开互选，本研课程互开互选，推动本科教育与研究生教育有机衔接。深化教学模式创新，以先进的教育技术手段倒逼教学改革，充分利用新型智慧教室开展高质量的课堂教学，推进"全部课程上网工程"计划。建设本科专业教学质量标准，以工程教育认证为契机，推动工程教育改革。将日常教学质量监控与绩效考核相结合，完善本科教学绩效考核机制。

2.提高研究生教育培养质量。完善博士生申请考核制，继续提高直博生比例。做好2017年硕士单、双证研究生招生并轨工作。坚持推进研究生培养机制改革，突出学术研究生科研创新能力培养，以科研创新为导向培养研究生。加强专业学位研究生各培养环节建设，突出专业学位研究生应用实践能力的培养。加强研究生教育质量监控体系建设，健全博士生中期分流淘汰机制，建立常态化的课程评估制度，强化课程教学对提升研究生培养质量的重要作用。完善导师组建设，探索开展博导遴选改革试点，逐步加大博导自主遴选的试点范围。加强双导师队伍建设，突出案例教学及企业专家授课内容，鼓励行业、企业、社会组织等积极参与专业学位研究生培养。

3.深化创新创业教育。抓好学生实习工作和实践教育基地建设，建立与重要行业协会联动机制，不断提高实习基地建设质量，落实全校每个学院至少有1个世界500强企业、中国100强企业实习基地。推进"挑战杯"学生课外学术科技作品竞赛、"互联网＋"学生创业大赛等重点赛事的组织工作，持续打造共青团促进大学生创业公共政策服务平台，继续建设全国大学生"KAB创业俱乐部"、青年创业俱乐部。强化学生创新创业实践，促进创新创业训练计划项目转化为实业，加大对各级各类创新创业竞赛优质获奖项目的跟踪扶持力度，筹措并利用好各类创新创业基金。打造创新实践平台，继续立项建设一批工程师训练营、创新俱乐部、创客空间等，设立拔尖人才自主探索项目。启动第一届厦门大学创新创业年会工作，推进校内创新创业项目展示与交流，营造浓厚的创新创业氛围。

(三)加强科研管理体制改革，进一步增强科研创新能力

1.加强重大科研平台和基地建设。加强科研平台的建设和现有国家级和省部级重点实验室/中心内部评估，充分发挥它们在一流学科建设中的作用。坚持战略和前沿导向，紧密跟踪国家大科学工程、国家实验室、国家重大科技基础设施等重大项目建设情况及经济社会发展需求，进一步发挥综合性大学多学科等优势，积极策划生成新的多学科交叉集成大团队、大平台。积极争取省市支持，全力推进能源材料国家实验室(筹)和石墨烯工程与产业研究院建设。做好细胞应激生物学国家重点实验室的评估工作，组织申报教育部重点实验室新建项目。积极推动若干个有条件的文科研究机构向国家智库的升级转型。继续加强2011协同创新中心建设和培育。

2.加强科研管理体制改革。开展学校科研信息状态分析工作，挖掘科研项目与经费新的增长点，力争2017年科研经费达到16亿元，其中理工医科13亿元，人文社科3亿元。深化校内科技体制与机制改革，进一步激发广大教师科技创新的活力与激情。落实学校哲学社会科学繁荣计划补充意见及实施办法，坚持以建设效益为核心，完善和规范管理，科学合理配置资源。

3.做好重要项目申报组织工作。集中力量策划争取海底观测网、军民融合、大发动机、"一带一路"、国家智库等领域重大专项。做好国家科技计划重大重点项目、国家社科基金重大项目、教育部重大攻关项目等的申报组织工作。有序推进"十三五"固定资产投资项目的立项和进展工作。做好2017年院士的推荐工作、2017年国家奖申报组织工作、2018年国家奖成果培育工作。做好各类科研项目的立项、实施管理工作。

(四)深化拓展战略合作,进一步提升社会服务实效

1.积极服务新福建和厦门建设。坚持"顶天立地",贯彻福建省第十次党代会精神,召开"九市一区"战略合作工作会议,深入研究并实施服务新福建具体举措,进一步畅通校地对接渠道,完善校地合作机制,强化一地一重点、院院有亮点的思路,助力服务新福建建设。全面融入厦门市"五大发展"示范市建设,推进石墨烯产业技术创新战略联盟建设,完成"国家示范性微电子学院"组建工作,着力服务省市新能源、新材料和微电子产业发展,助力厦门打造千亿产业链。

2.深化拓展战略合作和对口支援。发挥优势、优化布局,找准重点,落实战略合作协议内容,积极推进战略合作重点项目建设,持续深化与地方政府、大型企业、科研院所、高校等的实质性战略合作。履行社会责任,进一步做好对口支援、定点扶贫工作。

3.加强重大项目对接落实。主动对接国家创新驱动发展战略、"互联网+"、"中国制造 2025"等重大计划,强化需求和问题导向,推进产学研用结合,增强服务发展能力。健全科技成果转化机制,探索实行知识产权分类管理制度,加强重大重点项目的策划、运作、落地和实施。配合相关部门,争取更多资源,大力推进石墨烯、健康医疗大数据、微电子等相关应用研究与技术推介工作。

4.加强决策咨询与继续教育服务。聚焦党中央治国理政新理念新思想新战略,继续围绕"一带一路"国家倡议和重大理论与现实问题,为各级党委政府提供更多有针对性的高质量决策咨询服务。深化继续教育体制机制改革,实现继续教育"管办分离",做好继续教育学院搬迁翔安校区继续教育大楼工作,促进继续教育工作再上新台阶。

(五)加强评估与重点建设,进一步增强学科核心竞争力

1.做好学科评估和学位授权点合格评估。以"双一流"建设、全国第四轮学科评估和学科水平评估、学位授权点合格评估为契机,进一步适应学科发展趋势,优化学科布局结构,推进学科交叉融合,强化学科主流特色,科学推进学科建设。认真做好学位授权点合格评估工作,开展学位授权点的整改和提升工作。

2.加强医科建设。开展"附属医院建设年"工作,大力加强与各附属医院之间的联系与协调,促进临床教学与科研水平进一步提升。争取获批临床医学博士点。加强医学与生命科学学部各学院之间的协同与合作,在课程开设、学生活动等方面相互打通。加强附属翔安医院创建期间的软硬件建设。探索附属中山医院演武分院体制机制改革路子,进一步提高医疗质量。做好口腔医学专业申报评估工作,积极推动口腔医学系建设。

(六)深化人事制度改革,进一步加强人才队伍建设

1.深化人才发展体制机制改革。召开人才工作会议,进一步贯彻落实中共中央关于深化人才发展体制机制改革的意见精神,积极寻求人才队伍建设的工作新思路,研究制定我校人才发展体制机制实施办法,推动学校人才工作再上新台阶。深入实施"南强青年拔尖人才支持计划",面向海内外引进、培养一批优秀青年人才。深入实施讲席教授聘任办法,对学术造诣高深、在国内外享有崇高声誉的顶尖人才进行褒奖;围绕重点学科和重大科技创新平台加大引进学科领军人才的力度。

2.加强工程、实验等系列专业技术队伍建设。进一步理顺管理体制,规范岗位设置,明确岗位职责,建立与教学科研发展水平相适应的工程、实验等系列专业技术队伍准入标准,建立符合技术支撑特点的发展和晋升体系,建立具有激励作用的岗位绩效考核指标及与之联动的薪酬调整和岗位流转体系。

3.优化人力资源配置。深入调研全校各单位人力资源配置情况,分类施策,有针对性地解决人才队伍难题。研究建立"流动编制"制度,在岗位总量保持不变的前提下,对人力资源进行动态调整。开展新一轮定编定岗工作,突破现有人力资源配置瓶颈,进一步推进人事制度改革,强化岗位设置与聘用管理,优化人员结构,不断优化教学、科研团队组织模式,科学设置三支队伍配比,推进三支队伍健康协调发展。

4.积极稳妥推进绩效考核与评价改革。科学制订绩效考核与评价改革方案,在全校范围内进行试行,及时总结试行中发现的问题,不断修改完善考核评价体系,持续调动广大教职员工的积极性,促进学校各项事业更快地发展。

5.深化博士后制度改革。创新博士后人才支持和激励方式,及时调整博士后政策,进一步研究提高博士后待遇,加大优秀博士来校从事博士后研究的吸引力,不断提高博士后队伍质量。改革教师队伍引进机制,除个别学科外,新聘教师需具有博士后工作经历;学校鼓励教师岗位应聘者先到我校从事博士后研究工作,在站期间统一纳入博士后专职科研队伍进行管理,并从中遴选优秀博士后补充我校师资队伍。

(七)深化对外交流合作,进一步提升国际化办学水平

1.积极推动马来西亚分校建设。完成马来西亚分校一期工程建设,办好马来西亚校区一期建设竣工典礼暨开幕式,启动马来西亚分校二期工程(含学生公寓和学术交流中心)建设。新增本科专业电气与电子工程。做好马来西亚分校招生工作,力争 2017 年学生规模达到 3000 人。做好分校面向全球招聘师资工作。以分校为支撑,着力拓展与东南亚国家的密切合作,将学校国际交流合作拓展到"一带一路"沿线更多国家。

2.深化实质性对外交流合作。开展与非英语国家高校的交流合作项目,做好多语种学业竞赛,促进并帮助更多非英语语种教学课程的开设与建设。以金砖国家领导人厦门会晤为契机,举办金砖国家及"一带一路"大学校长论坛。深入落实"G50 战略伙伴计划",做好全球八校联盟秘书处工作,推进联盟高校间更广泛、更深入地交流与合作。全力做好国际化夏令营、冬令营等活动。做好与世界一流大学的硕士、博士联合培养项目。支持各学院、研究院立足学科发展,创新对外合作交流模式,打造国际化建设的新亮点。做好"国际化师资储备"计划的落实工作。

3.做好汉语国际推广工作。开展"厦门大学共建孔院质量年"工作,对已共建的 16 个孔院逐一进行教学质量评估。加大"一带一路"沿线国家孔学建设,争取在伊朗、日本等国增设孔院,在马来西亚分校设立汉语水平考试(HSK)考点。提升孔子学院"三巡"活动内涵,重点推动国学、中医等在共建孔院所在高校和当地的推广。完成孔子学院院长学院一期工程建设并投入使用。

4.加强与台港澳地区高校教育科技交流。充分发挥优势,加强与现有台港澳地区友好合作大学的联系,深化优势学科之间的交流与合作,提升交流与合作的层次和水平。邀请台湾地区知名高校来校举办"大学日"活动,办好第十三届海峡两岸大学生闽南文化研习夏令营、2017"新纪元精英培训计划"活动。

(八)积极改善办学条件,进一步增强保障支撑能力

1.加快推进基建和修缮工程项目。确保思明校区访客中心及演武运动场改造工程如期完成,做好思明校区沿路和校园内教职工住宅外立面改造提升、公共建筑清洗粉刷和绿化提升工作,以崭新的面貌迎接金砖国家领导人厦门会晤。完成思明校区国光楼、芙蓉餐厅改造及鼓浪屿原日本领事馆(一期)文物保护建筑修缮等工程;完成翔安校区继续教育大楼、学生公寓四期、航空航天学院大楼、综合实验楼、综合体育馆、汉语国际推广南方基地一期工程、翔安校区国际学术交流中心、东山观测站 1 号楼等项目。加快推进翔安校区能源材料大楼、电子科学与技术学院大楼、实验动物中心二期、国家大学科技园、音乐广场等项目的建设。

2.加强资产管理和征地拆迁工作。完善思明校区功能布局,积极稳妥推进海韵园二期、法学图书分馆等项目的拆迁工作,确保拆迁工作在今年有实质性的进展。开展全校固定资产盘点工作。做好商业用房招租工作,提高店面招租率。

3.加强实验室与设备管理工作。坚持深化改革,不断提高实验仪器设备购置效益和使用效率。在医学与生命科学学部实施贵重实验仪器设备统筹共享改革试点,努力将我校的实验仪器设施打造成"最全、最好、最用得起"的科研平台。启动"厦门大学实验仪器设备开放共享管理平台(二期)"建设,探索实验仪器设备绩效评价机制。落实实验室安全管理措施,完善实验室安全督查、隐患排查和整改落实机制。

4.加强财务管理和审计工作。加强项目库建设,策划储备一批带动发展的重点项目,为争取各级政府的重大专项投入、各种财政补助和政策性资源做好准备。学校综合财务收入实现55亿元,力争达到60亿元。办好教育发展基金会,提高基金运营能力,确保基金稳步增长、保值增值。加强内控建设,适时启动学校二级单位内控工作。深化经济责任审计,加强重点领域、重要项目、重大资金审计,做好建设工程管理审计,以内部控制审计为抓手,推动内部控制建设,切实防范风险。

5.加强信息化建设。推进全校信息基础设施集约化建设,实现学校计算设备投入的节约与优化。推广"工作流程引擎"应用,开展以网络信息服务为主的图书馆服务。加强网络信息安全管理,完成信息安全等级保护测评和定级工作。

6.做好后勤管理和服务工作。开展"后勤集团内控建设年"活动,不断提升服务水平。拓展服务领域,加强校园印刷服务、运输服务和学校会议服务工作。

(九)采取有效措施,进一步改善民生条件

1.努力改善教职工住房和学生住宿条件。完成思明校区、翔安校区300套左右周转房及博士后公寓的装修改造与家具家电配置工作,提升周转房的装修、管理与服务质量。与厦门市政府协调,全力争取今年获批翔安洋唐小区571套保障性人才房。完成石井1～7号楼等学生宿舍改造。紧紧围绕学生公寓是育人重要抓手的理念和目标,科学谋划、制定实施学生公寓住宿2017—2019年规划。

2.做好学生就业、资助和医保改革工作。着力做好就业服务工作,拓展国家战略性新兴行业、大型中央企业、中西部人才紧缺地区的就业渠道,加大力度培养推送毕业生到国际组织实习任职。探索建立困难学生家校联系制度,建立国家助学贷款贷后救济扶助机制。加强国家助学贷款贷后管理,结合受助学生组织"公益会"建设开展"知无央""爱无疆"系列活动,推行"悦读·力量"困难生购书补贴计划,不断提升资助管理服务水平。推进勤工助学改革,强化研究生"三助一辅"育人功能。完善学生医疗保险制度和体检项目,保障学生医疗水平。

(十)全力支持和配合做好金砖国家领导人厦门会晤有关工作

支持、配合有关部门全力以赴做好金砖国家领导人厦门会晤各项筹备工作,认真做好志愿服务、环境整治提升、舆论宣传和安全保障等工作,以积极向上的面貌、美丽整洁的环境、和谐稳定的氛围在这次重要会晤中充分展示厦大的魅力、厦大人的风采。

——本文摘录自《关于印发〈厦门大学2017年工作计划要点〉的通知》,厦大委综〔2017〕9号,档号2017-XZ09-8

厦门大学 2017 年工作总结

（2018 年 4 月 16 日）

2017 年，学校深入学习宣传贯彻习近平新时代中国特色社会主义思想和党的十八大、十九大精神，贯彻落实全国高校思想政治工作会议精神，积极配合中央巡视并扎实开展整改工作，切实加强党的领导，全面推动学校党的建设，深化全面从严治党，统筹推进“双一流”建设，全力服务好金砖国家领导人会晤，各项事业持续健康发展。

一、学习宣传贯彻习近平新时代中国特色社会主义思想和党的十九大精神

学校党委把学习宣传贯彻习近平新时代中国特色社会主义思想和党的十九大精神作为首要政治任务，多措并举推动十九大精神落地生根，迅速兴起学习宣传贯彻习近平新时代中国特色社会主义思想的热潮。坚持以上率下，召开党委常委会、常委扩大会第一时间传达学习十九大精神，组织党委常委开展集体备课，召开全校传达学习十九大精神千人大会。推进习近平新时代中国特色社会主义思想“五进”，成立厦门大学习近平新时代中国特色社会主义思想研究院，开展《习近平谈治国理政》第二卷集中学习研讨，组织领导干部、专家学者深入基层单位开展辅导培训、宣讲对谈，将党的十九大精神融入思想政治课教学全过程。通过专门网站、理论专栏和新媒体多形式、多角度、立体化开展理论阐释和宣传报道，营造良好学习氛围。结合推进“两学一做”学习教育常态化制度化，把学习宣传贯彻十九大精神与干部培训、支部学习、党日活动、入党积极分子培训等紧密结合起来，实现学习教育分层分级、全员覆盖。广泛开展专题研讨、名家讲坛、主题论坛、征文演讲、知识竞赛、文艺汇演、社会实践、志愿服务等活动，在“学习新思想”福建省高校大学生学习党的十九大精神竞赛活动中，荣获本科高校组团体一等奖。

二、从严从实抓好中央巡视整改任务落实

根据中央统一部署，2017 年 3 月 5 日至 4 月 30 日，中央第三巡视组对学校党委进行了专项巡视。学校党委高度重视、科学组织，全力配合巡视工作。6 月 19 日，巡视组反馈意见，校党委坚决落实中央要求，切实履行主体责任，召开巡视专题民主生活会，主动认领问题和责任，层层传导压力，带领并督促全校各级领导班子抓好整改，着力解决党的领导弱化、党的建设缺失、全面从严治党不力等突出问题。认真制定 54 个问题清单和任务清单，提出 164 项整改内容和整改措施，牢牢把握“核实问题情况、深挖思想根源、落实整改任务、处理责任人员、建立长效机制”五个环节步骤，突出“整改问题、提高认识、标本兼治”三个层次，以上率下、开门整改，精准发力、综合施策，以鲜明的态度、坚决的行动、严明的纪律推进巡视整改各项任务落实。截至 2017 年年底，任务清单上的整改任务已经落实。通过巡视整改，进一步强化了“四个意识”，纠正了认识偏差，补齐了党建短板，提高了管党治党、办学治校的主动性，增强了全面从严治党的坚定性。

三、以主人翁精神为金砖国家领导人会晤贡献力量

学校把服务“厦门会晤”作为重要工作任务和支持国家外交战略的重要机会，成立筹备工作领导小组和专门工作组，加强领导、周密部署，在礼宾保障、环境提升、基建修缮、志愿服务、舆论宣传、安全保卫、后勤保障和群众工作等方面按照最高标准持续发力。在校内成功举办“美好青春我做主”艾滋病防治宣传校园行——走进厦门大学活动与第二届联合国教科文组织女童和妇女教育奖颁奖仪式，受到各方高度肯定。全校多位干部教师、1217 名志愿者、320 名后勤员工参与筹办和服务工作。召开厦门会晤筹备和服务保障工作厦门大学总结表彰会，总结经验，表彰先进。2 个先进集体、24 名先进个人获省级表彰；2 个先进集体、28 名先进个人获市级表彰；13 个先进集体、283 名先进个人获校级表彰。通过服务厦门会晤，我校师生展示了中国形象、福建成就、厦门魅力、厦大风采，极大增强了服务国家、争创一流的信心与决心。

四、加强党的领导，落实全面从严治党要求

(一)推进“两学一做”学习教育常态化制度化。认真制订实施方案，各级党组织按计划完成三个专题学习，开展“两学一做”学习教育常态化制度化经验交流暨党支部工作“立项活动”优秀成果表彰，组织学习廖俊波、黄大年等先进事迹。召开纪念建党 96 周年暨罗扬才烈士英勇就义 90 周年座谈会，举行内迁长汀办学 80 周年纪念大会，继续推动“两学一做”学习教育走在前、见成效。在教育部举办的全国高校“两学一做”支部风采展示活动中，我校获精品项目 2 项、优秀项目 3 项和特色项目 1 项，获奖数居申报高校之首。获评福建省高校基层党建“最动人的好故事”1 个、“最吸引人的好党课”1 个、“最有价值的好案例”2 个。在福建省委教育工委 2014—2016 学年高校党支部工作“立项活动”优秀成果评选中，获一等奖 1 项、二等奖 3 项、三等奖 1 项。

(二)加强理论武装。多形式、多层次学习宣传习近平新时代中国特色社会主义思想和党的十九大精神，引导广大党员师生树牢“四个意识”，更加坚定地维护以习近平同志为核心的党中央的权威。组织收看大型政论专题片《将改革进行到底》，深入学习宣传习近平总书记在哲学社会科学工作座谈会上的重要讲话精神和全国高校思想政治工作会议精神。修订校党委理论中心组学习规则，增强中心组学习的严肃性和实效性。继续办好《厦大党政工作研究》等理论刊物，组织党政干部、专家学者开展理论研究、宣传和阐释工作。共举办党校学习班 12 期、党校名家讲坛 6 场，中心组学习 6 次，各学院开展理论宣讲 293 场(次)。

(三)认真执行党委领导下的校长负责制。按照中央有关规定要求，学校党委进一步完善议事规则和配套制度，重新修订党委常委会议事规则和校长办公会议事规则，科学界定、理顺明晰“三重一大”事项的研究、决策会议层级，健全“三重一大”决策程序和议事规则。新修订的常委会议事范围增加了 7 项，明确将学校重要干部任免、重要人才使用、重要阵地建设、重大发展规划、重大项目安排、重大资金使用、重大评价评奖活动等须经党委集体研究决定的事项列入常委会讨论范围。学校党委从 2017 年 6 月第 93 次常委会开始，严格按照上述议事规则施行。党委书记和校长带头贯彻执行民主集中制，建立并落实定期沟通制度，严格按照“集体领导、民主集中、个别酝酿、会议决定”的原则，不断完善集体领导与个人分工负责相结合的工作机制，做到大事共商、急事共议、难事共谋，促进班子整体效能的发挥。

(四)加强领导班子和干部队伍建设。学校党委通过召开民主生活会、暑期学习研讨会、务虚会、常委会等形式，深入查找不足与问题，提出整改思路。各级领导班子认真开好巡视专题民主生活会，严肃开展批评与自我批评。强化学院党政联席会议制度，督促学院认真执行“三重一大”决策制度。完成 19 个学院(研究院)行政领导班子换届，推行学院党政班子成员交叉任职；提任中层领导人员 39 人，其中正处级 13 人，副处级 26 人；聘任中层领导人员 1 人；选任调整科级干部 62 人；改革干部选任方式，在一定范围内

民主推荐正处级领导岗位人选;加大干部轮岗交流力度,轮岗交流或调整49人。修订中层领导人员选拔任用工作办法、中层领导人员兼职及取酬管理办法,制定干部选拔任用工作纪实办法,推进干部能上能下实施细则,严格干部考察选任程序,完善常委会讨论决定干部任免工作机制。

(五)加强基层党建工作。以入选首批福建省高校教师党建工作示范点为契机,做好校内党建工作示范点培育和建设工作。制定基层党委(党总支)书记抓基层党建述职评议考核工作暂行办法,完成一轮现场述职全覆盖。健全党支部工作纪实制度,落实党委常委带头执行双重组织生活会制度和联系基层党支部制度,建立党员校领导和党委(党总支)委员联系非党教师制度,建立党支部工作经常性督查指导机制。制定实施"固定党日+"制度,严格落实"三会一课"。增设2个基层党委,优化党支部设置,扩大党组织和党的工作覆盖面,在暑期社会实践队伍中设置193个临时党支部。选强配齐教师党支部书记,调整不称职的党支部书记,组织教工党支部书记、党务工作者集中学习轮训。提高党员发展质量,统筹规划教师党员发展工作,共发展党员1928名,其中在职教职工党员37名。做好失联党员规范管理及组织处置。制定党费使用和管理办法,规范党费收缴和使用。

(六)加强党风廉政建设。抓紧抓实"三项任务和五项经常性工作",把纪律挺在前面,狠抓中央八项规定精神落实和"四风"问题整治,加大监督执纪问责力度,践行监督执纪"四种形态"。制定校党委贯彻落实《中国共产党问责条例》实施细则,修订督查工作办法,突出对各级领导班子和领导干部的问责与监督检查。制定校党委深化落实中央八项规定精神实施办法,开展典型案例通报,筑牢廉洁自律的思想防线。设立党委巡察办公室,形成巡视巡察上下衔接一体化工作格局。在嘉庚学院设立纪检组织。开展新上岗领导干部集体廉政谈话。进一步加强廉政风险防控,组织25家重点单位全面开展廉政风险排查。全部完成巡视组转办的130件(条)各类信访举报件和问题线索的核查和处置工作,受理群众信访举报件190件,收到或发现问题线索21条,全部妥善受理;2017年共给予党纪政纪处分9人,诫勉8人,提醒谈话5人,函询10人次,发出纪律检查和监察建议书18份。

(七)加强统战、工青妇、离退休和校友工作。指导4个党派顺利完成换届工作,完成并上报中央统战部内地港澳台侨"试点校"学生重点项目。召开七届三次教代会,讨论通过《厦门大学教职工代表大会实施细则》和《厦门大学教职工绩效考核评价体系改革总体方案》。成立教职工申诉委员会,更好地维护教职工合法权益。制订出台《厦门大学共青团改革实施方案》。关心女教职工的发展,增强妇委会活力,蒋月教授被评为福建省总工会十佳"职工最可信赖娘家人"。落实全校离退休工作会议精神,进一步做好离退休教职工服务管理工作。完善校友工作联络网络,成立平潭校友会、佛山校友会、上海校友会互联网分会、浙江校友会经济金融分会、尼日利亚校友会、泰国孔子学院校友会。举办福建省九市一区校友会会长、秘书长暨校友代表会议,进一步发挥校友会促进校、市、区合作的重要作用。

(八)抓好校园安全稳定工作。落实意识形态工作责任制,制定意识形态工作责任制督查办法和基层党委(党总支)意识形态工作责任制清单,对涉意识形态事件进行通报,牢牢掌握意识形态工作领导权主动权。配合公安机关开展"一标四实三清"工作,开展系列安全隐患排查整治,认真协调、积极处置涉访涉诉事件,为党的十九大胜利召开和金砖国家领导人会晤成功举办营造了良好氛围。思明校区全年发生刑事治安警情105起,比上年下降21.6%;翔安校区全年发生刑事治安警情58起,比上年下降33.3%;漳州校区全年发生刑事治安警情8起,比上年下降77.8%。规范道路交通管理,坚持实验室安全隐患排查与整改常态化,加大校园周边环境整治力度,有效开展防御台风和暴雨工作,组织师生消防疏散应急演练。

五、强化思想和价值引领,落实立德树人根本任务

(一)召开全校思想政治工作会议。把贯彻落实习近平总书记在全国高校思想政治工作会议上的重要讲话及中央31号文件精神作为重要政治任务抓牢抓实,认真组织学习宣传贯彻,营造良好学习氛围。召开全校思想政治工作会议,制定关于加强和改进新形势下思想政治工作的实施意见,牢牢把握"四个坚

持不懈”“四个服务”要求,加强整体部署,注重改革创新,着力提升思想政治工作的针对性和实效性。

(二)强化主渠道建设。弘扬马克思主义宣传研究优良传统,发挥哲学社会科学育人功能,加强马克思主义学院建设,申报马克思主义一级学科博士点进展顺利。加强马克思主义政治经济学教学科研,在“双一流”建设中将“中国特色社会主义经济学理论与方法创新”作为重点建设领域和研究方向,加大政治经济学相关课程建设力度,加强政治经济学学科人才引进和培养。建立健全“马工程”教材建设和选用管理机制,严格课堂和各类思想文化阵地管理,不断巩固马克思主义在意识形态领域的主导地位。推进“思想政治理论课教学质量年”建设,深化“三位一体”思政课教学体系和模式改革,校领导带头走进本科生思政课堂,《中国教育报》头版刊发了题为《厦大:上好思政“实践”课》的长篇通讯。坚持专业教师队伍和思想政治工作专门队伍同步建设,不断增强育人合力。

(三)加强教师思想政治工作。成立党委教师工作委员会和教师工作部,深入开展教师思想状况调研,建立双周政治理论学习和集体活动制度,健全师德教育制度,进一步落实“四个统一”、“四有”好老师、“四个引路人”要求,引导教师以德立身、以德立学、以德施教。以“迎接党的十九大,做好学生引路人”为主题举办教师节庆祝活动,评选“我最喜爱的老师”,大力宣传师德师风典型和教书育人楷模。潘懋元教授获评当代教育名家,细胞生物学教师团队被教育部认定为首批“全国高校黄大年式教师团队”,4 位教师获福建省优秀教师或优秀教育工作者荣誉称号。坚持政治标准和学术标准相统一,修订教师职务聘任条例、人文社会科学领域学术期刊目录、师德建设长效机制实施办法,制定师德考评实施办法、引进人才实施办法等制度。

(四)加强学生思想政治工作。开展“触摸红色记忆·重温革命理想”“学史爱校·薪火相传”等主题活动,举办学生骨干理论学习示范班,加大对学生理论社团的支持力度,加强学生的理想信念和社会主义核心价值观教育。举办首届学习马克思主义理论“一‘马’当先”知识竞赛,在省赛中综合成绩居福建省高校第一。注重以文化人以文育人,积极组织校本文艺精品演出和高雅艺术进校园活动,组织首届学院校园文化优秀成果表彰评选,原创话剧《哥德巴赫猜想》参加中国科协会演,学生合唱团和交响乐团分别在国家大剧院和闽南大戏院做专场演出并获得高度评价。创新网络思政工作,完善“五维一体”网络文化建设总格局,19 件网络文化作品在教育部、中央网信办主办的第二届“高校网络宣传思想教育优秀作品推选展示”和“全国大学生网络文化节”作品征集活动中获奖,获奖数量位居全国高校第一。加强实践育人,组织 823 支小分队、9300 多名学生、566 名教师参加暑期社会实践活动。举办“诚美厦大·信达天下”活动,深入开展学术诚信、考试诚信、就业诚信、资助诚信教育。加强就业观教育,引导和鼓励毕业生到基层、到国家最需要的行业、领域和艰苦的地方建功立业,推动学生到国际组织实习任职。完善心理健康教育三级网络工作模式,接待学生个体咨询 2681 人次,心理危机预防干预卓有成效。

六、聚焦“双一流”建设,推动学校事业科学发展

(一)“双一流”建设顺利推进。

按照“四个全面”战略布局和党中央、国务院决策部署,坚持以中国特色、世界一流为核心,以立德树人为根本,以支撑创新驱动发展战略、服务经济社会发展为导向,科学编制并正式公布《厦门大学一流大学建设高校建设方案》。方案坚持以一流为目标,以学科为基础,以绩效为杠杆,以改革为动力,坚持扶优扶需扶特扶新,强化问题导向和需求导向,按照“结合国际科技前沿、结合国家和区域重大战略需求、结合现有基础和条件”的原则和要求,着力打造化学与物质基础等 11 个交叉融合的学科群。2017 年 9 月 21 日,教育部、财政部、国家发改委公布世界一流大学和一流学科建设高校及建设学科名单,我校入选 A 类一流大学建设高校,化学、海洋科学、生物学、生态学、统计学 5 个学科入选“双一流”建设学科。积极推进部省市重点共建,教育部下达 2017 年中央“引导专项”资金 3.67 亿元,福建省和厦门市初步明确按每年 3 亿元(其中福建省 1 亿元,厦门市 2 亿元)专项资金支持厦门大学“双一流”建设。

（二）人才培养质量不断提高。

1.深化本科生培养模式改革。强化课堂教学全过程管理，制定、修订教学管理办法、课堂教学基本规范等规章制度。启动本科教学课程组建设，推动书院制改革，以信息技术与教育教学深度融合推动课程建设和教学模式改革。全面推进本科所有课程全部上网工程，课程中心平台上线课程总数已经达到4500门，获批7门国家级精品在线开放课程。获福建省高等教育教学成果奖特等奖4项、一等奖4项，获批国家级精品资源共享课20门、省级精品资源共享课6门、省级创新创业精品资源共享课3门，在中国大学MOOC平台正式开课21门，40多万人次选课。开展年度本科教学评估，联合国IQA项目研究报告《高等教育内部质量保障优秀原则和创新实践研究典型案例》在法国正式出版。保障教学经费投入，争取中央、省级专项经费约1亿元，新增口腔医学、舞蹈表演2个专业。

2.深化研究生培养模式改革。入选教育部全国博士生教育综合改革试点单位。大力实施研究生课程改革，推动硕博培养过程打通、学制打通、国内国际培养打通，促进培养过程与科学研究融合、专业培养与跨学科融合、研究与创新创业融合。"三打通三融合"改革举措被《光明日报》《中国教育报》等媒体报道。加强专业学位研究生培养实践基地建设，"电子与通信工程研究生培养创新基地"被评为第三届"全国工程专业学位研究生联合培养示范基地"。在全国高校率先启动研究生课程评估。研究生成为学校科研重要生力军，理工医类研究生发表SCI1区和SCI2区论文的科研贡献率达到65%，研究生以第一作者身份在*Science*、*Nature*或*Nature*子刊上发表高水平论文14篇。圆满完成教育部"并轨单双证、统筹管理全日制与非全日制研究生"招考模式改革落地工作。

3.创新创业教育成效显著。坚持"四轮驱动"，深入开展大学生创新创业教育改革，将创新创业教育融入人才培养全过程。在第三届中国"互联网+"大学生创新创业大赛中荣获2金、1银、2铜的成绩，总积分位列第9位并获"先进集体奖"，在全国大学生机器人大赛、物理学术竞赛、海洋知识竞赛等比赛中表现优异。入选全国首批深化创新创业教育改革示范高校，发起成立全国大学生创新创业实践联盟并成为联盟理事长单位。

（三）科学研究工作取得新进展。

1.科研平台建设取得新进展。纳米制备技术国家地方联合工程研究中心、福建省农林生物质高值化技术工程研究中心、高端装备智能化工程研究中心、能源材料工程实验室获批建设。细胞应激生物学国家重点实验室、水声通信与海洋信息技术教育部重点实验室顺利通过评估。福建省纳米制备技术工程研究中心、新能源汽车动力电源技术国家地方联合工程实验室通过省发改委验收。依托台湾研究院申报的国家智库入选国家高端智库培育单位，成立并推动"一带一路"研究院建设。美国研究中心、新西兰研究中心、马来西亚研究所、新加坡研究中心和印度尼西亚研究中心入选教育部备案，做好国别和区域研究中心备案申报。在中国社会科学评价研究院发布的《中国智库综合评价AMI研究报告(2017)》中，我校台湾研究中心、宏观经济研究中心、东南亚研究中心、教育研究院等四个研究机构入选中国核心智库。

2.产出一批高水平科研成果。以我校为第一作者单位在*Science*正刊上发表论文2篇，在*Nature*上发表论文1篇，在*Science*、*Nature*、*Cell*子刊上发表文章33篇；在2018年自然指数排名中，我校位居内地高校第9位，全球高校第55位。获专利授权总数493项，计算机软件著作权获批110项。获中国专利优秀奖2项，高等学校自然科学奖二等奖1项，科技进步奖1项，青年科学奖1项。10项优秀科技成果获得2016年度省科技奖。焦念志院士、韩家淮院士和夏宁邵教授入选"全国创新争先奖"。夏宁邵教授和李少伟教授入选*Nature Biotechnology*公布的2016年度全球生物技术转化研究人员Top20。

3.科研经费及科研项目稳步增长。全年到账科研经费13.83亿元，其中，理工医科为12.46亿元，人文社科为1.37亿元。

(1)理工医科方面。获国家自然科学基金项目立项314项，立项经费约2.34亿元，在全国高校中排名18位。获科技部国家重点研发计划、国家科技重大专项以及"973计划"等立项经费约2.5亿元，在全国高校中排名18位。获其他部委、各省市项目立项247项，立项金额1.1亿元。获横向项目立项526项，合同金额约2.5亿元，其中单项超过100万元的项目66项。

(2)人文社科方面。获国家社科基金各类项目立项 41 项,金额共计 1045 万元,其中重大项目 2 项,重点项目 3 项。获国家自然科学基金各类项目立项 34 项,立项经费 3157.55 万元,其中重大项目“基于中国情景的会计审计与公司财务关键科学问题研究”直接费用 1530.9 万元。获教育部各类项目立项 25 项,立项经费 628 万元,其中重大课题攻关项目 2 项。获福建省各类项目立项 70 项,其中福建省社科重大项目 3 项。获横向项目立项 328 项,合同金额 8475 万元。

4.推进科研管理体制改革。落实科研“放管服”改革,出台科研财务助理管理办法、财政科研项目经费预算调整管理办法、科研项目信息公开管理办法、横向技术合同签订细则、知识产权管理办法、知识产权及其他奖励资助专项资金管理办法等制度,修订完善校级科研机构建设管理办法等制度,进一步激发科研人员积极性,规范科研管理,营造良好的科技创新软环境。

(四)社会服务与合作持续深化。

1.服务新福建建设。贯彻福建省第十次党代会精神,进一步畅通校地对接渠道,完善校地合作机制。组织召开厦门大学与福建省九市一区校地战略合作 2017 年工作会议,编制《厦门大学服务福建发展年报(2016 年)》和《厦门大学服务福建信息专报》,举办成果对接与洽谈会、服务福建发展论坛和福建省石墨烯产业技术创新联盟大会,促进项目有效对接。重点在石墨烯、医疗健康、临空产业、智能制造、电子信息、海洋科技、环境生态、新能源、新材料、大数据等领域,承担了一大批校地校企科技合作项目,为福建创新驱动发展提供科技支撑。积极推动能源与石墨烯创新平台、能源材料大楼建设及省石墨烯产业联盟等各项工作,加快实现一批产业化项目落地。省委主要领导在批示中评价厦大服务福建工作“主动作为,成效显著”。

2.深化战略合作的广度和深度。与中国航空发动机集团有限公司签订合作协议,与福建省海洋渔业厅、东山县人民政府分别签订合作建设“厦门大学东山太古海洋观测与实验站”框架协议书,与中国移动通信集团福建有限公司签订战略合作协议,与三安集成、联芯、天马微、紫光展锐、厦门优迅、福州瑞芯微、厦门科技产业化集团等签订集成电路人才培养合作协议,与海沧区人民政府、同安区人民政府签订合作协议,与长汀县人民政府、三明学院签订支援协议书。

3.推进成果转化和决策咨询服务。加快厦门大学国家大学科技园翔安主园区建设。组织近百项科研成果参加第十五届中国·海峡项目成果交易会。依托厦门大学产业技术研究院组建“技术转移中心”领导小组,推动科技成果转化工作有序开展。围绕社会经济发展的热点问题,结合“一带一路”建设、两岸关系和平发展、南海问题、宏观经济预测、能源政策、政府治理、终身教育等主题,为各级党委政府提供高质量决策咨询服务。推进继续教育“管办分离”,不断规范继续教育办学,积极拓展高端教育培训服务。

4.做好定点扶贫和对口支援工作。发挥学校优势,开展精准对接,在教育扶贫、医疗扶贫、智力扶贫、产业扶贫等方面持续发力,全力帮助宁夏隆德县打赢脱贫攻坚战。“厦门大学发挥校友作用推动定点扶贫工作见实效”项目获评教育部第二届直属高校精准扶贫精准脱贫十大典型项目之一。扎实做好对口支援贵州师范大学、西藏民族大学、青海民族大学和省内有关高校工作,选派挂职干部,着力提升受援高校教学、科研、师资队伍建设水平。

(五)学科内涵建设进一步加强。

1.组织新增学位授权点申报。我校 15 个博士学位授权一级学科点、6 个硕士学位授权一级学科点、2 个硕士专业学位授权点申报新增博士硕士学位授权点。组织完成学位授权点合格评估和厦门大学学位授权自主审核申报。

2.积极参与学科评估。我校除心理学外的 52 个学科参与教育部第四轮学科评估参评,涉及全部 11 个学科门类。根据评估结果,我校海洋科学、应用经济学、化学、统计学、工商管理、法学、生物学等 7 个一级学科进入 A 类。位列全国前 10%的学科数比第三轮学科评估增加 3 个,10%～20%(不含 10%)的学科数比第三轮学科评估增加 3 个。

(六)人才队伍建设力度不断加大。

1.加强人才招聘与引进工作。建立人才信息库,绘制人才战略地图,提高精准引才工作实效。组织首届“南强青年学者”论坛，从全球近20个国家的797名报名者中遴选106名优秀青年学者参加。继续面向全球发布人才招聘计划，2017年新聘教师110人，其中教授10人、副教授20人，副教授以上占27.3%；具有博士学位的106人，占96.4%；具有国(境)外学习(工作)经历的77人，占70.0%；在境外取得博士学位的52人，占47.3%。新聘工程、实验等系列专业技术人员36人、党政管理人员和辅导员38人。

2.加强高层次人才队伍建设。修订《厦门大学南强青年拔尖人才支持计划》，进一步加强青年人才和学科领军人才队伍建设。重视高层次人才的引进和培养工作，新增中国科学院院士1人，“长江学者”特聘教授3人、青年学者3人，国家杰出青年科学基金获得者2人，“万人计划”科技创新领军人才1人、百千万工程领军人才1人，国家“百千万人才工程”入选者1人，国家优秀青年科学基金获得者3人，“闽江学者”特聘教授9人，福建省引进高层次创业创新人才16人，福建省引进高层次人才10人，福建省高校“新世纪优秀人才支持计划”入选者8人。获得2项国家创新研究群体资助，2个教育部创新团队获得滚动支持。

3.加强博士后队伍建设。博士后人才项目成效显现，7人入选博士后创新人才支持计划，入选人数在全国高校中排名第九，1人入选青年人才托举工程，1人入选博士后国际交流计划学术交流项目，2人入选外国青年人才引进项目。博士后人员科研能力不断提升，在站4名博士后分别以第一作者署名在*Nature*及其子刊、地理学顶级期刊*Geology*发表学术文章；今年上半年出站的1名博士后在中共中央刊物《求是》杂志独立发表2篇学术文章。

4.建立健全考核评价体系。制订教学科研单位、机关部处和直属单位绩效管理制度改革方案和教职工绩效考核评价体系改革方案。科学设计指标体系，坚持关键绩效指标(KPI)和360度评价相结合、单位考核与个人考核相关联，设立服务对象评价机制，强化考核结果应用。做好改革实施和过渡衔接工作，形成了教职工个人和单位两大考核评价体系改革方案和教师、工程实验等系列专业技术人员、党政管理及工勤人员、教学科研单位、机关部处和直属单位等5大类考核评价体系改革实施办法，学校入选教育部首批“高校教师考核评价改革示范校”。

(七)对外交流与国际办学再上新台阶。

1.马来西亚分校建设进展顺利。完成总建筑面积26万平方米的马来西亚分校一期工程建设，所有项目已完成验收取得CCC验收证书并投入使用，二期工程建设已全面启动。2017年招生人数1828名(含中国学生564名、预科生497名)，目前在校生人数2622名。增设电子信息工程专业。

2.加大对外交流力度。深入落实“G50战略伙伴计划”，做好全球八校联盟秘书处工作，筹备组建“21世纪海上丝绸之路大学联盟”。深化与英国纽卡斯尔大学在七个主题学科领域的合作，积极推动厦门大学—纽卡斯尔大学—辛辛那提大学三方合作；与英国卡迪夫大学设立联合研究基金，合作建设牙医学院，开展双博士培养项目；与美国密歇根大学、加拿大米吉尔大学、英国南安普顿大学等合作培养博士。目前学校境外合作院校共有236所(其中排名世界前200的院校近50所)，校际交流合作协议累计355个。推动师生出国出境合作交流，本年度教师因公出国交流1550人次，学生出国交流1290人次，教师赴台港澳地区交流557人次，学生赴台港澳地区交流646人次。

3.做好汉语国际推广工作。以孔子学院质量年为契机，启用“孔子学院绩效评估指标体系与管理系统”，积极推动与“一带一路”沿线国家共建孔子学院。2017年我校共建孔子学院和孔子课堂共计注册学员50283人，比去年增长了24%；共举办文化活动907场，参与人数23万多人次。出色完成外方院长研修班、孔子学院国家公派汉语教师、汉语教师志愿者等多项重大培训任务。在第十二届孔子学院大会上，我校第四次荣获孔子学院“先进中方合作院校”称号。

(八)办学条件得到一进步改善。

1.推进基本建设和修缮项目建设。思明校区演武运动场改造及访客中心建设项目主体工程基本完成，演武运动场及南校门正式启用，完成白城校门及道路、芙蓉餐厅、嘉庚楼群外立面、思明校区教职工住宅外立面、国光老旧建筑、部分学生宿舍、建筑夜景灯改造和校园绿化提升工作。法学院扩建项目可行性研究报告已通过教育部专家组评估并获教育部批复。翔安校区完成继续教育学院大楼、学生公寓四期、航空航天学院大楼、综合实验楼建设,稳步推进综合体育馆、汉语国际推广南方基地一期后续工程,开工建设能源材料大楼,积极做好细胞应激生物学国家重点实验室、实验动物中心二期项目、生态植物园项目前期工作。完成鼓浪屿原日本领事馆(一期)文物保护建筑结构加固工程,东山海洋实验与观测站一期工程完工并交付使用,完成漳江口红树林湿地生态系统野外科研与教学基地项目的教育部审批和征地拆迁。

2.加强资产管理和征地拆迁工作。开展全校固定资产盘点工作。加强商业用房管理工作,建立健全商业用房管理信息,出台《厦门大学房屋出租出借管理办法》。调研各个学院、研究院教学科研和行政办公用房情况,研究公房有偿使用管理和绩效考核办法。完成学生公寓海韵园16、17号楼的产权办理工作。积极推进海韵园二期、法学图书分馆征地拆迁工作。

3.加强实验室与设备管理工作。全面推行贵重仪器设备资源有偿占用制度,出台《厦门大学贵重实验仪器设备有偿占用费收取与使用管理办法》。在医学与生命科学学部实施贵重实验仪器设备统筹共享改革试点,探索以学部为单位的贵重仪器设备开放共享新模式。落实实验室安全管理措施,完善实验室安全督查、隐患排查和整改落实机制。

4.加强图书资料网络信息服务。出台《厦门大学图书资料采购工作实施细则》,进一步规范文献资源采购工作。新增纸本图书15万册、电子书库11个,目前纸本藏书总量525万册、电子图书藏量562万册。学科服务广泛开展,学习空间不断改善。正式启动信息安全等级保护,积极推进学校网络设施和设备的集约化建设,对主虚拟化服务器集群进行扩容及优化,高性能科学计算服务能力进一步提高。完成新一代办公自动化系统研发。

5.做好后勤管理和服务工作。开展以"控风险、降成本、提服务、见效益"为主要内容的内控建设年活动,修订集团采购管理实施办法,不断提升服务水平。拓展服务领域,做好学校会议服务、校园印刷服务,积极开展公车改革,加强运输服务。积极推进后勤集团文化建设,发挥后勤育人功能。

(九)财务和审计工作得到进一步加强。

1.年度预算执行情况。学校综合财务收入54.15亿元,比上年增长14%,完成年度预算100%;综合财务支出48.20亿元,比上年增长10%,完成年度预算90%。预算执行情况总体良好,为我校科学发展、可持续发展提供了坚实的基础和支撑。

2.加大审计工作力度。围绕学校中心工作,加强重要领域、重大专项、重大资金等方面的审计。完成工程竣工结算审计101项,送审金额118662.90万元,审定金额109277.26万元,审减9385.64万元,审减率7.91%。校级层面内部控制工作完成,内部控制建设初见成效,风险防范得到加强。

(十)民生保障得到进一步落实。

1.做好学生资助和就业工作。认真做好各类奖助学金评审工作,累计发放各类奖、助学金近2.7亿元。组织90名学工干部前往江西开展"爱无疆·送温暖"家访活动,《人民日报》刊文报道。扎实推进毕业生就业工作,为2017届毕业生开展就业指导活动284场,覆盖15000多人次;举办664场校园宣讲会,参会单位2147家;发布近16万个岗位需求信息。2017届毕业生就业率95.6%,到国家重要行业和领域就业比例为41.7%。

2.努力改善教职工住房条件和生活待遇。开展思明校区300套周转房的装修改造,完善配套设施。积极争取厦门市支持,做好五缘公寓等保障性住房有关配套政策的明晰、解释工作,推动配套设施提升等服务工作的落实。完成原白城1～6号楼拆迁安置房交房工作。做好校内老旧教工住宅电梯增设工作。积极争取教职工子女入读附属学校,推进附属(国际)学校项目前期用地手续办理工作。按照分步实施的原则,完成在职人员2017年薪酬调整。想方设法关心关怀离退休老同志,完成退休人员2017年待遇调整,专门安排经费用于春节期间对老同志的慰问。

——本文摘录自《厦门大学年鉴2018》,厦门大学出版社,2019年4月版

厦门大学一流大学建设高校建设方案

（2017年9月22日）

第一章 建设基础和发展环境

一、建设基础

(一)优良的办学传统和深厚的历史积淀

厦门大学始终与祖国同呼吸、共命运。学校始终以实现国家富强、民族振兴和人类进步为己任，坚持“自强不息，止于至善”的校训精神，始终将建设世界一流大学作为目标追求。建校以来，为国家培养了40多万名本科生和研究生，在厦大学习、工作过的两院院士60多人。学校深刻认识到，建设世界一流大学，必须要培养一流人才、创造一流价值，为国家富强、民族复兴和人类文明进步做出一流贡献。

厦门大学始终得到党和国家领导人高度重视。学校先后成为国家重点大学和“211工程”“985工程”重点建设大学。习近平总书记在担任福建省省长期间，亲自参加厦大80周年校庆并做重要讲话。90周年校庆期间，习近平同志专门发来贺信，希望厦大“更好地服务国家和海峡西岸经济社会发展，为实施科教兴国战略和人才强国战略、加快推进社会主义现代化建设做出新的更大贡献”。2015年4月，李克强总理视察厦大，对学校历史传统和办学成就给予充分肯定，并对学校发展寄予厚望。学校深刻认识到，建设世界一流大学，必须要牢牢扎根中国大地，坚持社会主义办学方向，全面贯彻党的教育方针，坚持为人民服务、为中国共产党治国理政服务、为巩固和发展中国特色社会主义制度服务、为改革开放和社会主义现代化建设服务。

厦门大学始终得到教育部、福建省和厦门市的大力支持。部省市三方于2001年、2007年、2011年相继签署重点共建厦门大学协议，从政策、资金、土地、住房等方面给予学校强有力的支持。学校深刻认识到，创建世界一流大学，必须要坚持服务国家和服务区域发展相统一，全面融入福建经济社会发展，在服务发展、引领发展、共赢发展中创建一流。

(二)坚实的办学基础和鲜明的办学特色

学科水平不断提升。12个学科进入ESI全球前1%，数量居全国高校第16位，其中化学进入全球前100强。在全国第四轮学科评估中，7个学科进入A类学科、31个学科进入B类学科、12个学科进入C类学科。在QS学科排名中，7个学科进入全球前300强；在上海软科学科排名中，3个学科进入全球前100强，13个学科进入前200强。

培养质量显著提高。实现本科生学费收入100%返还用于人才培养。深入推进博士生招生“申请—考核制”改革，研究生以第一作者在*Science*、*Nature*及其子刊上发表论文数显著增加，研究生对全校科研论文的贡献度超过60%。入选首批全国高校实践育人创新创业基地和教育部深化创新创业教育改革示范高校。学生在全国“挑战杯”等国内外重大比赛中屡创佳绩。

高端人才不断汇聚。拥有两院院士22人、发展中国家院士4人、国家杰出青年科学基金获得者42

人。拥有国家基金委创新研究群体8个、教育部创新团队9个、科技部创新推进计划重点领域创新团队4个。专任教师具有博士学位的比例达81.5%,具有国(境)外博士学位的比例达18.2%。

创新能力明显增强。牵头建设2个国家级协同创新中心,拥有10个国家重点实验室[工程实验室、工程(技术)研究中心]、95个部省级科技创新平台、3000吨级海洋科考船"嘉庚号"。自然指数居全球第89位、大陆高校第9位。近五年来获国家科技奖5项、中国科学十大进展1项、中国高校十大科技进展2项、中国高校人文社科研究优秀成果奖32项。学校年度到位科研经费突破11亿元。

办学条件保障有力。办学空间得到较大改善,思明校区、翔安校区、漳州校区布局逐步优化,功能不断完善。实验装备服务体系建设水平不断提高,完成基础网络扩容与升级,图书文献等资源引进与数字化建设成效明显。

党的领导切实加强。坚持全面从严治党,全面加强党的建设,坚持和完善党委领导下的校长负责制。深入开展党的群众路线教育实践活动、"三严三实"专题教育,开展"两学一做"学习教育,推进"两学一做"学习教育常态化制度化。不断推进党风廉政建设,一流大学的政治文化生态逐渐成熟。制定实施《厦门大学章程》,编制实施综合改革方案,推进依法治校,现代大学制度不断完善。坚持党风校风学风"三风"齐抓,思想政治教育工作得到加强。

(三)良好的社会声誉和较强的国际竞争力

办学质量广受社会好评。本科生录取成绩逐年提高,研究生生源质量稳中有升。毕业生就业率保持在95%以上,重点行业和关键领域签约率超过37%,用人单位满意度达95%以上,毕业生成为最具社会竞争力、最受社会欢迎的优秀群体之一。厦大校友在各行各业尽职奉献,为国家和社会做出应有贡献。

国际化办学迈出新步伐。马来西亚分校成为中国大陆第一家拥有独立校园的海外分校,得到中马两国政府和领导人的高度重视和大力支持、社会各界的关心帮助,成为中马两国高等教育合作新的里程碑;马来西亚分校完成一期工程建设,开设13个专业。在全球布局建设16所孔子学院、44个孔子课堂,启动汉语国际推广南方基地和孔子学院院长学院建设,连续三年荣获孔子学院"先进中方合作院校"称号。

全球影响力日益提升。在世界主流排行榜中跻身全球300强左右(《美国新闻和世界报道》世界大学排名)。学校成为国内唯一入选联合国教科文组织"高等教育内部质量保障优秀原则和创新实践项目"的高校。与境外高校签订校际协议334个,与47所世界排名前200名的高校开展实质性交流合作。

二、发展环境

全球化深入推进为学校参与国际高等教育竞争提供了更大舞台。厦门大学必须充分认识到全球化对大学存在价值的深远影响,不断强化全球视野和前瞻思维,准确把握发展新格局,主动适应发展新趋势,坚定发展自信,保持发展定力,加快创建世界一流大学步伐,为建设高等教育强国、增强国家核心竞争力、展现大国担当做出应有贡献。

实现中华民族伟大复兴为学校加快创建世界一流大学创造了历史机遇。厦门大学必须坚持扎根中国大地办大学,创新发展模式,深化综合改革,探索具有厦大风格的中国特色世界一流大学发展道路和模式,全面提升办学质量,在服务国家战略中创造一流价值,做出一流贡献。

新福建建设对学校支撑和引领区域经济社会发展提出了新的期待。厦门大学是福建高等教育的排头兵,是科技创新的重要骨干力量,必须充分发挥人才和智力优势,为建设"机制活、产业优、百姓富、生态美"的新福建、为厦门建设"五大发展"示范市提供强劲动力。

科技迅猛发展对学校教育教学理念、人才培养模式和学术发展模式带来了强烈冲击。厦门大学必须顺应科技发展的趋势,遵循人才成长和科学研究的规律,不断满足学生多样化、个性化的学习成长需求,推进新技术、新方法的融合,不断完善科研组织模式,探索形成以问题和需求为导向的协同创新机制,构建"学科、科研、人才"三位一体的创新模式。

三、面临挑战

经过"211工程"和"985工程"长期重点建设，厦门大学各项事业取得了长足进步，学校综合实力和国际影响力显著提升，具备了冲击世界一流大学的良好基础和条件。但是，对照党和国家的更高要求、对标世界一流大学的目标定位，学校还存在较大差距和严峻挑战。

主要表现在：一是思想观念需要进一步解放，对一流大学的认识把握还不够，创建一流大学的发展自信和战略定力需要进一步强化，干事创业的拼劲和闯劲不足。二是人才培养质量有待进一步提高，培养德智体美全面发展精英人才的理念与模式尚需不断强化和完善。三是人才队伍整体层次和水平有待进一步提升，世界一流的顶尖学科带头人和领军人才明显不足，高水平的创新团队数量不多。四是学科整体水平与世界一流还存在不小差距，高峰学科偏少，新兴交叉学科发展有待进一步加强，学科布局和学科生态有待进一步优化和完善，学科综合优势尚未充分发挥。五是自主创新能力有待增强，科研组织管理模式有待完善，以问题为导向的科学研究不足，科研成果转化能力亟待提高，社会服务实效有待提升。六是办学资金资源总体不足，配置不够优化，共享程度不高，使用效率和效益有待进一步提升。七是管理体制机制运行不够顺畅，协同发展的环境尚未形成，校院两级的活力未得到充分激发，现代大学制度还需要进一步完善。八是支撑一流大学建设的大学文化建设仍需进一步加强。对于这些不足和差距，我们必须深入分析、认真研究，切实有效加以解决，更好更快地推进"双一流"建设。

第二章　指导思想、发展理念和战略目标

一、指导思想

高举中国特色社会主义伟大旗帜，全面贯彻落实党的十九大精神，以马克思列宁主义、毛泽东思想、邓小平理论、"三个代表"重要思想、科学发展观、习近平新时代中国特色社会主义思想为指导，贯彻落实全国高校思想政治工作会议精神，按照"五位一体"总体布局和"四个全面"战略布局，牢固树立并践行创新、协调、绿色、开放、共享的发展理念，坚定道路自信、理论自信、制度自信、文化自信，增强政治意识、大局意识、核心意识、看齐意识，坚持为人民服务、为中国共产党治国理政服务、为巩固和发展中国特色社会主义制度服务、为改革开放和社会主义现代化建设服务，坚持社会主义办学方向，全面贯彻党的教育方针，以中国特色、世界一流为核心，以立德树人为根本，以培养拔尖创新人才、支撑创新驱动发展战略、服务经济社会为导向，以学科为基础，以队伍建设为关键，以加强党的领导为根本保证，着力培养一流人才、打造一流队伍、建设一流学科、产出一流成果、做出一流贡献，实现内涵式发展，确保全面实现厦门大学"两个百年"奋斗目标，奋力谱写中华民族伟大复兴中国梦的厦大篇章。

二、发展理念

——把创新作为引领发展的第一动力。贯穿创新发展的理念，全面深化综合改革，大力推进观念创新、理论创新、教育创新、科技创新、文化创新和体制机制创新，营造校园创新文化，激发师生创新活力，着力解决发展动力问题，推动各项事业蓬勃发展。

——把协调作为全面发展的内在要求。围绕立德树人，促进师生德智体美全面发展，促进人才培养、科学研究、社会服务、文化传承与创新、国际交流与合作等有效衔接，推动文理工医各学科协调发展，正确处理外延与内涵、速度与节奏、目标与资源等改革发展中的重大关系，不断增强发展整体性和协调性。

——把绿色作为持续发展的必要条件。培养师生绿色观念，反对奢侈浪费，崇尚勤俭节约，养成绿色

的生活方式和行为规范;发挥学科优势,积极参与和支撑绿色发展、循环发展、低碳发展;建设绿色文明校园,营造浓郁人文环境,积淀深厚文化底蕴,提升办学品质,启迪学生心智,陶冶学生情操。

——把开放作为创建一流大学的必由之路。推动校内开放共享,实现校区之间、学院之间和学科之间的交叉融合;主动对社会开放,加强科教结合、产学融合、协同创新和协同育人,将更多社会资源转化为育人资源;深化对外交流合作,做到以我为主、开放包容,双向交流、合作共赢,提升国际竞争力和影响力。

——把共享作为办好人民满意教育的本质要求。培育大爱文化,坚持发展为了师生,发展依靠师生,把创建一流大学的厦大梦与成长成才的个人梦有机结合起来,不断改善师生员工学习工作和生活条件,使全校师生员工在共建共享发展中有更多获得感,增强发展动力,凝聚发展合力。

三、发展原则

——坚持一流目标。要着眼于实现中华民族伟大复兴,始终与时代同步、与祖国同行,进一步增强争创一流的发展自信和战略定力,牢牢扎根中国大地,着力培养一流人才、打造一流队伍、建设一流学科、产出一流成果,加快走向世界一流,为国家富强、民族复兴、人类进步做出一流贡献。

——坚持立德树人。要强化人才培养的核心地位,按照育人为本、德育为先、全面发展的要求,不断更新教育教学理念,把培养和践行社会主义核心价值观融入教书育人全过程,建立和完善一流的人才培养体系,全面实施素质教育,挖掘学生潜能,彰显学生个性,增强创新能力,造就具有家国情怀、全球视野、适应国家现代化要求的社会主义建设者和接班人。

——坚持改革创新。要深化综合改革,创新发展理念、强化问题导向、转变发展方式、保持改革韧劲,着力破除体制机制障碍和院系行政壁垒,推进关键环节突破,构建充满活力、富有效率、更加开放、有利于激发师生员工主动性和创造性的文化生态,为创建世界一流大学提供持续动力。

——坚持依法治校。要牢固树立依法办事的意识,严格遵守国家法律法规,贯彻落实《厦门大学章程》,加快中国特色现代大学制度建设,善于运用法治思维和法治方式推进世界一流大学建设,实现学校治理体系和治理能力现代化,全面提高依法治校、依法决策、依法管理的能力和水平。

——坚持开放办学。要统筹利用好国际国内两种资源,既要坚持中国特色,扎根中国大地办大学,主动对接服务国家和区域发展战略,又要充分借鉴世界先进的办学治学经验,积极参与国际交流合作,融入高等教育全球化进程,在交流合作中提升办学质量和水平,增强国际竞争力和影响力。

——坚持党的领导。党委是学校的领导核心,加强党的领导和党的建设是实现学校事业持续健康发展的根本政治保证。必须贯彻全面从严治党要求,坚持党对"双一流"建设的全面领导,坚持和完善党委领导下的校长负责制,不断增强党的创造力、凝聚力、战斗力,确保学校发展沿着社会主义办学方向前进。

四、战略目标

厦门大学"双一流"建设明确了"两个百年"战略目标和"三步走"战略部署:到2020年全面建成世界知名高水平研究型大学,实现第一个百年目标;到2030年主要办学指标和整体实力进入世界一流大学行列,到2050年主要办学指标和整体实力位居世界一流大学前列,实现第二个百年目标。

(一)2020年战略目标

到2020年,实现全面建成世界知名高水平研究型大学的第一个百年目标,为创建一流大学奠定坚实基础。

——学科实力整体跃升。学科布局更加合理、特色优势更加鲜明、交叉融合更加深入,力争使化学进入世界一流行列,推动生物学、海洋科学、生态学、统计学、经济学、管理学等学科在若干方向和领域达到国内领先、世界一流,从而带动学科整体实力显著提升。

——教育质量不断提高。人才培养结构不断优化，培养质量不断提升，逐步形成具有厦大特色的拔尖创新人才培养新模式，为国家和地方培养输送大批具有家国情怀、全球视野，适应现代化要求的精英人才。

——人才队伍层次提升。高层次人才数量进一步扩大，加强博士后专职科研队伍建设，打造一批高水平创新团队，汇聚形成一支结构合理、创新活跃、具有国际竞争力的高素质人才队伍。

——创新能力显著增强。承担国家重点研发计划等重大项目的能力显著提升，产出一批高显示度原创性科学研究成果，在国家级创新平台、高端智库和各级各类协同创新中心建设方面取得新进展，基础科学研究水准接近世界一流。

——社会服务成效显著。学科发展、人才培养与国家和区域经济社会发展的契合更加紧密，支撑创新驱动发展、产业转型升级更加有力，决策支持能力显著提高，引领发展能力进一步增强。

——国际化水平全面提升。国际化水平保持在国内高校前列；对中国高等教育参与国际竞争、提升中国文化软实力做出突出贡献；马来西亚分校成为"一带一路"沿线国家教育合作的重要支点，孔子学院成为汉语国际推广、传播中华文化的重要载体。

——文化生态更加成熟。弘扬社会主义核心价值观，传承和弘扬厦门大学优秀办学传统，强化爱校荣校、改革创新、团结合作、包容共享的价值理念，逐步打造多元、包容、文明、精致、先进的一流大学文化生态。

(二)2030 年战略目标

到 2030 年，服务国家发展的能力更加突出，国际学术地位显著提升，更多学科进入国内领先、世界一流行列，若干学科进入世界一流前列，各学科领域都有一批国内一流、世界知名的专家学者，主要办学指标和整体实力进入世界一流大学行列。

(三)2050 年战略目标

到 2050 年，学校办学声誉和办学水平获得国际公认，主要办学指标和整体实力位居世界一流大学前列，更多学科进入世界一流大学前列，为区域发展、国家富强、民族复兴和人类文明进步做出卓越贡献。

第三章　学科建设任务

一、学科建设思路

加强顶层设计。坚持以一流为目标，坚持有所为有所不为、有所先为有所后为，进一步调整优化学科布局，促进文理工医协调发展，强化学科主流特色，着力打造一批国内领先、世界一流的高峰学科，逐步构建相互支撑、协同发展、具备国际竞争力的新型学科体系。

凝练重点方向。按照扶优扶需扶特扶新的原则，紧密结合国际科技前沿，结合国家和区域重大战略需求，结合现有基础和条件，凝练重点研究方向、领域和需要解决的重大问题，开展协同攻关，力争取得重大突破、做出实质贡献，推动学科水平的整体提升。

强化优势特色。发扬厦门大学学科历史传统，统筹兼顾国家和区域发展重大需求与学校办学特色和学科优势，统筹兼顾学科发展现实基础与建设世界一流大学的未来需求，努力打造具有自身优势和特色的"厦大学派"，不断增强学科话语权、掌握学科发展主动权。

推进交叉融合。突破学科界限，打破行政壁垒，建立以问题为中心的科研管理模式，以重大项目为纽带的人才流动机制，以多学科交叉融合为导向的资源配置机制，打造公共服务平台，推动学科交叉融合，培育新的学科增长点，不断增强学科核心竞争力和持续发展能力。

二、学科总体布局

繁荣发展哲学社会科学。坚持马克思主义的指导地位,按照立足中国、借鉴国外,挖掘历史、把握当代,关怀人类、面向未来的思路,促进科研方法和手段创新,努力培育和形成哲学社会科学的“厦大学派”,巩固和提升国内领先地位,增强国际影响力和话语权,着力为构建中国特色哲学社会科学体系做出贡献。

巩固提升基础理科。坚持面向国家重大战略需求和世界科学前沿,引导教师将学术兴趣与国家目标相结合,鼓励教师面向重大科学研究方向,加强重大科学问题研究,加强基础理科建设,推动学科持续发展,进一步增强学科实力,建成一批国际一流学科,扩大学科在国际上的影响力。

振兴工程和应用学科。瞄准工程技术前沿和未来产业方向,围绕国家和区域创新驱动发展战略、“互联网+”、“中国制造 2025”、军民融合发展战略等重大计划,贴近福建省、厦门市产业转型升级需求,推动工科和应用学科振兴发展,促进产学研用紧密结合,不断提升学科支撑和服务发展的能力。

创新医科建设和发展模式。加大医科建设投入,加强附属医院建设,推动解决医学发展面临的体制机制问题,促进医学和其他学科交叉、基础医学和临床医学结合,探索综合性大学医学学科建设、人才培养和学术研究的新模式,努力使医学学科成为学校创建一流大学的新增长点和重要支撑。

加快发展新兴交叉学科。大力支持基础学科之间、基础学科与应用学科之间、自然科学与人文社会科学之间的交叉与融合,在新能源、新材料、海洋环境生态、生物医药、大数据、智能制造、两岸关系和平发展、“一带一路”等重点发展方向,带动发展一批新兴交叉学科。

三、学科群建设规划

强化学科的基础地位和龙头作用,坚持扶优扶需扶特扶新的原则,按照“结合国际科技前沿、结合国家和区域重大战略需求、结合现有基础和条件”的要求,实施学科分类管理、分层次建设,规划建设 11 个交叉融合的学科群,凝练一批重点研究方向、领域和需要解决的重大问题。通过协同攻关,力争取得重大突破,打造一批高峰高原学科,孕育新的学科增长点,其中一批学科进入世界一流行列,若干学科率先进入世界一流前列,为迈向世界一流大学奠定坚实基础。

(一)化学与物质基础学科群

主要依托化学、物理学、电子科学与技术等一级学科,依托能源材料化学国家级协同创新中心、固体表面物理化学国家重点实验室、谱学分析与仪器教育部重点实验室、微纳光电子材料与器件教育部工程研究中心等平台,以及国家自然科学基金委“界面电化学”、“谱学分析”和“团簇化学”创新研究群体,凝练基础性强、对推动物质科学发展具有重要意义的学科方向进行重点建设,包括以精准合成化学、微电子为代表的物质构筑研究方向,以软物质、低维凝聚态与光子学为代表的物质相互作用研究方向,以分析科学、天体物理为代表的物质结构和运动研究方向,以物理化学、理论与计算化学、统计物理为代表的基础理论研究方向。在巩固提升原有优势学科的基础上,推进各学科交叉融合,协同解决物质科学的重要基础问题,开拓高端技术应用和前瞻性基础科学领域,实现科研与教学相互促进,培养一流人才,建设一流平台。

(二)海洋资源环境与生态文明学科群

主要依托海洋科学、生态学、环境科学与工程等一级学科,依托近海海洋环境科学国家重点实验室、海洋生物制备技术国家地方联合工程实验室等国家级和部省级科技平台,以海洋和海岸带为特色和优势,瞄准海洋、环境、生态领域的国际科学前沿,针对国家海洋强国战略和生态文明建设的重大需求,重点建设微生物海洋学与海洋碳汇,海洋生物地球化学、地质海洋学与全球变化,海洋生态过程及其环境效应，环境监测、污染与生态毒理，海洋动力过程与气候变化，滨海湿地生态系统与全球变化，海洋物理与智慧海洋，海洋生物技术与资源开发利用，流域—海洋综合治理及可持续发展等方向，建设和完善“嘉庚号”海洋科学综合考察船、岸基观测与实验系统、中尺度受控模拟实验系统、海洋科学数值模拟中心及计算共享平台、大型仪器与技术服务中心等5大公共支撑体系，提升学科群培养创新型专才和服务“智慧海洋”等国家战略的能力，为推进国家海洋强国战略和生态文明建设做出实质性贡献。

(三)生命科学与人类健康学科群

主要依托生物学、公共卫生与预防医学、临床医学等一级学科，依托细胞应激生物学国家重点实验室、国家传染病诊断试剂与疫苗工程技术研究中心、天然产物源靶向药物国家地方联合工程实验室、滨海湿地生态系统教育部重点实验室等国家级和部省级平台，整合生命科学学院、医学院、药学院、公共卫生学院以及附属医院的人员和资源，重点建设免疫学、代谢生物学、肿瘤生物学与临床诊疗、遗传发育生物学与育种、神经生物学与神经疾病、再生医学、精准药学、医学诊断技术、临床转化医学、全球健康与传染病防控、化学生物学等方向，形成以生命科学基础研究为支撑，以临床、预防诊断医学等为创新应用方向，以技术革新为学科交叉突破点的协同融合的学科发展体系。

(四)统计与数据科学学科群

主要依托统计学、数学、计算机科学与技术等一级学科，依托计量经济学教育部重点实验室、水声通信与海洋信息技术教育部重点实验室、计量经济理论与应用创新引智基地等部省级科研平台，以现代统计学理论与方法创新为核心，以基础数学理论、科学计算和深度学习方法为抓手，结合政策评估、社会医疗保障等国家重大需求，在数理统计基础理论与方法创新、经济统计学创新与发展、机器智能与大数据深度学习、代数与分析、高精度科学计算、经济金融数据统计建模、健康医疗大数据管理与分析等重点领域开展深入研究，努力建设国际一流的统计与数据科学学科群，提升学科群整体实力与影响力。

(五)能源科学与工程学科群

主要依托化学、化学工程与技术、仪器科学与技术等一级学科，依托能源材料化学国家级协同创新中心及其他重要科研教学平台，创新组织模式，组建以能源基础研究为专业支撑、能源应用体系为创新链、能源政策和效率为系统支撑与指导的三大纵横交叉、融合支撑的子学科方向和创新网络，重点建设能源材料结构与界面工程基础学科方向，电化学储能与转化、碳资源优化利用、生物质能、光能转化与利用、本质安全核能等应用学科方向，以及能源政策与能效工程、清洁能源工程等系统学科方向。通过建设争取形成较大国际影响力，争取进入世界百强，取得原创成果，部分方向达到世界一流前列水平。

(六)材料与智能制造学科群

主要依托材料科学与工程、信息与通信工程、航空宇航科学与技术等一级学科，按照基础和应用“横/纵”两条线索进行规划，设立前沿材料、智能制造、仪器装备三个学科子群。横向层面上，前沿材料子群重点支持高性能陶瓷纤维、石墨烯等二维材料、材料基因与表面工程、纳米功能材料方向；智能制造子群重点建设航空航天装备健康管理、微纳制造与智能化技术、智能感知与立体通信、智能电子信息技术方向；仪器装备子群重点建设民机涡轮基组合动力系统和智能科学仪器方向。纵向主线上，按照顶层需求的不同，设计新型航空动力装备与智能科学仪器两条主线。两条主线构成的两个“金字塔”结构互相交叉，在前沿材料和智能制造层次协同共享。以前沿材料为基石、智能制造为桥梁、仪器装备为出口，形成有机的支撑协同体。通过学科群建设，夯实冲击世界一流的优势基础。

(七)经济与工商管理学科群

主要依托理论经济学、应用经济学和工商管理等一级学科，并辐射到其他相关学科，依托计量经济学教育部重点实验室、计量经济理论与应用创新引智基地等部省级平台基地,以及会计发展研究中心、宏观经济研究中心教育部人文社科重点研究基地。立足中国实践,瞄准国家经济发展的重大需要以及经济学科、管理学科国际前沿,重点选择具有国际竞争力的计量经济学等方法论学科与新兴学科作为突破口,以定量分析为主要研究手段,通过理论研究与实证研究相结合,重点在中国特色社会主义政治经济学理论与方法创新、计量经济学及其在经济预测与政策评估中的应用、互联网时代金融市场与公司财务的创新研究、会计学理论与实务的发展与创新、法经济学制度、产业与创新研究、新发展理念下财政金融制度与政策研究、构建开放型世界经济新格局下的国际经济与国际商务研究以及城市、环境与能源经济研究等重点领域展开深入研究,为解决中国与世界重大经济、管理问题提供理论支持与方法论支撑。

(八)公共治理学科群

主要依托公共管理、法学、教育学等一级学科,涵盖政治学、社会学、心理学和数据科学等学科的交叉领域,核心内容包括国家治理、全球治理、地方治理、社会治理、依法治国、法治建设、公共政策、公共服务、人才战略、考试制度、高等教育发展等。学科群依托高等教育发展研究中心教育部文科重点研究基地、公共政策与地方治理省级协同创新中心等部省级平台,关注公共治理理论与实践前沿,注重交叉研究、学科建构、理论创新与知识应用,围绕公共政策与地方治理、公共服务质量管理与评价、依法治国与法治建设、中国和平崛起与国际法发展、中国高等教育质量保障体系建设、国家考试制度改革与历史、高等教育制度现代化建设等重点方向,建设中国特色、世界一流的公共治理学科群。

(九)人文与艺术学科群

主要依托中国史、中国语言文学、民族学等一级学科,突显中国特色,以世界一流为目标,以需求为导向,以问题为引领,坚持交叉融合,整合校内相关力量重点建设中国地方史与民间文献研究,中国历史上的社会经济发展模式,中外语言学关系与国家语言能力研究,中国民族研究的跨学科探索,南中国传统文化的传承、保护与发展,朱子学与中国文化发展战略研究等重点发展方向和主要领域。力争在近期建成一批国内顶尖、国际知名的学科品牌,到 21 世纪中叶建成世界一流的人文与艺术学科群。

(十)马克思主义理论学科

以马克思主义理论一级学科为骨干,同时依托哲学、理论经济学等一级学科,面向党和国家的重大战略需求和学科前沿,聚焦中国道路和当代世界发展的重大理论和实践问题,围绕《资本论》与马克思主义基础理论创新研究、中国道路与习近平新时代中国特色社会主义思想研究、习近平在闽思想方略及其实践研究、中国特色社会主义农村发展道路研究、马克思主义哲学若干前沿问题研究、马克思主义与当代世界发展研究等重点研究方向,推进高水平学术研究,为落实发展 21 世纪马克思主义、当代中国马克思主义的重大历史任务做出新的贡献。

(十一)“一带一路”、两岸关系和平发展学科群

主要依托应用经济学、政治学、新闻传播学等一级学科,涉及法学、历史学、外国语言文学、海洋科学等多学科力量,围绕“一带一路”中的中国与东南亚关系的新发展,海洋文明与海洋合作发展研究,全球价值链理论,中国企业在沿线国家的投资及风险管控研究,知识产权交易与反侵权的创新机制研究,华侨华人、文化传承与民心相通等研究方向;围绕两岸关系和平发展重大理论研究,两岸经济融合发展理论与实务研究,两岸历史传承与文化融合研究,两岸社会整合与合作治理等研究方向,重点解决“一带一路”建设、两岸关系和平发展过程中出现的重大的理论与实践问题。从理论和实践两个层面深化“人类命运共同体”理论体系和“一国两制”理论体系。

第四章　整体建设任务

一、实施卓越人才战略，打造一流人才队伍

强化人才第一资源的理念，坚持培养和引进并重，深化人事分配制度改革，完善人才管理和发展机制，营造有利于各类人才脱颖而出的制度环境，努力打造具有国际竞争力的高水平师资队伍、专业化职业化的技术支撑队伍和管理服务队伍。

(一)打造国际一流师资队伍

全力培养引进一流师资。加强杰出人才和学科带头人培养引进力度；将顶尖青年人才作为人才引进的主攻方向，着力优化学科分布；健全教学科研骨干发展成长体系。

完善国际化师资培养与储备计划。通过设立专项奖学金、委托定向培养等多种方式，拓宽育才选才途径。创新培养模式，改革教学方式，培养具有宽厚的学科基础、宽广的国际视野和长远发展潜力的学术型师资储备人才。

(二)建设高水平创新团队

围绕重点方向组建团队。围绕重点发展的学科方向和领域，以高层次人才为组建核心，坚持以才聚才，汇聚形成一批始终站在国际学术前沿的高水平人才团队，带动学校主要学科领域朝着世界一流水平迈进。

创新人才团队组建模式。完善人才团队考核聘任体系，健全人才团队考评机制，优化人才团队资源配置，赋予学科带头人更多的资源配置权，加大团队经费投入，在空间、设备、招生指标等资源配置上予以重点保障。

(三)不断提升师资质量水平

加强人才引进工作。构建常态化人才引进网络，推进以才引才，不断形成各类人才互推互荐的合力。坚持“请进来”与“走出去”相结合，依托青年学者论坛等平台加强宣传交流。突出人才引进的政治考核，把好“入口关”。

加强专职科研队伍建设。加大对优秀博士后的支持力度，健全竞争择优的博士后遴选机制。发挥合作导师作用，强化依托高水平科研平台，紧密结合重大项目招收博士后。支持博士后开展创新性研究，扶持博士后开展创新创业。

加强非全职教师队伍建设。在严把政治标准的基础上，从国内外聘请大批实务经验丰富、理论水平较高的专家担任兼职教师，着力提升人才队伍国际化水平。

(四)建设专业化技术支撑队伍和职业化管理服务队伍

建设专业化的技术支撑队伍。着眼提高专业保障支撑效能，建立完善技术支撑队伍考核评价办法和职业发展体系，加大引进和培养力度，着力打造一支结构合理、素质优良的技术支撑队伍。

建设职业化的管理服务队伍。采取公开竞聘，绩效考核，做到“能进能出、能上能下”。强化服务意识，完善职员职级制度，完善岗位责任制，设立职业化、专业化的高级管理岗位。加强年轻干部培养和锻炼，拓宽成长发展的渠道和空间。

(五)加强师德师风建设

引导广大教师以德立身、以德立学、以德施教，严格落实好思想政治素质和业务能力双重考察。促进

教师坚持教书和育人相统一、言传和身教相统一,确保各类课程与思想政治理论课同向同行。健全教师政治理论学习和师德教育制度,完善师德综合考评机制,严格实行师德“一票否决”。积极选树、广泛宣传优秀教师典型,营造优良校风教风学风。

二、实施卓越教育战略,培养拔尖创新人才

坚持以立德树人为根本,突出人才培养核心地位,更新教育教学理念,深化人才培养模式改革,厚植学生社会主义核心价值观,培养学生知行合一、学修结合,注重个性化培养,提高学生创新创业能力,着力培养德智体美全面发展的精英人才。

(一)促进学生全面发展

将社会主义核心价值观教育融入人才培养全过程。全面深化思想政治理论课改革,大力推进“网络教学、专题教学、实践教学”三位一体教学体系改革,不断提高思想政治理论课程的教学效果。全面推动中国特色社会主义理论体系进教材、进课堂、进头脑,确保各门课程与思想政治教育课程形成协同效应,传承发扬厦大“四种精神”,引导学生树立正确的世界观、人生观、价值观。

提高学生综合素质。全面推进以文化人、以文育人功能,加强科学教育、人文素质教育和艺术教育,引导学生树立正确的审美观念,陶冶高尚的道德情操,培育深厚的爱国情怀,砥砺科研信念和意志,激发学生的想象力和创新意识。加强体育和心理健康教育。完善实践育人体系,着力加强以爱国主义为核心的民族精神和以改革创新为核心的时代精神教育,增强学生的国家意识、法治意识和社会责任意识。

(二)重塑教与学的关系

更新教育理念和教学方法。实现从“以教师为中心”向“以学生为中心”转变、从“以教为中心”向“以学为中心”转变、从“以资源供给为中心”向“以发展需求为中心”转变,建立以学生为主体、教师为主导的教与学新模式。推广混合式教学、翻转课堂、“大班授课、小班研讨”等新型教学方式。改造升级教学设施和实践平台,促进教学观念转变和教学模式变革。拓展学习形式,加强个性化培养,促进学生自主学习、探索学习和实践学习。改革课程考核方式,建立淡化分数、弱化排名、强化能力的课程教学过程考核机制。

加强创新创业教育。实施“大众创业、万众创新”训练计划,加强跨学科竞赛平台建设,建立以赛促学、以赛促研的“赛—学—研”三结合机制,建立创新创业学分积累与转换制度。加强创新创业教育实践基地建设,完善协同育人机制。强化创新创业教师队伍建设。完善创新创业教育和自主创业的协同机制。

加强专业课程体系建设。拓展提升传统专业,重点发展优势专业、国际化专业、交叉学科专业。探索新工科建设模式。打造跨文化、跨学科、宽视野的通识课程群和体现学科特色的专业核心课程群,鼓励开设前沿性、研究性、实践性、综合性课程和交叉学科课程,建设一批优质在线开放课程。实施跨学科试验班计划,按照一级学科、学科群设置研究生课程计划,全面推进本科课程、本研课程互开互选。以社会主义核心价值观为引领,严格教材选用管理,完善教材建设保障机制,推进最新前沿科学研究成果以及中国成功案例进教材,建设一批体现厦大特色、在国内外有影响力的高水平教材。

(三)推进研究生分类培养

推动研究生跨学科培养。实施博士生教育综合改革,以提高博士生原始创新能力为重心,完善“三融合三打通”研究生教育改革。全面实行博士生招生“申请—考核制”,探索硕士生招生“申请—考核制”。以学科群为基础制订交叉学科研究生培养方案,设立跨学科导师组,设立交叉学科研究生培养指导委员会和交叉学科学位评定分委员会。打通学术型研究生招生,完善实施博士生资格考试制度,畅通分流淘

汰机制。建立学术学位和专业学位研究生导师分类评聘和考核制度，支持跨学科建立导师团队。

改革专业学位教育。提升专业学位研究生的职业发展能力和创业能力。强化社会需求导向，改革专业学位教育学位论文制度。强化产学研相结合，引入行业企业专家参与课程教学，积极拓展与行业企业开展联合招生、联合培养试点。改革导师工作评价考核机制，大力推动"双导师"制。强化职业教育导向，推动专业学位教育与职业资格考试有机衔接。

深化研究生奖助制度改革。加大经费投入，统筹和优化研究生各类资助渠道，提高研究生待遇。健全研究生培养成本分担机制，完善科研经费与研究生培养配套制度。推进研究生"三助"制度创新，重点发挥博士研究生对大学教学、师资队伍、科学研究等方面的多重作用。实施奖助学金与研究生年度科研考核、中期考核相挂钩制度。强化研究生科研奖励，加大各类科研成果和创新创业等科研实践在研究生综合评定的比重。

(四)完善质量保障体系

完善内部质量保障机制。加强质量标准建设，完善以学生发展为根本，以自我评估为抓手，以常态数据监测为基础，以日常教学监控、课程质量评估、学生学习经历调查、毕业生跟踪调查为手段的内部质量保障机制。规范和完善学位授予管理工作、完善学位论文抽检制度。健全研究生教育质量监控组织，强化一级学科培养指导委员会的咨询和指导作用。

加强新型教学基层组织建设。依托课程组组织教学任务，开展教学过程管理、教学改革和建设、教学学术活动、教学团队建设，实施日常质量监控等，促进教研结合，提高教育教学质量。发展教师教学能力，鼓励教师开展教学研究和教学调研。

提高教学管理和服务能力。完善教学绩效奖励制度，激发教师投身本科教学的积极性和创造性。建设更加灵活的教学管理制度，完善学生学业支撑体系。建立学位授权点专项自我评估机制，不断优化学科专业结构，突出办学特色。建立研究生课程评估制度。建设本硕博一体化教学管理信息化平台。

三、实施卓越科研战略，增强原始创新能力

强化问题和需求导向，夯实基础研究，发展应用研究，加强中国特色哲学社会科学研究，推进理论创新、知识创新、技术创新、文化创新，开展协同创新，增强国际学术话语权和影响力，提升原始创新和解决重大问题能力，服务创新驱动发展战略。

(一)坚持基础研究与应用研究并重

夯实基础研究优势。面向国际科技前沿、国家重大战略需求和国民经济主战场，加强战略性、全局性、前瞻性问题研究，力争在若干优势领域取得重大原创性成果和群体性突破。拓展国际视野，聚焦中国问题，强化人文社会科学基础研究，推进理论创新，努力形成对国家和人类社会发展有重大影响的原创性思想和理论成果。

大力发展应用研究。以现有基础研究领域和成果为基础，围绕国家和区域重大需求，大力发展应用研究和高新技术研发，积极融入国家与地方创新体系，打通从基础研究到应用研究再到成果转化的创新链条。合理配置基础研究和应用研究的资源和投入，引导教师积极从事应用开发研究。

(二)扎实推进协同创新

打造前沿交叉重大平台。主动对接创新驱动发展、"一带一路"、"互联网＋"、"健康中国"等重大倡议，着力打造大平台，建设大团队，承担大项目，争取大资源，做出大贡献。力争在化学与能源、生命科学与医学、海洋与生态、材料与智能制造等领域新增若干国家级科技创新平台。推进各级各类协同创新中心建设，加强国际协同创新，鼓励教师牵头组织或参与全球性或区域性重大科学计划和科学工程。

(三)加强中国特色哲学社会科学研究

繁荣发展哲学社会科学。坚持以马克思主义为指导，提升学校哲学社会科学的学科体系、学术体系、话语体系的建设水平，推进理论创新、知识创新、方法创新，努力打造哲学社会科学研究的“厦大学派”。加强社科专题数据库和文科实验室建设，大力推进哲学社会科学研究范式转型和研究手段创新。推动哲学社会科学成果“走出去”，提升哲学社会科学国际话语权。

打造新型高端智库。围绕“一带一路”、两岸关系、经济管理、能源政策、公共治理、高等教育等领域，重点建设一批新型高端智库，不断提高服务决策能力。加大教育部文科重点研究基地向高端智库转型力度，推动若干具备专业化智库条件的基地向高端智库转型。健全完善以贡献和质量为导向的绩效评估办法，建立有利于智库发展的长效机制。

四、实施卓越贡献战略，提升服务发展实效

深化拓展战略合作，优化战略合作布局，搭建合作和转化平台，逐步打通基础研究、应用开发、科研成果转化与产业化链条，构建既符合科研规律又符合市场规律的科研成果转化体系，持续提高学校对国家和福建经济社会发展的贡献度。

(一)积极搭建战略合作平台

深化拓展战略合作。深入拓展与国家有关部委、地方政府、大型企业、兄弟高校等的战略合作，搭建校地校企合作平台，提高科研成果转化率。加强与重点行业企业实质性合作，建立长期稳定合作关系，共同策划、组织承担国家重大任务，加快科技成果向重点行业企业的转移转化。

优化战略合作布局。立足福建，辐射全国，大力推进科研成果转化和产业化。深化与福建“九市一区”战略合作，主动服务福建自由贸易试验区、21世纪海上丝绸之路核心区、福厦泉国家自主创新示范区建设等区域重大需求。全面融入厦门“五大发展”示范市建设，助力厦门打造生物医药、新材料、机械装备、计算机与通信设备、软件和信息服务、文化创意等千亿产业链。

(二)打通科研成果转化链条

加强成果转化基地建设。建好厦门大学国家大学科技园和产业技术研究院及其产业化平台，促进大学和企业间的联系，实现科技成果的迅速产业化。加快构建技术交易、大数据、投融资、创业培训等科技服务平台，增强大学科技园的资源整合能力和市场化运作能力。打造“海丝创谷”，搭建国际创新技术研究院等成果转化平台，促进国内外创新资源在福建落地转化。

支持师生创新创业。鼓励师生参与“大众创业、万众创新”，建设一批创新创业创客空间，为科研成果转化提供源源不断的创新种子和创造活力。推动国家大学科技园为师生创新创业提供场地、创业辅导以及技术开发合作援助，支持学校创新创业教育。

(三)构建转移转化支撑服务体系

建立转移转化专业化服务体系。加大成果转移转化支持力度，积极引导科研工作和经济社会发展需求更加紧密结合。健全科技成果转移转化工作机制，形成市场化的科技成果转移转化运营体系。健全“科技成果项目库”“技术专家库”“企业需求信息库”等“三库”建设，进一步完善科研成果的信息发布和需求对接机制。

打造科技金融支撑平台。积极引进外部资本，设立科技成果转化基金或创新创业投资基金，打造科技金融支撑和服务平台，畅通投融资渠道，充分发挥金融资本在成果转化过程中的驱动作用。支持校友设立股权投资基金，完善“项目牵引—投资收益—回报母校”的发展模式，资助师生、校友的创业项目和成

果转化。

五、实施卓越文化战略，传承创新优秀文化

深入贯彻全国高校思想政治工作会议精神，全面提升宣传思想工作和文化建设水平，以理想信念教育为核心，坚持不懈传播马克思主义科学理论，坚持不懈培育和弘扬社会主义核心价值观，坚持不懈培育优良校风和学风，传承弘扬“百年厦大”精神，打造具有厦大特色的现代大学文化。

(一)强化思想理论教育和价值引领

传承弘扬马克思主义理论研究教学的优良传统。巩固马克思主义的指导地位，重点建设马克思主义理论学科，大力推动马克思主义研究创新。把马克思主义学院打造成马克思主义理论教学、研究、宣传和人才培养的坚强阵地。

加强理想信念教育。把理想信念教育放在首位，广泛开展中国特色社会主义理论体系学习教育，把社会主义核心价值观体现到教书育人全过程。加强师生思想政治引领，提升师生思想政治素质，引导师生自觉践行社会主义核心价值观。

(二)传承弘扬中华优秀传统文化

弘扬中华优秀传统文化和革命文化、社会主义先进文化。推动中华优秀传统文化融入教育教学，推出一批中华优秀传统文化在线开放课程。加强革命文化和社会主义先进文化教育，开展主题教育活动。探索建立国学名家、著名诗人、艺术家驻校机制。

服务国家和福建文化发展战略。融入国家重大发展战略，推出一批体现厦大风格的重要标志性文化成果。推出一批对文化传承、理论创新有重大影响的标志性成果，出版一批紧扣时代主题、回应社会发展重大需求的学术著作。大力挖掘八闽文化的内涵与外延，推出一批展现福建精神的标志性成果。

提升中华优秀文化国际传播能力。以马来西亚分校和孔子学院院长学院为支点，积极融入“一带一路”，主动服务文化“走出去”。鼓励师生积极参与汉语国际推广、中外人文合作交流、国际组织实习和海外志愿服务等项目。坚持文化价值传播，加快推动宣传国际化步伐。

(三)培育独具魅力的大学精神和大学文化

传承弘扬“百年厦大”的文化底蕴。加强校史校旨研究，阐释厦大精神文化内涵，开展“百年厦大”主题教育活动，让“自强不息，止于至善”的校训精神内化于师生心灵，让“爱国、革命、自强、科学”四种精神成为广大师生的自觉追求。

打造校园文化品牌。深耕“校本”文化土壤，打造多样化“校本”文化精品。构筑文化育人体系，将展馆观摩纳入育人体系环节。打造网络文化阵地，把网络建设成为弘扬主旋律、传递正能量、凝聚厦大人的重要基地。

培育优良校风学风。坚持党风校风学风“三风”齐抓，以优良党风带动校风学风建设。坚持依法治校治教治学，贯彻《厦门大学章程》，严格执行校纪校规。加强学风和学术道德教育宣传，开展“惜时勤学、善思笃行”学风建设活动。严格课堂纪律和学术规范检查督查，开展教风学风专项整治。

六、实施对外开放战略，增强国际竞争实力

坚持把开放办学作为创建一流大学的必由之路，大力推进国际化进程，提升国际化办学能力，树立厦大国际品牌，在国际高等教育和科技学术舞台上展示厦大形象、发出厦大声音、提供厦大经验，全面提升厦门大学的全球竞争力和影响力。

(一)深化实质性交流合作

深化双边教育合作。深化“G50战略伙伴计划”,以学院为主体,推进与国外高水平大学开展教师互派、学生互访、科研合作等合作项目。实施青年人才国际化能力培养提升计划,积极派出教师、管理干部和技术支撑队伍到海外交流和进修。

积极参与国际教育联盟。组建或参与国际性、区域性大学联盟,深化与国际组织成员高校的实质性合作。服务“一带一路”建设,积极组建“21世纪海上丝绸之路大学联盟”,推动与“一带一路”沿线国家和地区大学之间在教育、科技、文化等领域的全面交流与合作。

(二)完善国际化人才培养体系

推进学生国际化培养。加大资助力度支持学生出国(境)交流。加强与国家留学基金委合作,不断提高公派留学生的比例。试点实施国际化专业改革计划,建设一流的国际化精品课程和国际化专业。到2020年力争打造30个品牌国际暑期学校。

打造优质留学目的地。进一步完善国际学生培养管理体制机制,吸引国际优质生源,扩大国际学生规模,提升培养质量。设置符合国际人才培养规律和学科特色的国际化培养方案,打造一批国际化留学品牌项目。完善软硬件条件,加强国际学生管理与服务,推进留学教育管理服务国际化。

(三)服务国家对外开放战略

积极参与全球教育治理。加强对全球事务和国际重大教育理念规划的研究,鼓励支持各类人才到各种国际组织实习任职。积极参与国际事务管理、国际教育规则制定、国际教育教学评估认证,主动在全球教育发展议题上提出新主张、新倡议和新方案,提升国际话语权。到2020年,力争有一批教师成为国际重要学术学会会士或国际重要学术期刊编委。积极探索内部教育质量保障体系(IQA)建设,向世界推广IQA的“厦大模式”。

加强孔子学院建设。合理规划孔子学院布局,在完善现有16所孔子学院内涵建设基础上,继续推进在“一带一路”沿线国家和地区布局建设孔子学院。建好孔子学院院长学院,开展高端汉语国际推广职业培训,使之成为全球孔子学院管理者教学、研修、培训、交流、体验的中心。

(四)全力办好马来西亚分校

高水平规划、高起点建设、高效率推进马来西亚分校建设,不断完善学科布局,优化课程设置,提升人才培养质量,加快培养一批优秀的国际化师资队伍和涉外办学管理人才,全面提升国际化水平,将马来西亚分校建设成为一所在东南亚具有较大影响、涵盖本硕博教育的综合性大学,努力成为中国高等教育和中国文化“走出去”的典范。

(五)深化对台交流合作

进一步加强与台湾地区高校及社会各界的教育、科技、文化交流与合作,与台湾地区高校开展教师互派、学生互换、平台共建、科研合作、联办会议等多种形式的交流合作。参与组建两岸高校联盟,吸引台湾地区高层次人才和优秀师资来校工作、任教,吸引台湾地区优质生源,推动两岸青年共同创业就业,积极对接台湾地区高新技术产业转移。开展“海峡两岸口译大赛”“闽南文化研习”夏令营等精品活动,加厚两岸青年文化认同,积极为两岸关系和平发展做出新贡献。

第五章 综合改革任务

一、加强改进党的领导，把握正确办学方向

全面加强党的建设，坚定“四个自信”，增强“四个意识”，落实“四个服务”，落实管党治党、办学治校主体责任，牢牢把握意识形态工作主动权，不断加强党的政治建设、思想建设、组织建设、作风建设、纪律建设，把制度建设贯穿其中，全面提高党的建设科学化水平，努力为创建一流大学提供坚强保证。

(一)发挥党委领导核心作用

坚持党委领导下的校长负责制，坚持民主集中制原则，建立健全党委统一领导、党政分工合作、协调配合的工作运行机制。健全完善“三重一大”决策制度，切实履行管党治党、办学治校主体责任，发挥好党委领导核心作用，进一步在“把方向、管大局、做决策、保落实”方面发挥积极作用。加强学习型领导班子建设，加强理想信念教育，不断提高班子思想政治素质和理论水平。创新体制机制和方式方法，推动形成党委统一领导、各部门各方面齐抓共管的工作格局，提高党建工作针对性和实效性。把握正确用人导向，健全科学有效的干部选拔任用机制，提高选人用人公信度。健全干部管理体制，完善干部考核评价制度，把培养选拔优秀年轻干部作为重大战略任务。

(二)牢牢把握意识形态工作主动权

旗帜鲜明地坚持马克思主义在意识形态领域的指导地位，强化政治责任和领导责任，牢牢掌握意识形态领域工作的领导权和主动权。加强思想文化阵地建设，加强学校课堂教学、报告会、研讨会、讲座、论坛和校园网等的管理，健全工作机制，完善管理办法，落实管理责任，确保阵地巩固、导向正确。加大对落实意识形态工作责任制情况的监督检查，向思想理论不明晰、政治立场不坚定等问题亮剑。强化落实意识形态工作责任制，加大问责力度，认真落实《中共厦门大学委员会贯彻落实〈中国共产党问责条例〉实施细则(试行)》，推动问责制度落地生根。

(三)坚持全面从严治党

加强党的政治建设。把党的政治建设摆在首位，增强“四个意识”，坚决服从党中央权威和集中统一领导，坚定执行党的政治路线，严格遵守政治纪律和政治规矩，在政治立场、政治方向、政治原则、政治道路上同党中央保持高度一致。加强思想理论武装。坚持马克思主义理论的指导地位，全面学习贯彻党的十九大精神，深入贯彻落实习近平新时代中国特色社会主义思想，深入贯彻落实全国高校思想政治工作会议精神，强化理论武装，引导党员干部坚守共产党人的精神追求，矢志不渝为建设世界一流大学而奋斗。加强基层党组织建设。以提升组织力为重点，突出政治功能。牢固树立大抓基层的鲜明导向，坚持工作重心下移，落实党建工作责任制，把全面从严治党要求落实到基层，充分发挥基层党委(党总支)的政治核心作用和监督保证作用。切实转变工作作风。巩固群众路线教育实践活动、“三严三实”专题教育和“两学一做”学习教育成果，扎实推进“两学一做”学习教育常态化制度化，开展“不忘初心、牢记使命”主题教育，对照中央“八项规定”精神要求和学校具体实施办法，持续反对“四风”，坚持打好作风建设持久战。加强党风廉政建设。坚持理想信念宗旨“高线”，牢牢守住党的纪律“底线”，切实把政治纪律和政治规矩挺在前面，经常性地开展纪律教育，重点强化政治纪律和组织纪律。加强党的制度建设。坚持制度治党，遵循学校党的建设规律，逐步形成以民主集中制为核心，以党的组织体制和运行机制为基础，各项制度相互配套的制度体系，不断推进党的建设科学化、制度化、规范化。

二、完善内部治理结构，提升办学治校能力

贯彻落实《厦门大学章程》，坚持党委领导、校长负责、教授治学、民主管理，全面推进依法治校，加快构建具有厦大风格的中国特色现代大学制度，不断提高依法治校、依法决策、依法管理的能力和水平，积极推进学校治理体系和治理能力现代化。

(一)充分发挥学术组织职能

健全和维护以学术委员会为核心的学术管理体系和组织架构。完善学术委员会运行机制，规范工作流程，统筹行使好学术事务的决策、审议、评定和咨询等职权。充分发挥学术委员会、学部委员会在学科规划、评价考核、学科资源配置、学术咨询等方面的重要作用。进一步完善学院教授委员会制度及委员选举制度，理顺学院教授委员会和学术分委员会的关系，规范学院学术组织运行。

(二)深化校院二级管理体制改革

深化“放管服”改革，进一步向学院放权，激发学院办学活力。实施试点学院改革，对试点学院进行充分授权和放权。探索在重大建设方面建立校院共担机制。规范学院运行体制机制，完善学院党政联席会议制度，充分发挥院级教授委员会的功能。实行院长任期目标责任制，探索学院的副院长、系主任由院长提名、按组织程序考核选任的机制。试点院长全球招聘。强化监管优化服务，加强机关作风和效能建设，完善机关部门职能设置，优化工作流程，推进简政放权，加强和改善宏观管理，提升机关谋划运作、组织协调、贯彻落实、监督管理和综合服务的能力和水平。

(三)完善内部控制制度

建立完善内部控制体系，确保学校经济活动的决策、执行和监督相互分离。加强自我约束和管理，修订完善校内各项管理制度，使制度体系层次合理、简洁明确、协调一致，使学校发展做到治理有方、管理到位、风清气正。建立健全内部控制关键岗位责任制，确保不相容岗位相互分离、相互制约和相互监督。梳理各类经济活动的业务流程，将制衡机制嵌入内部管理制度中，进一步提升学校管控效能。充分利用信息化系统，优化工作流程。

(四)坚持民主管理和广泛参与

健全师生员工参与民主管理和监督的工作机制。完善教职工代表大会和学生代表大会制度，拓宽民主参与、民主管理、民主监督的渠道和途径，探索师生代表参与学校决策的机制。发挥工会、妇委会代表的作用，完善申诉和信息反馈机制，保障师生员工合法权益。加强信息公开力度，保障师生员工和公众的知情权、参与权和监督权。健全重大决策公示和听证制度。

三、推进关键环节突破，破解体制机制障碍

遵循教育规律，坚持敢破敢立、敢闯敢试，在解放思想中加快发展，用改革的思路、创新的办法，坚持整体推进、重点突破，着力在人才培养模式、人事分配制度、科研体制机制等领域取得突破，为创建一流大学提供持续动力。

(一)深化人才培养机制改革

推进科研反哺教学，探索科教协同育人机制，完善重点实验室和校内高水平科研平台对本科生的开放机制。主动与大型企业、科研机构等单位合作，建立协同育人机制。推进跨学科人才培养模式改革，大

力推进通识教育,提升学生综合素质。完善本科专业设置机制,建立专业建设保障机制。完善本科大类招生,逐步实现从专业(类)招生过渡到按学部或按学位门类招生。打通硕博士生招生培养,建立交叉学科研究生招生培养机制,按照学科群开展学术型研究生招生培养,推动学科交叉融合。完善学位授权建设机制,争取成为博士硕士学位授权点自主审核高校,推进学位授权点动态调整。淡化导师身份制度,改革博导遴选制度,推进以重大科研项目为纽带的跨学科导师组建设,鼓励和支持以课题组(导师组)进行招生培养。

(二)深化人事分配制度改革

按照“多劳多得、多贡献多得、多担当多得”的原则,不断健全完善统一规范、具有竞争力的薪酬体系。改革教职工绩效考核评价办法,按照“分科、分权、分类”的原则,完善考核评价体系。深化聘任聘用制度改革,以聘期合约考核为基础,推行预聘—长聘制。坚持政治标准和学术标准相统一的原则,搭建开放、公平的竞争舞台,为现有人才与新进人才的发展提供上升通道。创新人才团队组建模式,推进以才引才。积极探索人员总量管理,实行人员总量动态调整。

(三)深化科研体制机制改革

创新科研组织方式,构建适应学科群建设、有利于促进学科交叉的体制机制,不断提升协同攻关解决重大问题的能力。建立完善符合不同学科特点、遵循不同科研活动规律、有利于调动教师科研积极性与主动性的多元评价体系。以学术质量、社会影响、实际效果为衡量标准,建立科学权威、公开透明的哲学社会科学成果评价体系。强化评价结果运用,在人才引进、职称晋升、岗位聘任和研究生招生等政策方面,建立相应的资源配置机制。完善成果的使用、处置和收益分配政策,调动和尊重广大科研人员的创造精神,构建成果转化的长效机制。

四、构建社会参与机制,营造良好外部环境

坚持开放办学,创新社会合作模式,构建学校与政府、社会各界的新型良好关系,不断建立健全政府、社会和企业支持学校办学的良好机制,逐步形成社会各界关心支持学校“双一流”建设的良好态势。

(一)创新社会合作模式

推进校务委员会建设,建立政府、社会参与学校办学的咨询机制,密切学校与政府和社会各界的联系。加强与国家部委、地方政府、大型企业、兄弟高校等的战略合作,瞄准需求,主动对接,增强实质性合作。健全完善学校与行业企业的沟通联络机制,强化学院在开展对外教学、科研合作中的地位和作用,积极推进战略合作。牵头组建和运行创新研究院和创新联盟。完善信息公开制度和新闻发言人制度,主动向社会公开学校事业发展的进展和成果,主动接受社会各界监督,及时准确回应社会关切。

(二)探索第三方评估机制

积极探索学科国际评估、同行评估,不断提升学科发展水平。大力推进与国际标准接轨、与行业标准衔接的专业认证工作,建立与国际实质等效的人才培养质量标准。采取分批培育、逐步推进的方式,推进各专业参加教育部专业认证和福建省专业评估,积极推进工科专业参加中国工程教育专业认证,积极鼓励工程、管理、医学等专业参加主流国际专业认证,提升人才培养质量和资质的国际认可度。

(三)完善校友组织参与机制

将校友作为推动事业发展的重要力量,培育感恩母校、奉献社会、报效国家的校友文化,更好地凝聚校友力量,努力形成广大校友共同支持一流大学建设的良好氛围。将校友资源作为教书育人和学科建设

的重要支撑,建立和完善校友服务学校发展的机制,挖掘校友育人资源、发挥校友育人效应。健全校友工作网络,完善校友服务体系,把服务校友成长发展作为创建一流大学的战略性工作。

五、建立资源募集机制,优化资源配置方式

坚持扩大总量与提高效益相结合,以一流为目标,强化以人为中心优化资源配置,突出重点,加强统筹,整体推进,保证学校各项事业协调、可持续发展。

(一)建立资源募集机制

完善部省市共建机制,推动建立重点共建厦门大学常态化机制。主动服务、全面融入地方经济社会发展,在服务发展中争取地方支持。引入市场竞争机制,确保国有资产保值增值,规范经营性资产管理,实现经营性资产的收益最大化。加强对知识产权的管理和保护,推动知识产权转化收益。办好教育发展基金会,完善基金会运行机制,提高基金运营能力,确保基金稳步增长。

(二)优化资源配置方式

探索建立以人为中心、符合学科发展规律、有利于交叉融合的资源配置机制。发挥学部职能,完善资源配置标准与绩效考评办法。改革校内预算制度,全面推行绩效预算管理。加强项目库建设。完善校院二级财务管理体系。建立公房资源配置标准,完善公房配置模式。以信息化推进管理科学化、精细化,建立高效、集约利用资金资源的综合保障服务体系。

(三)完善资源监管机制

完善"统一领导、分级管理,财力集中、财权下放,权责一致、财事结合,分级报账、集中核算"的财务管理体制和运行机制。加强财务监督和信息公开,确保资源配置和管理更加透明高效。健全完善"统一领导、归口管理、分级负责、责任到人"的国有资产管理体制。完善资产有偿使用制度,开展资源使用效果和效益评估。加强政府采购预算,健全政府采购管理制度。建立健全学校公共设备平台运行和共享机制,提高资源使用效益。

六、完善支撑保障体系,打造一流办学条件

按照有利于教学科研、合理配置资源和提高办学效益的原则,完善各校区学科布局和配套设施建设,不断改善师生员工工作和生活条件,着力打造功能分区科学、学科布局合理、基础设施完善、管理运行高效、师生员工满意的一流大学校园。

(一)建设国际化校园

持续改善基本办学条件,不断完善多校区协调发展的管理运行机制,着力打造一流国际化校园。完成一批教学科研基础设施建设,为师生开展创新创业活动打造新的载体平台。优化图书文献资源和电子资源服务,打造一流图书馆。加强学术文化公共活动场所建设。

(二)建设智慧校园

统筹规划网络安全和信息化工作,全面提升学校信息安全水平。以集约化原则建设发展校园信息基础设施,以移动化和智慧化为目标对信息应用进行全面迭代创新,以更泛在的教学学习模式和更高效的科研工作模式构建基于网络的知识交流传播平台和学科创新环境,建成世界一流的智慧校园和数字学术环境。

(三)建设美好校园

坚持以人为本,关心师生员工身心健康,加强对师生员工的人文关怀,促进师生员工全面发展与成长成才,着力解决师生员工关切问题。多种形式、多种途径不断改善教职工住房条件。争取地方政府支持,有效解决教职工子女入学问题。加强绿色校园建设,全面提升校园文化环境,使校园生态更加优美。充分运用节能减排新技术、新材料、新工艺,建设节约型校园。建立健全“党政同责、一岗双责、齐抓共管”的安全工作责任体系,打造平安校园。

第六章　预期建设成效

一、整体成效

经过“双一流”建设,到2020年,学校探索走出一条具有厦大风格的中国特色世界一流大学建设之路,整体办学实力和国际影响力明显提升,实现全面建成世界知名高水平研究型大学的第一个百年目标,为学校创建世界一流大学奠定坚实基础。

厦门大学成为知识发现和科技创新的重要力量、先进思想和优秀文化的重要源泉、培养高素质优秀人才的重要基地,在支撑国家创新驱动发展战略和“一带一路”建设、弘扬中华优秀传统文化、培育和践行社会主义核心价值观、建设高等教育强国等方面做出突出贡献。学校在引领福建高等教育发展上发挥“领头羊”作用,成为助推区域经济社会发展的“新引擎”、推动产业转型升级的“创新源”,为建设“机制活、产业优、百姓富、生态美”的新福建,为厦门建设“五大发展”示范市提供强有力的人才支持、科技支持和智力支持。

二、学科成效

通过实施学科群建设、发挥优势学科示范带动作用,到2020年,学校学科布局更加合理、优势特色更加鲜明、学科交叉融合更加深入、新兴交叉学科蓬勃发展,力争使化学进入世界一流行列,推动生物学、海洋科学、生态学、统计学、经济学、管理学等学科在若干方向和领域进入国内领先、世界一流,带动学科整体实力进一步增强。力争有15个左右学科进入ESI全球前1%且位次稳步提升。力争在化学与物质科学、海洋与生态、生命科学与医学、统计与数据科学、新能源、新材料、智能制造、经济与管理、公共治理、人文与艺术、马克思主义理论、“一带一路”研究、两岸关系研究等学科领域产出一批原创性成果。

三、办学质量

经过“双一流”建设,到2020年,学校办学质量和办学水平明显提升,在人才培养、队伍建设、科学研究、社会服务、文化传承与创新、国际交流与合作等方面取得新成效。

——人才培养质量不断提高。人才培养结构进一步优化,培养质量不断提高,毕业生就业率保持在95%以上,重点行业和关键领域签约率达45%以上;学校为国家和地方培养输送大批具有爱国情怀、全球视野的精英人才,成为国家和福建培养拔尖创新人才的重要基地。

——人才队伍实力不断壮大。人才队伍结构不断优化,全职专任教师队伍规模达3000人左右,博士后专职科研队伍规模达700人左右;具有海外知名大学留学、研究背景的教师大幅提升,教师参与国际学术交流合作的能力显著增强;学校成为汇聚高层次人才的“人才高地”。

——科学研究水平不断增强。承担一批国家重点研发计划等重大项目,产出一批具有高显示度的原创性科学研究成果,在 *Nature*、*Science*、*Cell* 等国际顶尖学术期刊发表论文的水平进一步提升;力争在化学与能源、生命科学与医学、海洋与生态、材料与智能制造等领域新增若干国家级创新平台,在"一带一路"、两岸关系、经济管理、能源政策、公共治理、高等教育等领域建设一批高端智库。

——社会服务实效不断提升。服务发展和战略合作的布局进一步优化,科研成果转化和产业化的能力显著提高;横向科研经费占科研经费的比例提升,专利申请数和专利授权数逐年增长;服务国家和福建重大战略的能力进一步增强,为国家和福建经济社会发展做出新贡献。

——文化引领能力不断进步。传承弘扬"百年厦大"精神,打造形成具有厦大特色的现代大学文化;培育和践行社会主义核心价值观,形成优良的校风学风;推出一批重要标志性文化成果,不断提升服务国家和地方文化发展的能力。

——国际化办学不断推进。国际交流与合作深化拓展,与 50 所左右世界排名前 200 名大学开展实质性交流合作,学历留学生规模达 2000 人左右;学生出国(境)交流比例逐年提升;将马来西亚分校逐步打造成为中国高校境外办学的典范;力争共建孔子学院数量达 20 所、孔子课堂达 50 个。

第七章　加强组织实施

一、坚持党的领导

坚持党对"双一流"建设的全面领导,自觉运用习近平新时代中国特色社会主义思想武装头脑、指导实践,牢牢把握社会主义办学方向,不断开创学校党建和思想政治工作以及事业发展的新局面。坚持立德树人,把社会主义核心价值观融入教书育人全过程,努力培养德智体美全面发展的社会主义合格建设者和可靠接班人。坚持党管人才、党管干部,坚持德才兼备、以德为先,加强师德师风建设,建设一支国际化高水平人才队伍和高素质专业化干部队伍。坚持国家战略需求导向,引导师生自觉将瞄准科技创新前沿与服务国家重大需求相结合,努力在做出一流贡献中打造高峰高原学科。坚持抓基层、夯基础,充分发挥基层党委(党总支)在"双一流"建设中的政治核心作用和监督保证作用。加强党员教育、管理和服务,充分发挥党员先锋模范作用,调动全体师生员工和校友的积极性,把各方力量都团结和凝聚到学校"双一流"事业中来。坚持党风校风学风"三风"齐抓,为"双一流"建设营造良好的政治生态和文化氛围。

二、加强组织领导

成立厦门大学"双一流"建设领导小组,由书记、校长担任双组长,负责厦门大学"双一流"建设的组织领导和统筹协调。充分发挥学术委员会、学部委员会等学术组织的重要作用,使学科规划更具前瞻性和现实性、资源配置更加合理和高效、考核评价更加科学和完善。强化学科群和学院在"双一流"建设中的主体地位,将"双一流"建设的责权利分解落实到各个责任主体。深化学校综合改革,落实"放管服"有关精神,充分调动全校上下的积极性,统筹协调推进"双一流"建设。

三、深化重点共建

发扬教育部、福建省、厦门市重点共建厦门大学的优良传统,不断完善部省市共建机制,继续积极争取教育部、福建省、厦门市对厦门大学"双一流"建设的共建投入,推动三方签署部省市重点共建厦门大学协议,形成重点共建常态化支持机制。厦门大学贯彻落实中央和福建省"双一流"建设总体部署,坚持扎根中国、立足福建,紧紧围绕国家重大需求、新福建建设迫切需要、厦门建设"五大发展"示范市的现实需求,不断深化改革、凝练重点方向、对接发展需要、解决重大问题,真正把建设世界一流大学与服务国家和地方经济社会发展紧密结合起来，在服务发展中加快推进世界一流大学建设。

四、创新组织方式

探索适应学科群建设的体制机制和组织方式，改革以往以院系行政单位配置资源的模式，以问题和需求为导向，突破学科界限，打破行政壁垒，重点围绕国际科技前沿、国家重大战略需求和地方发展迫切需要，优化资源配置，把学校各类创新资源和创新要素都汇聚到优势力量上来，真正发挥综合型大学优势。发挥学术组织作用，切实发挥学部在学科规划、重大资源配置、人才评价等方面的职能，进一步加强学科顶层设计，凝练重点研究方向、领域和重大选题，深度推进学科交叉融合和人才交流合作。加强项目库建设，推进项目统筹管理，增强学校争取大资源、产出大成果的能力和水平。

五、实施绩效管理

加强过程管理，实施动态监测，及时跟踪指导，形成激励约束机制，增强建设实效。实施中期评估，根据中期评价结果，对实施有力、进展良好、成效明显的建设学科加大支持力度；对实施不力、进展缓慢、缺乏实效的建设学科提出警示并减小支持力度。实施动态调整，打破身份固化，建立动态调整机制；对于出现重大问题、不再具备建设条件且经警示整改仍无改善的建设学科，调整出建设范围；对于建设成效特别突出、国际影响力特别显著的建设学科，在资金和政策上加大支持力度。

六、加强资源整合

建立多元筹资机制，统筹考虑“中央高校建设世界一流大学（学科）和特色发展引导专项资金”等中央财政资金，教育部、福建省和厦门市重点共建专项资金及校内有关专项资金，加强资源整合力度。围绕解决人才培养、科学研究、成果转化、决策咨询等问题，大力拓展与各级政府、行业企业、科研院所等的战略合作，通过合作共建、联合培养、科研攻关等多种形式，积极争取“双一流”建设资金资源。不断拓宽筹资渠道，积极吸引社会捐赠，扩大社会合作，多渠道汇聚资源，增强自我发展能力，逐步形成政府、社会、企业多元投入、合力支持的良好格局。

——本文摘录自《厦门大学年鉴 2018》，厦门大学出版社，2019 年 4 月版

·专 文·

在中央第三巡视组专项巡视厦门大学党委工作动员会议上的表态发言

(2017年3月9日)

校党委书记 张 彦

刚才,刘维佳同志和王瑛同志分别代表中央第三巡视组和中央巡视办做了讲话,深刻阐述了到我校开展巡视工作的重要意义,明确提出了巡视工作的总体要求和任务安排,对学校推进全面从严治党、配合中央巡视工作提出了殷切希望和明确要求。讲话的内容充分体现了中央关于巡视工作的精神,对我们准确理解巡视工作的性质、落实巡视工作各项要求具有重要的指导意义。我们要认真领会讲话精神,自觉、主动接受巡视,全力支持配合中央巡视组工作。

一、深刻认识巡视工作的重要意义,把思想行动统一到中央的决策部署和中央巡视组的要求上来

巡视是全面从严治党的重要手段,是党内监督的战略性制度安排。巡视的职责由党章赋予,具有鲜明的政治属性。十八大以来,党中央高度重视巡视工作,习近平总书记对加强和改进巡视工作发表了一系列重要论述,他强调,巡视是"国之利器、党之利器""要坚定不移深化政治巡视,做到坚定政治方向、坚持问题导向、坚守价值取向"。王岐山同志也多次指出,巡视是党章规定的重要制度,是政治巡视不是业务巡视,必须全面履行党章赋予的职责,突出坚持党的领导这个根本。我们要认真学习领会中央对政治巡视内涵的深刻阐释,充分认识政治巡视对于加强党的领导和党的建设、推进全面从严治党的重大意义,把迎接中央巡视与学习贯彻党的十八届六中全会和全国高校思想政治工作会议精神结合起来,与"两学一做"学习教育结合起来,进一步增强"四个意识",对标"一部党章、两部准则、五部条例",自觉向以习近平同志为核心的党中央看齐,向中央关于巡视工作的部署和要求看齐,切实把思想行动统一到中央对全面从严治党和政治巡视的要求上来。

当前,厦门大学正处在全面深化综合改革、全面启动"双一流"建设的关键时期。2月下旬,我们刚刚举行了2017年度学校工作布置会,全体师生员工正以高昂的工作热情和饱满的精神状态,全面落实学校今年的工作部署,努力完成各项目标任务,向着实现学校第一个"百年"目标奋力冲刺。在办学治校的过程中,我们深刻认识到,办好中国的事情关键在党,办好中国的大学关键也在党。正如习近平总书记在全

国高校思想政治工作会议上所指出的那样，办好我国高等教育，必须坚持党的领导，牢牢掌握党对高校工作的领导权，使高校成为坚持党的领导的坚强阵地。厦门大学是福建省第一个党支部成立之地，党的工作具有悠久的历史和光荣的传统。在新的历史时期，为了实现更加宏伟的发展目标，为了更好地落实中央对高等教育提出的新要求，我们还要不断加强党的领导。中央对我校开展巡视工作，对我校开展一次全面、深入的政治体检和党性检验，必将对于学校党委和各级党组织进一步落实全面从严治党要求，进一步贯彻落实党的教育方针，更好地完成立德树人根本任务产生巨大的推动作用，厦门大学党委和全校党员干部坚决拥护中央的决定。我们要以高度的政治责任感和严肃认真的态度，把接受巡视检查作为接受党性教育、锤炼政治品质的过程，作为寻找工作差距、促进学校发展的过程，自觉把各项巡视工作要求落到实处。

二、严守纪律规矩，积极主动配合，确保中央巡视工作顺利开展

王岐山同志强调，做好巡视工作是落实党委主体责任的具体体现，对巡视工作重视与否，反映的是党的观念强不强，从严治党的措施硬不硬，责任担当够不够。我们要以对党的事业高度负责、对学校事业高度负责的精神，按照中央的有关要求，提高政治站位，体现政治觉悟，全力支持配合中央巡视组开展工作。

一要端正态度，实事求是反映情况。根据《中国共产党巡视工作条例》规定和中央关于政治巡视的最新要求，巡视的主要对象是学校领导班子及其成员，主要内容是突出政治巡视，聚焦全面从严治党，紧扣“六项纪律”，找准看齐的差距，着力发现学校在党的领导、党的建设和全面从严治党等方面存在的突出问题。了解真实情况和找准问题是顺利开展巡视工作的基础。我们要根据巡视的任务要求，本着对党负责、对学校负责、对同志负责、对自己负责的态度，全面真实、及时准确地向巡视组提供材料，实事求是、客观公正地反映问题，使巡视组能够全面了解学校各方面工作的实际情况。要敢于揭短亮丑、动真碰硬，对问题和矛盾绝不隐瞒回避，确保中央巡视组工作顺利进行。作为党委书记，我将坚决履行学校全面从严治党第一责任人的职责，和全体班子成员一道，按照聚焦党的领导、全面从严治党、坚持实事求是、坚持问题导向的要求，全面客观地汇报学校党委的工作，主动接受监督，自觉接受检查，把接受巡视监督的过程作为寻找差距、改进工作的过程。

二要强化纪律规矩意识，自觉服从巡视安排。对高校开展巡视是中央的重要部署，具有政治性、严肃性、权威性，全校上下必须高度重视。校党委将按照中央巡视组和中央巡视办领导的要求，认真准备并向巡视组提供各类汇报材料、工作资料和文件材料，统筹做好各项工作安排。各部门各学院各单位要按照巡视组要求和工作计划，合理调整安排好日常工作，确保巡视工作顺利开展，做到日常工作和配合巡视工作两不误、两促进。全校党员干部要把坚决服从巡视工作安排、不折不扣落实巡视工作要求作为一条政治纪律和政治规矩严格遵守。在巡视期间，学校领导班子成员和全体中层干部要严格履行请假制度，未经批准，不得随意离校外出。对于巡视组要求提供的材料、要求了解的情况要认真准备、按时提交。对违反规定不支持巡视工作、不向巡视组提供情况、拒绝或不按照要求向巡视组提供资料、阻止师生员工向巡视组反映问题的单位和个人，将根据相关规定予以严肃处理、追究责任。要遵守信息发布和宣传纪律，严格按照巡视组的要求配合做好巡视组进驻信息、巡视工作主要任务、时间安排、邮政信箱、联系电话等信息的校内发布，并配合上级媒体做好相关新闻报道对接，让广大师生员工和社会各界及时、全面、准确地了解巡视有关工作。

三要加强协调保障，确保巡视渠道畅通。巡视期间，巡视组将通过听取汇报、召开会议、个别谈话、调阅资料、下沉调研等多种渠道广泛听取各方面的意见，深入检查了解情况，着力发现问题，工作时间跨度长，涉及面广，任务繁重。学校联络组和全校各单位要进一步强化服务意识、大局意识和综合协调能力，制订完善有关工作预案，配合巡视组安排好各项工作，畅通巡视组与广大师生员工的沟通反馈渠道，为巡视组真实了解情况、高效开展工作营造良好的工作环境、提供便利的条件。

三、坚持问题导向,抓好整改落实,不断提升管党治党、办学治校水平

十八大以来,在党中央的坚强领导下,厦门大学党委认真贯彻落实中央关于从严治党的要求部署,扎实开展党的群众路线教育实践活动、"三严三实"专题教育和"两学一做"学习教育,持之以恒贯彻中央八项规定精神,驰而不息反对"四风",坚持用铁的纪律整治各种顶风违纪行为,不断推动形成作风建设新常态,党的领导不断加强。但我们也清醒地看到,与中央的要求相比,与建设中国特色社会主义高水平大学的标准相比,学校领导班子的建设、全面从严治党主体责任和监督责任的落实还有不少差距。中央对学校开展巡视最突出和最核心的就是发现问题。我们要以巡视工作为契机,以发现的问题为导向,认真抓好整改落实,推动我校改革发展稳定各项工作再上新台阶。

一是对巡视中发现的问题要做到即知即改、立行立改。学校领导班子和全体党员干部要把接受巡视检查的过程作为发现问题、自我提高、自我完善的过程。对中央巡视组在巡视过程中指出的问题,要牢固树立责任担当意识,做到主动认领、主动担责。对于能够马上整改的问题,要做到即知即改、立行立改,让广大师生感受到巡视的效果。对于需要逐步整改的事项,要深入分析存在问题的原因,认真制定和落实整改措施,明确整改目标和责任,明确时间表和任务书,坚决抓好落实,绝不拖延。巡视情况反馈后,对巡视组提出的整改意见要扭住不放、真抓实改,确保事事有回复、件件有回音,坚决维护中央巡视的权威。

二是要把巡视的成果转化为推动学校发展的强大动力。习近平总书记对政治巡视强调了"三个根本",即:加强党的领导是根本目的,加强党的建设是根本途径,全面从严治党是根本保障。我们要紧紧围绕这"三个根本",对照中央巡视组指出的问题,坚决落实学校党委管党治党的主体责任和纪委的监督责任,紧紧围绕立德树人根本任务,全面贯彻落实党的教育方针,全面提升学校党建和思想政治工作科学化水平。要自觉把这次巡视工作同推进学校重点工作结合起来,充分调动广大党员干部的积极性、主动性,以党风带动校风学风,按照"四个服务""四个坚持不懈"的要求,以深化综合改革为动力,以建设"双一流"为契机,抢抓重大机遇,聚焦重点任务,以敢于担当、勇于负责的精神统筹做好改革发展稳定各项工作,推动学校事业迈上新台阶。

同志们,高校作为人才聚集的重要高地、意识形态的重要阵地、科技创新的重要基地,承担着立德树人的重要使命。在统筹推进"五位一体"总体布局和协调推进"四个全面"战略布局的过程中,中央对高等教育寄予厚望、对包括厦门大学在内的全体高校寄予厚望。习近平总书记在全国高校思想政治工作会议上的重要讲话中指出,我们对高等教育的需要比以往任何时候都更加迫切,对科学知识和卓越人才的渴求比以往任何时候都更加强烈。建设中国特色社会主义高水平大学的根本就在于坚持党的领导。我们要以接受中央巡视为契机,深入学习贯彻党的十八届六中全会和全国高校思想政治工作会议精神,紧密团结在以习近平同志为核心的党中央周围,始终坚持社会主义办学方向,坚决落实全面从严治党各项要求,为学校各项事业又好又快发展提供根本保障,以更加昂扬的精神状态迎接党的十九大胜利召开!

——本文摘录自《厦门大学年鉴2018》,厦门大学出版社,2019年4月版

在厦门大学与福建省九市一区校地战略合作 2017 年工作会议上的讲话

（2017 年 3 月 11 日）

校党委书记　张　彦

根据今天的会议安排，我在第 19 位发言。一个上午有 19 位同志在会议上发言，说明这个会议是一个非常紧凑的会议。在此，我谨代表厦门大学，再次对各位领导、各位企业家们来厦门大学出席今天的会议并且坚持一上午听会，表示欢迎和感谢！

一年以前，我校倡导主持召开厦门大学与福建省九市一区战略合作会议，那个时候主要是想表达一份感情，承诺一份心愿。一份感情就是不管在什么时候、不管到哪里发展，厦门大学身上都永远打上了福建这个印记，厦门大学永远记住自己是福建的一所大学。正像全国在建设世界一流大学、推进“双一流”建设的过程中，各地大学大都会紧紧地跟它的所在地紧密相连。厦门大学诞生在福建、诞生在厦门，福建就是厦门大学永远的福地！这是我们的一份感情。一份心愿就是学校建设世界一流大学的过程中需要把教学、科研、社会服务的工作水平不断向上提升，使得与国家建设一流大学的标准相适应，与全国人民对一流大学的期待相符合。正是这样的考虑，厦门大学在制定发展规划中，把服务福建省经济社会发展能力作为建设世界一流大学的客观要求。由于有这样的考虑，我们也在思考厦门大学冲刺“两个百年”奋斗目标的过程当中，服务福建经济社会发展也要上层次、上水平。所以，这样一份心愿和这样一份感情结合在一起就有了去年的会议。在那次会议上，我们真诚地与第一次来厦门大学出席会议的代表进行交流，同时提出能不能把这个会议变成一个年度会议，每次有总结、每次有提高、每次有进步。这样的想法得到了与会代表的积极响应和大力支持。这样的想法也在去年 4 月 1 日厦门大学向中共福建省委进行工作汇报的时候，得到了省委书记尤权同志和省长于伟国同志的肯定。之后，我与黄红武厅长进行交流的时候，又把这样的考虑进行了深化和细化。于是，今年的会议就紧锣密鼓地筹备起来了。

我在省里出席第十次党代会的时候，就在认真思考今年的会议什么时候开、怎么最有效率地开。当时就考虑今年要提供厦门大学服务福建九市一区年度报告，今天这份报告已经发给大家。要把更多的企业家、更多的老师也请来，今天的会场和去年的会场就不一样了，今年的会场更大，因为我们希望有更多的校内专家和校外企业家来参加，以便直接对接。去年上午的会充实紧凑，下午的会可能相对简单了一些。今年，叶世满副校长和学校发展规划部门精心设计，增加了学院的代表、学院的成果展示、服务福建发展论坛，另外安排福建省石墨烯产业技术创新联盟的会议。所以今天下午的会议也将是充实的。

一年一次会，我们希望每年的这个会都能对过去一年的工作进行有效总结，把正在开展的工作不断向前推动，厦门大学就在这种推动变化中实现学校实力的不断提升。一流大学追求什么？一流大学就是追求不断向上提升。今年的会议也适逢全国两会召开期间，不久前还刚刚开过全国高校思想政治工作会议，习近平总书记对办好高等教育、办好中国大学有了最新的指示，提出了殷切的期望。我们要扎根中国大地办好一流大学，这是中国大学办世界一流大学一个必然的选择。厦门大学首先扎根在八闽大地，在这块土地上将历史上形成的好传统进行发扬，在这块土地上用福建最深厚的精华底蕴来支持学校不断发展，同样也在这块土地上对我们的教育成果、科技成果、文化创造进行检验，在检验中实现更大提高。

习近平总书记指出办好中国的大学，必须坚持立德树人，必须把培养优秀的人才作为根本任务。今天的地市领导讲话、院长发言、企业家代表介绍合作情况以后又有新的协议签署，邬大光副校长代表厦门大学与相关单位签署协议。邬校长与企业家签订协议的时候表示,希望教师在企业、在实验室与企业开展合作时,我们的智力成果转化成为科技成果,希望厦门大学的本科生和研究生也能在企业得到锻炼,得到培养。我支持他的想法,也希望下一步合作当中能够加强人才培养工作,把厦大的学生输送到各地去、到各个单位去,多给他们创造锻炼机会,这种机会不单是就业的机会,应该是创业的机会,是全面发展的机会。

这些年,厦门大学提出要"覆盖各地市、一地一重点"。我们也希望把更多的合作项目开展起来以后,各地市和学校一起,重点抓一些合作。这些"重点"的条件是什么?最好是师生结合,最好是基础研究和应用研究相结合。师生结合能解决老师去哪的问题,学生也一样。基础研究和应用研究结合能解决厦门大学高水平、高层次的老师把科研和生产实践相结合的问题。

今天,还有不少兄弟学校的领导也在这里。厦门大学服务福建经济社会和兄弟学校服务福建经济社会,我想是有差异化的,各自做最擅长和最应该努力的一些工作。如此下来,福建省高等教育资源就能够发挥各自优势,我们也可以将高等教育工作与学校内在联系建立起来。今天,王长平校长在这里,我记得当时在福建师范大学,厦门大学与福建师范大学签署了合作协议,我们一起向时任副省长李红同志做了工作汇报。明年我们在报告中加上教育的内容,把教育合作提出来。

今天上午发言的比较多,学校汇报的工作也多。我希望2018年再开这个会议的时候,能有更多的成果呈现,会议组织形式也会发生一些变化,在一些具体项目上给大家呈现更多的精彩。邀请各位来厦门大学,学校希望把会议变成一个向大家汇报的机会,这是厦门大学作为一所著名大学在办学当中,向公众和社会进行汇报的一个机制性安排。今天的会议有九市一区的代表,有兄弟学校的代表,有教育界的领导,的确是一次厦门大学向社会、向各位做汇报的好机会。

——本文摘录自《厦门大学年鉴2018》,厦门大学出版社,2019年4月版

全面加强和改进思想政治工作 努力办好中国特色社会主义大学

——在厦门大学思想政治工作会议上的讲话

（2017年4月20日）

校党委书记　张　彦

党的十八大以来，以习近平同志为核心的党中央高度重视和关心高等教育事业。习近平总书记多次深入高校视察指导，多次发表重要讲话，做出重要指示批示，形成了办好中国特色社会主义大学的新思想、新论断、新要求。去年12月，中央召开全国高校思想政治工作会议，这是中国高等教育发展进程中的一个新的里程碑。在这次会议上，习近平总书记发表了重要讲话，从坚持和发展中国特色社会主义、实现中华民族伟大复兴的全局高度，从实现党的执政使命、巩固党的执政地位的战略高度，充分肯定高校思想政治工作取得的成绩，精辟阐述了加强和改进高校思想政治工作的重大意义、根本方向、目标任务和基本要求，深刻回答了事关高等教育事业发展和高校思想政治工作的一系列重大问题。讲话的政治性、思想性和针对性都很强，是指导做好新形势下高校思想政治工作的纲领性文献。中共中央、国务院还印发了《关于加强和改进新形势下高校思想政治工作的意见》，从七个方面对高校思想政治工作做了全面部署。

贯彻落实全国高校思想政治工作会议精神，深入学习习近平总书记在会议上的重要讲话精神，是学校当前和今后一段时期重要的政治任务，更是今年的重点工作。2016年12月13日上午，校党委召开常委（扩大）会，传达学习全国高校思想政治工作会议精神，并就学习宣传贯彻会议精神做了部署。此后，校党委常委会、校长办公会多次研究具体工作方案，推动各项工作迅速安排。全校各单位和全体党员干部及全校师生员工通过举行报告会、研讨会、调研会、培训班等多种形式迅速掀起了学习宣传贯彻会议精神的热潮。最近，由学校多个部门和学院围绕引导学生树立“四个正确认识”，联合举办了基层党支部系列活动，取得了很好的效果，被共产党员网和一些主流媒体刊登报道。通过这些活动，进一步统一了全校党员干部、师生员工的思想，为更好落实中央各项决策部署营造了良好的氛围。

今天，我们按计划在这里召开厦门大学思想政治工作会议。这是学校党委和行政贯彻落实全国高校思想政治工作会议精神的重要举措。这次会议的主要任务是，统一思想，提高认识，进一步贯彻落实中央关于高校思想政治工作的决策部署，研究讨论学校的具体实施意见，部署当前和今后一段时期学校思想政治工作，为办好中国特色社会主义大学、开创学校改革发展新局面提供坚强保障。

下面，我就全面加强和改进我校的思想政治工作谈四点意见。

一、以习近平总书记重要讲话精神统一思想

习近平总书记在全国高校思想政治工作会议上的讲话，是党的十八大以来对教育工作的最全面、最系统的一次讲话，充分体现了习近平总书记的教育思想。贯彻落实好高校思政会精神，关键是要学深吃透总书记的重要讲话精神，领会精神实质，把握核心要义。

（一）深刻认识新形势下做好思想政治工作的重大意义

高校思想政治工作既是我国高校的特色，又是办好我国高校的优势。多年以来，我校师生思想主流

积极健康向上,改革发展稳定各项事业蓬勃发展,向实现“两个百年”目标坚实迈进,思想政治工作功不可没。当前,着眼于提高我国高等教育水平,增强国家核心竞争力,党中央做出加快建设世界一流大学和一流学科的战略决策。办好中国的世界一流大学,必须要有中国特色,必须扎根中国大地,走好我国自己的高等教育发展道路。在新形势下,面对巨大的发展机遇和国内外社会思想文化及意识形态领域的各种挑战,中国高等教育要始终坚持正确方向,仍然要不断改进和加强思想政治工作。因此,习近平总书记从高校培养什么人、如何培养人以及为谁培养人这个根本问题出发,强调高校思想政治工作只能加强不能削弱,只能前进不能停滞,只能积极作为不能被动应对。总书记的重要论述,深刻阐述了思想政治工作对于办学治校、育人育才的极端重要性,把我们的认识提升到一个新的高度。思想是行动的先导,只有认识到位,行动才会自觉。我们要深入学习领会总书记关于高校思想政治工作重要意义的重要论述,在思想上政治上行动上自觉与以习近平同志为核心的党中央看齐,自觉把思想政治工作贯穿到教育教学全过程。

(二)深刻认识坚持社会主义办学方向的原则立场

方向问题是根本问题。加强高校思想政治工作,最重要的就是在事关办学方向的问题上站稳立场。习近平总书记在讲话中强调,我们的高校是党领导下的高校,是中国特色社会主义的高校,办好我们的高校必须坚持以马克思主义为指导,全面贯彻党的教育方针,决不能在办学方向上走错、在培养人的问题上走偏;要做到“四个坚持不懈”,即坚持不懈传播马克思主义科学理论,坚持不懈培育和弘扬社会主义核心价值观,坚持不懈促进高校和谐稳定,坚持不懈培育优良校风学风;要坚持“四个服务”,即坚持为人民服务、为中国共产党治国理政服务、为巩固和发展中国特色社会主义制度服务、为改革开放和社会主义现代化建设服务。总书记的这些阐述,回答了在新形势下“办什么样的大学、怎样办好大学”这一时代命题,是我们在办学治校中必须牢牢把握的根本原则。无论在什么时候,我们都要坚持社会主义办学方向,将其作为干事创业、谋划发展的“定位器”,保持清醒头脑、增强政治定力,始终坚持正确的政治方向、价值导向,始终坚持一面旗帜管总,把学校建设成为坚持党的领导的坚强阵地。

(三)深刻认识“四个正确认识”和“四个统一”要求

思想政治工作从根本上说是做人的工作。做好思想政治工作,必须着眼于人、落脚于人,紧紧抓住学生和教师这两个主要群体。习近平总书记强调,要注重联系学生思想实际,引导学生正确认识世界和中国发展大势、正确认识中国特色和国际比较、正确认识时代责任和历史使命、正确认识远大抱负和脚踏实地;高校教师要坚持教书和育人相统一,坚持言传和身教相统一,坚持潜心问道和关注社会相统一,坚持学术自由和学术规范相统一。“四个正确认识”和“四个统一”的提出,为我们在新的历史条件下开展思想政治工作提供了重要遵循,充分体现了学生和教师思想政治工作的有机统一。学生是立德树人的主体,只有聚焦学生这个中心,注重联系学生思想实际,引导他们做到“四个正确认识”,才能解答好学生的理论问题和认识问题,不断提高思想水平、政治觉悟、道德品质、文化素养。教师是立德树人的关键,全校教师要自觉践行“四个统一”和“四有”好老师、“四个引路人”的要求,珍惜教师声誉,捍卫职业尊严,提升师德境界,履行好教书育人的神圣使命。

(四)深刻认识改革创新的必要性和紧迫性

近年来,思想政治工作呈现出持续加强改进、不断向上向好的态势,但也要看到,随着环境条件的发展变化,遇到的挑战更加严峻、承担的任务更加繁重,同时还存在一些亟待解决的问题。加强和改进新形势下高校思想政治工作,必须遵循思想政治工作规律、教书育人规律、学生成长规律,沿用好办法,改进老办法,探索新办法,不断提高工作能力和水平;要提升亲和力和针对性,真正为学生解答好人生应该在哪里用力、对谁用情、如何用心、做什么样的人;要用好课堂教学这个主渠道,加快构建中国特色哲学社会科学学科体系和教材体系,更加注重以文化人以文育人,运用新媒体新技术使工作活起来。这些论述体现了目标导向和实践导向的有机统一,为高校思想政治工作的改革创新指明了路径和方法。当前,我们要充分认识到加强思想政治工作改革的必要性和紧迫性，如果固守思维定式，工作缺乏创新，缺乏亲和力与针对性，不能满足学生成长发展需求和期待，工作就很难取得实效，就难以保持思想政治工作的活力。只有在继承优良传统的基础上，不断研究新情况、破解新课题，才能不断提升思想政治工作的成效，为建设世界一流大学提供有力支撑。

(五)深刻认识坚持党对高校领导这一根本保证

坚持党的领导，是保证高等教育始终坚持社会主义办学方向的基本要求和根本保证。习近平总书记在讲话中指出，办好高等教育，必须坚持党的领导，牢牢掌握党对高校工作的领导权。党委要抓好政治领导和思想引导，政治领导就是要保证高校正确办学方向，保证党的领导在高校工作中全面发挥作用；思想引导就是要掌握高校思想政治工作主导权，巩固马克思主义在高校意识形态的主导地位，用科学理论培养人，保证高校始终成为培养社会主义建设者和接班人的坚强阵地；要坚持党管办学方向，坚持党管高校改革发展，坚持党管干部原则，切实把党的领导在高校落到实处。这些重要论述，讲清了党为什么要管、管什么、怎么管的根本问题，为加强党对思想政治工作的领导指明了方向。这个问题是个原则问题，全校党员和领导干部要始终保持清醒头脑，坚定立场。

全国高校思想政治工作会议召开后，上级党委和有关方面对贯彻落实会议精神和习近平总书记重要讲话精神进行多次部署。在几个会议上，刘延东同志都做了重要的讲话。她强调，习近平总书记的重要论述深刻揭示了办好中国特色社会主义大学的深刻内涵，是总书记治国理政思想的重要组成部分，具有鲜明的时代性、理论性和指导性，闪耀着马克思主义的理论光辉。我们一定要学习好、贯彻好，真正把思想和行动统一到以习近平同志为核心的党中央的决策部署上来。教育部党组专门印发了《关于学习贯彻落实全国高校思想政治工作会议精神的通知》，从统一思想认识、准确把握重点、贯彻落实会议精神等方面提出了要求，组织了多次重要会议和工作培训，陈宝生部长和其他部领导多次对贯彻落实思政会精神做了具体部署。福建省委正在制定加强和改进新形势下高校思想政治工作的实施意见，将于近期召开专门会议部署工作，尤权书记等省委领导多次对我校党建和思想政治工作做出指导、提出要求。我们要不断强化政治意识、大局意识、核心意识、看齐意识，在政治上思想上行动上自觉与以习近平同志为核心的党中央保持高度一致，把中央的各项决策部署落实到学校改革发展稳定各项工作中去，始终坚持正确的办学方向，并用思想政治工作的积极成效有力推动学校的“双一流”建设。

二、准确把握当前我校思想政治工作面临的形势

着眼于建设中国特色社会主义大学，中央对高校思想政治工作提出了一系列新要求，寄予了殷切的期望。我们要立足学校工作实际，认清面临的形势，找准工作差距，切实增强责任感使命感。

(一)十八大以来我校思想政治工作取得的成就

2013年以来，我们认真贯彻党的十八大和十八届三中、四中、五中、六中全会精神，深入学习贯彻习近平总书记系列重要讲话精神和治国理政新理念新思想新战略，坚持社会主义办学方向，坚决贯彻中央全面从严治党部署，切实把思想政治工作落实到办学育人各方面各环节，取得了突出成就。

我们以全面从严治党为主线，不断加强党委对学校工作的领导，坚决贯彻党的教育方针，坚持社会主义办学方向，坚持和完善党委领导下的校长负责制，完善学院(研究院)党政联席会议制度，持续开展基层党委(党总支)负责人抓党建工作述职评议考核工作，不断提升基层党组织活力，认真落实意识形态工作责任制，把加强党的领导落实到学校改革发展稳定各方面各环节，切实发挥好校党委的领导核心和基层党委的政治核心作用。

我们不断加强思想引领和思想理论建设，深入开展中国梦和社会主义核心价值观教育，扎实开展党的群众路线教育实践活动、“三严三实”专题教育和“两学一做”学习教育，充分发挥思想政治理论课的主

渠道作用,加强马克思主义学院建设,积极构筑马克思主义学科建设高地,坚持用马克思主义中国化的最新成果和习近平总书记系列重要讲话精神武装师生头脑,广大师生思想主流积极健康向上,对党的领导衷心拥护,道路自信、理论自信、制度自信、文化自信不断增强。

我们不断增强思想政治工作的针对性实效性,坚持运用鲜活的校本化革命传统资源开展理想信念教育和社会主义核心价值观宣传教育,不断加强在实践育人、网络育人、服务育人方面的探索,推动思想政治工作与创新创业、志愿服务、校园文化、信息技术、解决师生实际问题相结合,不断创新思想政治工作的新思路新方法新举措。连续三年荣膺"中国教育政务新媒体综合力十强"称号,学生就业和创新创业工作得到国务院领导同志高度评价,在一些领域初步形成了"厦大经验"。

我们不断加强校园文化建设,深入挖掘校史校训、"四种精神"和中华民族优秀文化内涵,精心打造大型叙事体话剧《陈嘉庚》,原创校园话剧《哥德巴赫猜想》,交响组曲《长征组歌》《黄河大合唱》等一批主题鲜明、内容向上的校园文化精品,深入开展礼敬中华优秀传统文化教育,持续开展高雅艺术进校园活动,编纂出版学校首部年鉴,加强校史馆、革命史馆等展馆建设,在校园中营造了积极向上的文化氛围。《哥德巴赫猜想》入选中国科学技术协会"共和国的脊梁——科学大师名校宣传工程"项目。

我们不断加强师德师风建设,认真组织"南强杰出贡献奖"评选并隆重举行颁奖仪式,开展"我最喜爱的十位老师"评选,编撰出版《我的厦大老师》,广泛宣传优秀教师爱岗敬业的先进事迹;由学校主要领导、教学名师奖获得者、知名专家学者为新进教师开展岗前培训,在新进教师"第一堂课"上举行书记院长引荐勉励仪式,组织青年教师参加学习考察、社会实践、挂职锻炼,增强教师的荣誉感、使命感和思想水平。制定《厦门大学建立健全师德建设长效机制实施办法》等制度。2013 年以来有 2 人分别获"全国教书育人楷模""全国模范教师"称号,1 个单位获"全国教育系统先进集体"称号。

我们不断加强文明校园、平安校园建设,健全安全工作责任体系,完善校园安全稳定综合防控和周边环境综合治理机制,加强反恐怖防范和反宗教渗透工作,持续开展校园环境专项整治提升,严抓安全生产,保持了学校长期和谐稳定。成功举办 95 周年校庆活动,奋力夺取抗击历次台风特别是 2016 年第 14 号超强台风"莫兰蒂"和灾后恢复工作的胜利,广泛凝聚了师生和海内外校友的力量。

思想政治工作取得的这些成绩,是学校近年来发展成就的重要组成部分。成绩的取得,是全校师生共同努力、辛勤付出的结果。在这里,我代表校党委向大家表示亲切的问候和衷心的感谢!

(二)新形势下加强和改进思想政治工作的复杂性和艰巨性

当前,随着国内外形势的发展,我国高等教育的国际竞争环境、国家发展需求、办学资源条件、教育群体特征都发生了深刻变化。从世界范围看,和平与发展依然是主流,但政治经济格局存在较强的复杂性、不确定性,政治制度和价值观的博弈日趋激烈,对引导师生坚定"四个自信"提出了挑战;从我国形势看,"十二五"规划主要目标圆满收官,"十三五"规划开局良好,经济实现缓中趋稳、稳中向好,但同时也面临着矛盾叠加、风险交会的挑战,对高校保持和谐稳定局面的影响不容忽视。中央全面从严治党的力度不断加大,推进党的建设伟大工程的步伐不断迈进,对高校党建和思想政治工作提出了新的要求。

从学校自身来看,与中央的要求相比,与建设世界一流大学的标准相比,学校的思想政治工作还存在一定的差距。在迎接中央巡视前,我们进行了全面排查,巡视期间也进行了深入的反思。我们发现,"四个服务""四个坚持不懈"要求在一些具体领域、环节中没有把牢抓实,"课程思政""课程育人"的意识、思想政治工作的针对性和吸引力还不强;"四个统一""四有好老师""四个引路人"的要求还不能一以贯之地落实到教师队伍建设和思想政治工作中,还存在师德失范现象,部分教师思想、心理上的困惑和问题还未能得到及时的疏导和解决;阵地建设管理还存在薄弱环节,错误思想观点仍有少量传播空间;全员全过程全方位育人的顶层设计不完善,部门之间协同不够,育人合力还有待提升;运用新媒体新技术开展思想政治工作的覆盖面和实效性还有待提升,对构建实践育人大格局的统筹谋划不够,校园文化建设还不够平衡;党委领导下的校长负责制落实机制不健全,基层党委党建工作责任制还落得不够实,"两学一做"学习教育常态化制度化探索和实践不足,基层党组织功能存在弱化的现象,等等。与此同时,总书记在讲话中列举的“重教书轻育人、重智育轻德育、重科研轻教学”“个别教师不能教书育人、为人师表”等现象在学校也有不同程度的体现。准确判断存在的困难和问题，是加强和改进思想政治工作的基础。有针对性地推进工作，重点就是克服困难、解决问题、改革创新。

三、聚焦重点推动中央决策部署落地生根

“十三五”时期是我国全面建成小康社会、基本实现教育现代化决胜阶段，也是厦门大学深化综合改革、实现第一个百年目标的冲刺阶段。我们要全面贯彻落实中央关于高校思想政治工作的总体部署，紧紧围绕全面从严治党这条主线，聚焦重点任务，实现重点突破，不断开创学校思想政治工作新局面。

（一）强化思想理论教育和价值引领，不断巩固马克思主义的指导地位

马克思主义是我们的根本指导思想，也是我国高校的鲜亮底色。建设中国特色社会主义大学，必须始终坚持以马克思主义为指导，全面贯彻党的教育方针，把学校建设成为学习研究宣传马克思主义的重要阵地。

一要发挥课堂教学的主渠道作用。课堂教学是高校开展教育的主要形式，上课是广大青年学生学习知识、接受教育的主要途径。我们要紧紧抓住课堂教学这个主渠道，用马克思主义中国化的最新成果教育引导师生，扎实推进习近平总书记系列重要讲话精神和治国理政新理念新思想新战略进教材、进课堂、进头脑。近年来，我们精心打造专题教学、网络教学、实践教学“三位一体”的思想政治理论课教学体系，取得了较好的效果，形成了思政课教学的“厦大模式”。接下来，要持续深化教学改革，组织教学攻关，建设一批精品课程，进一步增强教学的吸引力、说服力、感染力，增进学生的理论认同、政治认同、情感认同。要强化“课程思政”“课程育人”的意识，构建以思政课为核心，以哲学社会科学其他相关课程为支撑，以人文素质选修课为补充的思想政治理论教育课程体系，强化课程的协同育人效应，做到各门课程都守好一段渠、种好责任田。要进一步完善机制，从本学期开始，抓好校领导、学院党委书记和院长每学期至少为学生讲一次思政课这一要求的落实，积极邀请地方党委主要负责人为学生做形势政策报告或讲思政课。

二要加强马克思主义理论的研究阐释。当前，伴随着中国特色社会主义理论体系和实践经验的不断丰富和发展，马克思主义研究在面临诸多挑战的同时，也迎来了前所未有的机遇。在新的历史时期，我们要继承发扬学校在研究和传播马克思主义方面的优良传统，不断强化使命感和责任感，立足当代，面向未来，推动传统马克思主义理论学科的创新发展，把马克思主义理论学科列入学校“双一流”建设规划，对学科建设予以政策倾斜和优先支持。要进一步加强马克思主义学院建设，重点支持和建设好若干高水平研究平台，培养更多立场坚定、功底扎实、经验丰富的中青年马克思主义理论学科带头人，不断提高研究生培养质量，按照“省内示范引领、争创全国重点”的目标，把马克思主义学院打造成马克思主义理论教学、研究、宣传和人才培养的坚强阵地。要深入实施哲学社会科学繁荣计划，在统筹推进一流大学和一流学科建设中，积极培育一批以马克思主义为指导的哲学社会科学学科基础理论研究创新团队，加快构建中国特色、世界一流的哲学社会科学学科体系。

三要重视加强教材的建设和管理。教材是育人育才的重要载体，传授的内容和倡导的价值体现国家意志，是国家事权。我们要从意识形态安全、国家安全、党的事业后继有人的高度深刻认识加强教材建设和管理的重要性。要充分发挥学校马克思主义和哲学社会科学理论研究的优势，建立优秀教材奖励制度，建立健全哲学社会科学教材编审机制，鼓励广大教师积极参与国家哲学社会科学专业核心课程教材和马克思主义理论研究和建设工程重点教材编写。要完善教材选用制度，相关课程要统一选用马克思主义理论研究和建设工程重点教材，意识形态属性较强的教材和涉及国家主权、安全以及民族、宗教等内容的教材统一使用国家统编教材，其他课程优先选用国家目录中的教材，对引进教材建立严格的备案和审读制度。对不符合要求的教材要坚决停止使用，对违反规定使用不当教材的要严肃追究责任。

四要掌握意识形态工作主动权。要进一步落实《厦门大学意识形态工作责任制实施细则》《厦门大学

网络意识形态工作责任制实施细则》等制度，细化意识形态工作的责任定位、责任分解和责任落实，层层传导压力，层层明确责任，强化党委统一领导、党政齐抓共管的工作格局，校党委常委会、学院党政联席会要定期专题研究意识形态工作。各级领导干部要自觉站在意识形态工作第一线，在重大原则问题上要站稳立场，敢抓敢管，早抓早管，真抓真管。要健全规章制度，完善课程设置审核机制，加强课堂教学督导和教学过程管理，健全教学大纲核准和教案评价制度，确保课堂教学有章可循、违规必究，确保每间教室都成为教书育人的重要场所，每次授课都成为传播正确人生观、世界观、价值观的重要环节。要严格落实哲学社会科学类报告会、研讨会、讲座、论坛“一会一报制”，严格新媒体内容发布审查机制，实行“先审后发”制度，严禁发布不实、虚假和错误信息，进一步扫除管理盲区，为学校人才培养营造一个更加健康向上的整体氛围。

(二)凝聚弘扬昂扬向上的校园精神，以社会主义核心价值观引领优良校风学风

习近平总书记指出，一所高校的校风和学风，犹如阳光和空气决定万物生长一样，直接影响着学生学习成长。好的校风和学风，能够为学生学习成长营造好气候，创造好生态，思想政治工作就能润物无声地给学生以人生启迪、智慧光芒、精神力量。我们要紧紧抓住校风和学风建设这个着力点，进一步发挥思想政治工作在一流人才培养中不可替代的重要作用。

一要培育和弘扬社会主义核心价值观。社会主义核心价值观是当代中国精神的集中体现，它根植于优秀中华传统文化，所昭示的前进方向契合中国人民的美好愿景。培育弘扬社会主义核心价值观，对于广大师生增强中国特色社会主义道路自信、理论自信、制度自信、文化自信具有重要的意义。厦门大学具有优良的历史文化传统，蕴含在厚重校史当中的“爱国、革命、自强、科学”四种精神与社会主义核心价值观高度契合。当前，我们正在朝着建设世界一流大学的宏伟目标迈进。越往前进，越要扎根中国大地、站住脚跟，越需要以社会主义核心价值观为思想的压舱石、价值的定盘星。为此，我们要坚持把社会主义核心价值观贯穿于办学育人的全过程，弘扬以爱国主义为核心的民族精神和以改革创新为核心的时代精神，坚持用社会主义核心价值观引领优良校风学风，使广大师生都养成昂扬向上、积极自信的精神面貌，做社会主义核心价值观的坚定信仰者、积极传播者、模范践行者。

二要坚持以文化人以文育人。文化具有强大的感召力和凝聚力，是核心价值观建设的基础，没有文化自信就不可能有价值观自信，就不可能做好价值引领。习近平总书记在庆祝中国共产党成立95周年大会上的重要讲话中强调：“文化自信，是更基础、更广泛、更深厚的自信。”因此，我们在开展思想政治工作的过程中，要紧密结合学校优质文化资源，不断加强中华优秀文化和革命文化、社会主义先进文化教育，引导师生不断坚定文化自信。校园文化还是校风学风的重要载体，厦门大学的校训“自强不息，止于至善”，校歌倡导的“知无央，爱无疆”和“四种精神”激励着一代代厦大人奋发向上、报效国家，形成了特色鲜明、积极向上的校园精神。我们要继承和弘扬优良传统，进一步深入挖掘校本文化资源，打造更多的文艺精品，紧密结合学科特点和校区分布特点，有针对性地组织开展形式多样、健康向上、格调高雅的校园文化活动，广泛开展“让校园更美好”文明校园创建活动，提高魅力校园、温馨校园、绿色校园、平安校园建设水平，在学校新的发展阶段进一步倡导形成爱校荣校、改革创新、团结合作、包容共享的校园价值理念。

三要倡导良好的学习风气。学风是校风的集中体现，学习过程也是学生锤炼心志的过程。我们要以学风建设作为思想政治工作的重要着力点和落脚点，引导和鼓励师生端正学风、严谨治学，在刻苦学习、探索未知中培育科学精神、锤炼品行情操。要抓住新生入学等重要时间节点，以内迁闽西办学的自强精神、学校历代名师严谨治学精神和各学科自身形成的优良治学传统在师生中广泛开展学风教育。要积极选树、大力宣传优秀学生典型，以榜样示范带动学风建设，让广大学生学有方向、赶有目标。要进一步加强学风管理力度，在学生中深入开展学习规范教育，强化课堂纪律检查督查，下大力气纠正部分教师课堂纪律要求不严、部分学生课堂纪律松弛的现象；要大力开展诚信教育，在广大师生中进一步树立诚信为荣、失信为耻的价值观，所有校内考试的纪律要求严格实行国家考试的管理标准，对师生的学术和学习诚信做到严要求。总书记在讲话中特别提道：“高校的校风和学风问题，这些年社会上议论比较多，究其原

因，就在于一些高校对教学和学习管理不到位、不严格，应该管的没有管起来，应该严的没有严起来。"这些话发人深省。

(三)结合实际推动改革创新，不断提高思想政治工作的针对性实效性

面对新形势新挑战，要进一步提升思想政治工作的针对性实效性，就必须贴近师生思想实际，积极改革创新，做到因事而化、因时而进、因势而新，不断推动思想政治工作在改进中加强，在创新中发展。

一要强化网络育人功能。学生在哪里，思想政治工作的阵地就要在哪里。青年学生是使用网络的最大群体，如果不掌握网络建设管理和舆论斗争的主动权，我们就无法掌握人才培养的主动权。近年来，我校高度重视推动思想政治工作联网上线，大力推进校园网络文化建设，持续唱响网络主旋律，着力打造师生的网上精神家园，在"两微一端"和"易班"等平台建设方面开展了许多有益的探索，不断提升工作的时代感和吸引力，取得了显著的成效。新时期，我们要在原有的基础上，加强网络思想政治工作，构建完善"五维一体"校园网络文化建设总格局，着力抓好载体建设，巩固和拓展网络育人阵地，积极探索"互联网+思想政治工作"模式；要着力加强内容建设，坚持发挥学校主导和广大学生参与两个积极性，紧密贴近师生思想实际，源源不断推出有态度、有温度、有厚度、有力度的网络文化产品，坚持用优秀的文化产品鼓舞人、激励人。要将优秀网络文化成果纳入师生评价机制，鼓励我们的老师同学在网络上主动发声，传播正能量，讲述好故事，批驳错误观点、思想，共同营造一个健康清朗的网络空间。

二要健全实践育人体系。实践出真知。在人才培养和学术研究中，实践是不可或缺的重要环节，有利于师生增强运用知识解决实际问题的能力，有利于师生更加深入地了解国情、了解社会，增强社会责任感和使命感。我们要进一步重视发挥实践育人功能，着力加强实践育人顶层设计，不断健全教学实践、科研实践、社会实践、创新创业、实习实训、志愿服务、军事训练一体化的实践育人体系，构建产学研联合、校地企协同、国内外合作的实践育人机制，切实提高实践环节在教育教学全过程的比重。要注重提高社会实践质量，针对不同师生群体的需求和具体情况精心设计实践内容，做到实践锻炼与服务地方相结合，思想教育与能力提升相结合，让每一位学生在学期间至少都能参加一次高质量的社会实践活动。要依托闽西赣南及学校革命文化资源优势，组织师生广泛开展形式多样的"红色实践"，在重走革命先辈征程、重温革命历史的过程中接受思想洗礼。要加强创新创业教育改革，进一步整合全校资源，理顺工作机制，进一步调动广大教师参与指导学生创新创业活动的主动性和积极性，凝聚起推动创新创业教育快速发展的强大合力。

三要提升服务育人成效。思想政治工作只有始终坚持围绕师生、关心师生，贴近师生实际开展工作，把解决思想问题和解决实际问题紧密结合，才能接地气、入人心。要深化就业服务与援助，加强就业诚信教育，倡导"国家至上，事业为先"的就业理念，鼓励广大学生到国家最需要的地方建功立业。要进一步心理疏导，在做好学生心理健康教育的基础上，更加重视全体教职员工的人文关怀，培养理性平和、积极向上的阳光心态。要着力推动学生资助由保障型资助向发展型资助转变，深入挖掘受助优秀学生典型，深入开展励志教育、诚信教育和社会责任感教育，激励学生刻苦学习、全面发展，引导学生做到自尊、自立、自强。要不断完善日常服务师生长效机制和学校与教职工、学生的沟通反馈机制，广泛倾听师生意见，及时帮助师生解决实际问题，以一流的管理服务助力和谐校园建设。

四要推进共青团工作改革。共青团是在党的领导下创造了光辉历史与光荣传统的群众组织，高校共青团组织承担着思想政治工作许多重要任务，发挥着不可替代的重要作用。中央对共青团建设高度重视，于2015年召开了党的历史上第一次中央党的群团工作会议，习近平总书记在会上发表重要讲话。2016年，中央印发《共青团中央改革方案》对团中央深化改革做出了全面部署。我们要坚决贯彻落实中央的决策部署和习近平总书记关于共青团工作的重要论述精神，尽快制订改革实施方案，创新团的工作、活动和基层组织建设，把思想政治引领贯穿团的各项工作和活动，切实担负起引导青年听党话、跟党走的政治任务。要进一步加强对学生组织工作的指导，强化对学生社团的管理、引导、服务和联系，充分发挥学生组织在自我教育、自我管理、自我服务方面的重要作用。

(四)提升教师思想政治素质,建设高质量高水准的思想政治工作队伍

教师队伍、思想政治工作队伍和党务工作队伍是人才培养和学生思想政治工作的骨干力量。我们要以"四个统一"为引领,按照"高质量、高水准"的要求,大力推进这几支队伍的建设,不断提高他们的思想水平和工作水平,为学校一流人才培养提供有力的支撑。

一要强化教师的思想教育和引导。传道者自己首先要明道、信道,教育者自己要先受教育。我们的教师只有成为先进思想文化的传播者、党执政的坚定支持者,才能更好担起学生健康成长指导者和引路人的责任。习近平总书记前不久在2017年参加全国政协相关民主党派联组会时指出,我国知识分子历来有浓厚的家国情怀,有强烈的社会责任感,重道义、勇担当。高校是知识分子的主要聚集地,我们的教师要在弘扬正能量、践行社会主义核心价值观上为全社会做出示范。我们要健全教师政治理论学习制度,坚持报告会、座谈会、研讨会、培训班、读书班等行之有效的学习方式,加强理想信念教育,努力提高教师政治理论素养,进一步增强对中国特色社会主义的理论认同、政治认同、情感认同。为了保障政治理论学习时间,学校将探索实施每两周全校固定2个课时不排课,供各学院和广大教师统筹安排。要通过挂职锻炼、参与产学研结合项目、调查研究、学习考察、志愿服务等方式,积极组织广大教师参加社会实践锻炼,引导教师更加关注社会现实,把专业特长、职业发展、服务社会紧密结合起来,进一步了解国情、社情、民情,正确认识国家前途命运,正确认识自身社会责任。要采取专人联系、重点培养等举措,重点加强教师名师、优秀青年教师、留学归国教师党员发展工作,充分发挥教师党员在教师队伍中的先锋模范作用。为了进一步加大工作力度,学校将成立教师工作委员会,统筹开展全校教师思想政治工作,并指定一名校党委副书记具体分管。各学院教师思想政治工作由党委书记直接负责,要结合具体实际深入细致地开展工作,切实把工作责任落实到位,努力建设一支信念坚定、业务精湛的教师队伍。

二要健全师德师风建设长效机制。良好的师德师风是优良校风的重要组成部分,加强师德师风建设是教师思想政治工作的重要抓手。近年来,学校不断加强师德师风建设,引导广大教师以德立身、以德立学、以德施教,教师队伍精神面貌总体积极向上。接下来,要抓住几个关键环节,进一步完善师德建设长效机制。重视把好教师"入口关",严格落实好思想政治素质和业务能力双重考察,把热爱国家、热爱学校、热爱学生的优秀教师送上讲台。进一步加强教师入职前后的培养培训,把政治理论、形势政策、校史校情、师德师风、法律法规、心理健康、学术规范、入职宣誓等作为主要内容,激发教师树立崇高的职业理想,切实肩负起立德树人、教书育人的光荣职责;完善师德综合考评机制,把师德规范要求融入人才引进、课题申报、职务晋升、导师遴选、出国研修、评奖评优各个环节,实施师德"一票否决"。继续开展"我最喜欢的十位老师"等活动,积极选树优秀教师典型,广泛宣传优秀教师的先进事迹,营造优良校风教风学风,激励广大教师爱岗敬业,以高尚师德、人格魅力、学识风范教育感染学生。

三要加强思想政治工作队伍和党务工作队伍建设。高校思想政治工作队伍和党务工作队伍是开展思想政治工作的专门力量,具有教师和管理人员双重身份。长期以来,学校高度重视这支队伍的建设,出台了一系列制度措施,为学校思想政治工作的开展提供了重要的组织保障。但也要看到,与形势的发展、一流大学人才培养的要求相比,队伍的建设力度还要不断加强。我们要贯彻落实中央要求,根据学校的实际情况,完善选拔、培养、激励机制,按照专职为主、专兼结合、数量充足、素质优良的原则,配齐建强思想政治工作队伍和党务工作队伍。要进一步加强队伍专业化职业化建设,倡导工作实践与理论研究紧密结合,既要成为做好实际工作的行家里手,又要加强对思想政治工作相关领域的研究。要加强思想政治理论课教师队伍建设,加大学科带头人和中青年杰出人才的引进力度,采取有效措施吸引优秀博士后来校工作,延聘理论素养深厚、实践经验丰富的专家学者、领导干部、老同志和辅导员作为兼职教师。要完善制度机制,要求青年教师有至少一年担任辅导员或班主任的经历,让广大教师更深入地参与到学生思想政治工作中,在帮助学生成长的过程中实现自身的成长。

(五)深化全面从严治党,把党的领导进一步落实到学校各项工作中

坚持党的领导、加强党的建设,是高校思想政治工作的"根"和"魂"。做好新形势下思想政治工作,必须坚持以全面从严治党为主线,以党的建设为统领,充分发挥各级党组织的作用,确保全体党员和广大师生紧密团结在以习近平同志为核心的党中央周围,使学校成为坚持党的领导的坚强阵地。

一要坚持和完善党委领导下的校长负责制。实行党委领导下的校长负责制,是落实党对高校领导的根本制度安排,是建设中国特色社会主义大学的本质要求,是我国高校管理体制长期探索实践的历史选择。长期以来,校党委认真履行管党治党、办学治校的主体责任,旗帜鲜明地坚持和完善这一制度,《厦门大学章程》对坚持党委领导下的校长负责制做了总体制度安排。当前,我们要增强"四个自信",很重要的就是要增强对这一制度的自信。面对新形势新要求,校党委将进一步强化政治意识、大局意识、核心意识、看齐意识,坚决贯彻落实中央各项决策部署,不断提高把方向、管大局、做决策、保落实的能力。要进一步贯彻民主集中制,坚持党管干部、党管人才,落实"三重一大"决策制度,做到重要干部任免、重要人才使用、重要阵地建设、重大发展规划、重大项目安排、重大资金使用、重大评价评奖活动等经党委集体研究决定,不断推进依法决策、科学决策、民主决策;要不断加强学校领导班子建设,把强化理想信念教育放在首位,做到既要有正确的教育思想、深厚的学识学养、强烈的事业心,又要有坚定的政治立场、崇高的理想信念、服务国家和人民的价值追求,切实发挥好带头示范作用。

二要发挥学院党委的政治核心作用。学院党委在学校党的工作中处于承上启下的重要位置。随着学校事业的快速发展,学院办学自主权不断扩大,学院党委要在实施政治引领、参与重大决策、加强人才培养、凝聚师生员工、培育先进文化、保证监督落实等方面充分发挥政治核心作用。当前,一些学院党的工作还存在组织建设薄弱、党建工作宽松软的突出问题。要突出政治功能,在任何时候、任何情况下,都要把履行政治责任摆在第一位,在人才培养使用、交流引进上,在课程设置、教材选用上、在重大学术活动上把好关口,保证党的路线方针政策不折不扣贯彻执行;要探索完善党政联席会议制度,明确议事决策范围、规范议事决策程序,哪些事由党委负责,哪些事由行政负责,哪些事需要共同负责都需要在实践中不断明确完善。在这里还要明确一点,不能用党政联席会替代党委会(党总支会)。党委会(党总支会)是党内的议事机制,要定期召开,真正发挥促进党建、推动工作的作用。

三要加强基层党建工作。基层党组织是党在高校的战斗堡垒,担负着联系、引导、组织、团结师生的重要职责。近年来,学校党委制定、修订关于建立健全院党委(党总支)抓基层党建工作责任制的实施办法、关于进一步加强和改进党支部工作的若干意见等制度,进一步落实党建工作责任制,不断激发基层党组织活力。但我们也要清醒地看到,学校基层党建工作责任还没有完全落实到位,工作中仍存在责任压力层层递减的现象,仍存在基层党组织整体功能弱化等问题。这就要求我们要持续推动全面从严治党向基层组织延伸,层层压实责任,层层传导压力,打通思想政治工作"最后一公里"。要进一步健全组织体系,加强党支部特别是教师党支部、研究生党支部建设,重视在优秀青年教师、海外留学归国教师中发展党员;要严把党员"入口关",强化党员日常教育管理,切实做到党要管党;要严肃组织生活,认真落实"三会一课"和民主生活会、组织生活会、谈心谈话、主题党日等制度,探索"两学一做"学习教育制度化常态化,不断强化党性锻炼;要激发师生党支部在基层工作中的主体作用,实施教师党支部书记"双带头人"工程,充分发挥基层党组织的战斗堡垒作用和党员的先锋模范作用。

四要加强党风廉政建设和作风建设。十八大以来,在党中央的坚强领导下,学校党委认真贯彻落实中央关于从严治党的要求部署,持之以恒贯彻中央八项规定精神,驰而不息反对"四风",坚持用铁的纪律整治各种顶风违纪行为,不断推动形成作风建设新常态,党的领导不断加强。但我们也要清醒地看到,全面从严治党永远在路上,与中央的要求相比,学校全面从严治党主体责任和监督责任的落实还有不小差距。目前,中央正在对学校开展巡视,进行一次全面的"政治体检"。我们要把接受巡视作为进一步推进全面从严治党的契机,以发现的问题为导向,认真抓好整改落实,把"严"的要求体现在各项工作中,推动党的建设再上新台阶。要进一步加大校内巡察工作的力度和覆盖面,践行监督执纪"四种形态",强化对

重点部位和关键环节的监督,进一步加大执纪审查和问责力度。要依托学校廉政建设研究中心积极开展反腐倡廉的理论研究,深入开展廉洁教育活动,努力营造干部廉洁从政、教师廉洁从教、学生廉洁修身的校园廉洁文化氛围,以良好的党风引领校风学风。

四、强化思想政治工作责任

加强和改进思想政治工作是党委的政治责任。推动从严治党向基层延伸,要求我们要全面落实全国高校思想政治工作会议精神、全面加强党的建设,要求我们不断强化思想政治工作责任制,形成党委统一领导,各部门齐抓共管、分工协作的工作格局。

(一)切实履行好党委管党治党的主体责任

主体责任是全面从严治党的“牛鼻子”。从党风廉政建设主体责任到全面从严治党主体责任,中央对各级党委提出更加明确具体的要求。开展思想政治工作是高校党的建设的重要内容,是推进全面从严治党的重要抓手。学校领导班子要根据职责分工,认真落实直接责任和“一岗双责”,共同抓好党建和思想政治工作。各位基层党委(党总支)书记要进一步牢固树立抓好党建是最大政绩的观念,始终把党的建设放在首要地位,始终把思想政治工作记在心上、抓在手上、扛在肩上。要把思想政治工作作为基层党委(党总支)书记抓党建述职评议考核的重要内容,不断强化每位书记的主责主业意识,切实担负起第一责任人的职责,在管党治党过程中推动中央关于党建和思想政治工作的各项部署要求落地生根。

(二)提升做好思想政治工作的本领

思想政治工作本质上是做人的工作,无论时代如何发展,技术条件如何更新,面对面开展思想政治工作的这一看家本领不能丢。当前,随着信息化的快速发展,人与人之间的联系变得更加方便快捷,也为思想政治工作提供了更多的途径和平台。但也要看到,新媒体新技术的运用使人们见面的机会减少,许多工作停留在键盘上、电话里,不利于深入交流思想、沟通感情。在新的发展时期,我们仍然有必要把面对面开展思想政治工作作为一个重要的能力。要建立健全校、院领导联系师生、谈心谈话制度,通过深入教师家庭、实验室和学生宿舍走访、促膝谈心等方式,及时了解师生思想状况,把对师生的关怀体现在解决实际困难、化解矛盾中。学校领导、各学院党委书记要通过走上讲台为学生讲思政课或做形势政策报告,与学生进行近距离的互动和交流,从人生理想、做人品行、成长路径等方面给学生以启迪。思政课教师和辅导员要不断提升关于中国当代发展理论和现实问题的答疑释惑能力,通过课堂讲授、谈心谈话等方式加强学生的思想引导和心理疏导。

(三)推进各项工作任务落细落小落实

为贯彻落实全国高校思想政治工作会议精神和习近平总书记重要讲话精神,学校有关部门经过深入调研,起草了学校的实施意见。今天会议的一项重要内容,就是要广泛征求对这份文件的意见和建议,集中全校的智慧为学校下一阶段的思想政治工作打好制度基础。学校将根据大家的意见建议做进一步的修改,并适时发布实施。实施意见提出的新举措、新办法能否取得成效,关键在于落实。各单位要根据学校的总体安排和实际需要,制定相关实施细则或工作规程,建立起实际可行、可操作、可检查的工作机制,确保每一项工作任务都能落到实处。比如,教材的选用工作应遵循什么程序,学校职能部门和学院各应承担什么职责,都应当规定清楚;要制订任务分解方案,把各项工作落实到各部门各学院,明确任务的内容、要求和时间表,作为检查工作的依据;要完善工作落实情况的督查机制,健全明责、履责、考责机制,形成有责必担、履责必严、失责必究的责任链条。

(四)凝聚全员全方位全过程育人的强大合力

立德树人是高校的根本任务,学校的一切工作都要围绕这一中心环节来展开,所有的教职员工和工作部门都承担着育人育才的重要职责。要加强研究谋划、工作指导和沟通协调,完善学生工作指导委员会功能,建立健全教师思想政治工作协调机制。组织部门要统筹指导学校党建工作,抓好基层单位班子建设和党建基础工作,加强对新时期学校党建重要问题的研究;宣传部门要统筹指导全校意识形态工作,建立健全工作制度,全面掌握有关情况,推动意识形态责任制的落实。学生工作部门要统筹指导全校学生思想政治工作,加强辅导员等专职工作队伍建设,积极探索工作新思路新方法新途径。全校党政管理部门、各基层单位和工会、共青团、妇委会、关工委等群团组织要各负其责、各司其职,形成同频共振的工作合力。厦门大学的校友对母校怀有深厚的感情,要深入挖掘校友育人资源,邀请更多优秀校友担任校友导师,充分发挥他们在学生思想引导、骨干培养、实践指导、创业辅导等方面的育人效应。通过这些措施,共同开创全员全方位全过程育人的"大思政"格局。

(五)坚决维护和谐稳定的良好局面

做好思想政治工作,建设世界一流大学离不开和谐稳定的校园环境。近几年,在全校师生员工的共同努力下,学校保持了一个安定团结的发展局面,为改革发展各项任务的推进提供了坚实的保障。维护学校的和谐稳定,要加强对各类宣传思想文化阵地的管理,提高广大师生的政治敏锐性和政治鉴别力,有效防止各种错误思潮以各种形式在学校抢滩登陆,决不给"杂音"和"噪声"提供传播渠道和空间。要逐级落实安全稳定防控责任,健全应急机制,完善校园治安防控体系,形成综合治理、群防群治、齐抓共管的工作格局,提高平安校园建设水平。要畅通学校与师生的沟通反馈渠道,建立健全科学有效的利益协调机制、诉求表达机制、矛盾调处机制、权益保障机制,把矛盾化解在基层、解决在萌芽状态。

同志们,做好思想政治工作使命光荣,责任重大。我们要深入学习贯彻党的十八届六中全会和全国高校思想政治工作会议精神,深入学习领会习近平总书记关于高等教育的重要论述,按照"四个坚持不懈"和"四个服务"的要求,以对党负责、对事业负责、对师生负责的态度,全面加强和改进思想政治工作,为老师们静心从教、同学们安心求学营造一个积极向上、和谐稳定的校园环境,为推进"双一流"建设提供坚强保障,扎根中国大地办好中国特色社会主义大学,以优异的成绩迎接党的十九大胜利召开!

——本文摘录自《厦门大学年鉴2018》,厦门大学出版社,2019年4月版

在中央第三巡视组向厦门大学党委反馈专项巡视情况会议上的表态发言

(2017年6月19日)

校党委书记　张　彦

按照中央巡视工作统一部署，今年3月5日至4月30日，中央第三巡视组对厦门大学党委进行了专项巡视。这次巡视，是对厦门大学学习贯彻习近平总书记系列重要讲话精神、坚持社会主义办学方向、加强党的领导、推进全面从严治党的一次“政治体检”，也是对学校党的建设和事业发展的一次有力推动和促进。巡视期间，中央巡视组认真贯彻落实习近平总书记关于巡视工作的重要指示精神，坚定不移地深化政治巡视，坚持问题导向，聚焦坚持党的领导、加强党的建设、全面从严治党，充分发挥政治“显微镜”和“探照灯”作用，深入细致地开展工作，顺利完成了巡视任务。巡视组各位同志在工作中所表现出来的高度政治责任感、扎实的工作作风、严明的组织纪律、过硬的能力素质，给我们留下了深刻的印象，值得我们好好学习。在此，我代表厦门大学党委、代表全校党员和广大师生员工，向中央第三巡视组的全体同志表示崇高的敬意和衷心的感谢！

刚才，刘维佳同志代表中央第三巡视组反馈了对厦门大学党委的专项巡视情况，黎晓宏同志代表中央巡视工作领导小组做了讲话。两位领导同志的讲话，既实事求是地评价了厦门大学党委及领导班子的工作，肯定了学校在传达学习党的十八大和十八届三中、四中、五中、六中全会以及习近平总书记系列重要讲话精神，落实全国高校思想政治工作会议精神，贯彻党的教育方针，开展党风廉政建设和反腐败等方面所取得的成绩，又客观中肯地指出了学校党委工作中存在的突出问题，这些问题定位准确、一针见血，直奔关键、切中肯綮，对我们接下来做好整改工作提出的意见具有很强的指导性、针对性，前期巡视和今天的情况反馈是对我们一次深刻的党性党风党纪教育，充分体现了党中央对厦门大学的关心和爱护，为我们扎根中国大地办一流大学进一步指明了前进方向，提供了重要遵循。对巡视反馈意见和整改建议，学校党委完全拥护、诚恳接受、照单全收、坚决整改。我作为学校党委书记，将坚决履行好第一责任人的职责，与学校党政领导班子一道，团结带领全校党员、干部和师生员工，以坚决的态度、果断的措施、有效的办法，认真抓好巡视反馈意见的整改落实，不折不扣完成好整改任务。

一是坚定理想信念，强化政治担当，切实履行管党治党、办学治校的主体责任。我们要继承和弘扬学校优良的革命传统，进一步加强理想信念教育，深入学习贯彻习近平总书记系列重要讲话精神和治国理政新理念新思想新战略，全面贯彻党的教育方针，不断增强“四个意识”，坚决维护以习近平同志为核心的党中央权威，确保中央决策部署在我校落地有声，落地有果，把讲政治的要求真正落到实处。我们要紧紧抓住坚持党的领导这个根本，完善党委领导下的校长负责制，严格执行“三重一大”决策制度，加强党委对学校工作的全面领导，履行好“把方向、管大局、做决策、保落实”职责，切实发挥好领导核心作用。我们要以巡视整改为动力，深入贯彻落实全国高校思想政治工作会议精神，坚持社会主义办学方向，落实立德树人根本任务，扭转重科研教学轻育人现象，严格落实意识形态工作责任制，以改革创新精神抓好党建和思想政治工作，坚定不移地把“四个坚持不懈”“四个服务”要求贯彻到办学治校、教书育人的全过程，努力把学校建设成为学习研究宣传马克思主义的坚强阵地。我们要坚持党管干部、党管人才原则，坚决纠正选人用人方面存在的突出问题，加强干部日常教育管理，严把人才引进政治关，健全师德师风建设长效机制，着力建设一支信念坚定、为民服务、勤政务实、敢于担当、清正廉洁的干部队伍和有理想信念、有道德情操、有扎实学识、有仁爱之心的教师队伍。我们要强化政治担当和责任意识，牢固树立抓基层的鲜明导向，层层压实责任、层层传导压力，着力增强党内政治生活的政治性、时代性、原则性、战斗性，推动管党治党从宽松软走向严紧硬。我们要坚持把纪律和规矩挺在前面，切实履行好党风廉政建设"两个责任"，始终聚焦中央八项规定精神抓好整改，驰而不息纠正"四风"，深入推进关键岗位和重点领域廉洁风险防控体系建设，实践运用好"四种形态"，加大监督执纪问责力度，坚定不移地推进党风廉政建设和反腐败工作。

二是严格按照中央巡视组反馈意见要求，弘扬"止于至善"精神，切实抓好整改工作。在接受巡视期间和前一阶段的工作中，特别是结合今年4月20日召开的全校思想政治工作会议精神，校党委坚持边巡边改，持续推动立行立改，取得了一些初步成果。接下来，我们将按照中央巡视组提出的要求，在前一阶段立行立改的基础上，进一步提高政治站位，认真贯彻落实习近平总书记关于巡视工作的重要讲话精神，把抓好巡视整改工作作为学校当前和今后一段时间的一项重要政治任务，与学习贯彻全国高校思想政治工作会议精神结合起来，与推进"两学一做"学习教育常态化制度化结合起来，与深化综合改革、谋划推进"双一流"建设结合起来，以"四个意识"为政治标杆，以总书记系列重要讲话精神为镜子，以党章党规党纪为尺子，以对党、对师生员工、对学校事业高度负责的态度，扎实抓好巡视反馈问题的整改，确保整改工作取得实质性成效，让党中央放心、让师生员工满意。整改是学校党委的政治责任，学校党委对巡视整改工作负总责，我将和班子成员一起带头抓整改、亲自抓落实，既督任务、督进度、督成效，又查认识、查责任、查作风，做到真认账、真反思、真整改、真负责，同时坚决支持纪委执纪问责，认真核查、严肃处理巡视移交的问题线索。校党委已经成立了整改领导小组和办公室，将迅速开展工作，逐条逐项梳理分解反馈意见，抓紧建立整改台账，明确分管领导、牵头单位和责任人，明确整改时限与要求，尽快形成整改"路线图"和"时间表"，及时向师生员工和社会公众通报巡视整改情况。整改过程中要深挖病根、找准症结、精准发力、综合施策，对条件成熟的任务做到马上就办、及时整改，对一些涉及体制机制调整的重大政策性问题，立即开展调查研究，拿出切实可行的解决办法，建立健全整改落实的长效机制。紧紧抓住各级党政领导班子这个"关键少数"，加强统筹部署、协调推进、以上率下、督促落实，既把自己真正摆进去，主动认领问题和责任，也层层传导压力，带领并督促全校各单位坚决整改落实，对整改不力的单位和个人要严肃问责。总之，我们要以"抓铁有痕、踏石留印"的作风，发扬"止于至善"的精神，确保条条改到位、件件有着落、事事有回音，坚决维护中央巡视的权威，努力交上合格的整改答卷。

三是以巡视整改和推进"两学一做"学习教育常态化制度化为契机，加快推进学校"双一流"建设，推动学校党的建设和各项事业科学发展。中央第三巡视组两个月来对厦门大学的巡视，既是对我们的监督、鞭策，更是对厦门大学改革发展稳定各项工作的支持和推动，让学校党委、各级党组织、全校师生员工精神为之一振。学校党委将把中央巡视当成学校发展的顺势东风，切实改进工作作风，提高工作标准，提升领导和管理水平，努力将巡视成果体现为人才培养、科学研究、社会服务、文化传承创新和国际交流合作的新成效，转化为建设中国特色世界一流大学的强大动力。巡视是一个标准、一把尺子，我们要以巡视整改为契机，强化对标意识，正本清源、标本兼治，进一步加强制度文化建设、完善管理体制机制、提高反腐倡廉工作水平，把全面从严治党要求贯穿到办学治校始终，着力构建全面从严治党长效机制，努力解决师生员工反映强烈的问题，不断凝聚形成爱校荣校、改革创新、团结合作、包容共享的校园文化氛围，为学校"双一流"建设提供坚强的政治保证，营造良好的求学从教环境和风清气正的政治生态。我们要不断推进"两学一做"学习教育常态化制度化，坚持党风校风学风"三风"齐抓，下大力气抓好教工党支部建设，教育引导党员做到政治合格、执行纪律合格、品德合格、发挥作用合格，确保党的组织充分履行职能、发挥核心作用，确保党员领导干部忠诚、廉洁、担当，发挥表率作用，确保广大党员党性坚强、发挥先锋模范作用。

从现在起，我们要以迎接宣传贯彻党的十九大为主线，以全国高校思想政治工作会议精神为引领，以抓好中央巡视反馈意见整改为动力，紧密地团结在以习近平同志为核心的党中央周围，深入贯彻落实"五位一体"总体布局、"四个全面"战略布局和新发展理念，秉承"自强不息，止于至善"的校训精神，不忘初心，坚定自信，脚踏实地，团结拼搏，以更加奋发有为、昂扬向上的精神状态，加快推进世界一流大学建设步伐,以扎实的整改成效和优异的工作成绩迎接党的十九大胜利召开,为实现学校“两个百年”奋斗目标和中华民族伟大复兴的中国梦做出新的更大贡献!

——本文摘录自《厦门大学年鉴2018》,厦门大学出版社,2019年4月版

秉承光荣传统 建设"世界之大学"

(2017年9月26日)

校党委书记 张 彦

习近平总书记强调,我国教育发展要扎根中国、融通中外,立足时代、面向未来,坚定不移走自己的路。作为中国近代教育史上第一所华侨创办的大学,建校近百年来,一代代厦大人秉承陈嘉庚先生"教育救国"的理想和建设"世界之大学"的宏愿,与国家同呼吸、与民族共命运、与时代同步伐,面向世界、勇于进取,树立自信、保持特色,探索出一条适合自己的发展道路,并朝着世界一流大学的目标继续前行。

树牢"四个意识",旗帜鲜明坚持党的领导

党的领导是中国特色社会主义最本质的特征,是中国高校最鲜明的特色。厦大与中国共产党同龄,也是福建省第一个党组织的诞生地,有着悠久的爱国革命传统。厦门大学的一流大学建设,必须牢记光荣传统,坚定社会主义办学方向,全面加强党的建设,引人以大道、启人以大智,大力培养中国特色社会主义合格建设者和可靠接班人。

突出加强党的领导、强化"四个意识"这条主线,切实履行管党治党、办学治校主体责任,把维护党中央集中统一领导作为根本政治任务和工作主线,把贯彻执行党委领导下的校长负责制作为加强党的领导的关键环节和重要保障,注重把方向、管大局、做决策、保落实,将党委对学校工作的全面领导落到实处。

抓住加强党的建设、强化大抓基层这一鲜明导向,扎实推进"两学一做"学习教育常态化制度化,深入开展基层党委书记抓党建述职评议考核工作,健全院系党政联席会议制度,发挥基层党委的政治核心作用和党支部的战斗堡垒作用,努力把基层党组织建设成为团结师生员工、开展思想政治工作的坚强阵地。

聚焦全面从严治党、强化作风建设这一关键,坚持党风、校风、学风"三风"齐抓,推动党性教育与师德建设、社会主义核心价值观教育与精神文明创建、严肃党纪与严肃校纪、密切联系群众与引导师生思想舆论紧密结合,压紧压实"两个责任",践行监督执纪"四种形态",为学校事业发展营造良好的政治环境。

坚定"四个自信",持之以恒抓好思想政治工作

高校立身之本在于立德树人。建设世界一流大学,必须牢牢抓住全面提高人才培养能力这个核心点。长期的工作实践使我们深刻认识到,一流的人才培养需要一流的思想政治工作,必须把思想政治教育贯穿人才培养始终,围绕师生、关心师生、深入师生,帮助教师实现"四个相统一",引导学生做到"四个正确认识",真正发挥思想政治工作给师生以人生启迪、智慧光芒、精神力量的作用。

弘扬老校长王亚南等先辈所开创的马克思主义宣传研究优良传统,注重发挥哲学社会科学育人功能,加强马克思主义研究与教学,深化"三位一体"思政课教学体系和模式改革,着力培养青年马克思主义者,让马克思主义主旋律唱得更加响亮。

把教师思想政治工作落实到育人育才全过程,评选"我最喜爱的老师",出版《我的厦大老师》,在新进教师"第一堂课"上举行书记院长引荐勉励仪式,加强青年教师理想信念教育和海归教师国情教育,引导教师以德立身、以德立学、以德施教。坚持把理想信念教育摆在首位,积极培育和践行社会主义核心价值观,广泛开展"我的中国梦"、"与信仰对话"和学校"爱国、革命、自强、科学"四种精神主题教育活动,引导学生勇做走在时代前列的奋进者、开拓者。

注重以文化人以文育人,深挖校本文化和中华民族优秀文化内涵,打造《陈嘉庚》《哥德巴赫猜想》《长征组歌》等文艺精品,用高雅文化浸润、感染、熏陶师生。重视实践育人,深入开展社会实践和志愿服务,让学生在亲身参与中受教育、长才干。在服务金砖国家领导人厦门会晤过程中,厦大志愿者以出色的表现展现了当代中国大学生良好的精神风貌。

落实"四个服务",凝心聚力推进"双一流"建设

高等教育发展要同国家发展的现实目标和未来方向紧密联系在一起,高校要牢牢把握国家实施重大发展战略的历史机遇,提高政治站位,强化使命担当,认真做好服务国家这篇大文章。正在开展的一流大学和一流学科建设与我国全面建成小康社会、实现中华民族伟大复兴的历史进程相契合,从属于科教兴国、人才强国和创新驱动发展战略,客观上需要我们的高校深深扎根中国大地,自觉融入国家发展大局,深化综合改革,在人才培养、科学研究、社会服务等方面展现新作为、做出新业绩。综合考量历史传统、区位优势、学科实力和国家需要,厦大已经基本绘就了本校"双一流"建设的路线图。

深化教育教学改革,优化人才培养结构,全面推进素质教育,强化创新创业教育,推行本科生大类培养、研究生分类培养,加快培养拔尖创新人才。坚持引培并重,实施"高层次创造性人才计划""南强青年拔尖人才支持计划",汇聚领军人才、打造创新团队,深化人事分配制度和考核评价的改革,提升人才队伍层次和水平。

对接创新驱动发展战略,强化需求导向和问题导向,围绕新能源、新材料、生物医药、海洋环境等战略新兴领域,构建一批国家级创新平台,着力开展联合攻关、协同创新。坚持以马克思主义为指导,深入实施哲学社会科学繁荣计划,发挥经济、管理、法学、教育、人文等学科优势,加快构建具有厦大特点的学科体系,打造能够有效支持国家和地方决策的新型智库。

办好马来西亚分校,促进与东南亚国家文化交融和民心相通,努力成为"一带一路"沿线国家教育交流合作的优质试验田。服务中华文化"走出去",投入力量,坚持办好分布在全球的16所孔子学院。

服务两岸关系和平发展,加强对台研究和教育科技文化交流合作,促进两岸青年大学生心灵沟通。按照"一地一重点"的思路,深化拓展校地战略合作,全面融入"新福建"和厦门"五大发展示范市"建设。

站在新的历史起点,全体厦大人将紧密团结在以习近平同志为核心的党中央周围,发扬"自强不息,止于至善"的校训精神,不忘初心,奋力前行,努力在创造一流业绩、提供一流服务、做出一流贡献中实现建设一流大学的厦大梦,以优异的成绩迎接党的十九大胜利召开。

——本文摘录自《厦门大学年鉴2018》,厦门大学出版社,2019年4月版

在厦门会晤筹备和服务保障工作厦门大学总结表彰会上的讲话

（2017 年 9 月 30 日）

校党委书记　张　彦

今天，我们在这里隆重召开总结表彰会，全面回顾参与金砖国家领导人厦门会晤筹办和服务保障工作的历程，总结宝贵的工作经验，表彰先进集体、先进个人和优秀志愿者，进一步动员广大师生员工为加快推进世界一流大学建设而不懈奋斗。

日前，中央有关部委和相关国际组织致信我校表示感谢。今天，杨贤金副省长亲临学校并发表重要讲话，对我们的工作给予肯定，学校 5 位先进代表也做了情真意切、感人至深的发言，把大家的思绪又带回到争分夺秒、激情燃烧的日日夜夜。我相信，在座的每一位都深受感动、深受教育、深受鼓舞。在这里，我代表校党委校行政，向受到表彰的先进集体、先进个人和优秀志愿者表示热烈的祝贺！向参与、支持厦门会晤筹办及服务保障工作的广大师生员工表示崇高的敬意和节日的问候！厦门大学的会晤筹办和服务保障工作还得到了各级领导和厦门市公安局、教育局、外侨事务办公室、卫生和计划生育委员会、市政园林局、团市委、公安消防支队、国网厦门供电公司、疾病预防控制中心等友邻单位的关心和支持，让我们用热烈的掌声向他们表示衷心的感谢！

金砖国家领导人厦门会晤是今年我国最重要的主场外交活动之一，是中华人民共和国成立以来福建省、厦门市承办的最高规格的国际盛会。根据上级安排，厦门大学承担了厦门会晤多项重要筹办工作。赋予厦大承担重大国务活动任务，充分体现了中央和省委省政府、市委市政府对厦门大学的高度信任，是厦门大学全体师生的荣耀。学校把做好厦门会晤筹办工作作为一项重要政治任务，全力以赴、不负重托，圆满完成了各项工作任务。

我们不断强化组织领导，于 2016 年 12 月专门成立厦门会晤筹办工作领导小组，由学校主要领导担任组长，整合全校力量成立 8 个专门工作小组，形成全校参与、运转高效的工作机制，多次在全校性大会上进行动员和部署；按照相关度高、专业水平高、善于沟通协调的标准，抽调优秀干部、教师组成多个工作专班，对各项活动方案和工作方案进行反复推敲、精心设计；严格按照中央和省市统一部署，倒排时间表，设置提前量，扎实推动各项筹办和服务保障工作落到实处。2017 年 7 月，张荣校长到任后，迅速接过筹办工作接力棒，担负起主要领导职责。

我们积极营造良好氛围，向全校师生发出“人人出份力，当好东道主”的倡议，通过媒体及时、生动报道我校师生热情服务厦门会晤的风采；对接中央电视台等多家中央及省市媒体讲述厦大好故事、展示厦大新形象；深入开展安全隐患排查、群防群治，以良好的精神面貌和安定祥和的校园氛围迎接厦门会晤的到来。

我们精心策划主题活动，在科学艺术中心与建南大会堂成功举办了“美好青春我做主”艾滋病防治宣传校园行——走进厦门大学活动与第二届联合国教科文组织女童和妇女教育奖颁奖仪式，为主场外交增光添彩，向全世界展现了厦门大学的美好形象和中国当代大学生昂扬向上的精神风貌，获得了上级领导、外国嘉宾的点赞。

我们广泛动员师生参与，全校一共有 1217 名志愿者参与厦门市各个部门的筹办工作，服务岗位共计 1000 余个，累计服务时长超过 6 万小时。多位干部教师参与到厦门会晤文艺演出、外语服务、艺术创作、安全保卫等工作,60名师生承担了厦门市主场演出的合唱任务,抽调320名员工为厦门会晤核心区和其他区域提供供餐保障服务。厦大师生在各个工作岗位上以优异表现贡献了厦大对这座文明城市的深情厚谊。

我们全面提升校园环境,在全校师生员工的大力支持和配合下,共完成120栋校园建筑外立面改造提升工作,对建南大会堂、科学艺术中心、嘉庚楼群、芙蓉湖、教学区、思源谷等区域等进行了全面绿化提升,演武运动场改造项目顺利竣工,校园面貌焕然一新,向全世界展示了厦大之美。

老师们、同学们,厦门会晤筹备和服务保障工作的胜利完成,是在座每一位老师和同学共同努力的结果,我们为有幸参与到这样的一个盛会而感到骄傲和自豪!在这个过程中,厦门大学全体师生员工付出了心血和汗水,赢得了海内外社会各界的广泛赞誉,更收获了弥足珍贵的精神财富,我们一定要倍加珍惜、大力弘扬。

在会晤筹办过程中,厦大师生心系国家、勇挑重担,充分展现了心怀大我、国家至上的爱国情怀。厦门大学是一所与中国共产党同龄的大学,有着爱国革命的光荣传统。96年来,一代代厦大人秉承陈嘉庚先生的爱国精神,以"国家富强、民族振兴"为己任,把个人命运与国家民族的命运紧密相连,把人生理想融入国家民族的伟大梦想。正是因为心中澎湃着对祖国的炽热情感,参与会晤筹办的每一位厦大师生始终坚持国家利益高于一切,视祖国的荣誉为至高无上的荣誉,时刻铭记自己的举手投足、一言一行代表着中国形象、福建形象、厦门形象、厦大形象,都怀着强烈的历史使命感,全力以赴地投入筹办工作,在各自的岗位上勇挑重担、挥洒智慧与激情,在国际盛会的舞台上展现了当代中国高等学府的风采,圆满完成了这项光荣而重大的政治任务。

在会晤筹办过程中,厦大师生精益求精、攻坚克难,充分展现了对标一流、追求卓越的至善品格。厦门大学的校训是"自强不息,止于至善",对至善至美的执着追求已经深深融入厦大人的血脉之中。厦门会晤规格高,筹办工作时间紧、任务重、责任大,容不得一丝马虎。全体师生员工始终以最高标准、最严作风精心做好会晤筹办和服务保障等各项工作,做到思想上高度重视、工作上准备充分、行动上精益求精。在严格按时间表推动工作任务落实的基础上,各工作组投入了大量的时间和精力,对工作细节进行反复打磨、推敲,对历次检查、演练中发现的问题立查立改,对可能出现的突发情况准备了详细的预案,确保部署周详、万无一失,以高昂的精神状态、严密的工作组织、优质的服务保障、出色的活动效果为厦门会晤增光添彩。

在会晤筹办过程中,厦大师生同心同德、群策群力,充分展现了和衷共济、众志成城的强大合力。厦门会晤的成功举办,是在以习近平同志为核心的党中央坚强领导下,在全国各有关方面的鼎力支持下,全省、全市广大干部群众各司其职、通力协作、团结奋进的结果。厦门大学承担了会晤筹办的许多重要工作,活动安排、贵宾接待、安全保卫、文艺演出、宣传舆论、服务保障等环节环环相扣,唯有一丝不苟、精诚协作、无缝衔接,才能高质量完成任务。在筹办过程中,全校各单位发扬团结协作的精神,积极沟通联络、高效运作,从大局上着眼,于细微处雕琢,确保了与各方的密切合作、内外衔接、力量融合;广大师生员工以高度的主人翁精神和对学校的满腔热爱,团结一心、恪尽职守,积极主动地支持、配合学校工作,以饱满的精神状态投入各项筹办工作中。全校师生的广泛参与和团结合作形成了推动筹办工作开展的强大动力。

在会晤筹办过程中,厦大师生不计得失、倾情投入,充分展现了先公后私、顾全大局的奉献精神。回顾会晤筹办过程中的点点滴滴,我们深深感受到,筹办工作离不开全体工作人员和志愿者的默默坚守和辛勤付出。全体师生为了筹办工作都放弃了暑期休假,有的同学放弃了参加国内外研修和参加专业比赛的机会,有的演员带着脚伤参加每次排练。我们的安保人员无论白天黑夜始终坚守岗位,确保校园和谐稳定。我们的志愿者和服务保障人员不计报酬,不舍昼夜,忙碌在重要场馆、活跃在街头巷尾,用微笑与真情、爱心和服务,给四方来客留下了美好印象。厦大幼儿园的小朋友都是天真烂漫的孩子,他们始终坚持排练,出色的表现给各级领导和中外嘉宾留下了深刻的印象。一些筹办工作对师生的生活起居造成了一定影响,广大师生克服种种困难,全力配合和参与校园环境提升、交通管控等工作,表现出了高度的政治意识、大局意识，为厦门会晤成功举办做出了自己的一份贡献。

在会晤筹办过程中，厦大师生满怀自信、拥抱世界，充分展现了海纳百川、兼容并蓄的开放胸襟。厦门大学自立校起就镌刻了面向世界、开放办学的文化基因，一直以广博的国际视野和包容的开放姿态，加强同世界的联系和互动。从2015年开始，厦门大学就是金砖国家高校联盟的成员之一，和金砖国家的十三所高校建立了姐妹学校关系。会晤筹办期间，我们举办了金砖国家传媒国际研讨会，来自厦门大学、莫斯科国立大学等金砖国家的学者汇聚厦大，一起讨论金砖国家传媒发展、国际传播等议题；我们向中外贵宾展示的艾滋病防治科研成果——厦大研制的系列艾滋病病毒检测试剂盒，已在42个国家得到应用，全球累计使用量超过5亿人次，其中有6000万人次应用于海外国家，惠及包括南非、巴西、印度等金砖国家以及"一带一路"沿线诸多国家。以会晤筹办为契机，厦门大学再次向世界展现了走进世界的自信、海纳百川的气度与合作共赢的发展战略。

老师们、同学们，圆满完成厦门会晤筹办和服务保障工作，既凝聚了人心、传递了正能量，又拓展了我们参与国际交流合作的视野，积累了承办大型国际活动的经验，锻炼了一支敢打硬仗、能打胜仗的队伍，极大增强了厦大师生服务国家、争创一流的信心与决心。日前，"双一流"建设高校名单的公布，使我们更加感受到厦门会晤对于厦大的特殊意义，仿佛是一个助推器，帮助我们迈向新的建设征程。我们要以更高的标准，更加强烈的责任感、使命感、紧迫感，进一步增强"四个意识"，坚定"四个自信"，落实"四个服务"，统一思想、凝心聚力，攻坚克难、开拓进取，推动学校各项事业再上新台阶。

在新的征程上，我们要继续坚持"顶天立地"，在服务国家和省市重大需求中争创一流。参与厦门会晤筹办工作，是厦门大学为城市增光彩、为国家尽责任的一次难得机会。一所大学只有把自己的发展和国家的需求紧密结合起来，始终走在推动国家发展和民族振兴的前列，才能大有作为。长期以来，厦门大学牢固树立中国高等教育"国家队"意识，在人才培养、科学研究、社会服务和文化传承创新等方面为国家做出了重要的贡献。在推进世界一流大学建设的过程中，我们将进一步贯彻落实习近平总书记提出的"四个服务"要求，坚持顶天立地的发展战略，瞄准国际学术前沿，服务国家发展战略和区域重大需求，开展重大理论和重大现实问题研究，培育一流创新成果，努力为国家和地方经济社会发展提供坚强的精神力量、科技支撑和人才保障。我们将畅通校地对接渠道，完善校地合作机制，强化一地一重点、院院有亮点的思路，全面融入新福建和厦门"五大发展"示范市建设，把"双一流"建设的壮丽画卷描绘在八闽大地上。

在新的征程上，我们要不断坚定发展自信，以精益求精、止于至善的精神争创一流。厦门会晤工作任务的圆满完成，充分展现了厦门大学师生追求卓越的工作作风和自强自信的精神状态。推进"双一流"建设，也要求我们在工作中进一步发扬精益求精、止于至善的优良传统，培育一流的精神与文化，让一流意识、一流目标、一流标准内化于心、外化于行，成为每位师生员工的思想和行动自觉，转化为每个单位、每个部门的价值追求和工作实践。随着学校事业向前发展，综合改革逐渐进入"深水区"，我们在争创一流的过程中正在走一条崎岖的上坡路，"一流"的内涵与外延也在不断发生变化，社会各界和全校师生对学校改革发展的期望和要求越来越高。面对新挑战新问题，我们要进一步解放思想、开拓创新，以更严格的标准、更细致的工作、更扎实的作风，全面提升管党治党、办学治校的能力和水平，善于在高起点上谋划新工作，善于使常规工作上层次、上台阶、上水平，为学校事业科学发展提供有力保障。

在新的征程上，我们要始终坚持以人为本，团结依靠广大师生员工争创一流。在厦门会晤筹办工作中，厦门大学的广大干部、教师、后勤员工和学生志愿者表现突出，做出了重要贡献，为学校赢得了荣誉。实践证明，师生员工是学校发展最可信赖的依靠力量。站在新的起跑线上，我们仍然要团结、依靠全体师生员工，不断凝聚爱校荣校、改革创新、团结合作、包容共享的校园正能量，共同为加快建设世界一流大学而努力奋斗。全校广大干部教师要树立在"双一流"建设中建功立业的坚定信念，将个人的成长发展与学校的建设发展紧密联系在一起，切实担负起自身的责任使命，以攻坚克难、追求卓越的进取意识和拼搏精神，在"双一流"建设中展现更大作为。全体同学要始终牢记"自强不息，至于至善"的校训，时刻激励自己砥砺前行、勇攀高峰，充分利用学校、社会、国家提供的广阔舞台激励自己、锤炼自己、提升自己，努力成为全面发展的创新型人才,在专业学习、科学探索、社会实践、创新创业等各个方面开创一流的业绩。

老师们、同学们,蓝图已绘就,奋进正当时。前进道路上,我们要倍加珍惜在厦门会晤筹办过程中形成的宝贵经验和精神财富,以各级领导和社会各界的鼓励与期许为动力,进一步凝聚广大师生员工的智慧和力量,戒骄戒躁,再接再厉,努力开创学校改革发展新局面,以更加优异的成绩迎接党的十九大胜利召开,为实现学校"两个百年"奋斗目标和中华民族伟大复兴的中国梦做出新的更大贡献!

——本文摘录自《厦门大学年鉴2018》,厦门大学出版社,2019年4月版

在厦门大学习近平新时代中国特色社会主义思想研究院成立仪式暨座谈会上的讲话

（2017年11月3日）

校党委书记 张 彦

秋高气爽，金桂飘香。在这样一个喜庆丰收、登高望远的时节，我们成立厦门大学习近平新时代中国特色社会主义思想研究院并召开专家、学者座谈会。首先，我代表学校党委、学校行政对各位嘉宾的到来表示热烈的欢迎，向长期以来一直关心支持厦门大学党的建设和事业发展的各级领导、各位专家表示衷心的感谢！刚刚胜利闭幕的党的十九大是在我国全面建成小康社会决胜阶段、中国特色社会主义进入新时代的关键时期召开的一次十分重要的大会。十九大把习近平新时代中国特色社会主义思想同马克思列宁主义、毛泽东思想、邓小平理论、"三个代表"重要思想、科学发展观一道确立为党的指导思想并写入党章，对于在新起点上进行伟大斗争、建设伟大工程、推进伟大事业、实现伟大梦想必将产生十分重大而深远的影响。这一思想立意高远、内涵丰富、博大精深、气势恢宏，对于我们全面领略十八大以来党的理论创新成果，坚持和发展21世纪中国的马克思主义，以全新的视野深入探索共产党执政规律、社会主义建设规律、人类社会发展规律尤其是中国特色社会主义规律，具有根本性、长远性的理论指导作用，必须贯彻到社会主义现代化建设全过程、体现到党的建设各方面，长期坚持并不断发展。

厦门大学党委高度重视学习宣传贯彻十九大精神工作，连日来，校党委认真学习贯彻习近平总书记在新一届中共中央政治局第一次集体学习时强调指出的要切实学懂弄通做实党的十九大精神的重要讲话要求，按照教育部党组书记、部长陈宝生同志在教育系统学习十九大精神视频会上的讲话要求，加强组织领导，周密部署安排，针对现阶段工作安排，重点在"学起来""传起来""研起来"等环节上下功夫，广泛动员全校师生员工，精心组织有关专家学者，围绕十九大报告提出的新思想、新论断、新战略、新目标，特别是围绕习近平新时代中国特色社会主义思想开展学习研究和宣传阐释工作，努力营造学习宣传贯彻十九大精神的浓厚氛围，不断掀起学习宣传贯彻的热潮。

高校既是培养中国特色社会主义合格建设者和可靠接班人的阵地，也是学习研究宣传马克思主义的高地，高校哲学社会科学更肩负着传承文明、创新理论、资政育人、服务社会的重要功能。习近平总书记在全国高校思想政治工作会议上强调指出，我国高等教育发展方向要同我国发展的现实目标和未来方向紧密联系起来，为人民服务，为中国共产党治国理政服务，为巩固和发展中国特色社会主义制度服务，为改革开放和现代化建设服务。他同时指出，高校必须坚持不懈传播马克思主义科学理论，要发挥自身优势，加强马克思主义理论研究，立足中国特色社会主义实践，深入回答重大理论和现实问题，推动发展21世纪马克思主义和当代中国马克思主义。习近平新时代中国特色社会主义思想是马克思主义中国化最新成果，是党和人民实践经验和集体智慧的结晶，是中国特色社会主义理论体系的重要组成部分，是全党全国人民为实现中华民族伟大复兴而奋斗的行动指南。当前和今后一段时期学习宣传贯彻党的十九大精神是全党首要的政治任务，系统深入地学习研究和宣传阐释习近平新时代中国特色社会主义思想，成为摆在我们高校和广大马克思主义理论工作者面前的突出课题。这就迫切要求我们要发挥优势、主动作为，在学习研究宣传习近平新时代中国特色社会主义思想上先行一步、走在前面，为服务党的理论创新、实践创新、制度创新，为增强中国特色社会主义道路自信、理论自信、制度自信、文化自信做出贡献。

厦门大学具有鲜亮的爱国革命红色基因和从事马克思主义研究宣传的传统优势，是我国早期研究和传播马克思主义的重要阵地，以王亚南为代表的一批杰出马克思主义研究者为厦大马克思主义理论研究打下了坚实基础、创造了良好条件。多年来，我们始终牢记和弘扬这一光荣传统，与国家同呼吸、与民族共命运、与时代同步伐，不断坚持和巩固马克思主义指导地位，深入推进马克思主义理论研究和建设工程，推出了一大批高水平的理论成果，形成了一支信仰坚定、学风扎实，具有马克思主义理论功底和为国为民情怀的马克思主义理论工作者队伍。新时代描绘新蓝图，新思想呼唤新作为。当前，在全国上下认真学习贯彻十九大精神之际，校党委深刻认识到，深入学习研究宣传习近平新时代中国特色社会主义思想，既是贯彻落实十九大精神、更好为国家和民族的发展贡献力量的现实担当，也是高校哲学社会科学创新理论、服务社会的责任使然，是新时代赋予厦大责无旁贷的重要使命。经过认真研究，学校决定成立厦门大学习近平新时代中国特色社会主义思想研究院。这是学校以实际行动响应党中央号召，用习近平新时代中国特色社会主义思想武装头脑、指导实践、推动工作的重大举措，是学校当前学习宣传贯彻十九大精神的一项重要安排，也是学校党的建设和宣传思想文化工作中的一件大事。

立足福建大地、依托厦大优势成立习近平新时代中国特色社会主义思想研究院具有特别意义。一方面，习近平同志在闽工作 17 年多期间提出的一系列符合科学发展规律，具有战略性、前瞻性的工作思路和重大举措，至今仍闪耀着真理的光芒，成为福建不懈推进党的建设和改革发展事业的宝贵精神财富和巨大动力，也是我们开展习近平新时代中国特色社会主义思想研究的重要理论来源之一。这是福建省开展习近平新时代中国特色社会主义思想研究得天独厚的历史渊源和基础条件。另一方面，厦大作为国家"双一流"建设高校，有着多学科的综合优势和雄厚的科研平台支撑。学校有 5 个学科进入一流学科建设名单，并结合实际在"双一流"建设中规划设计了 11 个学科群，在哲学、经济学、政治学，特别是马克思主义哲学、政治经济学、科学社会主义和国际共运、中共党史、经济思想史、中国近现代史等学科领域拥有雄厚的学科实力，在台湾问题、高等教育问题、国际法问题和东南亚问题研究等方面形成了优势特色。以厦大为基地，能够更好地动员汇集国内外优质学术资源，整合凝聚福建省相关研究力量开展协同创新和联合攻关。

我们希望即将成立的研究院能够以推进 21 世纪中国的马克思主义创新发展为已任，坚持以马克思主义为指导，围绕党和国家重大战略需求，聚焦中国道路和当代世界发展重大理论和现实问题，立足福建改革开放实践和厦大"双一流"建设实践，通过开展多学科协同交叉和联合攻关，深入研究阐释习近平新时代中国特色社会主义思想和基本方略，深入研究阐释中国特色社会主义进入新时代的深刻内涵，深入研究阐释党中央做出的一系列重大战略举措，努力将研究院打造成在全国有重要影响、在省内外发挥重大作用的研究基地、宣传教育平台、资政育人高端智库、服务教学中心和人才培养阵地，建设成为具有一流水平的习近平新时代中国特色社会主义思想研究传播平台和基地，为推动党的理论创新、服务经济社会发展提供学理支撑和决策参考。

研究院主要研究方向目前初步设定为十九大新思想、新观点、新论断、新战略研究，习近平新时代中国特色社会主义思想形成条件、主要内容、科学体系和理论逻辑研究，习近平新时代中国特色社会主义思想与中国现代化道路、中国现代性建构研究，习近平新时代中国特色社会主义思想大众化问题研究，习近平新时代中国特色社会主义思想"三进"问题研究等五大方向。研究院成立后，我们将认真听取各位领导、各方专家的意见建议，进一步总结凝练、补充完善研究方向。接下来，我们还将充分发挥研究院相关组织机构和专家学者的作用，深入开展课题研究，加强专家队伍建设，落实科研经费保障，从"双一流"建设经费中首批划拨 300 万元予以专门支持。我们希望研究院能够坚持问题导向、面向实际问题、理论联系实际，组织开展学科协同创新和高水平、高层次的科研工作，在理论创新和实践创新的良性互动中推进新型高校智库建设。我们也希望研究院不仅注重科学研究，还能广泛开展宣讲教育和社会服务，充分发挥思想引领和理论辐射作用，在校园内推动习近平新时代中国特色社会主义思想进教材、进课堂、进头脑的"三进"工作，在社会上推进党的十九大精神进企业、进农村、进机关、进校园、进社区、进军营的"六进"活动，努力把研究成果落实到立德树人、社会服务中，引人以大道、启人以大智，更好地服务人才培养，更好地服务经济社会发展。

好风凭借力，扬帆正当时。在新的历史阶段，深入研究宣传习近平新时代中国特色社会主义思想，使厦门大学构建新时代中国特色哲学社会科学、推进“双一流”建设迎来了重大机遇。我坚信，在各级领导、各位专家学者的大力支持下，在全校师生共同努力下，我们一定会不负重托，在推进“双一流”建设的同时高起点、高水平地建设好研究院，为坚持和发展21世纪中国的马克思主义，为建设新福建、实现中华民族伟大复兴的中国梦做出我们新的更大贡献。

——本文摘录自《厦门大学年鉴2018》，厦门大学出版社，2019年4月版

在厦门大学建校96周年庆祝大会上的讲话

(2017年4月6日)

校长　朱崇实

四月的厦大，春光明媚，一派生机。在这个美好的时节，厦门大学迎来了96岁的生日。首先，我代表学校向全体师生员工和海内外校友致以节日的问候和美好的祝愿！向长期以来关心、支持、帮助学校建设发展的各级领导、各界朋友表示崇高的敬意和衷心的感谢！

春天，总是孕育着梦想、充满着希望。建设世界一流大学、助力中华民族伟大复兴的中国梦，就是这个春天里最让人们期待的梦想和希望。2014年，习近平总书记在北京大学师生座谈会上发出号召：党中央做出了建设世界一流大学的战略决策，我们要朝着这个目标坚定不移前进。2015年，国务院印发了《统筹推进世界一流大学和一流学科建设总体方案》。2017年年初，教育部、财政部、发改委联合印发了《统筹推进世界一流大学和一流学科建设实施办法》。前不久，福建省委省政府也出台了《福建省关于建设一流大学和一流学科的实施意见》。神州大地，春潮涌动。厦门大学正迎来新的历史机遇，将面对新的历史挑战，要翻开新的历史篇章。

厦门大学建设世界一流大学的梦想与希望，在96年前的那个春天就已经播种在这片热土上。19世纪初的中华大地，国势岌岌，危如累卵。校主陈嘉庚先生以“国家之富强，全在于国民；国民之发展，全在于教育”之远见，以“教育为立国之本，兴学乃国民天职”之担当，怀抱“教育救国”之理想，倾资创办了厦门大学。从办校的第一天起，陈嘉庚就希望这将是一所世界一流大学，希望厦大能够“与世界各大学相颉颃”“为吾国放一异彩”。薪火相传，弦歌不辍。96年来，一代代厦大人在嘉庚精神的指引和感召下，秉承“自强不息，止于至善”的校训，坚持“研究高深学问，养成专门人才，阐扬世界文化”的校旨，弘扬“爱国、革命、自强、科学”的精神，开拓进取、不懈奋斗，在建设世界一流大学的征程中越过了一道又一道的艰难险阻。

我们始终步伐坚定，沿着前人开创的道路砥砺前行。2013年以来，我们深入学习贯彻落实党的十八大精神，按照学校第十次党代会确定的“两个百年”战略总目标，坚定理想信念、解放思想观念、坚持改革创新、积极开拓进取，推动学校各项事业不断迈上新台阶。在过去的一年里，我们以“厦门大学走进世界”为主题，成功举办了建校95周年庆祝活动，广泛凝聚了海内外师生校友的力量。我们隆重庆祝中国共产党成立95周年、纪念福建省第一个党组织中共厦门大学支部建立90周年，重温党的光辉历史，弘扬学校光荣革命传统。我们众志成城、顽强拼搏，奋力夺取了抗击“莫兰蒂”特大强台风及灾后恢复的胜利，凝聚起了团结向上的强大正能量。我们全面从严治党，坚持立德树人，扎实开展“两学一做”学习教育，多措并举推进思想政治工作落地生根。我们坚持内涵发展，全面深化综合改革，全面提升办学质量，实现了“十三五”良好开局，朝着建设世界一流大学的目标又迈进了一大步……当然，我们也清醒地认识到，与世界一流大学相比，我们还有很大的差距。但也正是因为这个差距，才进一步激发了我们赶超世界一流大学的信心和决心、勇气和斗志。

“雄关漫道真如铁，而今迈步从头越。”习近平总书记在全国高校思想政治工作会议上指出，高等教育发展要同我国发展的现实目标和未来方向紧密联系在一起，坚持为人民服务，为中国共产党治国理政服务，为巩固和发展中国特色社会主义制度服务，为改革开放和社会主义现代化服务。总书记的重要讲话高瞻远瞩、立意深远，为我们指明了办学方向。我们必须按照总书记的要求，不断提高人才培养、科学研究、社会服务、文化传承与创新的水平，努力成为一所为国家富强、民族复兴和人类文明进步做出卓越贡献的世界一流大学。

我们要坚持正确方向，强化党的统领作用。加强党的领导是办好中国特色社会主义大学的根本保证。要强化党的统领作用，增强各级党组织的主体意识和主责意识，充分调动党员师生的积极性、主动性和创造性，努力为世界一流大学建设提供思想引领、政治把关和监督保证作用。

我们要坚持一流目标，打造学科高峰。建设中国的世界一流大学，必须要有中国特色。要以"中国特色，世界一流"为核心，强化问题导向，推进学科交叉融合，促进资源共享，打造学科高峰、凝练学科特色、完善学科体系，努力构建具有中国特色、中国风格、中国气派的厦大学派。

我们要坚持立德树人，加快培养拔尖创新人才。人才培养是一流大学的立校之本。要抓住立德树人这一根本，突出人才培养的核心地位，不断更新教育教学理念，全面实施素质教育，着力培养具有历史使命感和社会责任心，富有创新精神和实践能力的合格建设者和可靠接班人。

我们要坚持培引并重，建设一流人才队伍。一流师资是建设一流大学的关键所在。要积极创造有利条件，多渠道培养和引进优秀人才，不断加强师德师风建设，努力打造具有国际竞争力的师资队伍、具有顶尖水平的学术团队、具有专业化水准的管理服务队伍和技术支撑队伍。

我们要坚持瞄准前沿，不断提升科研创新能力。一流大学要有一流的科研水平。要紧紧把握国家的重大战略需求和世界的科技前沿，坚持基础研究与应用研究密切结合，扎实推进协同创新，打造交叉集成大团队、大平台，积极承担重大科研项目，努力产出更多原创性的科技成果。

我们要坚持服务发展，着力提升服务发展实效。建设世界一流大学必须扎根中国大地。我们要坚持顶天立地，促进产学研用紧密融合，不断推进科技成果转化和产业化，着力提高对国家创新驱动发展战略实施和产业转型升级的贡献率，努力为国家和区域发展做出一流贡献。

我们要坚持文化引领，大力传承创新优秀文化。文化生态是一流大学的本质体现。要把社会主义核心价值观融入教育教学全过程，培育形成优良校风、教风、学风。要倡导爱校荣校、改革创新、团结合作、包容共享的校园价值理念，努力打造多元、包容、文明、精致、先进的文化生态，为一流大学建设提供强有力的精神支撑和文化保障。

我们要坚持开放发展，提升国际交流合作水平。坚持开放办学，提升国际化水平，是创建世界一流大学的必由之路。要积极主动地服务国家对外开放和"一带一路"倡议构想的实施，集全校之力建设好马来西亚分校，努力在国际高等教育和科技学术舞台上展示厦大形象、发出厦大声音、提供厦大经验，全面提升国际竞争力和影响力。

老师们、同学们、朋友们！

师生员工是建设世界一流大学的主体，学校的每一个进步，都离不开师生员工的不懈奋斗，也正因为如此，厦门大学这艘巨轮才乘风破浪、稳健前行。今天，我们将颁发第五届"南强杰出贡献奖"。今年的获奖者分别是林祖赓教授、洪华生教授、张亦春教授和杨国桢教授。这四位教授分别在不同的学科，教学与科研的方向各不相同，但是他们的一个共同点就是都把毕生的精力奉献给了教育事业和科学事业，都为厦大的人才培养、科学研究和学科建设做出了杰出贡献。我们还将表彰 1132 位奖学金获得者、338 位奖教金获得者和 7 个课题组。这些受到表彰的同学和老师都是厦大优秀师生的杰出代表。我们要以他们为榜样，践行"自强不息，止于至善"的校训精神，志存高远、锤炼品德、务实进取、奋发有为，努力在实现厦大梦的伟大实践中创造自己的精彩人生。我提议，让我们以热烈的掌声向获奖的老师和同学表示热烈的祝贺和崇高的敬意！

老师们、同学们、朋友们！

建设世界一流大学离不开海内外校友和社会各界人士无私的关爱。在过去的一年，又有一批充满爱心的校友和朋友向厦大伸出了慷慨捐赠之手。我们知道，这每一分的捐赠都代表着一颗爱心、一份期待、一份信任，我们一定要用好这每一分善款，不辜负各位校友、各位朋友的厚爱与期待。在此，我们要借此机会，向关心、支持帮助学校建设发展的海内外校友、各界朋友表示由衷的感谢和崇高的敬意！

老师们、同学们、朋友们!

今天是建校96周年庆祝大会,也是厦大“双一流”建设动员会。中国要建成现代化的社会主义强国,必须要有一批世界一流大学。厦门大学理所当然要成为其中的一员。96年来,厦大人建设世界一流大学的理想从未动摇过,探索世界一流大学的努力从未停止过。可以说,创建世界一流大学已经成为全体厦大人最广泛的共识、最坚定的理想和最强大的动力。面对国家全面建成小康社会、实现中华民族伟大复兴的历史机遇,我们深切感受到,我们比历史上任何时期都更接近这个目标,比历史上任何时期都更有信心、有能力实现这个梦想,我们必须以实际行动迎接挑战、实现梦想。

“长风破浪会有时,直挂云帆济沧海。”让我们踏着春天的脚步再出发,在建设世界一流大学的征程中,不忘初心,继续前进,争取以优异成绩迎接党的十九大胜利召开,为实现中华民族伟大复兴的中国梦做出新的更大的贡献!

——本文摘录自《厦门大学年鉴2018》,厦门大学出版社,2019年4月版

在厦门大学 2017 届毕业典礼上的讲话

（2017 年 6 月 18—19 日）

校长　朱崇实

今天，我们欢聚一堂，在这雄伟的建南大会堂隆重举行厦门大学 2017 届毕业典礼，热烈欢送完成学业、顺利毕业的 4477 位本科毕业生，2984 位硕士毕业生，190 位博士毕业生，共 7651 位毕业生，其中社会科学学部的毕业生共 2643 位。首先，请允许我代表厦门大学向同学们表示热烈的祝贺和美好的祝福！向所有为你们的成长付出关爱与辛劳的亲人、师长和朋友致以崇高的敬意和衷心的感谢！

在座各位是厦门大学 2017 届毕业生，2017 年是具有特殊意义的一年，许多大事在这一年发生，包括我们党的十九大将在今年召开。今年也是恢复高考 40 周年。恢复高考是无数人终生难忘的历史记忆，她改变了无数人的命运，包括我在内。因此，我在思考今年的毕业典礼要跟同学们说些什么时候，脑海里总是浮现出我 40 年前参加高考、录取厦大、4 年学习、顺利毕业的点点滴滴。大概，我已到了怀旧的年龄，在构思讲稿过程中，我也有想换一个思路，但是脑海里这些记忆和思绪怎么也赶不走。最后，我想我就跟同学们谈谈作为一个早 36 年毕业的老毕业生对今天将要迈出校园的你们有什么样的寄托和期望吧。

回想起 36 年前我那一代的毕业生与今天的你们相比较，首先我感觉到的是有这么几点不一样：

第一，当年的我们压力没有今天的你们大。我们当年毕业后的工作是国家统一分配的，每个人肯定都有一份工作，不用像你们一样要自己去找工作。当然，厦大是很优秀的学校，厦大的毕业生是深受社会欢迎的一个群体，所以有很多用人单位希望或愿意录用厦大的毕业生。但是不论如何，今天的你们不像当年的我们，一毕业就有国家给的一个铁饭碗，所以，你们的压力要比当年的我们大得多。

第二，当年的我们机遇没有今天的你们多。我们当年毕业是国家包分配的，因此很自然，选择也就十分的单一，或者说几乎没有什么可选择。一个班级如果是 50 个毕业生，国家有关部门就会下达 50 个工作岗位的指标到学校。学校就根据上级下达的指标参考同学个人的成绩、特长和志愿进行统一分配。个人几乎没有选择。你们今天的机遇和选择要多得多。从理论上说，每一个同学都可以选择自己的专业或工作，在实际中也确确实实很多同学都有多个选择，你们处在一个充满机遇的年代；但是这个机遇不是唾手可得，而是要付出无数的艰辛才能得到。

第三，当年的我们责任没有今天的你们重。无论于家还是于国，你们今天的所担的责任比当年的我们要重得多。当年，独生子女很少，一个家庭 3 个、5 个孩子很正常，因此，一个家庭的责任可以由几个孩子共同分担；现在的你们，多是独生子女，你们一个人就要担起整个家庭的责任，你们是你们家庭的全部希望与寄托。于国来说，36 年前的中国还是一个十分落后的发展中国家，要说在世界有影响，几乎只因为她是一个人口最多的大国；那时的我们确实有为自己的国家改变贫穷落后的面貌贡献力量的雄心壮志，但确实我们很少人会有要承担世界大国责任的想法或准备；今天的中国完全不一样了，经过改革开放后数十年的建设与发展，中国已经是世界上名副其实的大国和强国；今天世界上的各种事务如果没有中国的参与都很难做好或者说问题都很难解决；世界大国的责任或义务清清楚楚地摆在我们的面前。这些责任要靠谁去承担？靠在座的各位，靠你们这一代，这是你们义不容辞的责任与使命。中华民族伟大复兴的光荣与梦想要靠你们这一代人去实现。

所以，当我比较了 36 年前的我们和今天的你们之后，我深深地感觉到今天的你们比当年的我们，有更多幸福,但也有更多烦恼;有更多快乐,好像也有更多忧愁;你们有更多机遇,但也有更多的挑战;有更多的希望,也有更多的困难。总之,你们生活在一个充满希望的伟大时代,但也是一个充满风险,需要更加努力拼搏的时代。

在座的各位今天就毕业了,马上就要走出这个美丽的校园,迈向社会去迎接挑战、搏击风浪了。我相信,在座的各位都已做好了克服困难夺取胜利的准备;我也相信,各位具有这样的智慧、勇气和力量。但是,我还是想借今天这个宝贵的机会,跟大家说几点期望:

第一,期望各位始终牢记走出校园之后不论你的身份有了什么样的变化,你都要坚持做一个善良的人。善良是一个美好的词,但什么是善良?要你用一句话来概括,好像很不容易。曾经也有人问我,我说善良就是"己所不欲,勿施于人"。自己不愿意的事情,绝不要加到别人的身上。这就是善良。例如,你愿意别人欺骗你吗?不愿意!因此,你也一定不要欺骗别人,"言必信,行必果"是你的为人准则。你愿意别人欺侮你吗?不愿意!因此,绝不恃强凌弱、仗势欺人。同时,敢于伸张正义,乐于主持公道,平和正直是你的追求。你愿意别人对你冷漠无情吗?不愿意!特别是当你处在困难需要帮助的时候,旁人熟视无睹,冷漠无情,这会让你无比的痛心。因此,一定不要冷漠待人而是要友爱待人,特别是别人有困难的时候,你一定要尽自己所能伸出援助之手。所以,我认为能做到"己所不欲,勿施于人",就是一个善良的人。

善良是人世间最宝贵的东西。雨果称赞"善良是历史中稀有的珍珠,善良的人几乎优于伟大的人"。马克·吐温则认为"善良是一种世界通用的语言"。一个善良的人能在世界的任何地方畅通无阻。

同学们,我期望你们永远都是一个善良的人。

第二,期望各位始终牢记走出校园之后不论你身处何处,你都要坚持做一个自信的人。最近有三位中国留学生在美国三所大学毕业典礼上的发言在网络上广为流传。一位是马里兰大学的中国留学生杨同学,一位是哈佛大学的中国留学生何同学,再一位是波士顿大学的中国留学生蔡同学。这三位同学都是优秀的学生,只有优秀的学生才可能被选到毕业典礼上发言,但是三位同学的发言得到的社会反响却有不同。网友们普遍对杨同学的发言提出了批评,对何同学和蔡同学的发言给予肯定。我也看了这三个同学发言的视频,我看完的感觉与大多数网友一样,杨同学的发言确实有很多值得批评的地方。但我不赞成把她这样一个发言就说成是不爱国。我是觉得她的发言不足之处就在于自信不够,由于自信不够,她在发言中就不真实地夸大了美国的优越,不客观地描述了中国的落后。马里兰的空气是不错,但是没有到会感觉甜的地步;她说她在中国生活一出门就要戴口罩,否则就会生病,许多人都以为她是生活在北方某一个产煤烧煤的城市里,后得知她是昆明人,一直在昆明生活,大家就批评她说的话是假的了。昆明我去过多次,我是觉得那里的空气跟厦门差不多,与马里兰相比没有太多的不同。

因此,杨同学这篇不自信的讲话引来很多批评,我希望这些批评对她的成熟和成长会有帮助,会让她在自己的成长过程中不断地培养自己的自信心。自信是一个人另一种最宝贵的品格,只有自信的人才能正确地认识自己,同时又客观地看待别人,这样才能在正确的道路上学习并赶超他人;只有自信才能真正做到胜不骄、败不馁,永远保持一种昂扬向上的定力。自信是一个人成功最根本的保证。

"自信人生二百年,会当水击三千里。"这是毛泽东在 17 岁时写下的一首诗中的两句,一个 17 岁的少年,就有这样豪迈自信的气概!但这不奇怪,因为中华民族从来就是一个自信的民族!

同学们,我期望你们永远都是一个自信的人。

第三,期望各位始终牢记走出校园之后不论你从事的是什么工作,在工作中都要有点敢于冒险的精神。作为"90 后"的年轻人,生活在一个幸福的时代,在你们的身上有许多的优点和长处,因为从小得到家庭与社会诸多的关爱,因此,你们通常都比较有爱心、有个性;因为从小能得到更多的教育,因此通常都比较聪明,有更强的学习能力和适应能力,等等。但是,"90 后"的年轻人也有弱点和不足,我觉得其中之一就是不敢冒险。因为是幸福的一代,所以从小就受到父母或社会过多的呵护。包括大学在内,人们对年青一代呵护有加,但是对他们的艰苦磨炼则不够。有一些大学现在都取消了 5000 米长跑运动项目就是一个例证。受这样的一种氛围和环境的影响,所以当今年青的一代冒险精神普遍比较缺失。

什么是冒险?一般的解释是:不顾危险地从事某种活动。这样的解释当然没有错,但是太肤浅了,仅仅是从一种表面的现象来界定冒险。我认为，冒险更为实质的是一种精神，是一种生活的态度。什么精神呢？冒险是一种敢于探索、乐于尝试、喜欢创新、不怕失败的精神。这样的一种精神，是我们现在所处的时代最为推崇的一种精神。我们所处的时代瞬息万变，日新月异；这样的时代要求我们要敢于探索，勇于创新，不怕失败！因此，在这个时代里，不论你从事的是什么职业，干的是什么工作，有无冒险精神，都是你能否成功的一个关键。

厦门大学从创办的第一天起，就是一所志向远大的学校。立德树人，为国家培养具有创新思维和创新能力的优秀人才，始终是厦大不懈的追求；而敢于冒险是创新型人才的一个显著特征。

同学们，我期望你们永远都是一个敢于冒险的人。

亲爱的同学，亲爱的朋友，在毕业典礼这样的宝贵时刻，我不能占用你们太多的时间。我最后想再说的一句话仍然是：希望在座的各位同学，都把母校当作是你们人生征途中的一个驿站，当你们在征途上走累了的时候，就回到母校来歇歇脚、喘喘气，加些"草料"，添些"淡水"，整好行装再出发。同时，也请你们牢牢记着，当你们在人生的征途上奋力向前的时候，在你们的身后始终有一个朋友在默默地注视着你们；当你们获得成功的时候，她轻轻鼓掌为你们高兴；当你们遇到困难的时候，她随时准备伸出双手助你们一臂之力。这个真诚的朋友就是你们的母校——厦门大学！

同学们！祝你们鹏程万里，一路平安！

——本文摘录自《厦门大学年鉴 2018》，厦门大学出版社，2019 年 4 月版

在厦门大学教师干部大会上的讲话

(2017年7月21日)

校长　张　荣

刚才,中组部魏向阳副局长宣布了党中央、国务院对我的任命并发表重要讲话,杜占元副部长、裴金佳书记分别代表教育部、福建省委做了重要讲话,充分肯定了厦门大学的改革发展成就,对我今后的工作提出了希望和要求。我完全拥护,坚决服从,并衷心地感谢中组部、教育部和福建省委省政府对我的重托,感谢全体厦大师生对我的信任。

厦门大学一直是我尊重和崇敬的学校。这不仅因为她是爱国华侨领袖陈嘉庚先生一手创办的著名学府,更在于我在学习工作中与厦大所结下的特殊缘分。厦大和我在此之前工作的山大是中国最早一批开展学生第二校园交流的伙伴学校,在很多方面都有十分密切的合作,我一到山大工作就了解到两校情分的不同一般。而我本人学习成长的南京大学微电子学与固体电子学学科是1956年中国第一个"五校"联合半导体专业的重要成员,这著名的"五校"之中就有今天我们所在的厦门大学。我职业生涯的第一次出差就是1985年到厦门参加由厦门大学主办的第五届全国半导体物理学术会议。在我的学术教育生涯中,有幸得到厦门大学很多老师的指点与帮助,我也与许多厦大的同事结下了深厚的友谊。今天,我又有幸成为厦门大学的一员,使得我与厦大的缘分更加紧密,有机会与大家一起奉献厦大、建设厦大、发展厦大,我感到非常荣幸,也深感责任重大。

作为中国乃至全球最美丽的大学之一,这里不仅依山傍海、风光秀丽,而且含英咀华、内涵丰富,堪称是祖国大地上的一颗璀璨明珠和东南沿海的一张亮丽名片。我曾经读到山大学生访问厦门大学后发表的一篇《山大日记》,其中写到了对厦门大学的印象:"蜿蜒的小道在精雕细琢的建筑之间缓缓地流淌着,给人以静谧、安详之感。漫步其中,仿佛与外界的喧嚣都隔离了开来。"我想,这段话不仅点明了厦门大学的形,更点出了厦门大学的神。

厦大是一所有情怀的大学。想当年,校主陈嘉庚先生怀抱"教育为立国之本,兴学乃国民天职"的崇高理想,在自己的家乡倾资兴学创办厦大,这其中饱含的就是一种浓浓的家国情怀。厦大也是一所有担当的大学。建校96年来,始终以"研究高深学术,养成专门人才,阐扬世界文化"为办学宗旨,先后培养了30多万名优秀人才,孕育出无数创新成果,努力"为吾国放一异彩"。厦大更是一所有实力的大学。经过近一个世纪的发展,构建了完备的学科体系,积累了丰富的办学经验,形成了鲜明的办学特色。特别是近年来,张彦书记、朱崇实校长团结带领全校师生,开拓进取、奋发图强,取得了令人瞩目的办学成就。目前拥有包括两院院士、资深教授在内的一大批高层次杰出人才,有11个学科进入ESI全球前1%,在台湾研究、南洋研究、高教研究、经济研究、会计研究、南海研究等领域占据国内领先地位。

凡此种种,不一而足。这些厚实的家底,离不开一代代厦大人的辛勤耕耘,离不开中央和省市各级党委政府以及社会各界的关心支持。为此,我要向张彦书记、朱崇实校长,以及学校班子全体同志,向厦大历任老领导、老同志,全体师生员工、校友和所有关心支持过厦大发展的人致以崇高的敬意!朱崇实校长是享誉海内外的教育家、法学家,为厦大的发展付出了一辈子的心血,做出了巨大的贡献。在此,我祝愿他身体健康,万事如意,并恳请他继续关心支持学校和我的工作!十分感谢上级组织和厦大师生给我一个高起点的事业平台,我将勇于担当,恪尽职守,虚心学习,扎实工作,以自己的真情来呵护好这里的一草一木,用具体的行动把这份神圣的事业发扬光大!

当前，我国高等教育事业正处于由大到强跃升的新起点，既对高校提出了更高的目标要求，也为高校提供了重大的发展机遇。作为一名新加盟的厦大人，我将在上级组织和学校党委领导下，和同志们一道，同心同德，励精图治，全力推动厦大各项事业的发展。

一是始终坚定办学方向。大学之道，不仅在于传承文明、熔铸新知，更在于塑造灵魂、开启梦想。我们必须时刻牢记，我们办的是中国特色社会主义大学，必须坚持以马克思主义为指导，全面贯彻党的教育方针，努力培养又红又专、德才兼备、全面发展的中国特色社会主义事业建设者和接班人。

二是始终坚守创校初心。积极践行“自强不息，止于至善”的校训精神，勇于承担人才培养、科学研究、社会服务、文化传承创新、国际交流合作等重要使命，不仅要成为“南方之强”，而且要立志于“能与世界各大学相颉颃”。

三是始终坚持教育品格。高校立身之本在于立德树人，教育的本分在于促进人的全面发展。为此，必须坚持从厦门大学的实际出发，牢牢抓住全面提高人才培养能力这个核心点，认真遵循高等教育规律和人才成长规律，以学生成长为中心，以质量提升为核心，不断优化育人环境，努力让进入厦大的每一个人都绽放出自己的光彩。

鹭江深且长，充吾爱于无疆。“一滴水只有放进大海里才永远不会干涸，一个人只有当他把自己和集体事业融合在一起的时候才最有力量。”作为厦大的一名新兵，我将以尊重之心、学习之心、服务之心，尽快融入厦大这个大家庭，团结班子里的每一位同志和广大师生员工，积极弘扬厦大优良传统，不断增强推动学校改革发展的凝聚力、向心力、支持力。我将怀着一种敬畏之情对待师生、对待工作、对待制度，不断增强“四个意识”，带头坚持党委领导下的校长负责制，带头坚持民主集中制，带头坚持群众路线，时刻规范自己的言行，时刻接受公众的监督。

我坚信，在党中央和国务院的亲切关怀下，在教育部和福建省委、省政府和厦门市委、市政府的正确领导下，在全体厦大人的共同努力下，学校第十次党代会确立的建设世界一流大学的目标一定能如期实现，厦门大学的明天一定会更美好！

——本文摘录自《厦门大学年鉴 2018》，厦门大学出版社，2019 年 4 月版

传好百年厦大的接力棒

——在厦门大学2017级本科生开学典礼上的讲话

(2017年9月15日)

校长 张 荣

在这秋风送爽、艳阳高照的金秋时节,我们相聚在美丽的翔安校区,为来自五湖四海的4722名2017级本科新生举行隆重的开学典礼。就在10天前,举世瞩目的第九次金砖国家领导人会晤和新兴市场国家与发展中国家对话会在厦门落幕,厦门成为全世界的焦点。厦门大学作为厦门的一张"烫金名片",也承办了金砖会晤的有关配套活动,受到了广泛关注和高度评价。金砖会晤过后,厦门这座高素质的创新创业之城、高颜值的生态花园之城散发出更加迷人的魅力,厦门大学也焕然一新,展示出她特有的名校风采。我想,这正是迎接各位新同学的最好礼物。在此,请允许我代表厦门大学全体师生员工,向所有新同学表示衷心的祝贺和热烈的欢迎!同时,也向培育你们成长、支持你们选择厦大的家长、老师和亲友们,表示衷心的感谢和崇高的敬意!

同学们,当你们迈进这个校园的时候,可能不会想到你们这届学生身上所承载的特殊意义。那就是,经过近百年的薪火相传,历史的接力棒已经传递到你们的手上。四年后,当你们即将毕业之时,厦门大学也将迎来百年华诞。立校百年,对一所大学来说是一个里程碑,是一个意义非凡的重要时刻。作为将在厦门大学新的百年起点上走出校门的第一批学生,你们是幸运的,也承载着社会对厦门大学新的期望。在这里,我对大家表示祝贺。同时我也十分高兴能与同学们一起走进这所百年名校,共同开启我们的厦大生涯。

大家刚刚告别中学生活,进入大学,一定对大学生活充满了憧憬。你们在大学中将度过人生中最宝贵的青春韶华,将遇到传道解惑的师长和相伴一生的挚友,将收获系统的专业知识、科学的思维方法、更加宽广的视野和成长平台。更重要的是,你们现在已经与厦门大学血脉相连,厦门大学的烙印将伴随你们终生,厦门大学的精神传统也将在今后的人生道路上起到重要的指引作用。因此,我希望我们大家都能用心品读厦大这本厚重的书,铭记她近百年来砥砺前行、不断奋起的壮丽篇章。

厦大是有着鲜亮爱国底色的一所学校。厦门大学是由著名爱国华侨领袖陈嘉庚先生于1921年创办的,创校之时,中国正经历着"数千年未有之变局",中华民族内忧外患,危机重重。陈嘉庚先生认为"国家之富强,全在乎国民;国民之发展,全在乎教育"。正是抱定"教育救国"的理念,他义无反顾地带头认捐相当于他当时所有家产总和的400万圆洋银,创办了厦门大学。在办学遇到困难的时候,又是他不顾亲朋好友的劝阻,坚持"宁可变卖大厦,也要支持厦大",硬是卖掉在新加坡购置的三幢房产,作为继续维持厦大的经费。在关系个人命运的关键时刻,陈嘉庚先生置个人利益于度外,把祖国利益、民族利益摆在至高无上的位置。正是他和许多有识之士的这种纯粹的家国情怀成就了厦门大学,也让以"国家富强、民族振兴"为己任的爱国精神永恒地烙印在每一个厦大人的灵魂深处。

厦大是有着光荣革命传统的一所学校。今年是我们的学长罗扬才烈士英勇就义90周年,你们在校园里就能见到他的塑像。1926年2月,由厦大大二学生罗扬才担任第一任支部书记的中共厦大支部在厦门大学囊萤楼诞生,这是福建省第一个党组织。囊萤之光化为燎原之火,在大时代滚滚洪流里成为信仰之光、真理之光,照亮了八闽大地。在1927年反革命政变期间,罗扬才等革命志士坚贞不屈,视死如归,英勇就义。还有一位厦大人,是中国人民银行前身之一的冀南银行首任行长兼政委,被称为"红军会计制度的创始人”“我党金融事业的奠基者”，是民政部公布的第一批300名著名抗日英烈和英雄群体名录中唯一烙有“金融印记”的英雄人物，他的名字叫高捷成，1928年考入厦门大学经济学专业。为了追求革命理想，高捷成放弃安逸的生活，毅然参加红军，在艰苦的战争环境中，他充分利用所学的金融知识，筹划组建银行，稳定红色政权金融市场，对我党金融事业的创立做出了卓越的贡献。1943年5月在掩护银行物资转移的战斗中不幸牺牲，年仅34岁。他的遗体就安葬在左权将军陵墓的旁边。在中国革命的征程上还留下了很多像罗扬才、高捷成一样的厦大学子的足迹，他们为争取国家独立、民族解放和人民自由进行了不屈不挠的斗争，用生命和鲜血谱写了可歌可泣的壮丽诗篇，铸就了“南方之强”的筋骨和气度，在中国革命史上树起了不朽的精神丰碑。

厦大是有着坚韧自强基因的一所学校。“自强！自强！学海何洋洋！”厦门大学校歌开篇即强调“自强”二字。纵观厦门大学近百年的发展历程，就是一部不屈不挠、自强自立的大学成长史。校主陈嘉庚先生毁家兴学的义举，为厦大种下了自强不息的基因。而萨本栋校长带领厦大人内迁闽西艰苦办学的光辉壮举，则将厦门大学的自强基因发挥得淋漓尽致。1937年抗日战争全面爆发后，厦门大学在萨本栋校长的带领下内迁闽西长汀，前后历时8年之久。在连天的烽火中，在极差的条件下，厦大师生发扬自强不息的精神，克服重重困难，弦歌不辍，从无到有，从小到大，获得了长足发展，为国家培养出一大批栋梁之材。20世纪40年代初，在中国抗战最艰苦的岁月里，厦门大学连续两年在“全国专科以上学校学业竞赛”中夺得国立大学第一名，一时名震全国，载誉海外。这种艰苦办学的自强精神，是厦门大学历经风雨而生生不息的内在原因，也是厦大人承前启后、继往开来、不断前进的强大动力。

厦大是有着求真科学精神的一所学校。历史上厦大名师云集，群贤毕至，在这里学习、工作过的两院院士达60多人。他们在科学研究中不走“平坦的大路”，坚持在“崎岖小路”上攀登科学高峰，摘取了一颗颗学术皇冠上的明珠，为国家富强、社会发展乃至人类文明的进步做出了卓越的贡献，形成了以王亚南、陈景润为代表的敢于探索、勇于创新、追求真知的科学精神。在追求真理的道路上，厦大人从未停止脚步，并不断创造出一流的业绩。今天的厦大人，不仅活跃在世界科技前沿，也为国计民生、人民福祉呕心沥血，取得了不凡的成就。无论是事关全球气候变化的海洋碳汇研究，还是影响人类文明走势的新能源、新材料研究，都活跃着厦大人的身影和声音，而厦大人所研制的戊肝疫苗和艾滋病系列诊断试剂已经大面积推广，造福42个国家超过5亿人次。

厦大是有着广博开放胸怀的一所学校。早在创校之初，陈嘉庚就提出把厦门大学办成一所“能与世界各大学相颉颃”的一流大学。从此，在厦门大学的血脉传承中，就深厚蕴含了面向世界、开放办学的文化基因。坐落于“海上丝绸之路”起点和改革开放前沿的经济特区，得天独厚的地缘优势也成为我们开放办学的有利条件，厦大与港澳台地区和世界各国交流频繁，是我国最早开展海外留学生教育的学校之一，毕业生遍布世界各地。2016年，厦门大学马来西亚分校正式开学，成为我国第一个在海外建设独立校园的大学，被誉为镶嵌在“一带一路”上的明珠，为中国高等教育“走出去”和国家软实力提升提供了“厦大模式”。

厦大是有着宽厚包容品格的一所学校。同学们都知道厦大有“南方之强”的美誉，这固然是对学校办学实力的一种肯定，但还蕴含有更深层次的含义。“南方之强”一词出自《中庸》，意指一种“宽柔以教，不报无道”，“和而不流，中立而不倚”，“国有道，不变塞焉；国无道，至死不变”的思维及行为方式，即用宽容大度来教育、对待他人，平和而不随波逐流，国家和平安定时不改变志向，国家动荡时也能够坚持理想和操守，这才是真正的强大。在长期的办学过程中，厦门大学一直坚持海纳百川、兼收并蓄，在博采众长中不断发展、壮大，始终站在中国高等教育方阵的前列。

归根结底，厦大是有着深沉大爱灵魂的一所学校。在思明、漳州、翔安校区都矗立着一块校歌石，上面镌刻着“知无央，爱无疆”六个大字。这六个字出自我校校歌，蕴含了深刻的求学为人的道理，影响了无数校友的一生。教育是一项爱的事业。“爱无疆”提倡的是一种“大爱”，一种对他人、对社会、对国家乃至对全人类的人文关怀。这种爱，不仅仅表现为师生之爱、同学之爱，也表现为家国之爱、天地之爱。正是这种与生俱来的大爱，塑造了厦门大学的鲜明品格。置身校园，我们处处都能感受到人与自然的统一与和谐;环顾身边,我们时时都能听到校友们感恩母校、回馈母校的动人故事;放眼全球,我们总能看到厦大人济世经邦、扶危助困的活跃身影。经过世代传承,感恩、责任与奉献已经成为厚植于厦大师生心灵深处的思想和行动自觉。

襟怀山海,风云飞度。经过96年的发展,今天的厦门大学已经成为一所学科门类齐全、师资力量雄厚、在国际上有着广泛影响的综合性研究型大学,正在向着建设世界一流大学的宏伟目标坚定前行。学校始终坚持人才培养在学校工作中的中心地位,为学生的成长创造了良好的条件。在这里,你们可以在高水平、现代化的图书馆中自由探索、广泛地阅读,让书籍成为自己的良师益友,不断提升自己的知识储备和人文素养;在这里,你们可以走进实验室,在浓厚科研氛围的熏陶中点燃创新的火花,不断培养对科学研究的兴趣;在这里,你们可以广泛参与到各类创新实践活动中,与志同道合的伙伴一起,在芙蓉隧道等创新实践基地中挥洒汗水,到全国乃至全球竞赛的舞台上展示风采;从这里,你们还可以走向世界,在交流与碰撞中开阔视野,在学习与比较中借鉴创新。

大学的生活无疑是精彩多姿的。面对众多的可能性,作为厦门大学的学生,我们应该如何走好自己的大学之路?我们又应该怎样接过历史的接力棒,传承厦大的百年辉煌?诗人艾青说过:“人生的路虽然漫长,但紧要处却只有那么几步,特别是当人年轻的时候。”因为年轻时的选择,往往决定一个人的人生走向。你们从现在开始就要做好充分的准备,张开双臂去拥抱大学生活的精彩,勇敢迎接未来的各种挑战,探寻属于自己的大学之路。在这里,我想对大家提几点希望。

希望大家不忘初心,保持勤奋,做好学的接棒人。走在厦门大学的校园,你们会发现许多建筑物的名称都蕴含着劝学向上的深意,“囊萤”“映雪”“勤业”“笃行”,一代代厦大学子就是在先辈的殷切期许和自强精神的传承中徜徉学海、奋发图强,成长为国家栋梁。我校化学系1977级一间宿舍走出了三位院士,他们是我校的中国科学院院士田中群教授、孙世刚教授和美国工程院院士、我校校友孙勇奎,堪称密度最高的“院士宿舍”。他们成才的秘诀,就在于人生目标的指引、学习机会的把握、个人潜能的发掘和科学高峰的登攀。他们今天的成就很好地阐释了勤奋在成长中的作用。任何一位同学,不仅是学校和老师的作品,更是他自己的作品,是他的选择、他的努力,成就他自己的人生。你们昨天越过了中学学习的终点,今天又站到大学学习的起点,一旦在起跑线上稍有松懈,再要迎头赶上就十分困难了。因此,我希望同学们把学习当作一种社会责任、一种精神追求、一种生活方式,把勤奋的态度一直保持下去,成为完善自我的不竭动力和不二路径。

希望大家立志高远,锐意进取,做有为的接棒人。厦门大学的校训是“自强不息,止于至善”。“自强不息”意味着追求永不歇止,蕴含着雄健浩然之气,体现了民族自立于世界之林的精神和气概。“止于至善”意在永无止息地探寻“事理之极致”,蕴含着生命对于至善至美理想的追求与践行。近百年来,厦门大学一直秉承校训精神,向着“世界之大学”的目标不断迈进。成为一所一流大学,最重要的指标之一就是能够为社会、为国家源源不断地培养出一流的人才。建校迄今,厦门大学共为国家和社会培养了40多万名学生。这些校友灿若繁星,每一颗都是母校的荣耀。近年来,学校大力实施卓越教育战略,不断深化人才培养模式改革,着力培养创新型和引领型人才。2016年,我校学生获得省市级以上学业竞赛奖项832项,其中国际一等奖以上42项、二等奖30项,国家级一等奖以上82项,展示了厦大学子的风采。对于厦门大学来说,培养卓越人才是始终追求的目标;对于同学们来说,选择卓越是一种人生态度,是不断超越自我的执着追求。功崇惟志,业广惟勤。全体厦大学子要始终把“止于至善”作为自己的座右铭,时刻激励自己破碍前行、勇攀高峰,勇于质疑,勇于挑战,勇于坚持真理,勇于追求卓越。

希望大家胸怀天下,心系家国,做有担当的接棒人。厦大的历史是一部与国家和民族同呼吸、共命运的历史。历史脉搏的每一次跳动,都镌刻着厦大人勇于担当、矢志报国的铿锵步履。进入新时期,厦大学子依然是最具社会责任感的一个群体。近年来,我们的毕业生每年到重要行业、关键领域和战略性新兴行业等单位就业的比例保持在30%以上;厦门大学研究生支教团连续19年扎根宁夏海源,克服种种困难,立足地方、发挥优势,为当地的教育教学和扶贫帮困提供了重要帮助;十几年来,500多名厦大学子作为志愿者奔赴五大洲的16所孔子学院和35所孔子课堂,为推广汉语、传播中华优秀文化贡献了自己的力量。他们用自己的实际行动诠释了责任与担当。今年 5 月 3 日，习近平总书记在考察中国政法大学时，勉励当代青年要树立与这个时代主题同心同向的理想信念，勇于担当这个时代赋予的历史责任，励志勤学、刻苦磨炼，在激情奋斗中绽放青春光芒、健康成长进步。总书记的讲话对广大青年学生寄予了厚望。希望你们牢记使命，以主动担当的勇气、敢为人先的锐气，传好百年厦大的接力棒，做走在时代前列的奋进者、开拓者、奉献者。

同学们，从今天开始，你们就要投入紧张的大学学习生活，学习的第一课是军事训练，承担军训任务的是英雄的中国人民解放军 73051 部队的官兵。这支部队是一支英雄的部队，是一支在战争年代屡建奇功，在和平年代又立新功，具有光荣革命传统的部队。这次担任军训任务的教官都是部队的优秀官兵，他们思想过硬、作风过硬、军事过硬，他们将把军人的好思想、好作风和好本领传给你们，把军人的担当展现给你们，他们也会让你们对意志、对信念、对团结、对纪律有新的认识。因此，我由衷地期望同学们拿出坚强的毅力认真上好这第一课，服从命令，听从指挥，团结互助，超越自我。

祝福你们！

——本文摘录自《厦门大学年鉴 2018》，厦门大学出版社，2019 年 4 月版

追求卓越　争创一流
做新时代的引领者和塑造者

——在厦门大学2017级研究生开学典礼上的讲话

(2017年9月15日)

校长　张　荣

今天我们怀着无比喜悦的心情,在这雄伟的建南大会堂隆重举行2017级研究生开学典礼。今年,厦门大学共招收研究生5962位,其中硕士研究生5032位,博士研究生930位。首先,请允许我代表厦门大学全体师生员工,向2017级全体研究生新同学表示热烈的欢迎和衷心的祝贺!同时,也向多年来养育、爱护、教导和帮助你们的父母、师长及朋友们表示崇高的敬意和诚挚的感谢!

10天前,就在这座恢宏的大会堂,我们成功举办了金砖国家领导人第九次会晤和新兴市场国家与发展中国家对话会的配套活动,充分展示了厦大的魅力、厦大人的风采。正如习近平总书记盛赞厦门"是一座高颜值、高素质的城市",厦门大学同样拥有令人流连忘返的美丽校园,当年任教厦大的鲁迅先生就称赞她"背山靠海,风景绝佳"。然而,我想告诉大家的是,这座让世人称赞的高等学府不只是景色优美,更有着追求卓越、争创一流的悠久历史和光荣传统。今天,你们的到来,让这座美丽的学府焕发出新的生机,而她近百年的美好梦想也将在你们身上得以赓续。因此,我由衷地希望你们花一点时间多了解一下这所大学的历史,深切体会她特有的文化气质,唯有如此,你们才能从她的历史传承中汲取力量,从她的独特气质中陶冶情操,与她共同成长,成为她百年梦想的参与者、见证者和创造者,并在这个过程中实现属于自己的人生理想。我十分高兴有机会和大家一起进入厦门大学,也愿意和大家一起认识厦大、融入厦大、成就厦大。

这是一所追求卓越、勇于担当的大学。1921年,校主陈嘉庚先生怀抱"教育为立国之本,兴学乃国民天职"的崇高理想,克服重重艰难险阻,倾资创办厦大。创校之初,他就定下了"世界之大学"的办学目标,并将"研究高深学问,养成专门人才,阐扬世界文化"作为学校的办学宗旨,期望这所学府成为一所"能与世界各大学相颉颃"的一流大学,从而"为吾国放一异彩",并以自身行动倡导爱国精神、家国情怀,提倡培养"伟大人格之人"。正是抱定这一坚定信念和真挚情怀,他选择了当年郑成功操练水师的演武场作为建校之地,为的就是要让所有驶进厦门港的外国轮船第一眼就能看到一所中国的优秀大学。近百年来,一代代厦大人始终以世界一流大学为目标,以实现国家富强、民族振兴和人类进步为己任,秉承"自强不息,止于至善"的校训,在民族解放、国家富强、社会进步伟大事业的实践中,形成了"爱国、革命、自强、科学"的宝贵精神和"追求真理、艰苦奋斗、严谨治学、勇攀高峰"的优良校风,这是厦大极为宝贵的精神财富,是厦大经受风雨生生不息的内在原因,也是厦大承前启后不断前行的强大动力。

这是一所改革创新、包容开放的大学。厦门大学作为地处经济特区、改革开放前沿的大学,拥有这座城市所特有的改革创新、开放包容的品质;而福建文化、闽南文化中独特的"爱拼会赢"的锐意进取精神,也深深影响着这座百年学府,塑造了她敢闯敢试、敢为人先的筋骨气度。近年来,学校不断解放思想,积极探索大学治理现代化改革,在人事制度、人才培养、科研组织、内部治理、国际化办学等关键领域进行了大胆创新,有力推动了学校各项事业快速发展,为中国高等教育改革发展提供了厦大经验。如今的厦大拥有三个校区和一个马来西亚分校,不但跨越厦门湾,更迈出国门办学,成为镶嵌在"一带一路"上的一颗璀璨明珠。大海不仅赠予这座大学独特的风景,更赋予她大海般的博大胸怀和包容开放的文化特质。在这所学校里，理解、尊重和提倡多元文化已经成为一种意识和行动，她为广大学子打开了通向世界的大门，也把优秀的中华文化介绍给了世界。

这是一所实力雄厚、成就辉煌的大学。经过近一个世纪艰苦卓绝的办学，厦门大学完成了从一所文理大学向涵盖人文科学、社会科学、理学、工学、医学、地学的综合性大学的转变，目前学校共有 12 个学科进入 ESI 全球前 1%，在 THES、QS、U.S. News、软科等世界大学排行榜上，厦大稳居世界 400 强左右。学校坚持立德树人，深化教育教学改革，为国家和社会培养了一大批杰出的科学家、教育家、企业家和社会活动家。96 年来，我们的校友中，有一生致力于推动科技进步，在结构化学领域做出卓越贡献的卢嘉锡学长；有我国半导体教育事业的主要开拓者，为中国高等教育事业发展奉献毕生心血的谢希德学长；有以超人的毅力孜孜研究世界数学难题，醉心于摘取"哥德巴赫猜想"皇冠上的明珠的陈景润学长；有 20 世纪 60 年代为台湾经济社会发展做出重要贡献的台湾新竹科学园区创始人何宜慈学长，台湾中横公路建设一线总指挥严启昌学长，著名诗人和文学家姚一苇、余光中学长，也有今天在海内外各行各业纵横驰骋、贡献卓著的年轻厦大校友。今天的厦大，学科体系不断完善，学科实力日益增强，人才队伍持续壮大，创新能力稳步提高，国际合作渐入佳境，学校核心竞争力和国际影响力大幅提升，这一切都为建设世界一流大学奠定了坚实基础。

同学们，高等教育越来越成为综合国力竞争的标志性力量，党和国家着眼于实现中华民族伟大复兴的中国梦，正大力实施统筹推进世界一流大学和一流学科建设的重大战略。研究生教育作为大学人才培养的最高层次，是建设世界一流大学的重要内容。放眼国际知名一流大学，无不具有一流的研究生培养实力，无不以培养一流的研究生为重要标志。厦门大学研究生教育始于 1926 年，是国内最早招收研究生的大学之一。1950 年，新中国建立之初，我们便重新开始招收研究生，1952 年，学校成立培养研究生的研究部，1986 年试办研究生院并于 1996 年正式获准建院。进入 21 世纪，厦大研究生培养教育有了质的飞跃，特别是近年来，学校积极探索"硕博培养打通、硕博学制打通、国内国际培养打通"和"培养过程与科学研究融合、课程教学与科研训练融合、课内学习与课外创新创业融合"的"三打通三融合"教育模式创新，深化以科研为导向的培养机制创新，研究生教育质量和水平得到显著提升，学校相继入选教育部研究生课程改革和全国博士研究生教育综合改革试点单位。

新的时代赋予我们新的使命，伟大的事业需要我们更大的担当，我们要抓住重大契机，在"双一流"建设大格局中，建设一流研究生教育。你们是厦大研究生群体中新的一分子，更是学校科学研究新的生力军，我由衷地希望你们珍惜利用好这短暂又宝贵的研究生时光，继承和发扬学校悠久的研究生教育培养传统与优良的校风学风，把握时代所赋予的机遇，充分利用学校为你们提供的良好条件，追求卓越，争创一流，在更高层次上将自己塑造成自信、自强的一流人才，成为新时代的引领者和塑造者。借此机会，我想向大家提几点希望：

第一，以感恩之心学习，胸怀家国天下。厦大人尊称陈嘉庚先生为校主，我想这个称呼的背后除了对嘉庚先生创办厦大这份恩情的铭记之外，还有一层含义就是对嘉庚先生爱国精神的一种自觉传承。正是这种传承使得厦门大学成为一所特别懂得感恩的大学。我由衷地希望你们首先在这所校园里学会感恩，感恩给予你们帮助和支持的人，铭记接受过的每一滴恩惠，并以更加博爱之心尽自己最大努力去帮助和关怀他人；感恩让你们的梦想得以实现的伟大时代，勇担时代赋予你们的光荣使命，以坚忍顽强的毅力刻苦学习和钻研，为时代进步贡献自己的聪明才智；感恩让我们实现尊严和荣耀的伟大祖国，主动把个人的理想追求融入国家和民族的事业中，为中华民族伟大复兴奉献青春力量。

第二，以自强之心学习，涵养自信人格。今天大家置身的这座海上花园般的校园，历经 96 载风雨沧桑，始终荣辱不惊，从容而又淡定。因为她拥有海一样的包容和博大，拥有山一样的坚韧与挺拔，这就是厦大人的性格特征，朴实平和，宁静不烦躁，坚韧而不放弃。科学研究是一项神圣的工作，更是一项艰苦的工作。选择了更高层次的学习，就意味着要比原来的求学阶段更要多一份坚韧、多一份磨砺，更要耐得住清苦和寂寞，抵得住诱惑，守得住本心。我希望大家汲取这所大学所赋予你们的自强品格，以坚毅和自强之心，刻苦学习，潜心探索，追求真知，永不松懈。希望你们在接下来的日子里，用心感受厦大校园的一草一木、一楼一宇,克服功利之心、浮躁之气,臻于心无旁骛、静谧自怡的治学境界,自信而又执着地走在通往真理殿堂的道路上。

第三,以创新之心学习,始终追求卓越。研究生"研究"二字当头,科学研究的本质是创新,而研究生教育的本质,就是让学生在追求真理和探索未知的过程中学会独立思考、培养创新精神。因此,我希望大家努力像我们的王亚南老校长那样做学术研究中的一匹"野马",突破传统思维定式,克服路径依赖和思维惯性,学会独立思考问题,充分发挥批判性、创造性思维,敢于超越权威,做到不断变革,永远追求卓越,努力走在科学研究的最前沿。近年来,学校对研究生总课程数进行了较大幅度削减,目的就是改变以课堂教学为主的培养模式,希望我们的研究生能够有更多的时间参加科研训练、开展田野调查,更加主动地关注重大现实问题,在分析问题、解决问题的过程中增强科研创新、团队合作的能力,在科研熏陶和实践中成长成才。

第四,以诚信之心学习,恪守学术道德。做学问如同做人,当以诚信为本。学术道德是治学的基本伦理规范,是大学的生命线。当前学术界的一些不良风气也在侵蚀高校里的研究生群体,例如急功近利、弄虚作假,甚至抄袭剽窃,等等。因此,能否营造风清气正的学风环境,关系到研究生培养的兴衰成败。我们历来把学术道德作为人才培养的重要内容,明确将其放在一票否决的地位。学问即人生,在你们即将开始新的学术生涯之际,希望大家能够敬仰真理,敬重前人,敬畏规则,充分认识和理解学术诚信缺乏的危害,以求真务实的高尚品德,自觉抵制学术抄袭、学术造假行为,守护好自己的学术良心底线。

最后,我还衷心希望你们注意保持身心和谐,积蓄良好的体能和心态。学校几年前做过的有关调查表明,在研究生阶段,同学们的体能有所下降,还有相当一部分同学因为科研任务重,导致心理压力大,心理健康受到严重威胁,这样的体能和心理状态是不能很好地完成学业的。因此,我由衷地希望同学们掌握健康的生活方式和科学的学习方法,做到一张一弛、劳逸结合。我来厦大工作还不满两个月,但已有不少师生向我推荐学校的咖啡厅,这是学校的一个特色。在咖啡厅里一个人静静坐一会儿,静静地想一想,让身心放松放松。或者与几个好朋友坐着一起聊一聊,思想碰撞一下,更会让你感到快乐和舒适。我们学校还拥有得天独厚的生态校园和滨海沙滩,全新的演武运动场也即将启用,我衷心希望大家多多参与到体育锻炼中去,走向操场走向自然,享受阳光拥抱健康,实现嘉庚先生提出的以"健全之身体与精神,方可为社会服务,荷国家仔肩"的美好期许。

亲爱的同学们,你们即将从这里开始充满挑战与希望的研究生生活,希望你们不负祖国重托、不负青春时光,自强不息,止于至善,在浩瀚的知识海洋和崭新的人生旅途中,扬帆起航,行稳致远,用自己精彩的人生践行对真理的承诺,对历史的承诺,对人民的承诺!

——本文摘录自《厦门大学年鉴2018》,厦门大学出版社,2019年4月版

不忘初心 砥砺前行 为把厦门大学早日建成世界一流大学而不懈奋斗

——在厦门大学纪念内迁长汀办学80周年大会上的讲话

(2017年12月24日)

校长 张 荣

在全党全国上下认真学习贯彻党的十九大精神之际,今天我们隆重集会,纪念厦门大学内迁长汀办学80周年,重温光辉历史,弘扬优良传统,砥砺自强精神,汲取奋进力量。在此,请允许我代表厦门大学,向莅临今天大会的各位领导、来宾表示热烈的欢迎!向出席今天大会以及由于身体等原因未能与会的厦门大学内迁长汀时期的老学长、老校友们致以崇高的敬意!向无私帮助厦门大学、为厦门大学建设发展事业做出巨大贡献的长汀和长汀人民表示衷心的感谢!

今年是厦门大学内迁长汀办学80周年。80年前,在国家处于风雨飘摇、内忧外患之际,厦门大学也经历了一段极为艰难和特殊的办学时期。1937年,校主陈嘉庚将倾资兴办、苦心经营的厦门大学无条件献给国家,7月1日厦大由私立转为国立,7月6日,著名物理学家、电机工程专家、清华大学教授萨本栋受命担任国立厦门大学首任校长,此后的一天便爆发了震惊中外的卢沟桥事变,从此,平津危急,华北危急,中华民族危急,地处东南沿海要地的厦门也陷于危急存亡之中。1937年9月3日,日军袭击厦门,厦大因处于战略要地、位于火线之中,受到战火的严重威胁。在这危如累卵的艰难时局下,为谋师生员工安全、为保证教学不中断,也为了维系祖国东南半壁的高等教育,更为了"有一所中国的大学,屹立在敌人的面前","奉命于危难之间"的萨本栋校长力排迁校大西南之议,当机立断,做出了内迁闽赣交界处山城长汀的果敢决定。在周密计划、短暂筹备之后,1937年12月24日,厦大师生在萨本栋校长的带领下开始了举校迁移的伟大壮举,厦大也从此在800里之外的长汀开启了历时8年多的艰苦办学,直至1946年6月由汪德耀校长率师生开始迁返厦门。

80年前,在中华民族到了最危险的时候,在全民族上下奋起反抗日本帝国主义侵略战争之际,具有鲜亮爱国底色和光荣革命传统的厦门大学,自觉担负起教育救国、抗日救亡的伟大使命,在艰苦卓绝的条件下,克服重重困难,弦歌不辍、坚持办学,在山城长汀书写了一首荡气回肠的教育诗篇,创造了一段可歌可泣的爱国史、创业史、图强史,铸造了厦门大学办学历史上的一座高峰,在中国高等教育史上留下了浓墨重彩的一笔。内迁长汀办学所取得的辉煌成就和以萨本栋校长为代表的艰苦办学的自强精神,已经成为厦门大学宝贵的精神财富,成为厦大继往开来、生生不息的内在基因和强大动力。80年后的今天,我们怀着无比崇敬的心情深情缅怀那段峥嵘岁月,就是要再次追寻历史的足迹,从中获得永远的启示,不断汲取磅礴之力,激励和鞭策我们朝着建设世界一流大学的宏伟目标奋勇迈进。

回顾往昔,缅怀历史,我们要始终牢记,不论我们今天取得了多少的成就与辉煌,也不论我们走得多远,都不能忘了来时的路,更不能忘了曾经与我们并肩奋斗、共赴国难的长汀和长汀人民。长汀历史悠久、人杰地灵,是国家历史文化名城,自古就有耕读传家、崇尚教育的传统。长汀也是中国著名的革命圣地,是全国著名的革命老区和红军长征出发地之一,被誉为"红军故乡、红色土地和红旗不倒的地方",在革命战争年代,长汀人民为中国革命胜利和新中国建立付出了巨大牺牲、做出了重大贡献。就在这块红色的土地上,当80年前厦门大学办学遇到史无前例的困难时,具有光荣革命传统和爱国精神的长汀人民以宽广的胸怀接纳了厦大师生,为支持厦大办学提供了无私的帮助,甚至献出了半个县城,为厦大在艰难时期得以维系办学事业做出了巨大贡献。内迁长汀的厦大扎根古汀州这片革命热土,短短几年,不仅有条不紊地发展,还取得了令人瞩目的成绩,一跃成为当时国内最出色的大学之一,创造了特殊历史时期中国高等教育内迁办学的一个奇迹。光荣属于厦大师生,也属于长汀人民。厦大师生永远不忘长汀办学的历史,永远铭记长汀人民的深情厚谊!

回顾往昔,缅怀历史,我们将永远铭记长汀时期的办学时光。在连天的烽火中,在极差的条件下,厦大师生栉风沐雨、励精图治,学校不但没有因时局而衰微,反而从无到有、从小到大,获得长足发展,为国家和民族培养出一大批栋梁之材,缔造了永载史册的办学成就。

厦门大学内迁办学是一部爱国的历史。作为当时粤汉铁路线以东唯一的国立大学,厦大内迁长汀坚持办学既延续了文化命脉,保存了学术实力,留住了“读书种子”,书写了“办在鹭岛,坐不改姓;迁至长汀,行不更名”的特殊历史,也为学校的后续发展奠定了重要的学科与人才基础,为国家建设特别是东南地区储备和培养了一大批优秀人才。早在确定迁校地点的时候,萨本栋校长就铿锵有力地表示,“我们必须要有一所中国的大学,屹立在敌人的面前”,从而使厦大成为留在祖国东南、敌人环伺之中坚持办学的唯一一所国立大学。厦大对学生也开展了深刻的爱国教育,不但用校主陈嘉庚先生的爱国壮举激励学生,萨本栋校长身体力行把教育看成是“国魂所寄托的事业”,要求大家对她“资助务必慷慨”。他告诫学生,我们的科学水平不如人,“要知道我们对暴日只能‘抗战’而不能作‘惩罚’的主要原因之一,是我们的学术至今尚未独立,我们民众技能的水准,几百年来未曾提高”。所以,“未到‘最后一课’的时候,应加紧研究学术与培养技能”。初到长汀,厦大便于1938年4月6日举办了17周年校庆,向日本侵略者宣告厦大坚持办学的坚强决心和信心,向社会传递“身处逆境而正义必胜的信念”。

厦门大学内迁办学是一部创业的历史。1937年的长汀,是“举目凄凉无故物”,而厦门大学转为国立之后经费奇缺,国拨经费名列全部国立大学倒数第二,即便是这笔钱还只能到位七成。正是在这样的基础上,厦大师生白手起家,依靠自身的努力和民众的支持,取得了长足的进步。那时的厦大不仅没有因战乱停止办学,学生数反而从1937年最早内迁时的196人增加到1945年时的1044人,学科规模从迁校时的文、理、商学院9个系发展到1945年的文、理工、法、商学院15个系,更设立了与国家需求紧密联系的土木工程、机电工程、航空等学科,厦大的马克思主义经济学科也得以在此发端。那时的厦大大师云集、群贤毕至,极一时之甚。萨本栋校长求贤若渴,尽最大努力最大限度地为学校引聘人才,从1937年到1944年,新聘教授57人,其中42人有留学经历,24人获有博士学位;一大批名家名师聚集山城、执鞭任教,不少学术泰斗、博学鸿儒慕名到访考察演讲,他们为求知若渴的学子带来了知识和真理,为这所烽火中的大学带来了希望与未来。

厦门大学内迁办学是一部图强的历史。国家局势、办学经费、办学空间和办学资源,对任何一所大学的发展来说都是最紧要的,可此时的厦大在办学中这些没有一样是不紧张、不匮乏的,然而,办学成果却非同一般,被当时的国民政府称为“国内最完备的大学之一”。在1940年、1941年两次举行的全国专科以上学校学生学业竞试,厦大蝉联两届全国第一,赢得了“南方之强”的美誉,被誉为“加尔各答以东之第一大学”。在1943年的联合国论文竞赛和福建专科以上学校学生辩论会中厦大又获得两个第一名。厦门大学名声大振,东南数省的学子都以能到长汀读厦大为荣。“国人南望,无不认为厦大为理想中唯一完善大学。”长汀时期厦大的人才培养更是非同一般,据不完全统计,长汀时期厦大为国家和社会培养了数百位国家科学院和工程院院士、大学校长、海内外著名专家学者和企业家。1945年后,更有一大批厦大毕业生从长汀到台湾发展,他们中的相当一部分成为后来造就台湾经济奇迹的杰出人才。

此时此刻,我们无比怀念以萨本栋校长为代表的内迁办学时期的老师们。厦门大学在最后一批师生到达长汀的5天后就开始复课,萨本栋校长想尽一切办法扩充校舍,添置图书仪器,广延教授,加强学科建设,在最逼近前线的地区为师生创设了一个相对安全自由的大学环境。没有电灯,他就把学校配给他的小汽车的发动机拆下改装成发电机,以解决师生燃眉之急。师资紧缺,他不顾自己繁重的行政工作坚持上课,甚至带病策杖讲课,重病缠身仍穿着特制的铁衫撑腰上课。他为厦大呕心沥血、鞠躬尽瘁,原本是网球健将的他因此英年早逝。这样的一种教育家的境界,这样的一种舍身办学的精神,令人肃然起敬!

正是在萨校长的感召下，迁居长汀的厦大老师们以民族大义为己任，视教育事业如生命，披荆斩棘，忘我牺牲，完成了几乎不可能完成的办学任务，共同组成了内迁长汀时期的坚强脊梁、筑起了不朽的丰碑。让我们永远记住他们，永远记住一所大学和大学里的知识分子们用自己的方式爱国救国的一种坚守、一种气节！

上个月，我怀着崇敬的心情专程走访了长汀厦大旧址。站在国立厦门大学正校门前，我不由得陷入了沉思：在那样艰苦的条件下到底是什么支撑着当时的厦大人发奋图强、追求卓越？是什么造就了那段时期办学的成就？我们又应该从这段历史中学到和汲取些什么？继承和发扬些什么？历史是最好的老师，历史也给了我们最好的答案。我想，支撑着那时厦大人的力量就是当年报国为民、烽火砥砺的家国情怀和临危不惧、超凡卓然的自强精神，以及育人为先、以生为本的办学理念，那段辉煌的成就理所当然也应当归功于这种情怀、这种精神、这种理念的成功。情怀从不因时光变迁而淡薄，精神从不因岁月洗礼而褪色，理念也从不因时代更替而过时，内迁长汀办学的历史折射出的是先辈们的风骨，孕育出的是历经苦难的辉煌，长汀时期所形成的历久弥新的优良传统和精神品格将永远镌刻在每一位厦大人的心中，永远指引着我们不断向前探索。

我们要继承和发扬内迁长汀时期厦大人的家国情怀与担当精神。厦门大学是一所有着极强家国情怀的大学，建校以来始终与国家同呼吸、与民族共命运、与时代同步伐，表现出非凡的责任与担当。抗战时期厦大毅然决然迁至长汀，为东南沦陷区的失学学生创造了求学的可能，在战火洗劫和动荡中，厦大师生依旧饱学钻研、勤学刻苦，显示了民族存亡之际知识分子强烈的家国情怀和社会担当。在抗日救亡民族运动中，广大厦大师生以后方为战场，捐款捐物，游行请愿，广泛宣传，发动群众，以特殊的斗争方式为抗日战争做贡献；他们反对投降，坚持抗战，坚决维护抗日民族统一战线，有的投笔从戎，奔赴前线。无论是坚守课堂，还是投身抗日，我们的先辈们都用自己的行动告诉我们，“国家兴亡，匹夫有责”，爱国就要勇于担当时代重担。今天，和平与发展已经成为世界的主流，我们正处在全面建设社会主义现代化强国、实现中华民族伟大复兴中国梦的新征程中，尤其需要有这种为民族崛起、国家进步、世界发展而努力奋斗的意识和行动，把校情融入国情、世情大局，把个人梦融入伟大中国梦，担当起新时代赋予我们的新使命新任务。

我们要继承和发扬内迁长汀时期厦大人艰苦奋斗的优良品格与自强精神。在抗日战争最艰苦的环境下，内迁长汀办学条件艰苦至极，光是战火中长途跋涉就是一项严峻的考验，而初到长汀，条件极其恶劣，经费捉襟见肘，最初三年每年办学经费仅 20 万元。为保证教学研究的正常进行，萨校长率先执行减薪，按 35％支领校长薪俸；教授的工资只按 60％支取；副教授、专任讲师的工资只按 75％支取；学生的伙食费每个月仅有 10 元钱，厦大师生正是以这种忍辱负重、卧薪尝胆的精神筑起了“弦歌不辍”的坚强根基。8 年多里，厦大人因为怀抱着抗战必胜的信念，因为坚持着“书生报国，当不负一己之才性与能力”的理念，强壮体魄、强健智力、强我国威，成了那个时代的强音。当前学校正处在深化综合改革的关键时期，将面临前所未有的挑战和困难，我们更应当保持自强不息的优良品格和不畏艰难的精神状态，勤俭办学，艰苦奋斗，以建设世界一流大学的生动实践赋予自强精神新的时代内涵。

我们要继承和发扬内迁长汀时期所形成的先进办学理念与从严精神。长汀时期，学校的办学就是以学生发展为中心，一切办学的出发点都是围绕培养学生并举全校之力为学生成才创设条件，教师更是以发现学生的特长、促进学生的成长为荣，学生则在紧张、充实而有序的大学生活中历练成长。学校始终把延揽名师作为重要任务，8 年多拥有了一大批德才兼备、诲人不倦的“大师”；主张培养通才，重视拓宽学生知识面、完善学生知识结构，在学院间引文入理，引理入文，推行文理渗透，由名教授为学生讲授基础课，开始了最初的通识教育的探索；重视培养学生的动手能力和专业技能，自办电灯厂，设立实验室和实习工厂，虽简陋却满足了学生的基本操作和训练，而当时学生在老师指导下开展研究和社会实践也蔚然成风；主张“质量优先”，“在量与质不能兼顾的情形下，对质的改良，比量的增加尤为重视”，坚持培养合格人才，宁缺毋滥，努力实现内涵式发展；坚持“严管”与“宽爱”相结合，严把教学环节，严密学制和严格考查考试制度，在关心学生学习生活的同时，对学生守时守信要求极其严格。学校形成了“爱国、勤奋、朴实、活跃”的校风,校务蒸蒸日上,学生学业成绩显著提高。这些办学传统和理念放在当下建设一流大学、培养一流人才的背景下也丝毫不过时,仍散发着穿越时空的独特魅力和时代价值,我们要继承和弘扬好这一传统,把提高人才培养质量作为立校之本,坚持立德树人、从严治校,坚持深化改革、提高质量,充分调动教师育人积极性、挖掘学生潜能,努力培养一流人才。

老师们、同学们!党的十九大报告明确指出:“加快一流大学和一流学科建设,实现高等教育内涵式发展。”今天的厦门大学,正站在新的历史起点上。当前世界高等教育正面临着深层次的变革和调整,厦门大学的发展,是中国高等教育事业的重要部分,也影响着中国高等教育板块在全球教育布局中的地位。今年9月,国家公布了世界一流大学和一流学科建设高校及建设学科名单,厦门大学入选36所A类一流大学建设高校,5个学科入选“双一流”建设学科名单。党中央赋予了厦门大学建设世界一流大学的新使命,厦大的办学事业从此踏上了新的征程,全体厦大人备感振奋。面对“双一流”建设这一国家任务,回顾学校内迁长汀时留下的精神财富,挖掘学校近百年来所积淀的优良办学传统和深厚大学文化,并在这个伟大的新时代将这种精神、传统和文化加以发扬光大,持续转化为推进“双一流”建设的精神动力,对于我们坚定自信、保持定力,扎根中国大地办一流大学具有十分重要的意义。

不忘初心,方得始终。我们要牢记使命、争创一流。作为中国近代教育史上第一所华侨创办、与中国共产党同龄的大学,建校近百年来,一代代厦大人秉承陈嘉庚先生“教育救国”的理想和建设“世界之大学”的初心,在追寻“能与世界各大学相颉颃”“为吾国放一异彩”厦大梦的征程中赓续奋斗、不懈努力。“世界之大学”即世界之一流大学,96年前校主这一铿锵有力的宣言至今仍时时回响在我们耳畔,时刻提醒着我们什么是厦大人的初心和使命,而今天的我们比历史上任何时期都更接近、更有信心和能力实现这个梦想。80年前,先辈们在最艰难困苦的环境中始终不忘校主建校之宏愿,始终坚守心中的梦想,以坚忍不拔的努力在中国东南缔造了“南方之强”的伟业,为世人留下了深深的启示,也给今天的我们带来了沉甸甸的使命感。80年后,我们没有理由不接好这个接力棒,不跑好这关键的一棒。我们一定要胸怀报国为民的理想追求,牢固树立“国家队”意识,增强“四个意识”,坚定办学方向,坚守前进定力,以世界一流大学建设为主线,以一流学科建设为重点,以深化学校综合改革为动力,坚持内涵发展、质量提升,坚持立德树人、育人为本,脚踏实地,埋头苦干,朝着学校“两个百年”目标奋力前行,以不负先贤的殷殷嘱托,不负先辈艰苦办学之举。我们要贯彻落实“四个服务”要求,自觉融入国家发展大局,主动融入新福建和厦门“五大理念发展”示范市建设,真情服务长汀经济社会发展,把“双一流”建设的壮丽画卷描绘在八闽大地上,以不负包括长汀人民在内的福建人民对厦门大学的无私帮助和殷切希望。

饮水思源,方能砥砺前行。我们要坚定自信、追求卓越。厦门大学作为一所具有深厚文化底蕴的历史名校,凭借在各个时期办学实践中所形成的独特的办学传统、精神品格,不仅为学校建设发展提供了最基本、最深沉、最持久的精神力量,还为促进文化传承创新发挥着重要的引领作用。在90多年的发展历程中,厦大始终以文化传承创新为己任,继承嘉庚精神和“自强不息,止于至善”的校训,努力践行“研究高深学问,养成专门人才,阐扬世界文化”的校旨,不断凝练最新最完善之文化,形成了“爱国、革命、自强、科学”的宝贵精神和“追求真理、艰苦奋斗、严谨治学、勇攀高峰”的优良校风,成了淬砺师生品质、凝聚师生力量的共同家园和前进道路上经受住各种困难、风险考验的精神力量,成了我们建设世界一流大学所必须深耕厚植的一流文化、一流精神、一流价值。在新的时代,我们必须坚定“四个自信”,不忘本来,吸收外来,面向未来,在继承前人的基础上勇攀高峰、追求卓越、实现超越,为实现我们的宏伟目标积蓄源源不断的厦大力量。

凝心聚力,方能行稳致远。我们要上下同心、合力共进。80年前萨本栋校长亲率300多名师生翻山越岭、历经20多天长途跋涉安全抵达长汀,为我们呈现了当年厦大师生在千难万险前勠力同心、团结一致的感人场景。初到长汀的厦大师生遵照萨校长所列的20则信条,“在艰危中,须特别努力分内职务,务求无负陈嘉庚先生毁家兴学,及政府将厦大收归国立之至意”,勇于担当,齐心办学,全校呈现出一派奋发有为、团结和睦的蓬勃景象。这段历史告诉我们,一个学校在遇到困难时,师生员工的团结、拼搏是学校渡过难关的最重要力量。师生员工是学校发展最可信赖的依靠力量,也是创建世界一流大学的主力军。

站在新的起跑线上，我们仍然要团结、依靠全体师生员工，以一流的状态、一流的管理和干事创业、追求卓越的精气神，充分调动师生员工的积极性、主动性、创造性，不断凝聚起爱校荣校、改革创新、团结合作、包容共享的校园正能量。全校师生员工要树立在“双一流”建设面前人人有责、人人尽责的意识，找准各自定位，自觉提高标准，正确认识个人利益与集体利益的关系，将个人的成长发展与学校的建设发展紧密联系在一起，切实担负起自身的责任使命，爱岗敬业，团结拼搏，努力在“双一流”建设中展现新作为、争创新业绩。

老师们、同学们！厦门大学自建校以来，筚路蓝缕，薪火相传，走过了一段充满艰难挫折又不断迈向辉煌胜利的不平凡历程，近百年的风雨沧桑铸就了百年基业、砥砺了优秀品格。2021 年，我们将迎来建校 100 周年。站在历史与未来的交汇处，回顾内迁长汀办学的辉煌历程，我们感到无比骄傲和自豪；展望我校逐梦百年的美好未来，我们充满信心和力量。光荣的历史赋予了我们前行的力量，神圣的使命照亮了我们远方的道路。我们要以习近平新时代中国特色社会主义思想和党的十九大精神为指引，大力弘扬内迁长汀艰苦办学的自强精神，进一步凝聚广大师生员工和海内外校友的力量，不忘初心、砥砺前行，承前启后、继往开来，以永不懈怠的精神状态和一往无前的奋斗姿态奋力谱写建设世界一流大学的壮丽篇章！

——本文摘录自《厦门大学年鉴 2018》，厦门大学出版社，2019 年 4 月版

·党建与思想政治工作·

中共厦门大学委员会2017年党风廉政建设工作计划

(2017年3月15日)

2017年,学校将全面贯彻党的十八大和十八届三中、四中、五中、六中全会精神,统筹推进"五位一体"总体布局,协调推进"四个全面"战略布局,坚持稳中求进工作总基调,严肃党内政治生活,强化党内监督,聚焦监督执纪问责,驰而不息正风肃纪,持续形成高压态势,净化党内政治生态,推动全面从严治党向基层延伸,为学校各项事业健康发展营造良好的氛围。

一、着力强化"四个意识",深入学习贯彻十八届六中全会和中央纪委七次会议精神

十八届六中全会正式提出"以习近平同志为核心的党中央",是全党的郑重选择。全校各级党组织和全体党员必须不断增强"四个意识"特别是核心意识和看齐意识,在思想上认同核心,在政治上维护核心,在行动上紧跟核心,更加紧密地团结在以习近平同志为核心的党中央周围,要以党中央的旗帜立场、决策部署、担当精神为标杆,依靠文化自信坚定理想信念,坚定政治信仰、把握政治方向,不断增强中国特色社会主义道路自信、理论自信、制度自信、文化自信,始终在思想和行动上同以习近平同志为核心的党中央保持高度一致。

深入学习贯彻党的十八届六中全会、十八届中央纪委七次会议精神和福建省纪委十届二次全会精神,加大对各单位遵守党章党规党纪和贯彻落实会议精神的监督检查力度。通过专项检查、巡察、参加有关单位有关部门述职述廉、参加民主生活会、组织生活会等方式,对全校各单位的贯彻落实党内制度法规的情况进行监督检查。深入基层讲党课,传达贯彻党中央和中央纪委有关会议精神,不断推进全面从严治党向基层延伸,营造良好的廉政氛围。

二、坚守责任担当,全面落实从严治党主体责任

严明党的政治纪律和政治规矩,最核心的是坚持党的领导,坚持党的领导体现在坚定理想信念宗旨、制定和实施正确的路线方针政策上,体现在坚持党管干部原则、选对人用好人、树立正确的价值观和政治导向上,各级党组织应该肩负起管党治党、办学治校的主体责任。要加强政治纪律的宣传教育,引导党员

干部不断提高政治觉悟,坚守政治信仰,把准政治方向。要建立健全权责对等、责任清晰、强化担当的主体责任落实机制,完善责任清单、问题清单、问责清单等“三个清单”做法。根据福建省委“五抓五看”要求,督促基层党组织切实担负起管党治党政治责任,抓住“关键少数”尤其是一把手,层层落实责任。

认真落实中共中央、国务院《关于加强和改进新形势下高校思想政治工作的意见》,创新工作方法,增强时效性,掌握主动性,坚决查处各种违反纪律,特别是政治纪律和规矩的行为,使各项纪律和规矩成为带电的高压线。

加大问责力度。严格执行《中国共产党问责条例》,制定《厦门大学党员领导干部问责实施办法》,对党的领导弱化、党的建设缺失、从严治党不力、维护党的政治纪律和政治规矩失责、贯彻中央八项规定精神不力,以及不作为乱作为等问题,强化问责力度。对该问责而不问责的也要严肃追责,推动问责制度落地生根,让失责必问成为常态,让党的领导干部受到警示,增强担当精神,切实肩负起管党治党责任,把党的路线方针政策贯彻下去成为自觉。

三、全面落实党内监督,严肃党内政治生活

各级党组织和全体党员要尊崇党章,以《关于新形势下党内政治生活的若干准则》和《中国共产党党内监督条例》为遵循,牢固树立“四个意识”,增强政治警觉性和政治鉴别力,坚决维护党的集中统一。严明换届纪律,加强对学校基层党委、行政领导班子换届以及干部选任的廉政考察,建立干部选任、干部监督管理同向并行的机制,聚焦政治纪律、组织纪律和廉洁纪律,严格把好政治关、品行关、作风关、廉洁关,营造风清气正的换届环境。全校各级党员领导干部要习惯于在监督下开展工作,自觉诚恳接受全党监督和社会监督,并做好自我监督。

接受中央对我校专项巡视。积极做好接受中央专项巡视的各项准备和配合工作,认真抓好巡视前即知即改、巡视中立行立改、巡视后全面整改。对中央巡视组或有关纪律检查机关移送的问题线索,建立专门台账。纪检监察、组织人事部门要及时研究,提出谈话函询、初核、立案或者组织处理的意见,要在校党委或上级纪检部门的领导下,严格依法依纪处置,做到件件有着落,整改情况及时公开发布、自觉接受监督。

继续开展校内巡察工作。校内巡察工作要提高政治站位,在政治高度上突出加强党的领导,查找政治偏差、“四个意识”不坚定的问题;在政治要求上,突出加强党的建设,检查落实党的路线、方针、政策,执行民主集中制,党管干部、党管人才政策不到位的问题;在政治定位上,突出全面从严治党,检查党内监督责任不落实、政治生活不健康、政治纪律不执行的问题,推动全面从严治党不断深化。校内巡察工作要创新工作方法,透过现象看本质,查找共性问题,为学校党委决策提供支撑。

四、坚持打好作风建设持久战,深化落实中央八项规定精神

充分认识党风廉政建设和反腐败斗争的长期性、复杂性和艰巨性,保持政治定力,大力弘扬伟大长征精神,把全面从严治党的要求体现到监督执纪问责的全过程。要紧盯无视中央八项规定精神、潜入地下公款吃喝、以电子红包、微信转账等隐形变异的问题,紧跟行政管理、科学研究、人才培养、社会服务、国际交流合作等教育管理活动中的不正之风问题,加大治理、堵塞漏洞,开展纠正“四风”回头看,检查中央有关政策、教育部有关制度执行情况,对执纪审查中发现存在“四风”问题的,应当先于其他问题查处和通报。持之以恒地落实中央八项规定精神,根据《福建省高校深化落实中央八项规定精神“1+X”专项督查暂行办法》,充分发挥职能部门的监管作用,严格落实“一岗双责”,加大执纪监督力度,总结经验、问题导向,倒查责任、通报曝光,持续释放越往后执纪越严的态度和决心。

以优良的党风带校风教风学风。发扬党的优良传统,加强党内政治文化建设,要倡导和弘扬忠诚老实、光明坦荡、公道正派、实事求是、艰苦奋斗、清正廉洁的价值观,充分运用勤廉人物事迹、传统家规家训

和厦大"四种精神"，抵制庸俗腐朽的政治文化，不断培厚学校良好政治生态的土壤。各级领导干部要自觉学习、感悟、传承、弘扬中华文化，学以修身、融会贯通，形成政治觉悟，以文化自信支撑政治定力。要加强廉政理论研究，推动校园廉洁文化建设。

五、坚持治标不松劲，运用好监督执纪"四种形态"

进一步完善权力运行机制，推进重点问题治理，从问题入手，抽丝剥茧，查找制度漏洞，深化改革，破立并举，与时俱进推进体制机制制度的创新，对发生在身边的不正之风和微腐败，必须重拳惩治。要有效运用监督执纪"四种形态"，重点运用好第一、第二种形态，进一步建立完善信访处置规程、加大谈话提醒、约谈函询力度，完善谈话函询的工作程序，严格执行谈话函询材料背书和审查制度，切实把纪律挺在前面。要持续保持惩治腐败的高压态势，力度不减、节奏不变，充分发挥反面教材的作用，深入开展警示教育活动，深刻剖析党的十八大以来查处的典型案例，用身边事教育身边人。突出执纪审查重点，加大对违纪违规行为的查处力度，坚持"一案双查"，强化问责追责。

六、探索纪检监察工作新思路，加强纪检监察队伍建设

纪检监察部门要根据《中国共产党纪律检查机关监督执纪工作规则(试行)》的要求，进一步规范监督执纪工作流程，明确请示报告、线索处置、初步核实、立案审查、案件审理、监督管理等工作规程。聚焦监督执纪问责主业，主动向上级纪检机关报告同级班子及其成员履职尽责的情况，持续深化"三转"，探索我校纪检监察工作改革新思路，优化内部设置，使执纪监督、执纪审查、执纪审理各环节相互协调、相互制约。探索在校内二级党组织设立二级纪检组织，进一步论证机构设置和制度规范。信任不能代替监督，打铁还需自身硬，要不断加强纪检监察干部队伍建设，提高思想政治水准和把握政策能力，以眼里不揉沙子的认真劲儿，敢于担当、敢于较真、敢于斗争。以更高的标准、铁的纪律，建设一支让党放心、人民信赖、忠诚干净担当的纪检监察干部队伍，竖起严格自律的标杆。

千里之行，始于足下。相对于"两个百年"目标和伟大复兴征程，全面从严治党只是开了个头。从作风建设永远在路上，到党风廉政建设和反腐败斗争永远在路上，再到全面从严治党永远在路上，释放了中共中央坚定不移推进全面从严治党的强烈政治信号。永远在路上，重要的是看方向、看坚持。管党治党宽松软不是一两天形成的，严紧硬也绝非一日之功。必须在坚持中深化，在深化中坚持，踩着不变步伐，坚定前行。要紧密团结在以习近平同志为核心的党中央周围，保持坚强政治定力，不忘初心、继续前进，坚定不移把全面从严治党引向深入，持续推动学校各项工作健康发展，以优异成绩迎接中国共产党十九大胜利召开。

——本文摘录自《关于印发〈中共厦门大学委员会2017年党风廉政建设工作计划〉的通知》，厦大纪〔2017〕3号，档号2019-DQ06-002

关于规范领导干部办理婚丧喜庆等事宜纪律要求的通知

（2017 年 4 月 28 日）

全校各单位：

为进一步贯彻落实中央八项规定精神，加强学校党风廉政建设，规范领导干部操办婚丧喜庆等事宜，倡导移风易俗。根据中央和教育部关于加强廉洁自律、改进作风、制止奢侈浪费等有关要求，参照厦门市有关规定，现就规范全校领导干部办理婚丧喜庆等事宜的纪律要求通知如下：

一、严格执行“六个不准”纪律要求

领导干部组织或参与操办本人及直系亲属结婚喜庆等事宜，以及办理丧事时，要带头移风易俗、倡导文明新风，坚持从简节约、反对铺张浪费，严格控制规模和范围，不准有以下六种行为：

1.不准利用职权或职务上的影响操办婚丧喜庆等事宜，严禁大操大办，或者以同一事由长时间、分批次、多地点、化整为零等方式变相大操大办（婚宴男女双方分开办理或按照家乡习俗需分批宴请的须如实书面报告）；

2.不准以任何方式邀请管理和服务对象、主管范围内的下属单位和个人，以及其他与行使职权有关的单位和人员参加婚丧喜庆等事宜，收受其礼品礼金等或借机敛财，对未能按规定谢绝或退还的礼品礼金等，应按照有关规定上缴组织处理；

3.不准收受明显超出正常礼尚往来的礼品、礼金（指礼节上有来有往，且收受的礼品礼金价值明显超出本地正常经济水平、风俗习惯和个人经济能力）；

4.不准违规使用公务用车、公物或占用其他公共资源；

5.不准用公款报销或变相报销操办婚丧喜庆等事宜应由个人承担的费用，或将相关费用摊派给管理和服务对象、主管范围内的下属单位和个人，以及其他与行使职权有关系的单位和个人承担；

6.不准讲排场、比阔气、拼奢华，影响正常的群众生活秩序、工作秩序和交通秩序等。

二、报告对象及严格执行书面报告备案制度

1.报告对象：全校副处级（含）以上领导干部。科级干部及其他人员的纪律要求，由各基层党组织参照执行。

2.书面报告备案制度。

领导干部操办结婚喜庆等事宜，应提前 15 天填写“厦门大学领导干部办理结婚喜庆等事宜事前申报表”，说明办理事由、时间、地点、规模、标准和邀请对象；其中，对结婚宴请事项男女双方合并办理，分开办理或按家乡习俗确需分批宴请的，均要如实报告办理总桌数，并做出廉政承诺。事后 15 天内要填写“厦门大学领导干部办理结婚喜庆等事宜事后报告表”，如实报告相关事项。

领导干部办理丧葬事项可在办理前以口头形式向所在单位主要负责人报告，并在办理后 15 天内填写“厦门大学领导干部办理丧葬事项事后报告表”，如实报告相关事项。

以上报告事项由领导干部本人填写,经所在单位主要负责人审核后,向所在单位、组织部和校纪委办报备。

三、严格监督执纪问责

从现实不少腐败案例看,干部的腐败之路,往往就是从看似“礼尚往来”的“小事”开始的。广大领导干部特别是党员领导干部,要认真学习贯彻《中国共产党廉洁自律准则》《中国共产党纪律处分条例》《中国共产党党内监督条例》,切实把党的纪律和规矩放在首位,把尚俭戒奢、崇廉拒腐作为价值追求,带头移风易俗、摒弃陈俗陋习、倡导文明新风,厘清民俗与党纪的界限、划清公与私的边界,严格依规守纪操办人生中的大事,做到既清正规矩,又郑重操持,不得打折扣、搞变通,不得把“风俗”“人情”当作破纪的挡箭牌,自觉接受组织和群众的监督。

各级党组织要切实承担起全面从严治党主体责任,各级党组织主要负责人要认真履行第一责任人职责,把贯彻廉洁自律准则和纪律处分条例作为改进作风的重要抓手,加强职责范围内的教育、管理和监督,引导党员干部培养高尚道德情操、抵制不良风气,对发现的苗头性、倾向性问题要早提醒、早告诫、早纠正。纪检监察部门要强化监督执纪问责,对违反规定在婚丧喜庆等事宜中不如实报告、大操大办、借机敛财的领导干部,要一查到底、绝不姑息,并点名道姓通报曝光,同时按照学校党风廉政建设主体责任实施细则的规定,追究相关领导责任,切实抓党风、树新风,推动校风持续好转。

中共厦门大学委员会
2017 年 4 月 28 日

附件1

厦门大学领导干部办理结婚喜庆等事宜事前申报表

报告时间：　　年　　月　　日

<table>
<tr><td>报告人</td><td></td><td>单位、职务</td><td></td></tr>
<tr><td>报告事宜</td><td colspan="3"></td></tr>
<tr><td colspan="4">结婚喜庆事宜一次性办理的</td></tr>
<tr><td>办理时间</td><td></td><td>办理地点</td><td></td></tr>
<tr><td>宴请桌数
（含男女双方）</td><td></td><td>标准（含烟、酒水）</td><td>元/桌</td></tr>
<tr><td colspan="4">结婚喜庆事宜男女双方分开办理的</td></tr>
<tr><td>男方办理时间</td><td></td><td>办理地点</td><td></td></tr>
<tr><td>男方宴请桌数</td><td></td><td>标准（含烟、酒水）</td><td>元/桌</td></tr>
<tr><td>女方办理时间</td><td></td><td>办理地点</td><td></td></tr>
<tr><td>女方宴请桌数</td><td></td><td>标准（含烟、酒水）</td><td>元/桌</td></tr>
<tr><td>廉
政
承
诺</td><td colspan="3">在操办结婚喜庆等事宜中，本人将严格遵守廉洁自律准则各项规定，带头倡导文明节俭良好风尚，反对铺张浪费，主动接受组织和群众的监督，自觉做到：
1.不利用职权或职务上的影响操办结婚喜庆等事宜，不大操大办，或以同一事由长时间、分批次、多地点、化整为零等方式变相大操大办；
2.不以任何方式邀请管理和服务对象、主管范围内的下属单位和个人，以及其他与行使职权有关人员参加结婚喜庆等事宜，收受其礼品礼金等或借机敛财；
3.不收受明显超出正常礼尚往来的礼品、礼金；
4.不违规使用公务用车、公物或占用其他公共资源；
5.不用公款报销或变相报销操办结婚喜庆等事宜应由个人承担的费用，或将相关费用摊派给管理和服务对象、主管范围内的下属单位和个人，以及其他与行使职权有关系的单位和个人承担；
6.不讲排场、比阔气、拼奢华，影响正常的群众生活秩序、工作秩序和交通秩序等。

承诺人签名：（签字）
年　　月　　日</td></tr>
<tr><td>单位审核
意见</td><td colspan="3">主要负责人签名：
单位盖章
年　　月　　日</td></tr>
<tr><td>备注</td><td colspan="3"></td></tr>
</table>

注：此表由领导干部个人填写，一式三份，所在单位、组织部和纪委办各一份。

附件 2

厦门大学领导干部办理结婚喜庆等事宜事后报告表

报告时间：　　　年　　月　　日

报告人		单位、职务	
报告事宜			
结婚喜庆事宜一次性办理			
办理时间		办理地点	
宴请桌数 (含男女双方)		标准(含烟、酒水)	元/桌
结婚喜庆事宜男女双方分开办理的			
男方办理时间		办理地点	
男方宴请桌数		标准(含烟、酒水)	元/桌
女方办理时间		办理地点	
女方宴请桌数		标准(含烟、酒水)	元/桌

1.有无利用职权或职务上的影响操办结婚喜庆等事宜？是否大操大办，或以同一事由长时间、分批次、多地点、化整为零等方式变相大操大办？如有，说明处理方式。

2.有无邀请管理和服务对象、主管范围内的下属单位和个人，以及其他与行使职权有关系的单位和个人参加结婚喜庆等事宜，收受其礼品礼金等或借机敛财？如有，说明处理方式。

3.有无收受明显超出正常礼尚往来的礼品、礼金？如有，说明处理方式。

4.有无违规使用公务用车、公物或占用其他公共资源？如有，说明处理方式。

5.有无用公款报销或变相报销操办结婚喜庆等事宜应由个人承担的费用，或将相关费用摊派给管理和服务对象、主管范围内的下属单位和个人，以及其他与行使职权有关系的单位和个人承担？如有，说明处理方式。

6.有无讲排场、比阔气、拼奢华，影响正常的群众生活秩序、工作秩序和交通秩序等？如有，说明处理方式。

7.有无其他超出事前报告范围的办理事项及需要说明的情况(可另附页说明)？如有，说明原因。

报告人签名：

年　　月　　日

单位审核 意见	主要负责人签名： 单位盖章 年　　月　　日
备注	

注：此表由领导干部个人填写，一式三份，所在单位、组织部和纪委办各一份。

附件 3

厦门大学领导干部办理丧葬事项事后报告表

报告时间：　　年　　月　　日

报告人		单位、职务	
报告事宜			
事前口头报告情况			
办理时间		办理地点	
宴请桌数		标准(含烟、酒水)	元/桌

1.有无利用职权或职务上的影响操办丧事？是否大操大办，或变相大操大办？如有，说明处理方式。

2.有无邀请管理和服务对象、主管范围内的下属单位和个人，以及其他与行使职权有关系的单位和个人参加丧事，收受其礼品礼金等或借机敛财？如有，说明处理方式。

3.有无收受明显超出正常礼尚往来的礼品、礼金？如有，说明处理方式。

4.有无违规使用公务用车、公物或占用其他公共资源？如有，说明处理方式。

5.有无用公款报销或变相报销操办丧事应由个人承担的费用，或将相关费用摊派给管理和服务对象、主管范围内的下属单位和个人，以及其他与行使职权有关系的单位和个人承担？如有，说明处理方式。

6.有无讲排场、比阔气，影响正常的群众生活秩序、工作秩序和交通秩序等？如有，说明处理方式。

7.有无其他需要说明的情况？如有，说明原因(可另附页说明)。

报告人签名：

年　　月　　日

单位审核意见	主要负责人签名： 单位盖章 年　　月　　日
备注	

注：此表由领导干部个人填写，一式三份，所在单位、组织部和纪委办各一份。

——本文摘录自《关于规范领导干部办理婚丧喜庆等事宜纪律要求的通知》，厦大委综〔2017〕26 号，档号 2017-XZ09-9

中共厦门大学委员会关于推进“两学一做”学习教育常态化制度化的实施方案

(2017年5月3日)

根据中共中央办公厅《关于推进“两学一做”学习教育常态化制度化的意见》和中央推进“两学一做”学习教育常态化制度化座谈会精神,结合学校实际,就进一步推进“两学一做”学习教育常态化制度化,提出如下实施方案。

一、重大意义

2016年在全校党员中开展的“学党章党规、学系列讲话,做合格党员”学习教育,以尊崇党章、遵守党规为基本要求,以用习近平总书记系列重要讲话精神武装全党为根本任务,坚持基础在学、关键在做,坚持党风、校风、学风“三风”齐抓,着力解决突出问题,推动党内教育从“关键少数”向广大党员拓展、从集中性教育向经常性教育延伸,取得显著成效。实践证明,开展“两学一做”学习教育,是坚持思想建党、组织建党、制度治党紧密结合的有力抓手,是不断加强党的思想政治建设的有效途径,为新形势下落实全面从严治党要求积累了成功经验。

推进“两学一做”学习教育常态化制度化,对于进一步用习近平总书记系列重要讲话精神武装头脑,加强和规范党内政治生活,保持党的先进性和纯洁性,增强党的生机活力,引导全校党员师生更加紧密地团结在以习近平同志为核心的党中央周围,激励广大师生员工为实现学校“两个百年”奋斗目标和中华民族伟大复兴的中国梦而努力奋斗,具有十分重要的意义。

各级党组织和全校共产党员要从讲政治的高度深刻认识推进“两学一做”学习教育常态化制度化的重大意义,切实提高思想认识、强化使命担当、增强行动自觉,进一步巩固和拓展“两学一做”学习教育成果,不断加强党的领导,改进和加强思想政治工作,推动全面从严治党向基层延伸、向党员拓展,以优良的党风促校风带教风正学风,为深化综合改革、推进“双一流”建设提供坚强的思想政治保证和组织保证。

二、总体要求

(一)目标要求

推进“两学一做”学习教育常态化制度化,必须紧密联系本单位实际,把思想教育作为首要任务,坚持用党章党规规范党组织和党员行为,用习近平总书记系列重要讲话精神武装头脑、指导实践、推动工作,坚持学思践悟、知行合一,坚持全覆盖、常态化、重创新、求实效,实现“三个不断增强、三个确保”的目标要求,即不断增强党组织和党员政治意识、大局意识、核心意识、看齐意识,不断增强党内政治生活的政治性、时代性、原则性、战斗性,不断增强党自我净化、自我完善、自我革新、自我提高能力;坚持和完善党委领导下的校长负责制,确保党委履行好党委管党治党、办学治校主体责任,在管党治党过程中推动从严治党向基层延伸;基层党的组织要切实履行职能,充分发挥基层党委(党总支)政治核心作用和党支部战斗堡垒作用,确保党员领导干部忠诚干净担当、发挥表率作用,确保党员党性坚强、发挥先锋模范作用,推动全面从严治党要求在基层党组织落细落小落实。

(二)基本原则

——坚持融入日常、抓在经常。以党委理论学习中心组学习、民主生活会等制度为主要抓手,组织党员领导干部定期开展集体学习;基层党组织要以"三会一课"为基本制度,以党支部为基本单位,把"两学一做"作为党员教育的基本内容,长期坚持、形成常态。

——坚持问题导向。健全及时发现和解决问题的有效机制,推动各级党组织和党员师生依靠自身力量修正错误、改进提高,促进思想问题和实际问题一起解决,新问题和老问题一起解决,个性问题和共性问题一起解决,党组织问题和党员个人问题一起解决。

——坚持以上率下。领导干部要带头开展严肃认真的党内政治生活,带头旗帜鲜明讲政治,带头遵守党章党规,带头强化党性修养,带头守纪律讲规矩,带头担当负责,防止"灯下黑"。

——强化分类指导。坚持区分层次、量体裁衣、精准施策,体现具体化、精确化、差异化,针对学校不同党员群体,采取不同的措施办法,防止一刀切、一锅煮,增强学习教育的针对性和实效性。

——激发基层活力。尊重和发挥基层首创精神,探索创新党内教育和组织生活的有效方法,充分调动党支部积极性主动性创造性,让基层党组织在学习教育中有更多自主权,有足够的灵活性。

——选树先进典型。大力宣传践行"两学一做"优秀党员先进事迹,充分发挥先进典型的示范、引领作用,引导师生党员见贤思齐,使学先进、赶先进、当先进成为校园风尚。

——坚持常抓不懈。坚持不断学、持续做,立根固本、久久为功,防止和克服紧一阵松一阵、表面化形式化、学习教育与思想工作实际"两张皮"等不良倾向,确保"两学一做"常态化长效化。

三、基本内容

(一)在"学党章党规"上深化拓展。学习党章党规,要深刻认识党章是管党治党的总规矩总遵循,践行党内政治生活准则、党内监督条例和廉洁自律准则等党内法规要求。继续组织广大党员认真学习《中国共产党章程》,逐条逐句通读熟读党章,深刻理解和全面掌握党的纲领,牢记入党誓词,牢记党的宗旨,牢记党员义务和权利,引导党员尊崇党章、遵守党章、维护党章;继续深入学习领会《中国共产党廉洁自律准则》《中国共产党纪律处分条例》《关于新形势下党内政治生活的若干准则》《中国共产党党内监督条例》《中国共产党问责条例》等党内法规的基本内容和深刻内涵。

(二)在"学系列讲话"上深化拓展。学习习近平总书记系列重要讲话要同学习马克思列宁主义、毛泽东思想、邓小平理论、"三个代表"重要思想、科学发展观紧密结合起来,重点学习领会党的十八届六中全会和全国高校思想政治工作会议精神,学习领会党的十九大精神,学习领会习近平总书记关于教育科技卫生事业发展、人才队伍建设和党的建设等方面的重要论述、关于高等教育"四个坚持不懈""四个服务"要求的重要阐述,深刻理解讲话的时代背景、鲜明主题、科学体系,准确把握蕴含其中的治国理政新理念新思想新战略,准确把握中央关于坚持中国特色,扎根中国大地办世界一流大学的新论断新要求,领会掌握贯穿其中的马克思主义立场观点方法,用讲话精神武装头脑、指导实践、推动发展。

(三)在"做合格党员"上深化拓展。着眼立德树人根本任务,立足学校推动"双一流"建设的目标要求,以理想信念教育为核心,以培育和弘扬社会主义核心价值观为重点,教育引导党员进一步坚定理想信念,牢固树立党员意识,强化政治意识,保持政治本色,努力做到政治合格、执行纪律合格、品德合格、发挥作用合格。校级党员领导班子成员要坚定信念、为民服务、敢于担当、勇于负责、勤政务实、清正廉洁,按照社会主义政治家和教育家要求,切实担负起管党治党责任,着眼大局、立足长远、谋事创业,做政治上的明白人、发展上的带头人。学校中层党员领导干部要对党忠诚、个人干净、敢于担当,做讲政治、懂业务、善管理、作风正的好干部。教职工党员要自觉爱党护党为党,敬业修德,奉献社会,带头讲政治顾大局,带头践行社会主义核心价值观,踊跃投身教育教学和管理服务创新实践,不断提高业务能力、工作标准和服务质量,党员干部立足本职强化服务。教师党员争做教书育人模范,自觉担当起学生健康成长指导者和引路人的责任,成为先进思想文化的传播者、党执政的坚定支持者。离退休教职工党员要始终保持共产党员的情怀,坚定共产党人的信仰信念,始终保持对党忠诚的政治品格,积极展示阳光心态,体验美好生活,为党增光添彩。学生党员要坚定理想信念,胸怀远大抱负,练就过硬本领,勇于创新创造,脚踏实地拼搏,矢志艰苦奋斗,争做"勤学、修德、明辨、笃实"的青年表率。

四、主要措施

(一)坚持领导干部率先垂范。要把学党章党规、学系列讲话作为党委理论学习中心组学习的主要内容,确定主题,加强研讨式、互动式、调研式学习,发挥引领示范作用。各级党员领导干部要把"两学一做"作为锤炼党性的基本功、必修课,加强政治能力训练,加强政治历练,自觉把讲政治贯穿于日常工作生活全过程、贯穿于党性锻炼全过程,时刻牢记自己第一身份是党员,无论职务高低,都要以普通党员身份参加党的组织生活。校党委委员、中层正职党员领导干部至少联系指导一个教工党支部和一个学生党支部。要带头学习,认真学习党章党规,知敬畏、存戒惧、守底线;学深悟透习近平总书记系列重要讲话精神,不断增强"四个意识",始终坚定理想信念、坚定"四个自信",真正做到思想认同、政治看齐、行动紧跟;要根据自身实际制订个人自学计划,每年完成规定的学习任务,在学习上要有更高标准、更高要求。要带头做合格党员、合格领导干部,时刻检视存在的差距和不足,自觉同特权思想和特权现象做斗争,不断改造自己,提高思想政治觉悟。要践行"三严三实"要求,履职尽责、奋发有为,敢于担当、建功立业,重实干、务实功、办实事、求实效,努力创造经得起实践、人民、历史检验的实绩。要严格执行中央八项规定精神和学校16条实施办法,密切联系群众,切实改进作风,严格要求自己和身边工作人员,注重家庭、家教、家风,保持清正廉洁的政治本色。

(二)发挥基层党支部主体作用。党支部是党最基本的组织,是党全部工作和战斗力的基础。要树立党的一切工作到支部的鲜明导向,注重把思想政治工作落到支部,把从严教育管理党员落到支部,把群众工作落到支部,不断夯实党的组织基础,使之真正成为教育党员的学校、团结群众的核心、攻坚克难的堡垒。各基层党委(党总支)要主动适应新时期新变化,健全组织体系,优化党支部设置,指导党支部健全各项工作制度,按期进行换届,选优配强党支部书记,有计划地加强对党支部书记的培训,帮助其提高党务工作能力;落实党支部工作考核评价机制,在党支部书记中全面开展述职评议考核;建立党支部工作经常性督查指导机制,依托本单位"两学一做"学习教育督导组定期开展督促指导工作;落实好党支部工作和活动专项经费、活动场地等,为党支部开展工作和活动提供必要保障。党支部要围绕学校中心工作和党建工作任务,创新方式方法开展支部活动,持续开展党支部工作"立项活动",深化党支部"共建共创"机制,深入开展高校基层党建"三个好"创建活动和"六好"优秀成果征集评选活动,把好的经验做法结合实际融入学习教育,融入支部建设日常,推动支部整体功能提升,推动党员日常教育管理有创新、激活力、见实效。

(三)严格落实"三会一课"等基本制度。要强化"三会一课"的思想教育功能,突出政治学习和教育,突出党性锻炼,坚决防止表面化、形式化、娱乐化、庸俗化。党支部要组织党员按期参加党员大会、党小组会和上党课,定期召开支部委员会会议。党支部党员大会和支部委员会至少每季度召开一次,党支部组织生活会或党小组会一般每月召开一次,党课每学期至少举办一次。党小组要定期组织党员集中学习;不设党小组的,以党支部为单位集中学习。集中学习应当设定主题,每个主题可安排若干名党员做重点发言,其他党员互动交流。要把个人自学与集中学习结合起来,体现不同党员群体特点,让党员学得进去、议得起来,真正提高认识、找到差距、明确努力方向,做到形式多样、氛围庄重。开展"三级书记讲党课",坚持党员领导干部讲党课制度,党员校领导、各基层党委(党总支)书记每学期至少要在所在党支部或工作领域为党员讲一次党课,切实推动党员领导干部上党课常态化;党支部书记每年至少要在所在支部讲一次党课。党课内容要贴近党员、贴近实际,不搞照本宣科。加强"两学一做"学习教育专题课程师资库建设，为基层提供教学服务。健全主题党日活动制度，建立“固定党日＋”制度，在每月相对固定时间开展组织生活。利用古田会议会址、谷文昌纪念馆、厦门大学革命史展馆等红色教育基地开展开放式、体验式、互动式组织生活。各基层党委(党总支)要做好经常学、长期学的部署安排，明确具体的学习内容、学习任务和学习方式，做到年度有安排、月月有计划；指导党支部制订年度“三会一课”计划，每月定期将“三会一课”开展情况逐级报上级党组织备案。要如实记录“三会一课”开展情况，对没有正当理由长期不参加“三会一课”的党员，要进行批评教育，促其改正。建立健全党支部执行“三会一课”情况考核检查制度，对“三会一课”执行不经常、不认真、不严肃的党支部，要进行批评指正；情况严重的，采取整顿等措施进行组织处理。

(四)联系思想工作实际经常查找解决问题。各级党组织和广大党员要坚持学做结合，突出针对性，敢于直面问题，勇于自我革命，把查找解决问题作为“两学一做”学习教育的规定要求。党员要对照党章党规，对照系列讲话，对照先进典型，把自己摆进去，经常自省修身，打扫思想灰尘、进行“党性体检”，有什么问题解决什么问题，什么问题突出重点解决什么问题；要查找分析理想信念是否坚定、对党是否忠诚老实、大是大非面前是否旗帜鲜明、是否做到在思想上政治上行动上同以习近平同志为核心的党中央保持高度一致，着力解决党的意识不强、组织观念不强、发挥作用不够等问题；党员干部还要查找分析工作中是否存在“不冷不热、不急不忙、不疼不痒”等情况，着力解决不能为、不想为、不敢为等问题。各基层党委(党总支)要继续抓好基层党建重点任务的深化落实，查找分析是否落实全面从严治党主体责任，是否坚决执行党的理论和路线方针政策，是否认真坚持民主集中制，着力解决党的领导弱化、党的建设缺失、管党治党宽松软等问题。党支部要查找分析组织生活是否经常、认真、严肃，党员教育管理监督是否严格、规范，团结教育服务群众是否有力、到位，着力解决政治功能不强、组织软弱涣散、从严治党缺位等问题。

要把党的组织生活作为查找和解决问题的重要途径，注意听取群众的意见和反映，抓早抓小、防微杜渐。学校中层以上党员领导干部每年至少要参加一次民主生活会，各党支部每年至少要召开一次专题组织生活会。民主生活会和组织生活会要严肃认真开展批评和自我批评，坚持“团结—批评—团结”，严于自我解剖，热忱帮助同志。谈心谈话要经常，坦诚相见、交流思想，发现问题及时提醒。主要负责同志要在民主生活会上通报班子成员受到谈话函询情况；被谈话函询的党员领导干部，存在错误的应当做出深刻检查，受到提醒的应当做出整改表态，没有问题的要说明谈话函询情况。党支部要组织党员按照个人自评、党员互评、民主测评、组织评定的程序开展民主评议党员。民主评议党员要客观公正评价党员表现，帮助引导党员自觉认识问题、自我改进提高，要按照党章和党内有关规定，严格稳慎处置不合格党员。

(五)立足岗位做贡献。针对不同群体党员实际情况，提出党员发挥作用的具体要求，教育引导党员在任何岗位、任何地方、任何时候、任何情况下都铭记党员身份，积极为党工作、履职尽责。全校党员干部师生要增强党的意识，自觉爱党护党为党，敬业修德，奉献社会。教学科研岗位，重点要求教师党员要自觉按照“四个统一”“四有好老师”“四个引路人”的要求，着力围绕提高人才培养质量和提升科学研究水平，坚守学术道德与科研诚信，确保课堂、讲坛风清气正，认真履行好教书育人职责，争当师德模范。管理服务岗位，重点要求党员坚持工作重心下移，深入实际、深入师生，落实党员示范岗、亮明身份制度和直接联系服务群众制度，开展帮扶生活困难群众、帮扶生活困难党员、帮扶薄弱基层党组织为主要内容的“三帮扶”活动，窗口单位要实行制度上墙、微笑服务、挂牌服务，切实履行好管理育人、服务育人职责。离退休教职工党员要充分发挥自身独特优势，弘扬中华传统美德，传递向上向善的精神力量，为学校的改革发展增添正能量，做出力所能及的贡献。学生党员要重点围绕学习和生活的实际，确定若干个组织建设示范点、党员示范岗、责任区等，开展“带党徽亮身份”、“有困难找党员”、“一帮一”促学风等活动，通过主题教育、社会实践、志愿服务等活动载体，强化党员意识、责任意识、成才意识。

五、组织领导

(一)压实主体责任。推进“两学一做”学习教育常态化制度化是全面从严治党的战略性、基础性工程。要按照中央要求,继续保留“两学一做”学习教育协调机构,做到工作队伍不少、工作力量不减、工作指导不断。学校“两学一做”学习教育协调小组统筹抓好学习教育工作。党委组织部牵头组织实施,学校办公室、纪委办公室、党委宣传部、学生工作部(处)、离退休工作部(处)、党委党校、人事处等配合做好相关工作。各基层党委(党总支)要切实履行主体责任,每年要专门研究部署,提出改进工作、深入推进的措施办法,形成责任链条,确保责任真正落实落地。主要负责同志要亲自抓谋划、抓推动、抓落实;班子成员要落实一岗双责,结合分管工作加强指导,对所辖党支部进行全覆盖、全过程的现场指导。学校“两学一做”学习教育督导组要通过随机抽查、专项督查、情况通报、重点约谈等方式,加强督促指导,推动学习教育和问题整改。

(二)注重舆论宣传。充分利用学校网站、校报、广播电视、易班网络平台、“两微一端”等各类媒体,及时反映学习教育的工作动态,推广好的做法和经验。开发制作形象直观、丰富多样的学习资源,及时推送学习内容,提供学习辅导材料,引导党员利用网络自主学习、互动交流,扩大学习教育覆盖面。大力宣传践行“两学一做”的先进典型事迹,挖掘和宣传基层党组织推进“两学一做”学习教育融入日常、抓在经常的好经验、好做法,加强舆论引导,营造良好氛围。

(三)加强考核评估。把推进“两学一做”学习教育常态化制度化的工作情况纳入基层党委(党总支)书记抓基层党建述职评议考核的重要内容,结合总结、述职进行检查和评估,作为评判党组织和党组织书记履行管党治党责任情况的重要依据,注重从党支部工作成效和党员作用发挥看效果、让党员群众做评价。基层党委(党总支)要加强对所辖党支部的规范管理,健全激励制约机制,加强督促检查和考核评估,确保各项任务落到实处。要及时总结交流新鲜经验,发现和解决存在问题。对工作落实不力、搞形式走过场的,要严肃批评、追责问责。

(四)坚持统筹兼顾。要从落实全面从严治党要求、加快学校推进一流大学和一流学科建设的实际出发,把扎实推进“两学一做”学习教育常态化制度化,与全面贯彻党的教育方针结合起来,与落实立德树人根本任务结合起来,与提高教育质量结合起来,与深化综合改革结合起来,做到两手抓、两促进,把广大党员干部师生在学习教育中激发出来的干事创业、开拓进取精神转化为推动学校改革发展的强大动力。

附件:厦门大学扎实推进“两学一做”学习教育常态化制度化工作安排

(附件略——编者)

——本文摘录自《关于印发〈中共厦门大学委员会关于推进“两学一做”学习教育常态化制度化的实施方案〉的通知》,厦大委综〔2017〕28号,档号2017-XZ09-9

中共厦门大学委员会贯彻落实《中国共产党问责条例》实施细则(试行)

(2017 年 8 月 3 日)

第一章　总　则

第一条　为深化全面从严治党,规范和强化党的问责工作,根据《中国共产党章程》、《中国共产党问责条例》和《中共教育部党组贯彻落实〈中国共产党问责条例〉实施办法》及有关制度规定,结合我校工作实际,制定本实施细则。

第二条　问责工作以马克思列宁主义、毛泽东思想、邓小平理论、"三个代表"重要思想、科学发展观为指导,深入贯彻习近平总书记系列重要讲话精神,围绕协调推进"四个全面"战略布局,贯彻落实五大发展理念,坚持党的领导,加强党的建设,深化全面从严治党,做到有权必有责、有责要担当、失责必追究,落实党组织管党治党政治责任,督促党的领导干部坚决维护以习近平同志为核心的党中央权威和集中统一领导,践行忠诚干净担当。

第三条　问责工作应当坚持的原则:依规依纪、实事求是,失责必问、问责必严,惩前毖后、治病救人,分级负责、层层落实责任。

第四条　本办法适用于学校机关部处、直属单位、各学院(研究院)党的问责工作。问责工作由各级党组织按照职责权限,追究在党的建设和党的事业中失职失责党组织和党的领导干部的主体责任、监督责任和领导责任。

第五条　问责对象是学校机关部处、直属单位、各学院(研究院)的各级党组织、党的工作部门及其领导成员,各级纪检组织及其领导成员,重点是主要负责人。

第六条　问责要分清责任。党组织领导班子在职责范围内负有全面领导责任,领导班子主要负责人和直接分管的班子成员承担主要领导责任,参与决策和工作的班子其他成员承担重要领导责任。

追究领导班子全面领导责任时,要同时追究班子主要负责人和直接分管的班子成员的主要领导责任。

班子其他成员对错误或者不当决策提出明确反对意见而未被采纳的,不承担责任。

错误或者不当决策由领导干部个人决定或者批准的,应当追究该领导干部个人的责任。

第七条　学校机关部处、直属单位、各学院(研究院)的各级党组织必须贯彻民主集中制原则,严格执行党章党规党纪,加强和规范新形势下党内政治生活,加强党内监督,认真对待、自觉接受学校各级纪检监察组织的监督,支持其履行监督执纪问责工作。

第二章　问责情形

第八条　学校机关部处、直属单位、各学院(研究院)的各级党组织、党的工作部门及其领导成员,各级纪检组织及其领导成员违反党章和其他党内法规,不履行或者不正确履行职责的,应当予以问责。

第九条　党的领导弱化,给党的事业和教育工作造成严重损失,有下列情形之一的,应当予以问责:

(一)对党的理论和路线方针政策、校党委的决策部署不按要求传达学习,不结合实际贯彻落实,打折扣、做选择、搞变通,或出现重大失误的;

(二)不能坚持党对教育工作的领导,党组织在履行"把方向、管大局、做决策、保落实"职责中失职渎职,严重影响改革发展的;

(三)对党的教育方针政策贯彻落实不力,不能坚持正确政治方向,不能坚持社会主义办学方向,培育和践行社会主义核心价值观流于形式,致使立德树人根本任务存在突出问题,造成严重后果的;

(四)意识形态工作责任制落实不力,阵地意识淡漠,马克思主义指导地位和作用弱化,思想政治工作流于形式,管辖范围内信息网络、教材使用、课堂教学、广播电视、报刊、讲座、论坛、报告会、研讨会、对外交流合作、联合办学等方面出现严重违反政治纪律问题,教职员工违反政治纪律的错误观点、言论及行为得不到及时纠正,影响恶劣的;

(五)维护教育安全稳定失职失责,造成管辖范围内发生重大安全责任事故、重大人身伤害事故或者其他重大事故、事件、案件,或者在应对和处置管辖范围内发生的重大问题和群体性事件中领导不力,造成严重损失的。

第十条　党的建设缺失,损害党的形象,削弱党执政的政治基础,有下列情形之一的,应当予以问责:

(一)党建工作责任制落实不到位,致使党组织领导核心和政治保障作用弱化,党内和群众反映强烈的;

(二)党内政治生活不正常,违反民主集中制原则或者议事规则,重要决定事项不经过集体研究而由个人或者少数人决定,或者不能正确集中致使问题久拖不决,造成严重后果的;

(三)党组织软弱涣散,党员管理松散,党员发展不严格,党性教育特别是理想信念宗旨教育薄弱,民主生活会和组织生活会不规范,领导班子不团结,缺乏凝聚力、战斗力,情节严重的;

(四)对中央八项规定精神贯彻落实不力,作风建设流于形式,导致"四风"问题屡禁不止,党内和群众反映强烈的;

(五)干部选拔任用工作中问题突出,违反干部选拔任用有关规定和程序,选人用人失察失误,出现"带病提拔"、突击提拔、买官卖官、跑官要官、任人唯亲、拉票贿选、干部人事档案弄虚作假、超职数配备干部等严重问题,影响恶劣的;

(六)师资引进和培养工作中问题突出,引进人才缺少政治把关,造成严重后果的。

第十一条　全面从严治党不力,造成严重后果,有下列情形之一的,应当予以问责:

(一)落实主体责任不力,党员领导干部不履行"一岗双责",在抓思想教育、制度建设、工作部署和检查落实等方面工作缺位,问题突出的;

(二)落实监督责任不到位,在监督执纪问责中失职失责,后果严重的;

(三)管党治党失之于宽松软,落实监督执纪"四种形态"等要求不力,对党员干部日常监督管理不到位,好人主义,搞一团和气,不负责不担当,群众反映强烈的;

(四)对巡视巡察工作、审计工作、专项治理工作、督查督办、执纪执法工作不支持不配合,提供虚假不实材料文件,对发现的问题整改不力的;

(五)党内监督乏力,对职责范围内该发现的问题没有发现,发现的问题不报告不处置、不整改不问责的。

第十二条　维护党的纪律不力,导致违规违纪行为多发,造成恶劣影响,有下列情形之一的,应当予以问责:

(一)维护政治纪律和政治规矩失职,管辖范围内存在有令不行、有禁不止,妄议中央大政方针,搞上有政策、下有对策,对中央的决策部署贯彻执行不到位,群众反映强烈、影响较大的;

(二)维护组织纪律不力,管辖范围内存在违反党的民主集中制原则,不执行或者擅自改变党组织做出的决定,不履行有关工作规程,违反请示报告和个人有关事项报告制度、违规出国(境)、违反国家外事纪律等问题,情节严重的;

(三)维护廉洁纪律不力,管辖范围内出现利用单位或者职务影响力谋取私利,搞权钱交易,公款吃喝、旅游、高消费娱乐,违规发放津补贴,违规收受礼品、礼金、消费卡,设立"小金库",违规从事营利活动等现象，影响恶劣的；

（四）维护群众纪律、工作纪律、生活纪律不力，管辖范围内党群干群关系紧张，长期存在慵懒松散现象，工作中弄虚作假，不作为、乱作为问题突出；存在违背社会公序良俗等现象，影响恶劣的。

第十三条　推进党风廉政建设和反腐败工作不坚决、不扎实，问题突出，有下列情形之一的，应当予以问责：

（一）对职责范围内存在的党风廉政建设和反腐败工作重大问题不研究、不采取措施解决，腐败问题多发频发或者发生系统性腐败，对损害群众利益的不正之风和腐败问题查处不力的；

（二）研究处理违规违纪问题，不讲原则、不敢管理，有责不究、执纪不严，包庇护短，造成严重后果的；

（三）对违规违纪问题失察失教、失管失究，对上级部门和学校交办的问题事项或者信访举报事项不办理或者办理不及时不得力，造成严重后果的；

（四）对管辖范围内发现的党员干部违规违纪问题隐瞒不报、压案不查，影响案件查处的。

第十四条　推进学校事业发展失职失责，造成严重后果，有下列行为之一的，应当予以问责：

（一）在招生考试、转学转专业、学生管理、教育教学、学位授予、评奖评优等方面制定政策和实施过程中不合法不合规，严重影响教育公平公正的；管辖范围内发生失密泄密、弄虚作假、徇私舞弊等重大违规违纪行为，影响恶劣的；

（二）师德师风、学风校风建设不力，职责管理范围内问题多发频发，师德师风问题突出、学术不端行为严重，影响恶劣的；

（三）在教材编写、引进、审查、使用和对外合作等方面监管不力，教材在政治立场、价值导向、科学性等方面存在突出问题的；

（四）在科研经费、财务管理、资产管理、后勤服务、学生资助、基建工程、校办企业、附属医院、项目审批、评估评审、招标投标、设备采购等重点领域和关键环节出现重大问题，造成严重损失或者恶劣影响的。

第十五条　除第九条至第十四条规定的情形以外，党组织和党的领导干部有其他失职失责情形需要问责的，应当予以问责。

第三章　问责方式及适用

第十六条　对党组织的问责方式包括：

（一）检查。对履行职责不力、情节较轻的，应当责令其做出书面检查并切实整改。

（二）通报。对履行职责不力、情节较重的，应当责令整改，并在一定范围内通报。

（三）改组。对失职失责，严重违反党的纪律、本身又不能纠正的，应当予以改组。

对党的领导干部的问责方式包括：

（一）通报。对履行职责不力的，应当严肃批评，依规整改，并在一定范围内通报。

（二）诫勉。对失职失责、情节较轻的，应当进行诫勉。

（三）组织调整或者组织处理。对失职失责、情节较重，不适宜担任现职的，应当根据情况采取停职检查、调整职务、责令辞职、降职、免职等措施。

（四）纪律处分。对党员领导干部失职失责应当给予纪律处分的，依照《中国共产党纪律处分条例》追究纪律责任。

上述问责方式，可以单独使用，也可以合并使用。

第十七条　具有本细则所列问责情形，并且具有下列情节之一的，应当从重或者加重问责：

（一）对职责范围内发生的问题进行掩盖、袒护的；

（二）干扰、阻挠、对抗问责调查处理的，或者采取不正当行为，拉拢、收买问题调查人员的；

（三）打击、报复、陷害检举人、控告人、投诉人、证人及其他相关人员的；

（四）出现问题后仍不采取补救措施，致使危害结果扩大的；

（五）一年内受到两次及以上问责的；

(六)党内法规规定的其他从重或者加重情节。

第十八条　具有本细则所列问责情形,并且具有下列情节之一的,可以从轻或者减轻问责:

(一)主动采取措施纠正错误,有效避免损失或者挽回影响;

(二)积极配合问责调查,主动承担责任的;

(三)认真整改,成效明显的;

(四)党内法规规定的其他从轻或者减轻情节。

第十九条　党组织和党的领导干部在推动学校改革发展中,因不可抗力或不可预见因素造成工作失误,但是决策程序合规,决策事项符合改革方向和现行政策精神,党的领导干部没有谋取私利,且能够主动采取措施消除影响、挽回损失的,可以免予问责。

第二十条　受到问责的党组织和党的领导干部,取消当年度考核评优和评选各类先进的资格。

单独受到诫勉、组织调整或者组织处理问责的党的领导干部的任职影响期如下:

(一)受到诫勉处理的,六个月内不得提升职务或者重用;

(二)停职检查的期限一般为三到六个月,停职检查期满后,由问责决定机关决定是否恢复履行职务,受到停职检查处理的,一年内不得提升职务;

(三)受到调整职务处理的,一年内不得提升职务;

(四)受到责令辞职、免职处理的,一年内不得担任与其原任职务相当的领导职务,两年内不得提升职务;

(五)受到降职的处理者,两年内不得提升职务。

同时受到纪律处分和组织调整或组织处理的,按影响期较长的执行;党的领导干部受到问责处理的,其个人待遇按照有关政策相应调整。

第四章　问责程序及申诉

第二十一条　发现有本实施细则规定的问责情形的,由校党委或者有管理权限的党组织直接启动问责程序,校党委也可以责成校纪委、党的工作部门根据职责权限进行问责调查,并依照下列程序进行:

(一)问责启动。由问责决定机关负责组建调查组,调查组由相关部门人员组成,调查人员不少于3人。填写领导干部问责审批表,报问责决定机关负责人审批,酌情启动问责调查。

问责调查实行回避制度。调查人员与被调查党组织或党的领导干部存在可能影响公正开展调查情形的,应当回避。

(二)问责调查。调查工作一般应在30个工作日内完成;情况复杂的,经过问责决定机关同意,可适当延长,但调查时间最长不得超过90日。调查结束后,调查组经过充分的集体讨论,形成问责调查报告。

有关基层党组织和党的领导干部应当主动配合调查。对干扰或阻挠调查工作的党的领导干部,调查部门可以向有管理权限的党组织建议暂停其职务。

(三)问责决定。问责决定应当由校党委或者有管理权限的党组织根据调查结果做出,或者由纪委、党的工作部门根据调查结果提出建议,由问责决定机关做出。

做出问责决定前,应当听取被调查党组织或者党的领导干部的陈述和申辩,并且记录在案;对其合理意见,应当予以采纳。

对党组织和党的领导干部进行问责的,应当下达《问责决定书》。《问责决定书》应当写明问责事实、问责依据、问责方式、批准机关、生效时间等。

校党委、校纪委或者有管理权限的党组织、党的工作部门有权采取通报、诫勉方式进行问责;做出组织调整或者组织处理的建议或决定。采取纪律处分方式问责,按照党章党规及有关行政法规的权限和程序执行。

(四)问责执行。问责决定做出后,应当及时向被问责党组织或者党的领导干部及其所在党组织宣布并督促执行。有关问责情况应当按照干部管理权限,向组织人事部门通报,组织人事部门应当将问责决定材料归入被问责干部个人档案，并按要求向上级组织人事部门备案；涉及组织调整或者组织处理的，应当在一个月内办理完毕相应手续。

第二十二条　受到问责的党组织，应当于收到《问责决定书》之日起15日内向上级党组织做出书面检查。

受到问责的党的领导干部，应当于收到《问责决定书》之日起15日内向问责决定机关写出书面检讨，并在民主生活会或者其他会议上做出深刻检查。

第二十三条　被问责的党组织或者党的领导干部对问责决定不服的，可于收到《问责决定书》之日起15日内，向问责决定机关提出申诉。问责决定机关按照相关规定对申诉进行复核：

(一)问责认定事实清楚、证据确凿、问责方式适当的，维持原决定；

(二)问责认定事实基本清楚，但问责方式不当的，酌情修正原决定；

(三)问责认定事实不清楚、证据不确凿的，撤销原决定，并在一定范围内澄清事实、恢复名誉和待遇。

复核结束后，问责决定机关在30日内将复核结果以书面形式告知申诉党组织或者申诉人及其所在党组织。

被问责干部申诉期间，不停止问责决定的执行。

第二十四条　建立健全问责典型问题报告制度。采取组织调整或者组织处理、纪律处分方式问责的，一般应当在校内公开。

第二十五条　实行终身问责。对失职失责性质恶劣、后果严重的，不论其责任人是否调离转岗、提拔或者退休，都应当严肃问责。

第五章　问责监督

第二十六条　调查人员滥用职权、徇私舞弊、玩忽职守，做出的调查结论与事实出现重大偏差，致使问责决定机关做出不当或错误的问责决定，应当依照有关规定追究调查人员的责任。

第二十七条　校党委及时听取有关部门实施问责情况的汇报，并加强监督检查。对有责不问、问责不当、不落实问责决定的，及时督促纠正，追加问责。

第六章　附　则

第二十八条　学校机关部处、直属单位、各学院(研究院)的各级党组织依照本实施细则和干部管理权限，在各自职责范围内开展问责工作。国家法律法规、党纪党规和有关政策等另有规定的，从其规定。校内其他人员的问责工作，可以参照本细则执行。

第二十九条　本办法由中共厦门大学纪律检查委员会负责解释。

第三十条　本办法自公布之日起施行。

附件1：中共厦门大学委员会启动责任追究程序审批表

附件2：关于对×××进行责任追究的调查报告

附件3：问责决定书

(附件略——编者)

——本文摘录自《关于印发〈中共厦门大学委员会贯彻落实《中国共产党问责条例》实施细则(试行)〉的通知》，厦大委综〔2017〕51号，档号2017-XZ09-10

中国共产党厦门大学委员会常务委员会议事规则

(2017年8月7日)

第一条　为充分发挥中国共产党厦门大学委员会把方向、管大局、做决策、保落实的重要作用和履行管党治党、办学治校的主体责任,认真贯彻执行党的民主集中制原则,推进中国共产党厦门大学委员会常务委员会(以下简称"常委会")决策的科学化、民主化、规范化,根据《中国共产党章程》、《中华人民共和国高等教育法》、《中国共产党普通高等学校基层组织工作条例》(中发〔2010〕15号)、《关于坚持和完善普通高等学校党委领导下的校长负责制的实施意见》(中办发〔2014〕55号)和《厦门大学章程》,以及有关法律法规,结合我校工作实际,制定本规则。

第二条　常委会在中国共产党厦门大学委员会全体会议(以下简称"全委会")领导下工作。在全委会闭会期间,常委会行使全委会的职权,主持党委日常工作。

第三条　常委会的议事范围包括:

(一)传达、学习上级重要指示、文件和会议精神。

(二)研究并提出贯彻执行党的路线方针政策和全校党员代表大会做出的决议或决定的实施方案和重大措施,并及时提交全委会研究决定。

(三)研究决定事关学校党的建设和改革发展稳定及教学、科研、社会服务、队伍建设、对外交流与合作、行政管理中的重大事项和基本管理制度。涉及全局性的重大问题或重要事项还应提交全委会研究决定。

1.研究决定学校党的建设中的重大问题或重要事项:

(1)学校思想政治工作、德育工作、意识形态工作和安全稳定工作中的重要事项。

(2)学校基层党组织建设工作中的重要事项。

(3)根据干部管理权限和程序,制定干部管理政策;提名、决定或推荐中层领导人员的任免、晋升、奖惩;推荐或决定副处级以上后备干部、重要科研机构负责人、孔子学院中方院长等各类人选;推荐各级党代会代表、人大代表、政协委员等人选。

(4)学校人才工作规划和重大人才政策,重要人才使用。

(5)学校党的建设、思想文化、意识形态、马克思主义教育教学和研究宣传等重要阵地建设中的重大事项。

(6)学校党风廉政建设和反腐败工作中的重要事项。

(7)学校工、青、妇等群团工作,统一战线工作,离退休工作,以及教代会工作中的重要事项。

2.研究决定学校改革发展中的重大问题或重要事项:

(1)学校章程,学校基本管理制度和重要规章制度;

(2)学校重大改革和发展规划方案;

(3)学校年度工作计划和工作总结;

(4)学校重大评价和评奖评优事项的审定,以及重大评奖评优人选的推荐;

(5)学校年度经费预决算方案;

(6)国家重大专项建设规划和资金总体安排原则及方案;

(7)未列入学校预算且单项支出在500万元及以上的资金款项支出;

(8)教学、科研、行政机构以及专门委员会或领导小组的设置、调整及撤销；

(9)学校基本建设规划；

(10)学校重大对外投资项目；

(11)重要校地、校企合作事项；

(12)学校国有资产和重大资产处置方案。

3.讨论决定其他事关师生员工切身利益的重要事项。

(四)执行全委会决策和决议，定期向全委会报告工作。

(五)研究决定召开全委会，确定全委会议题，主持全委会。

(六)研究其他需要常委会讨论决定的重要事项。

第四条　上述事项应在调查研究基础上提出建议方案，经领导班子成员沟通酝酿且无重大分歧后提交会议讨论决定。选拔任免干部，在党委研究决定前书面征求纪检部门的意见。对专业性、技术性较强的重要事项，应经过专家评估及技术、政策、法律咨询。对事关师生员工切身利益的重要事项，应通过教职工代表大会或其他方式，广泛听取师生员工的意见建议。

第五条　常委会由全体常委组成。

第六条　常委会由党委书记决定召开，原则上每两周召开一次。如遇有重要情况或者党委书记认为有必要召开时，可以随时召开。

第七条　常委会议题由学校领导班子成员提出，党委书记确定。提出议题的学校领导班子成员应在会前认真组织调研论证，进行决策风险评估，形成可行性方案或建议。

第八条　常委会召开的时间、议题和有关材料，一般提前分送每位常委。常委会一般不讨论临时议题。

第九条　常委会必须有半数以上常委到会方能召开。讨论决定干部任免等重要事项时应有三分之二以上常委到会方能召开。常委因故不能出席会议的，应履行请假手续。

不能参加会议的常委可以就会议议题提出书面意见。学校办公室或组织部等职能部门应及时将常委会的决议、决定向未参加会议的常委报告。

根据议题需要，可确定不是党委常委的行政领导班子成员、校长助理或职能部门、教学科研单位主要负责人列席常委会。

第十条　常委会由党委书记主持。党委书记因故不能主持会议时，由党委书记委托常委校长或副书记主持。

第十一条　常委会的决策必须根据民主集中制的原则，遵循“集体领导、民主集中、个别酝酿、会议决定”的规则，按照规范的程序进行。

第十二条　常委会进行表决时，以赞成票超过应到会常委人数的半数为通过。表决可根据讨论事项的不同内容，分别采取举手、无记名投票、记名投票或其他方式。讨论决定干部任免事项，一般采用无记名投票方式表决。会议决定多个事项的，应逐项表决。

第十三条　如遇需提交常委会决策的重大突发性事件，但又来不及召开常委会研究时，可由党委书记或校长召集碰头会研究处理，但事后应及时向常委会汇报。

第十四条　常委会决定的事项，由学校党政领导班子成员负责抓好落实；校内各职能部门和单位要严格执行会议决定。学校办公室负责督办，并及时向党委书记或常委会报告执行情况。

第十五条　对常委会决策、决议或决定进行重大调整、变更，须由常委会依照有关程序重新做出决策、决议或决定。

第十六条　与会人员应自觉维护党的纪律，严守机密，不得泄露应该保密的会议内容和讨论情况。

第十七条　常委会的会务组织，会议纪要和会议决议、决定的起草、发布等工作由学校办公室、组织部负责。

第十八条　本规则由常委会负责解释。

第十九条　本规则自公布之日起执行,2012 年 3 月 6 日发布并施行的《中国共产党厦门大学委员会常务委员会议事规则》同时废止。

——本文摘录自《关于印发〈中国共产党厦门大学委员会常务委员会议事规则〉的通知》,厦大委综〔2017〕59 号,档号 2017-XZ09-11

厦门大学党委意识形态工作责任制督查办法

（2017 年 8 月 10 日）

第一条　为进一步加强对学校意识形态工作的督查，明确全校各级各单位领导班子、领导干部的意识形态工作责任，根据中共中央和上级党组织关于意识形态工作的决策部署和指示精神，结合学校实际，制定本办法。

第二条　意识形态工作是党的一项极端重要的工作，高校是意识形态工作的重要领域和前沿阵地，要坚决维护以习近平同志为核心的党中央权威和集中统一领导，在思想上政治上行动上坚决与党中央保持高度一致，深入学习习近平总书记关于意识形态工作的重要讲话精神，牢固树立“四个意识”，坚定“四个自信”，坚持社会主义办学方向，坚持马克思主义指导地位，落实党管意识形态原则，严守政治纪律和政治规矩，提高政治站位、强化政治担当，坚持和完善党委领导下的校长负责制，牢牢把握学校意识形态工作领导权主动权。

第三条　成立校党委意识形态工作督查小组（以下简称督查小组），由分管意识形态工作的校领导牵头，统筹全校意识形态工作督查落实情况。成员单位包括纪委办、组织部、宣传部、统战部、学生处、保卫处、人事处、研究生院、教务处、社科处、国际处/台港澳办、信息与网络中心等部门。宣传部负责督查小组日常办事和组织协调工作。

第四条　按照《厦门大学意识形态工作责任制实施细则》和《厦门大学党委网络意识形态工作责任制实施细则》的要求，以《厦门大学基层党委（党总支）宣传思想与意识形态工作责任制清单》（详见附件，以下简称《责任制清单》）为主要督查内容，采取学校检查和单位自查相结合、日常督查和专项督查相结合的形式。

第五条　督查小组每学期至少召开一次专题会议，会商研判全校意识形态工作；通过走访、座谈、检查支撑材料等方式检查各基层党委（党总支）的工作落实情况；每半年抽查部分基层党委（党总支），定期约谈基层党委（党总支）书记；适时开展专项督查。

第六条　各基层党委（党总支）对照《责任制清单》，每半年对本单位意识形态工作落实情况进行自查，对薄弱环节进行整改，并向校党委提交本单位意识形态专题报告；要通过座谈、走访、调查问卷等形式掌握师生思想动态，及时处理意识形态领域苗头问题；各单位党政领导班子成员要按照“一岗双责”要求抓好分管业务领域的意识形态工作。

第七条　督查小组要坚持有错必纠、有责必问，强化追责问责，对于开展意识形态工作不力、出现不良后果的，不仅要严肃追究当事人责任，也要对基层党委（党总支）和相关职能部门主要负责人进行追责问责。

第八条　对出现意识形态问题的单位和个人、落实意识形态工作责任制不力的单位和个人，按照《厦门大学意识形态工作责任制实施细则》、《厦门大学党委网络意识形态工作责任制实施细则》及相关规定进行执纪问责，视情节轻重给予批评教育、诫勉谈话，责令做出书面检查、进行通报批评，给予组织处理或纪律处分。

第九条　本办法由党委宣传部负责解释，自发布之日起实施。

（附件略——编者）

——本文摘录自《关于印发〈厦门大学党委意识形态工作责任制督查办法〉的通知》，（2017）厦大委宣7号，档号 2017-DQ03-2

厦门大学党委关于深入学习贯彻习近平总书记在省部级主要领导干部专题研讨班上重要讲话精神的通知

(2017年8月15日)

各基层党委(党总支):

7月26日,习近平总书记在省部级主要领导干部“学习习近平总书记重要讲话精神,迎接党的十九大”专题研讨班上发表了重要讲话。讲话为党的十九大胜利召开奠定了重要的政治、思想和理论基础,是又一篇闪耀着马克思主义真理光辉的纲领性文献。深入学习贯彻习近平总书记这一重要讲话精神,是当前和今后一个时期我校的重要政治任务。根据中央和教育部党组部署,结合学校实际,现就学习贯彻讲话精神通知如下:

一、深刻领会讲话精神的丰富内涵和重大意义

习近平总书记的重要讲话站在决胜全面实现小康社会,夺取中国特色社会主义伟大胜利的战略高度,提出了一系列新的重要思想、重要观点、重大判断、重大举措,科学分析了当前国情世情党情,深刻阐述了5年来党和国家事业发生的历史性变革,深刻阐述了新的历史条件下坚持和发展中国特色社会主义的一系列重大理论和实践问题,深刻阐明了未来一个时期党和国家事业发展的大政方针和行动纲领,强调中国特色社会主义是改革开放以来党的全部理论和实践的主题,全党必须高举中国特色社会主义伟大旗帜,牢固树立中国特色社会主义道路自信、理论自信、制度自信、文化自信,确保党和国家事业始终沿着正确方向胜利前进。讲话全面回顾了党的十八大以来,以习近平同志为核心的党中央在内政外交国防、治党治国治军方面取得了一系列发展成就,科学概括了我国社会发展的阶段性特征,明确提出了必须毫不动摇坚持和完善党的领导。讲话特别强调了在新的历史条件下,加强理论建设,发展21世纪马克思主义的重要意义,要勇于推进实践基础上的理论创新,在理论上不断拓展新视野、做出新概括。总书记的这些重要论述,是对党的十九大胜利召开的一次动员和部署,为推进中国特色社会主义伟大事业提供了科学指南和根本遵循。

习近平总书记的重要讲话高屋建瓴,立意深远,内涵丰富,把握历史大势,着眼长远发展,回应时代要求,具有很强的思想性、战略性、前瞻性、指导性,是习近平总书记系列重要讲话精神和治国理政新理念新思想新战略的进一步丰富和发展,是中国特色社会主义理论体系的进一步丰富和发展。全校各级党组织要以高度的政治责任感,深入学习贯彻习近平总书记重要讲话精神,深刻认识党的十八大以来党和国家事业发生的历史性变革,深刻认识在新的历史条件下开辟发展新境界的重大战略意义,深刻认识实现“两个一百年”奋斗目标背景下党肩负的重大历史使命,用讲话精神武装头脑、指导工作,全面深化综合改革,加强和改进思想政治工作,把讲话精神贯彻落实到学校“双一流”建设的战略布局和具体工作中,以优异的成绩迎接党的十九大胜利召开。

二、全面贯彻落实习近平总书记重要讲话精神

全校各级党组织要切实提高政治站位，紧密结合工作实际，把总书记重要讲话精神转化为推动工作的强大动力，坚定不移地把讲话精神贯彻落实到位。

1.要把学习贯彻总书记重要讲话精神与迎接宣传党的十九大胜利召开结合起来。即将召开的党的十九大，是在全面建成小康社会决胜阶段、中国特色社会主义发展关键时期召开的一次十分重要的大会。迎接宣传党的十九大胜利召开，校园的和谐稳定尤为重要。要进一步加强思想教育和价值引领，引导广大师生坚定理想信念，激发师生爱国爱党的情怀，坚决拥护中国共产党的领导，坚定不移地走中国特色社会主义道路。要结合迎接金砖国家领导人第九次会晤，进一步加强校园管理，健全群防群治机制，开展安全隐患排查整改，做好防台防汛应急工作，加强师生人文关怀和心理疏导，保持校园和谐稳定。要找准切入点和着力点，充分展示学校事业发展的丰硕成果，讲述厦大好故事，传播厦大好声音，塑造厦大好形象，为党的十九大的胜利召开营造良好氛围。

2.要把学习贯彻总书记重要讲话精神与开展“治国理政新理念新思想新战略重大主题宣传活动”结合起来。习近平总书记的重要讲话，深刻阐述了新的历史条件下坚持和发展中国特色社会主义的一系列重大理论和实践问题，为在新的历史条件下深化改革开放、加快推进社会主义现代化建设提供了理论先导和行动指南。要充分发挥我校在研究宣传马克思主义中国化最新成果方面的学科优势，深入准确地宣传习近平总书记系列重要讲话精神和治国理政新理念新思想新战略的思想精髓、核心要义，把蕴含其中的马克思主义立场观点方法贯穿到教学科研中，体现在推动学校改革发展上。要通过“两微一端”等新媒体宣传教育平台，不断深化“治国理政新理念新思想新战略”主题宣传，引导广大师生进一步坚定“四个自信”。

3.要把学习贯彻总书记重要讲话精神与推进“两学一做”学习教育常态化制度化结合起来。扎实推进“两学一做”学习教育常态化制度化，是全面从严治党的战略性、基础性工程，对加强和规范党内政治生活，推动广大党员干部更加紧密地团结在以习近平同志为核心的党中央周围，具有重大而深远的意义。要将习近平总书记重要讲话作为推进“两学一做”学习教育常态化制度化的重要学习内容，教育引导全校广大党员干部把思想和行动统一到讲话精神上来，增强维护核心的思想自觉和行动自觉。要以讲话精神为指导，落实好推进“两学一做”学习教育常态化制度化的各项举措，保证党的组织履行职能、发挥核心作用，保证领导干部忠诚干净担当、发挥表率作用，保证广大党员以身作则、发挥先锋模范作用。

4.要把学习贯彻总书记重要讲话精神与做好巡视整改工作结合起来。中央巡视是全面、深入的政治体检，不折不扣抓好问题的整改落实是重要的政治任务。要认真领会习近平总书记重要讲话精神，深刻认识学校管党治党、办学治校面临的形势和任务，进一步增强“四个意识”，切实把思想和行动统一到中央决策部署上来，把巡视整改工作摆在突出位置抓紧抓好。各级党组织要强化责任担当，真正负起管党治党责任，坚持突出重点、深挖根源、举一反三，对照校党委提出的任务清单和整改内容逐项整改落实，确保条条改到位、件件有着落、事事有回音，坚定不移推进全面从严治党，为学校改革发展提供坚强的政治保证。

5.要把学习贯彻总书记重要讲话精神与推进“双一流”建设结合起来。深化综合改革是推进世界一流大学和一流学科建设的不竭动力。要把总书记重要讲话精神作为全面深化综合改革的行动指南，全面落实中央有关教育改革发展的重大决策部署，注重系统设计、整体推进、重点突破、试点先行，不断完善上下联动、各方协同创新的改革推进机制。要着眼高等教育发展规律、人才培养和科学研究规律，从学校事业发展实际出发，以支撑创新驱动发展、服务经济社会为导向，积极借鉴世界先进的办学治学经验，努力破除不符合科学发展要求的体制机制障碍，以更加主动的姿态、更加执着的精神投身学校的全面深化综合改革和“双一流”建设中去，为实现厦门大学“两个百年”奋斗目标和中华民族伟大复兴的中国梦不懈奋斗。

三、迅速掀起学习贯彻习近平总书记重要讲话精神热潮

全校各单位要把认真学习、深刻领会、学习贯彻习近平总书记重要讲话精神作为当前和今后一个时期的一项重要政治任务,切实抓紧抓实,做好系统部署,统筹推动落实。

1.加强组织领导。全校各单位要结合工作实际,精心设计方案,系统科学规划,强化组织保障,以讲话精神指导学习教育和工作实践,不断掀起学习贯彻讲话精神的热潮。通过集中学习、专题研讨、主题报告、讲座论坛等多种形式,扎实开展体系式学习,广泛开展融合式讨论,切实提高学习效果。

2.开展研究阐释。充分发挥我校综合学科优势和理论研究优势,组织专家学者深入开展理论研究、宣讲、阐释,推出一批有深度、有分量、有影响的研究成果。利用《厦门大学党政工作研究》《厦门大学报》《理论宣传月报》等校内理论平台,组织党员干部和广大师生积极撰写学习心得、发表理论文章。

3.创新宣传方式。宣传部门要综合运用报刊、广播、电视、网络等校园媒体,精心策划、大力宣传各单位学习贯彻落实讲话精神的好经验、好做法。各单位要结合工作实际,将讲话精神有机融入各种主题教育活动,在全校范围内形成浓厚的学习宣传氛围。

中共厦门大学委员会
2017 年 8 月 15 日

——本文摘录自《厦门大学党委关于深入学习贯彻习近平总书记在省部级主要领导干部专题研讨班上重要讲话精神的通知》,厦大委综〔2017〕53 号,档号 2017-XZ09-10

厦门大学党费使用和管理办法

（2017 年 8 月 23 日）

为适应党建工作新形势要求，进一步加强和改进我校党费使用办法，提高党费使用效率，根据中共中央组织部《关于中国共产党党费收缴、使用和管理规定》和《中共中央办公厅关于进一步规范党费工作的通知》等有关文件要求，结合学校党建工作实际，特制定本办法。

一、党费使用和管理原则

1.党费的使用应坚持统筹安排、量入为出、收支平衡、略有结余的原则。

2.党费使用要把重点放在加强党支部建设、积极开展形式多样的党员教育活动等方面，为党支部组织生活创造必要的条件，同时要向经费有困难的基层党组织和离退休教职工党组织倾斜。

3.各级党组织要把党费收缴使用管理情况作为党务公开的一项重要内容，认真做好党费收支情况公示工作。

二、党费具体使用范围

党费必须用于党的活动，主要作为党组织日常工作和党员教育经费的补充，适用范围包括以下几个方面：

1.教育培训党员和入党积极分子、基层党务工作者所产生的住宿费、伙食费、交通费、保险费、师资费、场地费、资料费、门票费、讲解费等。主要用于对党务秘书、党建组织员、党支部书记、支部委员、党员和入党积极分子进行培训，以及党支部开展主题实践教育活动所发生的费用。在实际工作中，应着眼于使一个单位、一级党组织范围内的大多数党员或某一类别的党员普遍受益。其中：

（1）住宿费：党组织开展集体培训时产生的住宿费，按照学校公务出差标准执行。

（2）伙食费：党组织开展集体培训时工作餐支出，餐费标准参照学校公务出差标准执行。

（3）交通费：党组织开展集体培训时租用或乘坐交通工具产生的费用，按照学校公务出差标准执行。长途出行原则上乘坐高铁、动车、汽车、轮船等交通工具，如确需乘坐飞机的，校级培训须经分管校领导批准，基层党委（党总支）和党支部组织的培训由基层党委（党总支）集体研究批准。租赁交通工具的应与交通工具所有者签订租赁合同（协议）。

（4）保险费：为保证的集体外出学习考察人员的人身安全，要为参加学习考察活动的人员购买短期综合意外保险。

（5）师资费：专家课酬参照学校有关规定执行。

（6）场地费：党组织租借活动场所产生费用。

（7）门票费和讲解费：组织党员观看红色影片、参观的红色传统教育基地和爱国主义教育基地的门票费以及讲解费。

2.开展“三会一课”、创先争优、党组织换届以及党内集中学习教育所产生的会议费、培训费、资料制作费等。包括购买办公用品、矿泉水，印制、购买、邮寄学习材料（包括横幅、标语等）、发生的费用，以及拍摄党建视频资料制作费等。会议费按照学校会议费管理有关标准执行。

3.党内表彰所需费用。表彰先进基层党组织、优秀共产党员、优秀党务工作者、党支部工作“立项活动”优秀成果以及党的知识竞赛产生的费用。包括购买或制作奖状、荣誉证书、奖牌、奖章、奖品的费用，表彰大会会议资料的印刷费用、会议室和交通工具的租赁费，必要的奖金或物质奖励等。表彰应以精神鼓励为主，不提倡过高的奖金和物质奖励。

4.修缮和装修党组织活动场所(党员活动室)、为活动场所配置必要设施等所产生的相关费用。有条件的基层党委(党总支)可单独设立党员活动室，为党支部和党员组织活动提供场所。党员活动室可以根据党建工作实际需要，进行必要的修缮和装修，并配置相应党员学习教育设备。党员活动室修缮和装修项目审批和设备申购按照学校有关项目管理规定执行。

5.订阅或购买用于开展党员教育的报刊、资料、音像制品和设备。必须是直接用于订阅和购买以党员教育为主要目的报刊、资料、音像制品和设备，编印党员教育培训教材、印制发展党员表格材料等产生的工本费，以及购买党旗、党徽等费用。购买设备项目按照学校有关固定资产管理规定执行。

6.走访慰问生活困难党员和老党员，包括购买慰问品和发放慰问金。补助和慰问生活困难党员的党费支出需由该党员所在党支部提出申请，经上级党委(党总支)集体研究决定，履行审批手续后方可开支。

7.补助遭受严重自然灾害的党员和修缮因灾受损的党员教育设施。包括用于直接发放慰问金、救灾物资给受灾党员，修缮党组织因灾受损的活动场所、电教设备等教育设施的费用。党员教育设施修缮项目审批和设备申购按照学校有关项目管理规定执行。

8.党支部工作“立项活动”经费。校级党支部工作“立项活动”经费由校党委组织部从学校党费账户中划拨专项经费支持；各基层党委(党总支)要从留存党费中划拨一定专项额度，用于支持党支部工作“立项活动”的开展。

9.其他党建经费。上述党费使用项目之外的其他项目以及由此产生的直接、合理的相关费用，根据实际情况，经校党委组织部、财务处、分管校领导同意后，也可以从党费中列支。

10.党支部经费划拨方式和额度。党支部用于订阅党报党刊、开展支部活动经费应由基层党委(党总支)从留存党费中划拨，划拨额度在统筹兼顾在职教职工党支部、离退休教职工党支部和学生党支部的实际情况的基础上，由基层党委(党总支)集体研究后自行确定。

三、党费支出报销批准权限及程序

要严格履行党费使用审批手续，坚持勤俭节约原则，精细合理使用党费。

1.党组织在开展活动前，必须向所在的党委(党总支)提交书面活动策划，详细说明整个活动过程和预算，内容包括活动目的、活动内容、活动流程、安全保障、活动预算等，经党委(党、总支)书记审查、报校党委组织部和分管校领导审批后方可开展。党组织在组织党员集体参观学习时，可委托当地高校、党校、干部培训学院等公办培训机构代为培训，但不得委托旅行社、民办社会培训机构安排培训。同时，为防控安全风险，党组织不得批准、组织党员集体前往有可预见性安全风险的地区和场所学习考察。

2.党费专项经费账户每项支出都必须有书面审批手续，经费报销需由活动负责人签字，报党委(党总支)负责人审批后方可报销。

3.党组织开展党员集体活动时，活动负责人需在活动结束后 15 日内向所在基层党委(党总支)提交活动总结报告，内容包括参与人数、活动过程、活动成效等，活动产生费用的原始发票必须由活动负责人或党支部书记签字，报基层党委(党总支)书记签批后履行财务报销程序。活动总结报告由基层党委(党总支)留存备查。

4.不得在留存党费中开支与党建工作无关的费用，不得以开展党员教育活动的名义虚列、冒用党费。对违反党费收缴、使用和管理规定的，依据《中国共产党纪律处分条例》及有关法律规定严肃查处，触犯刑律的依法处理。

本办法由校党委组织部和财务处负责解释，自发布之日起施行。

——本文摘录自《关于印发〈厦门大学党费使用和管理办法〉的通知》，(2017)厦大委组29号，档号2017-DQ02-4

厦门大学深化落实中央八项规定精神的实施办法

(2017年9月4日)

为推动中央八项规定精神在我校的深化落实,进一步改进领导班子和干部队伍工作作风、密切联系师生员工,解决"四风"突出问题,以优良党风作风促进校风学风建设,把全面从严治党要求落细落小落到实处,推动学校事业持续健康发展,根据中央和教育部、福建省有关文件精神,结合我校实际,对2013年颁布实施的《厦门大学贯彻落实中央改进工作作风、密切联系群众"八项规定"的实施办法》进行重新修订,形成本办法。

一、加强调查研究,密切联系服务群众

1.深入开展调研。校领导和学校党政职能部门负责人要定期深入基层开展调研,每年根据重点工作和师生员工关心的难点热点问题,拟订调研计划,明确调研主题,解决实际问题,有效推动工作。健全调研—解决—反馈机制,对调研中发现的问题和师生员工反映的突出问题及意见建议要限期整改、及时反馈。调研要减少陪同人员,不张贴悬挂标语横幅,不安排迎送。

2.加强基层联系。校领导要带头联系学院(研究院)、党支部、学生、教师和党外人士,加强与分管部门、联系单位的沟通、交流,指导分管部门、联系单位领导班子建设。各级领导干部要定点联系基层,经常联系师生员工,多走进教学、科研、管理一线。坚持党员校领导和基层党委(党总支)书记讲授党课、思政课制度,落实领导干部听课制度。坚持"书记走基层"、"校长有约"、校领导接待日制度,进一步畅通信息沟通渠道。关心困难教职工、困难学生的生活和学习,积极为他们排忧解难。

二、加强效能建设,提升服务质量

1.加强机关效能建设。校院两级机关坚持首问责任制、服务承诺制和群众监督评议制,杜绝办事拖沓、互相推诿、慵懒散奢的作风。明确办文、办事期限,明确岗位责任制,简化办事程序,优化工作流程,推进"放、管、服"改革工作,完善多部门协调合作的工作机制和多校区管理运行机制。召开会议、下发文件、开展工作要加强统筹、提高效率,充分考虑基层的承受力,给基层开展工作留出时间,不提不切实际的要求,减少不必要的检查、评比等活动。

2.加强督促落实。各级领导干部要敢于担当、勇于负责,善抓落实、务求实效,保持一抓到底、锲而不舍的韧劲和干事创业、争创一流的状态。加强督促检查和效能监察工作,推动过程监督、效能管理的科学化、规范化、制度化,进一步提高工作标准,提升领导和管理水平,增强各级党政干部的执行力、落实力,畅通决策落实"神经末梢",打通推进改革、服务群众的"最后一公里"。

3.完善信访接待。进一步完善学校信访接待制度,及时阅处、督办群众来信、来电、来访反映的问题,健全重大信访案件校领导联系和督办机制,依法保障师生员工的知情权、参与权、表达权、监督权。

三、精简会议活动,改进会风文风

1.精简会议活动。加强对各类会议的统筹安排,精简各类会议,不开泛泛部署工作的会,不开内容重复的会,克服形式主义和繁文缛节。内容相近、时间靠近、与会人员重叠的会议,应合并举办或连续召开,避免层层开会。严格控制参会人数,减轻基层会议负担。未经批准,不得以学校名义举办或参与举办各类论坛和赛事。校领导应多参加学生、学术活动和分管部门、联系单位的重要工作会议,控制出席一般性应酬活动,一般不出席各类剪彩、奠基等活动。节庆期间精简各类不必要的茶话会、联欢会等活动。

2.提高会议实效。科学安排议程、开会议题明确、准备充分。会议发言开门见山、直奔主题。提倡开短会、说短话,讲真言实话,力戒空话、套话,严肃会议纪律。除特殊会议外,全校性重要会议一般不超过一天,全校性大会一般不超过半天。合理安排讨论环节,提高讨论深度。跨校区会议要充分运用视频会议系统等信息技术手段。

3.降低会议和活动成本。严格执行国家有关会议经费开支标准和会议定点管理规定,规范会议召开地点,能在校内召开的会议,不在校外召开,在校外召开会议要严格履行审批程序。举办学校重大会议、重要典礼仪式应坚持庄重大方、高效节俭原则。会场布置除必要的氛围营造外,一般不铺设红地毯、不摆放水果花篮,减少背景板和条幅使用,尽量使用电子屏幕。提倡无纸化开会,严格控制会议材料发放,严禁以任何名义发放纪念品,禁止铺张浪费。校内会议或活动请柬制作不搞高档化。

4.提高文件简报质量。推行"短实新"文风,文件要观点鲜明、条理清晰、言之有物,突出针对性和可操作性,不搞"穿靴戴帽",不刻意追求八股对仗。公文及报送上级的请示报告要尽量精简字数、表述准确到位。减少纸质文件数量,严格控制各类简报,充分利用电子网络平台推动文件和简报电子化。

5.改进新闻报道。新闻宣传要贴近师生、贴近学术、贴近生活,校内主要宣传媒体要多关注高教改革发展的前沿动态,多体现学校贯彻落实全国高校思想政治工作会议精神、扎根中国大地办一流大学的成效进展,多宣传基层单位的经验做法以及一线师生员工的典型事迹。压缩新闻类报道,尤其是会议报道的数量、字数,尽量刊播简短消息。除涉及重要会议、重大活动外,校领导的新闻报道一般不放在校报第一版显著位置;校领导出席一般性会议和活动不做报道,确需报道的,严格控制篇幅。

四、树立纪律规矩意识,加强干部作风建设

1.加强出国(境)管理。加强领导干部出国(境)证件集中管理,领导干部未经批准不得持因私证件出国(境)。加强因公出国(境)管理,严禁领导干部未经批准持因私证件出国(境)执行公务;同一名领导干部在一个因公出访任务未完成时不得启动下一个因公出访任务;对持有国外永久居留许可证(绿卡)的领导干部持因私证件执行公务,严格办理报批手续。严格实行因公出访事前事后公示制度,未按规定公示的,不予审批和报销费用。严格控制因公出访国家(地区)数和在外停留天数,每次因公出访不得超过3个国家和地区,在外停留不超过10天。严禁以学术交流合作或其他出访名义变相公款出国(境)旅游,严禁安排考察性出访。校院领导出访需结合学校对外交流合作项目和相关外事工作做好出访前调研,合理紧凑安排行程,出访结束后需提交相关调研报告,提高外事出访活动的质量和成效。

2.加强兼职取酬和科技成果转化取酬管理。学校党政领导干部未经批准不得在社会团体、基金会、民办非企业单位和企业兼职;经批准兼职的校级领导人员不得在兼职单位领取薪酬;经批准兼职的院系及内设机构领导人员在兼职单位获得的报酬,应当全额上缴学校,由学校根据实际情况制定有关奖励办法,给予适当奖励。单位正职领导人员是科技成果的主要完成人或者对科技成果转化做出重要贡献的,可按照促进科技成果转化法的规定获得现金奖励,原则上不得获取股权激励;单位领导班子除正职外的其他成员、中层领导人员的科技成果转化,可以获得现金奖励或股权激励,但获得股权激励的领导人员不得利用职权为所持股权的企业谋取利益。

3.加强津补贴和奖金发放管理,严禁私设“小金库”。领导干部不得在校内所属单位违规领取津贴、补贴、奖金、劳务费等;领导干部参加各类会议典礼、出席校友活动等属于领导职责范围内的工作不得领取劳务报酬。各级领导干部严禁违规收送、赠送可能影响公正执行公务或超出正常礼尚往来的礼品、礼金、消费卡等钱物。严禁通过套取科研经费,利用咖啡厅等校内经营场所经营收入、资产处置或出租收入,以会议费、劳务费、培训费和咨询费等名义套取资金,虚列支出转出资金,以假发票等非法票据骗取资金,上下级单位之间相互转移资金等各种形式设立“小金库”,严禁以各种名义变相给教职工发放津补贴。加强二级单位劳务酬金发放管理,按照有关规定将劳务酬金纳入绩效管理。年薪制人员按照学校年薪管理办法有关规定执行,不得违反规定获取劳务酬金等现金收入。

4.严格请假制度。领导干部凡出差离开学校,要按照学校党政领导干部外出请假暂行办法和干部管理权限向主管领导履行请假手续,返校后要及时销假。因私因病或其他原因离开工作岗位的,要向主管领导说明情况。同一教学科研单位的党政主要负责人原则上不得同时外出,同一机关职能部门和直属单位的领导干部原则上不得同时外出。学校或单位主要负责人因各种原因离开工作岗位,应明确或委托一名分管领导主持工作。

五、厉行勤俭节约,加强党风廉政建设

1.加强公务接待管理。公务接待应坚持简朴节约、严格标准、便利公务、注重实效的原则,严格执行审批控制制度,严禁超标准、超范围接待。不属于接待范围的活动不予公务接待,不得将休假、探亲、旅游等活动纳入公务接待范围,无派出单位公函或接待单位邀请函的公务活动和来访人员原则上不予公务接待。严禁以会议、培训等名义组织宴请或大吃大喝。需安排工作餐的公务接待一般在校内安排工作餐,不用高档菜肴,不提供香烟、高档酒水,会议用餐提倡自助餐,严格控制陪餐人数。不得组织旅游和与公务活动无关的参观,不得组织到营业性娱乐、健身场所活动,不得举办师生专场文艺演出,不得以任何名义赠送礼金、礼品、纪念品和土特产等。

2.加强办公用房和公车使用管理。落实“党政干部用房从严要求、从紧核查,业务用房从实处理”原则,严格执行中央和教育部相关标准控制领导干部行政办公用房面积,坚决杜绝领导干部超面积使用以及搞变通、打折扣、弄虚作假等现象。实行固定资产最低使用年限制度、办公设备和家具配置标准制度。严禁超标准配备、购买、更换、装饰公车,严禁公车私用,防止变相违规使用,深化公务用车改革。机关干部到思明校区以外的校区调研或参加会议原则上乘坐学校班车。

3.严格规范领导干部操办婚丧喜庆等事宜。领导干部组织或参与操办本人及直系亲属结婚喜庆等事宜,以及办理丧事时,要严格执行学校“六不准”纪律要求,坚决抵制陈规陋俗,带头移风易俗、倡导文明新风,坚持从简节约、反对铺张浪费,严格控制规模和范围,严格执行报告备案制度。

4.加强廉洁风险防控和廉洁教育。加强对招生考试、学术诚信、基建(修缮)、物资(设备)采购、财务管理、科研经费、知识产权等重点部位、关键环节的监管,加强和改进对主要领导干部行使权力的制约和监督,强化对相关职能部门履行监管职责情况的监督。深化党务、校务、院务、财务信息公开工作,推进“阳光治校”。加强廉洁教育和廉洁文化建设,倡导健康向上的生活方式,培养高尚生活情趣,营造干部廉洁从政、教师廉洁从教、学生廉洁修身的廉洁文化氛围。

六、加强督促落实,严肃执纪问责

1.加强督促落实。学校党委、纪委要切实担负起全面从严治党和落实中央八项规定精神的主体责任和监督责任,坚持标准不降、要求不松、措施不减,加大查处通报曝光力度。各单位要把改进工作作风、密切联系师生员工作为一项经常性工作来抓,各级领导干部要以身作则,率先垂范,自觉接受师生员工的监督。广大师生员工要自觉抵制铺张浪费和奢靡之风,积极参与节约型校园建设,共同营造勤俭节约、文明

健康、风清气正的校园氛围。

2.强化执纪问责。学校办公室、纪委办公室等部门要定期开展督促检查，组织人事部门要把执行情况纳入干部、人事管理和考核。坚持把纪律挺在前面，用好监督执纪“四种形态”，对违反中央八项规定精神的要视情况予以批评教育，对于劝诫无效的，要严肃处理；在严肃处理直接责任人的同时，学校将根据情形，依据有关问责条例严肃追究相关党组织及其负责人的主体责任、监督责任和领导责任。

本办法自公布之日起施行。原《厦门大学贯彻落实中央改进工作作风、密切联系群众“八项规定”的实施办法》（厦大委综〔2013〕31 号）同时废止。

——本文摘录自《关于印发〈厦门大学深化落实中央八项规定精神的实施办法〉的通知》，厦大委综〔2017〕62 号，档号 2017-XZ09-11

厦门大学关于推行"固定党日+"制度的实施办法

(2017年9月6日)

为全面加强和改进新形势下党员教育管理工作,扎实推进"两学一做"学习教育常态化制度化,进一步落实"三会一课"等党内组织生活制度,推动基层党组织活动正常化、规范化、制度化,不断增强基层党组织的创造力、凝聚力和战斗力,根据《中国共产党章程》《关于党内政治生活的若干准则》和上级党组织有关文件精神,结合学校实际,制定如下实施办法。

一、总体要求

推行"固定党日+"制度是新形势下加强党员教育管理的创新实践,是贯彻全面从严治党要求,加强党员理想信念教育、强化党性修养的有效载体,是健全组织生活制度、严格党员管理的有效抓手。全校基层党组织要以"严要求、全覆盖、增活力、见实效"为基本原则,按照时间固定化、内容规范化、主题鲜明化、活动品牌化的要求,组织党员每月集中开展"固定党日+"活动,进一步增强"三会一课"等组织生活制度的执行力,增强基层党组织和广大党员的政治责任感,提升党员意识,发挥党员作用,使党要管党从党内政治生活管起、从严治党从党内政治生活严起,推动每个基层党组织均成为坚强的战斗堡垒。

二、组织形式

1.固定党日时间。"固定党日+"活动至少每月开展一次,原则上时间为校历双周的星期一下午,每次活动时间不得少于2小时。如遇节假日或特殊情况,活动时间可顺延,原则上在一周内。

2.确定党日主题。"固定党日+"活动要坚持党内政治生活的政治性、时代性、原则性、战斗性,强化思想教育功能,突出政治学习和教育,突出党性锻炼,围绕增强党性、提高素质,结合党员思想工作实际设计党日主题,防止表面化、形式化、娱乐化、庸俗化。

3.明确参加范围。"固定党日+"活动一般以党支部为单位组织,也可以党委或党总支为单位组织,全体党员参加。党员领导干部要以普通党员身份,带头参加所在党支部的活动,离退休干部职工党员以适当方式参加。基层党组织可根据当月活动主题,视情况可吸收党员发展对象、入党积极分子、团员青年、群众代表等参加。

三、主要内容

"固定党日+"活动应选择一个活动主题,除重要时期、重大活动由校党委统一确定主题外,一般由基层党组织结合实际自主确定活动主题、活动内容和活动形式。具体围绕以下几个方面开展。

1.党员学习教育。组织党员深入学习习近平总书记系列重要讲话,学习党章党规,及时传达学习中央重要指示精神和上级党组织要求,紧密联系实际开展诵读党章、重温入党誓词、过"政治生日"、咏唱经典歌曲、参访革命圣地等活动。党员在每月固定党日当天,要自觉、按时、足额向党支部交纳党费,党支部每年向党员公开一次党费收缴管理使用情况。

2.严肃组织生活。把开展"固定党日＋"活动与落实"三会一课"、组织生活会、民主评议党员等党内组织生活基本制度结合起来，支部党员大会、党课和组织生活会等可安排在固定党日进行。

3.民主议事决策。对党组织年度工作计划、工作报告、按期换届等重大事项决定进行研究，及时向党员通报上级党组织安排部署，通报党建重点工作进展情况、党建工作阶段目标完成情况等，鼓励党员建言献策，听取党员意见建议，接受党员监督。

4.为民服务奉献。着眼强化党员宗旨意识，组织党员落实党员示范岗、亮明身份制度和直接联系服务群众制度，开展设岗定责、志愿服务、社会实践等形式多样的主题活动，密切党群关系，发挥党员表率作用，展现党员良好形象。

5.强化激励帮扶。进一步建立健全党内关怀帮扶机制，开展帮扶生活困难群众、帮扶生活困难党员、帮扶薄弱基层党组织为主要内容的"三帮扶"活动。充分尊重和保障党员的主体地位，采取谈心交流、走访慰问、党内表彰等多种形式，积极营造党内和谐氛围，不断增强党员的荣誉感、归属感和责任感。

四、组织领导

1.明确工作责任。推行"固定党日＋"制度是规范党的组织生活的重要内容，全校各基层党组织要切实加强领导，各基层党委(党总支)书记履行第一责任人责任，党支部书记履行直接责任，精心组织，科学谋划，扎实推进，确保活动取得实效。各基层党委(党总支)要指导所属党支部结合自身实际，以"固定党日活动为载体，统筹"三会一课"、党支部工作"立项活动"，深化党支部"共建共创"等工作，研究安排好"固定党日＋"活动，拟订年度活动计划。要落实活动保障机制，根据所属党支部实际情况，可从党建经费中列支专项经费，确保"固定党日＋"活动正常开展。各基层党组织贯彻执行"固定党日＋"活动制度的情况，作为年底基层党建工作述职评议考核的重要内容，与党组织书记履行基层党建工作责任制的考核挂钩。

2.严格管理考核。各基层党委(党总支)要从严从实指导督促所属党支部开展"固定党日＋"活动，每月 5 日向校党委组织部报送上月所属党支部"固定党日＋"活动开展情况统计表。党支部要指定专人负责记录《党支部活动记录簿》，做好痕迹管理，要有记录、图片、报道等存档资料，把支部党员参加活动情况作为民主评议党员、个人评优评先、不合格党员处置的重要依据。无正当理由一年内连续 3 次或累计 5 次不参加活动的，应评定为不合格党员。校党委组织工作力量，通过定期检查、随机抽查、专项督查等形式，对基层党组织开展活动情况进行督查指导，对不按期开展活动或活动质量不高、敷衍塞责的党组织要进行通报，限期整改，并将考核检查结果作为各级党组织选先评优的重要参考。

3.注重提高质量。各基层党组织要结合各自实际，在认真落实规定动作的基础上，精心设计自选动作，切实把"固定党日＋"活动的政治性、思想性与生动性有机结合起来，吸引广大党员自觉主动参与。要充分运用"互联网＋"新思维新手段，通过"固定党日＋"活动探索开展网上组织生活，探索构建"线上线下"基层党建互动融合新格局。要充分利用"两微一端"、广播报纸等媒介平台，加强对"固定党日＋"活动开展情况的宣传报道，提高党员群众的知晓率、认可度和活动的参与率。可视情况开展"固定党日＋"活动观摩交流，及时总结、推广特色做法和成功经验，推动"固定党日＋"制度取得实实在在的效果。

——本文摘录自《关于印发〈厦门大学关于推行"固定党日＋"制度的实施办法〉的通知》，(2017)厦大委组 31 号，档号 2017-DQ02-4

中共厦门大学委员会理论学习中心组学习规则

(2017年9月19日)

第一章　总　则

第一条　为了进一步推进校党委理论学习中心组学习制度化、规范化,推动理论武装工作深入开展,提高领导干部的理论水平和工作能力,加强领导班子思想政治建设,根据中共中央办公厅印发的《中国共产党党委(党组)理论学习中心组学习规则》(中办发〔2017〕9号)的有关规定,结合学校实际情况,制定本规则。

第二条　校党委理论学习中心组学习,是学校党委领导班子和领导干部在职理论学习的重要组织形式,是严肃党内政治生活、强化党性修养、增强“四个意识”的重要内容,是深化全面从严治党、强化理想信念教育、加强领导班子思想政治建设的重要制度,是加强党的领导、建设学习型党组织和学习型领导班子、提升领导干部办学治校水平的重要途径。

校党委应当把理论学习中心组学习列入重要议事日程,纳入党建工作责任制,纳入意识形态工作责任制。

第三条　校党委理论学习中心组学习以政治学习为根本,以深入学习中国特色社会主义理论体系为首要任务,以深入学习贯彻习近平总书记系列重要讲话精神为重点,以掌握和运用马克思主义立场、观点、方法为目的,坚持围绕中心、服务大局,坚持知行合一、学以致用,坚持问题导向、注重实效,坚持依规管理、从严治学。

第二章　组织与职责

第四条　校党委理论学习中心组成员由党员校领导、校党委常委、校长助理,党员机关部(处)长,各党工委、院党委、党总支书记,各学院、研究院党员院长,校工会主席,校团委书记组成。

校党委理论学习中心组核心层成员主要由党员校领导、校党委常委、校长助理组成。

根据学习内容和需要,校党委理论学习中心组学习可适当扩大,吸收有关人员参加。

校党委理论学习中心组成员应当发挥“关键少数”的示范和表率作用,自觉学习、带头学习,努力成为建设学习型党组织和学习型领导班子的精心组织者、积极促进者、自觉实践者,带动全校大兴学习之风。

第五条　校党委对本级理论学习中心组学习负主体责任,对全校的理论学习中心组负领导责任。

校党委书记是校党委理论学习中心组学习第一责任人,任校党委理论学习中心组组长。主要职责是审定学习计划,确定学习主题和研讨专题,提出学习要求,主持集体学习研讨,指导和检查中心组成员的学习。组长因故不能主持时,可委托副组长或其他校党委常委主持。

校党委分管宣传思想工作的副书记任校党委理论学习中心组副组长,主要职责是配合组长做好学习的组织工作。

校党委其他成员应当积极参加学习,自觉遵守理论学习中心组学习规则,按照学习安排或者受委派承担相应职责。

第六条　校党委理论学习中心组配备学习秘书,由校党委宣传部部长担任。学校办公室、党委组织部、党委党校等机构人员应当协助学习秘书共同做好学习服务工作。

第七条　校党委宣传部负责校党委理论学习中心组学习的具体组织实施工作，包括制订校党委理论学习中心组学习年度计划、安排具体学习活动、提供学习资料、做好会议记录和考勤、建档等工作。

有关学习计划和活动方案经组长或副组长审核同意后实施。

第三章　学习内容、形式与要求

第八条　校党委理论学习中心组学习内容包括：

（一）马克思列宁主义、毛泽东思想、邓小平理论、“三个代表”重要思想、科学发展观、习近平总书记系列重要讲话和治国理政新理念新思想新战略。

（二）党章党规党纪和党的基本知识。

（三）党的路线、方针、政策和决议，党和国家重大战略部署特别是关于教育工作的重大决策部署。

（四）国家法律法规特别是依法治校所需的各种法律知识。

（五）社会主义核心价值观。

（六）党的历史、中国历史、世界历史和科学社会主义发展史。

（七）推进中国特色社会主义事业所需要的经济、政治、文化、社会、生态、科技、军事、外交、民族、宗教等方面知识。

（八）改革发展实践中的重点、难点问题。

（九）党中央和上级党组织要求学习的其他重要内容。

第九条　校党委理论学习中心组可以通过以下适当形式，开展切实有效的学习活动：

（一）集体学习研讨。校党委理论学习中心组应当将集体学习研讨作为学习的主要形式，把重点发言和集体研讨、专题学习和系统学习结合起来，深入开展学习讨论和互动交流。理论学习中心组学习在中心组成员自己学、自己讲的基础上，充分结合专题讲座、辅导报告等形式进行。

（二）个人自学。理论学习中心组成员应当根据形势任务的要求，结合工作需要和本人实际，明确学习重点，研读必要书目，下功夫钻研理论、探索思考。

（三）专题调研。理论学习中心组成员应当把理论学习与专题调研结合起来，深入教学科研一线、深入师生员工，走向基层、走向社会，扎实开展调查研究，以理论指导实践，推动学校党的建设和事业科学发展。

理论学习中心组成员应当积极参加学习讲坛、读书会、报告会等学习活动，充分利用网络学习平台开展学习，拓宽学习渠道，提升学习效果。

校党委理论学习中心组应当结合学校实际和重点工作，创新学习方式，改进学习方法，注重研讨交流、现场体验、示范带动，增强学习的吸引力、针对性和实效性。

第十条　校党委理论学习中心组应当坚持把学习马克思主义理论作为做好一切工作的看家本领，把学习党的基本理论与学习党的理论创新成果结合起来，把握精神实质，掌握精髓要义，做到真学真懂真信真用。

坚持学以立德、学以修身、学以益智、学以增才，把提高理论素质与增强党性修养、提升工作本领结合起来，坚定理想信念，加强党性锻炼，提高精神境界。学习理论贵在精、贵在管用。坚持问题导向，提高运用党的基本理论解决实际问题的能力。

大力弘扬理论联系实际的马克思主义学风，紧密结合加强学校党的建设和思想政治工作的需要，紧密结合深化综合改革和深入推进“双一流”建设的实际，努力掌握马克思主义立场、观点、方法，做到学以致用、用以促学、学用相长，把学习成果转化为深化全面从严治党、推动实现学校“两个百年”奋斗目标的理论支撑和强大动力。

集体学习研讨应当保证学习时间和质量，每年应当集中一定时间学习，每学年不少于 4 次。集体学习时间及地点以学校会议安排表的安排为准；如有重要内容需及时学习传达，可随时安排。

个人自学应根据党委要求和自身实际认真制订个人年度学习计划,坚持读书自学。自学时间每月不少于 30 个小时。

提倡理论学习中心组成员结合工作实际撰写学习心得、调研报告或理论文章,择优发表于《厦大党政工作研究》等校内有关刊物。

第四章 学习管理与考核

第十一条 校党委理论学习中心组每年年初按照党中央和上级党组织部署,结合工作实际,制订年度学习计划。

年度学习计划由校党委审定后施行,并报送上级党组织备案。

第十二条 校党委理论学习中心组要认真做好各项记录,建立健全学习档案,每年向上级党组织报送中心组学习情况。

第十三条 校党委理论学习中心组实行严格的考勤制度。理论学习中心组成员必须准时参加学习并签到,确因特殊情况不能参加学习的,必须事前向组长或副组长请假,提交书面请假单,并就该专题进行自主学习,提交一篇学习心得。理论学习中心组成员年度参学率至少达到 80%。

第十四条 校党委宣传部应定期将理论学习中心组学习考勤情况汇总整理后向中心组组长或副组长报告并适时予以公布,学习情况纳入领导干部年度考核指标体系。

第五章 附 则

第十五条 各基层党委、党总支应根据本规则,结合实际制定或修订本单位理论学习中心组规则。校党委宣传部会同学校办公室、党委组织部等有关部门,负责对基层党委、党总支理论学习中心组学习情况的督查考核,对学习开展不力、出现错误倾向产生恶劣影响的,按照有关规定问责。

第十六条 本规则由校党委宣传部负责解释。

第十七条 本规则自颁布之日起实施。原《中共厦门大学委员会中心组学习制度》(厦大委综〔2017〕18 号)同时废止。

——本文摘录自《关于印发〈中共厦门大学委员会理论学习中心组学习规则〉的通知》,厦大委综〔2017〕64 号,档号 2017-XZ09-11

厦门大学基层党委(党总支)书记抓基层党建述职评议考核工作暂行办法

(2017年10月13日)

第一章　总　则

第一条　为了认真落实党建工作责任制,强化基层党委(党总支)书记履行抓党建工作第一责任人职责,根据中央有关文件精神,结合学校实际,制定本办法。

第二条　总体要求

以基层党建述职评议考核为抓手,推动基层党委(党总支)书记牢固树立"把抓好党建作为最大的政绩"的理念,切实落实第一责任,确保牢牢把握社会主义办学方向,确保党的路线方针政策在本单位贯彻落实、落地见效,推动全面从严治党向基层延伸。把述职评议考核工作作为贯穿党建工作的责任主线,不断完善体制机制和方式方法,健全完善基层党建工作明责、履责、考责、问责体系,层层传导压力,持续激发动力,进一步严密组织体系、严肃党内组织生活、严格党员教育管理、严明党建工作责任制,使党的组织强起来,党员队伍强起来,党的工作强起来,为推动学校"双一流"建设提供坚强有力的思想保证、政治保证和组织保证。

第三条　工作原则

(一)坚持实事求是。述职评议考核以个人履职情况为重点,总结成绩要实事求是,分析问题要客观准确。

(二)坚持发扬民主。述职评议会参加人员范围包括校领导,党委部门及校工会、校团委、校妇委会负责人,各基层党委(党总支)书记,并根据实际邀请部分基层党支部书记代表,部分学校党代会代表、民主党派代表和师生代表参加。

(三)坚持注重实效。充分发挥基层党委(党总支)的政治核心作用,把述职评议考核作为促进工作的出发点和落脚点,将党建工作与中心工作有机结合,达到抓党建促发展的目的。

第二章　述职　评议　考核

第四条　述职评议考核的范围和方式

述职评议考核对象为基层党委(党总支)书记。述职方式分为书面述职和现场述职两种。基层党委(党总支)书记均需提交书面述职报告。现场述职一般每年组织一次,由校党委确定各年度现场述职人员名单。现场述职以组织召开述职评议会议的方式进行,听取部分基层党委(党总支)书记抓基层党建年度述职汇报。每2～3年内实现一轮现场述职全覆盖。

第五条　述职、评议的主要内容

(一)履行党建责任情况。主要包括:基层党委(党总支)履行抓党建主体责任,贯彻上级党委决定,落实党政联席会议制度,参与讨论决定重大事项,在党员干部队伍和教师队伍建设中发挥主导作用、严把政治关,做好干部考察工作;加强理论武装,抓好党委理论中心组学习情况;党组织书记履行抓党建第一责任人职责,主持党组织会议、研究党建工作等事项、加强调研指导、解决重点问题等情况;督促班子其他成员履行"一岗双责"、抓好分管领域基层党建情况。

(二)基层党建进展情况和成效。主要包括:研究部署基层党建工作,扎实推进"两学一做"学习教育常态化制度化,制订年度党内集中教育方案、落实具体工作安排;抓好基层党建重点任务;加强基层党组织基本建设,优化党支部设置,配齐配强党支部书记,特别是推进教师党支部书记"双带头人"培育工程;强化党支部主体作用,严格落实"三会一课"等基本组织生活制度,组织开展"固定党日+"活动;联系并指导党支部工作,为师生讲思政课、讲党课;做好在优秀大学生和青年教师中发展党员及党员教育管理工作,做好失联党员规范管理及组织处置工作,及时发现并处置党员信仰宗教问题,落实党员按时足额缴纳党费;建立健全基层党组织按期换届提醒督促机制,整顿软弱涣散基层党组织;推动基层党建创新,常年抓好党支部工作"立项活动",打造本单位党建工作特色;强化基层党组织监督职能,开展基层党建工作专项督查;加强基层基础保障,落实党建工作制度、经费、阵地保障等情况。

(三)思想政治工作情况。主要包括:全面贯彻党的教育方针,坚持社会主义办学方向,深入学习贯彻全国高校思想政治工作会议精神,落实立德树人根本任务;开展政治理论学习,定期联系走访师生、了解掌握师生的思想政治动态,做好新进教师的政治审查,强化师德师风和教风学风建设,做好日常思想政治教育工作;落实意识形态工作责任制,加强课堂及各类思想文化阵地管理,抓好意识形态工作等情况;推进党内民主,加强统一战线工作情况;加强离退休工作,建立并完善关工委工作机制;实施党建带群建、做好群团组织和教代会、学代会工作,发挥校友会作用等情况。

(四)党风廉政建设情况。主要包括:落实主体责任和监督责任情况;落实党风廉政制度和监督执纪"四种形态"情况;制定"三重一大"等重要制度实施办法和执行情况;做好廉政宣传教育工作;抓好廉政风险防控工作;纪检委员履职情况等。

(五)维护校园安全稳定情况。主要包括:履行安全稳定工作主体责任,落实《厦门大学综治安全稳定暨消防工作目标管理责任书》,制订落实安全稳定工作方案和工作制度,建立安全稳定工作台账;每学期专题研究本单位的安全工作;每年开展法制安全教育,组织或参加安全演练活动情况;加强舆情监控,排查清理安全隐患,制订落实处置突发事件工作预案等。

(六)存在问题及整改措施。主要包括:回应上一年度述职评议考核过程中自己查摆、上级点评、师生评议中所指出问题的整改情况;剖析本年度单位党建工作存在的突出问题,加强和改进工作的思路措施。既要查找基层党建工作中存在的突出问题,也要查找个人履职尽责方面存在的突出问题,还要分析存在问题的原因,特别是主观方面的原因,做到见人见事见思想。对下一步工作思路和主要措施要着重回应查找的突出问题,要明确整改目标、做到重点突出、确保拟定的整改措施具有可行性。

(七)上级党组织要求述职的其他内容。

第六条　述职、评议程序

(一)组织开展调研。基层党委(党总支)书记要深入本单位内部和师生之间,广泛听取班子成员、党支部书记、师生党员、民主党派、离退休党员、教职工代表等意见建议,就一年多来基层党建工作的具体情况,进行充分调查研究、认真梳理分析、继续整改推进,为述职做好准备。

(二)撰写述职报告。基层党委(党总支)书记要认真学习领会习近平总书记关于落实全面从严治党责任、加强党的基层组织建设的重要指示精神,认真学习全国高校思想政治工作会议精神,在深入调研基础上,全面梳理总结本单位党建工作情况,认真撰写述职报告,实事求是地总结成绩、查摆问题、深挖根源,提出整改措施。对履职情况的介绍应当实事求是,注重用事实说话,注意总结工作特色和经验做法。同时,始终贯穿履行抓基层党建工作第一责任人职责这条主线,讲清个人在抓研究谋划、抓督促落实、抓投入保障、抓重点难点问题解决等方面所做的工作、存在的不足和今后的努力方向。述职报告需征求本单位党委班子意见,经本单位党委会审阅通过。校党委、组织部门对述职报告严格把关,提出修改意见。

(三)从严从实述职评议。参加现场述职的基层党委(党总支)书记要紧扣重点内容,把自己摆进去,讲清履职尽责抓基层党建工作情况,注重用事实说话,见人见事见思想,防止虚空飘,防止只讲面上工作情况、不讲个人履职情况,防止只讲党支部和党员的问题、不讲自身的问题,注意不能以行政工作替代党建工作。听取述职后,校领导结合平时了解掌握的情况,逐一进行点评,重点指出值得肯定的经验做法、存在的突出问题、下一步努力方向。对需要进一步了解的内容，参会人员可现场提问。述职点评结束后，组织参会人员填写评议表，按“好、较好、一般、差”四个等次进行现场书面测评。

第七条　严格考核并强化结果运用。根据述职评议情况，结合日常了解、督促检查、现场核查等情况，对基层党组织书记抓基层党建工作情况形成综合评价意见。综合评价意见突出履行第一责任人职责、指导推动基层党建工作和抓基层党建重点任务等情况。考核结果在一定范围内公布，接受基层党组织和党员群众监督。把基层党委（党总支）书记述职评议考核情况及班子成员抓分管领域基层党建工作情况，作为评先评优、选拔任用干部的重要依据。综合评价为“好”的，优先考虑在年度考核中评定优秀等次；对综合评价为“一般”“差”的，专门进行约谈、指出问题、限期整改，情况严重的进行问责。

第八条　认真抓好整改落实。各基层党委（党总支）书记要认真梳理分析自己查摆、上级点评和群众评议中指出的问题，列出问题清单、责任清单、整改清单，逐项抓好整改落实。校党委组织工作力量对基层党委（党总支）整改落实情况进行定期、不定期抽查或专项督查，确保整改事项落到实处。对述职中发现的共性、难点问题，相关部门要统筹协调、推动研究、解决问题。

第三章　组织领导

第九条　加强组织领导和工作指导。全校各级党组织要认真履行全面从严治党责任，高度重视、精心谋划、统筹安排、有力推动，确保述职评议考核工作健康有序开展。党组织主要负责同志要把述职评议考核工作紧紧抓在手上，认真履职尽责，对有关材料和重点环节进行严格把关。校党委组织部要履行牵头责任，精心设计和组织好每一个环节工作，加强督促检查和工作指导，确保述职评议考核取得实效。

第十条　建立健全长效机制。各基层党委（党总支）对所属党支部书记开展述职评议，原则上参照以上方式进行。有关部门和各单位要认真总结开展基层党组织书记述职评议考核工作的有效做法和经验，进一步强化基层党组织书记抓党建工作的主体责任，真正树立党要管党、从严治党、狠抓基层的鲜明导向。

——本文摘录自《关于印发〈厦门大学基层党委（党总支）书记抓基层党建述职评议考核工作暂行办法〉的通知》，厦大委综〔2017〕70号，档号2017-XZ09-12

厦门大学思想政治理论课教师培训方案(2017—2021)

(2017年12月4日)

为进一步加强思想政治理论课教师队伍建设,全面提升我校思想政治理论课教师队伍素质,根据《中共中央、国务院关于加强和改进新形势下高校思想政治工作的意见》精神和中宣部、教育部等有关部委文件要求,结合学校实际,制订本方案。

一、指导思想和主要目标

全面学习贯彻党的十九大精神,深入贯彻落实习近平新时代中国特色社会主义思想,以坚定理想信念、增强政治意识、提高理论素养、强化教学指导、加强师德建设为导向,紧紧围绕深入推进中国特色社会主义理论体系进教材、进课堂、进学生头脑这一中心任务,通过组织思想政治理论课教师进行系统培训,增强教师把握和阐释理论与现实重大问题的能力,推广理论联系实际、富有吸引力感染力的创新教学方法,提升马克思主义理论教学和研究水平,着力建设一支理想信念坚定、师德高尚、理论功底扎实、教学效果良好的高水平思想政治理论课教师队伍,培养又红又专、德才兼备、全面发展的中国特色社会主义合格建设者和可靠接班人提供坚实保障。

二、具体要求

1.每年至少组织一次思想政治理论课教师集中专题培训,每年组织12场左右专题报告会,每位教师每年参加集中培训的时间不少于24学时。

2.分批安排思想政治理论课教师参加中宣部、教育部、省教育厅等组织的相关培训,每位教师每4年至少参加一次相关机构培训。

3.每年安排一半左右的专职教师开展国内外学术交流、实践研修和学习考察活动。

三、培训的主要内容

坚持以理想信念、党性修养、政治理论、道德品行教育培训为重点,并注重教学科研能力、政策法规、科学人文素养等方面教育培训,全面提高思想政治理论课教师的综合素质和能力。

1.深入开展学习党的十九大精神,特别是习近平新时代中国特色社会主义思想的理论培训,开展党的路线方针政策、社会主义核心价值观、党史国史、国情形势等方面的理论培训,着力提高教师的理论水平和理论素养。

2.深入开展教学科研能力培训。围绕教书育人、教学行为规范、教学理念创新、教学内容设计、教学方法优化、教材编写等方面开展培训,帮助教师提升教育教学水平;围绕学术前沿研究、研究方向凝练、研究课题申报、高水平论文写作等方面开展培训,帮助教师提升科学研究水平。

四、培训途径和主要措施

1.建立培训师资库。按照择优入库、动态管理的原则,选聘在马克思主义理论教学、研究、实践、宣讲等领域有深厚造诣的专家学者、领导干部作为培训师资,定期邀请他们来校讲学指导。

2.优化培训模式。按照分类别、分层次的原则,以“马克思主义理论研究和建设工程”相关课程教师、学科和课程带头人、研究生导师、中青年骨干教师等为重点,制订相应培训计划,提升学习培训的针对性;突出主题教育的组织形式,按照“缺什么补什么”的原则,根据形势任务发展和政策宣讲需要,确定教育培训主题。

3.加强学术研修。以“重走马克思之路”为主题,分批组织思想政治理论课教师赴德国、英国等马克思主义创始人思想成长的关键地方进行短期研修;鼓励有条件的教师利用学术假,以公派访问学者身份赴国外马克思主义理论研究的重镇进行访学进修、开展学术交流,或到国内党政部门、企事业单位、农村及艰苦边远地区等挂职锻炼。

4.创新培训方式。组织倡导研讨式、实践式、案例式等教学方式,通过组织辅导、开展调研、交流讨论、举办论坛等方式,深化对马克思主义及其中国化等重大问题的认识和理解;建设思想政治理论课教师社会实践研修基地,组织思想理论课教师赴我国重要革命纪念地、改革开放前沿地区和西部地区等进行考察学习和实践锻炼,进一步增强培训的吸引力和感染力。

5.开展网络培训。在坚持集中学习研讨的基础上,依托“中国教育干部网络学院”,组织思想政治理论课教师参加网络专题培训,进一步丰富培训资源,拓宽培训渠道,强化自主学习,增强学习实效。

五、培训保障和组织实施

1.培训保障。学校将思想政治理论课教师培训所需经费纳入年度财务预算,确保经费投入;充分利用校院教学资源和条件保障思想政治理论课教师培训需要;学校教师工作、党校、人事、教务、科研、财务、教师发展等有关部门要积极支持思想政治理论课教师培训工作,提供必要的条件和保障。

2.组织实施。本方案由学校党委教师工作部牵头负责,马克思主义学院具体组织实施。

——本文摘录自《关于印发〈厦门大学思想政治理论课教师培训方案(2017—2021)〉的通知》,厦大委综〔2017〕77号,档号2017-XZ09-12

厦门大学共青团改革实施方案

(2017年12月17日)

为深入学习贯彻党的十九大以及中央党的群团工作会议、全国高校思想政治工作会议精神,贯彻落实《中共中央关于加强和改进党的群团工作的意见》《中共中央国务院关于加强和改进新形势下高校思想政治工作的意见》《中长期青年发展规划(2016—2025年)》《关于新形势下加强和改进高校共青团思想政治工作的意见》要求,切实推进厦门大学共青团改革创新,加强和改进我校思想政治工作和共青团工作,服务学校发展和人才培养,根据团中央、教育部印发的《高校共青团改革实施方案》,结合学校实际,制订本方案。

一、总体思路

(一)指导思想

以马克思列宁主义、毛泽东思想、邓小平理论、"三个代表"重要思想、科学发展观、习近平新时代中国特色社会主义思想为指导,学习贯彻习近平总书记关于青年和共青团工作的重要论述,立足保持和增强政治性、先进性、群众性,密切联系服务引领青年师生,依照共青团"凝聚青年、服务大局、当好桥梁、从严治团"四维工作格局,积极适应共青团深化改革的新形势,围绕学校综合改革和"双一流"建设,始终把握思想政治引领这一核心任务,坚持立德树人,持续服务学生成长成才,持续推进组织创新和工作创新,以体制机制改革激发活力,带领广大青年师生为学校"双一流"建设积极进取,努力成长为有理想、有本领、有担当的新青年,在实现中国梦的生动实践中放飞青春梦想,在为人民利益的不懈奋斗中书写人生华章。

(二)基本原则

牢牢把准政治方向。坚持党建带团建,坚持党委领导,自觉将党的理论和路线方针政策贯彻落实到团组织建设的各方面、全过程,坚持中国特色社会主义青年运动方向,引领广大青年师生不忘初心跟党走,勇做时代弄潮儿。

尊重学生主体地位。以学生为重点,突出青年的中心地位,把准学生脉搏,了解学生心声,充分发挥学生在我校共青团建设中的能动作用,问需问策问效于青年,使共青团深深根植于青年之中,真正服务于青年。

突出重点聚焦问题。紧紧围绕提升我校共青团的吸引力、凝聚力,扩大工作有效覆盖面,因事而化、因时而进、因势而新,密切联系服务引领青年师生,着眼根本,立足长远,着力破解制约我校共青团发展的思维定式、重点难点和体制机制问题。

统筹推进上下联动。着眼于"自上而下"与"自下而上"相结合,既坚持全面统筹,做好顶层设计,及时进行政策解读、过程跟踪、指导监督和成效评估,又鼓励基层团组织结合实际,发挥首创精神,大胆探索,先试先行,形成校院联动、合力推进改革的生动局面。

(三)主要目标

通过优化我校共青团机构设置和工作运行机制,巩固和创新基层组织制度,创新工作方式方法,加强团干部队伍建设,优化共青团资源保障,突出基础制度创新和组织活力提升,建设充满活力、坚强有力的共青团组织,实现直接联系服务引领青年师生取得重要成效,工作有效覆盖面不断扩大,组织吸引力、凝聚力不断提升,服务学校发展和青年成长成才的能力水平不断提高,带动全校团员青年共同进步,培养中国特色社会主义合格建设者和可靠接班人。

二、改革具体措施

(一)改革优化共青团运行机制

1.优化学校团的机构设置。校团委设置组织部、宣传部、办公室。根据学校青年工作和教育教学改革方向,设置若干业务工作中心。加强翔安校区团工委建设。建立艺术团团工委、社团团工委。支持校团委根据实际工作需要合理设置和调整工作机构。

2.完善直接联系服务引领青年师生制度。实行校团委书记班子定点联系制度。校团委书记班子成员每人联系2～4个学院(研究院)团委(团总支),具体指导工作。实行"1+2+100"制度,每名校团委机关干部直接联系2个团支部和100名团员青年。推行共青团工作活动"众创众筹众评"制度,通过征集招标、申办领办等方式,鼓励学院团委、学生社团、团队主办、承办共青团工作活动,让青年师生更多地参与到团的工作活动设计、决策、实施、评议全过程。

3.构建项目化、扁平化和制度化工作机制。着眼内涵提升,进一步深化全校团学重点品牌工作的项目化管理,重点工作成立项目小组,加强工作协同,规范工作运行。建设和升级"i·厦大"共青团信息发布平台、共青团发文系统、学生活动中心预约系统,建立扁平化工作运行体系,注重运用新媒体手段服务和推动工作。加强各级团组织的制度和规范建设,出台《厦门大学共青团工作标准》,促进团的工作有章可循和有序开展。

4.完善青年师生提案机制。统筹青年有序参与学校治理,建立年度提案工作制度,校院两级团委委员、团代表、学生代表等按照各自职责和渠道积极建言,围绕学校事业发展和青年关注的热点、影响学校发展的难点,集中开展调研,形成提案。定期举办"书记面对面""校长有约""青年会客厅"活动,进一步畅通学校与青年师生的沟通渠道。学校相关职能部门定期组织座谈会、见面会、恳谈会、通报会,与青年师生就他们关心的问题进行沟通交流。

(二)改革创新工作方式方法

1.实施共青团"第二课堂成绩单"制度。在引导青年学生坚持学业为主的同时,针对学生思想成长、实践学习、志愿公益、创新创业、文体活动、工作履历、技能特长7个方面的参与需求,科学构建共青团"第二课堂"育人体系。建设"i·厦大"厦门大学共青团第二课堂成绩单信息认证平台,客观记录学生参与"第二课堂"活动的经历和成果,让"第二课堂"成绩单成为学校人才培养评估、学生综合素质评价、社会单位选人用人的重要依据。

2.打造青年权益维护平台。继续打造"青年之声@厦门大学"网上平台,把"青年之声"平台建成反映青年呼声、回应青年诉求、维护青年权益、服务青年成长的重要窗口和品牌。新成立校团委权益服务中心,在团支部中设立权益委员,及时收集反映同学的诉求。开通"三家村热线",提供校园资讯、法律援助等方面的服务,加强对校园青年困难群体的帮扶。完善学生申诉受理机构,建立部门联席会议工作制度,推动学生申诉问题的处理。

3.推进"青春厦大"网上共青团建设。加快共青团互联网战略转型,形成线上线下深度融合的工作理念和整体格局。打造以“青春厦大”网站为核心的新媒体阵地集群，增强共青团网络供给能力，研发和推广贴近青年特点的新媒体内容产品。开展“青网计划”，建好以团学骨干、网络宣传员和网络文明志愿者为主体的青年网络工作队伍，健全管理、培训和激励机制，引导全校青年争当“中国好网民”。结合全团“智慧团建”系统实施，依托网上团支部联盟平台逐步实现基础团务、团员管理和团的活动记录网络化。

(三)加强重点项目建设

1.深化实施青年思想引领“铸魂工程”。深化“青马工程”，实施“厦大青年领导力培养计划”，在学生骨干、社团骨干、团干部和青年教师中选拔培养对象，制订专门培养方案，以理想信念教育为核心，开设党性教育、理论学习、实践锻炼、工作锤炼、对外交流等方面的课程，着力培养一批对党忠诚、信仰坚定、素质优良、作风过硬的中国特色社会主义事业合格建设者和可靠接班人。大力建设“习近平新时代中国特色社会主义思想青年研习社”等学生理论社团，学习、宣传和研究党的最新理论成果，推动党的十九大精神特别是习近平新时代中国特色社会主义思想进宿舍、进支部、进网络。实施“青年先锋领航计划”，将社会主义核心价值观教育贯穿团的各项工作活动。每年在全校立项100个践行社会主义核心价值观团支部主题团日活动；选树100名践行社会主义核心价值观优秀青年师生员工典型；开展100期社会主义核心价值观宣讲活动，强化教育引导、实践养成、制度保障，把社会主义核心价值观转化为青年的情感认同和行为习惯。实施“优秀传统文化传承计划”，开展“书香校园”活动，扶持一批国学类社团，引导学生品读经典，自觉传承中华民族优秀传统文化。实施“同行计划”，发挥厦门地缘优势，设立“厦门大学两岸青年交流中心”，继续办好“两岸青年学子论坛”等交流活动，做好我校台湾地区学生的学业、就业等帮扶工作，加深台湾地区学生对祖国的认同，同心同向，同向同行。

2.深化实施青年身心素质“阳光工程”。实施“青年文明修身计划”，大力推动志愿服务建设，推动共青团员全部注册为青年志愿者，将志愿服务作为团支部基本职能之一，强化培养青年学生社会责任意识、规则意识、奉献意识。实施“体育健身百千万计划”，广泛开展“厦来三走”主题活动，全校每年扶持100个体育兴趣小组，组织1000场以上的体育锻炼活动，吸引万名以上的青年参与。实施“阳光心理计划”。加强对青年的人文关怀和心理疏导，加强青年心理健康知识宣传普及，采取有效措施缓解青年在学业、职业、生活和情感等方面的压力。倡导校园健康生活方式，打造校园健康文化。

3.深化实施青年实践创新“成长工程”。实施“南强学子知行实践行动”，打造100个社会实践长期品牌项目，提高社会实践活动质量。实施“1＋3＋6青行计划”学生暑期挂职锻炼项目，培养在实践中正确观察社会的思辨能力和强烈的社会责任感。实施“青年文化创新行动”，深入挖掘校本文化教育功能，注重以文育人，以文化人，创作生产一批讴歌党、讴歌祖国、讴歌人民的校园文化精品；建设一批弘扬时代精神和创意文化的学生社团。实施“青年就业创业引领行动”，推动学生积极参与创业实践，树立到基层、到祖国最需要地方服务的就业观和成才观。把大学生社会实践、文化实践和实习见习纳入实践学分管理。

(四)改革创新团组织建设

1.巩固和创新基层团组织建设。在坚持班级建团的基础上，积极探索社团建团、公寓建团、课题组建团、实验室建团、网络建团，构建“多重覆盖，多种形式”的团建创新模式。加强研究生团组织建设。推行班级团支部与班委会一体化工作机制，探索实行班长兼任团支部副书记或团支部书记兼任班长的制度。实施“团支部活力提升工程”，在团组织中选树一批“团员先锋岗(队)”，开展团员先进性教育。各学院、研究院根据实际情况灵活设置青年教职工团组织，充分发挥机关团委、后勤集团团委、国际学术交流中心团委联系青年职工的作用。

2.完善团的代表大会制度。严格执行校院两级定期召开团的代表大会制度。校级团代会每5年召开一次，院级团代会每3年召开一次。增强代表性，提高团支部、非团学干部的团员学生和青年教职工的代表比例，其比例不低于70％。探索代表常任制、提案制和大会发言制度，建立校院团委定期向团的常任代表报告工作和听取意见建议的制度。

3.构建党领导下的“一心双环”团学组织格局。在党委领导下，构建以校院两级团委为核心和枢纽，以学生会组织为学生自我服务、自我管理、自我教育、自我监督的主体组织，以学生社团及相关学生组织为外围延伸手臂的组织格局。支持学生会组织依章程独立自主开展工作，健全校院两级学生代表大会制度，每 1～2 年召开一次代表大会。代表中，非校院级学生会骨干的学生代表比例不低于 60%，探索实行常任代表会议制度。建立健全对学生会骨干任期考核、淘汰退出机制。加大学生社团扶持力度，支持引导学生社团健康发展。规范社团年审注册制度，配齐选强社团指导教师，校学生社团联合会负责人由校学生会副主席兼任。

（五）加强团干部队伍建设

1.打造专兼挂相结合团干部队伍。校团委班子采用“3＋5”的配备模式，从优秀青年教师中选拔挂职副书记 1 名，从全日制在读学生中选拔兼职副书记 2 名，翔安校区团工委书记和嘉庚学院团委书记兼任校团委副书记。学院（研究院）团委班子挂职和兼职副书记的比例不低于 50%。挂职、兼职干部不占编制，不对应行政级别。挂职干部只转党组织关系，不转行政关系，兼职干部根据工作需要灵活掌握。加强对团干部的选拔、管理，逐步完善团干部校内转岗和校外流动的制度安排。

2.实施团干部能力提升工程。建设学习型团干部队伍，注重团干部理想信念、党性作风、业务能力、知识技能培训，将团干部培训纳入学校干部培训体系。加强校院两级团校建设，完善团校课程体系，建立团校师资库，建设“青年公开课”“慕课”等网上授课共享资源库，加强工作标准化和知识化管理，每 3 年完成一次全校团干部轮训。鼓励团干部积极开展共青团工作理论研究，开设团干部工作坊，以课题立项和互动交流的形式推动实际工作，为个人职业发展和职称晋升提供支撑。

3.加强团干部作风建设。深入开展团干部健康成长教育，教育引导团干部筑牢理想根基、增强“四个意识”、践行群众路线、勇于开拓创新。制定《厦门大学学院（研究院）团组织工作绩效考核办法》，综合运用党政评价、师生评议、互学互评、第三方测评等方式，将考核结果作为团干部评奖评优和职务聘任的重要参考依据。

（六）改革强化保障支持

1.优化党建带团建机制。将团的建设纳入学校党的建设总体格局，推行团建与党建同规划、同部署；将共青团工作作为学院（研究院）党建工作考核的重要内容，占比不低于 10%，纳入学院（研究院）党委年度述职内容。学校党委明确 1 名副书记分管共青团工作，1 名副校长联系共青团工作。各级党委每年至少召开 1 次专题会议研究共青团工作。校团委书记列入校党委委员候选人提名人选。根据工作需要，学院团委书记可列席学院党政联席会议。继续强化我校共青团组织“受同级党组织领导、同时受团的上级组织领导”的双重领导体制，确定校级和院级团组织主要负责人任免等事项，应事先征求团的上级组织意见。持续将“共青团员推优入党”作为基层团组织的重要工作职责，将推优纳入学校党建工作标准。

2.优化资源条件保障机制。支持各级团组织按照团章独立自主地开展工作，保障团干部有足够精力投入团的工作。按照《关于进一步加强和改进高等学校共青团建设的意见》加强基层工作力量的精神，校团委、学院（研究院）团委（团总支）的专职人员编制数、干部职数根据青年师生数量和工作需求合理增加。各学院、研究院团委（团总支）配备专职团干部。学校按照每年生均不低于 80 元安排共青团工作经费，纳入校级财务预算，并根据学校事业发展同步合理上调。学校、学院（研究院）、相关部门在活动场所、设施等方面对团的工作予以保障。

三、组织实施

本方案由校党委研究同意后下发，由校团委牵头，相关部门、学院（研究院）协同实施，方案落实执行情况纳入基层党委、相关部门和各级团组织的考核内容。校团委加强宣传引导，及时总结、推广具有普遍性和借鉴意义的经验做法,指导督促各单位团委结合实际制定细化措施。实施过程中遇到问题及时汇报,稳妥有序推进改革,确保工作落实到位,制度执行到位。

——本文摘录自《关于印发〈厦门大学共青团改革实施方案〉的通知》,厦大委综〔2017〕81号,档号2017-DQ07-7

中共厦门大学委员会关于加强新形势下教师党支部建设的实施意见

（2017 年 12 月 18 日）

为全面学习宣传贯彻党的十九大精神和全国、全省高校思想政治工作会议精神，推进教师党支部建设的制度化、规范化、科学化，根据《中国共产党章程》《中国共产党普通高等学校基层组织工作条例》《中共教育部党组关于加强新形势下高校教师党支部建设的意见》《福建省委教育工委关于加强新形势下高校教师党支部建设的实施意见》和党内有关法规，结合学校实际，现就加强新形势下教师党支部建设提出如下实施意见。

一、深刻认识加强教师党支部建设的重大意义和目标要求

高校教师党支部是教育管理监督服务教师党员的基本单位，是把党的路线方针政策落实到高校基层的战斗堡垒，是党团结和联系广大教师的桥梁纽带，是办好中国特色社会主义大学的重要支撑。加强新形势下教师党支部建设，对于落实全面从严治党要求，全面贯彻党的教育方针，坚持社会主义办学方向，落实立德树人根本任务，培养中国特色社会主义合格建设者和可靠接班人，具有重大而迫切的战略意义。

牢固树立党的一切工作到支部的鲜明导向，把党支部建设作为学校党建工作最重要的基本建设，把思想政治工作落到支部，把从严教育管理党员落到支部，把群众工作落到支部，努力使教师党支部成为教育党员的学校、团结群众的核心、攻坚克难的堡垒，使广大教师党员成为有理想信念、有道德情操、有扎实学识、有仁爱之心好老师的表率。

二、新形势下加强教师党支部建设的重点任务

（一）着力发挥教师党支部的主体作用

1.着力发挥强化政治引领、坚持社会主义办学方向方面的主体作用。坚持把坚定正确的政治方向放在党支部建设的首位，以提升组织力为重点，突出政治功能，坚持用党章党规规范党组织和党员行为，用习近平新时代中国特色社会主义思想武装头脑、指导实践、推动工作，不断增强教师党员的政治意识、大局意识、核心意识、看齐意识，使教师党员在思想上政治上行动上与以习近平同志为核心的党中央保持高度一致，坚定不移维护党中央权威和党中央的集中统一领导。

2.着力发挥严肃党内政治生活、规范党的组织生活方面的主体作用。坚持以党支部为基本单位，以“三会一课”为基本制度，以“两学一做”为基本内容，推动组织生活经常、认真、严肃，不断增强党内政治生活的政治性、时代性、原则性、战斗性。及时做好发展党员、党员党籍和组织关系管理、党费收缴、党员激励关爱帮扶和党纪处分、组织处置等基础性工作，把纪律和规矩挺在前面，加强对教师党员教育、管理、监督和服务，引导教师党员追求道德高线、严守纪律底线，促进形成党员教师模范遵守师德规范、践行学术道德的良好风尚。

3.着力发挥团结凝聚师生、促进校园和谐稳定方面的主体作用。坚持把思想政治工作与党的建设相

结合,把立德树人、规范管理的严格要求和春风化雨、润物无声的灵活方式相结合,把解决师生的思想问题和解决教学科研工作以及学习就业等实际问题相结合,健全党内外激励关怀帮扶机制,以党建带团建、党建带群建,使党支部真正成为团结凝聚师生群众的坚强阵地和政治核心。

4.着力发挥促进学校中心工作、服务事业科学发展方面的主体作用。坚持围绕中心抓党建、抓好党建促发展。教育引导教师党员在日常教学科研工作和生活中亮出党员身份、立起先进标尺、树立先锋形象,带头攻坚克难,成为学高为师、身正为范的践行者,引领带动师生积极投身学校改革,提高人才培养质量,推动学校事业发展。

(二)突出抓好党支部教师思想政治工作

1.把加强教师理想信念教育作为党支部工作的首要任务。系统开展马克思列宁主义、毛泽东思想教育和中国特色社会主义理论体系的教育,深入学习贯彻落实习近平新时代中国特色社会主义思想,认真开展党的基本理论、基本路线和基本方略教育。规范教师党员党内学习教育制度,按年度做出学习安排,每年集中学习培训时间一般不少于32个学时,其中,参加“三会一课”、经组织认定的网络学习时间计入学时。将个人自学和集中学习相结合,个人自学倡导网络选学、互鉴互学、实践研学等学习方式,集中学习可采取专题辅导、专题讨论、影视观摩、事迹教育、实践考察等多种形式,通过体系式学习、融合式讨论、案例式教学、项目式研究、针对性解读等,调动党员学习的自觉性和主动性,增强学习实效。大力推进中青年教师社会实践和校外挂职锻炼,努力提升教师思想政治素质和实践能力。

2.把推动讲政治要求贯穿教育教学和科研活动全过程作为党支部工作重要着力点。以“四有好老师”“四个引路人”为目标,坚持“四个相统一”的要求,教育引导广大教师以德立身、以德立学、以德施教。加强党支部在教育教学、科研管理等重大事项中加强政治把关作用,教师党员申报哲学社会科学领域课题需要审核把关的,首先由党支部书记审核把关。教育引导教师把思想引领和价值观塑造融入教育教学,在课堂教学、论坛讲座等活动中严守教育教学纪律和学术规范,坚持正确的政治方向、政治立场、政治原则。大力推进师德师风建设,健全教师师德教育制度,每两周全校统一安排2个课时的时间专门用于开展学习教育活动,每位教师每年至少参与10个学时的学习教育活动。关心了解教师的思想政治状况,及时回应教师重大关切,防止各类错误思潮侵蚀,从师德失范事件中吸取深刻教训,反思教育不足,建立健全预警机制,积极做好教育引导工作。

3.把解决实际问题、增强教师归属感获得感作为党支部工作的重要落脚点。坚持贴近教师思想、工作、生活实际,建立务实管用、灵活多样的服务载体,把党支部建成党员之家、教师之家,形成教师有困难找支部、有问题找党员的常态化帮扶机制。依托党支部搭建校院领导与教师定期交流联系平台,从职业规划、激励评价、人文关怀等方面促进教师成长发展。坚持“五必访”,即遇到“重大节日、生病住院、遭灾遇祸、生活困难、家属病逝”必访,细化服务教师党员工作,着力解决教师党员生活上的实际困难。通过支部委员谈心、支部活动等方式积极做好教师心理疏导,引导教师保持理性平和的健康心态,安心、热心、舒心、静心从教。

(三)切实优化党支部设置

1.优化党支部设置模式。积极探索教师党建工作向最活跃、最具创新能力的组织拓展,扩大党组织和党的工作覆盖面。积极适应学校组织结构、管理模式、学科设置、办学形式的新变化,不断优化教师党支部设置,可根据实际需要,探索依托重大项目组、学科组、课题组、创新团队、科研平台、中外合作办学项目和机构等设置教师党支部或师生联合党支部,探索在学会、协会教师群体中设置临时教师党支部。

2.规范党支部组建方式。凡有正式教师党员3人以上的单位,均应建立教师党支部。正式党员不足3人的,可与业务相近的教学科研单位联合成立党支部,也可成立师生联合党支部。对于出国出境或参加校外教学科研、实习指导、学术交流活动连续6个月以上的教师党员,要及时纳入党组织管理,条件具备的要建立临时党支部(党小组)。合理控制教师党支部党员人数规模,一般在30人以内。

3.坚持按期换届。教师党支部委员会每届任期三年至五年。对任期将满的党支部,上级党组织一般应提前6个月以书面发函通知等形式提醒做好换届准备工作,党支部一般提前4个月向上级党组织书面报送换届请示。校党委每年要对教师党支部情况进行摸底排查,对软弱涣散、支委不强、长期不过组织生活、不发挥作用的,要限期整顿。

(四)严格规范党支部各项党的组织生活制度

1.严格规范“三会一课”制度。“三会一课”要突出政治性、时代性、严肃性和实效性,做到形式多样、氛围庄重。党员大会每三个月至少召开一次,支部委员会会议每个月至少召开一次,党小组会每个月至少召开一次,每季度上一次党课。党支部书记带头讲党课,每年至少为支部党员讲1次党课。鼓励开展互动式情景式党课以及微党课,鼓励用好革命传统资源开展现场教学,突出政治学习和理论教育,突出党性锻炼。学校党委建立涵盖党史党建专家学者、理论报告员、党课教师、先进模范的师资库,为党支部党课学习提供教学服务。全面开展“固定党日+”活动,组织党员每月固定时间、确定主题,集中开展“三会一课”、交纳党费、节日纪念、参加联系服务群众等活动。推荐优秀项目参选福建省高校“十佳百优”主题党日,积极推动教师党支部参与福建省“六好”评选以及福建省高校基层党建“三个好”创建活动。深化党支部工作“立项活动”,建立党支部“共建共创”机制。党支部每年年初制订“三会一课”年度计划,并报上级党组织备案。严格“三会一课”考勤,健全缺勤补学制度。如实记录“三会一课”开展情况,每月月初报上级党组织。做好党支部工作台账,由专人负责做好记录、管好资料,强化工作纪实,实施留痕管理。注重区分不同类型党员的实际,利用“两微一端”组织流动教师党员落实好“三会一课”。

2.严格规范组织生活会制度。坚持民主集中制原则,切实运用好批评和自我批评这个武器,每年至少召开1次专题组织生活会,会前认真组织学习、广泛听取意见、深入谈心交心,会上认真查摆问题、深刻剖析根源、明确整改方向,会后逐一整改落实。组织生活会后,党支部和班子成员要分别列出整改清单、明确整改事项和具体措施,报上级党组织备案。整改内容和完成情况要在一定范围公示,接受党员群众监督。教师党支部中的党员领导干部在参加班子民主生活会的同时,要以普通党员身份参加所在党支部的组织生活会。

3.严格规范谈心谈话制度。组织开展经常性谈心谈话,做到支部委员之间必谈、支部委员与每位党员必谈、支部委员与党外教师必谈。每类谈心谈话每年分别不少于2次。注重人文关怀和心理疏导,坚持“五必谈”,即党员“工作和职务变动时、受到表彰奖励或处罚批评时、思想出现波动时、廉政勤政方面群众有反映时、党性民主评议后”必谈。谈心谈话要坦诚相见,既要相互交流思想、沟通工作生活情况,又要相互听取意见、指出对方存在的问题和不足。要采取针对谈、重点谈、反复谈等多种方式方法,增强谈心谈话效果。

4.严格规范党员民主评议制度。每年开展1次教师党员民主评议工作,督促教师党员对照党员标准、对照入党誓词、联系个人实际进行党性分析。按照个人自评、党员互评、民主测评、组织评定的程序,对教师党员进行评议。党员人数较多的党支部,个人自评和党员互评可以分党小组进行。结合民主评议,支部班子成员要与每名党员谈心谈话。党支部综合民主评议情况和党员日常表现,确定评议等级。党员民主评议结果一般分为优秀、合格、基本合格、不合格四个等次。根据民主评议结果,对优秀党员予以表扬;对党性不强的教师党员,进行严肃批评教育,限期改正;经教育仍无转变的,应按规定程序给予劝其退党或除名。

(五)加强教师党支部书记队伍建设

1.选优配强党支部书记。注重选拔党性强、业务精、有威信、肯奉献的教师党员担任党支部书记。大力推进教师党支部书记“党建带头人、学术带头人”培育工程,力争通过3年左右的时间,基本实现“双带头人”支部书记选拔方式全覆盖。“双带头人”支部书记原则上应具有副高级以上专业技术职称(职务)或者博士研究生学历学位,一般应兼任本单位行政职务。系(所、中心、教研室)以及职能部处主要负责人是党员的,原则上要兼任党支部书记,落实“一岗双责”。对党员流动性较大或新成立的党支部以及暂时没有党员学术骨干、学科带头人的党支部,可以由上一级党组织结合实际情况直接指派。教师党支部书记任期内应保持相对稳定。

2.强化党支部书记培养培训。要加强教师党支部书记任前培训、示范培训和集中培训。教师党支部书记培养培训,要把坚定理想信念作为首要任务,把增强党务工作能力作为培训重点,把强化党性锻炼作为重要方式。结合工作实际拓宽教师党支部书记培训渠道,依托党校、党员教育培训基地、干部教育培训基地等,每年至少安排1次教师党支部书记校级集中轮训,分期分批进行,每期3～5天,可利用寒暑假组织培训。每名党支部书记集中轮训时间不少于24学时,全年学习时间不少于32学时。对有党支部换届选举任务的,可在换届选举结束后再安排培训。对新任职的党支部书记,一般应在其任职半年内进行培训。各级党组织要结合科研合作、扶贫攻坚、部门挂职等工作,积极为党支部书记搭建实践锻炼的平台。

3.完善党支部书记履职尽责激励保障措施。要切实保障教师党支部书记政治待遇和经济待遇。教师党支部书记视工作需要,可列席学院党政联席会议,参与本单位工作规划、干部人事、年度考核、提职晋级、评奖评优等重要事项讨论决策。教师党支部书记党务工作计入工作量,享受相应的津贴补贴待遇,对于同时担任行政职务和党支部书记的,可适当提高或累加计算。建立教师党支部书记工作考核机制,推行教师党支部书记向上级党组织述职制度。基层党委(党总支)定期召开党支部书记例会,组织教师党支部书记工作交流和情况通报;每年要对教师党支部及书记履职情况进行分析评估,建立履职情况档案,对表现优秀、群众公认的教师党支部书记实行重点培养,对不称职的教师党支部书记及时进行调整。树立正确用人导向,学校选拔院(系)级党政干部,要把担任教师党支部书记经历作为选拔任用的重要条件。注重推荐政治素质好、议政能力强、威信威望高的优秀教师党支部书记作为各级党代表、人大代表、政协委员人选。定期开展优秀教师党支部和优秀教师党支部书记的评选表彰工作。

4.强化支委班子建设。注重配备熟悉和热爱党务工作的青年党员学术骨干担任副书记或委员,并作为支部书记后备人选进行培养锻炼。加强对支委班子成员的教育培养,强化支委意识,提升履职尽责的能力。

(六)着力做好党支部在青年教师中发展党员工作

1.统筹规划教师党员发展工作。学校党委要按照“控制总量、优化结构、提高质量、发挥作用”的总要求,统筹协调好党内党外组织发展工作,单列教师党员发展计划,规划好优秀青年教师的发展工作。基层党委(党总支)要细化年度教师党员发展工作安排,指导教师党支部切实做好在青年教师中发展党员工作。把教师党员发展工作情况纳入年度基层党委(党总支)书记抓党建述职评议考核工作的内容。

2.建立健全沟通联系、及时发现机制。基层党委(党总支)要认真梳理、摸清青年教师思想政治状况,使党的工作覆盖到每一位青年教师,变“坐等上门”“等待成熟”为“主动联系”“积极引导”,把工作重心前移到写入党申请书前的关心和引导上,主动帮助引导青年学术骨干、学科带头人、拔尖领军人才和海外留学归国教师向党组织靠拢,条件成熟的及时确定为党组织发展对象。具有高级职称的教师、副处级以上领导干部申请入党,基层党委(党总支)需报学校党委组织部备案。

3.创新优化教育培养方式。遵循高知识群体和青年教师思想成长发展规律,有针对性地制定培养教育措施,探索建立把骨干教师培养成党员,把党员教师培养成教学、科研、管理骨干的“双培养”机制。对递交入党申请书的教师,党支部书记要在收到申请书1个月内找本人谈话,加大跟踪培养的力度。对已确定为入党积极分子的教师,要把着力点放在教育培养特别是思想入党上,加强入党动机教育,强化实践锻炼,全面深入进行考察。对确定为入党积极分子的中青年骨干教师、学科带头人、优秀留学归国人员,可由基层党委(党总支)书记、委员或在群众中有影响、有声望的党员专家教授担任联系人,通过自学、党校培训、个别辅导、谈心谈话等灵活多样的方式进行教育培养。系统组织好青年教师党章党规党纪、世情党情国情教育,强化他们对中国特色社会主义的思想认同、理论认同、情感认同。每年至少组织1期校级优秀中青年骨干教师集中培训。

4.落实落细入党积极分子联系考察办法。加强对入党申请人、入党积极分子的教育、培养和考察,及时掌握培养对象的思想动态和实际表现,努力建设一支数量充足、质量较高、作用明显的入党积极分子队伍。学校党委书记、党员校长带头联系 1～2 名优秀青年教师入党积极分子,基层党委(党总支)书记、教师党支部书记常态化联系青年教师入党积极分子,定期与他们谈心谈话、沟通交流。始终把政治标准放在首位,把一贯表现和对重大问题的态度作为重要考察内容,在严格标准、程序的同时,优化、改进考察办法,及时把符合党员条件的优秀青年教师吸收入党。

三、切实加强对教师党支部建设工作的领导

1.加强组织领导。切实加强对教师党支部工作的领导,推动形成学校党委统一领导,组织部门牵头抓总,教师工作、宣传、党校、人事、教务、科研等部门协同配合,基层党委(党总支)负责实施、教师党支部具体落实的工作格局。学校党委要把教师党支部建设工作纳入党建工作规划、年度工作要点,认真贯彻落实相关政策和工作要求,推进落实教师党支部发挥政治把关作用、参与重要事项决策等制度安排。推动建立校党委委员、基层党委(党总支)党委委员联系教师党支部制度,明确核定党支部工作和活动经费标准、列入年度党建经费预算,推进教师党建工作示范点建设,加强党建信息化网络化平台等条件建设,鼓励支持开展教师党支部建设理论研究和实践探索。加强党对群团工作的领导,坚持党建带群建,推动教师党支部建设和群团组织活动有机结合。

2.明确主体责任。基层党委(党总支)对本单位教师党支部建设工作负主体责任,党委(党总支)书记是第一责任人。基层党委(党总支)要认真落实基层党建工作责任制,研究制定加强党支部建设的具体实施办法,研究落实党务干部岗位津贴、工作量核算等重要政策的实施措施,统筹指导、协调推进工作开展,切实做到有规划、有部署、有落实,有检查,有问责。明确计划安排,搭建工作平台,创新活动载体,提供保障条件,每学期至少听取 1 次教师党支部建设工作情况汇报,定期对教师党支部工作进行专题研究,总结推广经验,交流典型做法。强化对教师党支部开展组织生活和各项活动的指导,基层党委(党总支)委员每人确定 1～2 个教师党支部作为工作联系点,深入了解掌握实际情况,积极参加联系支部的活动,及时帮助教师党支部解决实际问题。在教师党员党支部工作和活动经费每人每年不低于 150 元的基础上,有条件的基层党委(党总支)可在此基础上进一步加大经费资助。按照"有场所、有设施、有标志、有党旗、有书报、有制度"的标准建设"党员之家",建立多种形式的教师党员教育、实践和服务基地。

3.健全考核体系。教师党支部建设情况纳入基层党委(党总支)书记抓党建述职评议考核工作,校党委定期抽查并通报工作开展情况。校党委组织部、教师工作部和基层党委(党总支)定期开展教师党支部建设工作专项检查,对党内活动开展不正常的党支部,要及时发现,督促整改;对具备发展党员条件但多年不发展新党员,又长期不研究的党支部,要加强指导和监督检查,研究制定改进措施。基层党委(党总支)要建立健全教师党支部书记考核评价体系,对所属教师党支部进行工作评议。结合党员民主评议,党支部书记向本支部党员报告工作,通过自评、党员评议、组织评定等形式对党支部书记履职情况满意度进行考核,考核结果作为奖惩、干部推荐的重要依据。挖掘和培树教师党支部、教师党支部书记先进典型,学校定期对优秀教师党支部和优秀教师党支部书记进行评选表彰,营造良好的教师党支部比学赶超的环境氛围。

——本文摘录自《关于印发〈中共厦门大学委员会关于加强新形势下教师党支部建设的实施意见〉的通知》,厦大委综〔2017〕80 号,档号 2017-XZ09-12

·教学与科研工作·

厦门大学2017年本科招生章程

(2017年)

第一章　总　则

第一条　根据《中华人民共和国教育法》《中华人民共和国高等教育法》和教育部有关规定,为规范厦门大学招生工作,维护考生合法权益,结合厦门大学办学实际情况,制定本章程。

第二条　学校全称厦门大学(国标代码10384),现有思明校区、翔安校区、漳州校区和马来西亚分校。厦门大学由著名爱国华侨领袖陈嘉庚先生于1921年创建,是我国唯一地处经济特区的教育部直属全国重点综合性大学,国家"211工程"和"985工程"重点建设的高水平研究型大学。厦门大学具有学士、硕士、博士学位授予权,并设有博士后科研流动站。思明校区位于厦门市思明区思明南路422号;翔安校区位于厦门市翔安区翔安南路;漳州校区位于厦门湾南岸的招商局漳州开发区;厦门大学马来西亚分校位于马来西亚首都吉隆坡南郊雪州雪邦沙叻丁宜,距离马来西亚吉隆坡国际机场约15公里,距离国家行政中心布城约20公里。

第三条　厦门大学马来西亚分校从2016年开始招收中国学生,纳入中国统一高考并在各省(区、市)本科一批录取,由厦门大学统一录取。有关马来西亚分校的教学培养和管理任务由厦门大学马来西亚分校承担。具体详见《厦门大学马来西亚分校2017年招生简章》。厦门大学马来西亚分校网址:http://my.xmu.edu.cn。

第四条　厦门大学招生工作遵循"公平竞争、公正选拔、公开程序,德智体全面考核、综合评价、择优录取"的原则。

第二章　组织机构

第五条　厦门大学成立招生工作领导小组,由校长担任组长,分管纪检、招生考试、教务和学生工作的校领导担任副组长,成员由以上校领导和有关部门负责人组成,负责制定招生政策,研究决定招生的重大事宜。

第六条　厦门大学在招生工作领导小组的基础上,吸纳教师代表、学生代表和校友代表,成立了厦门大学招生委员会,充分发挥其在决策咨询、民主监督和管理方面的作用。

第七条　招生办公室作为厦门大学招生的常设机构,在厦门大学招生工作领导小组的领导下,贯彻执行国家招生政策和规定,具体负责厦门大学招生工作的组织实施。

第八条　厦门大学监察部门负责对学校招生工作进行监督(电话:0592-2180299)。

第三章　招生计划

第九条　厦门大学在教育部核定的年度招生规模内面向全国31个省份招生。厦门大学根据教育部有关文件精神和厦门大学实际办学条件,结合近几年厦门大学分省分专业招生计划编制及具体使用情况,统筹考虑各省份生源数量、生源质量、教育资源享有情况和城乡、区域协调发展等因素,科学合理地编制招生计划。具体分省分专业招生计划请查阅厦门大学招生网(http://zs.xmu.edu.cn)或各省级招生部门公布的高校分专业招生计划。

第十条　将自主招生、高水平艺术团和高水平运动队单列批次录取的省份,厦门大学在该省份录取的以上三类考生和在有关省份录取的外语类保送生不占用我校公布的分省分专业计划数。

第十一条　厦门大学根据教育部相关文件规定,在国家核定的年度招生规模内预留不超过1%的招生计划,用于调节各省份上线考生生源不平衡的问题。

第十二条　厦门大学继续实施国家专项计划和高校专项计划(凤凰计划)招生,进一步加大对中西部省份招生计划投放比例。我校将根据各省入选资格考生人数,兼顾生源质量与区域分布的合理性,参考我校在各省招生计划的安排,确定并公布高校专项计划(凤凰计划)招生专业和人数。

第十三条　厦门大学在本科招生、培养中推行"大类招生,大类培养"模式,原则上一个学院按一个专业大类进行招生。各招生大类分流专业(或方向)的情况请参阅《厦门大学2017年本科招生专业大类设置方案》。

第四章　培养与管理模式

第十四条　厦门大学实行"宽口径、厚基础、多样化"的人才培养模式。录取的学生入学后先按大类培养,共同学习大类平台课程,二、三年级按照《厦门大学大类招生的学生选择专业暂行办法》确定专业(或方向)。

第十五条　全面推进素质教育。厦门大学发挥综合性大学多学科优势,实行全面选课、主辅修制、转专业、三学期制、国内外名校交流等多样化的人才培养措施,为培养有国际视野的研究型和复合型拔尖创新人才提供优质的教育资源。

第十六条　设立创新学分。厦门大学将创新创业教育贯穿人才培养全过程,着力提升学生创新精神、创业意识和创新创业能力。自2015级起创新学分作为必修学分,计入教学计划总学分。学生参加科创项目、学业竞赛、发表论文和发明创造等可申请创新学分。所有本科生在校期间至少参加一项科创项目和一项学业竞赛。

第十七条　"基础学科拔尖学生培养试验计划"。从2010年起,厦门大学成为国家实施"基础学科拔尖学生培养试验计划"的19所"985工程"大学之一。每年从新生中选拔一批优秀学生,配备一流师资,提供一流学习条件,量身定制个性化人才培养方案,为优秀学生创造一流学术环境与氛围。厦门大学以优势学科群为依托,搭建"本研一体化"教学平台,鼓励拔尖学生提前进入研究生阶段学习。

第十八条　国家基础学科人才培养基地班。自20世纪90年代起,厦门大学经济学、化学、数学、生物科学、历史学、海洋科学等六个专业陆续成为国家基础学科人才培养基地,学校对其以我校杰出校友(均为著名教授)冠名,分别为:"王亚南经济学班""卢嘉锡化学班""陈景润数学班""汪德耀生物科学班""傅衣凌历史学班""郑重海洋科学班"。经多年积累,厦门大学六个基地班已建立了良好的人才培养机制,形成了鲜明的办学特色,培养了一批优秀拔尖人才。

第十九条　卓越人才培养教育计划。厦门大学法学专业入选教育部"卓越法律人才教育培养计划"。临床医学专业入选教育部"卓越医生教育培养计划"。机械设计制造及其自动化、电子信息科学与技术、飞行器动力工程、自动化、计算机科学与技术、化学工程与工艺、材料科学与工程、软件工程、建筑学等9个工科专业入选教育部"卓越工程师教育培养计划"。计划优化人才培养方案,完善校地企协同育人机制，建设实践基地，强化学生实践创新能力培养。

第二十条　国际化教学试验班。厦门大学选择经济学、统计学、金融学、会计学、国际商务、财政学、国际新闻等优势学科，开设国际化教学试验班，进行国际化创新人才培养试验。试验班引进国外先进的教学内容与课程体系，专业核心课程逐步采用双语或全英语教学。其中经济学、统计学、金融学、国际商务、财政学国际化试验班由厦门大学王亚南经济研究院和经济学院共同承担教学和培养任务，采用全英文授课；该班的学生从录取的经济学院新生中进行选拔，在学期间有更多机会到国外知名高校交流。

第二十一条　博伊特勒书院。2015年，学校成立以2011年诺贝尔生理学或医学奖得主布鲁斯·博伊特勒先生的名字命名的书院，探索本科生跨学科培养和管理模式的新尝试。书院每年面向生命科学学院、医学院、药学院及公共卫生学院本科新生招生，实施“书院式”住宿安排、全方位导师配置和通识教育；每年从三、四年级选拔优秀学生学习高级课程，高级课程由布鲁斯·博伊特勒先生主持规划设计，邀请世界一流科学家全英文授课。

第二十二条　国内外名校交流。为提高本科生人才培养质量，厦门大学致力于与国内外著名高校开展本科生交流学习的活动。厦门大学与英、美、日、法、俄等国家和台港澳地区的300多所高校建立了校际合作关系。厦门大学每年选拔数百名本科生，在校学习期间到国(境)外著名大学交流学习。

第二十三条　实施本科生导师制，注重教授为本科生上课。厦门大学实施本科生导师制，新生入学后为本科生配备导师，为学生提供思想、学业科研训练、创新创业等方面的指导。厦门大学要求教授、副教授承担本科专业课程，形成了名教授、名师给本科生上课的校园文化。

第二十四条　录取在厦门大学航空航天学院、生命科学学院、海洋与地球学院、环境与生态学院、医学院、药学院、公共卫生学院和能源学院的新生和国际学院爱尔兰都柏林项目的新生入住翔安校区，其他学院新生入住思明校区。

第二十五条　学生在厦门大学规定的学习年限内，修完教学计划规定内容，达到毕业要求，由厦门大学颁发国民教育系列普通高等教育本科毕业证书。符合学位授予条件者，由厦门大学授予学士学位。

第五章　招生要求

第二十六条　报考厦门大学外语类专业的考生，要求高考外语语种为英语。报考英语专业的考生，如考生所在省级招生考试机构组织口试，考生须参加且成绩合格。厦门大学马来西亚分校各专业均为英语教学，请高考外语语种不是英语的考生，谨慎填报厦门大学马来西亚分校，具体要求详见《厦门大学马来西亚分校2017年招收中国本科学生简章》。

第二十七条　报考艺术类、高水平艺术团、高水平运动队、外语类保送生、自主招生、高校专项计划(凤凰计划)的考生，有关考核要求按相应的简章和相关通告执行。艺术类、高水平艺术团、高水平运动队学生入学后，厦门大学将根据招生政策和录取标准进行专业水平复查，凡不符合录取条件的，取消入学资格。

第二十八条　厦门大学各招生大类无男女比例限制。

第二十九条　考生身体健康状况的要求按教育部、卫生部、中国残疾人联合会印发的《普通高等学校招生体检工作指导意见》和人力资源社会保障部、教育部、卫生部《关于进一步规范入学和就业体检项目维护乙肝表面抗原携带者入学和就业权利的通知》等有关规定执行。新生入学后三个月内，厦门大学根据有关规定进行新生录取资格复查和身体健康状况复检，凡不符合录取要求或弄虚作假的，取消入学资格。

第三十条　厦门大学在浙江、上海招生专业(类)的选考科目要求以省级招生考试部门公布的最新信息为准。对于有选考科目要求的招生专业(类)，考生选考科目中至少满足其中任何1门，方符合报考该专业(类)。

第六章　录取原则

第三十一条　厦门大学根据生源省份的出档规定和报考生源质量等情况确定调档比例。对于按平行志愿方式填报院校志愿的省份和内蒙古自治区，原则上按招生计划数100%调档；对于按非平行志愿方式填报院校志愿的省份，原则上在招生计划数的105%～110%以内调档。浙江按各招生大类（专业）计划数100%调档，上海按各招生大类（专业）组计划数100%调档。

第三十二条　厦门大学在各省份出档的考生中（除内蒙古、浙江外），根据公布的招生大类（或专业）招生计划，采用专业志愿"分数级差"的方式进行专业（类）录取。专业志愿间分数级差总分值为5分。即第一和第二专业志愿分数级差为2分，第二和第三专业志愿及第三和第四（含第四及其之后的所有排序志愿）专业志愿的分数级差均为1分，第四（含第四及其之后的所有排序志愿）与调剂专业志愿分数级差为1分。

第三十三条　厦门大学在内蒙古按"招生计划1∶1的范围内按专业志愿排队录取"的规则进行录取，有关志愿填报及录取规则考生可咨询内蒙古教育招生考试中心。

第三十四条　厦门大学原则上认可符合教育部及各省级招生委员会认定的全国性政策加分。实行平行志愿投档模式的省份，省级招生部门投档后，厦门大学按包含考生位次信息的投档成绩进行招生大类（或专业）录取（注：在江苏的录取原则以第三十八条为准，在浙江、上海的录取原则以第三十九条为准），对投档成绩相同的考生，以各省份确定的成绩排序规则进行排序。实行非平行志愿投档模式的省份，省级招生部门投档后，厦门大学以考生的投档成绩进行招生大类（或专业）录取，对投档成绩相同的考生，以高考卷面原始分高者优先，高考卷面原始分相同者，文史类以语文、数学成绩排序，理工类以数学、英语成绩排序。

第三十五条　在实行非平行志愿填报方式的省份，厦门大学在第一院校志愿生源不足的情况下，可接收非第一院校志愿的考生。实行平行志愿的省份，第一次投档后计划未完成时，可参加所在省份征集志愿。征集志愿仍不足则将剩余计划调剂到其他生源质量好的省份完成招生计划。

第三十六条　艺术类专业录取原则按艺术类招生简章的有关规定执行。获外语类保送、高水平艺术团、高水平运动队、自主招生和高校专项计划（凤凰计划）资格考生的录取规则按相应简章的有关规定执行。面向贫困地区定向招生专项计划按照国家有关政策实施。2017年录取的高水平运动队安排在新闻传播学院新闻学专业学习。

第三十七条　厦门大学招收的非西藏生源定向西藏就业学生为国家定向就业招生计划，少数民族预科班、内地西藏班和新疆高中班学生为国家指导性定向就业招生计划。厦门大学将按照教育部和各省份制定的有关政策招收上述学生。

报考非西藏生源定向西藏就业的考生，厦门大学将根据考生志愿在不低于生源所在省份普通类本一批次厦门大学的出档线下40分以内择优录取。学生在校期间享受国家有关的学费、教材、伙食、住宿等补助，毕业后充实到西藏的县以下基层干部队伍，进藏服务期5年。录取的学生到校报到注册前须与西藏人事厅签订"定向西藏就业协议书"，否则，取消入学资格，相关责任由学生个人承担。

少数民族预科班生源限定为厦门大学当年有安排招生计划省份参加全国高考的少数民族考生，录取成绩要求为不低于生源所在省份普通类本一批次厦门大学的出档线下80分。录取的预科学生需在厦门大学翔安校区进行一年预科阶段学习，预科学习合格并结业者，厦门大学将根据学生在预科阶段考核的综合成绩，结合学生预转本志愿填报情况及厦门大学拟订的预转本招生专业计划确定其本科学习专业，并转入厦门大学进行本科阶段学习；不合格者将退回生源地区。

内地西藏班、新疆高中班的升学招生工作由教育部内地西藏班新疆高中班招生办公室统一组织实施。

第三十八条　面向江苏省招生[含自主招生、高水平艺术团和高校专项计划（凤凰计划）]的两门选测科目要求：理工类专业选测科目一门为物理，另一门不限；文史类专业选测科目一门为历史，另一门不限；

两门选测科目等级要求为AA。专业安排办法采用等级级差法，即考生两门选测科目每得一个 A^+ 折算成等级级差分2分，在考生投档分的基础上加上等级级差分后进行排序，再采用厦门大学确定的“专业级差”的方式，结合考生的专业志愿和必测科目成绩和综合素质评价进行录取。

第三十九条　投档到厦门大学的浙江省考生，体检及选考科目等符合录取要求将录取在投档的大类(专业)。投档到厦门大学的上海市考生，在投档的大类(专业)组内采用厦门大学确定的“专业级差”方式进行大类(专业)录取及调剂。

第四十条　厦门大学与爱尔兰都柏林商学院继续合作举办会计学、金融学专业本科教育项目，其招生大类名称分别为工商管理类(会计学专业)和金融学类(金融学专业)。该项目为中外合作办学项目，招生纳入国家普通高等学校招生计划。在投放该项目招生计划的省份仅招收有填报该项目专业志愿的考生。该项目由厦门大学国际学院负责实施，由厦门大学国际学院和都柏林商学院共同承担教学培养和管理任务。该项目毕业证书上注明“中外合作办学”。有关课程设置、师资组成、学位授予等事项详见《厦门大学与爱尔兰都柏林商学院中外合作办学项目2017年招生简章》。厦门大学国际学院网址：http://liuxue.xmu.edu.cn/。

第四十一条　按照艺术类专业招生办法录取的考生，入学后不得转入其他普通类专业学习；按照自主招生、高校专项计划(凤凰计划)办法录取的考生，入学后原则上不得转入其他专业学习；录取的外国语言文学类专业保送生，入学后不得转入非外国语言文学类专业学习；录取的非西藏生源定向西藏就业考生，入学后不得转入其他专业学习；所有录取在国际学院金融学专业和会计学专业(厦门大学与爱尔兰都柏林商学院合作举办)的考生，入学后不得转入其他专业学习；所有录取在临床医学、口腔医学、中医学、护理学、公共卫生与预防医学类等五个专业的考生，入学后不得转入其他专业学习。

第七章　收费标准

第四十二条　学费标准

1.人文学院、新闻传播学院、外文学院、法学院、公共事务学院、国际关系学院、经济学院、管理学院、数学科学学院、物理科学与技术学院、化学化工学院、材料学院、生命科学学院、海洋与地球学院、环境与生态学院、信息科学与技术学院、电子科学与技术学院(除集成电路设计与集成系统专业外)、能源学院、建筑与土木工程学院、医学院、公共卫生学院、药学院所属各专业每人每学年5460元。

2.航空航天学院按航空航天类进行招生，学生入学后在专业分流前每人每学年5460元；专业分流后到机电工程系、仪器与电气系和自动化系各专业学生每人每学年5460元，专业分流到动力工程系飞行器动力工程专业、飞行器系飞行器设计与工程专业学生每人每学年6760元。

3.艺术学院各专业每人每学年9360元。

4.软件学院和电子科学与技术学院集成电路设计与集成系统专业一、二年级每人每学年5460元，三、四年级按学分收费，每人每学分400元，每学年约为40学分。

5.国际学院金融学专业和会计学专业(厦门大学与爱尔兰都柏林商学院合作举办)，每人每学年50000元，如第四年选择到爱尔兰都柏林商学院学习则该年学费按都柏林商学院的收费标准收取，约人民币14万～18万元。

第四十三条　住宿费标准

厦门大学学生公寓住宿费为每人每学年800～1200元，4～6人/间。厦门大学将根据实际住宿房间按物价部门批准的收费标准收取。

第八章　奖励资助政策

第四十四条　绿色通道

为切实保证家庭经济困难学生顺利入学，厦门大学建立“绿色通道”制度，即对家庭经济困难新生一律先办理入学手续，入学后再根据具体情况，分别采取不同办法予以资助。绿色通道办理方式及所需材料可登录厦门大学学生资助管理中心网站(网址:http://xszz.xmu.edu.cn)“政策规定”栏目查询。

第四十五条　国家奖、助政策

国家设立了国家奖学金、国家励志奖学金奖励品学兼优的学生;同时还设立了国家助学金,并提供国家助学贷款,用于资助家庭经济困难学生顺利完成学业。

第四十六条　厦门大学奖、助体系

厦门大学设立了“文庆奖学金”、“本栋奖学金”、“亚南奖学金”和“优秀学生奖学金”等50余项校级奖学金和多项院(系)级奖学金,激励学生刻苦学习,奋发向上;同时还建立起包括困难补助、勤工助学等多种资助形式在内的完整的资助体系,免除家庭经济困难学生的后顾之忧。

第九章　就业情况

第四十七条　厦门大学为学生就业创业提供专门的教育、指导和服务,引导学生树立正确的就业观,培养学生职业生涯规划意识和创业意识,提升学生就业创业能力。学校开设就业指导、生涯规划、创新创业等课程,开展形式多样、层次丰富的咨询和指导活动。每年近2000家用人单位进校招聘,就业需求岗位发布10万余个。厦门大学本科毕业生就业率始终保持较高水平,2016届毕业生就业率94.1%,其中,境内外深造率达44.1%,境内升学主要去向国家高水平大学和重点科研院所,境外升学进入世界前200强占境外升学总人数的67.7%。

第十章　附　则

第四十八条　本章程自公布之日起生效。本章程公布后,如遇部分省份高考招生政策调整,厦门大学将根据当地相关政策制定相应的录取政策,并另行公布。

第四十九条　本章程由厦门大学招生办公室负责解释。

厦门大学招生办公室联系方式:

电话:0592-2188888,传真:0592-2180256

网址:http://zs.xmu.edu.cn

——本文摘录自《厦门大学2017年本科招生章程》,档号2019-XZ30-002

厦门大学2017年博士研究生申请考核招考工作指导意见

(2017年3月)

为了更加科学地选拔优秀人才,进一步提高博士研究生(以下简称博士生)选拔质量,我校决定2017年在部分院系继续推行博士生招生申请考核选拔方式。根据《教育部办公厅关于做好2016年招收攻读博士学位研究生工作的通知》(教学厅函〔2016〕17号)有关规定,为确保我校博士生申请考核招考工作科学、规范、公平和安全,特制定本指导意见。

一、指导原则

(一)坚持全面考核、科学选拔的原则。对考生进行德智体全面考核,重点考查考生的创新精神、创新能力、科研潜质与综合素质。同时,积极探索具有特殊学术专长和突出创新能力人才的选拔机制。

(二)突出专家组在博士生招录选拔中的积极作用。同时,加强专家组的自律约束机制建设,抵制不正之风,维护学术道德和规范。

(三)坚持公平、公正、公开原则。做到政策透明、程序公开、结果公开,监督机制健全,维护考生的合法权益,坚持择优录取、宁缺毋滥。

二、组织管理

(一)校招生工作领导小组负责对全校博士生招生工作的领导和协调,指导全校博士生的招生录取工作,审批各院博士生的招生工作办法。同时,由校招生工作领导小组成员单位组成若干个考核巡视督查小组,负责全校博士生考核的巡视督查工作。在考核过程中,各巡视督查小组将深入各院考核现场,在不干扰正常考核工作的前提下,采取适当方式了解、督查考核工作的开展情况。

(二)各院成立研究生招生工作领导小组。学院(研究院)的研究生招生工作领导小组由各院院长、书记和分管研究生教育的副院长、副书记、院负责纪检工作的院领导以及院、系、所、中心(以下简称院系)相关领导组成。由院长任组长,分管研究生教育的副院长任副组长。院研究生招生工作领导小组全面负责本单位博士生招生录取办法制定、考务管理、安全保密、考核录取组织工作及信息公开等各项工作,同时对治理考场环境、维护考场安全、严肃考风考纪负有主体责任,确保考试安全和录取公平规范。

(三)各院(研究院)成立研究生招生工作巡视督查小组,由院系相关领导组成。招生工作巡视督查小组由院党委书记任组长,负责纪检工作的院领导(或指定其他院领导)任副组长,负责全程巡视监督本院的考核工作。

(四)各院成立专家考核组(以下简称专家组)。专家组可按一级学科或者二级学科组成。学院可根据需要设立一个或者同时设立多个平行专家组,每个组一般应由不少于五位责任心强、为人公正、教学科研经验丰富、学术水平较高副教授以上或相当专业技术职务以上专家组成,组长由考核工作经验丰富、为人公道正派的教师担任。专家组应严格按照网上公布的院申请考核选拔办法进行考核,公平、公正、科学、合理地给考生评分。

(五)各院(研究院)应提前向学校招生办公室报送研究生招生工作领导小组名单、巡视督查小组名单、专家组专家名单、考核办法、考核程序和要求等。考核办法、考核程序和要求应在本单位网页上公布。

三、申请考核程序

各院应根据《厦门大学2017年博士研究生招生简章》《厦门大学2017年博士研究生申请考核招考工

作指导意见》制定本院《2017年博士研究生招生申请考核选拔办法》，并于2016年11月10日前报送学校招生办公室审核后公布于招生办和各学院网站。各院可根据学科特点自行确定初审选拔、资格审查和考核时间，但必须报学校招生办公室备案。

各学院在制定本单位博士生申请考核选拔办法时，应对申请者的外语水平提出符合本学科实际的博士生入学水平要求。

（一）初审选拔

1.申请资格审查

由院系研究生秘书或工作人员或指定教师审查考核考生是否符合各院系选拔办法所规定的申请基本条件。如果不符合院系设定的基本申请条件者，终止申请程序。

2.专家组审核

通过院申请资格审查后的申请材料，应送至院设专门专家组进行审核。专家组应通过考生的硕士课程成绩、硕士学位论文（含评议书，应届硕士毕业生硕士论文开题报告）、考生参与科研、发表论文、出版专著、获奖等情况及专家推荐意见、考生自我评价等材料对其做出评价结论。

各院应事先制定初审选拔原则，由专家组根据院初审选拔原则，对每个申请者的材料进行认真评审并评分，以评分方式（百分制）按一定比例和择优推荐原则，确定入围面试推荐名单。

3.学院（研究院）招生领导小组复审

院研究生招生工作领导小组通过集体研究，对专家组提出的推荐人选进行最终复审，并形成按照一定比例择优选拔进入考核的名单报送招生办，并在学院网站公示。

（二）考核前资格复审

各院系应在考核前对考生进行资格再复审。考生考核时须亲自携带本人以下材料到各院系接受检查：

1.填写完整并密封完好的“厦门大学2017年博士研究生政治表现情况审查表”（该表可在厦门大学招生办网页：http://zs.xmu.edu.cn下载）；

2.毕业证书、学位证书原件（应届生携学生证原件）；

3.硕士期间成绩单（加盖教务部门或档案单位红色/蓝色公章）；

4.外语水平证书原件；

5.身份证原件；

6.一张近期1寸免冠彩照，用于体检；

7.考生自述（主要包括考生本人的政治表现、外语水平、业务和科研能力、研究计划等方面内容）；

8.体检表（须在厦门大学医院体检，可在考核后补交）。

同等学力考生还需提供本科毕业证书学位证书原件，5门及以上所报学科专业的硕士学位课程成绩证明。在全国核心期刊以第一作者发表两篇及以上与报考学科相关的论文，或获得省、部级及以上与报考学科相关的科技成果奖励的证明。

政审表一般由考生档案所在单位填写、签字并盖章，若考生档案由工作单位寄挂在人才市场，则由考生工作单位填写、签字并盖章。

凡未进行资格复审或资格复审未通过的考生一律不予录取。

（三）考核

1.考核时间

考核时间一般在3月中旬至3月底。各院亦可根据学科特点，提前设立考核时间并报学校招生办公室备案。

2.考核主要内容

（1）专业素质考核：主要考核考生的专业基础、知识结构、实际动手能力、考生以往科研成果以及对专业前沿领域及最新研究动态的掌握情况等。

(2)外语能力考核:主要考核考生的听力、口语、阅读、写作能力。

(3)综合素质考核:重点考查考生攻读博士学位的目的、科研兴趣和态度,科研工作背景和学术研究经历,综合评价考生的科学素养、创新能力和培养潜力等。同时,还必须对考生的思想政治素质和品德进行考核,主要内容包括考生的政治态度、思想表现、学习(工作)态度、道德品质、遵纪守法、诚实守信等方面,各院可请导师与考生进行有针对性的面谈,直接了解考生的思想政治素质和品德状况。

3.考核主要形式

(1)笔试

各院(学术学位博士)必须选择进行专业基础知识或综合素质或英语笔试测试,且笔试成绩要作为考核总成绩的一部分(笔试过程要全程录像)。

(2)面试

考查考生的知识结构、学习动机、科研背景和学术研究经历,考核学生的外语听力、口语能力和专业外文阅读水平等,综合评价考生的科学素养、个人品行、创新能力和培养潜力等,每生面试时间一般不少于30分钟,每个面试小组成员不少于5人,且要指派专门的秘书做录音、录像、笔录等。面试主要内容包括:

知识背景:本科、硕士阶段学习成绩、知识结构等;

科研能力:科研工作、论文发表、获奖等情况、科研潜力;

外语水平:听力、口语及专业外语水平;

综合素质:政治思想、道德品质、创新、表达、合作精神、身体心理状况、特长、专家推荐意见等;

(3)实践(实验操作)能力考核

考查实验和操作技能,或解决实际问题的能力。

各院系、各学科也可以根据各自学科专业特点和自身人才选拔特点,自定具体考核形式或对考生增加其他方式的考核。

(4)专家组综合评价

专家组应根据考生分专业测试以及面试考核结果,也可参照考生的申请材料审查和评价结果,以及思想政治素质和品德考核结果等,对考生进行全面考察,判断其从事科研的能力和培养前途,并给出书面的综合评价。

考核结果应及时告知考生本人。若院系认为需对考生进行进一步考查时,可再次安排考核。考核专家组要对考核结果负责。

四、硕博连读生的复试

已获得硕博连读资格的考生要参加考核复试,与普通考生同一考核标准公平竞争。

五、录取原则

(一)各院要按照"择优录取、保证质量、宁缺毋滥"的原则进行录取工作。各院研究生招生工作领导小组对本单位的博士生录取结果负责。

(二)各院在完成考核工作后,应根据考生的考核最终结果和招生计划,充分征求相关导师组的意见,召开学院研究生招生工作领导小组会议,按照导师组本年度博士招生指标,根据择优录取的原则,研究确定本单位博士生拟录取名单,并将该名单于考核结束后一周内报送至学校招生办公室,经学校招生办公室审核后即于所在学院网上公示。

(三)下列情况之一者,不予录取:考核不合格者;政审不合格者;体检不合格者。

(四)采用申请考核方式院系的生源不能调剂至采用公开招考方式院系;采用申请考核院系间的生源可以在相同或相近专业间相互调剂,但调剂应由接受调剂院报学校招生办公室审批同意后方可进行。

六、招生录取的监督与复议

(一)我校博士研究生申请考核招考工作接受校监察处的监督。监督电话:0592—2186219。

(二)实行校院两级巡视督查制度。校院巡视组共同负责各院博士生招录考核巡视督查工作。

（三）实行责任制度和责任追究制度。所有参与招生录取工作的人员都要认真负责，切实维护招生录取工作的公平公正，对徇私舞弊的工作人员要追究责任。

（四）实行复议制度，确保信访和监督渠道的畅通。对经调查属实的信访问题，由相关单位的研究生招生工作领导小组责成考核专家组进行复议。

（五）实行回避制度。凡亲属报考本单位博士生的导师和工作人员，不得参加本单位和当年度的博士生招生录取工作。

（六）实行信息公开制度。各院要提前在本院网站开辟专栏，主动公开招生政策、招生计划、招生专业目录、考生资格、录取程序、录取结果、咨询及申诉渠道。同时，各院要向社会公布本单位考核工作方案和实施细则，各院系或学科、专业招生人数，考生的初审成绩、考核成绩等信息。

（七）实行签订保密承诺书制度。学院研究生招生工作领导小组组长及成员、考核专家、命题（含面试命题）教师、材料审核专家、相关工作人员等都要签订博士生招生工作保密承诺书。

七、本招生工作指导意见由厦门大学招生办公室负责解释。

附：我校全面实（试）行博士生招生申请考核选拔方式的学院如下：物理科学与技术学院、航空航天学院、萨本栋微米纳米研究院、数学科学学院、化学化工学院、材料学院、信息科学与技术学院、软件学院、生命科学学院、海洋与地球学院、环境与生态学院、海洋与海岸带发展研究院、医学院、药学院、公共卫生学院、能源学院、建筑与土木工程学院、教育研究院（教育博士）、管理学院管理科学系、管理学院财务学系、法学院、知识产权研究院、南海研究院、财务管理与会计研究院。经济学院、王亚南经济研究院将拿出部分名额进行申请考核选拔，其余名额以普通招考方式选拔。

厦门大学招生工作领导小组

二〇一七年三月

——本文摘录自《厦门大学2017年博士研究生申请考核招考工作指导意见》，档号2017-XZ30-1

厦门大学2017年硕士研究生复试录取工作意见

(2017年3月20日)

根据教育部《关于加强硕士研究生招生复试工作的指导意见》(教学〔2006〕4号)文件精神及我校的实际情况,现对我校2017年硕士研究生复试和录取工作提出如下意见:

一、指导思想和原则

坚持公开、公平、公正和科学选拔的原则,德智体全面衡量,择优选拔,确保质量,按需招生,宁缺毋滥;坚持选拔具有突出创新能力及潜力、具有特殊学术专长及潜力的人才的原则;坚持在复试录取过程中,切实做到以人为本,尊重考生、服务考生的原则。

提高认识,服从大局,加强宣传,重视做好专业学位硕士(双证)研究生的招生录取工作,推动硕士研究生教育从以培养学术型人才为主的模式向以培养应用型人才为主的模式转变。

2017年是双证和单证硕士并轨招生的第一年,各招生单位务必严格按照国家相关文件要求,科学规划,精心安排,规范操作,平稳顺利地完成全日制和非全日制研究生复试录取工作。

二、组织管理

学校招生工作领导小组负责全面指导全校研究生的复试录取工作。同时,成立学院(研究院)研究生复试录取工作领导小组和复试录取工作巡视督查小组,具体负责研究生复试和录取的各项工作。

学院(研究院)的复试录取工作领导小组由各学院(研究院)院长、书记和分管研究生教育的副院长、副书记、学院(研究院)负责纪检工作的院领导以及院系相关领导组成。由院长任组长,分管研究生教育的副院长任副组长。复试录取工作领导小组负责组织成立若干复试小组。复试小组具体实施对每位考生的复试考核。每个复试小组应由不少于5名办事公正和责任心强的教师(研究生导师一般不少于3人)组成,并设立组长一名。

为了加强复试录取的巡视和监督工作,学校成立由分管校领导为组长、相关部门负责人组成的复试录取工作巡视督查小组,各学院(研究院)须成立复试录取工作巡视督查小组,由院系相关领导组成。复试录取工作巡视督查小组由党委书记任组长,负责纪检工作的院领导(或指定其他院领导)任副组长,负责全程巡视监督本院内的复试录取工作。

各学院(研究院)应在规定的时间内将复试录取工作领导小组和复试巡视督查小组成员名单通过规定的格式上报。

三、严格培训

各学院(研究院)每年必须在复试录取工作开始前召开培训会,要对参与复试录取工作的全体教师和工作人员进行政策、业务、纪律等方面的培训,使其明确工作纪律和工作程序、评判规则和评判标准;要强化参与工作教师的公平意识、责任意识、业务意识和保密意识。参与命题、制卷和面试等复试工作的涉密教师和工作人员须与所在学院(研究院)签订保密承诺书;学院(研究院)院长和党委书记须与学校签订招生考试安全责任书。

各学院(研究院)召开培训会的时间、地点等会议信息请通过专门格式上报(详见附件2),届时,学校将由相关部门组成工作组赴各单位巡视检查。

四、复试的要求与程序

所有被录取考生均须参加复试考核。推免生和往年保留录取资格生若已经复试过且所在院系同意不再复试的考生可予免试；如果尚未参加复试或参加过复试但所在院系认为有必要再次复试的考生由院系通知参加此次复试。

(一)复试的基本分数线划定和实施细则要求

厦门大学 2017 年硕士研究生招生复试基本分数要求已由学校招生工作领导小组研究确定，请见附件 1。

各学院(研究院)须召开本单位复试录取工作领导小组会议，制定本单位的复试录取工作实施细则，并在不低于(单科和总分皆不能低)学校相应学科复试基本分数线的原则下，进一步确定本单位各专业(或方向)的复试分数线。我校全面实施差额复试。原则上各院系专业的复试比例控制在 1∶1.2～1∶1.5之间，部分院系专业可根据学科特点、专业需要及上线考生情况适度调整复试比例，但最高不得超过1∶2的复试比例。

各学院(研究院)复试录取工作实施细则、各专业(或方向)复试分数线及复试比例经校招生办审核后在各自的网页公布。

(二)复试资格审查

各院系应在复试前对考生进行资格审查。考生复试时须携带本人以下材料到各院系接受检查：

1.填写完整并密封完好的“厦门大学 2017 年硕士研究生政治表现情况审查表”(该表可在厦门大学招生办网页：http://zs.xmu.edu.cn 下载)；

2.毕业证书、学位证书原件(应届生携学生证)及复印件；

3.大学期间成绩单(加盖教务部门或档案单位红色/蓝色公章)；

4.身份证原件及复印件；

5.准考证(遗失者可免交)；

6.一张近期 1 寸免冠彩照，用于体检；

7.考生自述(主要包括考生本人的政治表现、外语水平、业务和科研能力、研究计划等方面内容)；

8.体检表(须在厦门大学医院体检，可在复试后补交)。

同等学力考生还需提供大专毕业证书原件及复印件、英语水平证书原件及复印件和 6 门及以上本科专业课程成绩证明。注意：凡未进行资格审查或资格审查未通过的考生一律不予录取。

注：政审表一般由考生档案所在单位填写、签字并盖章；若考生档案由工作单位寄挂在人才市场，则由考生工作单位填写、签字并盖章。

(三)复试考核

1.复试内容主要包括：

(1)专业素质和能力测试。主要考查内容包括：创新精神和能力；本专业的发展潜力以及对本学科发展动态的了解；考生运用本学科知识发现、分析和解决问题的能力。

(2)综合素质及能力测试。主要考查内容包括：思想政治素质和道德品质；本学科以外的学习、科研、社会实践或实际工作表现等方面的情况；事业心、责任感、纪律性(遵纪守法)、协作性和心理健康情况；人文素养；行为举止、表达和礼仪等。

(3)外语测试。含外语听力测试、外语口语测试和专业外语测试等方面。

对专业学位硕士(双证)研究生的复试，要突出对专业知识的应用和专业能力倾向的考查，加强对考生实践经验和科研动手能力等方面的考查。

2.复试方式主要分为：

(1)笔试。主要为专业课测试。

(2)实践(实验)能力考核。主要测试实验和操作技能，或解决实际问题的能力。

(3)面试。具体要求：每生面试时间一般不少于 20 分钟；每个面试小组专家成员不少于 5 人；参加复试的教师须独立评分；须对每位考生的复试进行记录、录音和录像。

各招生单位还可根据各自学科专业的特点增加其他的复试方式。

3.复试规范

(1)笔试工作中的命题、制卷、考试和评卷等工作请严格按照2016年新出台的文本《厦门大学研究生复试工作笔试基本规范(试行)》(详见附件4)予以操作。

(2)面试中请各位参与面试工作的教师严格遵守《厦门大学研究生复试工作面试教师行为规范(试行)》(详见附件5)。

4.复试成绩的比例

复试成绩满分为100分。各单位可根据本专业的特点确定专业素质、综合素质、外语能力等部分的成绩比例。复试成绩的权重为:占总成绩的30%~50%。

5.对同等学力考生,除统一规定的复试内容之外,还需加试两门专业课[工商管理硕士、公共管理硕士、法律硕士(非法学)可予免试]。加试科目为所报考专业的两门本科主干课程,且不得与初试科目相同。加试的方式为笔试。考试时间为每门3小时,每门课程满分为100分。加试课程成绩不计入总成绩,但任何一门加试科目成绩达不到60分者,视为整个复试不及格。

(四)复试要求

1.复试(含笔试和面试)要有试题,须全程做好记录和录音录像(录音和录像设备由各院系自备)。复试考核小组须填写每位考生的评语和给出评定的成绩。复试完毕后复试试卷、考试提纲、面试书面记录、录音影像资料在各院(系、所)保存三年(未录取者保留一年)。

根据教育部文件精神,复试试题及其标准答案均系国家机密材料,请各单位采取切实有效措施,做好安全保密工作。各招生单位应建立复试试题题库。

2.复试信息必须公开:各学院(研究院)的复试考生名单、考生的初试成绩(含单科和总分)、分专业招生计划和复试录取工作实施细则经校招生办审核后必须在各院系的网页上公示。

3.建立健全集体议事和集体决策机制。

4.加强教育宣传,努力营造诚信考试氛围。

5.复试工作结束后,各院(系、所)应将复试成绩及结果在五个工作日之内(力争在三个工作日内)报招生办审核。

五、体检

所有取得复试资格的考生都应在复试期间到厦大医院参加体检。保留录取资格生不管是否已经体检,都必须参加此次体检。

六、调剂

1.调剂复试需同时遵守以下基本要求:

(1)生源有缺口的专业应优先从校内相同或相近专业的考生中调剂。

(2)校内调剂考生必须符合我校相应专业基本复试线,校外调剂至我校考生必须同时达到相应专业国家复试线和我校基本复试线。

(3)除参加管理联考的专业学位之外,调剂考生必须同时达到原报考专业相对应的分数线和调入专业所对应的分数线。由于参加管理类联考的各专业学位初试科目完全相同,因此,调剂考生只须达到调入的管理类联考专业学位分数线且符合相关调剂政策即可,无须达到原报考专业学位分数线。

(4)调剂原则上应在同一个一级学科里进行,原则上要求有一门相同的专业考试科目。国家线一般在3月20日左右公布。

(5)除医学类、艺术类和体育类专业外,从校外调剂到我校全日制研究生(含学术型和专业学位)的考生原则上本科毕业院校必须是国家"985"工程(含分校)或"211"工程或教育部75所直属高校。

(6)原报考全日制研究生的考生要调剂到非全日制专业学位硕士时,除了要符合我校相应专业的基本分数线外,还需符合欲调入的非全日制专业学位的报考条件;同时,请相应调剂申请者务必了解我校非全日制专业学位的相关招生政策:相对高额的学费标准,不享受奖助学金,不享受住宿床位,毕业证书和学位证书将加注"非全日制"字样。

(7)不接收同等学力考生为调剂生。

(8)调剂生与第一志愿报考我校的考生持同一标准进行复试。

2.调剂程序

第一步 符合我校调剂要求的考生请到我校招生办网页下载我校统一的调剂申请表,填妥后交送至或邮寄至或传真至我校相关院系;

第二步 院系对材料进行初审;

第三步 招生办复审;

第四步 相关院系通知通过复审的考生参加复试;

第五步 考生到教育部网上调剂平台(网址:http://yz.chsi.com.cn/tjxx/)上补填调剂申请,以便我校通过调剂网履行复试和录取的相关网上程序。

七、录取

1.根据各专业(或各方向)的招生计划和考生总成绩[总成绩=初试成绩÷5(或3)×权重+复试成绩(百分制)×权重],并结合考生思想政治表现、业务素质以及身体健康状况等因素,择优确定拟录取名单。如果考生的总成绩完全相同而招生计划有限,则比较初试总成绩,成绩高者被录取;如果初试总成绩再相同,则比较满分大于100分的单科成绩之和,成绩之和高者被录取;如果满分大于100分的单科成绩之和再相同,则比较满分等于100分的单科成绩之和,成绩之和高者被录取。

2.各院系可以院为单位,根据考生总成绩的高低,将候补录取考生按先后顺序排列,并在备注中注明"候补1""候补2""候补3"……字样,以便在拟录取名单里的考生放弃拟录取资格或争取到追加计划的情况下能按序补录。(注意:候补录取具有很大的不确定性,到最后很可能出现候补不上的局面。因为考生选择等候候补录取名额而导致丧失调剂机会的后果,由考生本人负责。同时,在候补录取过程中,如若排序靠前的候补考生已调剂至其他学校,我校将跳过该生顺次候补录取紧随其后的候补考生。)

3.复试成绩不及格(60分以下)者不予录取。政审不合格或体检不合格者不予录取。同等学力任一门加试科目不及格(60分以下)者不予录取。

4.各院系应在复试工作完成后五个工作日之内(力争在三个工作日内),召开复试录取工作领导小组会议确定拟录取名单,并将经学院(研究院)复试录取工作领导小组组长和副组长共同签字的名单报送至招生办审核,并为每位考生填写"录取登记表"报送至校招生办。

5.研究生拟录取名单经校研究生招生领导小组审核确定,并报省招生办和教育部审批最终确定。

6.录取信息必须公示:拟录取考生名单、拟录取考生的初试总分、复试成绩和总成绩等拟录取信息必须上网公示。

八、奖、助学金

详见《厦门大学2017年硕士研究生招生简章》。

九、复试录取的监督与复议

1.我校2017年硕士研究生复试录取工作全程接受厦门大学纪委、监察处的监督,监督电话:0592-2186219。

2.实行校、院二级复试巡视督查制度。在复试过程中,校、院巡视小组将深入各院系进行复试各个环节的督查,包括考生复试资格审查的督查、复试记录、录音、录像的检查和深入复试现场,在不干扰正常复试工作的前提下,随机走进考场和实验室、旁听面试等措施以了解、监督复试工作等。

3.实行责任制度和责任追究制度。所有参与复试录取工作的人员都要认真负责,严格保密,切实维护复试录取工作的公平公正,对徇私舞弊的工作人员要追究责任。

4.实行信息公开制度。复试基本分数线、复试工作办法、复试及录取结果等信息应及时公布。

5.实行回避制度。本年度有直系亲属或利害关系人参加硕士生入学考试的教师和工作人员应主动报告并申请回避,不得参加硕士生的复试工作。

6.实行复议制度。要保证投诉、申诉和监督渠道的畅通。受理投诉和申诉应规定时限。对投诉和申诉问题经调查属实的,由各学院(研究院)研究生复试录取工作领导小组责成复试小组进行复议。

十、复试录取工作日程安排

3月10日(星期五)前,各院系制定出复试录取工作实施细则,确定复试比例、复试考生名单、复试日期和调剂信息,并报招生办审核同意后尽快在各院系网上公布。如果相关院系在规定时间之内因故无法完成相应工作,可以适度顺延时间。

3月13日至3月20日(星期一)前,各院系开展并完成复试(含校内调剂复试)工作,其间考生进行体检。各院系原则上应在复试工作完成后五个工作日内(力争在三个工作日内),召开招生领导小组会议确定拟录取名单,并将拟录取名单报送至招生办。如果相关院系在规定时间之内因故无法完成相应工作,可以适度顺延时间。

最终录取名单以校招生领导小组确定并报教育部审核通过的结果为准。录取通知书将于6月中旬左右寄发。

十一、本复试录取工作意见由厦门大学招生办公室负责解释。

(附件略——编者)

——本文摘录自《关于印发〈厦门大学2017年硕士研究生复试录取工作意见〉的通知》,厦大招生〔2017〕1号,档号2017-XZ30-1

厦门大学 2017 年博士研究生复试录取工作意见

（2017 年 3 月 20 日）

根据《教育部　国家发展改革委　财政部关于深化研究生教育改革的意见》（教研［2013］1 号）和《2014 年招收攻读博士学位研究生工作管理办法》（教学［2014］4 号）文件精神及我校的实际情况，现对我校 2017 年普通招考类博士研究生复试和录取工作提出如下意见（《厦门大学 2017 年博士研究生申请考核招考工作指导意见》已另行公布）：

一、指导思想和原则

全面贯彻党的教育方针，以立德树人为目标。坚持公平、公正、公开和科学选拔的原则，德、智、体全面衡量，择优录取，保证质量，宁缺毋滥；坚持选拔具有突出创新能力和科研潜力、具有特殊学术专长的优秀创新人才的原则；坚持在复试过程中，切实做到以人为本，尊重考生，服务考生。

二、组织管理

学校招生工作领导小组负责全面指导全校博士研究生的复试录取工作。同时，学院（研究院）成立相应的博士研究生复试录取工作领导小组和复试录取工作巡视督查小组，具体负责博士研究生复试和录取的各项工作。

学院（研究院）的复试录取工作领导小组由各学院（研究院）院长、书记和分管研究生教育的副院长、副书记、学院（研究院）负责纪检工作的院领导以及院系相关领导组成。由院长任组长，分管研究生教育的副院长任副组长。学院复试录取工作领导小组应制定本单位的复试录取工作实施细则；同时，应该负责本单位若干复试考核小组的组织，每个复试考核小组应由 5 名办事公正和责任心强的本学科副教授职称（含）或相当专业技术职务以上专家组成，并设立组长一名。复试录取工作领导小组全面负责本单位复试录取组织管理工作，对治理考场环境、维护考场安全、严肃考风考纪负有主体责任。

为了加强复试录取的巡视和督查工作，学校成立由分管校领导为组长，相关部门负责人组成的复试录取工作巡视和督查小组；各学院（研究院）须成立复试录取工作巡视督查小组，由院系相关领导组成。复试录取工作巡视督查小组由院党委书记任组长，负责纪检工作的院领导（或指定其他院领导）任副组长，负责全程巡视督查本院的复试录取工作。

各学院（研究院）应在规定的时间内将复试录取工作领导小组和复试巡视督查小组成员名单通过规定的格式上报招生办。学院（研究院）院长和党委书记须与学校签订招生考试安全责任书。

三、严格培训

各学院（研究院）须在复试录取工作开始前召开培训会，要对参与复试录取工作的全体教师和工作人员进行政策、业务、纪律等方面的培训，使其明确工作纪律和工作程序、评判规则和评判标准；要强化参与工作教师的公平意识、责任意识、业务意识和保密意识。参与命题、制卷和面试等复试工作的涉密教师和工作人员须与所在学院（研究院）签订保密承诺书。

四、复试

（一）复试安排

为扩大学院（研究院）在博士生选拔中的自主权，各院招生工作领导小组可根据本单位学科、专业特点和招生计划等具体情况，选择初试完马上进行复试或等复试成绩出来后再进行复试。各院系和专业的复试时间将在招生办网页公布，各位考生可登录查询（http://zs.xmu.edu.cn）。

初试完即行复试的院系，请于 3 月 15 日前将复试工作细则报送到招生办，并于学校基本复试线划定后(预计于 4 月中下旬公布)，于 4 月 25 日之前将拟录取名单报送至招生办，经招生办审核后即在学院网上公示。

复试成绩出来后再进行复试的院系，在学校复试基本分数线基础上(预计于 4 月中下旬公布)，原则上按照不高于 1：2 的复试比例，并在征求各导师组的意见后，进一步确定各自专业的复试分数线。各院系各自专业的复试分数线、复试内容所占比例，以及复试工作细则于 4 月 25 日前报送校招生办审核后在网上公布，于 4 月 30 日前完成复试工作。

(二)复试资格审查

各院系对前来参加复试的考生，要认真进行复试前的资格审查。笔试和面试现场，监考人员和工作人员都要对考生的准考证、身份证逐一核对，进行身份查验，严防冒名顶替和资格造假。

考生复试时须携带本人以下材料到各院系接受检查：

1.填写完整并密封完好的"厦门大学 2017 年博士研究生政治表现情况审查表"(该表可在厦门大学招生办网页：http://zs.xmu.edu.cn 下载)；

2.毕业证书、学位证书原件(应届生携学生证原件，境外学历考生还需携带教育部留学服务中心学历认证书原件)；

3.身份证原件；

4.准考证；

5.一张近期 1 寸免冠彩照，用于体检；

6.体检表(须在厦门大学医院体检，可在复试后补交)。

同等学力考生还需提供本科毕业证书、学位证书原件，5 门及以上所报学科专业的硕士学位课程成绩证明。在全国核心期刊以第一作者发表两篇及以上与报考学科相关的论文，或获得省、部级及以上与报考学科相关的科技成果奖励的证明。

注意：凡未进行资格审查或资格审查未通过的考生一律不予录取。

(三)复试内容及权重

注重考生的思想政治素质和品德考核，加强考生综合运用所学知识的能力、科研创新能力、对本学科前沿领域及最新研究动态的掌握情况等的考核，并对考生进行外国语能力测试。同时，还应结合考生的申请材料，进行综合测评，判断考生是否具备博士生培养的潜能和素质。各院系可对各部分的要求做出进一步的规定，并根据不同专业的特点确定各部分的成绩比例。复试成绩满分为 100 分。各专业复试成绩的权重统一为：占总成绩的 60%。

(四)复试方式

主要分为笔试、面试和实践(实验)能力考核等几种方式。其中每个考生面试时间一般不少于 20 分钟。鼓励各招生单位根据各自专业的特点，适当增加其他的复试方式。

(五)复试规范

1.笔试工作中的命题、制卷、考试和评卷等工作请严格按照《厦门大学研究生复试工作笔试基本规范(试行)》予以操作。

2.面试中请各位参与面试工作的教师严格遵守《厦门大学研究生复试工作面试教师行为规范(试行)》。

(六)复试要求

1.复试(含笔试、面试和实验技能测试)要有试题，须安排专人全程做好记录和录音录像(录音和录像设备由各院系自备)。复试考核小组须填写每位考生的评语和给出评定的成绩。复试完毕后复试试卷、考试提纲、面试书面记录、录音影像资料在各招生单位保存四年(未录取者保留一年)。

根据教育部文件精神，复试试题及其标准答案均系国家机密材料，请各单位采取切实有效措施，做好安全保密工作。各招生单位应建立复试试题题库。

2.招生单位应组织一般不少于五人的本学科副教授职称(含)或相当专业技术职务以上专家组成复试小组,对参加复试的考生进行学术水平考查,参加复试的教师须独立评分。

3.复试信息必须公开:各招生单位的复试考生名单、考生的初试成绩、招生计划和复试录取工作实施细则经校招生办审核后必须在各院系的网页上公示。

4.建立健全集体议事和集体决策机制。

5.加强教育宣传,努力营造诚信考试氛围。

6.复试工作结束后,各招生单位应将复试成绩及结果在三个工作日内报招生办审核。

五、调剂

根据教育部文件规定,博士生调剂只能在本校内进行,不能进行跨校调剂。我校个别线上生源不足的专业可跨专业进行调剂,但须学科相近,且须经接受调剂的学院(研究院)招生工作领导小组同意,报校招生办审核后方可进行,并在拟录取名单上备注说明。我校普通招考线上生源不足的专业只能从实行普通招考的专业调剂考生。

六、对同等学力考生的加试

除统一规定的复试内容外,各单位还要对同等学力考生加试两门硕士生课程。加试科目为所报考专业的两门主干课程,且不得与初试科目相同。加试方式为笔试,考试时间每门为3个小时,每门课程满分为100分。加试的两门主干课程不计入总成绩,但任一门加试科目成绩不到60分者,则被视为整个复试不及格。

七、硕博连读生的复试

已选拔的硕博连读生要参加复试,与统考生同一复试标准公平竞争。

八、体检

所有取得复试资格的考生都应在复试期间到厦大医院参加体检。

九、奖学金

详见《厦门大学2017年博士研究生招生简章》。

十、录取

(一)各招生单位在完成复试工作后,应根据考生最终形成的总成绩(总成绩=初试成绩÷3×40%+复试成绩×60%)、确定的录取原则和安排的招生计划,充分征求相关导师组的意见,召开学院招生工作领导小组会议,研究确定本单位拟录取名单。如果考生的总成绩完全相同而招生计划有限,则比较初试总成绩,成绩高者被录取。各招生单位可以院为单位,根据考生总成绩的高低,将候补录取考生按先后顺序排列,并在备注中注明“候补1”“候补2”等字样,以便在拟录取名单里的考生放弃拟录取资格或争取到追加计划的情况下能按序补录。

(二)初试完马上进行复试工作的招生单位请于4月25日之前将拟录取的名单经院招生工作领导小组组长和副组长签字确认,并加盖公章后,报送至校招生办,经招生办审核后即在所在学院网上公示;初试成绩出来后进行复试工作的招生单位请在复试工作完成后,于5月3日之前将拟录取名单经院招生工作领导小组组长和副组长签字确认,并加盖公章后,报送至招生办,经招生办审核后即在学院网上公示。

(三)下列情况之一者,不予录取:复试不及格者(60分以下);同等学力考生任何一门加试科目不及格者(60分以下);政审不合格者;体检不合格者。

(四)为推行我校博士生招考改革,确保博士研究生培养质量,经我校招生工作领导小组研究决定,我校2017年继续实行不招收在职攻读博士学位研究生政策(教育博士专业学位和“少数民族高层次骨干人才计划”“对口支援西部地区高校专项计划”“厦门大学附属医院在职医务人员专项计划”等除外)。在职考生报考我校并被我校录取,须辞去原单位工作,并根据我校寄发的预录取通知,在5月30日前将人事档案转入我校,进行全日制学习,我校方寄发正式录取通知书。

(五)博士生拟录取名单经校招生工作领导小组审核同意、福建省教育考试院和教育部录检审核通过后形成正式录取名单。学校将在教育部录检通过后寄发录取通知书,时间约在7月初。

十一、复试录取的监督与复议

(一)我校 2017 年博士研究生复试录取工作全程接受厦门大学纪委、监察处的监督。监督电话：0592-2186219。

(二)实行校、院二级复试巡视制度。在复试过程中，校、院巡视督查小组将深入各招生单位进行复试各个环节的督查，包括考生复试资格审查的督查、复试记录、录音、录像的检查和保密承诺书的检查，并深入复试现场，在不干扰正常复试工作的前提下，随机走进考场和实验室、旁听面试等措施以了解、监督复试工作等。

(三)实行责任制度和责任追究制度。所有参与复试录取工作的人员都要认真负责，切实维护复试录取工作的公平公正，对徇私舞弊的工作人员要追究责任。

(四)实行回避制度。本年度凡有直系亲属及利害关系人员报考本单位的导师和工作人员，不得参加本单位和当年度的博士生复试录取工作。

(五)实行信息公开制度。复试基本分数线、复试工作办法、复试及录取结果等信息应及时公布。

(六)实行复议制度。确保信访和监督渠道的畅通。对经调查属实的信访问题，由相关单位的博士生招生工作领导小组责成复试工作小组进行复议。

十二、本复试录取工作意见由厦门大学招生办公室负责解释。

——本文摘录自《关于印发〈厦门大学 2017 年博士研究生复试录取工作意见〉的通知》，厦大招生〔2017〕2 号，档号 2017-XZ30-1

厦门大学国际组织人才培养推送工作实施方案

（2017 年 4 月 2 日）

为了学习贯彻全国高校思想政治工作会议精神，进一步贯彻落实党中央、国务院《关于进一步加强国际组织人才培养推送工作的意见》，培养具有参与全球治理知识和能力的高质量人才，鼓励和支持学生到国际组织实习任职，结合学校实际，制订本实施方案。

一、建立健全工作机制

1.由厦门大学学生发展指导委员会担任国际组织人才培养推送工作领导小组，加强组织领导。

责任单位：学生工作处

2.邀请在国际组织任职的官员、专家以及相关领域研究学者，组织召开专门工作会议研究有关工作。

责任单位：学生工作处、人事处、教务处、校友总会秘书处、现代教育技术与实践训练中心

3.各学院结合学科特色和优势，制订具体工作方案，明确目标任务，落实工作责任。

责任单位：各学院（研究院、教学部）

二、加大国际组织人才培养力度

1.调整专业设置，加大对国际组织相关的专业及人才培养项目的指导和支持力度，加快培养多层次、多类型具有参与全球治理知识和能力的各类人才，积极服务“走出去”战略、“一带一路”倡议需求。

责任单位：教务处、研究生院

2.面向全校开设国际组织相关选修课程，邀请曾在国际组织任职的专家、各国驻华使节、在任国际组织官员等进校授课，普及全球治理知识，增强学生到国际组织实习任职的意识，培育学生国际视野和尊重多元文化的博大胸怀。

责任单位：教务处、研究生院、相关学院

3.拓展国际多边合作交流平台，通过产学研合作建立国际组织人才培养基地，设立专项实习项目，选派学生前往国际组织实习实训，特别是利用学生在国外访学或者交流的契机，强化学生的国际组织实践教育，提升学生国际交流能力，增强学生国际竞争力。

责任单位：教务处、研究生院、国际处、现代教育技术与实践训练中心

三、加强思想教育和引导

1.积极通过举办讲座、典型事迹报告会，编写宣传手册等多种形式，广泛宣传发动，帮助学生认识到国际组织实习任职对国家和个人发展的重要意义、了解相关政策。

责任单位：学生工作处、校团委、宣传部、各学院（研究院、教学部）

2.广泛举办国际组织项目推介会，成立并扶持学生团队赴国际组织开展社会实践，组建国际义工队

伍开展志愿服务活动，让学生亲历亲闻，增强学生对国际组织的认知，激发学生到国际组织实习任职的热情。

责任单位：校团委、各学院（研究院、教学部）

3.大力培育国际组织学生社团，支持学生开展实地参访、模拟大赛、知识竞赛等活动，培养国际事务实操能力，营造浓厚的文化氛围。

责任单位：校团委

4.深入开展学生到国际组织实习任职意愿调查，摸清符合国际组织实习任职条件的学生情况，掌握有意愿到国际组织实习任职的学生名单，并重点进行针对性的思想教育和引导。

责任单位：学生工作处

四、做好岗位信息服务

1.相关学院发挥国际法、国际关系、国际政治、外交学、公共政策、外语、海洋事务等学科优势，鼓励专业老师通过科研合作、出国访问访学等契机广泛联系国际组织，充分挖掘国际组织的实习任职岗位。

责任单位：法学院、国际关系学院、公共事务学院、外文学院、环境与生态学院

2.建立国际组织任职校友信息库，充分利用校友资源、留学生资源，积极与各国际组织建立联系、拓宽学生到国际组织实习任职的信息渠道。

责任单位：校友总会秘书处、各学院（研究院、教学部）

3.重点对接国家留学基金委组织开展的联合国教科文组织、国际民航组织、国家电信联盟等实习项目，做好宣传动员、遴选推荐和跟踪服务。

责任单位：学生工作处、教务处、国际处、现代教育技术与实践训练中心、各学院（研究院、教学部）

4.建立国际组织实习任职岗位信息发布平台，广泛收集国际组织实习任职信息资源，利用好人社部、外交部、教育部等部门推出的各类国际组织相关信息，提供稳定的信息来源。利用网站、微信、QQ、短信等多种渠道推送国际组织岗位信息，提升精准度，保障信息推送的效率和利用率。

责任单位：学生工作处

五、完善精准指导服务

1.将国际组织基本情况、招聘要求、职业发展路径等内容，纳入大学生就业指导教材和课程。

责任单位：学生工作处

2.构建一支包括专业教师、有国际组织工作经验人员、国际事务工作人员等在内的具有国际视野的指导师资队伍，为学生到国际组织实习任职等提供咨询指导帮助，提升学生国际就业能力。

责任单位：学生工作处、人事处、各学院（研究院、教学部）

3.对有意愿进入国际组织实习任职的学生进行专题培训辅导，入围笔面试的学生针对性予以“一对一”强化培训，提高学生应聘竞争力和成功率。

责任单位：学生工作处、各学院（研究院、教学部）

六、配套激励保障政策

1.对多语言、跨专业复合型人才培养，给予转专业等政策支持；对学生在校期间赴海外实习、培训等，给予实行弹性学制、计算相应学分等政策支持。

责任单位：教务处、研究生院、现代教育技术与实践训练中心

2.广泛争取国际组织人才培养推送专项基金，支持学生前往国际组织实习实训，对学生在国际组织

参加实习实践期间表现优秀的予以表彰奖励，为学生到国际组织应聘提供费用补贴。

责任单位：学生工作处、教务处、现代教育技术与实践训练中心

3.学生在国际组织实习或者任职后，表现良好，经原单位考核合格，报考我校研究生者，根据国家相关政策，择优录取。

责任单位：招生办公室

4.学生在国际组织实习或者任职后，表现良好，经原单位考核合格，报考厦门大学辅导员、党政人员、专业技术人员者，根据相关政策，择优录取。

责任单位：人事处

——本文摘录自《关于印发〈厦门大学国际组织人才培养推送工作实施方案〉的通知》，厦大学〔2017〕11 号，档号 2017-XZ11-1

厦门大学国际新生各类奖学金候选人遴选办法

(2017年4月14日)

第一章 总 则

第一条 为进一步规范我校国际学生录取选拔机制,科学高效、公平公正、择优选拔国际新生各类奖学金人选,充分发挥奖学金吸引优秀国际学生的资源效益,推动我校国际化办学进程,特制定该遴选办法。

第二条 该遴选办法适用于由我校自主招收的国际新生各类奖学金项目,包括中国政府奖学金(含高校研究生奖学金项目、中美人文交流专项学历生奖学金项目、支持地方奖学金项目)、福建省政府外国留学生奖学金和厦门大学国际新生奖学金。中国政府奖学金为全额奖学金,资助类别涵盖硕士生和博士生;福建省政府外国留学生奖学金和厦门大学国际新生奖学金为部分奖学金,资助类别涵盖本科生、硕士生和博士生。

第二章 组织结构

第三条 学校成立国际新生各类奖学金候选人遴选工作小组(简称遴选工作小组),对各类奖学金项目遴选工作进行指导和规范。遴选工作小组由分管招生的校领导担任组长,成员包括招生办公室、考试中心、研究生院、教务处、学生工作处、国际合作与交流处和监察处主要负责人,招生办公室作为秘书单位。

第三章 遴选程序

第四条 各学院根据国际研究生审核录取程序,组织专家组对通过招生办资格初审的申请者进行学术审核。学院召开院招生工作领导小组会议,对通过学术审核的学生进行拟录取复核,并根据学生的毕业院校、学业成绩、科研水平、综合素质和专家组意见等进行推荐排序,形成国际研究生奖学金候选人推荐名单。

招生办公室根据国际本科生审核录取程序,对国际本科生申请者进行资格审查和拟录取复核,并根据学生的学业成绩、语言能力、课外实践经历和综合素质等进行推荐排序,形成国际本科生奖学金候选人推荐名单。

第五条 招生办公室根据国际新生奖学金候选人遴选基本原则,从国际研究生和国际本科生奖学金候选人推荐名单中遴选出各类奖学金项目候选人建议名单。

国际新生奖学金候选人遴选基本原则主要包括:

1.符合各类奖学金项目关于年龄、国别、培养层次和专业等基本申请要求;

2.优先向英文授课国际硕士项目(成班)和英文授课博士专业倾斜,特别是人文社科类;

3.依据各学院和招生办公室形成的奖学金候选人推荐名单;

4.平衡全校奖学金入围人选的国别、培养层次和专业分布;

5.服务国家战略,适度向“一带一路”沿线国家生源倾斜;

6.考虑世界知名大学、我校交流院校、共建孔子学院毕业生;

7.考虑知名校友、友好人士、长期合作机构推荐的优秀学生。

第六条　遴选工作小组每年定期开会审议奖学金候选人建议名单。根据各类奖学金项目报送上级教育主管部门的截止时间,4月中下旬召开中国政府奖学金候选人评审会,5月中下旬召开福建省政府外国留学生奖学金和厦门大学国际新生奖学金候选人评审会。评审会上,招生办公室相关负责人介绍奖学金项目概况、奖学金候选人遴选基本原则、奖学金候选人建议名单等,遴选工作小组成员对候选人建议名单进行逐一审议,确定各类奖学金项目候选人名单。

第七条　招生办公室将经遴选工作小组审议通过的各类奖学金项目候选人名单报学校招生工作领导小组审批。中国政府奖学金候选人名单提交中国国家留学基金管理委员会最终审定;福建省政府外国留学生奖学金候选人名单提交福建省教育厅最终审定;厦门大学国际新生奖学金候选人名单提交学校招生工作领导小组最终审定。

第四章　附　则

第八条　中国政府奖学金获奖名单以中国国家留学基金管理委员会批复的名单为准。福建省政府外国留学生奖学金获奖名单以福建省教育厅公布的名单为准。厦门大学国际新生奖学金获奖名单以厦门大学招生工作领导小组审批通过的名单为准。

——本文摘录自《关于公布〈厦门大学国际新生各类奖学金候选人遴选办法〉的通知》,厦大招生〔2017〕4号,档号2017-XZ30-1

厦门大学教学课程组管理办法

(2017年4月20日)

第一章　总　则

第一条　为进一步加强教学管理,推动教育教学改革,促进教师教学能力发展,营造良好的教学文化氛围,提高教育教学质量,特制定本办法。

第二条　课程组要坚持以立德树人为根本,以理想信念教育为核心,培育和践行社会主义核心价值观,弘扬中华优秀传统文化,培养学生的社会责任感、创新精神和实践能力。

第三条　课程组是按照课程设置的教学学术组织,覆盖全部课程和全体专任教师等。

第四条　课程组主要职责包括组织教学、教学基本建设、教学质量监控、教学研究和教学改革等。课程组应重视开展教学研究和教学改革,不断提高教学质量。

第二章　课程组的设置

第五条　课程组的人员构成

1.课程组设组长一名,由坚持正确政治方向、热爱本科教学、具有良好师德师风、教学经验丰富、工作认真负责、作风正派、处事公道的教师担任,原则上由教授担任。组长每学年至少完整承担1门2学分以上的本科生课程的主讲任务或联合授课达48课时。一位教师仅能担任一个课程组的组长。

2.课程组成员原则上以5～6人为宜,应形成相对稳定、结构合理的教学团队。

3.学院(教学部)可结合学科特点,吸收实验、工程系列人员或外聘教师加入。鼓励担任本科教学助理的博士后、博士生参与课程组相关工作。

第六条　充分发挥党委在人才培养的引领和质量把关作用,哲学社会科学类学院(教学部)的党委书记和副书记应参加课程组,特别是马克思主义理论研究和建设工程相关课程所在的课程组。鼓励其他党委成员参加课程组。

第七条　课程组的设置原则

1.公共课程,包括思想政治理论课程、大学英语、大学计算机、大学体育、军事理论、大学数学、大学物理、大学生心理健康、大学语文、留学生汉语课程等,原则上依托课程设置课程组。

2.其他课程,原则上以几门相同或相近学科的课程为一组设置课程组。全校性选修课程应统一纳入相关课程组。

3.术科类课程,如体育类课程、艺术类课程依据学科特性组建课程组。

4.鼓励跨学科、跨院系设立课程组。

第八条　课程组的设置程序

1.各学院(教学部)根据学校要求并结合学院实际情况统筹设置课程组,经学院(教学部)教学委员会论证通过后,报教务处备案。

2.跨学科、跨院系课程组由课程组组长所在学院(教学部)协调相关学院,组织论证通过后,报教务处备案。

3.课程组设立后应保持相对稳定,如遇撤销、合并、调整及更名等异动情况时,应重新组织论证和备案。

第三章　课程组的工作职责

第九条　组织完成培养方案所规定的课程及其他环节的教学任务，实施教学过程管理，如教学大纲审定、教材选用审定、课程考核审定等。

第十条　参与编制专业建设规划和修订培养方案，开展专业建设、课程建设、教材建设、实践教学建设、教学档案建设等。组织教改项目等的申报与建设。

第十一条　开展教学观摩、集体备课、业务学习、教学研究、教学交流等教学学术活动，每长学期不少于 3 次，其中教学观摩活动不少于 1 次。

第十二条　开展教学团队建设，开展教学传帮带，组织教师参加教学培训及教学技能比赛等。

第十三条　开展日常教学质量监控，通过听课、座谈会、教学检查等形式，建立同行评议机制。每长学期每人听课不少于 2 次。听课应覆盖课程组全部课程。每学期应检查 1 次教学档案。每长学期应召开至少 1 次学生座谈会。

第十四条　课程组应建立工作档案，记录相关活动情况。

第四章　课程组的运行机制

第十五条　教务处负责课程组工作宏观管理。学院(教学部)制订年度课程组工作计划，负责课程组工作的组织实施，每年至少召开 1 次全院(部)课程组教研活动。课程组制订年度具体实施计划，具体开展各项活动。

第十六条　课程组实行组长负责制，课程组组长全面负责课程组工作。

第十七条　教师担任课程组组长纳入社会服务工作量范畴。教师参加课程组活动列入考核范畴。

第十八条　学院(教学部)负责课程组的考核，跨学科、跨院系课程组的考核由组长所在学院(教学部)负责，考核结果报教务处备案。

第十九条　教务处负责考核学院(教学部)课程组整体工作情况，跨学科、跨院系课程组工作情况列入组长所在学院(教学部)考核范畴。

第二十条　学校给予课程组专项教学经费支持，对跨学科、跨院系课程组给予适当倾斜。学院(教学部)应给予课程组政策和经费支持。

第五章　附　则

第二十一条　各学院(教学部)应根据本办法，结合专业的特点，细化本办法并制定具体实施细则，报教务处备案。

第二十二条　本办法由厦门大学教务处负责解释。

第二十三条　本办法自公布之日起执行。

——本文摘录自《关于印发〈厦门大学教学课程组管理办法〉的通知》，厦大教〔2017〕24 号，档号 2017-XZ12-1

厦门大学招生考试监督管理办法

(2017年6月17日)

第一章 总 则

第一条 为规范我校各种类型招生考试监督工作,保证招生公开、公平、公正,根据《国务院关于深化考试招生制度改革的实施意见》《普通高等学校招生违规行为处理暂行办法》以及教育部有关招生考试的规定和要求,制定本办法。

第二条 本办法所指的招生考试包括本科生招生考试(含艺术类专业、高水平艺术团、高水平运动队、外语类保送生、自主招生、"凤凰计划"农村专项等特殊类型招生)、研究生(硕博)招生考试、博士生申请考核制等类型。

第三条 学校成立招生监督工作组,在学校招生工作领导小组领导下开展监督工作,重点是对学校招生办公室、考试中心以及校内各招生考试责任单位履行主体责任和"一岗双责"工作的监督检查。

(一)监督学校招考管理部门及其工作人员贯彻执行上级和学校招生考试法规、政策、制度的情况,确保"阳光招生"。

(二)监督招考管理部门及其工作人员履行职责的情况,对不符合程序和规定的做法,提出意见,督促及时改正。

(三)协助招考管理部门对招生考试工作人员进行国家招生考试法规、政策、制度和学校有关规定纪律的教育;受理有关涉及违反招生考试政策、规定与纪律问题的举报与申诉。

(四)监督招考管理制度完备性、合规性和廉洁性情况。督促招生考试部门健全考试安全保密等一系列制度,加强对招生管理制度合规性审核把关。加强招生执法监察,强化对招生权力运行的监督,保障招生工作规范运行。

第四条 学校各有关招生考试职能部门和校内招生单位应认真履行"一岗双责",招生考试工作应遵循公开、公平、公正原则,接受考生、社会的监督。

第二章 监督的一般规定

第五条 招生监督事项

(一)招生办公室应认真制定好招生简章及录取方案。

(二)招生办公室应按照招生程序、时间要求,完成各类招生相关环节工作,并及时妥善处理好上级招生主管部门提出的意见、建议。

(三)招考管理部门应根据上级要求加强对入学新生的复查。

(四)监察处负责监督检查本校国家招生法规、政策、制度和纪律的贯彻执行情况;依法对招生部门及其工作人员履行职责情况进行监督,监察是否按招生简章公布的录取原则进行录取;支持招生工作人员正确履行职责,受理招生违规信访举报。

第六条 考试监督事项

(一)考试中心应按照上级部门有关国家教育考试标准化考点建设规范的要求,配备和完善相应考试硬件设施设备;对直接接触或可能接触到试题的招生考试工作人员进行保密、纪律方面的教育。

(二)考试中心应加强对考务人员选用、业务培训及掌握考务安全操作规程等环节的监督。

(三)监督考试中心执行考务安全保密制度，督促考试中心对命题、制卷、运送、保管、分发等关键环节考务安全制度落实及规范操作，确保试题安全;加强对考试数据的监督检查，确保考试数据安全;自主招生等特殊类型招生的面试过程须全程录音录像备查。

(四)考试中心应加强考试过程管理，必须和命题、组题教师，以及试卷印制等与考试相关人员签订和履行保密协议。

(五)督促考试中心加强考风考纪建设，加强考务管理、工作程序、工作纪律等方面的过程监督，加强廉政风险防控，确保规范操作和廉洁运作。

第七条　加强信息公开。深入实施高校招生“阳光工程”，健全分级负责、规范有效的信息公开制度。进一步扩大信息公开的内容，及时公开招生政策、招生章程、招生计划、报考条件、考生资格、录取程序、录取结果、咨询及申诉渠道、重大事件违规处理结果、录取新生复查结果等信息。进一步扩大信息公开的范围，接受考生、学校和社会的监督。

自主招生、保送生、高水平运动队、高水平艺术团等特殊类型招生以及中央部属高校综合评价录取的资格考生信息和录取要求须及时上传教育部阳光高考平台进行公示，未经公示的考生不得录取。

第三章　监督重点

第八条　普通本科生招生

(一)根据福建省教育考试院的统一安排，监察处和考试中心共同选派“省派巡视员”到省内指定考区考点开展高考巡视。

(二)参加本科生招生录取工作(培训)会议，强调招生录取工作纪律;录取现场的招生工作人员必须佩证上岗，严守机密，维护和保证录取工作顺利进行。

(三)监察人员在录取现场挂牌监督，协助、督促工作人员认真履行工作职责，严格按规定的录取程序操作，把好录取质量关。

(四)维护招生纪律和考生的合法权益，对违反招生纪律的工作人员、监督人员提出更换、取消资格、给予纪律处分的建议。

(五)检查落实本科生预录名单、退档名单在上报省招办之前须经学校招办审核签字、监察处复核签字、主管校领导审批签字的执行情况;及时公布录取结果。

(六)协助招办督促检查各学院(研究院)对新生入学资格的复查。加大对艺术类、高水平艺术团、高水平运动队等特殊类型录取学生的复查力度，凡不符合录取条件的，取消入学资格。

第九条　艺术类(音乐表演和舞蹈)专业(含高水平艺术团)

(一)督促检查招生办公室开展资格初审，确保客观公正。

(二)督促考试中心加强专家库建设，审核艺术类专业考试评委名单，外聘评委比例按教育部的要求执行。

(三)督促做好艺术类专业考试考前培训会，专题强调招生考试纪律。

(四)检查和督促考试工作人员和监考人员认真履行工作职责;对违反《监考人员工作守则》的工作人员，提出更换、取消监考资格、给予纪律处分的建议;处理和处置考场违纪和突发事件。

(五)根据工作需要，随机抽查测试现场，考试中心须对考生和评委实行全程现场监督和全程录音录像;除舞蹈外，现场全部“拉帘隔板”，要求评委独立打分。

(六)随机检查评卷工作、成绩复核和成绩录入工作，督促工作人员认真核对考生成绩，保证工作质量。

(七)督促考试中心、招生办公室按规定及时公布艺术类考生专业成绩和由招生工作领导小组集体讨论确定的艺术专业合格分数线。

第十条　高水平运动队

(一)强调高水平运动员招生考试的有关工作纪律,督促考试中心、体育教学部按规定组成体育测试评审组并对其成员资格进行审查和确认。

(二)督促招生办公室做好招收高水平运动员的资格审查工作。

(三)督促考试中心组织好高水平运动员体育专项测试和评分工作,按专项分组进行巡视检查,对考试现场、评分的客观公正性开展监督,及时纠正和处理相关问题;考试中心须对现场全程录像。

(四)督促考试中心、招生办公室按规定及时公布体育测试成绩和由招生工作领导小组集体讨论确定的体育专业测试合格分数线。

(五)督促招生办公室做好高水平运动员的录取工作,并及时公布录取名单。

第十一条　外语类保送生

(一)检查专家库及试题库建设情况。

(二)强调录取保送生工作纪律,并对整个选拔录取保送生过程进行抽查监督。

(三)督促招生办公室做好招收保送生的资格审查工作。

(四)督促考试中心组织好保送生文化科目的考试和评卷工作,并对考试现场、评卷点进行巡视检查,及时处理相关问题。

(五)督促考试中心组织好保送生的面试工作,并对面试现场开展巡视检查,及时纠正和处理相关问题;考试中心须对面试现场全程录音录像。

(六)督促考试中心、招生办公室按规定及时公布保送生成绩和由招生工作领导小组集体讨论确定的保送生合格分数线。

(七)督促招生办公室按规定及时公示保送生录取名单。

第十二条　自主招生

(一)监督专家评审组遴选。督促招生办公室、考试中心以师德师风、业务素质作为专家遴选的主要标准,严格选拔工作责任心强、专业水平高的相关专业领域的教师或专家参加材料审核和特长考核工作,严明工作纪律,加强业务培训,确保公平公正。

(二)监督考生资格审查。督促招生办公室对在规定时间内寄(送)达的自主招生申请材料,审核确定参加考核名单和参加考核组别。

(三)督促招生办公室公示初审合格准予考试名单。

(四)加强学科特长考核监督。督促招考部门成立专家组,设立试题库,随机对考生开展面试,着重考查考生的学科特长和创新潜质;督促考试中心对现场全程录像,专家评委和考生面试顺序由抽签随机确定。

(五)加强体育测试现场监督。按专项分组进行巡视检查,对考试现场、评分的客观公正性开展监督,及时纠正和处理相关问题。

(六)督促做好考核的考生名单、入选资格考生名单、录取考生名单及相关信息在学校招生网、省招生考试机构及教育部“阳光高考”平台公示。经公示无异议者,方取得我校自主招生资格。

第十三条　“凤凰计划”农村专项

(一)督促招生办公室对考生户籍、学籍进行资格审核并公示。

(二)督促招生办公室按照全面考察、宁缺毋滥、优中择优的原则,对在规定时间内寄达的申请材料进行审核。

(三)督促招生办公室择优确定农村专项招生候选资格,并报学校招生工作领导小组研究审批。要求获得候选资格考生名单在学校招生网公示,同时通知考生所在中学进行公示;公示无异议的候选资格农村考生名单,继续在教育部“阳光高考”平台公示。所有公示无异议后,方取得我校农村专项招生入选资格。

第十四条　研究生(硕士和博士)招生考试监督

(一)命题、试题印刷、传递、保管阶段

1.检查督促试题命制、制卷、传递、保管和分发等各环节的工作制度和规定的落实情况;

2.考试中心须对涉及试题的招生考试工作人员进行保密、纪律方面的教育;

3.考试中心须与命题、组题教师,以及试卷印制人员签订和履行保密协议书。

(二)初试阶段

1.召开考前培训会,强调招生考试纪律。

2.巡视考场,检查和督促考试工作人员和监考人员认真履行工作职责。对违反《监考人员工作守则》的工作人员、监考人员提出更换、取消监考资格、给予纪律处分的建议。

3.督促考试中心维护考场秩序,处理和处置考场违纪和突发事件。

(三)试卷评阅阶段

1.考试中心须检查督促工作人员做好试卷接收、整理、拆封、装订等评卷的前期准备工作;

2.由考试中心召开评卷工作(培训)会议,强调评卷工作纪律;

3.协助考试中心按规定时间、规定地点组织全校自命题科目的评卷工作,随机对各评卷点进行巡视检查,及时处理相关问题;

4.考试中心须做好成绩复核和成绩录入工作,督促工作人员认真核对登分、过分、加分、统分等情况,保证工作质量;

5.考试中心须做好对异常试卷的甄别,依据《国家教育考试违规处理办法》及教育部的有关规定对异常试卷进行认定和处理;

6.督促考试中心按照省招生考试主管机构的要求及时公布考试成绩并做好考试成绩的查询以及成绩复查的受理工作。

(四)复试录取阶段

1.督促研究生院、学生工作处(部)、招生办公室、考试中心开展对各学院(研究院)研究生招生复试工作实施全程监督,并按规定实施现场巡视和监察,严肃处理违纪违规事件。

2.检查和督促招生办公室统一制订复试小组基本规范和复试工作办法;招生办公室须检查和督促各学院(研究院)成立复试小组的情况。

3.各学院(研究院)按规定成立研究生复试录取工作领导小组,各学院(研究院)党委书记为本单位复试监督小组组长,纪检委员为各单位研究生复试录取工作领导小组当然成员,负责本院研究生招生复试的监察监督工作。

4.督促招生办公室检查各学院(研究院)按规定时间公布复试程序、时间、地点、复试成绩计算方法、复试成绩占录取成绩的比重等情况。

5.督促招生办公室检查各学院(研究院)做好考生培养类型的确定和录取工作,确保生源质量。

6.检查和督促招生办公室按规定和要求,做好调剂计划的执行和落实情况。

7.各学院(研究院)应该认真做好复试过程的保密工作,并与相关人员签订保密承诺书,并在命题、制卷、笔试、面试和评卷等各个环节做好保密工作。

第十五条　博士申请考核制

(一)校招生工作领导小组负责对全校博士生招生工作的领导和协调,指导全校博士生的招生录取工作,审批各院博士生的招生工作办法。同时,由校招生工作领导小组成员单位组成若干个考核巡视督查小组,负责全校博士生考核的巡视督查工作。各巡视督查小组深入各院考核现场,在不干扰正常考核工作的前提下,采取适当方式了解、督查考核工作的开展情况。

(二)督促招生办公室协调各学院(研究院)成立研究生招生工作领导小组。由院长任组长,分管研究生教育的副院长任副组长。院研究生招生工作领导小组全面负责本单位博士生招生录取办法制定、考务管理、安全保密、考核录取组织工作及信息公开等各项工作,同时对治理考场环境、维护考场安全、严肃考风考纪负有主体责任,确保考试安全和录取公平规范。

(三)各学院(研究院)应成立考试监督小组。招生工作监督小组由院党委书记任组长,负责纪检工作的院领导(或指定其他院领导)任副组长,负责全程监督本单位的考核工作。

(四)各学院(研究院)应成立专家考核组(以下简称专家组)。专家组应严格按照网上公布的申请考核选拔办法进行考核,公平、公正、科学、合理地给考生评分。

(五)督促招生办公室检查各学院(研究院)做好申请考核制的保密工作。各学院(研究院)应与相关人员签订保密承诺书,并严格遵守保密承诺。

(六)经申请资格审查、专家组审核和学院(研究院)招生领导小组复审后,初审选拔最终考核名单必须在本单位网站公示;考核的笔试和面试都必须全程录像和录音。

第十六条　境外学生(含港澳台侨和国际学生)招生考试监督

(一)督促招生办公室做好港澳台侨联招(含台单招)、台湾免试生、香港免试生、澳门保送生等招生考试录取环节;加强对港澳台研究生(硕博)初试和复试环节的监督。

(二)督促招生办公室做好国际学历生(本科、硕士和博士)的招生录取工作;检查国际学生各类新生奖学金评审工作。

第十七条　其他国家级考试(如四、六级英语考试)监察

(一)根据上级有关要求,对设立在我校的国家级考试实施监督,严肃处理违纪违规事件。

(二)由考试组织部门召开考前工作(培训)会议;按规定时间、规定地点组织考务工作,维护好考场秩序。

(三)检查和督促考试工作人员和监考人员认真履行工作职责;对违反《监考人员工作守则》的工作人员、监考人员提出更换、取消监考资格、给予纪律处分的建议。

(四)考试组织部门应做好考前试题的保管保密工作和考后试卷的密封、搬运、保管等项工作,确保试卷安全。

第四章　违规处理

第十八条　监察处负责对有关涉及违反国家招生法规、政策、制度、纪律的举报和申诉,并督促或会同有关部门进行调查,按照有关规定进行处理,维护招生工作的权威性、严肃性和考生的合法权益。

第十九条　对招生违规行为的处理,应当事实清楚、证据确凿、依据明确、程序合法、处理适当。

第二十条　对有关人员和考生的违规行为调查和收集证据,应当有 2 名以上工作人员,按照国家规定的程序进行。做出处理决定之前,应当听取当事人的陈述和申辩。

第二十一条　对考试、招生工作过程中出现的违规行为,按照《教育法》以及《国家教育考试违规处理办法》(教育部令第 33 号)、《普通高等学校招生违规处理暂行办法》(教育部令第 36 号)等有关规定,依法追究当事人及相关人员责任;党员涉嫌违纪的,移交纪检机关依据《中国共产党纪律处分条例》相关规定严肃处理;涉嫌犯罪的,移送司法机关依法追究法律责任。

对因职能部门疏于管理,造成考场秩序混乱、作弊情况严重的,对直接责任人和负有领导责任的人员,情节较轻的,给予批评教育;情节较重的,依纪依规进行组织处理或纪律处分,严肃追责问责。

监考人员受到追责问责的,两年内不能从事学校招生考试相关工作。

第二十二条　对处理决定不服的有关责任人员和考生,可以向相关部门提出复核或者申诉。

第五章　附　则

第二十三条　本办法由纪委办公室、监察处负责解释,自公布之日起实施。

——本文摘录自《关于印发〈厦门大学招生考试监督管理办法〉的通知》,(2017)厦大监 1 号,档号 2019-DQ06-002

厦门大学研究生指导教师招生资格确认工作实施细则

（2017 年 8 月 4 日）

为深化校院二级管理体制改革，加强我校研究生指导教师队伍建设，强化导师培养责任和能力，培养高质量研究生，按照国务院学位委员会、教育部有关规定的精神，现制定厦门大学研究生指导教师招生资格确认工作实施细则。

一、研究生指导教师招生资格确认基本条件

1.坚持以社会主义核心价值观为引领，坚持以立德树人为根本，以德立身、以德立学、以德施教；
2.认真履行导师职责，当好研究生培养的第一责任人；
3.指导的研究生学位论文在各类抽检中合格，且无抄袭等其他严重问题；
4.能够按学校相关文件规定提供导师配套经费。

二、博士生指导教师（含专业学位）招生资格确认要求

申请人应具有我校博士生指导教师资格，有一定的科研成果及在研科研项目，具体要求由各学位评定分委员会制定并公布。

新增博士生指导教师应按要求在正式上岗前至少参加四场由研究生院组织的研究生导师岗前培训，并通过相应考核。

根据我校学科建设、导师队伍建设及博士招生指标的现状，非全职博士生指导教师在我校原则上每 3 年至多招收 1 名博士生。

三、硕士生指导教师招生资格确认要求

我校硕士生指导教师分为“学术型硕导”和“专业学位硕导”。

1.学术型硕导招生资格确认要求

（1）申请人应是我校教师，一般应具有高级专业技术职务或博士学位；

（2）有教学经验，能承担相关硕士生课程；

（3）有在研科研项目或其他教学科研成果，具体要求由各学位评定分委员会（工作小组）制定并公布。

2.专业学位硕导招生资格确认要求

（1）申请人应是我校教师或院聘教师，一般应具有高级专业技术职务，有丰富的实践经验、较高的学术水平或技术专长，在业内有一定的影响力；

（2）有明确和相对稳定的专业学位研究领域，熟悉本领域的国内外研究动态和学术、技术前沿状况，在本领域取得过较好的学术成果或工作成就，具体的成果或成就要求由各学位评定分委员会（工作小组）制定并公布；

(3)校外申请人应与我校相关专业学位培养单位有稳定的教学、科研或实习的合作关系。

四、研究生指导教师招生资格确认工作程序

研究生院每年组织开展研究生指导教师招生资格确认工作,凡下一年度拟招收研究生的导师都必须申请招生资格确认。

1.本人申请

申请人根据各学位评定分委员会的要求向院(系、所)提出申请并提交相关申请材料。

2.学院审核

学院对申请人申请条件进行核查。学院党委重点对申请人政治表现、师德师风、学术诚信等方面进行把关,实施师德"一票否决"。

3.学位评定分委员会(工作小组)审议

学位评定分委员会(工作小组)根据学科建设需要,结合学校、学院研究生教育、科研和人事管理的相关规定,对相关申请进行条件审核,并审议表决。

4.学位评定分委员会(工作小组)将审议表决结果报研究生院、人事处及招生办等部门备案并予以公布。

五、招生资格暂停措施

1.研究生指导教师违反师德师风,将暂停其招生资格,暂停年限视具体情节严重程度而定。

2. 指导的研究生学位论文在国务院或福建省学位委员会办公室论文抽检中,抽检结果为"存在问题论文",其指导教师下一年度招生资格暂停一年;指导的研究生学位论文因涉嫌抄袭被取消学位,其指导教师自下一年度起招生资格暂停三年。

3.新增博士生指导教师未按要求参加研究生导师岗前培训,将暂停其招生资格。

六、其他

校外专业学位研究生导师招生资格确认后,由研究生院统一颁发导师证书。

本细则于 2017 年 7 月 19 日经校学位评定委员会全体会议审议修改,自公布之日起执行。原《厦门大学研究生指导教师招生资格确认工作实施细则》(厦大研〔2016〕4 号)同时废止。

本细则由研究生院负责解释。

——本文摘录自《关于印发〈厦门大学研究生指导教师招生资格确认工作实施细则〉的通知》,厦大研〔2017〕55 号,档号 2017-XZ28-7

厦门大学国际组织人才培养推送工作实施方案(修订)

(2017年8月17日)

国际组织是制定国际规则、协调多边事务、分配国际资源的重要平台,是全球治理的重要阵地。加快培养推送高校毕业生到国际组织实习任职,有助于扩大到国际组织工作的后备人才队伍,提升我国在国际组织人员规模,对于更好地统筹国内和国际两个大局、增强我国在国际规则制定中的话语权,对于提高高等教育人才培养质量、实现毕业生更宽领域和更高质量就业,具有重要意义。为学习贯彻全国高校思想政治工作会议精神,进一步贯彻落实党中央、国务院《关于进一步加强国际组织人才培养推送工作的意见》,全面贯彻落实教育部《关于促进普通高校毕业生到国际组织实习工作的通知》(教学〔2017〕6号),培养具有参与全球治理知识和能力的高质量人才,鼓励和支持学生到国际组织实习任职,结合学校实际,制订本实施方案。

一、建立健全工作机制

1.由厦门大学学生发展指导委员会担任国际组织人才培养推送工作领导小组,加强组织领导,把培养推送学生到国际组织实习任职工作摆上重要议事日程。

责任单位:学生工作处

2.邀请在国际组织任职的官员、专家以及相关领域研究学者,组织召开专门工作会议研究有关工作。

责任单位:学生工作处、人事处、教务处、校友总会秘书处、现代教育技术与实践训练中心

3.各学院结合学科特色和优势,制订具体工作方案,明确目标任务,落实工作责任。

责任单位:各学院(研究院、教学部)

二、加大国际组织人才培养力度

1.整合学校资源配置,改革人才培养模式,主动适应国家发展战略新需求,加快培养多层次、多类型、具有参与全球治理能力和素质的各类人才。进一步完善和改进外语教学模式,争取开展英法语等复合语种人才培养,开设非通用语种新专业,建立多语种、跨学科的人才培养平台。针对性加强双学位、辅修、兼修学位等培养项目建设,鼓励非外语类专业学生兼修外语类学位或课程。

责任单位:教务处、研究生院、外文学院

2.面向全校开设国际组织相关选修课程,邀请曾在国际组织任职的专家、各国驻华使节、在任国际组织官员等进校授课,普及全球治理知识,增强学生到国际组织实习任职的意识,培育学生国际视野和尊重多元文化的博大胸怀。

责任单位:教务处、研究生院、相关学院

3.积极与国际组织合作,设立专项实习项目,签订实习协议,联合建立实习和培训基地,积极输送学生到国际组织实习。

责任单位:教务处、研究生院、国际处、学生工作处、现代教育技术与实践训练中心

三、加强思想教育和引导

1.积极通过举办讲座、典型事迹报告会,编写宣传手册等多种形式,广泛宣传发动,帮助学生认识到国际组织实习任职对国家和个人发展的重要意义、了解相关政策。

责任单位:学生工作处、校团委、宣传部、各学院(研究院、教学部)

2.广泛举办国际组织项目推介会,成立并扶持学生团队赴国际组织开展社会实践,组建国际义工队伍开展志愿服务活动,让学生亲历亲闻,增强学生对国际组织的认知,激发学生到国际组织实习任职的热情。

责任单位:校团委、各学院(研究院、教学部)

3.大力培植国际组织学生社团,支持学生开展实地参访、模拟大赛、知识竞赛等活动,培养国际事务实操能力,营造浓厚的文化氛围。

责任单位:校团委

4.深入开展学生到国际组织实习任职意愿调查,摸清符合国际组织实习任职条件的学生情况,掌握有意愿到国际组织实习任职的学生名单,并重点进行针对性的思想教育和引导。

责任单位:学生工作处

四、做好岗位信息服务

1.相关学院发挥国际法、国际关系、国际政治、外交学、公共政策、外语、海洋事务等学科优势,鼓励专业老师通过科研合作、出国访问访学等契机广泛联系国际组织,充分挖掘国际组织的实习任职岗位。

责任单位:法学院、国际关系学院、公共事务学院、外文学院、海洋与地球学院、环境与生态学院等相关学院

2.建立国际组织任职校友信息库,充分利用校友资源、留学生资源,积极与各国际组织建立联系、拓宽学生到国际组织实习任职的信息渠道。

责任单位:校友总会秘书处、各学院(研究院、教学部)

3.重点对接国家留学基金委组织开展的联合国教科文组织、国际民航组织、国家电信联盟等实习项目,做好宣传动员、遴选推荐和跟踪服务。

责任单位:学生工作处、教务处、国际处、现代教育技术与实践训练中心、各学院(研究院、教学部)

4.建立国际组织实习任职岗位信息发布平台,广泛收集国际组织实习任职信息资源,利用好人社部、外交部、教育部等部门推出的各类国际组织相关信息,提供稳定的信息来源。利用网站、微信、QQ、短信等多种渠道推送国际组织岗位信息,提升精准度,保障信息推送的效率和利用率。

责任单位:学生工作处

五、完善精准指导服务

1.将国际组织基本情况、招聘要求、职业发展路径等内容,纳入大学生就业指导教材和课程。

责任单位:学生工作处

2.构建一支包括专业教师、有国际组织工作经验人员、国际事务工作人员等在内的具有国际视野的指导师资队伍,为学生到国际组织实习任职等提供咨询指导帮助,提升学生国际就业能力。

责任单位:学生工作处、人事处、各学院(研究院、教学部)

3.对有意愿进入国际组织实习任职的学生进行专题培训辅导,入围笔面试的学生针对性予以“一对一”强化培训,提高学生应聘竞争力和成功率。

责任单位：学生工作处、各学院（研究院、教学部）

六、配套激励保障政策

1.在校生到国际组织实习，学校为其保留学籍，最长至两年；学生实习期满后应向学校提出复学申请，经学校审查合格后同意复学，并根据其实习经历和实习内容认定公共必修课或实践实习课程学分。

责任单位：教务处、研究生院、现代教育技术与实践训练中心

2.广泛争取政府、社会和校友等方面的资金支持，通过学校配套和学生个人承担的方式，支持学生前往国际组织实习实训。对学生在国际组织参加实习实践期间表现优秀的予以表彰奖励，为学生到国际组织应聘提供费用补贴。

责任单位：学生工作处、教务处、研究生院、教育发展基金会办公室、现代教育技术与实践训练中心

3.在校期间，经学校认定有国际组织实习经历（实习截止时间为推免当年8月31日）的应届毕业生，在参加推免生遴选时，专业排名放宽至前70%，外语水平可不做要求。学生在国际组织实习或者任职后，表现良好，经原单位考核合格，报考我校研究生者，根据国家相关政策，择优录取。

责任单位：教务处、招生办公室

4.到国际组织实习的毕业年度内毕业生，毕业时其户口档案可申请保留在学校两年，学校按有关规定为其办理就业手续。学生在国际组织实习或者任职后，表现良好，经原单位考核合格，报考厦门大学辅导员、党政人员、专业技术人员者，根据相关政策，择优录取。

责任单位：人事处、学生工作处

——本文摘录自《关于印发〈厦门大学国际组织人才培养推送工作实施方案（修订）〉的通知》，厦大学〔2017〕77号，档号2017-XZ11-3

厦门大学研究生新开课程管理办法

(2017年8月17日)

为了贯彻落实《关于加强和改进新形势下高校思想政治工作的意见》(中发〔2016〕31号)和教育部《学位与研究生教育"十三五"规划》(教研〔2017〕1号)文件精神,更好地发挥课程学习在研究生培养中的作用,规范研究生课程教学管理,特制定本办法。

一、课程范围

研究生课程应严格按照培养方案开课。除短学期聘请校外专家开设的课程外,凡未列入培养方案,或已列入培养方案但连续三年未开设的课程应列入研究生新开课程范围。

二、开课要求

1.新开课程应当符合社会主义办学方针,坚持正确教育价值导向,符合研究生培养目标要求,有利于研究生综合素质培养,有相对完整的知识体系和研究领域,其核心教学内容与现有课程内容不能重复。

2.新开课程应当充分体现研究生教育规律和特点,在兼顾知识基础性、系统性基础上,突出学科前沿知识,注重培养研究生的学术研究能力和创新能力。

3.新开课程应有完整的《课程教学大纲》。课程大纲应详细介绍课程的教学目的、教学主要内容、先修课程、选用教材、参考书和主要阅读资料、作业要求、课程考核方式、理论与实践(含实验)教学安排、教学进度等。

4.主讲教师原则上应有研究生课程教学经历,对新开课程教学内容熟悉且有较深的学术研究基础。新开课程如含实践(含实验教学),应当有相关的实验、实践支撑条件。

5.原则上一级学科必修课不能随意增减,须在培养方案执行三年并进行课程评估后方可修改增减。一级学科所开设的必修课门数(学分数)应在课程评估前后保持一致。

6.所有新开课程须经过一级学科(或专业学位)研究生培养指导委员会论证。所有新开课程须经开课单位党委政治把关。凡课程及教材内容偏离社会主义办学方向,教育价值导向有偏差的,或任课老师存在严重师德师风问题或违背学术诚信行为的,实施"一票否决"。

三、新开课申请程序

1.主讲教师填写"厦门大学研究生课程开设申请表",同时提交课程教学大纲报所在学院(含研究院,下同)审批。

2.学院分管领导根据新开课要求对申请材料进行初审,初审通过后报所在一级学科(或专业学位)研究生培养指导委员会审定。

3.一级学科(或专业学位)研究生培养指导委员会根据研究生培养目标要求,对课程教学目标、教学内容、考核方式、教材选用等内容进行论证,提出意见报所在学院院长和党委审批。

4.学院党委重点对任课教师的政治表现、业务表现、师德师风、学术诚信、课程内容及教材选用情况进行政治鉴定。

5.学院于每年6月30日和12月30日前将新开课程申请材料报研究生院审批。研究生院对新开课程进行审查并备案，对有疑义或有争议的新开课程组织专家小组重新评议和表决，并最终确定是否同意开课。

四、新开课程管理

1.获准开课的新课程，由学院在研究生信息化管理平台录入课程信息并编制课程代码。如新课程为培养方案中的课程，应将该课程列入相应年级的培养方案方可开课。

2.获准开课的新课程，由学院纳入新学年的开课计划，并通知任课教师做好开课准备。凡未按时申报或申报后未批准开课的新课程一律不能开课。

3.获准开课的新课程，任课教师应按照学校相关规定，主动承担教书育人责任，严格遵守课堂教学纪律，认真备课、上课。新课程结束后，任课教师应认真做好教学总结和教学档案存档工作。

4.学院应加强新开课程的过程管理和教学质量监控，定期组织同行专家和党政管理干部到课堂听课或开展教学检查，帮助教师改进教学，提高教学质量。

5.学院在新开课一轮后，应对课程教学质量进行评估。评估形式可采用听课、学生测评、问卷调查、召开学生座谈会等多种方式相结合，评估结果报研究生院备案。凡达不到开课人数要求或开课效果不好的课程，应予取消开课。

五、其他

本办法自公布之日起实施。原《关于加强研究生课程新开课管理的通知》[(2015)厦大研15号]同时废止。

厦门大学研究生课程开设申请表

申请类型：新开□ 重开□（请在□内打钩，下同）

<table>
<tr><td>课程名称</td><td colspan="2"></td><td>开课院系</td><td></td></tr>
<tr><td>学分</td><td></td><td>学时</td><td colspan="2">周学时____；总学时：____；其中实验学时____，实践学时____。</td></tr>
<tr><td>课程类型</td><td colspan="2"></td><td>开课对象</td><td></td></tr>
<tr><td>开课学期</td><td colspan="2"></td><td>授课语言</td><td>□中文 □英文</td></tr>
<tr><td>开课理由</td><td colspan="4">简要阐述课程开设的必要性、课程的教学目的、教学效果等。</td></tr>
</table>

续表

主要讲师 基本情况	简单介绍主讲教师姓名、职务职称、学习工作经历、曾经讲授过研究生课程以及支撑该课程开设的相关学术研究成果。
开课准备情况	简单介绍课程开设前期准备情况，如教学计划、课件、教材、阅读资料、作业、网站以及实验实践设备和场所等支撑条件准备情况。
学院(研究院) 分管领导意见	□同意开设　□同意调整后开设　□不同意开设 分管领导(签名)：　年　月　日
一级学科(或专业学位) 培养指导委员会评议	共______名委员参加讨论，其中同意______人，不同意______人，弃权______人。 一级学科培养指导委员会主任(签名)：　年　月　日
学院(研究院)院长意见	□同意开设　□同意调整后开设　□不同意开设 院长(签名)：　年　月　日
学院(研究院)党委意见	(请对任课教师的政治表现、师德师风、学术诚信、课程内容和选用教材等方面进行政治鉴定) 书记(签名)：　年　月　日
研究生院意见	研究生院领导(签名)：　年　月　日

备注：1.本表将作为教学档案进行存档。

2.申请时须同时附上课程教学大纲。

——本文摘录自《关于印发〈厦门大学研究生新开课程管理办法〉的通知》，(2017)厦大研19号，档号2017-XZ28-10

厦门大学硕博连读研究生选拔工作办法

（2017 年 8 月 17 日）

为了激励在校硕士研究生，增加博士研究生优质生源，提高博士研究生培养质量，根据教育部相关文件精神，结合我校实际情况，特制定本办法。

一、基本原则

1.为保证硕博连读选拔工作公平、公正、公开，进行硕博连读选拔的培养单位应制定实施细则，内容应该包括选拔标准与程序、考核内容、方式与要求等。实施细则须向研究生公布，并报研究生院备案。

2.获得硕博连读资格的研究生须与公开招考的考生一起参加博士入学复试；各培养单位录取时，在硕博连读考生和公开招考考生之间，按复试成绩排序录取。

3.取得我校博士生入学资格的硕博连读研究生，应按照我校博士生培养方案进行培养。其学制与公开招考博士研究生一致。

二、选拔条件

硕博连读选拔工作对象我校一至三年级全日制学历教育在学硕士研究生（含专业学位）。博士入学考试采用申请—考核制学院的三年级硕士生不能参加硕博连读选拔。

硕博连读研究生的选拔条件为：

1.拥护中国共产党的领导，愿意为社会主义现代化建设服务，品德良好，遵纪守法。

2.身体健康状况符合培养单位规定的体检要求。

3.完成规定课程学习并且成绩优异、具有较强创新精神和科研能力（培养单位应在选拔工作实施细则中针对学术型和专业硕士学位分别制定具体的选拔标准）。

三、选拔程序

1.拟申请硕博连读的研究生须填写《硕博连读研究生资格申请书》中的有关个人基本信息，经招生专业的两名专家（其中一名为博士生导师）推荐，在规定时间提交培养单位进行考核。

2.根据教育部相关要求，硕博连读选拔考核小组成员须不少于 5 人（含 5 人）组成，成员可由各学院主管领导和博士生导师组成。考核小组对申请人的思想政治品德（包括申请人的政治态度、思想表现、学习或工作态度、道德品质、遵纪守法等方面）、业务能力、科研潜能与综合素质进行考核。考核可以采取笔试与面试相结合的方式进行。

考核结果以外语水平、综合素质、专业知识分类量化，综合打分（以百分制评分，各部分比例由各学科自定）。综合考试成绩填入《硕博连读研究生资格申请书》。

硕博连读选拔面试过程需有录像。所有笔试试卷和面试录音要存档备查。

3.考核结束后，各培养单位将考核合格的研究生名单与相关材料报送研究生院。研究生院会同校招生办、校考试中心联合审核并确定获得硕博连读博士入学复试资格的研究生初选名单，并上报学校招生领导工作小组确定。

4.获得硕博连读资格研究生名单应在研究生主页公示一周，经公示无疑义，研究生院正式公布获得博士入学复试资格的硕博连读研究生名单。

5.获得资格的研究生须与通过公开招考的考生一起参加博士入学复试，按录取原则择优录取。

四、其他规定

1.硕博连读选拔工作实施回避制度，凡有直系亲属、夫妻关系及直接利害关系的研究生申请参加硕博连读，与之相关的导师或工作人员不能参加当年硕博连读选拔工作。

2.硕博连读研究生不做硕士论文，不发给硕士毕业证书。

3.申请硕博连读的研究生在正式录取为博士研究生前有权放弃硕博连读资格，继续完成硕士学历教育。已录取为博士研究生的硕博连读研究生在博士研究生若因各种原因无法完成学业，可转为硕士生培养。但在博士入学后前2年，原则不予受理转硕士培养申请。

4.硕博连读生在录取为博士研究生前按硕士研究生进行学籍管理，享受硕士研究生待遇；录取为博士研究生后转入按博士研究生进行学籍管理，享受博士研究生待遇。

5.学生有下列情形之一，一经查实，予以取消硕博连读资格：

(1)考核过程中有弄虚作假行为的；

(2)违反校纪校规，受纪律处分的。

6.本办法自公布之日起实施，原《厦门大学硕博连读研究生选拔工作办法》[(2014)厦大研字16号]作废。本办法由研究生院负责解释。

——本文摘录自《关于印发〈厦门大学硕博连读研究生选拔工作办法〉的通知》，(2017)厦大研20号，档号2017-XZ28-10

关于提交博士、硕士学位申报材料及归档材料的规定

（2017年8月18日）

根据相关规定，厦门大学学位评定委员会每年召开授予学位例会3次，分别在6月份、9月份和12月份。

一、学位申报材料

各博士、硕士学位申请人应提供如下学位申报材料至相关学院、研究院：

（一）在学博士、硕士研究生申请学位

1.学位申请表一式两份（从学生系统打印后由学生本人签字）；

2.科研成果汇总表，博士一式两份、硕士（不含在职人员攻读硕士学位研究生）一式一份（从学生系统打印后由学生本人签字）；

3.学位论文纸质版三本；

4.学位论文电子版二套（一套交研究生秘书移交档案馆，一套学生离校时由学生本人交图书馆）。

（二）同等学力人员申请学位

1.在职人员以同等学力申请学位学位申请书一式两份；

2.同等学力人员申请学位基本数据表；

3.学位论文纸质版三本；

4.学位论文电子版二套（一套交研究生秘书移交档案馆，一套由学生本人交图书馆）；

5.学位证书照片：正面二寸彩色相片一张、电子版一套（交给各院研究生秘书）。

各学位评定分委员会、学位评定工作小组对学位申请人的申请材料负有审核责任，应按工作通知要求及时将学位申报材料报送研究生院。

研究生院对学位评定分委员会、学位评定工作小组的审核工作进行抽查，并对抽查结果进行通报。

研究生院负责收集学位申报材料并对数据进行汇总，提交校学位评定委员会审议。

二、学位归档材料

校学位评定委员会做出授予学位的决议后，各学院、研究院应将以下学位论文答辩及学位申请材料按指定时间送交校档案馆归档。

（一）硕士学位

1.学位论文答辩申请表；

2.学位论文评阅书；

3.学位论文答辩审批表;
4.学位论文评定书;
5.学位论文答辩情况记录;
6.学位论文答辩决议;
7.学位申请表(另一份存入个人档案,寄交毕业生用人单位);
8.科研成果汇总表;
9.学位授予决议(另一份存入个人档案,寄交毕业生用人单位);
10.学位论文一本,学位论文全文光盘一份。

(二)博士学位

1.学位论文答辩申请表;
2.学位论文评阅书;
3.学位论文答辩审批表;
4.学位论文评定书;
5.学位论文答辩情况记录;
6.学位论文答辩决议;
7.学位申请表(另一份存入个人档案,寄交毕业生用人单位);
8.科研成果汇总表;
9.学位授予决议(另一份存入个人档案,寄交毕业生用人单位);
10.学位论文一本,学位论文全文光盘一份;
11.学位论文中、英文摘要各一份,以光盘录入(中文限500字左右,英文3000~4000个字符)。

(三)同等学力申请硕士学位

1.在职人员以同等学力申请硕士学位审查表一份;
2.在职人员以同等学力申请学位学位申请书一份(另一份存入个人档案,寄交申请人所在单位);
3.指导教师对论文的评语;
4.学位论文评阅书;
5.学位论文评定书;
6.学士学位证书复印件,学历证书复印件;
7.同等学力人员申请硕士学位研究生课程考试成绩登记表;
8.外语全国统一考试合格证明、学科综合水平统一考试合格证明;
9.已发表或出版的与申请学位专业相关的学术论文、专著或其他成果复印件;
10.硕士学位论文一本,学位论文全文光盘一份。

(四)同等学力申请博士学位

1.在职人员以同等学力申请博士学位审查表一份;
2.在职人员以同等学力申请学位学位申请书一份(另一份存入个人档案,寄交申请人所在单位);
3.在职人员申请博士学位推荐表二份;
4.指导教师对论文的评语;
5.学位论文评阅书;
6.学位论文评定书;
7.硕士学位证书复印件,学历证书复印件;
8.公开发表的有关学术论文、出版的专著以及科研成果获奖的证明材料;

9.申请人所在单位介绍申请人的材料；

10.博士学位论文一本，学位论文全文光盘一份；

11.博士学位论文中、英文摘要各一份，以光盘录入(中文限500字左右，英文3000～4000个字符)。

本规定自公布之日起执行，原《关于提交硕士、博士学位申报材料及归档的规定》[(2009)厦大研字11号]同时废止。

本规定由研究生院负责解释。

——本文摘录自《关于印发〈关于提交博士、硕士学位申报材料及归档材料的规定〉的通知》，(2017)厦大研21号，档号2017-XZ28-10

厦门大学特殊类型招生考试评委库建设及考评人员选聘管理办法(试行)

(2017年8月21日)

第一章　总　则

第一条　为规范我校特殊类型招生考试评委库建设及考评人员选聘管理,建立一支思想作风过硬、业务能力较强的考评人员队伍,确保招生考试公平公正,根据教育部有关规定,结合我校具体实际,特制定本办法。

第二条　本办法所称的特殊类型招生考试,是指由我校考试中心根据教育部的有关规定单独组织的艺术类专业考试、高水平运动队专业测试、外语类保送生专业面试、自主招生考试等本科生特殊类型招生考试。

第三条　考试中心在学校招生工作领导小组领导下具体负责我校评委库建设及考评人员选聘管理工作,校内相关学院和教学部应当积极配合并提供协助。

第四条　评委库建设及考评人员选聘管理工作由学校纪检监察部门进行监督。

第二章　评委库建设

第五条　考试中心根据不同类别招生考试的实际需要分类建设评委库,并指定专人负责。

第六条　评委库由校内外专家组成。校内专家由相关学院和教学部按照考试中心的要求推荐,原则上本单位所有符合条件的教师均应纳入评委库;校外专家由考试中心根据需要联系国内其他高校或专业团体协助推荐。

第七条　入选评委库的专家应当具备下列条件:

(一)政治态度端正,思想素质较高,坚持立德树人;

(二)品行优良,坚持原则,办事公道,具有良好的职业道德;

(三)遵纪守法,廉洁自律,严守秘密,无违法违纪不良记录;

(四)工作认真,责任心强,熟悉高校特殊类型招生考试工作;

(五)从事相关专业领域工作,目前在岗在职,具有中级及以上专业技术职称或相当职称,或者是所在单位的中青年业务骨干;

(六)身心健康,能够承担考评工作。

第八条　考试中心应当建立健全评委库专家信息档案,包括入库专家的姓名、性别、年龄、职称、所在单位、现任职务、专业领域、联系方式、往年承担考评工作情况等内容。

第九条　评委库建设实行动态管理,考试中心根据需要及时补充更新入库专家名单。入库专家因身体健康、工作变动、业务能力等原因不能继续承担考评工作的,应当及时从评委库名单中剔除。

第十条　考试中心建立违规评委黑名单制度。入库专家在特殊类型招生考试中凡有违法或其他严重违纪行为的,一律列入黑名单,并从评委库名单中除名,终身不得参与我校组织的招生考试考评工作。

第三章 考评人员选聘

第十一条 考评人员是从评委库专家名单中遴选产生并受聘承担我校特殊类型招生考试专业面试或专业测试评审工作的人员。

第十二条 考评人员的遴选程序：

(一)考试中心根据我校当年公布的特殊类型招生简章的规定及考生报考情况，预先确定考核组别设置及考评人员组成方案。

(二)考试中心通过抽签随机产生评委库专家的通知序号。评委库专家通知序号的抽取，应当按照不同专业的考核组别分别进行。

(三)考试中心指定专人在规定时间依据通知序号逐一通知落实考评人员，直至按照考评人员组成方案人数额满为止。工作人员对于考评人员的通知情况应做详细记录。

(四)考试中心工作人员整理打印最终确定的校内外考评人员名单。

第十三条 考试中心工作人员在通知落实考评人员时，应当以短信或其他书面方式对考评人员进行廉洁自律提醒。

第十四条 凡有直系亲属、指导的学生及其他利害关系人参加当次考试的人员，应当申请回避，不得承担考评工作。

第十五条 专业测试中技术性评价项目的校外考评人员所占比例不得低于考评小组总人数的四分之一。

第十六条 考评人员受聘承担考评工作，由考试中心根据学校相关财务规定统一发放劳务津贴。

外地考评人员来校履职期间的往返交通费、住宿费，由考试中心根据学校相关财务规定统一报销。

第十七条 考评人员名单应当严格保密，任何人在当次考试结束前不得对外泄露。

第十八条 考评人员的抽签及通知情况的书面记录材料，由考试中心保存。保存期限为考试结束后至少 4 年。

第四章 考评工作纪律

第十九条 考评人员自同意接受聘任时起至考试结束时止，不得以任何方式与考生、考生家长及其利害关系人进行接触，也不得向考试中心工作人员以外的其他人透露本人的考评人员身份。

第二十条 考评人员上岗履职前应当按照要求签订《考评人员利益关系者回避和诚信履职承诺书》，并参加考试中心统一组织的岗前培训。

第二十一条 考评人员在开考前应当认真学习考评文件，了解考试流程及考评纪律要求，掌握评分参考和评分标准。

第二十二条 考试期间，考评人员实行入闱集中管理，随身携带的移动电话、iPad、笔记本电脑等具有通信和(或)录音录像功能的电子设备须交由考试中心现场工作人员统一保管，自觉中断对外联系，不擅自离开考试区域，不对外透露任何与考试有关的信息，不将任何与考试有关的资料带出考场。

第二十三条 考评人员应当客观、公正、独立地评定考生的成绩，不受任何外来指令或暗示的影响，不传递任何可能干扰正常工作和公正评判的信息。考评过程中不得相互讨论交流，不得探询或查阅其他考评人员的评分情况，不得干扰其他考评人员的正常工作。

第二十四条 考评人员应当衣着整洁，仪表端庄，精神饱满，在考评过程中不做任何与考评无关的其他事情。

第二十五条 考评人员在考评过程中不得向考生提问诸如考生姓名、准考证号、报名号、就读中学、培训机构等任何可能影响公正评判的问题。

第五章　附　则

第二十六条　考评人员违反考评工作纪律的,按照《国家教育考试违规处理办法》《普通高等学校招生违规行为处理暂行办法》等相关规定进行处理;党员涉嫌违纪的,移送纪检机关依据《中国共产党纪律处分条例》相关规定进行处理;涉嫌犯罪的,移送司法机关依法追究法律责任。

因职能部门疏于管理或监督不力,给学校特殊类型招生考试造成严重后果的,对直接责任人和负有领导责任的人员,应当依照有关规定进行追责问责。

第二十七条　教育部对特殊类型招生考试专家库建设及考评人员选聘管理另有规定的,按照教育部的有关规定执行。

第二十八条　本办法自公布之日起施行,由考试中心负责解释。

附件:

厦门大学特殊类型招生考试
考评人员利益关系者回避和诚信履职承诺书

本人参加厦门大学____________年________________________招生考试考评工作,已学习了解教育部、学校的考试规章和纪律要求,明确招生考试工作不仅是高校人才培养的基础环节,而且事关社会公平公正和考生切身利益,现郑重承诺如下:

1.本人无直系亲属、指导的学生及其他利害关系人参加本次考试。

2.自觉加强组织纪律观念,服从考试工作安排,认真履行岗位职责。

3.严格遵守考评工作纪律,保守考试工作秘密,不以任何方式(包括口头、微博、微信等)对外透露与考试工作有关的所有信息(包括本次考试中本人的具体工作身份、考场情况、评委名单、考生成绩等)。考试期间不向考生了解可能影响公正评判的个人信息;不与外界联系,手机等具有通信和(或)录音录像功能的电子设备不带入考场;不擅自离队外出或中途离岗;确保所有考试材料的安全。

4.评分过程中,严格按照评分规则和标准,做到客观、公正、独立评判,不接受或传递任何可能干扰正常工作和公正评判的信息。

5.廉洁自律,遵纪守法,不徇私舞弊。

本人一定认真履行以上承诺,若有违反,愿接受批评教育、取消(暂停)考评工作资格,直至按《国家教育考试违规处理办法》《普通高等学校招生违规行为处理暂行办法》等法律法规严肃处理。

承诺人(签字):

年　　月　　日

——本文摘录自《关于印发〈厦门大学特殊类型招生考试评委库建设及考评人员选聘管理办法(试行)〉的通知》,厦大考〔2017〕2号,档号2017-XZ39-001

厦门大学招生考试成绩录入与备份管理办法(试行)

(2017 年 8 月 22 日)

第一章　总　则

第一条　为规范我校招生考试成绩录入与备份管理工作,强化责任落实,确保考试成绩的准确和安全,根据教育部及福建省教育考试院的有关规定,结合本校实际情况,特制定本办法。

第二条　本办法适用于我校考试中心组织的各类招生考试的成绩录入与备份管理工作。

第三条　招生考试成绩录入与备份管理工作接受学校纪检监察部门的监督。

第二章　一般规定

第四条　不同类别招生考试的成绩录入与备份管理工作,由考试中心各相应类别考试项目的责任人(统称"考试项目责任人")在本单位分管领导的督促指导下具体组织和实施。

第五条　凡有直系亲属或利害关系人参加当次招生考试的人员,应当回避,不得参与该次考试的成绩录入与备份管理工作。

第六条　参与成绩录入与备份管理工作的人员,上岗前须参加考试中心组织的业务培训,并按照要求签署《厦门大学招生考试考务人员诚信履职承诺书》。

第七条　成绩录入与成绩备份,均须在视频监控下进行,并且至少应有 2 名工作人员同时在场。

第八条　成绩录入与成绩备份所生成的电子文档正本,应当由考试中心 2 名工作人员(其中一名为考试项目责任人)共同加密。文档开启密码长度为 12 位,每人单独负责设置其中 6 位,且各自掌握,不得外泄。密码中应同时包含大小写英文字母和阿拉伯数字 3 类要素。

第三章　成绩录入

第九条　成绩录入应当在单位内部保密电脑上操作完成,严禁在私人电脑、办公电脑或其他设备上进行。

第十条　成绩录入由两人一组共同完成。录入员按照不同类别招生考试的具体成绩构成逐项录入,不得遗漏,并且确保录入的考生成绩与原始评分材料内容一致。录入完毕,录入员须在原始评分材料的规定位置签名。

第十一条　录入员录入成绩时,原则上每隔 20 分钟应保存一次数据,防止因意外情况导致数据丢失。

第十二条　成绩录入全部结束后,由考试项目责任人负责打印考生成绩校对单并交给复核员进行核对。成绩复核完毕,复核员应在每页成绩校对单的规定位置签名。

第十三条　成绩复核实行交叉检查制度,录入员不得承担本人所录成绩的复核工作。

第十四条　成绩复核由两人一组共同完成。复核过程中如发现考试成绩录入有误,复核员应使用红色字迹签字笔在成绩校对单上进行更正,并由两名复核员共同在更正处签署全名确认。

第十五条　经复核后发现确需对已录入成绩进行更正时,由录入员重新录入正确的成绩。凡经更正过的考试成绩,考试项目责任人须重新打印并交由复核员再次核对,直至录入的成绩确实无误。

第十六条　成绩录入经复核无误后,考试项目责任人应按不同类别招生考试的要求将数据进行合并,注意检查合并后的数据是否正确,并最终形成考生成绩上报库。

第四章　成绩备份

第十七条　成绩录入阶段所形成的初始数据、中间数据和最终数据,考试项目责任人均应及时组织成绩备份。备份文件名称应当包含考试年份、考试项目、数据类别等内容。

第十八条　成绩备份应当使用专用的存储介质,按照不同类别招生考试项目分类保存。

第十九条　成绩备份的正本由考试项目责任人负责保管,同时应将副本一份报送单位分管领导。

第二十条　考试成绩最终数据经单位分管领导审核后,由考试项目责任人负责移交学校招生办。移交成绩时,应当填写"厦门大学招生考试成绩移交登记表",同时向招生办、监察处各提供一份最终数据成绩备份副本。

第二十一条　考试成绩应在上一级招生考试主管部门规定或考试中心与招生办商定的时间内向考生公布。

第二十二条　考试成绩未公布前按国家秘密级事项管理,任何人不得擅自对外发布或者提供考试成绩信息。

第五章　附　则

第二十三条　成绩录入及备份管理相关的原始评分表格、成绩校对单等纸质材料由考试项目责任人负责妥善保管。其中,博士学位招生考试、特殊类型招生考试相关材料保存期限至少为考试结束后 4 年,硕士学位招生考试相关材料保存期限至少为考试结束后 3 年。

第二十四条　成绩录入及备份管理人员有违规违纪行为的,按照《国家教育考试违规处理办法》、《普通高等学校招生违规行为处理暂行办法》以及学校的有关规定进行处理;党员涉嫌违纪的,移送纪检机关依据《中国共产党纪律处分条例》相关规定进行处理;涉嫌犯罪的,移送司法机关依法追究法律责任。

因职能部门疏于管理或监督不力,给学校招生考试工作造成严重后果的,对直接责任人和负有领导责任的人员,应当依照有关规定进行追责问责。

第二十五条　校内各招生学院(研究院)组织的博士学位和硕士学位研究生招生考试的复试、博士生申请考核制的考核、推荐优秀应届本科毕业生免试攻读研究生的考核等,其成绩录入与备份管理,参照本办法的有关规定执行。

第二十六条　本办法自公布之日起施行,由考试中心负责解释。

附件一:厦门大学招生考试考务人员诚信履职承诺书

附件二:厦门大学招生考试成绩移交登记表

(附件一、二略——编者)

——本文摘录自《关于印发〈厦门大学招生考试成绩录入与备份管理办法(试行)〉的通知》,厦大考〔2017〕3 号,档号 2017-XZ39-001

厦门大学本科生学籍管理规定

（2017年8月22日）

第一章　总　则

第一条　为规范学校学生管理行为，维护学校正常的教育教学秩序和生活秩序，保障学生合法权益，培养德、智、体、美等方面全面发展的社会主义建设者和接班人，依据《中华人民共和国教育法》《中华人民共和国高等教育法》《普通高等学校学生管理规定》《厦门大学章程》等相关法律法规和规章制度，制定本规定。

第二条　本规定适用于在厦门大学接受普通高等学历教育的本科生。

第三条　学生应当拥护中国共产党领导，努力学习马克思列宁主义、毛泽东思想、中国特色社会主义理论体系，深入学习习近平总书记系列重要讲话精神和治国理政新理念新思想新战略，坚定中国特色社会主义道路自信、理论自信、制度自信、文化自信，树立中国特色社会主义共同理想；应当树立爱国主义思想，具有团结统一、爱好和平、勤劳勇敢、自强不息的精神；应当增强法治观念，遵守宪法、法律、法规，遵守公民道德规范，遵守学校管理制度，具有良好的道德品质和行为习惯；应当刻苦学习，勇于探索，积极实践，努力掌握现代科学文化知识和专业技能；应当积极锻炼身体，增进身心健康，提高个人修养，培养审美情趣。

第二章　入学与注册

第四条　凡按国家招生规定被我校录取的新生，应当持录取通知书和有关证件，按学校有关要求和规定的期限到校办理入学手续。因故不能按期入学的，应当向所在学院提交书面请假并附相关证明。请假时间一般不得超过两周。未请假或者请假逾期的，除因不可抗力等正当事由以外，视为放弃入学资格。

第五条　学校在报到时对新生入学资格进行初步审查，审查合格的办理入学手续，予以注册学籍；审查发现新生的录取通知、考生信息等证明材料，与本人实际情况不符，或者有其他违反国家招生考试规定情形的，由学院上报招生部门，招生部门会同有关部门报校长办公会取消入学资格。

第六条　新生可以申请保留入学资格。保留入学资格期间不具有学籍，不享有在校生待遇。

符合以下条件之一的，可以申请保留入学资格1年：

1.患有疾病，经学校指定的二级甲等以上医院（下同）诊断不宜在校学习的；

2.因其他正当理由，无法按期到校入学的。

新生保留入学资格期满前应向学校申请入学，经学校审查合格后，办理入学手续。审查不合格的，取消入学资格；逾期不办理入学手续且未有因不可抗力延迟等正当理由的，视为放弃入学资格。

保留入学资格的学生入学后，学习年限从其正式入学时间算起并编入相应年级。

第七条　新生入学后，学校在3个月内按照国家招生规定进行复查。复查内容主要包括以下方面：

（一）录取手续及程序等是否合乎国家招生规定；

（二）所获得的录取资格是否真实、合乎相关规定；

（三）本人及身份证明与录取通知、考生档案等是否一致；

（四）身心健康状况是否符合报考专业或者专业类别体检要求，能否保证在校正常学习、生活；

(五)艺术、体育等特殊类型录取学生的专业水平是否符合录取要求。

复查中发现学生存在弄虚作假、徇私舞弊等情形的,确定为复查不合格,由学校招生部门会同有关部门报校长办公会取消学籍;情节严重的,学校移交有关部门调查处理。

复查中发现学生身心状况不适宜在校学习,经学校指定的医院诊断,需要在家休养的,经教务处批准,可以按照第六条的规定保留入学资格。

第八条 学院提请对学生做取消入学资格、取消学籍处理前,应告知学生本人做出决定的事实、理由及依据,并告知学生享有陈述和申辩的权利,听取学生的陈述和申辩。对学生做取消入学资格处理的,应当事先进行合法性审查,然后提交校长办公会议研究决定。

学生对取消入学资格、取消学籍有异议的,可以在接到学校取消入学资格、取消学籍批复之日起10个工作日内,向学校学生申诉处理委员会提出书面申诉。学生的申诉按照《厦门大学学生申诉办法》处理。

第九条 对取消入学资格、取消学籍的学生,学校出具取消入学资格、取消学籍批复,由学生本人签收,签收日期为送达日期。

学生本人拒绝签收取消入学资格、取消学籍批复的,学院以留置方式送达。学院负责送达的工作人员应当邀请二名以上的教职工或学生到场作为见证人,在送达回证上记明拒收事由和日期,由送达人、见证人签名,把批复留置学生本人宿舍或其他经常居住地,即视为送达。

已离校的,采取邮寄方式送达;难以联系的,由学院网站以公告形式送达。

取消入学资格、取消学籍批复自送达之日起生效。公告送达的,自发出公告之日起,经过十五日,即视为送达。

第十条 每学期开学时,学生应当按学校规定办理注册手续。不能如期注册的,应当履行暂缓注册手续。未按学校规定缴纳学费或者有其他不符合注册条件的,不予注册。

家庭经济困难的学生可以申请助学贷款或者其他形式资助,办理有关手续后注册。

第三章 考核与成绩记载

第十一条 学生应当参加学校培养方案规定的课程和各种教育教学环节(以下统称课程)的考核,考核成绩记入学生成绩单,并归入学籍档案。

第十二条 考核分为考试和考查两种。课程考核成绩合格可获得该课程学分。

必修课程考核不合格必须重修;选修课程考核不合格可选择重修或根据培养方案要求改修其他课程。重修课程如课程停开,所在学院可以指定学生修读学分相同、要求相近的其他替代课程。考核已合格的课程不允许重修。

学生未按时参加课程考核,该课程考核为不合格。

一门课程缺课(含请假)的学时累计达到该门课程总学时数的1/3者(获准部分免听者除外),或者实验课缺做实验达1/3者,不得参加该课程的期末考核。

重修课程不允许免听。

学生因患急病、患大病或突遇意外伤残导致无法参加考试,或因其他变故等不可抗拒因素导致无法参加考核,可以向学生所在学院申请缓考。

第十三条 学校以本规定第三条为依据,采取过程管理、写实记录、个人小结、师生民主评议等形式进行,每学年对学生思想品德进行一次考核,形成学年鉴定,记入个人档案。

学生体育课的成绩评定要突出过程管理,可以根据考勤、课内教学、课外锻炼活动和体质健康等情况综合评定。

实践性课程(如实验、实习)的成绩可根据课内外作业、平时测验、实习和实验报告及实际表现综合评定。

第十四条 学生应遵照循序渐进的原则,按照培养方案规定的顺序和要求修课。学生应当按照学校和所在学院的规定，办理选课手续。未经办理修课手续而参加听课、考核者不能取得该课程的成绩和学分。凡规定有先修课程的，应当取得先修课程学分后方可继续修习后续的课程。

经过所在学院批准，学习能力强的学生可以提前修习某些后续课程；学习有困难的学生可以缓修某些课程。

学生有正当理由可提出申请免修某些课程（思想政治理论课、体育课、实验课、实习实训除外），应当经学院批准。

学生因生理缺陷或患某种疾病，由学校指定医院出具证明，学院审批，可以申请免予或暂缓参加军事训练；体育课可转修"保健体育课"。

学业优秀、学习能力强的学生，经本人申请和学院批准，某些课程（思想政治理论课、体育课、实验课、实习实训除外）可以全部或部分免听。申请免听的课程应当参加选课及课程考核。

第十五条　学生可以根据自己的兴趣、爱好和特长，经所在学院和开课学院的同意，选修其他专业的课程；可以按照学校规定的办法申请辅修其他专业。

学生可以根据校际协议跨校修读课程。在他校修读的课程成绩（学分）由所在学院根据校际协议进行课程学分认定及转换。

学生可以参加学校认可的在线开放课程学习，修读的课程成绩（学分），学校审核同意后，予以承认。

高年级学生可修读研究生课程，修读的课程成绩（学分），由所在学院按学校相关规定进行课程学分认定及转换。

第十六条　学校设置创新学分，该学分为本科生必修学分。本科生在读期间，在学校认定的各级各类竞赛、科学研究、发明创造、发表论文、学生创业（含休学创业）等方面取得成果，通过申请和认定后可获得相应的创新学分。

第十七条　课程成绩采用百分制、等级制和两级记分制记分，由期末考核成绩和平时考核成绩等综合评定。学校真实、完整地记载、出具学生学业成绩，对通过重修获得的成绩，在成绩单上予以标注。

第十八条　学生严重违反考核纪律或者作弊的，该课程考核成绩记为"无效"，并应视其违纪或者作弊情节，给予相应的纪律处分。给予警告、严重警告、记过及留校察看处分的，经教育表现较好，可以对该课程给予重修机会。

第十九条　学生因退学等情况中止学业，其在校学习期间所修课程及已获得学分，学校予以记录。退学学生成绩单和学籍档案由所在学院送交学校档案馆存档。退学学生重新参加入学考试、符合录取条件，再次入学的，其已获得学分，经个人申请，所在学院认定，符合培养要求的可予以承认。

第二十条　学生应当按时参加培养方案规定的活动。不能按时参加的，应当事先向所在学院请假并获得批准。无故缺席的，根据学校有关规定给予批评教育，情节严重的，给予相应的纪律处分。

第二十一条　学校组织开展学生诚信教育，将学生学业、学术、品行等方面的诚信信息记入学年鉴定，建立对失信行为的约束和惩戒机制；对有严重失信行为的，依据《厦门大学学生违纪处分规定》给予相应的纪律处分；对违背学术诚信的，依据学校相关规定对其获得学位及学术称号、荣誉等做出限制。

第四章　转专业与转学

第二十二条　学生在学习期间对其他专业有兴趣和专长的，可以申请转专业；以特殊招生形式录取的学生，国家有相关规定或者录取前与学校有明确约定的，不得转专业。学生申请转专业，应当按照学校转专业工作管理相关规定执行。

休学创业或退役后复学的学生，因自身情况需要转专业的，可向学校提出申请，符合学校转专业要求的，可优先考虑。

学校根据社会对人才需求情况的发展变化，需要适当调整专业的，允许在读学生转到其他相关专业就读。

第二十三条　学生一般应当在被录取学校完成学业。因患病或者有特殊困难、特别需要，无法继续

在本校学习或者不适应本校学习要求的,可以申请转学。有下列情形之一,不得转学:

(一)入学未满一学期或者毕业前一年的;

(二)高考成绩低于拟转入学校相关专业同一生源地相应年份录取成绩的;

(三)由低学历层次转为高学历层次的;

(四)以定向就业招生录取的;

(五)无正当转学理由的。

学生因学校培养条件改变等非本人原因需要转学的,学校出具证明,由所在地省级教育行政部门协调转学到同层次学校。

第二十四条　学生转学由学生本人提出申请,说明理由,经所在学校和拟转入学校同意,由转入学校负责审核转学条件及相关证明,认为符合本校培养要求且学校有培养能力的,经学校校长办公会研究决定,可以转入。

跨省转学的,由转出地省级教育行政部门商转入地省级教育行政部门,按转学条件确认后办理转学手续。须转户口的由转入地省级教育行政部门将有关文件抄送转入学校所在地的公安机关。

第二十五条　申请转学学生应当按照国家有关规定执行。在转学完成后3个月内,由转入学校报所在地省级教育行政部门备案。

第五章　休学、保留学籍与复学

第二十六条　本科专业学制由国家统一规定,一般为四年,少数为五年。

学生可以分阶段完成学业。学校允许学生提前1年或推后1～2年毕业。除另有规定外,学生应当在学校规定的最长学习年限(含休学和保留学籍)内完成学业。最长学习年限四年制不超过6年,五年制不超过7年。

第二十七条　学生申请休学(保留学籍)或者学校认为应当休学(保留学籍)的,经学校批准,可以休学(保留学籍)。

学生有下列情况之一者应予休学或保留学籍:

(一)因病经学校指定医院诊断,须停课治疗、休养时间达5周及以上的,应办理休学;

(二)在一学期内请假或累计请假、缺课时间达5周以上者(获准部分免听者除外),应办理休学;

(三)学生在学期间拟离校创业的,应办理休学;

(四)学生在校期间应征入伍的,应办理保留学籍;

(五)学生在学期间,参加国(境)内外校际交流项目(含联合培养项目)达三个月以上的,应办理保留学籍。

学生申请休学(保留学籍)应填写休学(保留学籍)申请表,并附相关证明,经所在学院签署意见,报教务处批准。未办理休学(保留学籍)手续而擅自离校者,学校可予退学处理。

第二十八条　学生休学(保留学籍)一般以一学期为限,不满一学期的按一学期计算;学期结束前两周申请的,从下学期起算。休学(保留学籍)后复学的学生,未修满一学期又休学(保留学籍)的视为连续休学(保留学籍)。休学(保留学籍)时间累计不得超过2学年。

经有关部门批准到国外、港澳台地区定居或自费学习的学生,由本人申请、学校批准,可保留学籍1年。

第二十九条　学生因某种特殊原因,本人申请或学校认为必须休学或保留学籍的,可依据实际情况办理休学或保留学籍。

第三十条　学校允许学生申请休学从事创业。休学创业的本科生最长学习年限四年制专业不超过八年、五年制专业不超过九年。休学创业的学生必须提供申请书和创业证明材料,由学院组织审核、学生工作部(处)审定,报学校教务处审批通过后方可办理休学手续。

第三十一条　新生和在校学生应征参加中国人民解放军(含中国人民武装警察部队),学校保留其入学资格或者学籍至退役后2年。

学生参加学校组织的跨校联合培养项目，在联合培养学校学习期间，学校根据校际协议为其保留学籍1～2年。

学生保留学籍期间，与其实际所在的部队、学校等组织建立管理关系。

第三十二条　休学(保留学籍)学生应当办理手续离校。学生休学(保留学籍)期间，不享受在校学习学生待遇。因病休学学生的医疗费按国家及当地的有关规定处理。

第三十三条　学生休学(保留学籍)期满前应当在学校规定的期限内提出复学申请，经学校复查合格，方可复学。休学(保留学籍)期满不办理复学手续者，学校可予退学处理。

第六章　退　学

第三十四条　学生有下列情形之一，学校可予退学处理：

(一)学业成绩未达到学校要求，一学期未能获得该专业培养方案本学期应修学分的50%的，或相连两个长学期未能获得该专业培养方案相连两个长学期应修学分的50%的；对于一学期未能获得该专业培养方案本学期应修学分50%者，经过本人申请、所在学院分管教学负责人批准，可以缓期一学期合并处理。

(二)在学校规定的学习年限内所获学分未达到培养方案总学分数90%的。

(三)休学(保留学籍)期满，在学校规定期限内未提出复学申请或者申请复学经复查不合格的。

(四)根据学校指定医院诊断，患有疾病或者意外伤残不能继续在校学习的。

(五)未经批准连续两周未参加学校规定的教学活动的。

(六)超过学校规定期限未注册而又未履行暂缓注册手续的。

(七)学校规定的不能完成学业、应予退学的其他情形。

因上述原因退学的由学生所在学院提出报告，并附相关材料，报送学校审批。

学生退学前应缴清已修读期间的学费。

第三十五条　学院提请对学生做退学处理前，应告知学生本人做出决定的事实、理由及依据，并告知学生享有陈述和申辩的权利，听取学生的陈述和申辩。对学生做退学处理的，应当事先进行合法性审查，然后提交校长办公会议研究决定。

第三十六条　学生本人申请退学的，由本人填写退学申请表，经学院签署意见，报送教务处审核后报学校校长办公会研究决定。

第三十七条　对退学的学生，学校出具退学批复，由学生本人签收，签收日期为送达日期。

学生本人拒绝签收退学批复的，学院以留置方式送达。学院负责送达的工作人员应当邀请二名以上的教职工或学生到场作为见证人，在送达回证上记明拒收事由和日期，由送达人、见证人签名，把退学批复留置学生本人宿舍或其他经常居住地，即视为送达。

已离校的，采取邮寄方式送达；难以联系的，由学院网站以公告形式送达。

退学批复自送达之日起生效。公告送达的，自发出公告之日起，经过十五日，即视为送达。

第三十八条　学生对退学处理有异议的，可以在接到学校退学批复之日起10个工作日内，向学校学生申诉处理委员会提出书面申诉。

学生的申诉按照《厦门大学学生申诉办法》处理。

第三十九条　退学的学生，应在退学批复送达(包括以公告形式送达)起两周内办理退学手续离校，档案、户口退回其家庭户籍所在地。逾期办理离校手续的，学校不予负责。

第七章　毕业与结业

第四十条　学生在学校规定学习年限内，修完培养方案规定内容，成绩合格，达到学校毕业要求的，准予毕业，并发给毕业证书。受到留校察看处分的毕业生，处分未解除前，不能获得毕业资格。

符合学位授予条件的,学校可以颁发学位证书。学院学位评定分委员会按照学校相关规定进行审查,提出学位授予、不授予的建议名单,报学校学位评定委员会审议。

学生提前完成培养方案规定内容,获得毕业所要求的学分,经本人申请,学院和教务处审核,校长批准,准予提前毕业。提前毕业学生待遇与其他毕业生相同。

第四十一条　学生在学校规定学习年限内,修完培养方案规定内容,所获学分达到培养方案总学分数90%者准予结业。未修、或已修不及格课程在结业后一年内可申请自费重修,合格者可以换发毕业证书。对合格后颁发的毕业证书,毕业时间按发证日期填写。符合学士学位条件的可以申请学士学位。

第四十二条　学满一学年以上退学且所修学分数达8学分以上的学生,按其实际完成的学业年限发给肄业证书,以后不再换发毕业证书。

未学满一学年退学的学生,可发给写实性学习证明。

被开除学籍的学生,可发给学习证明。

第八章　学业证书管理

第四十三条　学校严格按照招生时确定的办学类型和学习形式,以及学生招生录取时填报的个人信息,填写、颁发学历证书、学位证书及其他学业证书。

学生应当按学校要求及时核对学籍信息;在校期间变更姓名、出生日期等证书需填写的个人信息的,应当有合理、充分的理由,并提供有法定效力的相应证明文件。学校进行审查,并报福建省教育厅审查、备案。

第四十四条　学校执行高等教育学籍学历电子注册管理制度,学生应积极配合做好学籍、学历信息的填报、变更等工作。

第四十五条　学生完成本专业学业、同时辅修其他专业并达到该专业辅修要求者,学校发给辅修专业证书;达到辅修专业的学位要求者,同时发给辅修专业学士学位证书。

第四十六条　对违反国家招生规定取得入学资格或者学籍的,学校取消其学籍,不得发给学历证书、学位证书;已发的学历证书、学位证书,学校依法予以撤销。对以作弊、剽窃、抄袭等学术不端行为或者其他不正当手段获得学历证书、学位证书的,学校依法予以撤销。

被撤销的学历证书、学位证书已注册的,学校予以注销并报教育行政部门宣布无效。

第四十七条　毕业、结业、肄业证书和学位证书遗失或者损坏,经本人申请,学校核实后出具相应的证明书。证明书与原证书具有同等效力。

第九章　附　则

第四十八条　学校对接受高等学历继续教育的学生、接受非学历教育的学生、港澳台侨学生、国际学生等学生的管理参照本规定实施。有关补充实施办法另行制定。

第四十九条　本规定所称“以上”“以下”,包括本级、本数。

第五十条　本规定由学校教务处负责解释。

第五十一条　本规定从2017年9月1日起施行,原《厦门大学本科生学籍管理规定》(厦大教〔2005〕38号)同时废止。

——本文摘录自《关于印发〈厦门大学本科生学籍管理规定〉的通知》,厦大教〔2017〕67号,档号2017-XZ12-3

厦门大学学生考试违规处理办法(2017年修订)

(2017年8月31日)

第一章　总　则

第一条　为严肃厦门大学考试纪律,规范厦门大学考试违规行为的认定与处理,维护考试的公平、公正,制定本办法。

第二条　本办法所称考试包括各类国家教育考试、学校教育教学计划规定的课程和各种教育教学环节的考试。

第三条　本办法适用于在厦门大学接受普通高等学历教育的本科生和研究生。

第四条　监考教师负有监督考试纪律的责任,必须在规定时间到达考场,宣布考试纪律,维护考场秩序,履行监考职责。发现考生有违规动向要坚持教育为先的原则,及时给予劝阻。

第五条　学生参加考试,应当遵循诚实信用、公平竞争的原则,遵守考试纪律。考生必须在规定时间到达考场,保持考场肃静,服从监考教师的指令、监督和劝告。

第二章　学生考试违规行为的认定

第六条　考生不遵守考场纪律,不服从考试工作人员的安排与要求,有下列行为之一的,应当认定为考试违纪:

(一)携带考试禁带物品进入考场或者未放在指定位置的;

(二)未在规定的座位参加考试的;

(三)在考试开始信号发出前答题或者在考试结束信号发出后继续答题的;

(四)在考试过程中旁窥、交头接耳、互打暗号或者手势的;

(五)在考场或者考场周围,喧哗或者实施其他影响考场秩序的行为的;

(六)未经监考教师同意在考试过程中擅自离开考场的;

(七)将试卷、答卷(含答题卡、答题纸等,下同)、草稿纸等考试用纸带出考场的;

(八)用规定以外的笔、纸答题或者在试卷规定以外的地方书写姓名、考号或者以其他方式在答卷上标记信息的;

(九)有其他违反考场规则但尚未构成作弊的行为的。

第七条　考生违背考试公平、公正原则,在考试过程中或考试结束后被发现有下列行为之一的,应当认定为考试作弊:

(一)由他人冒名代替或代替他人参加考试的。

(二)携带与考试内容相关的文字材料或者存储与考试内容相关资料的电子设备参加考试的。

(三)携带具有发送或者接收信息功能的设备参加考试的。

(四)事先将与考试内容有关的文字抄写在桌椅、衣服、文具、身体上等的。

(五)抄袭或者协助他人抄袭试题答案或者与考试内容相关的资料的。

(六)抢夺、窃取他人试卷、答卷或者胁迫他人为自己抄袭提供方便的。

(七)考试时虽经允许离开考场,但在考场外偷看有关资料,或与他人交谈考试内容的。

(八)考试时向他人示意经告诫不改,或与他人核对考题答案的。

(九)在考场内朗读考试内容经告诫不改的。

(十)在答卷上填写与本人身份不符的姓名、考号等信息的。

(十一)传、接物品或者交换试卷、答卷、草稿纸的。

(十二)故意销毁试卷、答卷或者考试材料的。

(十三)通过伪造证件、证明、档案等或其他不正当手段获得或者试图获得试题答案、考试(免试)资格或考试成绩(免修资格)的。

(十四)评卷教师在考试结束后评卷过程中发现同一科目同一考场有两份以上(含两份)答卷答案雷同的。

(十五)有其他作弊行为的。

由他人代替考试或代替他人考试、组织作弊、使用通信设备或其他器材作弊、向他人出售考试试题或答案谋取利益,以及有其他严重作弊或扰乱考试秩序行为的,从重处理。

第八条　学生不服从监考教师和其他考试工作人员的管理,有下列行为之一的,应当认定为扰乱考场及考试工作场所秩序:

(一)故意扰乱考点、考场、评卷场所等考试工作场所秩序的;

(二)拒绝、妨碍考试工作人员履行管理职责的;

(三)威胁、侮辱、诽谤、诬陷监考教师和其他考试工作人员或其他考生的;

(四)有其他扰乱考场及考试工作场所秩序的行为的。

第三章　学生考试违规行为的处理

第九条　学生有第六条、第七条、第八条所列行为之一的,按《厦门大学学生违纪处分规定》第三十二条之规定给予纪律处分,并将该课程考试成绩记为无效。

第十条　监考教师和其他考试工作人员在考试过程中发现学生实施本办法第六条、第七条和第八条所列行为之一的,应当及时予以纠正并如实记录;对学生用于作弊的材料、工具等,应予暂扣。学生考试违规记录作为认定学生违规事实的依据,应当由两名以上(含两名)监考教师或其他考试工作人员签字确认。监考教师或考试工作人员应当向违规学生告知违规记录的内容,对暂扣的学生物品应填写收据。

第十一条　考试结束后,监考教师、考试工作人员或违规学生所在学院(研究院、教学部)应立即将学生考试违规记录和证据材料移送教务处或研究生院,并协助做好调查取证工作;教务处或研究生院按《厦门大学学生违纪处分规定》规定的违纪处分程序办理。

第四章　附　则

第十二条　对接受高等学历继续教育的学生、接受非学历教育的学生、港澳台侨学生、国际学生等学生的管理参照本办法执行。

第十三条　本办法所称考场包括实施一般考试的封闭空间,也包括实施体育竞技类考试的开放空间;所称考点是指设置若干考场独立进行考务活动的特定场所。

第十四条　本办法自 2017 年 9 月 1 日起施行。原《厦门大学考场纪律及违纪处分办法》(厦大学〔2005〕26 号)同时废止。

——本文摘录自《关于印发〈厦门大学学生考试违规处理办法(2017 年修订)〉的通知》,厦大学〔2017〕78 号,档号 2017-XZ11-3

厦门大学学生违纪处分规定(2017年修订)

(2017年8月31日)

第一章　总　则

第一条　为规范学校学生管理行为,维护学校正常的教育教学秩序和生活秩序,保障学生合法权益,培养德、智、体、美等方面全面发展的社会主义建设者和接班人,依据《中华人民共和国教育法》《中华人民共和国高等教育法》《普通高等学校学生管理规定》《厦门大学章程》等相关法律法规和规章制度,制定本规定。

第二条　本规定适用于在厦门大学接受普通高等学历教育的研究生和本科生。

第三条　学校加强日常的法律法规和规章教育、纪律教育和诚信教育。在对学生进行违纪处分处理时应当坚持以教育为主的原则。

第四条　给予学生纪律处分,应当坚持公开、公平、公正的原则,做到程序正当、证据充分、依据明确、定性准确、处分适当。学校尊重并保障学生陈述、申辩、申诉等权利。

第二章　纪律处分的种类和运用

第五条　学生违反国家法律法规和有关规章,违反大学生行为准则,从事或参与有损大学生形象、有悖社会公序良俗的活动,或者有其他扰乱校园管理秩序行为的,视其情节轻重,给予以下种类的处分:

(一)警告;

(二)严重警告;

(三)记过;

(四)留校察看;

(五)开除学籍。

对情节轻微,不需要给予纪律处分的学生,由学院予以批评教育,责令改正。

第六条　除开除学籍外,处分期限原则上为一年,从处分决定做出之日起计算;在处分期限内受到处分的,从前一处分解除之日起计算;处分期内的表现由学生所在学院(研究院、教学部)负责考察。

在处分期间表现良好者可按期解除;在处分期间有突出表现或即将毕业的,可以申请提前解除;处分经学校审查批准后予以解除,但处分期限原则上不得少于六个月。

在留校察看期间又因违法、违规、违纪应当受到学校纪律处分的,给予开除学籍处分。

第七条　触犯国家法律,构成刑事犯罪,受到刑事处罚的,给予开除学籍处分;免予刑事处罚的,视情节轻重,给予留校察看以上处分。

违反治安管理法,受到治安管理处罚的,视情节轻重,给予记过以上处分;免予治安处罚的,视情节轻重,给予记过以下处分。

违反其他法律法规或规章,受到行政处罚的,视情节轻重,给予严重警告以上处分;免予行政处罚的,视情节轻重,给予严重警告以下处分。

第八条　有下列情形之一的,应当从轻、减轻或者免予处分:

(一)情节轻微的;

(二)主动承认错误并及时改正的;

(三)主动配合学校相关部门开展调查工作的;

(四)受他人胁迫或诱骗的;

(五)在共同违纪中起次要或辅助作用的。

第九条　有下列情形之一的,应当从重或加重处分:

(一)胁迫、诱骗他人或者教唆他人违纪的;

(二)勾结校外人员的;

(三)故意隐瞒、歪曲、捏造事实,或拒不承认错误的;

(四)伪造、销毁、藏匿证据的;

(五)妨碍他人揭发、检举、提供证据或对有关人员打击报复、威胁、恐吓的;

(六)同时有两种以上违纪行为,或在共同违纪中起主要作用的;

(七)在校期间受到处分,或屡犯不改的;

(八)后果严重或性质恶劣的。

第十条　学生因违纪行为给国家、集体、他人造成财产损失、名誉损害,或给他人造成人身伤害的,应当赔礼道歉、恢复原状、赔偿损失。

第十一条　学生受到纪律处分,尚未解除的,不得参评奖学金或荣誉称号,不得担任学生干部职务。处分解除后,学生获得表彰、奖励及其他权益,不再受原处分的影响。

可以申请免予纪律处分的学生,参照处理。

第三章　违纪行为及纪律处分

第一节　扰乱社会秩序的行为

第十二条　违反宪法,反对四项基本原则、破坏安定团结、扰乱社会秩序的,视情节轻重,给予记过以上处分。

第十三条　泄漏国家秘密的,视情节轻重,给予记过以上处分。

第十四条　违反国家法律、法规,组织、参加未经批准的集会、游行、示威,造成不良影响或后果的,视情节轻重,给予严重警告以上处分。

第十五条　组织、利用、参加会道门、邪教组织或利用迷信扰乱公共秩序的,视情节轻重,给予记过以上处分。

第十六条　组织、胁迫、诱骗他人参加传销或者变相传销活动的,视情节轻重,给予记过以上处分;参与传销或者变相传销活动,经告诫不改的,给予严重警告处分。

第十七条　有下列行为之一的,视情节轻重,给予留校察看以上处分:

(一)制作、运输、复制、出售、出租淫秽的书刊、图片、影片、音像制品等淫秽物品或者利用计算机信息网络、电话以及其他通信工具传播淫秽信息的;

(二)有卖淫、嫖娼等行为的;

(三)吸食、注射毒品的。

第二节　侵犯人身权利的行为

第十八条　故意伤害他人身体,未造成伤害后果的,给予严重警告以下处分;造成伤害后果的,视情节轻重,给予记过以上处分。

第十九条　过失伤害他人身体,尚未触犯法律的,视后果严重程度,给予记过以下处分。

第二十条　冒领、隐匿、毁弃或私自开拆他人通知单据、邮件等的,视情节轻重,给予记过以下处分。

第二十一条　以窃取、偷窥、偷拍等方式侵犯他人隐私的,视情节轻重,给予留校察看以下处分。

故意传播他人隐私的，视情节轻重，给予记过以上处分。其中，以营利为目的的，从重处分。

第二十二条　侮辱他人或捏造事实诽谤、诬告陷害他人，造成不良后果或性质恶劣的，视情节轻重，给予严重警告以上处分。

第二十三条　通过语言、文字、影像、图片、肢体行为等方式对他人进行性骚扰，视情节轻重，给予严重警告以上处分；强制猥亵他人未造成严重后果的，给予记过以上处分，涉嫌犯罪的，移送有关部门处理。

第二十四条　通过写恐吓信、自伤自残或其他方法和行为，威胁他人安全或干扰他人正常生活的，视情节轻重，给予严重警告以上处分。

第三节　侵犯公私财产的行为

第二十五条　盗窃公私财物，案值不足六百元的，视情节轻重，给予严重警告以下处分；案值在六百元以上不足三千元的，给予记过处分；案值在三千元以上的，视情节轻重，给予留校察看以上处分。

多次盗窃公私财物的，从重处分。

第二十六条　抢夺、敲诈勒索、诈骗公私财物的，视情节轻重，给予记过以上处分。其中，抢夺财物案值在一千元以上、敲诈勒索财物案值在两千元以上、诈骗财物案值在三千元以上的，视情节轻重，给予留校察看以上处分。

第二十七条　明知是赃物而窝藏、销毁、转移的，视情节轻重，给予严重警告以上处分。

第二十八条　侵吞或挪用公共款物，案值不足六百元的，给予严重警告以下处分；案值超过六百元的，视情节轻重，给予记过以上处分。

第二十九条　故意损坏公私财物，造成损失或性质恶劣的，视情节轻重，给予警告以上处分。

过失损坏公私财物，造成较大损失的，视情节轻重，给予记过以下处分。

第四节　扰乱学校教育教学秩序的行为

第三十条　一学期内旷课累计达三十学时的，给予警告处分；达四十学时的，给予严重警告处分；达五十学时的，给予记过处分。学时按教务部门规定的实际开课计划计算。

未经批准，一学期内连续离校天数达四天以上，经告诫不改的，视情节轻重，给予留校察看以下处分。法定节假日和学校规定的假期不计入连续天数的计算。

第三十一条　违反课堂教学和管理规定，有迟到、早退、代考勤或其他扰乱课堂教学管理秩序行为的，视其情节轻重，给予严重警告以下处分。情节较为严重的，给予记过以上处分。

组织或提供不当的平台，扰乱课堂教学和管理秩序的，给予记过以上处分；情节特别严重的，给予开除学籍处分。

违反实习实践或其他教育教学环节有关管理规定的，参照执行。

第三十二条　提供虚假证明或材料骗取免修或免试资格，或者在考试中作弊的，视情节轻重，给予记过以上处分。其中，由他人代替考试或代替他人考试、组织作弊、使用通信设备或其他器材作弊、向他人出售考试试题或答案谋取利益，以及其他严重作弊或扰乱考试秩序行为的，视情节轻重，给予留校察看以上处分。

有其他违反考场纪律或扰乱考场和考试工作场所秩序行为的，视情节轻重，给予留校察看以下处分。

发现学生在国家法律规定的考试中违纪，涉嫌犯罪的，移送有关部门处理。

第三十三条　违反学校学术不端行为管理规定，在学术活动中违背学术诚信、学术道德，情节较为严重的，给予严重警告以上处分。其中，涉及学位论文和公开发表的研究成果的，从重处分；情节特别严重的，可以给予开除学籍处分。

第三十四条　在校内外学业、学术、文体等竞赛活动中有欺骗行为，造成不良影响或严重后果的，视情节轻重，给予严重警告以上处分。

第三十五条　违反教室、实验室、图书馆和计算机房等教学、科研、学习场所管理规定，经告诫不改，未造成严重后果的,给予警告处分;造成严重后果的,视情节轻重,给予严重警告以上处分。

违规将仪器设备、易燃易爆品、危险实验药品等带离实验室的,从重处分。

第五节 扰乱学校公共秩序的行为

第三十六条 有下列滋事、斗殴行为的,分别给予相应处分:

(一)引起事端或激化矛盾,造成打人、打群架等后果的肇事者,视情节轻重,给予记过以下处分。

(二)动手打人未伤他人的,视情节轻重,给予记过以下处分;致他人受伤的,视情节轻重,给予记过以上处分。

(三)故意为他人打架提供工具,未造成伤害的,给予严重警告处分;造成伤害的,视情节轻重,给予记过以上处分。

(四)教唆他人打架斗殴的,视情节轻重,给予严重警告以上处分。

(五)斗殴终止后又报复打人,扩大事态的,视情节轻重,给予记过以上处分。

组织、策划、领导打架斗殴或持械伤人的,从重处分。

第三十七条 组织、煽动罢课、闹事的,视情节轻重,给予记过以上处分。

第三十八条 组织、参与赌博的,视情节轻重,给予严重警告以上处分。

第三十九条 在校园内酗酒闹事、起哄、喧哗、摔砸物品的,视情节轻重,给予留校察看以下处分。

第四十条 违反学校学生住宿管理规定,在宿舍区有下列情形之一,经告诫不改的,视情节轻重,给予警告以上处分:

(一)按规定应集中住宿的学生未经批准夜不归宿或未履行相关管理手续在校外租房居住的;

(二)留宿校外人员的;

(三)违规占用床位或妨碍他人入住的;

(四)饲养或容留动物的;

(五)从事或协助他人从事营利性活动,扰乱宿舍区管理和生活秩序的;

(六)违反学校作息制度,扰乱他人正常生活秩序的;

(七)使用明火或焚烧物品的;

(八)高空抛物或引发高空坠物安全隐患的;

(九)存放易燃、易爆、有毒、强腐蚀性或强放射性等危险品的;

(十)违章接拉电线、使用大功率或发热元件外露电器、超负荷使用电器的;

(十一)其他违反学校学生住宿管理规定的行为。

第四十一条 在宿舍区内有出租、出借宿舍、床位行为的,视情节轻重,给予警告以上处分。

第四十二条 在学生集体宿舍内留宿异性或在异性学生集体宿舍内留宿的,视情节轻重,给予记过或留校察看处分。

第四十三条 有下列行为之一的,视情节轻重,给予严重警告以上处分:

(一)非法入侵他人计算机信息系统,造成危害的;

(二)对他人计算机信息系统功能进行非法删除、修改、增加、干扰,造成计算机信息系统不能正常运行的;

(三)对他人计算机信息系统中存储、处理或者传输的数据和应用程序进行非法删除、修改、增加的;

(四)故意制作、传播计算机病毒等破坏性程序,影响他人计算机信息系统正常运行的;

(五)未经允许开设代理、文件传输协议、网页等网络应用服务,造成不良影响或严重后果的;

(六)未经允许使用他人、组织的账号、密码,造成不良影响或严重后果的;

(七)将学校派发本人使用的相关账号转让、租借给他人不正当使用,造成恶劣影响的;

(八)恶意传播系统漏洞知识,教唆他人攻击、入侵网站或信息系统的;

(九)有其他违反国家、学校计算机网络管理规定的行为,造成不良影响或严重后果的。

第四十四条　捏造、散布虚假、不良信息，造成不良影响或严重后果的，视情节轻重，给予严重警告以上留校察看以下处分。

第四十五条　学生团体邀请校外组织、人员到校举办讲座等活动，需经学校批准。违反学校学生团体管理规定，从事违法、违规和违纪活动的，视情节轻重，给予相关责任人严重警告以上处分。

第四十六条　制作或传播未获国家出版许可的报纸、期刊、图书、音像制品、电子出版物或其他违禁品，造成不良影响或严重后果的，视情节轻重，给予留校察看以下处分。

第四十七条　擅自使用学校名称或标识造成不良影响，或者冒用学校或校内单位的名义从事各类活动或对外发布公告、新闻，侵害学校利益，给学校造成不良影响或损失的，视情节轻重，给予严重警告以上留校察看以下处分。

第四十八条　伪造、变造、买卖或者非法取得学校公文、证件、证书、证明、成绩单、印章、保密文件材料和个人档案的，视情节轻重，给予严重警告以上处分。

第四十九条　违反学校管理规定，转借、转让、使用学校公文、证件、证书、证明、成绩单、印章、保密文件材料和个人档案，经告诫不改的，视情节轻重，给予留校察看以下处分；以营利为目的的，从重处分。

第五十条　妨碍学校管理人员依照学校规定执行公务的，视情节轻重，给予记过以下处分。

第五十一条　任何组织和个人不得在学校进行宗教活动。在学校内组织宗教活动或传教的，视情节轻重，给予记过以上处分。在学校内参加宗教活动，情节严重的，给予记过以下处分。

第五十二条　污损建筑物、公用设备，或违章张贴、悬挂条幅、攀折花木，经告诫不改的，给予警告处分。

第五十三条　在公共场所或学生宿舍内，观看带有淫秽内容的文字或音像制品，经告诫不改的，给予警告处分；对集体观看的组织者，视情节轻重，给予严重警告或记过处分。

第五十四条　与他人发生非婚性行为，造成不良影响或严重后果的，视情节轻重，给予严重警告以上处分。

第五十五条　在校园内违规驾驶机动车辆，视情节轻重，给予警告以上处分。其中，无证驾驶机动车辆或驾车伤人的，给予记过以上处分。

第五十六条　违反社会实践或实习单位所属行业职业道德，造成不良影响或后果的，视情节轻重，给予留校察看以下处分。

第五十七条　有扰乱校门管理、道路交通、消防安全等校园公共管理秩序的行为，造成不良影响或后果的，视情节轻重，给予留校察看以下处分。

第四章　纪律处分的程序

第五十八条　学院（研究院、教学部）发现学生违纪行为，由所在学院（研究院、教学部）学生工作组负责调查并核对事实，收集证据，经院务委员会或学生工作组会议研究，于十个工作日内提出初步处理意见，并将学生违纪处分材料送交学生工作处。

学校职能部门和相关单位在其管辖范围内发现学生违纪行为，应当及时收集现场证据，将相关证据材料移交相关学院（研究院、教学部）学生工作组，并协助做好其他调查取证工作，学院（研究院、教学部）按前款规定程序办理。

学生工作处、教务处、研究生院、保卫处在必要时，可直接组织调查学生违纪事件，收集证据，于十个工作日内提出初步处理意见。教务处、研究生院、保卫处须将学生违纪处分材料送交学生工作处。

第五十九条　学生违纪处分材料应包括以下内容：

（一）违纪事实的调查结果及处分意见材料；

（二）当事人询问笔录；

（三）其他证据材料（书证、物证、证人证言等）。

对当事人和证人的询问应当至少有两名工作人员在场，工作人员在询问前应当出示证明文件，并制作询问笔录。

第六十条　学生工作处接到学生违纪处分材料后,应当进行审查,必要时组织相关单位进行讨论审查,提出拟处理意见,告知学生做出决定的事实、理由及依据,并告知学生享有陈述和申辩的权利。

学生对拟处理意见有异议的,可由本人或其法定代理人提出陈述和申辩。陈述和申辩由学生工作处直接听取或委托学生所在学院(研究院、教学部)听取。

学生或其代理人的陈述和申辩,可以采用书面形式,也可以采用口头形式。采用口头形式的,应当至少有两名工作人员在场,并做好记录,相关人员签名。

在听取陈述和申辩后,学生工作处提出处理意见,报分管校领导批准。对拟给予开除学籍处分的,应当事先进行合法性审查,然后提交校长办公会议研究决定。

第六十一条　学校做出处分决定后,应当出具处分决定书。处分决定书应当包括下列内容:

(一)学生的基本信息;

(二)做出处分的事实和证据;

(三)处分的种类、依据、期限;

(四)申诉的途径和期限;

(五)其他必要内容。

第六十二条　处分决定书由学生所在学院(研究院、教学部)在十个工作日内送交学生本人,由学生本人签收,签收日期为送达日期。

学生本人拒绝签收处分决定书的,可以以留置方式送达。学院(研究院、教学部)负责送达的工作人员应当邀请二名以上的教职工或学生到场作为见证人,在送达回证上记明拒收事由和日期,由送达人、见证人签名,把处分决定书留置学生本人宿舍或其他经常居住地,即视为送达。

已离校的,可以采取邮寄方式送达;难以联系的,可以利用学校网站、新闻媒体等以公告方式送达。

处分决定自送达之日起生效。公告送达的,自发出公告之日起,经过十五日,即视为送达。其他需要送达的文书(告知书),参照办理。

第六十三条　处分决定在学校范围内公布,涉及个人隐私、国家秘密等情况的除外。

第六十四条　学生对学校的处分决定有异议的,可以在学校处分决定书送达之日起十日内,向学校学生申诉处理委员会提出书面申诉。

学生的申诉按照《厦门大学学生申诉办法》执行。

学生申诉期间,不停止处分的执行。

第六十五条　被开除学籍的学生,由学校发给学习证明。学生按学校规定期限离校,档案、户口退回其家庭户籍所在地。

第六十六条　学生受到记过以上处分的,其处分材料真实完整地存入文书档案和人事档案;学生受到严重警告以下处分的,其处分材料真实完整地存入文书档案。

第五章　免予纪律处分的程序

第六十七条　初次违纪且情节较为轻微、按规定应给予严重警告以下处分的学生,如能正确认识自己的错误,可向学校申请免予纪律处分。

第六十八条　符合免予纪律处分条件的违纪学生在接到拟处理意见之日起五个工作日内,经所在学院(研究院、教学部)审查同意,可向学生工作处提出免予纪律处分的书面申请。

第六十九条　学生工作处对学生免予纪律处分的申请进行审查。符合免予纪律处分条件的,违纪处分决定暂不做出。

第七十条　学生免予纪律处分的申请经初审通过后,应按规定参加社区服务。社区服务工作应适合学生身心特点,具体形式由学生工作处指定。

社区服务时数按以下标准执行:拟给予警告处分的,学生须完成四十小时以上的社区服务;拟给予严重警告处分的，学生须完成六十小时以上的社区服务，原则上应在两个月内执行完毕。

社区服务工作应分日实施，每日工作时间原则上不超过四小时。

第七十一条　违纪学生在完成社区服务工作后，应及时提交书面汇报材料，并由执行监督部门签署鉴定意见。

第七十二条　学生工作处对违纪学生考核期内的表现情况进行审查。审查合格的，报分管校领导批准后，做出免予纪律处分的决定；审查不合格的，按纪律处分程序做出相应处分。

第六章　附　则

第七十三条　对接受高等学历继续教育的学生、接受非学历教育的学生、港澳台侨学生、国际学生等学生的违纪处分参照本规定实施。

第七十四条　本规定所称“以上”“以下”，包括本级、本数。

第七十五条　学校可依据本规定制定相关实施细则，学校其他规定与本规定相抵触的，以本规定为准。

第七十六条　本规定由学生工作处负责解释。

第七十七条　本规定自 2017 年 9 月 1 日起施行。原《厦门大学学生违纪处分规定(2014 年修订)》(厦大学〔2014〕34 号)同时废止。

——本文摘录自《关于印发〈厦门大学学生违纪处分规定(2017 年修订)〉的通知》，厦大学〔2017〕79 号，档号 2017-XZ11-3

厦门大学研究生学籍管理规定

(2017年8月31日)

第一章 总 则

第一条 为规范学校学生管理行为,维护学校正常的教育教学秩序和生活秩序,保障学生合法权益,培养德、智、体、美等方面全面发展的社会主义建设者和接班人,依据《中华人民共和国教育法》《中华人民共和国高等教育法》《普通高等学校学生管理规定》《厦门大学章程》等相关法律法规和规章,制定本规定。

第二条 本规定适用于在厦门大学接受普通高等学历教育的研究生。

第三条 学生应当拥护中国共产党领导,努力学习马克思列宁主义、毛泽东思想、中国特色社会主义理论体系,深入学习习近平总书记系列重要讲话精神和治国理政新理念新思想新战略,坚定中国特色社会主义道路自信、理论自信、制度自信、文化自信,树立中国特色社会主义共同理想;应当树立爱国主义思想,具有团结统一、爱好和平、勤劳勇敢、自强不息的精神;应当增强法治观念,遵守宪法、法律、法规,遵守公民道德规范,遵守学校管理制度,具有良好的道德品质和行为习惯;应当刻苦学习,勇于探索,积极实践,努力掌握现代科学文化知识和专业技能;应当积极锻炼身体,增进身心健康,提高个人修养,培养审美情趣。

第二章 入学与注册

第四条 凡我校录取的新生,应当由本人持录取通知书和有关证件,按学校有关要求和规定的期限到校办理入学手续。因故不能按期入学者,应当向学院或研究院(以下简称学院)提交书面请假材料并附相关证明。请假时间原则上不得超过两周。未请假或请假逾期的,除因不可抗力等正当事由以外,视为放弃入学资格。

第五条 学校在报到时对新生入学资格进行初步审查,审查合格的给予办理入学手续,予以注册学籍;审查发现新生的录取通知、考生信息等证明材料,与本人实际情况不符,或者有其他违反国家招生考试规定情形的,由学院上报招生部门,招生部门会同有关部门报校长办公会议研究决定,取消入学资格。

研究生新生入学资格初查具体办法由学校另行规定。

第六条 新生因病或其他正当理由不能入学的可以申请保留入学资格。保留入学资格期间不具有学籍,不享受在校研究生待遇。

申请保留入学资格的研究生应当在新生报到前两周持《厦门大学研究生保留入学资格申请书》及相关书面证明材料,经学院同意后报送研究生院批准。

获准保留入学资格的研究生,其学习年限从其正式入学注册学籍的时间算起并编入相应年级。

保留入学资格期满,研究生应于新学年开学前两周向学院申请入学。因病保留入学资格的,还须提交学校指定的二级甲等以上医院(下同)出具的病愈证明,符合入学体检要求的,可办理入学手续。复查不合格的,提交校长办公会议研究决定,取消入学资格。逾期两周不办理入学手续且未有因不可抗力延迟等正当理由的,视为放弃入学资格。

保留入学资格原则上以1年为单位,时间最长不超过2年。新生应征参加中国人民解放军(含中国人民武装警察部队)的,学校保留其入学资格至退役后2年。

第七条　新生入学后,学校在3个月内按照国家及学校招生规定对其进行复查,复查内容主要包括以下方面:

(一)录取手续及程序等是否合乎国家招生规定;

(二)所获得的录取资格是否真实、合乎相关规定;

(三)本人及身份证明与录取通知、考生档案等是否一致;

(四)身心健康状况是否符合报考专业或者专业类别体检要求,能否保证在校正常学习、生活;

(五)艺术、体育等特殊类型录取学生的专业水平是否符合录取要求。

复查中发现学生存在弄虚作假、徇私舞弊等情形的,确定为复查不合格,由学院上报招生部门,招生部门会同有关部门报校长办公会研究决定,取消学籍;情节严重的,移交有关部门调查处理。

复查中发现学生身心状况不适宜在校学习,经学校指定的医院诊断,需要在家休养的,经研究生院批准,可以按第六条规定保留入学资格。

研究生新生入学资格复查具体办法由学校另行规定。

第八条　学院提请对研究生做取消入学资格、取消学籍前,应告知研究生本人做出决定的事实、理由及依据,并告知研究生享有陈述和申辩的权利,听取该生的陈述和申辩。

第九条　学校在对研究生做取消入学资格、取消学籍前,应事先进行合法性审查。对研究生取消入学资格、取消学籍,由学校出具决定书。取消入学资格、取消学籍决定书送达由学院按第五十一条退学决定书送达的方式送达。

第十条　研究生每学年注册两次。在秋季学期和春季学期由学生本人持研究生证按学校规定的时间到所在学院办理注册手续,方可取得学习资格。

已完成课程学习的延期或非全日制研究生也须到校注册并与导师交流研究进展情况。各学院可以根据实际情况适当调整到校注册时间,但不得迟于开学后1个月,且学院应当提前将注册时间安排报研究生院备案。

研究生注册前应按学校规定缴纳学费等相关费用。未按学校规定缴纳学费或者其他不符合注册条件的,不予注册。家庭经济困难的研究生可以申请国家助学贷款或者其他形式的资助。研究生申请国家助学贷款或者其他形式的资助按学校相关规定办理。

因故不能按时到校注册者,应事先向学院书面请假并附相关证明,请假时间不得超过两周。不请假或未准假而不按时注册或已到校而不办理注册者,视不同情况予以批评教育等处理,情节严重者做退学处理。

第三章　考勤与请假

第十一条　研究生应当按时参加教育教学计划规定的活动。不能按时参加的,应当事先请假并获得批准。因患急病、患大病或突遇意外伤残,或因其他变故等不可抗拒因素无法事先请假的,应在事后及时补办请假手续。未请假或未准假缺席者,学院应当对其批评教育,情节严重的,给予相应的纪律处分直至退学处理。

第十二条　研究生原则上不能请事假,遇特殊情况确需请假的,应按学校规定严格履行请假报批手续。

第十三条　研究生请假(含病假),应填写"厦门大学研究生请假单",因病请假的还须附学校指定医院证明。单次请假1周以内的,由导师批准,学院备案;单次请假1周以上5周以内的,由导师和学院分管领导批准,研究生院备案。

研究生依据本条款的规定请假的,一学期内累计请假超过5周者,应办理休学手续。

第十四条　研究生因课题研究或培养需要须外出进行科研活动或课程学习的应填写"厦门大学研究生外出调研学习申请单",由导师、学院分管领导批准,学院备案。外出时间原则上不超过一学期。

第十五条　研究生请假期满时，应按时返校并及时到学院销假。如确需续假的，应办理续假手续。

第十六条　研究生因各种原因出国(境)的，应按学校相关规定办理审批手续。出国(境)联合培养或学习交流3个月以上的，学校予以保留学籍。

第四章　考核与成绩记载

第十七条　研究生应当参加学校教育教学计划规定的课程和各种教育教学环节(以下统称课程)的考核，考核成绩记入成绩单，并归入学籍档案。

研究生课程考核分为考试和考查两种，考核成绩合格可获得课程学分。研究生课程考核成绩不合格，课程应当重修。一门课程缺课(含请假)的学时累计达到该门课程总学时1/3，或者实验课缺实验1/3者，课程应当重修。

必修课重修应重选原课程，选修课重修可以重选原课程，也可以按照培养方案要求重选其他课程。重修课程可以与下一年级一起修读，也可以修读同年级其他班级的相同课程。重修课程如停开，由学院指定学生修读学分相同、要求相近的同类课程或高一级课程。

研究生如有正当理由，可提出申请免修或免听某些课程，但须报学院或研究生院审批。重修课程不能申请免听。

研究生因患急病、患大病或突遇意外伤残导致无法参加考核，或因其他变故等不可抗拒因素导致无法参加考核，可以申请缓考。

研究生重修、免修、免听、缓考具体办法由学校另行规定。

第十八条　博士研究生在学期间应参加中期考核。凡中期考核合格者，可继续攻读学位。首次中期考核不合格者，应再予一次考核机会，两次考核不合格者，可转为硕士培养或做退学处理。

博士生中期考核具体办法由学校另行规定。

第十九条　学生思想品德的考核、鉴定，以本规定第三条为依据，采取过程管理、写实记录、个人小结、师生民主评议等形式进行。研究生思想品德每年考核一次，形成学年鉴定，记入个人档案。

研究生体育成绩评定要突出过程管理，可以根据考勤、课内教学、课外锻炼活动和体质健康等情况综合评定。

第二十条　研究生在学期间应按照培养方案要求修读课程和完成相关培养环节。硕士生课程原则上安排在1.5年内完成。博士生课程原则上安排在1年内完成。学院按照规定跟踪研究生的学业状态，对未能按时完成学业的研究生，应予必要的预警。

第二十一条　研究生在导师指导下选修或补修培养方案以外的课程，考核成绩合格的，可在成绩单中记载，但不计入毕业总学分。

研究生在学期间，可以申请学校认可的跨校修读课程或开放式网络课程学习，课程成绩和学分认定由学校另行规定。

第二十二条　研究生参加创新创业、社会实践等活动以及发表论文、获得专利授权等与专业学习、学业要求相关的经历、成果，可以折算为学分，计入学业成绩。具体认定办法由学校另行规定。

学校鼓励、支持和指导研究生参加社会实践、创新创业活动。研究生参加社会实践、创新创业活动纳入培养方案管理。

第二十三条　各学院应当健全研究生学业成绩和学籍档案管理制度，真实、完整地记载、出具研究生学业成绩。重修获得的成绩，应当予以标注。

研究生严重违反考核纪律或者作弊的，该课程考核成绩记为无效，并应视其违纪或者作弊情节，给予相应的纪律处分。给予警告、严重警告、记过及留校察看处分的，经教育表现较好，可以对该课程给予重修机会。

研究生因退学等情况中止学业，其在校学习期间所修课程及已获得的学分，应当予以记录。研究生重新参加入学考试、符合录取条件，再次入学的，其已获得的学分，经个人申请，所在学院认定，报研究生院审核，符合培养要求的可予以承认。

第二十四条　学校组织开展学生诚信教育，将研究生学业、学术、品行等方面的诚信信息记入学年鉴定，建立对失信行为的约束和惩戒机制；对有严重失信行为的，依据学校相关规定给予相应的纪律处分；对违背学术诚信的，依据学校相关规定对其获得学位及学术称号、荣誉等做出限制。

第五章　转专业、转导师与转学

第二十五条　研究生原则上不得转专业。如因学科专业调整、导师变动、身体健康原因、学习兴趣转移或学习存在特殊困难等情形，不能在原专业继续培养的，可以申请转专业。转专业原则上只能在同一学科门类下相关专业或跨学科相关专业内进行。

研究生转专业具体办法由学校另行规定。

第二十六条　申请转专业的研究生应当向所在学院提出申请，并分别征得转出与转入学院和导师同意，经研究生院审核后报主管校长批准，公示无异议后予以转入新专业。

第二十七条　申请转专业的研究生应由接收学院组织专业考核。获准转专业的研究生应严格执行转入专业的培养方案。研究生转入新专业后，学费按转入专业学费标准收取。

第二十八条　下列情况的研究生不允许转专业：

(一)入学未满一学期的；

(二)在达到最长学习年限当年提出申请的；

(三)申请二次转专业的；

(四)保留学籍、休学期间的；

(五)国家有相关规定的，或录取前与学校有明确约定的，或学校其他规定不允许转专业的。

第二十九条　研究生入学指定导师后，原则上不得转换导师。如因特殊原因确需转导师的，由研究生本人提出申请，经转出、转入双方导师同意，由学院学位评定分委员会批准后，报研究生院备案。因特殊原因原导师不同意的，应由研究生所在学院进行调解。在调解无效的情况下，由研究生本人或导师组提请学院党政联席会议讨论后提出处理意见，交学院学位评定分委员会审议后，报研究生院备案。

不宜继续攻读博士学位的本科直博生或硕博连读生，经导师和学院同意，研究生院审批，可申请转为硕士生培养。本科直博生和硕博连读生入学未满 2 年的，不受理转为硕士生培养的申请。

第三十条　研究生一般应当在本校完成学业。如患病或者确有特殊困难、特别需要，无法继续在本校学习或者不适应本校学习要求的，可以申请转学。

第三十一条　研究生有下列情形之一，不得转学：

(一)入学未满一学期或毕业前一年的；

(二)由低学历层次转为高学历层次的；

(三)以定向就业招生录取的；

(四)研究生拟转入学校、专业的录取控制标准高于其所在学校、专业的；

(五)无正当转学理由的。

研究生因学校培养条件改变等非本人原因需要转学的，由研究生本人提出申请，学校出具证明，由所在地省级教育行政部门协调转学到同层次学校。

第三十二条　研究生转学由研究生本人提出申请，符合转学条件的按以下办法办理：

(一)申请转出的，由研究生本人提出申请，经导师和所在学院同意，征得转入学校同意，由研究生院审核，报主管校长批准后，可以转出。申请转出省外学校的还须由福建省教育厅商请转入地省级教育行政部门确认和办理转出手续。

(二)申请转入的，由研究生本人提出申请，经研究生院会同招生部门审核符合转学条件的，交由转入学院组织专业考核，考核合格并落实导师后，提请研究生院上报校长办公会议研究决定，经公示无异议后予以转入。省外院校转入我校的还须由研究生原所在院校报送所在地教育行政部门商请福建省教育厅确认和办理转学手续。

转学的研究生须转户口的由转入地省级教育行政部门将有关文件抄送转入学校所在地的公安机关。

研究生转学具体办法由学校另行规定。

第三十三条　申请转出的研究生应缴清在本校修读期间的学费;转入研究生应按照转入专业的学费标准缴纳在我校修读期间所需的学费。获准转入我校的研究生,应执行转入专业培养方案。

第六章　学制与最长学习年限

第三十四条　研究生的学制:硕士生2～3年;博士生4年;本科直博生5年。

第三十五条　研究生的最长学习年限(含休学和保留学籍):硕士生5年;博士生8年;对休学创业的研究生,其最长学习年限可以在此基础上增加2年。

第三十六条　研究生因客观原因在规定的学制年限内无法完成学业的,应在每年六月前,由研究生本人通过研究生系统提出延长学习期限申请,经导师、学院审核批准后、报研究生院备案。

研究生每次申请延长期限最长不超过1年,申请延长学习期限前应缴清在学期间的各项费用。

研究生超过学制年限3个月未办理延长学习期限申请者,视为自动退学。

第七章　休学、保留学籍与复学

第三十七条　研究生可以分阶段完成学业,除另有规定外,应当在学校规定的最长学习年限内(含休学和保留学籍)完成学业。研究生申请休学、保留学籍或者学院认为应当休学、保留学籍的,经学校批准,可予休学、保留学籍。

第三十八条　研究生有下列情形者,应办理休学、保留学籍:

(一)因病经学校指定医院诊断,须停课治疗、休养达5周以上的,应办理休学;

(二)一学期内请假时间(含病假)或累计请假(含病假)时间达5周以上的,应办理休学;

(三)因创业或参加全职工作的,应办理休学;

(四)在学期间应征参加中国人民解放军(含中国人民武装警察部队)的,应办理保留学籍;

(五)在学期间参加学校组织的国(境)内外跨校联合培养项目、汉语教师志愿者或3个月以上的学习交流项目,应办理保留学籍;

(六)其他应休学、保留学籍情形的。

第三十九条　研究生办理休学应填写《厦门大学研究生休学申请书》,经导师和学院签署意见后报研究生院批准。因病申请休学(或应当休学)的,应附学校指定医院医疗证明。定向培养的研究生申请休学,需提交定向单位同意的书面意见。

第四十条　研究生休学原则上以一学期或一学年为单位,不满一学期的,按一学期计算。休学后复学的研究生,未修满一学期又休学的,视为连续休学。休学时间累计不得超过2年。因创业申请休学的,可连续休学2年,但累计不得超过4年。

第四十一条　研究生休学期间,学校为其保留学籍,但不享受在校学习研究生待遇。因病休学学生的医疗费用按国家和厦门市相关规定处理。研究生复学后奖助学金按学校相关规定处理。

第四十二条　在学研究生应征参加中国人民解放军(含中国人民武装警察部队),学校给予保留学籍至退役后2年。

在学研究生参加学校(学院)组织的国(境)内外跨校联合培养项目、汉语教师志愿者或3个月以上的学习交流项目,学校根据协议为其保留学籍,保留学籍时间与研究生获准在外学习时间一致。

研究生保留学籍期间,与其实际所在的部队、学校等组织建立管理关系。

经有关部门批准到国(境)外定居或自费学习的研究生,由本人申请,学校批准,可保留学籍1年。

第四十三条　研究生保留学籍期间不享受在校学习研究生待遇。奖助学金按国家及学校相关规定处理。

第四十四条　休学、保留学籍的研究生应办理离校手续后离校。研究生申请休学、保留学籍获准前应缴清在学修读期间的学费。

第四十五条　研究生休学、保留学籍期满，应于新学期开学前2周内持《厦门大学研究生复学申请书》向导师、学院申请复学并报研究生院批准。因出国(境)保留学籍的，应于回国后5个工作日内到研究生院办理恢复学籍手续。

研究生因病休学期满，申请复学时，须由学校指定的医院诊断，证明已恢复健康，方可办理复学手续。因创业休学期满，原则上应持创业公司的完税证明或其他能证明其创业的相关材料，方可办理复学。

第四十六条　研究生申请复学时，如因学科专业调整、导师变动等原因，不能在原专业继续培养的，按照研究生转专业办法安排到其他相近专业学习。

第八章　退　学

第四十七条　研究生有下列情形之一，学校可予退学处理：

(一)1门必修课或必选课重修2次仍不合格的；

(二)经综合考试或中期考核，明显缺乏科研能力，不宜继续学习的；

(三)休学、保留学籍期满，在新学期开学两周前未提出复学申请的或申请复学经复查不合格的；

(四)经学校指定医院诊断，患有疾病或意外伤残或其他原因不能继续在校学习的；

(五)未经批准连续2周未参加学校规定的教学科研活动的；

(六)超过注册时间2周未到校注册而又未办理暂缓注册手续的；

(七)出国出境逾期，擅自超过批准出国出境返校时限或申请延期未获准未返校的；

(八)超过规定学制年限3个月未办理延长学习年限申请的或批准的延长期限已满仍不能完成学业而又未办理续延手续的；

(九)超过学校规定的最长学习年限(含休学、保留学籍)仍未修满应修课程及培养环节学分的；

(十)学校规定的其他应予退学情形的。

因上述原因做退学处理的研究生，由研究生所在学院提出报告并附相关材料，经导师、学院签署意见报送研究生院审核。研究生本人申请退学的，须由研究生本人填写《厦门大学研究生退学申请书》，经导师、学院签署意见，报研究生院审核。因特殊原因导师不同意的，由研究生所在学院进行调解，在调解无效的情况下，由学院党政联席会研究决定并报研究生院审核。

第四十八条　对研究生的退学处理，由校长办公会研究决定，并应当事先进行合法性审查。

第四十九条　学院提请对研究生做退学处理前，应告知研究生本人做出决定的事实、理由及依据，并告知研究生享有陈述和申辩的权利，听取该生的陈述和申辩并记录在退学报告中。确实无法联系的，要注明无法联系。

研究生退学前应缴清已修读期间的学费。

第五十条　退学的研究生，由学校出具退学决定书。

第五十一条　退学决定书由研究生所在学院送交学生本人，由研究生本人签收，签收日期为送达日期。

研究生本人拒绝签收退学决定书的，可以以留置方式送达。学院负责送达的工作人员应当邀请2名以上的教职工或学生到场作为见证人，在送达回证上记明拒收事由和日期，由送达人、见证人签名，把退学决定书留置研究生本人宿舍或其他经常居住地，即视为送达。已离校的，可以采取邮寄方式送达；难以联系的，可以利用学校网站、新闻媒体等以公告方式送达。公告方式送达的，自发出公告之日起，经过15日，即视为送达。

退学决定书自送达之日起生效。

第五十二条　已退学研究生不得申请复学。研究生对退学处理有异议的，可以在接到学校退学决定书之日起10个工作日内，向学校学生申诉处理委员会提出书面申诉。学生申诉处理委员会按规定对学生的申诉进行复查。需要改变原处理决定的,由学生申诉处理委员会提交校长办公会重新研究决定。

研究生的申诉按照《厦门大学学生申诉办法》执行。

第五十三条　退学的研究生,应当在退学决定书生效之日起两周内办理退学手续离校。

退学的研究生,按已有毕业学历和就业政策可以就业的,由原毕业学校报所在地省级毕业生就业部门办理相关手续,档案由学校退回其家庭所在地,户口按照国家相关规定迁回原户籍地或家庭户籍所在地。

退学的研究生,在学校退学决定批准之日起1年内没有聘用单位的,档案由学校退回其家庭所在地,户口按照国家相关规定迁回原户籍地或其家庭户籍所在地。

第九章　毕业与结业

第五十四条　研究生在学校规定的学习年限内,按照培养方案的规定,修满应修学分,完成必修环节,通过毕业(学位)论文答辩,德、智、体达到毕业要求,准予毕业,由学校发给毕业证书。符合学位授予条件者,由学校颁发学位证书。

第五十五条　研究生提前完成培养方案规定的应修学分和必修环节,可根据学校有关规定申请提前毕业。通过毕业(学位)论文答辩,德、智、体达到毕业要求,可准予提前毕业,由学校发给毕业证书。符合学位授予条件者,由学校颁发学位证书。

申请提前毕业的研究生,应学业成绩优异,研究成果突出。博士生申请提前毕业,在校学习年限不少于3年;硕士生申请提前毕业,学制2年的,在校学习年限不少于1.5年,学制2.5年以上的,在校学习年限不少于2年。

博士生申请提前毕业,应安排毕业(学位)论文预答辩,达到预答辩要求后方能安排毕业(学位)论文送审。

申请提前毕业的研究生,如其毕业(学位)论文送审或正式答辩未能通过的,取消其提前毕业资格。研究生申请提前毕业前应缴清全程学费。

研究生申请提前毕业的具体办法由学校另行规定。

第五十六条　研究生学习年限已达学校规定的学制年限但仍在规定的最长学习年限内,按照培养方案的规定,修满应修学分,完成必修环节,但毕业(学位)论文未完成或答辩不通过的,可申请结业。符合结业条件的,报研究生院批准,由学校发给结业证书。研究生尚未达到学校规定的学制年限,不可以申请提前结业。

研究生已达到学校规定的最长学习年限,但仍未满足毕业条件的,由学院审核,符合结业条件的,报研究生院批准,由学校发给结业证书。

研究生结业后3年内,可以申请毕业(学位)论文答辩或原论文修改后申请重新答辩。如答辩不通过,可申请再答辩一次。申请再次答辩时间应在3个月以上1年以内,第二次答辩仍不通过的,终止其答辩资格。

答辩申请获准的研究生,应按规定缴纳相关费用方能参加论文答辩事宜。通过答辩者,准予毕业和换发毕业证书。毕业时间按发证日期填写。符合学位授予条件者,由学校颁发学位证书。

研究生结业证书换发毕业证书的具体办法由学校另行规定。

第五十七条　学满一学年以上退学的研究生,由学校发给肄业证明书。未学满一学年退学的研究生,由学校发给写实性学习证明。被开除学籍的研究生,由学校发给学习证明。

第十章　学业证书管理

第五十八条　学校严格按照招生时确定的办学类型和学习形式,以及研究生招生录取时填报的个人信息,填写、颁发学历证书、学位证书及其他学业证书。

研究生在学期间变更姓名、出生日期等证书需要填写的个人信息,应当有合理、充分的理由,并提供有法定效力的相应证明文件，经审查合格后方可进行变更。

第五十九条　学校严格执行国家高等教育学籍学历电子注册管理制度，研究生应积极配合做好学籍、学历信息的填报、变更等工作。

第六十条　对违反国家招生规定取得入学资格或者学籍的，学校予以取消其学籍，不发给学历证书、学位证书；已发的学历证书、学位证书，学校依法予以撤销。对以作弊、剽窃、抄袭等学术不端行为或者其他不正当手段获得学历证书、学位证书的，学校依法予以撤销。

被撤销的学历证书、学位证书已注册的，学校予以注销并报教育行政部门宣布无效。

第六十一条　毕业证书、结业证书、肄业证明书和学位证书遗失或者损坏，经研究生本人申请并办理相关审核手续后，由学校出具相应的证明书。证明书与原证书具有同等效力。

第十一章　附　则

第六十二条　定向培养的研究生除执行本规定外，必须执行定向协议的相关规定。港澳台侨研究生、留学研究生、在职人员攻读硕士学位研究生的管理，除另行补充规定外，参照本规定执行。

第六十三条　本规定所称“以上”“以下”，包括本级、本数。

第六十四条　本规定由研究生院负责解释。

第六十五条　本规定自 2017 年 9 月 1 日起施行。原《厦门大学研究生学籍管理规定》(厦大研〔2009〕15 号)同时废止。学校其他有关文件规定与本规定不一致的，以本规定为准。

——本文摘录自《关于印发〈厦门大学研究生学籍管理规定〉的通知》，厦大研〔2017〕60 号，档号 2017-XZ28-7

厦门大学教材选用管理办法

(2017年9月11日)

第一条 教材是学校教育教学的基本依据，是解决“培养什么人、怎样培养人”这一根本问题的重要载体。为进一步规范教材选用管理，特制定本办法。

第二条 教务处和研究生院统筹全校教材选用管理。学院是教材选用的责任主体，学院本科教学委员会或一级学科研究生培养指导委员会对选用教材质量把关，学院党委对教材选用的政治导向把关。

第三条 教材选用基本要求

(一)选用教材应以立德树人为根本，以马克思主义为指导，充分体现社会主义办学方向，弘扬社会主义核心价值观，引导学生树立正确的世界观、人生观、价值观。选用教材应遵守国家法律法规，无政治性、思想性、政策性错误。

(二)选用教材应符合高等教育规律和人才成长规律，符合培养方案、培养目标和课程教学大纲的要求，涵盖课程的基本理论与知识。教材内容主次分明、循序渐进，能反映学科知识体系的系统性、科学性和先进性。

(三)思想政治理论课必须统一使用国家统编教材。哲学社会科学类专业应把使用马克思主义理论研究和建设工程重点教材纳入培养方案和相关课程教学计划，相关课程须统一使用国家指定的马克思主义理论研究和建设工程重点教材。

(四)选用引进教材要严格遵守国家出版物进口管理的有关规定。要正确处理国际化与本土化、引进和吸收的关系，确保选用的引进教材的科学性和价值导向正确，选用引进原版教材的课程应当指定相应的中文参考书。非经批准，不得擅自复制、使用引进教材。

(五)应选用正式出版的教材。应注重教材内容的学术创新性，优先选用近三年出版的新教材或修订版的教材。本科课程优先选用国家规划教材、教育部推荐教材和高质量的通行教材。研究生课程优先选用高质量的通行教材、教育部推荐的全国研究生教学用书或国家规划教材。

(六)同一学院开设的同一门课程原则上应使用同一教材，教学改革试点课程除外。

(七)教材选用应考虑学生经济承受能力，杜绝选用包销质劣的教材。

第四条 教材选用流程

(一)教材由任课教师或课程组填写“厦门大学教材选用申请表”，并提供教材样书一套，经学院教学委员会或研究生一级学科培养指导委员会审定、学院分管教学院长批准、学院党委政治把关后方可使用。

(二)学院党委应对哲学社会科学类教材、涉及国家主权、国家安全、海洋权益、社会安定、民族宗教等方面的内容或重大革命题材和重大历史题材的内容的教材、引进教材进行重点审查。

(三)学院应做好教材存档工作，教材样书或教材封面、版权页及目录页应复印留档，选用引进教材的，必须提供一套样书存档。

(四)学院每学期应将教材选用情况分别报教务处、研究生院备案。

第五条 教材选用应保持相对连续性，不得因任课教师临时变动或其他原因随意更换。如培养方案变更或教材更新等原因需更换教材的，须按照第四条流程申请。

第六条 任何单位和个人不得以各种名义强制学生购买教材。各学院应于每学期末公布下学期教材信息，方便学生自主购买教材。

第七条　本办法自公布之日起施行，原《厦门大学本科教材选用管理办法》（厦大教〔2016〕125 号）废止。

第八条　本办法由教务处、研究生负责解释。

厦门大学教材选用申请表

学院：　　　　　　　　　　　　　　　　　　　　　　填表时间：　　　年　　月　　日

<table>
<tr><td>教材名称</td><td></td><td>作者</td><td></td><td>ISBN 号</td><td></td></tr>
<tr><td>出版社</td><td></td><td>出版时间</td><td></td><td>教材种类</td><td>□文本类教材
□电子类教材</td></tr>
<tr><td>课程名称</td><td></td><td>使用专业</td><td></td><td>使用年级</td><td></td></tr>
<tr><td rowspan="2">教材性质</td><td>□境内教材</td><td colspan="4">□马工程教材 □国家级、省级规划教材
□国家级、省级精品教材 □自编讲义 □其他</td></tr>
<tr><td>□境外教材</td><td colspan="4">□原版　　　□翻译版</td></tr>
<tr><td>教材获奖
使用情况</td><td colspan="5"></td></tr>
<tr><td>简要说明选用
该教材理由</td><td colspan="5">申请人：　　　　　　　　　年　　月　　日</td></tr>
<tr><td>教学委员会或
一级学科研究
生培养指导委
员会意见</td><td colspan="5">签字：　　　　　　　　　年　　月　　日</td></tr>
<tr><td>学院分管领导
意见</td><td colspan="5">签字：（盖章）　　　　　年　　月　　日</td></tr>
<tr><td>院党委意见</td><td colspan="5">签字：（盖章）　　　　　年　　月　　日</td></tr>
</table>

注：本表存入课程档案。

——本文摘录自《关于印发〈厦门大学教材选用管理办法〉的通知》，厦大教〔2017〕69 号，档号 2017-XZ12-3

厦门大学教材建设管理办法

(2017年9月11日)

第一条　教材是学校教育教学的基本依据,是解决“培养什么人、怎样培养人”这一根本问题的重要载体。为进一步加强教材建设,提升教材质量,特制定本办法。

第二条　教务处和研究生院负责全校教材建设的统筹规划,学院是教材建设的责任主体,学院党委对教材建设的政治方向把关。各学院应当以一流学科建设为引领,制定切实可行的教材建设办法,加强教材建设研究,不断提升教材建设质量。

第三条　教材建设指导思想。坚持以立德树人为根本,以马克思主义为指导,思想政治教育和科学教育相统一,充分体现社会主义办学方向,弘扬社会主义核心价值观,引导学生树立正确的世界观、人生观、价值观,坚定中国特色社会主义道路自信、理论自信、制度自信、文化自信,遵守国家法律法规。

第四条　教材建设原则

(一)教材建设应充分体现教书育人要求。哲学社会科学类教材应当紧密联系改革开放和社会主义现代化建设实践,积极吸收马克思主义的资源、中国优秀传统文化资源、国外哲学社会科学资源,注重学术体系和话语体系创新,自觉批判各种错误观点和思潮。理工农医类教材编写应当注重价值导向,把理论、知识、技能同行业规范、职业道德等教育结合起来,在案例选择、人物和思想评价等方面体现正确导向。

(二)教材建设应充分体现社会经济发展和科技进步,吸收本学科国内外的新知识、新技术、新成果,准确阐述本学科先进理论与概念,科学系统地归纳本学科知识点的相互联系与发展规律,确保学科知识体系的系统性、科学性和先进性。

(三)教材建设应符合高等教育教学规律要求,充分体现先进教学理念,反映教学改革的最新趋势和最新成果,切实服务于教学实践,引导教师注重对学生知识、能力、素质的综合训练和全面培养。

(四)教材建设应充分适应现代教育技术要求,鼓励教师编写立体化教材,丰富教材呈现形式。鼓励建设配套补充性、更新性和延伸性教辅资料,建设动态、共享的数字化教学资源。

(五)教材建设应充分体现符合实际需求原则。列入建设的教材应是培养方案内课程所需教材,一般应经过两届以上(含)的讲义试用。试用期不满两届,但如国内没有同类教材、教学急需且已有完整体系并经过试用效果好的,亦可以申请资助出版。

第五条　教材编写体例一般应有内容简介、概念、知识点、复习思考题等。教材编写层次分明,条理清楚;文字规范,表述流畅;图表准确,配合恰当;引言注释合乎规范,计量单位符合国际标准。

第六条　教材编写队伍应政治立场坚定、专业造诣深厚、教学经验丰富、熟悉教材建设规律,结构合理,主编应为我校教师。鼓励学科带头人、中青年教学科研骨干教师编写教材。实践性较强的教材可以吸收行业企业人士参与。教材编写队伍应经过学院党委的审核同意。教材编写队伍对教材的观点承担责任。

第七条　教材实行编审分离制度。学院应组织专家依据国家有关规定和课程标准严格审查教材。教材编写人员不得担任教材审查人员。学院党委应对哲学社会科学类教材、涉及国家主权、国家安全、海洋权益、社会安定、民族宗教等方面的内容或重大革命题材和重大历史题材内容的教材进行政治把关。

第八条　学校设立教材建设专项资金资助教材出版。

(一)资助标准如下:(1)资助额度原则上为每种教材出版经费的 80%。(2)对有重大内容更新的修订版教材按照出版经费的 60%予以资助。

(二)学校每年组织一次资助申请。拟申请资助者应填写《厦门大学教材出版资助申请书》,经学院本科教学委员会(或一级学科培养指导委员会)审定、学院分管领导批准、学院党委审批后报教务处或研究生院。

(三)核心通识教育类课程教材,还应经学校通识教育中心审核。

(四)学校教务处和研究生院对申请材料进行复审,对于符合条件的教材项目进一步组织专家评审。经专家评选并获立项的教材,公示无异议后,报校领导审批后核拨资助经费。

(五)学院应制订教材建设出版计划,对列入学校资助建设计划教材给予配套经费支持。

第九条　优先资助列入教育部马克思主义理论研究和建设工程重点教材、高校哲学社会科学学科专业核心课程教材和普通高等教育国家级规划教材等建设计划的教材。优先资助系列教材建设。

第十条　未列入学院教材出版计划的教材、再版教材或无重大内容更新的修订版教材不予立项资助。非国家一级出版社出版的教材不予立项资助。

第十一条　接受学校资助出版的教材,必需标注“厦门大学本科(或研究生)教材资助项目”。教材出版后一个月内,项目负责人需向学校提供十本样书存档。

第十二条　教材列入出版计划后,原则上应在规定时间内完成出版,对未能按时完成出版计划或未出版的,取消资助,且三年之内主编不得再申报教材资助项目。

第十三条　学校将教材建设情况纳入学院绩效考核,并对入选马克思主义理论研究和建设工程重点教材、高校哲学社会科学学科专业核心课程目录教材和普通高等教育国家级规划教材并已出版的优秀教材予以奖励。

第十四条　有以下情况者,资助及奖励经费将被追回:

1.已立项但因编者原因未按计划出版的;

2.已经由其他经费进行全额(或部分)资助的;

3.弄虚作假、违反相关法律法规的;

4.项目负责人主动提出取消出版计划的;

5.未完成出版任务,教材编者或申请者调离学校的;

6.其他应予以追回的情况。

第十五条　本办法自公布之日起施行。原《厦门大学本科教材出版管理办法》(厦大教〔2005〕40 号)同时废止。

第十六条　本办法由教务处、研究生院负责解释。

厦门大学教材出版
资助申请书

教材名称：
申 请 人：
学　　院：
联系电话：
电子邮箱：

教务处、研究生院编制

年　　月

厦门大学教材出版资助申请表

<table>
<tr><td rowspan="3">教材基本信息</td><td>教材名称</td><td colspan="2"></td><td>教材类别</td><td colspan="2">□新编
□修订</td></tr>
<tr><td>交稿时间</td><td>年 月 日</td><td>出版时间</td><td colspan="3">年 月 日</td></tr>
<tr><td>出版社名称</td><td colspan="2"></td><td>字数</td><td colspan="2">万字</td></tr>
<tr><td>教材适用对象</td><td colspan="6"></td></tr>
<tr><td rowspan="3">使用该教材课程的
基本信息</td><td>课程名称</td><td colspan="2"></td><td>课程代码</td><td colspan="2"></td></tr>
<tr><td>课程开始学期</td><td colspan="2"></td><td>课程性质</td><td colspan="2">□必修
□选修</td></tr>
<tr><td>课程开设对象</td><td colspan="2"></td><td>课程类别</td><td colspan="2">□专业课
□校选课</td></tr>
<tr><td rowspan="3">主编信息</td><td>姓名</td><td colspan="2"></td><td>职称</td><td colspan="2"></td></tr>
<tr><td>所在单位</td><td colspan="2"></td><td>联系方式</td><td colspan="2"></td></tr>
<tr><td>主要学术成就
和学术贡献
(200字以内)</td><td colspan="5"></td></tr>
<tr><td rowspan="5">参编人信息</td><td>姓名</td><td>职称</td><td colspan="3">所在单位</td><td>联系方式</td></tr>
<tr><td></td><td></td><td colspan="3"></td><td></td></tr>
<tr><td></td><td></td><td colspan="3"></td><td></td></tr>
<tr><td></td><td></td><td colspan="3"></td><td></td></tr>
<tr><td></td><td></td><td colspan="3"></td><td></td></tr>
<tr><td>出版经费总额</td><td>万元</td><td colspan="2">申请资助总额</td><td colspan="3">万元</td></tr>
<tr><td colspan="7">编著者教学、科研及已著教材情况</td></tr>
<tr><td colspan="7"></td></tr>
</table>

续表

教材内容简介	
教材特色简介(与其他同类教材对比)	
学院教学委员会 或一级学科研究生 培养指导委员会意见	负责人签字：　　日期：　　年　　月　　日
学院领导意见	签字：(单位公章)　　日期：　　年　　月　　日
学院党委意见	签字：(学院党委公章)　　日期：　　年　　月　　日
通识教育中心意见	签字：(单位公章)　　日期：　　年　　月　　日
教务处或研究生院意见	签字：(单位公章)　　日期：　　年　　月　　日

——本文摘录自《关于印发〈厦门大学教材建设管理办法〉的通知》，厦大教〔2017〕70 号，档号 2017-XZ12-3

厦门大学研究生选课管理办法

（2017 年 9 月 13 日）

为进一步规范研究生课程选课工作管理，根据《普通高等学校学生管理规定》（教育部令第 41 号）和《厦门大研究生学籍管理规定》（厦大研〔2017〕60 号）有关规定，现制定本办法。

一、选课原则

1.研究生应按照培养方案要求选课。公共课由研究生院统一安排选课，必修课应在培养方案所列课程组内选择，选修课可根据培养方案在本院或外院课程列表中选择。

2.研究生应办理完费注册后方可获得选课资格。

3.研究生每学期应在学校规定选课时间内登录研究生系统完成选课。

二、选课指导

1.研究生在选课前，应充分了解本学科专业培养方案与修课要求。各学科专业培养方案以及各门课程信息，可在研究生系统中查询。

2.各学院应根据研究生所在学科培养方案对研究生选课进行必要指导。研究生导师应掌握和了解研究生的选课情况，对研究生的课程修课情况进行督促和指导。

三、选课时间

1.选课时间：每学期第 1、2 周一般为选课时间（具体以研究生院公布的时间安排为准）。在选课时间内，研究生可随时选课、退课或改选其他课程。新生选课时间以每学期研究生院公布时间为准。

2.退课时间：一般情况下，每学期前 3 周可退课（具体以研究生院公布的时间安排为准）。为了防止教学资源浪费，退课时间截止后，所选课程一律不予退选。

四、重修课程选课

1.研究生课程不及格应重修。研究生重修选课应在系统内完成，参加课程学习且通过课程考核，视为重修通过。

2.必修课重修应重选原课程，选修课重修可以重选原课程，也可以按照培养方案要求选修其他课程。重修课程可以与下一年级一起修读，也可以修读同年级其他班级的相同课程。

3.因培养方案调整等原因重修课程停开，导致学生无法重修原来课程的，由学院指定学生修读学分相同、要求相近的同类或高一级课程。

五、跨学科或跨校选课

1.鼓励研究生跨学科选修其他专业的研究生课程或本科高年级课程。研究生跨学科修读课程获得学分是否纳入研究生毕业总学分计算,由各学院一级学科研究生培养指导会确定、学院分管领导批准。跨学科有效学分原则上不超过培养方案中规定总学分的30%。

2.研究生修读校外课程,在修课前须由研究生本人提出申请,经导师及学院主管领导同意,并报学院审批(公共课报研究生院审批)。修读校外课程的有效学分原则上不超过各学科培养方案规定总学分的30%。

3.同等学力或跨专业考入的研究生,应由导师根据研究生实际情况确定某些补修本专业的研究生或本科生课程,所修课程应予录入研究生成绩档案,但不纳入研究生毕业总学分计算。

六、课程缓考、免修与免听

1.研究生一经选定课程,应按要求参加规定的教学活动,按时参加课程考试。凡一门课程缺课课时累计达1/3,或缺课程作业(含做实验)超过1/3者,取消课程考试资格,课程考核成绩以零分计。无故缺考者,课程考核成绩以零分计。

2.学生未在规定时间内退课,但因疾病等不可抗拒等突出事件原因,无法参加正常考试,可以根据学校缓考有关规定向任课教师提出缓考申请。获准缓考的研究生,课程成绩暂以“缓考”标记。

3.本科生选修研究生课程、硕士生选修博士生课程,且课程考核合格,经本人申请,学院按照培养方案要求审核,符合条件的,准予免修该课程并给予承认已获得学分。

4.研究生因转学或转专业,或者因退学等情况中止学业,而后重新参加入学考试,符合录取条件,再次入学的,其在校学习期间已修课程及获得学分,经学生本人申请,学院按照培养方案要求审核,符合条件的,准予免修或免听:

(1)已修的课程能对应专业培养方案的,且其学分(学时)及学习要求高于或等于现有专业培养方案的课程要求,准予免修课程并给予承认学分。

(2)已修的课程能对应专业培养方案的,但其学分(学时)及学习要求低于现有专业培养方案的课程要求,课程应当重修并须参加课程考核,但学生可以根据知识掌握程度向任课教师申请部分免听。

(3)已修的课程不能对应专业培养方案的,学生不能免修(免听)现有专业培养方案课程。已获得的成绩及学分可予以记载,但不纳入毕业总学分计算。

5.研究生申请免修(免听)应填写相应申请表(并附相关证明),报院系批准后,方可准予免修(免听)。

6.外籍研究生公共课与硕士研究生公共外语课程免修另行规定。

七、课程调整

1.研究生课程一经选定,在开学初第一周,不管是否满足上课人数要求,都应按照计划上课。第一周后,研究生院根据上课人数确定取消开课的课程,确需要继续开课的,由学院提出书面申请报研究生院批准。

2.课程取消后,已经选上课程的研究生,应在规定时间内改选其他课程。退课时间截止后,课程人数如仍不满足选课要求而被取消,所在开课单位应妥善处理被取消课程的学生,帮助学生改选其他课程。

3.研究生课程经确定开课后,任课老师不能无故提出停课。确因出国、工作调动或疾病等因素不能完成教学任务的,学院应以书面形式提出申请,并妥善安排其他教师接替该门课程的后续教学工作。

八、教学测评

课程结束后,研究生应对课程进行教学测评,为任课教师进一步改进教学提供依据。课程教学测评一般在研究生系统完成,未在系统进行测评,研究生无法查看课程成绩。

九、其他

本办法自公布之日起施行,原《厦门大学研究生选课与成绩管理办法》[(2015)厦大研 17 号]同时废止。本办法由研究生院负责解释。

——本文摘录自《关于印发〈厦门大学研究生选课管理办法〉的通知》,(2017)厦大研 23 号,档号 2017-XZ28-10

厦门大学研究生课程考核与成绩管理办法

(2017 年 9 月 13 日)

为进一步规范研究生课程考核与成绩管理,根据《普通高等学校学生管理办法》(教育部令第 41 号)和《厦门大研究生学籍管理规定》(厦大研〔2017〕60 号)有关规定,现制定本办法。

一、研究生课程定义

本办法所指研究生课程是指列入研究生教学计划的研究生课程以及各种培养环节。根据类型可分为公共课程、必修课程、选修课程和培养环节。

二、研究生课程考核方式

1.研究生课程考核分为考试和考查两种。公共课程和必修课程考核原则上采用考试方式,选修课程和培养环节,可以采用考查方式。

2.考试方式分为笔试、口试或口笔试结合。笔试可以开卷和闭卷。任课教师可以根据课程特点确定考试方式。

3.研究生课程考核应强调过程学习与结果考核相结合。任课教师应依据课程教学大纲明确课程考核方式和成绩构成,并在上课第一节课向学生公布。

4.研究生统开课课程,如有平行班或重复班,应当统一考核形式,由不同任课教师共同命题,共同编制考卷,共同评阅试卷。

5.研究生课程考试一般安排在课程教学结束后进行。公共课程考试安排由研究生院公布,其他专业课程考试安排由开课院(系、所)确定,但须提前将考试安排报研究生院备案。

三、研究生课程成绩评定方式

1.研究生课程成绩一般采用百分制和等级制两种评定方式,两种评定方式的对应标准与绩点换算关系如下:

等级制	百分制	绩点
A^+	95～100	4.0
A	90～94	4.0
A^-	85～89	3.7
B^+	81～84	3.3
B	78～80	3.0
B^-	75～77	2.7

续表

等级制	百分制	绩点
C^+	72～74	2.3
C	68～71	2.0
C^-	64～67	1.7
D	60～63	1.0
F	60以下	0

注：若百分制成绩包含小数，则四舍五入至整数对应。

2.其他培养环节可按照“合格”与“不合格”两种等级评定成绩。

3.课程成绩达到60分或D以上为合格。课程成绩获得合格及以上方可获得学分。

四、研究生课程成绩登记

1.任课教师应在课程考核结束后，且最迟不超过新学期开学后第一周（第二学期研究生课程成绩可在第三学期第三周内），通过研究生系统录入并提交研究生课程成绩。

2.任课教师提交课程成绩后，应打印“课程成绩登记表”并签字后交由院系存档（公共课程成绩登记表交由研究生院存档）。

3.旷课研究生的成绩登记。研究生一经选课后，应按要求参加规定的教学活动，按时参加课程考试。凡一门课程缺课课时累计达1/3，或缺课程作业（含做实验）超过1/3者，取消课程考试资格，课程考核成绩以零分计。

4.缺考、缓考研究生的成绩登记。研究生无故缺考者，课程成绩以零分计。因故不能参加考试者，应按照缓考有关规定，须事先办理缓考申请。获准缓考的课程成绩暂以“缓考”标记，待缓考考试通过后，以实际获得的成绩替换。

5.重修研究生的成绩登记。学生重修后获得课程成绩，其成绩单应给予“重修”标记，待重修通过后，以实际成绩替换。

6.研究生因转学或转专业，或研究生因退学等情况中止学业，研究生重新参加入学考试、符合录取条件，再次入学的，其在校学习期间所修课程成绩及已获得的学分，应当予以记录。课程成绩及学分认定，按照学校相关规定执行：

（1）已修的课程能对应专业培养方案的，且其学分（学时）及学习要求高于或等于现有专业培养方案的课程要求，准予免修课程并给予承认学分。

（2）已修的课程能对应专业培养方案的，但其学分（学时）及学习要求低于现有专业培养方案的课程要求，课程应当重修并须参加课程考核，但学生可以根据知识掌握程度向任课教师申请部分免听。

（3）已修的课程不能对应专业培养方案的，学生不能免修（免听）现有专业培养方案课程。已获得的成绩及学分可予以记载，但不纳入毕业总学分计算。

7.研究生课程进修班的课程成绩与学分不能作为研究生阶段成绩与学分认定。同等学力或跨专业考入的研究生，应由导师根据研究生实际情况确定补修本专业的研究生或本科生的某些课程，所修课程应予录入研究生成绩档案，但不纳入研究生毕业总学分计算。

8.研究生因考试违规等行为的，该课程考核成绩无效，并按《厦门大学考试纪律及违规处理办法》给予纪律处分。

五、课程成绩存档与出具

1.各学院应真实、完整地记载、出具研究生学业成绩。课程成绩公布后一周之内,研究生如对课程成绩有疑义,可向学院提出核查分数书面申请。各学院根据研究生申请理由,指定专人核查,并给研究生书面回复。超过规定时间,研究生核查申请不予受理。核查工作由学院组织进行,研究生本人一般不能直接查阅试卷或其他与课程考核相关的原始材料。

2.成绩一经公布后,不得随意更改。如出现成绩错登,漏登需要更改的,任课教师应填写"研究生课程成绩更改申请表",附相关证明材料(如加盖单位公章的试卷复印件、作业复印件、平时考勤登记表等),经分管教学领导签字盖章后报研究生院更改。成绩更改应在成绩公布之日起一个月内提出申请,逾期一律不予受理。

3.研究生成绩登记应存入成绩档案,原则上保存至研究生毕业或离校一年内。研究生毕业后,其课程成绩应及时移交学校档案馆永久保存。

4.存入学籍档案的研究生成绩单应从研究生系统打印,经研究生秘书审核签字、院系盖章、研究生院培养与管理办公室盖章后方为有效。

5.在学研究生或交流生、毕业三年内的毕业研究生可通过"研究生自助打印终端"自助打印成绩单。毕业超过三年的毕业研究生应到学校档案馆办理成绩单。

6.根据需要,学院可向研究生出具课程成绩平均绩点(Grade Point Average,缩写 GPA)排名和课程成绩的标准分排名。

课程平均绩点计算方法如下:

$$\text{单门课程学分绩点} = \text{该课程的学分} \times \text{成绩绩点}$$

$$\text{课程总绩点} = \sum \text{单门课程学分绩点}$$

$$\text{课程总学分} = \sum \text{单门课程学分}$$

$$\text{课程平均绩点}(GPA) = \frac{\text{课程总绩点}}{\text{课程总学分}}$$

课程标准分计算方法如下:

$$\text{单门课程标准分} = \frac{\text{修课人数} - \text{课程成绩排名} + 1}{\text{修课人数}} \times 100$$

$$\text{课程总成绩标准分} = \frac{\sum(\text{单门课程标准分} \times \text{单门课程学分})}{\sum \text{单门课程学分}}$$

六、其他

本办法自公布之日起施行,原《厦门大学研究生选课与成绩管理办法》[(2015)厦大研 17 号]同时废止。本办法由研究生院负责解释。

——本文摘录自《关于印发〈厦门大学研究生课程考核与成绩管理办法〉的通知》,(2017)厦大研 24 号,档号 2017-XZ28-10

厦门大学研究生课程缓考办法

（2017 年 9 月 13 日）

根据《厦门大学研究生学籍管理规定》(厦大研〔2017〕60 号)，现对研究生申请缓考做如下规定：

一、缓考申请条件

研究生因病导致无法参加考试，或因其他不可抗拒因素导致无法参加考试，可向课程开课单位申请缓考，公共课需向研究生院申请缓考。

二、缓考申请时间

申请缓考学生原则上应在考试前办理手续，因突患急病或遇突发事件应在考试后一周内补办缓考申请手续。未经批准缓考擅自缺考者，期末考试成绩按“0”分处理。

三、缓考办理程序

1.研究生申请缓考须在规定时间内填写“厦门大学研究生缓考申请表”(一式三份)。缓考申请表须附申请理由的相关证明材料，因病申请缓考者还须提供二级甲等以上医院或厦门大学医院的病历证明。

2.申请材料经任课教师同意后，交由开课单位教学秘书核实，专业课经开课单位主管领导批准，公共课须经研究生院培养办公室批准后，方可缓考。

3.缓考获批后，申请表一份交开课单位教学秘书，一份交任课教师，一份研究生留存并凭此表参加缓考。

4.获准缓考的课程成绩暂以“缓考”标记，待缓考考试通过后，以实际获得的成绩替换。

5.获准缓考的研究生原则上应随下一年级同学参加考试，不能提前单独组织考试。学生应在学校规定的选课时间，凭缓考申请表向开课单位教学秘书登记名单。开课单位教学秘书应将申请者加入课程选课名单，并纳入课程考试名单。

6.已登记缓考的研究生应按期参加课程考试。已获准缓考的研究生在一学年内未向教学秘书登记名单，或已登记名单但无故未参加缓考课程考试，缓考成绩按“0”分处理。

四、其他

本办法自公布之日起施行。本办法由研究生院负责解释。

附件：

厦门大学研究生课程缓考申请表

<table>
<tr><td>姓名</td><td colspan="3"></td><td>学号</td><td></td></tr>
<tr><td>学院</td><td colspan="3"></td><td>联系电话</td><td></td></tr>
<tr><td>申请缓考课程</td><td colspan="3"></td><td>任课教师姓名</td><td></td></tr>
<tr><td>申请理由</td><td colspan="5">(须附相关证明材料，其中因病申请须附二级甲等以上医院或厦大医院的病历证明。)

学生签字：
日　期：</td></tr>
<tr><td>任课教师意见</td><td colspan="5">签　　字：
日　　期：</td></tr>
<tr><td>开课单位意见</td><td colspan="5">教学秘书签字：　　　　学院分管教学院长签字(学院公章)：
日　　期：　　　　日　　期：</td></tr>
<tr><td>研究生院意见
(全校性公共课程报研究生院批准)</td><td colspan="5">签　　字：
日　　期：</td></tr>
<tr><td rowspan="4">缓考课程
成绩</td><td>考核内容</td><td>成绩</td><td>占总成绩
比重</td><td colspan="2">任课教师签字</td></tr>
<tr><td>平时成绩</td><td></td><td></td><td colspan="2">日　　期：</td></tr>
<tr><td>期末缓考成绩</td><td></td><td></td><td colspan="2" rowspan="2">日　　期：</td></tr>
<tr><td>总评成绩</td><td></td><td></td></tr>
</table>

备注：

1.本表一式三份，一份交开课单位教学秘书，一份交任课教师，一份学生留存。

2.申请人应于下一学期或下一学年内完成缓考课程考试。

——本文摘录自《关于印发〈厦门大学研究生课程缓考办法〉的通知》，(2017)厦大研25号，档号2017-XZ28-10

厦门大学博士研究生中期考核工作暂行办法

（2017年9月13日）

博士研究生中期考核（以下简称"博士生中期考核"）是综合考察博士生科研能力和培养博士生潜质的重要手段，是规范博士生培养过程、提高培养质量的重要保障。为了进一步严格和规范博士生中期考核制度，在充分总结实践经验的基础上，现制定本办法。

一、考核目的

开展博士生中期考核的目的是保障博士生的培养质量，在博士生进入学位论文写作之前，通过综合考察博士生的知识技能、科研能力和研究进展情况，督促博士生认真开展学习和研究，帮助博士生及时完成学业任务，同时对不适宜继续攻读的博士生进行分流管理。

二、组织机构

1.博士生中期考核由各学院（研究院）学位评定分委员会或学位评定工作小组负责组织。经学位评定分委员会或学位评定工作小组同意后，可分学科或相近学科成立中期考核工作小组。

2.博士生中期考核以学院（研究院）为单位统一组织。当年博士生招生人数在5人以下的培养单位应纳入同一一级学科下的相关学院共同组织中期考核。

3.博士生中期考核工作小组由相关学科领域不少于3名的校内外教授、副教授或相当学术水平的专家组成，组长由具有博导资格的教授担任。导师是否参加中期考核工作小组，由各学院（研究院）自行规定。

三、考核时间

博士生（包括硕博连读和本直博研究生）应在完成培养方案规定的全部课程学分后方能申请中期考核。博士生中期考核应与博士生培养各环节紧密结合。中期考核时间一般安排在第二学年春季学期内完成，最迟不应超过第二学年夏季学期。直博生中期考核一般安排在第三学年春季学期。赴境外参加联合培养的博士生，中期考核时间可与合作高校商定后另行确定。各学院（研究院）应在工作细则中明确中期考核的具体时间并严格按计划开展考核。

四、考核形式

1.博士生中期考核重在考察博士生对学科基础理论和专门知识的掌握程度、研究进展情况，以及博士生是否具备独立从事科学研究的能力。中期考核与开题报告是否结合进行，由各学院（研究院）自定。

2.博士生中期考核的形式应采取书面考查和面试相结合的方式，书面考查与面试的成绩比重由各学院（研究院）自定。书面考查可采取笔试、撰写读书报告、提交科研进展报告等多种形式进行。面试应包括学生汇报和答辩两个环节,面试过程应有录音记录。

3.博士生中期考核的内容、具体要求、评价指标和权重等由各学院(研究院)自定。博士生课程成绩可以纳入中期考核内容,但课程成绩所占比重最多不超过30%。

五、考核结果

1.博士生中期考核的成绩分为合格和不合格。成绩评定由中期考核工作小组确定,如遇重大分歧无法评定者,应报学位评定分委员会或学位评定工作小组讨论决定。

2.各学院(研究院)应将考核结果(包括考核成绩和考核工作小组提出的详细意见和建议)在中期考核结束后的一周内反馈给学生,督促学生加以改进。

3.博士生中期考核应有一定比例不合格者。考核合格的博士生,可获得1学分并按培养计划继续完成博士学业。考核不合格的博士生,学院(研究院)应在3～12个月内给予第二次考核机会。

六、分流管理

对两次中期考核不合格的博士生,各学院(研究院)应区分不同情况做如下处理:

1.经学生本人申请、学位评定分委员会或学位评定工作小组同意,可转为同一级学科之下的同一专业或相近专业的硕士生培养。

2.对明显缺乏科研能力、不宜继续攻读的,可根据《厦门大学研究生学籍管理规定》做退学处理。

七、其他

1.各学院(研究院)应根据本办法,结合学科特点,制定博士生中期考核实施细则,并报研究生院备案。

2.各学院(研究院)在实施中期考核之前,应至少提前3个月向博士生公布中期考核实施细则。

3.本办法由研究生院负责解释。

4.本办法自2016级博士研究生开始实施,2015级博士研究生可参照本办法实施。

——本文摘录自《关于印发〈厦门大学博士研究生中期考核工作暂行办法〉的通知》,(2017)厦大研26号,档号2017-XZ28-10

厦门大学研究生转专业实施办法

（2017年9月13日）

根据《普通高等学校学生管理规定》（教育部第41号令）和《厦门大学研究生学籍管理规定》（厦大研〔2017〕60号）转专业相关规定，为确保我校研究生转专业公平、公正、合理，现制定本办法。

一、转专业的申请条件

符合《厦门大学研究生学籍管理规定》关于转专业相关条件。休学创业或退役后复学的学生，因自身情况需要转专业的，学院应当优先考虑。

二、转专业的办理程序

1.研究生本人填写"厦门大学研究生申请转专业审批表"（以下简称审批表），征得原专业导师、学院同意后，将审批表提交给拟转入专业所在学院。

2.拟转入专业所在学院根据本学院师资、教学资源、导师意愿决定是否接收。如同意接收，应按照拟编入年级的研究生入学复试形式，对申请人进行专业知识考核，考核成绩记载在审批表。申请转专业研究生原专业与拟转入专业复试形式相同或相似的可以申请免予考核。专业考核原则上采用笔试和面试相结合，具体内容和形式由接收学院确定。

3.经考核合格后，转入专业所在学院将审批表报送研究生院审核，经主管校领导批准，公示无异议后，予以转入新专业。

4.研究生转入新专业，按转入专业学费标准收取学费。

5.研究生院每年分两次受理转专业申请，第一次受理截止时间为6月30日，第二次受理截止时间为12月30日。

三、转专业的学分认定

1.获准转专业的研究生，应当严格按照转入专业的培养方案完成课程学习和各项必修环节。

2.获准转专业的研究生，其在原专业已修的课程成绩及学分按如下进行认定：

（1）已修的课程能对应专业培养方案的，且其学分（学时）及学习要求高于或等于现有专业培养方案的课程要求，准予免修课程并给予承认学分。

（2）已修的课程能对应专业培养方案的，但其学分（学时）及学习要求低于现有专业培养方案的课程要求，课程应当重修并须参加课程考核，但学生可以根据知识掌握程度向任课教师申请部分免听。

（3）已修的课程不能对应专业培养方案的，学生不能免修（免听）现有专业培养方案课程。已获得的成绩及学分可予以记载，但不纳入毕业总学分计算。

3.研究生转专业的学分认定应由学生本人提出申请，学院审核并报研究生院批准。

四、其他

本办法自公布之日起施行。本办法由研究生院负责解释。

——本文摘录自《关于印发〈厦门大学研究生转专业实施办法〉的通知》,(2017)厦大研 27 号,档号2017-XZ28-10

厦门大学研究生转学实施办法

（2017 年 9 月 13 日）

根据《普通高等学校学生管理规定》（教育部令第 41 号）和《厦门大学研究生学籍管理规定》（厦大研〔2017〕60 号）转学的相关规定，为确保我校研究生转学公平、公正、合理，现制定本办法。

一、转学的申请条件

符合《厦门大学研究生学籍管理规定》关于转学的相关条件。

二、转学办理程序

（一）转出程序

1.研究生本人提交《厦门大学研究生转学申请书》和相关材料，经导师和所在学院同意，征得转入学校同意，由研究生院审核，报主管校长批准，可以转出。

2.申请转出的，须提供如下材料：（1）本人填写的《厦门大学研究生转学申请书》，经导师和所在学院签字同意；（2）转学原因相关证明材料（原件）；（3）在校学习成绩单；（4）拟转入单位同意接收意向书。

3.获准转出的研究生，应于外校正式同意接收之日起一个月内办理个人档案、学籍档案、户口等的迁出。转出省外高校的还须由福建省教育厅商请转入地省级教育行政部门确认和办理转出手续。

（二）转入程序

1.研究生本人提交《厦门大学研究生转学申请书》和相关材料，经研究生院会同招生部门审核，符合转入条件的，由研究生院交由学院组织专业考核。

2.拟转入学院根据本学院师资、教学资源、导师意愿决定是否接收。如同意接收，应按照拟编入年级的研究生入学复试形式，对申请人进行专业知识考核，考核成绩记载在《厦门大学研究生转学申请书》中。专业考核原则上采用笔试和面试相结合，具体内容和形式由接收学院确定。

3.经考核合格后，由转入学院落实安排导师，签署同意后交研究生院复核，并报校长办公会研究决定，公示一周无异议后可以转入。

4.申请转入的，须提供以下材料：（1）本人填写的《厦门大学研究生转学申请书》及转学原因相关证明（原件）；（2）拟转出单位同意转出的正式公函（校级）；（3）在校学习成绩单；（4）盖（省）市招生办公室录取专用章的录取花名册复印件和研究生学籍卡复印件（加盖转出单位学籍管理部门红色印章）。（5）学校指定医院的健康状况诊断书。因健康原因转入的需额外提供相关疾病诊断证明。

5.获准转入的研究生，应于批准之日起一个月内将个人档案、学籍档案转入我校，符合户口迁入条件的按国家相关规定办理迁入。省外院校转入我校的还需由研究生所在院校报送所在地教育行政部门商请福建省教育厅确认和办理转学手续。

6.获准转入的研究生，学院应将考核成绩评定表和同意转入决定书等相关材料归入研究生学籍档案。

三、转学的学分认定

1.获准转入我校的研究生,应当严格按照转入学院的专业培养方案完成课程学习和各项必修环节。

2.获准转入的研究生,其在原就读学校已修的课程成绩及学分按如下进行认定:

(1)已修的课程能对应专业培养方案的,且其学分(学时)及学习要求高于或等于现有专业培养方案的课程要求,准予免修课程并给予承认学分。

(2)已修的课程能对应专业培养方案的,但其学分(学时)及学习要求低于现有专业培养方案的课程要求,课程应当重修并须参加课程考核,但学生可以根据知识掌握程度向任课教师申请部分免听。

(3)已修的课程不能对应专业培养方案的,学生不能免修(免听)现有专业培养方案课程。已获得的成绩及学分可予以记载,但不纳入毕业总学分计算。

3.研究生转学的学分认定应由学生本人提出申请,学院审核并报研究生院批准。

四、其　他

本办法自公布之日起施行。本办法由研究生院负责解释。

——本文摘录自《关于印发〈厦门大学研究生转学实施办法〉的通知》,(2017)厦大研28号,档号2017-XZ28-10

厦门大学研究生申请提前毕业实施办法

(2017 年 9 月 13 日)

根据《普通高等学校学生管理规定》(教育部令第 41 号)和《厦门大学研究生学籍管理规定》(厦大研〔2017〕60 号)有关提前毕业规定,为加强研究生培养过程管理,确保我校研究生培养质量,现制定本办法。

一、申请提前毕业条件

(一)硕士生申请提前毕业,应具备如下条件:

1.学制为 2 年的,在校学习年限不少于 1.5 年;学制为 2.5 年以上的,在校学习年限不少于 2 年;

2.已按照培养方案的规定修满应修学分,完成必修环节,学业成绩优异,所有课程平均绩点达 3.7 及以上;

3.已按要求完成毕业(学位)论文写作;

4.已缴清硕士生全程学费。

(二)博士生申请提前毕业,应具备如下条件:

1.在校学习年限不少于 3 年;

2.已按照培养方案的规定修满应修学分,完成必修环节,学业成绩优异,研究成果突出;

3.已按要求完成毕业(学位)论文,论文字数不少于 5 万字;

4.毕业(学位)论文预答辩合格(预答辩委员人数和形式参照正式答辩要求,预答辩成员是否邀请校外专家由学院自行决定);

5.已缴清博士生全程学费。

二、研究生申请提前毕业流程

1.硕士生申请提前毕业,须向学院提交"厦门大学研究生申请提前毕业审批表"、毕业(学位)论文一份、个人成绩单及平均绩点证明、科研成果汇总表(若有)。

2.博士生申请提前毕业,须向学院提交"厦门大学研究生申请提前毕业审批表"、毕业(学位)论文一份、个人成绩单、科研成果汇总表。

3.各学院对研究生申请材料进行初审。硕士生符合条件的,经导师和学院同意,由学院汇总后上报研究生院审批。博士生经导师和学院同意后,由学院组织毕业(学位)论文预答辩,预答辩通过者,由学院具结预答辩证明材料(包含学生基本信息、预答辩时间、预答辩委员会成员、预答辩成绩等)上报研究生院审批。

4.预答辩委员会应按照学术标准和实事求是的态度,采取无记名投票方式,就博士生是否通过论文预答辩和同意学生提前毕业进行投票。全体成员三分之二以上同意的方为通过。

5.研究生院根据各学院上报材料,做出是否同意学生提前毕业的批复。未经研究生院批复同意,不能安排毕业(学位)论文送审、论文答辩以及相关毕业事宜。

6.各学院上报材料截止时间:申请在夏季提前毕业的,上报截止时间为3月15日;申请在秋季提前毕业的,截止时间为6月15日;申请在冬季提前毕业的,截止时间为9月20日。

三、研究生申请提前毕业处理

1.申请提前毕业研究生,通过正式毕业(学位)论文答辩,符合毕业条件,由学校发给毕业证书。符合学位授予条件者,由学校颁发学位证书。

2.获准提前毕业申请的研究生,毕业(学位)论文送审不通过或答辩不通过的,取消其提前毕业资格,转为正常毕业,学院亦不得再为其提前组织论文送审、答辩等事宜。

四、其　他

各学院应根据本办法制定实施细则,并报研究生院备案。本办法自公布之日起施行。本办法由研究生院负责解释。

——本文摘录自《关于印发〈厦门大学研究生申请提前毕业实施办法〉的通知》,(2017)厦大研29号,档号2017-XZ28-10

厦门大学研究生申请结业证书换发毕业证书办理办法

（2017年9月13日）

根据《普通高等学校学生管理规定》(教育部令第41号)和《厦门大学研究生学籍管理规定》(厦大研〔2017〕60号)有关规定，为加强研究生培养过程管理，确保我校研究生培养质量，现制定本办法。

一、结业证书换发毕业证书条件

1.已按照培养方案的规定修满应修学分、完成必修环节且已按要求取得结业证书；

2.结业后三年内按要求完成毕业(学位)论文，且论文答辩通过。

二、结业证书换发毕业证书申请程序

1.研究生本人填写《厦门大学结业研究生毕业(学位)论文答辩资格申请书》，经导师、学院同意后报研究生院审批。

2.答辩申请获准后应按规定缴纳相关费用；

3.学院认真组织获得毕业(学位)论文答辩资格研究生的毕业(学位)论文送审工作，送审通过后方可安排毕业(学位)论文答辩。

4.结业研究生毕业(学位)论文答辩不通过的，可再申请答辩一次。再次申请答辩时间应在3个月以上1年以内，第二次答辩仍不通过的，终止其答辩资格。

5.结业研究生通过毕业(学位)论文答辩，符合毕业条件的，由所在学院报送研究生院制作毕业证书，结业研究生的毕业时间按发证日期填写。符合学位授予条件的，由学校发给相应的学位证书。

6.结业研究生获得毕业证书后，原结业证书应交回研究生院培养与管理办。

三、其　他

本办法自公布之日起施行。本办法由研究院负责解释。

——本文摘录自《关于印发〈厦门大学研究生申请结业证书换发毕业证书办理办法〉的通知》，(2017)厦大研30号，档号2017-XZ28-10

厦门大学推荐优秀应届本科毕业生免试攻读硕士学位研究生工作实施办法

(2017 年 9 月 17 日)

第一章　总　则

第一条　为提高推荐优秀应届本科毕业生免试攻读硕士学位研究生(以下简称“推免生”)工作的科学化水平,更好地选拔和培养优秀人才,鼓励本科生勤奋学习,根据教育部《全国普通高等学校推荐优秀应届本科毕业生免试攻读硕士学位研究生工作管理办法(试行)》(教学〔2006〕14 号)、《教育部办公厅关于进一步加强推荐优秀应届本科毕业生免试攻读研究生工作的通知》(教学厅〔2013〕8 号)及《教育部办公厅关于进一步完善推荐优秀应届本科毕业生免试攻读研究生工作办法的通知》(教学厅〔2014〕5 号)的精神,结合我校本科教学的实际情况,制定本实施办法。

第二条　本办法所称免试,是指我校应届本科毕业生(以入学时招生计划与注册年限计算,下同)不经过全国硕士研究生入学统一考试的初试,直接进入复试;本办法所称推荐,是指我校按照规定对本校优秀应届本科毕业生进行遴选,确认其推免生资格并向招生单位推荐。

第二章　推免生工作组织领导

第三条　学校成立推免生工作领导小组,由主管本科教学的校领导担任组长,领导小组成员由学校监察处、教务处、研究生院、学生处、招生办、考试中心和团委等部门负责人组成。推免生工作领导小组办公室设在教务处。

第四条　各学院应成立推免生工作小组,全面负责本学院的推免生工作。小组成员名单及联系方式报教务处备案。

第五条　各学院根据本办法制定推免生工作的操作细则。学院自定的细则应在本学院内公布并加盖公章报教务处审核、备案,未经教务处审核、备案的细则无效。

第三章　推免生名额分配

第六条　全校推免生总名额由教育部每年度下达,学校推免生工作领导小组负责统筹,将名额分配至当前推免年度具有应届本科毕业生的学院。

第七条　学校在分配推免生名额时,将综合考察以下方面的因素:

1.各学院应届本科毕业生数以及年度的研究生招生指标;

2.各学院上一年度完成学校下达推免生指标的实际情况;

3.各学院重点学科、交叉学科的数量和水平,以及本科教学改革质量的情况。

第八条　参加“青年志愿者扶贫接力计划研究生支教团”的推免指标由国家计划单列,参照国家相关文件执行。在名额分配时,由学校统筹安排,不直接下达到具体学院。

第四章 推免生条件

第九条 所有参加推免的学生应具备以下条件：

1.拥护党的领导，品行表现优良、遵纪守法、积极向上、身心健康、学习成绩良好的应届本科毕业生，经学院初审，在预定学制年限能正常毕业，在参加推免当年(截止为推免生工作报名时)没有需要重修的课程。

2.受过学校留校察看以下纪律处分的学生，推免生工作开始(日期以学校发文为准，下同)前处分已解除的，不受原处分的影响。

3.学习勤奋、刻苦，专业基础扎实。

4.外语水平优秀。

5.本科毕业后无出国留学或参加就业的计划。

第十条 申请推免的学生，应参加学院的综合排名。综合排名成绩由学业成绩(含外校单位修习、经学院认定可转换学分之课程成绩，占80%)和考核成绩(含学业竞赛、科研成果、面试得分等，占20%)组成，即综合排名成绩＝学业成绩×80%＋考核成绩×20%。学业成绩排名统一采用学校学分绩点计算方法，考核成绩的组成及比例由学院制定操作细则时确定。各学院应将学生在校期间参军入伍服兵役、到国际组织实习情况纳入综合考核成绩指标体系，将高水平运动员在国际和全国性重大体育比赛中获得的优异成绩计入综合测评。

学业成绩的具体要求：专业排名为前40%(基地班为前70%)，申请参加研究生支教团的，专业排名为前50%。

外语水平的具体要求：全国大学英语四级(含网考)成绩≥500分，或六级(含网考)成绩≥425分，或TOEFL成绩≥90分(两年有效)，或GRE成绩≥1100分(五年有效)，或雅思(学术类)≥6.0分(两年有效)。艺术类考生要求英语四级成绩≥425分。第一外语为其他语种的，需提供等同全国大学外语四、六级考试的成绩证明。外语成绩证明应于推免当年8月31日前获得。

第十一条 参加过国(境)内、外校际交流项目的学生在交流期间的成绩如在推免生工作开始前完成学分转换的，统一纳入专业排名范畴，未在推免生工作开始前完成学分转换的，不纳入专业排名范畴。各学院应结合本院实际情况对学生在外校交流所获得的成绩、学分进行合理认定，以体现学生综合素质。

第十二条 对有特殊学术专长或具有突出的培养潜质而未达到本办法第十一条规定的推免生条件者，如满足以下条件之一，并由三名以上本专业教授联名推荐，经学院推免生工作小组提出初步意见、学校推免生工作领导小组审查认定，可以不受综合排名限制，专业排名可放宽至前70%，但学生有关说明材料和教授推荐信应进行公示。

1.文科类学生，本科在读期间以第一作者身份在一类核心期刊发表文章1篇及以上或二类核心期刊发表文章2篇及以上(发表时间截至推免当年8月31日，核心期刊名单以学校科研管理部门公布的文件为准)。理工类学生，本科在读期间以第一作者或通讯作者发表1篇及以上文章于JCR 1区或JCR2区，或发表2篇及以上文章于JCR3区(发表时间截至推免当年8月31日)。

2.本科在读期间以第一作者身份获得国家级发明专利一项及以上(截至推免当年8月31日)。

3.满足学校认定的国际级竞赛二等奖及以上或国家级竞赛一等奖及以上。团体竞赛项目至多有3名核心团队成员可获得推免生资格。该部分学生由学院依序公示，学校依序推荐。

第十三条 在涉及成绩排名计算时，重修通过的成绩按60分(百分制)计算。

第五章 推免生工作要求

第十四条 推免生工作要按学校统一的工作安排、工作程序和规定时间进行。学校根据教育部及福建省教育考试院有关文件发布年度推荐工作安排，学院应根据学校的工作安排开展推免生工作。

第十五条 各学院推荐的推免生名单和综合排名应在院内公示，公示期不得少于3天；未经公示的推免生名单无效。

第十六条　各学院的推免生名单按推荐顺序排序后报送推免生工作领导小组审定推免生资格。学校将审定通过的名单进行全校范围的公示,公示期满无异议或异议不成立的,确定为学校推荐名单,报福建省教育考试院审核并组织被推荐学生履行相关手续。经福建省教育考试院、教育部推免服务系统备案的学生即具备推免生资格。

第十七条　推免生工作遵照国家有关规定,实施回避制度。推免当年如有直系亲属或利益相关者参加推免生工作的人员,应当申请主动回避,不得参与当年的推免生工作。

第十八条　推免生工作全程接受学校纪检与监察部门监督。学校推免生工作领导小组和各学院推免生工作小组应将推免生工作中学生的申诉,纳入校内申诉渠道,确保推免生工作公开、公平、公正地进行。学生对推免生工作提出申诉,应按《厦门大学学生申诉办法》有关规定和流程进行。凡发现有违反相关规定的行为,学校将按有关纪律进行处理,并追究有关工作人员的责任。

第十九条　获得推免生资格的学生,在正式入学前,有以下情况之一者,学校将取消其推免生资格:

1.不能按时完成本科阶段学业并取得学士学位者;

2.受到法律、行政处罚或学校纪律处分者;

3.凡在申请推免生过程中弄虚作假的学生,一经查实,即取消推免生资格,并按学校相关管理规定进行追究处理。

第六章　附　则

第二十条　本办法由教务处负责解释。

第二十一条　本办法所称“以上”“以下”“前”等,均不包含本级、本数。

第二十二条　本办法自颁布之日起施行,如国家政策发生调整时,以国家政策为准。原厦大教〔2009〕29号、厦大教〔2014〕27号、厦大教〔2014〕41号文同时废止。

——本文摘录自《关于印发〈厦门大学推荐优秀应届本科毕业生免试攻读硕士学位研究生工作实施办法〉的通知》,厦大教〔2017〕73号,档号2017-XZ12-3

2017 年厦门大学新生学业导航

（2017 年 9 月 18 日）

致“厦大人”

2017 级全体本科生，欢迎你们来到厦门大学，成为新一级“厦大人”。感谢你们选择厦大作为自己成长的新起点，我们愿陪伴你们体验大学学习生活。在接下来的时光里，希望你们对自己的大学学习负起责任，挖掘自己的需求并付诸努力，变被动学习为主动学习；希望你们不断交流和尝试，认清自己，确立发展目标，成为一名“自强不息，止于至善”的“厦大人”。

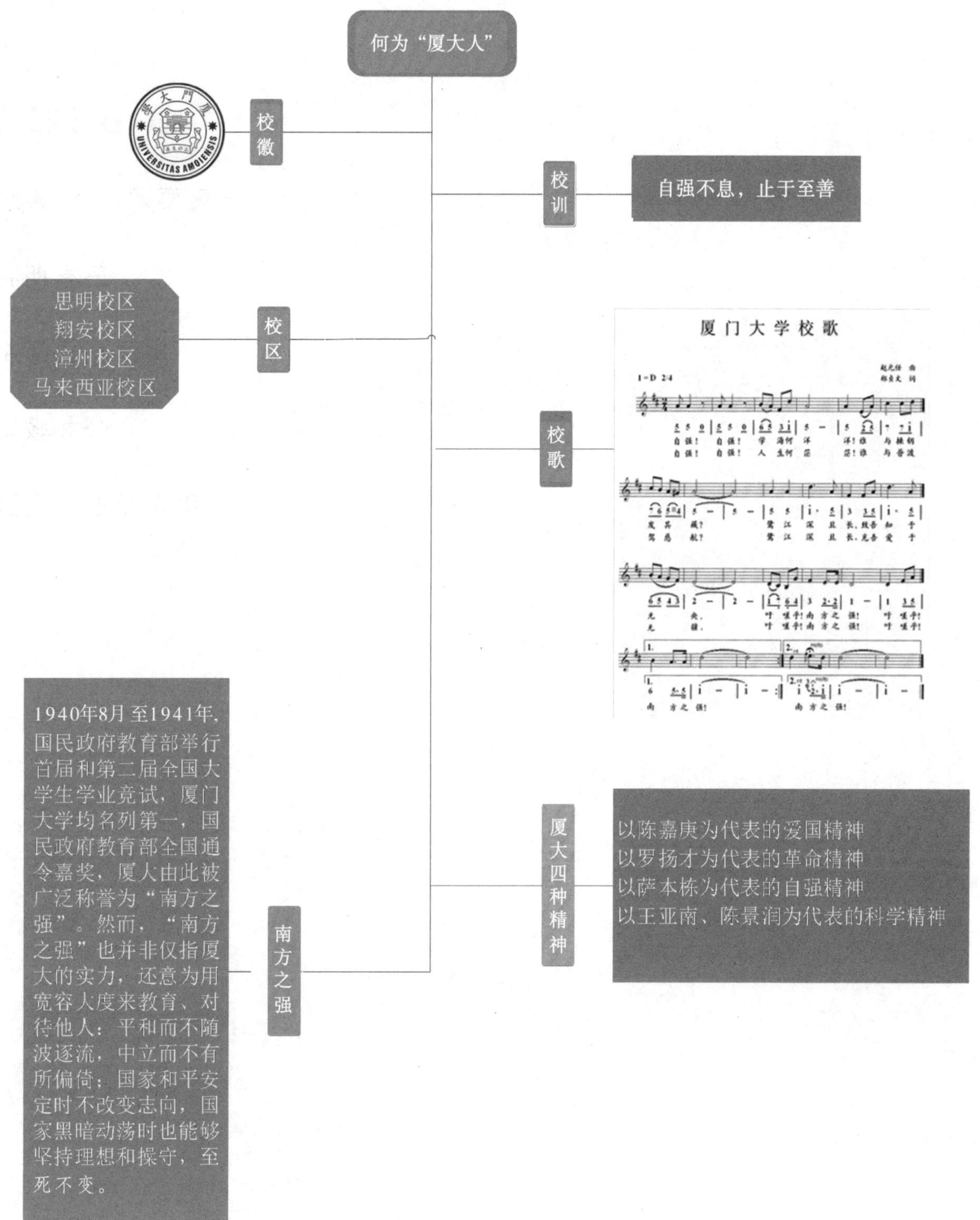

基本情况

重要网站 & 系统

三学期制

本科生导师制

公共教室

教务处业务概览

重要网站 & 系统

网站	网址	与学生相关的功能
中国高等教育学生信息网（学信网）	http://www.chsi.com.cn	学籍信息查询核对、图像信息核对、学历查询。
中国学位与研究生教育信息网	http://www.cdgdc.edu.cn	学位查询。
信息门户	http://i.xmu.edu.cn	提供学工系统、教务系统、宿舍系统、离校系统、就业系统等相关系统的快速接口。
教务处主页	http://jwc.xmu.edu.cn	可获取各种资格报名（四六级考试、辅修、转专业等）、选课、调课等通知信息；办事指南；文档下载；系统登录等。
本科师生信息服务端	http://ssfw.xmu.edu.cn	查询学籍信息、课表、个人成绩、培养方案、考试信息；申请学籍异动、辅修报名、辅修退学、转专业、教学测评等。
英语四六级考试报名与本科生选课综合系统	http://bkxk.xmu.edu.cn	选课、退课、四六级考试报名。
本科生创新网	http://cxw.xmu.edu.cn	科创竞赛项目的通知发布、学生申报、指导教师意见、学院审核推荐、专家评审、学校立项、师生交流、成果展示。
厦门大学本科教育质量保障网	http://usurvey.xmu.edu.cn	发布本科教育质量调查问卷、质量动态等。
厦门大学知识资源港	http://library.xmu.edu.cn	提供全文检索、电子图书、信息参考、多媒体阅览、馆际互借、虚拟参考等功能，涵盖中国期刊全文数据库、PQDD、PQARL、ABI/Inform、ASE、BSP、IDEAL、IEL 等众多国内外著名的联机数据库；提供图书馆的日常功能。读者手册详见 http://library.xmu.edu.cn/portal/reader_guide.asp。
厦大邮箱	https://mail.xmu.edu.cn	使用邮箱。
离校系统	http://lx.xmu.edu.cn	离校前办理离校（缴费、退宿等）。
网络教学综合平台	http://course.xmu.edu.cn	学生在线学习。
厦门大学国际交流与合作处网站	http://ice.xmu.edu.cn	学校国（境）外交流信息发布。

三学期制

有没有这样一种可能？在满足学生专业知识积累的同时实现学生的个性化和多样化。为了实现这种可能，学校从每学年两个学期中，抽出5周时间组成一个相对独立的短学期，推出了厦大人的三学期制：18周、18周和5周“二长一短”的三学期制度。

三学期制将为你们带来：

从传统课堂学习解放出来：

三学期改革尤其是短学期的设置，增加了以研究性、探索性、实践性为主的课程，让大批优秀学生特别是拔尖学生进入教师科研实验室成为可能。

有自主学习的时间和空间：

大幅度精简长学期的教学内容，压缩课堂教学时数，为学生自主学习提供了时间和空间保障。

开展跨学科研究和学习：

短学期打造了一系列激发学生兴趣的跨学科平台，如校友创业论坛、台湾学者等境内外知名学者论坛、学业竞赛平台、双学位教育等。

满足国际化学习需求：

学校学期制度与国外高校基本同步，让大批学生有机会参加国外夏令营和暑期学校，也邀请了国外学者来国内开课或讲座。

2017年剑桥学术体验夏令营最佳小组和导师合影

2017年剑桥学术体验夏令营课堂

本科生导师制

不知如何学习，如何制订学习计划？不知如何进行社会实践或科学研究训练？这是诸多大学生经常面临的问题。在大学里，陪伴学生一起面临、分析、解决这些问题的，不仅仅有亲人、同学，还有自己的导师。

学校关心每一位学生的成长。新生入学后，即为每一位本科生配备导师。导师们会根据每个本科生的个性及特点进行针对性的指导，帮助树立正确的人生观、价值观和社会主义荣辱观；指导安排学习进程，包括按照教学计划指导学生个性化选择学习方向、选课等；引导确立正确专业思想，指导学生科学规划职业生涯；培养刻苦学习精神和严谨治学态度；指导社会实践或科学研究训练。

公共教室

学校公共教室共分四个学区：南强学区（南强二、群贤楼群、联兴楼）、海韵学区（海韵教学楼）、学生公寓学区（学生公寓教学楼）、翔安校区（学武楼、文宣楼）。

校区	学区	教学楼	开放时间
思明	南强学区	南强二(庄汉水楼)	7:00—22:00
		集美二	7:00—22:00
		群贤二	7:00—22:00
		囊萤楼	7:00—22:00
		联兴楼	7:00—22:00
	海韵学区	海韵教学楼	7:00—22:00
		学生公寓教学楼	7:00—22:00
翔安	翔安校区	1号楼(学武楼)	7:00—23:00
		4号楼(文宣楼)	7:00—23:00

空闲教室查询方法:1.登录师生服务端空闲教室查询模块,查询空闲教室;

2.各教学楼的电子显示屏会定时更新各时间段空闲教室。

南强二教学楼(庄汉水楼)

交通路线1:从南校门进入厦门大学后,路过图书馆继续向南走,即可到达南强二教学楼。

交通路线2:从厦门大学群贤校门进入厦门大学,然后一路向东行路过囊萤楼、同安楼、群贤楼、集美楼,然后从集美楼和映雪楼中间的小道进入,继续向北走,即可到达南强二教学楼。

群贤楼群

从厦门大学群贤校门进入厦门大学,然后一路向东行路过囊萤楼、同安楼,即可到达群贤一楼。群贤二楼位于群贤一楼的正后方。

联兴楼

从厦大白城校门进入学校后，向北走上坡，然后沿着这条路一直走，路过外文学院后向西走，经过新闻传播学院后，即可到达联兴楼。

海韵教学楼

公交站“曾厝垵西路”站对面就是海韵校区。一进入厦门大学海韵校区，就能看到右手方向的一栋被称作“萨本栋楼”的高大建筑，这就是海韵教学楼。

学生公寓教学楼

到达公交站“厦大学生公寓”站便能看到一栋名为“厦大学生公寓”的高大建筑，这就是学生公寓教学楼。

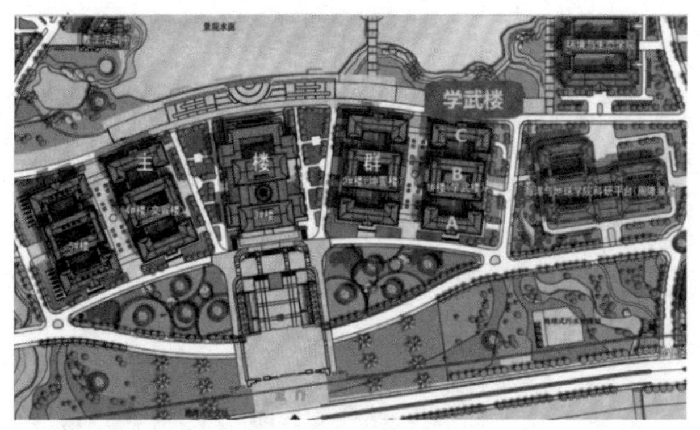

翔安校区学武楼

从校区东门进门直走，左拐经过环境与生态学院和能源学院中间的马路，再右拐经过环境与生态学院和海洋与地球学院科研平台中间的马路，即可到达 1 号楼 C 区。

教务处业务概览

科室	电话	与学生相关的主要业务
办公室	2186251	学籍总登记卡、归档成绩单盖章
教学科	2182250	选课、教学测评
	2182251	借教室
学务科	2182275	学籍信息、辅修专业准入准出、成绩、免试研究生、成绩单认证查询、四六级英语考试等事务
	2182252	学籍异动、转专业、交流生、毕业审核、学习证明盖章等事务
实验与电教管理科	2182254	本科生科创竞赛
翔安教务办	2886238	与各科室对应业务

地址：【教务处】思明校区颂恩楼（主楼）14 楼

【教务办】翔安校区主楼 3 号楼 9 楼 B904

网址：教务处主页 http://jwc.xmu.edu.cn

本科师生信息服务端 http://ssfw.xmu.edu.cn

英语四六级考试报名与本科生选课综合系统 http://bkxk.xmu.edu.cn

意见反馈方式：xmu.edu.cn 意见反馈→在线反馈→教务处→意见反馈区

邮箱 jwc@xmu.edu.cn

学习重要环节

本科生学习重要环节

培养方案

选课

课程学习

课程考核

课程成绩

本科生学习重要环节

<table>
<tr><th rowspan="2">工作名称</th><th colspan="2">时间安排</th><th rowspan="2">内容要求</th><th rowspan="2">相关材料或表格</th><th rowspan="2">备注</th></tr>
<tr><th>新生</th><th>老生</th></tr>
<tr><td>报到注册</td><td colspan="2">新生：按录取通知书规定时间；老生：按校历时间</td><td>新生持录取通知书和有关证件等到学院报到注册。如有特殊原因不能按期报到注册，请根据实际情况办理请假或保留入学资格。请假一般不得超过两周；保留入学资格以一年为期。保留入学资格期满的新生应在注册前先办理入学手续。
老生完费后到相关学院报到注册。休学（保留学籍）期满前的老生应在注册前办理复学手续。</td><td>1.保留入学资格申请表
2.恢复入学资格申请表
（特别提示：在教务处主页下载、填写表格并附上相关证明材料，向学院、教务处申请）
3.复学申请表
（特别提示：在教务处师生服务端申请，下载填写复学表格并附上相关证明材料，向学院、教务处申请）</td><td>每学期开学各类本科生（含延长学习年限的本科生）应按时报到注册，我校各类学生注册、入住按照“先缴费，后注册，后入住”的原则进行管理。</td></tr>
<tr><td>学籍信息核对</td><td colspan="2">新生：入学后一个月内
老生：每年 10 月
毕业生：毕业学年 12 月和 3 月</td><td>登录师生服务端核对学籍信息、填写联系信息。</td><td>1.厦门大学学生学籍总登记卡—系统自动生成
2.福建省高等学校学生学籍信息变更申请（确认）表
（特别提示：在教务处主页下载、填写表格并附上相关证明材料，向教务处申请）</td><td>1.本科生毕业后，由院系打印厦门大学学生学籍总登记卡存入本科生档案一份，归档案馆一份，学生一份。
2. 学生姓名、性别、证件号、出生日期等信息有出入，请填写申请表。</td></tr>
<tr><td>选课</td><td colspan="2">新生于军训结束后开始选课，老生于上一学期结束前选修下一学期课。具体按照通知要求</td><td>学生应在学院指导下，按照所在专业培养方案，制订课程学习计划，并登录教务系统选课。</td><td rowspan="2">1.具体操作流程与注意事项详见每学期教学处主页选课通知
2.选课与退课期间可以关注微信公众号“选课答疑”进行在线提问</td><td rowspan="2">1.选（退）课后请通过选课系统查询确认是否选（退）课成功。
2.选（退）课时间与选课系统之外的选（退）课操作无效。</td></tr>
<tr><td>退课</td><td colspan="2">退课时间一般安排在开学前 3 周内。具体按照通知要求</td><td>完费注册的本科生可登录教务系统进行改选、退课。在退课截止时间之前，可在网上自行操作进行退课。</td></tr>
</table>

续表

工作名称	时间安排		内容要求	相关材料或表格	备注
	新生	老生			
课程学习	一般为4年(五年制为5年)		1.本科生根据所在专业培养方案要求完成课程学习,可取得规定的学分。 2.符合课程免听有关规定的优秀学生,可以按规定的流程申请免听某门课程或课程的某一部分。	厦门大学本科生课程免听申请表 (特别提示:在教务处主页下载、填写表格并附上相关证明材料,向学院申请)	
课程考核	期中考试各课自定。期末考试一般安排在考试周,专门开设的校选课安排在课程的最后一周。期末考试表至少在考试前公布		1.学生应按所选修课程的教学计划,参加教学活动,完成学习任务,并按时参加课程考试。 2.学生未按时参加课程考核,该课程考核为不合格。 3.一门课程缺课(含请假)的学时累计达到该门课程总学时数的1/3者(获准部分免听者除外),或者实验课缺做实验达1/3者,该门课程考核不合格。 4.因故无法参加考试,且符合课程缓考有关规定的,可以按规定的流程申请课程缓考。	1.关于试行厦门大学本科课程学分绩点计算办法的通知 2.厦门大本科生缓考登记表 (特别提示:在教务处主页下载、填写并附上相关证明材料,于课程考试前提交所在学院、任课教师所在学院、任课教师审批)	1.必修课程考核不合格必须重修。 2.选修课程考核不合格可选择重修或根据培养方案要求改修其他课程。
课程测评	每学期期末考试周期间进行教学测评		登录教务系统进行教学测评。	测评注意事项及时间安排详见每学期教务处主页教学测评通知	
学习经历调查	大二		关注"厦门大学本科教育质量调查"微信公众号。按照教务处通知,在规定时间内答卷。		
	毕业季				
双学位(主辅修)教育	大一、大二学年的第二学期(一般为每年的3—4月)		根据学校规定的办法和程序报读辅修专业,按学分收费。	1.厦门大学双学位教育(主辅修制)试行办法 2.厦门大学本科生辅修专业教学管理办法	

续表

工作名称	时间安排		内容要求	相关材料或表格	备注
	新生	老生			
转专业	大一、大二学年的第二学期（一般为每年的 4—7 月）		根据学校规定的办法和程序报名参加转专业考试，由接收学院安排复试，学校统一公布录取名单。	1.厦门大学本科生学籍管理规定 2.厦门大学本科生转专业工作管理规定	
优秀本科生公派出国留学项目选拔	每学年两批（3 月、9 月）		根据留学基金委、学校的遴选办法和相关文件报名。学院、学校分别进行审核，对推荐人选名单公示，并报国家留学基金委审核。学生在基金委网站上填报材料。	留学基金委、学校的遴选办法和相关文件	
全国大学英语四六级考试	笔试：每年 6 月、12 月； 口试：每年 5 月、11 月		根据教育部及福建省教育考试院的相关要求，全国大学英语四六级考试笔试报名时间为 3 月、9 月，全校在校生需按照教务处发布的正式考试通知要求，登录厦门大学四六级考试报名系统上传照片，照片审核通过后在统一时段报考；笔试报名成功后，考生可网上自主报名口试。笔试、口试的考位有限，我校采用网上报名先到先得的考位管理办法。	厦门大学关于全国大学英语四六级笔试/口试报名的通知。 （特别提示：在教务处主页上下载）	1.非在校生无资格报名四六级考试。 2.同批次考试，只允许报考一个级别的考试。 3.笔试报名成功后，才具备报考口语考试的资格。 4.考试为自愿报名。 5.考生需认真阅读报名文件，按照要求报考。
科创项目	大创项目每年两批（一般为 6 月、12 月），校长基金本科生项目每年一批（一般为每年 12 月）		学生在校期间，必须参加至少一项科创项目。	厦门大学大学生创新创业训练计划管理办法（修订版）	
学业竞赛	每年上半年公布当年度校级学业竞赛项目，校外竞赛时间不定		学生在校期间，必须参加至少一项学业竞赛。	厦门大学本科生学业竞赛管理办法（试行）	

续表

工作名称	时间安排		内容要求	相关材料或表格	备注
	新生	老生			
创新学分	每年5月份		根据学校规定的办法和程序申请认定创新学分。	厦门大学本科生创新学分认定办法(试行)	
社会实践或生产实习	夏季学期或暑假		学生须按照培养计划和学院的统筹安排进行生产实习和实践。	厦门大学本科学生实习工作管理规定(修订)	
毕业论文(设计)	毕业学年		学生应在导师指导下独立完成。论文工作期间,学生必须向导师(组)汇报论文工作阶段性进展情况。	1.厦门大学本科学位论文诚信承诺书 2.厦门大学毕业论文(设计)封面 3.厦门大学本科毕业论文(设计)开题报告 4.本科毕业论文工作安排的通知 5.厦门大学本科毕业论文(设计)规范 6.厦门大学本科毕业论文(设计)工作管理办法 (特别提示:在教务处主页下载)	
论文答辩	毕业学年4—5月				
推荐免试研究生	应届毕业学年第一学期		学业成绩优秀,毕业后无就业或留学计划的同学可以根据学校规定的办法申请推荐免试攻读硕士学位研究生。	1.厦门大学推荐优秀应届本科毕业生免试攻读硕士学位研究生工作实施办法(修订) 2.厦门大学推荐免试攻读硕士学位研究生申请表暨诚信承诺书	
图像采集	毕业学年12月份,次年3月份		12月份参加学校统一组织的图像采集;3月份核对学信网电子图像和纸质图像。	1.教务处主页相关通知 2.图像信息数据勘误表	如图像不是本人,请与学院联系,填写表格,提交教务处。
主修专业学业审核、学位审核	毕业当年3—6月、9月		修满培养方案全部学分,达到毕业要求;修满培养方案90%以上学分,达到结业要求;修满一学年以上退学且修满8个学分学分以上,达到肄业要求。在最长年限内未达到毕业要求者,可延长在校学习年限。	1.厦门大学本科生学籍管理规定 2.厦门大学结业申请表 3.厦门大学肄业申请表 4.厦门大学延长学习年限申请表	

续表

工作名称	时间安排		内容要求	相关材料或表格	备注
	新生	老生			
辅修专业学业审核、学位审核	毕业当年3—6月、9月		完成培养方案30学分以上(按辅修专业实际要求)可获得辅修专业证书;完成培养方案全部要求,跨学科类别修读的,可获得辅修专业证书、辅修学位证书。		
办理离校手续	证书发放前		按离校系统要求完成离校手续。		
领取证书	第一批6月底,第二批9月底		领取证书,核对证书信息。		

培养方案

培养方案包含本专业(大类)的培养目标、课程说明、选课说明和课程列表,其中课程列表罗列了课程名称、年级、开课单位、课程性质、开课学期、课程类别、考核类型以及每门课程的详细信息。学生可通过登录师生服务端查询培养方案。查阅时,需要注意培养方案安排的课程顺序、学分要求,课程先后逻辑关系和先修课程要求。

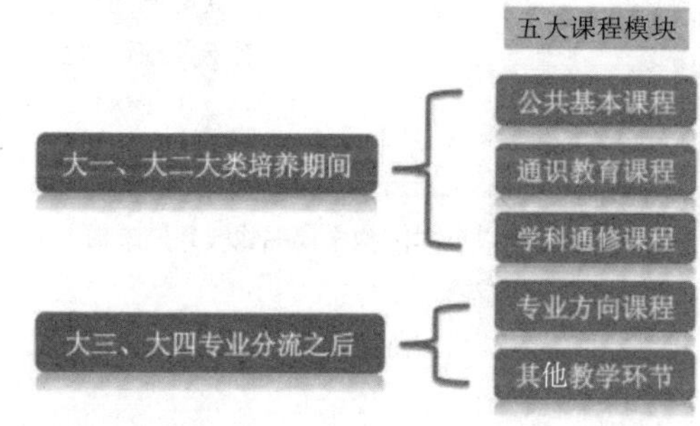

我校课程设置为公共基本课程、通识教育课程、学科通修课程、专业方向课程、其他教学环节等5个模块。必修课为基础课程和专业基本课程,而选修课可以由学生根据自身特点调整学习方案、追求学习的质与量的最大化,使学生能够通过对课程、任课教师的自主选择实现个性化的学习。

从某种程度上来说,学生对课程的选择就是对个人知识结构调整的选择。在学生选择课程自主权加大的同时,进行学习规划愈显重要。建议结合培养方案,与学院老师充分沟通自身的能力、兴趣、未来职业规划,考虑选课方向、是否报读辅修、是否出国出境交流学习等,并在学院指导下初步制订大学学习计划。

选课

学生应通过教务管理系统选课,未通过系统选课者,选课结果无效。在选课前应认真阅读选课说明,熟悉选课系统,在规定时间内系统完成选课操作。未在规定时间内选课者,选课结果无效。选课具体时间将公布在教务处主页上。

选课一般分为预选和改(补)选两个阶段(具体时间以每学期选课通知为准)。在规定的选课时间内,学生可以选择退课、改选或补选其他课程。在选课时间截止后一周内,学生还可以选择退课,但不能再进行选课操作。务必记得:超过退课时间,学生不能再进行退课。所以,请大家在每一个选课轮次结束之后,及时登录自己的选课系统查看并核对课表,如有误,请及时改补选或退课。

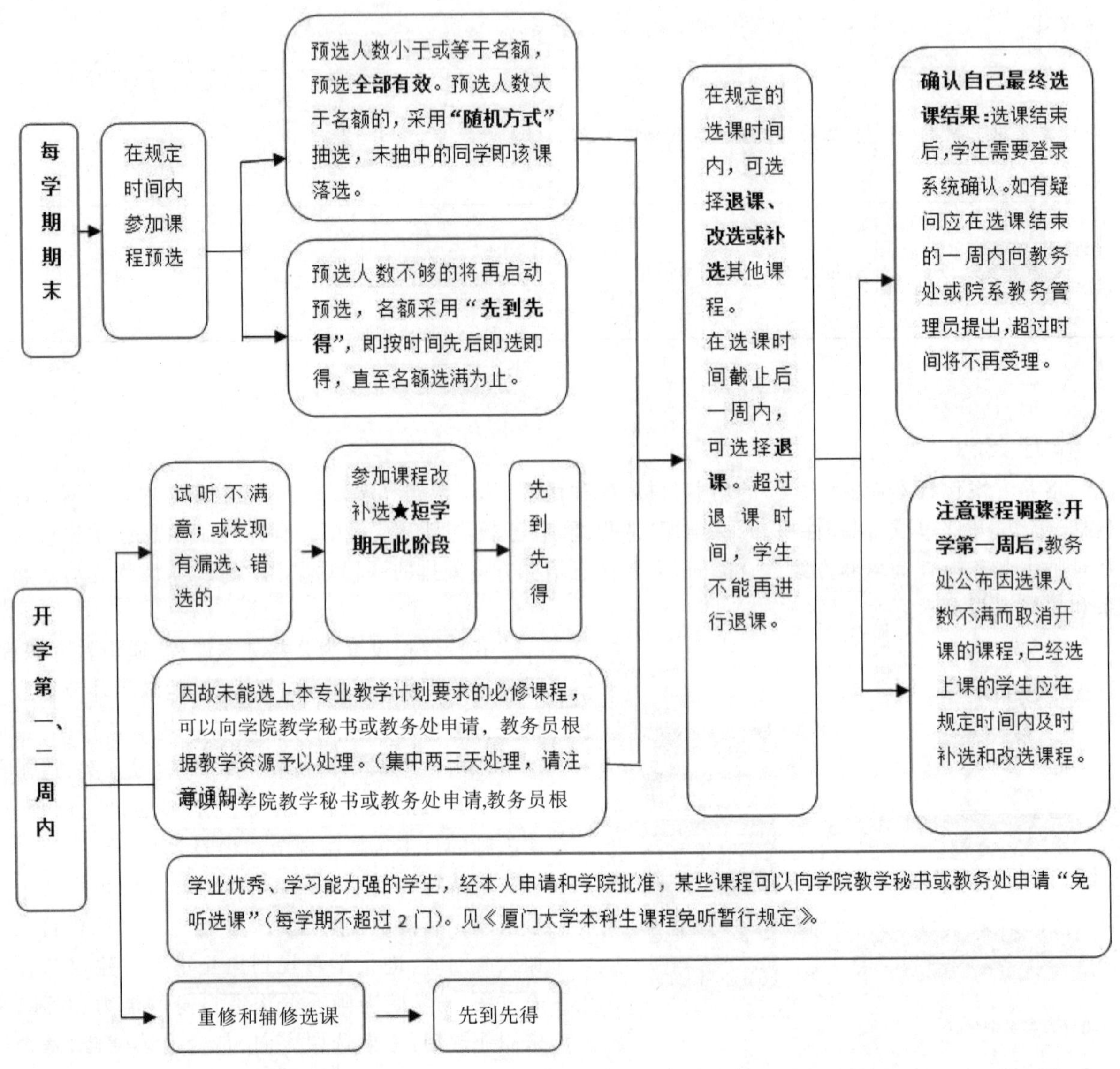

课程学习

学生应当按时参加培养方案规定的活动。不能按时参加的，应当事先向所在学院请假并获得批准。无故缺席的，根据学校有关规定给予批评教育，情节严重的，给予相应的纪律处分。

一门课程缺课（含请假）的学时累计达到该门课程总学时数的 1/3 者（获准部分免听者除外），或者实验课缺做实验达 1/3 者，不得参加该课程的期末考核。

学业优秀、学习能力强的学生，经本人申请和学院批准，某些课程（思想政治理论课、体育课、实验课、实习实训除外）可以全部或部分免听。申请免听的课程应当参加选课及课程考核。可查阅学生手册《厦门大学本科生课程免听实施办法》（厦大教〔2014〕84 号）了解免听条件和申请时间、流程。重修课程不允许免听。

课程考核

参阅重要文件：学生手册《厦门大学本科生学籍管理规定》。

学生应当参加学校培养方案规定的课程和各种教育教学环节（以下统称课程）的考核，考核成绩记入学生成绩单，并归入学籍档案。考核分为考试和考查两种。课程考核成绩合格可获得该课程学分。必修课程考核不合格必须重修；选修课程考核不合格可选择重修或根据培养方案要求改修其他课程。重修课程如课程停开，所在学院可以指定学生修读学分相同、要求相近的其他替代课程。考核已合格的课程不允许重修。

学生未按时参加课程考核，该课程考核为不合格。

学生体育课的成绩评定要突出过程管理，可以根据考勤、课内教学、课外锻炼活动和体质健康等情况综合评定。

实践性课程（如实验、实习）的成绩可根据课内外作业、平时测验、实习和实验报告及实际表现综合评定。

学生因患急病、患大病或突遇意外伤残导致无法参加考试，或因其他变故等不可抗拒因素导致无法参加考核，可以向学生所在学院申请缓考。可查阅《厦门大学本科生课程缓考暂行办法》[（2014）厦大教 112 号]了解申请缓考的时间、条件和流程。

学生严重违反考核纪律或者作弊的，该课程考核成绩记为“无效”，并应视其违纪或者作弊情节，给予相应的纪律处分。给予警告、严重警告、记过及留校察看处分的，经教育表现较好，可以对该课程给予重修机会。

课程成绩

课程成绩采用百分制、等级制和两级记分制记分，由期末考核成绩和平时考核成绩等综合评定。学校真实、完整地记载、出具学生学业成绩，对通过重修获得的成绩，在成绩单上予以标注。

成绩与绩点换算

参阅重要文件：学生手册《关于试行厦门大学本科课程学分绩点计算办法的通知》

绩点（Grade Point Average，缩写 GPA）是对学生各门课程所获学分的加权平均值，是衡量学生学业水平的重要指标，也是学生保研和评奖等方面的重要依据。

其计算办法是：单门课程学分绩点＝该课程的学分×成绩绩点；课程成绩的平均绩点＝所有课程的绩点之和除以所有课程的学分之和。

课程成绩与绩点之间的换算关系按如下对照表计算：

百分制	等级制	绩点	百分制	等级制	绩点
95～100	A+	4	72～74	C+	2.3
90～94	A	4	68～71	C	2
85～89	A−	3.7	64～67	C−	1.7
81～84	B+	3.3	60～63	D	1
78～80	B	3	60 以下	F	0
75～77	B−	2.7			

转专业成绩转换

参阅重要文件:学生手册《厦门大学本科生转专业工作管理规定》

学生转入新专业学习前,应学满一学年原专业的课程。

学生转入新专业后,须完成转入专业的教学计划规定的课程和学分,方可毕业和获得学士学位。在原专业学习所取得的课程成绩及学分,由转入专业所在院系进行认定。

交流成绩转换

参阅重要文件:学生手册《厦门大学本科生派出交流学习学分转换实施办法(修订)》

学校或学院选派本科生前往与我校签订校际合作交流协议的国外高校学习所取得的成绩、学分,可以按照学习量对等原则(1 学分等于 15 学时左右),由学生所在院系分管教学的领导为组长的学分认定小组把学生在外校修读的课程学分与本校专业教学计划要求修读的课程学分,按“一对一”、“多对一”或“一对多”进行确认转换。

辅修成绩转换

退出辅修后,或毕业时未能达到颁发辅修本科专业证书要求的,已获得的辅修本科专业课程作为主修专业任选课的学习成绩载入学籍档案。任选课程成绩不计入排名及 GPA。

成绩查询

①本科师生信息服务端——个人成绩查询栏目

②自助打印机查询:思明校区嘉庚三号楼(颂恩楼)1 楼学生事务大厅

翔安校区学生活动中心 1 楼

成绩有误救济方式

学生如果发现成绩错登、漏登需要更改的,可以向任课教师申请更改。经任课教师核实后,可以向学校申请修改。核实有效时间为课程成绩提交后两个月内!

相关流程介绍

转专业学分认定流程：

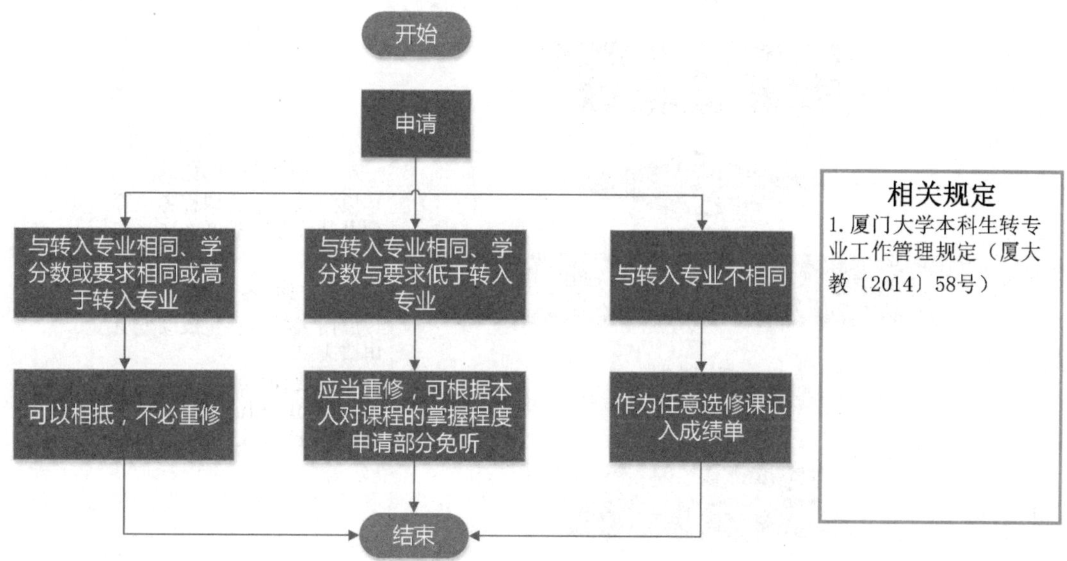

交流学分认定及转换流程：

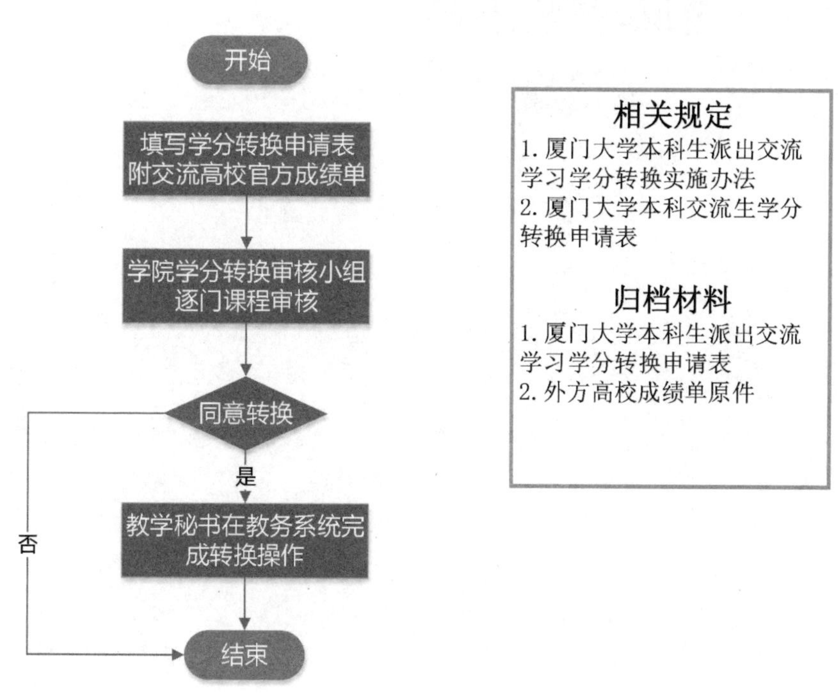

成绩有误变更流程：

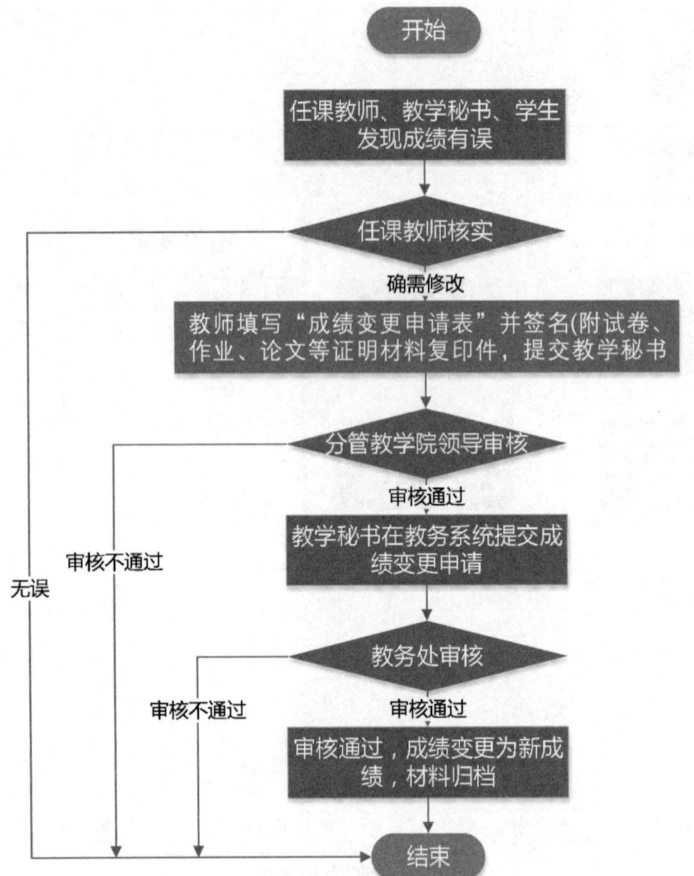

相关规定

1. 厦门大学本科课程考核管理办法（厦大教〔2015〕45号）

表格下载

1. 厦门大学本科生成绩变更申请表

下载地址:http://jwc.xmu.edu.cn/3c/cd/c2161a146637/page.htm

学习机会

大类培养大类分流

教学改革试验班

转专业

双学位教育

国内外校际交流

厦大讲座

本科生科创竞赛

推荐免试攻读硕士学位研究生

本科教育质量保障

大类培养大类分流

感觉大类招生这个政策挺好的,很适合一些对自己专业还不是太了解的学生。说实在的,最初来到厦大的时候,就挺浑浑噩噩的,特别是对自己的专业,很不熟,高考填志愿时候就想学一些和计算机、信息有关的部分,可是计算机方面的专业那么多,自己了解也不够,究竟哪个才最适合自己?但是经过一年的学习,对厦大计算机大类的三个专业都有一定的了解了,所以在现在选专业的时候就果断选了智能,感觉它最适合自己。如果不是大类招生的话,就没有这样的机会了。

——信息科学与技术学院2014级杨祖义

学校本科教育秉承“精英教育”理念,建立灵活、多样、个性的培养模式,按照“厚基础、宽口径、多样化”原则,实施大类招生、大类培养。一、二年级按专业大类组织教学,重点学习公共课程、跨学科课程和学科核心课程。三、四年级按照兴趣爱好、学习能力和未来发展规划,通过选修专业方向课程进行专业分流、确定专业方向。

选择专业指南

学生应选择本人所在大类所属专业。学生选择专业一般在入学一年后、两年内(具体时间由学院确定)。具体分专业分流时间可向各系教学秘书咨询。

参阅重要文件:厦门大学大类招生的学生选择专业暂行办法、各学院大类招生的学生选择专业实施办法

决定专业去向的因素有学生学业成绩、高考成绩、学生学习兴趣以及专业特殊要求等。请向所在学院了解具体分流办法。

①了解本大类所属专业,确认自己的特长与兴趣。新生入学后,要通过新生入学教育、新生研讨课、本科生导师指导等形式,尽可能地充分了解学科专业的发展前景,经济社会发展对专业人才需求,在兼顾个人特长与学习兴趣基础上理性选择专业。在学院组织选择专业时,学生可根据自己的高考成绩、成绩排名以及学习兴趣自主填报2个或2个以上志愿。

②认真学习入校后所有课程。凡高考成绩排名位于我校在考生所在省份相关科类实际录取人数至少前20%(具体比例由学院确定,排名次序由招生办公室提供),且入学后所有课程平均GPA达到3.0或以上者,将被优先确认专业。学院依据排名,先确认前述申请学生,然后视剩余名额再确认其他申请学生。具体以各学院规定为准。

教学改革试验班

学校积极探索多样化的人才培养模式,设有基础学科拔尖学生培养试验计划、卓越教育培养计划、国际化试点班等教学改革试验班项目。

基础学科拔尖学生培养试验计划

基础学科拔尖学生培养试验计划每年选拔一批优秀学生,通过量身定制个性化人才培养方案,配备一流师资、提供一流学习条件、创造一流学术环境与氛围,努力使受计划支持的学生成长为未来学科的领军人物。

2010年,我校成为全国20所实施“基础学科拔尖学生培养试验计划”的“985工程”大学之一,化学、生物、数学等3个专业进入教育部基础学科拔尖学生培养试验计划。

试验班实施小班上课,因材施教,由我校院士、长江学者、杰出青年基金获得者、特聘教授等任导师,全程指导学生学业。学校还将为具有特殊才能的学生设置“绿色通道”,建立科研学分与课堂学分互换机制,采取免听、免修、缓修制度;鼓励学生毕业后继续攻读国内或国外知名学校的博士学位。

除化学、生物、数学三个基础学科试验班外,学校还启动物理学、经济学、人文、医学、海洋五个学科进

行拔尖学生培养试验。各个试验计划学生选拔主要在院内进行。

基础学科拔尖学生培养试验计划	级别	基础学科拔尖学生培养试验计划	级别
化学	部级	物理学	校级
生物	部级	海洋科学	校级
数学	部级	人文	校级
经济学	校级	临床医学	校级

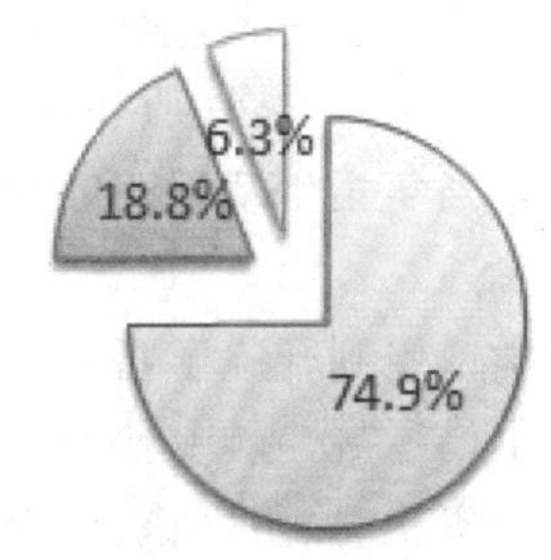

教育部基础学科拔尖学生培养试验计划毕业生去向

计划启动至今，教育部基础学科拔尖学生培养试验计划共有毕业生 207 人，其中出国留学 39 人，国内深造 155 人，升学率达 93.7%，且均从事相关基础学科研究。

卓越人才教育培养计划

卓越人才教育培养计划是教育部本科教学工程重要项目之一，它通过积极推进人才培养模式改革和配套体制机制改革，为学生创造良好的学习条件和学习环境，注重学生创新意识和实践能力的培养，使受计划支持的学生成长为相关领域的卓越人才。

目前，我校已加入卓越医生教育培养计划、卓越法律人才教育培养计划和卓越工程师教育培养计划，共有拔尖创新医学人才培养模式改革试点、五年制临床医学人才培养模式改革试点和应用型、复合型法律职业人才教育培养基地、涉外法律人才教育培养基地、机械设计制造及其自动化、材料科学工程、电子信息科学与技术、自动化、计算机科学与技术、软件工程、化学工程与工艺、飞行器动力工程和建筑学等十三个试点项目。试点项目学生选拔主要在院内进行。

国际化试点班

国际化教学改革试验是教学改革试验的另一种形式。目前，我校选择经济学、统计学、金融学、国际商务、财政学、会计学、数学、财务管理、国际新闻等优势学科开设国际化试点班，进行国际化创新人才培养试验。国际化试点班引进国外先进的教学内容与课程体系，专业核心课程采用英语教学。其中经济学国际化试点班由我校王亚南经济研究院和经济学院经济学系共同承担教学和培养任务，采用全英文授课。

国际化班学生的选拔一般在学院内部进行，同学们可以关注学院网站通知获得相关信息。

转专业

为了进一步调动学生的学习积极性，给学生二次选择专业的机会，学校每年根据实际情况确定接收专业及计划接收人数。本科生可根据学校公布的转专业招生计划，结合自身发展需要，参加相关考试考核，申请转专业。

报名时间

每年 4 月中旬至 5 月份(以厦门大学教务处主页通知为准)

报名条件

学生属于下列情形之一者,学校不予转专业:

(一)未在学校报到入学、注册和学习未满一学期的;

(二)学生入学当年招生章程明确规定的不允许转专业的,含外国语保送生、定向生、国防生、艺术类学生、体育类学生等;

(三)应予退学或受到开除学籍处分的;

(四)二次以上(含二次)转专业的;

(五)保留入学资格、保留学籍、休学期间的;

(六)处于毕业学年的。

注意事项

阅读相关文件和教务处主页通知。有意向的同学要仔细阅读《厦门大学本科生转专业工作管理规定》和本学院转出的细则,了解转专业政策,并按教务处主页通知要求通过教务管理系统进行网络报名。未经报名及未在规定时间内申请报名的无效。

关注拟转入专业是否有招收计划。各学院基于自身的办学条件、师资力量、专业发展规划等,向学校报送转专业接收计划数,经学校批准后向全校公布。

符合所在学院的转专业要求。转出学院对申请转出的学生进行资格审核,部分学院采取考试形式。

学好公共课程。申请转专业的学生必须参加学校统一组织的转专业考试。转入专业为文科类(含医科)的考试科目为"大学英语"和"大学语文",转入专业为理工科类、经管类的考试科目为"大学英语"和"高等数学"。

对所报读的专业要有了解。各接收学院会根据实际情况,组织进入复试分数线范围的学生进行复试或面试。

考量自身的专业兴趣,勿盲目跟风。申请转专业的学生一旦被录取并上网公布后,其学籍将由学校统一予以变更,学校不再接受学生转回原专业的申请。转专业后,有可能延长学习年限方可毕业。

转入新专业学习前,学满一学年原专业的课程。转专业前所取得的课程成绩及学分一律载入学生的成绩总登记表。在新专业学习之前选择逃课或缺考,这不仅影响转专业,也影响自己的学业评价。

转专业工作流程：

开始
教务处发布工作布置通知
各学院报送招生计划
是否超出可转入、转出比例
教务处审核招生计划
教务处公布招生计划
学生上网报名
是否符合报名条件
学院、教务处审核
教务处组织转专业考试
学校公布录取分数线
学院录取
第一志愿、第二志愿复试
教务处终审
教务处公示转专业名单
学校公布转专业名单
结束
相关管理规定：
1.厦门大学本科生学籍管理规定
2.厦门大学本科生转专业工作管理规定

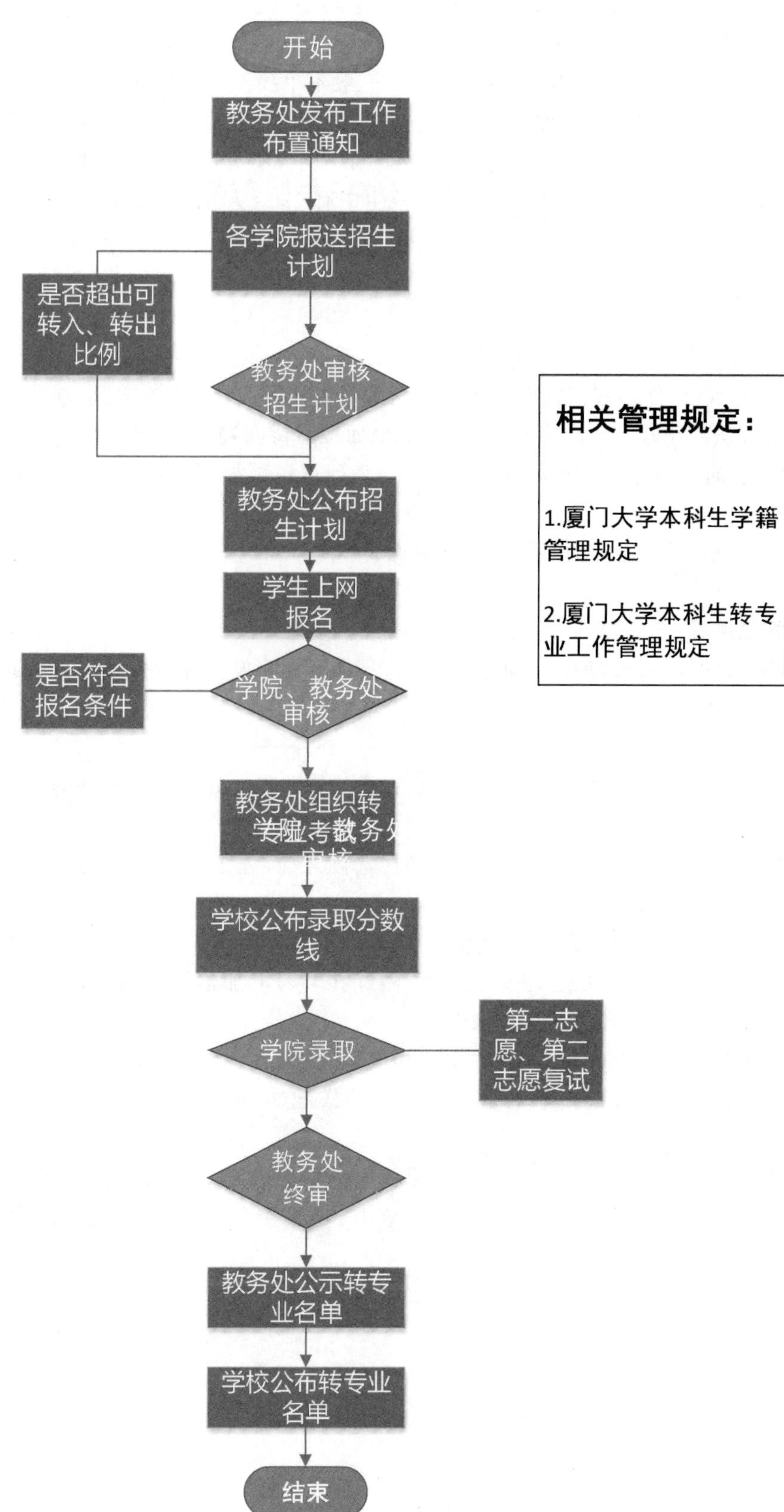

双学位教育

学校除了拓宽选课面外,还为学生提供了辅修专业学习的机会,允许入学满一学期、学有余力的在校本科生选择学习。修满辅修专业学分要求(不低于30学分)的,在获得主修专业毕业资格的条件下,可以获得辅修专业证书(可与主修专业学历证书配合使用,一般不单独作为学历证书使用)。如跨学科门类完成辅修本科专业教学计划规定的全部课程、毕业论文(毕业设计)和其他教学环节(总学分不低于45学分),成绩合格者,在获得主修专业授予学士学位资格的条件下,还可申请辅修本科专业的学位证书。学校每年有35%的新生选择辅修另一个专业,每届毕业生中有1200人左右获得辅修专业证书,900余人获得辅修学位证书。

辅修本科专业学习的优势

• 自身的知识构成会得到丰富,知识体系会更为完备。

• 多学科的学术训练,能使我们接触到不同学科的研究思路和方法,在学习、领悟和运用中,会从不同学科研究思路和方法的比较与实践中开阔视角,更全面地看待问题,提高自身学术能力。

• 真正了解自己向往的专业,为跨学科专业深造(考研或免试推研)打下学习基础,帮助顺利进入自己喜爱的专业深造。

• 两个专业的学术背景,能扩大同学们的择业面。

辅修本科专业的报名流程

每年春季学期初,学校将组织辅修专业选读报名,具体通知将发布在教务处主页。

选读注意事项

确定自己在完成主修课程之余是否还有精力来完成辅修课程。如果有不及格的课程,建议先把精力放在本专业学习。

对即将选择的辅修专业要有一定的了解。建议在选读之前,先了解该专业的培养方案,旁听课程或阅读相关的专业书籍。

理性安排时间,发挥自己的特长。辅修专业实行专门的培养方案。一般安排学习周期2年,一般安排在短学期、周末或节假日。建议要合理安排时间,做好在学习上加倍投入的心理准备。部分辅修专业对英语或数学要求较高,请根据自己的特长来选读。

在专业搭配上要尽量让两个专业能做到"相辅相成"。建议多关注就业市场、科研领域,看看现在哪种复合型人才比较"吃香"。比如经济学和数学类专业的搭配、管理类和外语类专业等都是比较不错的选择。

经济条件允许。学校每学期按实际注册修读课程学分数收取学费,学校暂定收费标准为:文理科专业每学分100元人民币;工科、经济类、管理类、医学类、建筑类每学分120元人民币;艺术类每学分150元。

辅修工作流程：

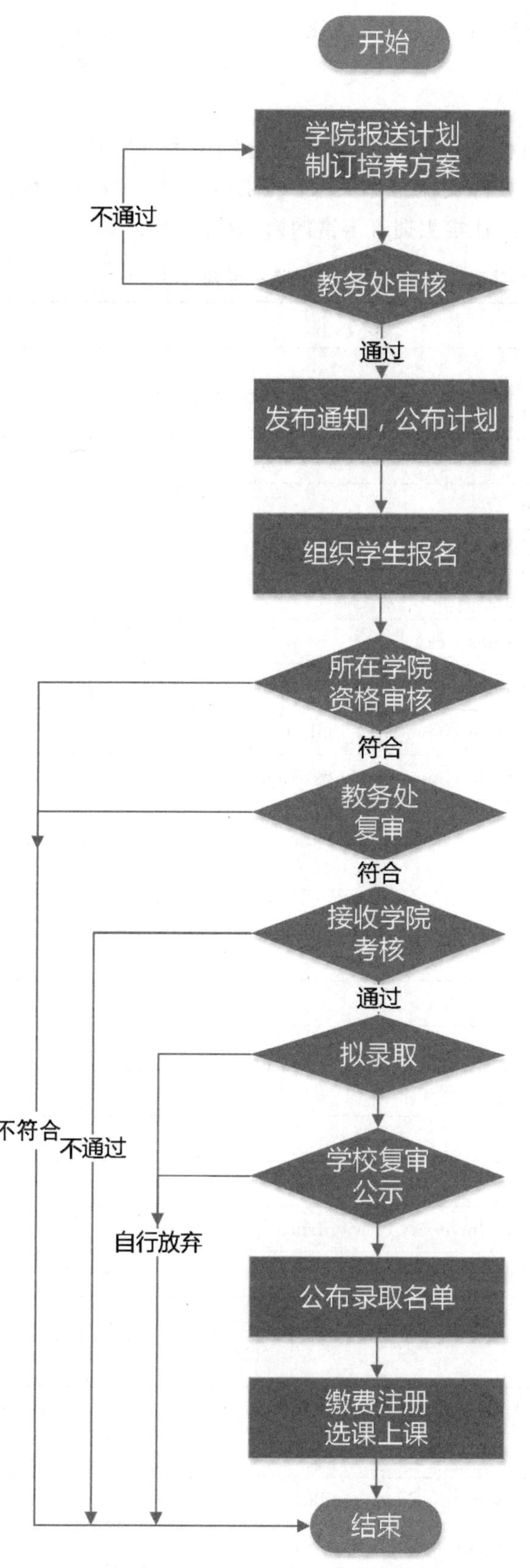

相关管理规定

1. 厦门大学双学位教育（主辅修制）试行办法
2. 厦门大学本科生辅修专业教学管理办法

国内外校际交流

本大学之主要目的,在博集东西各国之学术及其精神,以研究一切现象之底蕴与功用;同时阐发中国固有学艺之美质,使之融会贯通,成为一种最新最完善之文化。

——《厦门大学校旨》

国(境)外校际交流

建校之初,陈嘉庚先生就把国际化作为办学目标之一。至今,学校充分利用侨、台、澳、特、海的区位优势,与英、美、法、日、俄等国际231所高校建立了校际交流合作关系。学校每年选拔数百名本科生,在校学习期间到台港澳地区或国外著名大学交流学习,让学生拥有丰富的第二校园经历。

对外学术交流与合作院校一览表(具体交流院校以当年交流选拔通知为准)

国家/地区	学校
加拿大	卡尔加里大学(Calgary University)
	达尔豪西大学(Dalhousie University)
	麦吉尔大学(McGill University)
	蒙特利尔大学(Montreal University)
	圣玛丽大学(Saint Mary's University)
	滑铁卢大学(The University of Waterloo)
	新布伦瑞克大学(University of New Brunswick)
美国	桑德福-博纳姆医学研究院(Burnham Institute for Medical Research)
	加州州立大学富尔顿分校(California State University, Fullerton)
	加州州立大学洛杉矶分校(California State University, Los Angeles)
	卡尔文大学(Calvin College)
	柯盖德大学(Colgate University)
	查尔斯顿学院(College of Charleston)
	康奈尔大学(Cornell University)
	道林大学(Dowling College)
	爱莫雷大学(Emory University)
	乔治城大学(Georgetown University)
	金门大学(Golden Gate University)
	肯特州立大学(Kent State University)
	蒙大拿技术学院(Montana Tech of the University of Montana)
	北卡罗来纳州州立大学(North Carolina State University)
	佩斯大学(Pace University)
	莱斯大学(Rice University)
	圣地亚哥州立大学(San Diego State University)
	旧金山州立大学(San Francisco State University)
	南伊利诺伊大学(Southern Illinois University, Edwardsville)
	纽约州立大学石溪分校(State University of New York at Stony Brook)

续表

国家/地区	学 校
美国	天普大学(Temple University)
	加州大学伯克利分校(The University of California, Berkeley)
	加州大学河滨分校(The University of California, Riverside)
	缅因大学(The University of Maine)
	得克萨斯大学休斯敦健康研究中心(The University of Texas Health Science Center at Houston)
	加州大学欧文分校(University of California, Irvine)
	辛辛那提大学(University of Cincinnati)
	特拉华大学(University of Delaware)
	佐治亚大学(University of Georgia)
	伊利诺伊大学厄巴纳-香槟分校(University of Illinois at Urbana-Champaign)
	堪萨斯大学(University of Kansas)
	马里兰大学(University of Maryland)
	密苏里大学堪萨斯分校(University of Missouri-Kansas City)
	俄勒冈大学(University of Oregon)
	旧金山大学(University of San Francisco)
	华盛顿大学(University of Washington)
	罗德岛大学(University of Rhode Island)
	犹他州立大学(Utah State University)
	雪城大学尤地卡学院(Utica College, Syracuse University)
	西弗吉尼亚大学理工学院(West Virginia University, Institute of Technology)
	威拉姆特大学(Willamette University)
韩国	仁荷大学(Inha University)
	梨花女子大学(Ewha Womans University)
	成均馆大学 (Sungkyunkwan University)
	中央大学(Chung-Ang University)
	汉阳大学 (Hanyang University)
	国立木浦大学(Mokpo National University)
	高丽大学(Korea University)
	建国大学(Konkuk University)
	岭南大学(Yeungnam University)
	德成女子大学(Duksung Women's University)
	淑明女子大学(Sookmyung women's university)
	庆北大学(Kyungpook National University)

续表

国家/地区	学　校
日本	大阪外国语大学(Osaka University of Foreign Studies)
	创价大学(Soka University)
	株式会社东京经营系统研究所(Management System Laboratory Co.,Ltd.)
	立命馆大学、立命馆亚洲太平洋大学(Ritsumeikan University)
	群马大学(Gunma University)
	长崎外国语大学(Nagasaki University of Foreign Studies)
	东京外国语大学(Tokyo University of Foreign Studies)
	明治大学(Meiji University)
	东北大学(Tohoku University)
	筑波大学(University of Tsukuba)
	甲南大学(Konan University)
	大东文化大学(Daito Bunka University)
	北海道大学 (Hokkaido University)
	爱知大学(Aichi University)
	神奈川大学(Kanagawa University)
	神户大学(Kobe University)
	中央大学(Chuo Universtiy)
	上智大学(Sophia University)
	早稻田大学 (Waseda University)
新加坡	南洋理工大学(Nanyang Technological University of Singapore)
	新加坡管理大学(Singapore Management University)
	新加坡国立大学 (National University of Singapore)
马来西亚	新纪元学院(New Era College)
	马来亚大学 (University of Malaya)
	拉曼大学(Universiti Tunku Abdul Rahman)
	韩江学院(Han Chiang College)
泰国	易三仓大学(Assumption University)
	泰国国立政法大学(Thammasat University)
	皇太后大学(Mae Fah Luang University)
	博仁大学(Dhurakij Pundit University)
	庄甲盛叻察帕大学(Chandrakasem Rajabhat University)

续表

国家/地区	学校
菲律宾	雅典耀大学(Ateneo De Manila University)
	莱西姆大学(Lyceum of the Philippines)
	东方大学(University of the East)
	德拉萨尔大学(De la Salle University)
	菲律宾中央大学(Centro Escolar University)
	菲律宾师范大学(Philippine Normal University)
	亚太大学(University of Asia and the Pacific)
	菲律宾大学(University of the Philippines)(共建孔子学院协议)
伊朗	伊斯法罕大学(University of Isfahan)
	伊斯法罕科技大学(Isfahan University of Technology)
	塔比阿特·莫达勒斯大学(University of Tarbiat Modarres)
	伊朗应用科技大学(University of Applied Sciences & Technology)
	伊朗科技研究机构(Iran Research Organization for Science and Technology)
印尼	哈山努丁大学(Hasanuddin University of Indonesia)
文莱	文莱大学(Universiti Brunei Darussalam)
以色列	海法大学(Haifa University)
土耳其	土耳其中东技术大学(Middle East Technical University)
	亚萨尔大学(Yasar University)
澳大利亚	澳大利亚国立大学(Australian National University)
	迪金大学维多利亚分院(Victoria College, Deaking University)
	阳光海岸大学(University of the Sunshine Coast)
	墨尔本皇家理工学院(Royal Melbourne Institute of Technology)
	科廷科技大学(Curtin University of Technology)
	西悉尼大学(The University of Western Sydney)
	詹姆斯·库克大学(James Cook University)
	悉尼大学(University of Sydney)
	昆士兰大学(The University of Queensland)
新西兰	惠灵顿维多利亚大学(Victoria University of Wellington)
埃及	苏伊士运河大学(Suez Canal University)
南非	斯坦陵布什大学(Stellenbosch University)
尼日利亚	纳姆迪·阿齐克韦大学(Nnamdi Azikiwe University)

续表

国家/地区	学　校
英国	威尔士大学加地夫学院(College of Cardiff, University of Wales)
	阿伯里斯特维斯(Aberystwyth University)
	赫尔大学(University of Hull)
	阿尔斯特大学(Ulster University)
	纽卡斯尔大学(University of Newcastle)
	利兹大学(University of Leeds)
	西敏寺大学(University of Westminster)
	萨塞克斯大学(University of Sussex)
	鲁顿大学(Luton University)
	埃塞克斯大学(University of Essex)
	伦敦大学玛丽皇后学院(Queen Mary, University of London)
	卡迪夫大学(Cardiff University)
	爱丁堡大学(The University of Edinburgh)
	华威大学(The university of Warwick)
	南安普顿大学(Unversity of Southampton)
	伯明翰大学(The University of Birmingham)
	邓迪大学(University of Dundee)
爱尔兰	爱尔兰国立都柏林大学(University College, Dublin, National University of Ireland Dublin)
法国	尼斯大学(Université de Nice-Sophia Antipolis)
	弗朗什-孔泰大学(Université de Franche-Comté)
	蒙彼利埃大学(Université Montpellier)
	里昂第三大学(Université Jean Moulin-Lyon 3)
	勒阿佛尔大学(Université of Le Havre)
	巴黎第十大学(L'Université Paris X-Nanterre)
	里昂应用科学院(L'Institut National des Sciences Appliquées de Lyon)
	卡昂大学(Université de Caen)
	巴黎高等师范学院(Ecole Normale Supérieure)
	法国国立里尔高等化学学院(Ecole Nationale Superieure de Chimie de Lille)
	巴黎六大(皮埃尔与玛丽·居里大学)(The University Pierre et Marie Curie)
	让·穆兰里昂第三大学(Université Jean Moulin-Lyon 3)
	波尔多大学(The University of Bordeaux)
德国	富特旺根大学(Hochschule Furtwangen University)
	吕内堡大学(University of Lüneburg)
	特里尔大学(University of Trier)
	萨尔大学(Saarland University)

续表

国家/地区	学　校
意大利	那不勒斯东方大学(L'Istituto Universitario Orientale di Napoli)
	国际高等研究生院(International School for Advanced Studies)
	帕维亚大学(L'Universita degli Studi di Pavia)
荷兰	阿姆斯特丹大学(University of Amsterdam)
	莱顿大学(Leiden University)
	乌特列支大学(Universiteit Utrecht)
	马斯特里赫特大学(Maastricht University)
西班牙	马德里理工大学(Universidad Politécnica de Madrid)
	马德里卡洛斯三世大学(Universidad Carlos Ⅲ de Madrid)
挪威	挪威科技大学(Norwegian University of Science and Technology)
	挪威西富尔德大学学院(Vestfold University College)
	奥斯陆大学(University of Oslo)
俄罗斯	莫斯科国立语言大学(Moscow State Linguistic University, Московский государственный лингвистический университет)
	俄罗斯国立普希金俄语学院(Pushkin State University of Russian, Государственный институт русского языка имени А. С. Пушкина)
	莫斯科国立无线电技术、电子和自动化学院(Moscow State Institute of Radiotechnics, Electronics and Automation, Московский технологический университет)
	俄罗斯莫斯科农业学院(Russian State Agrarian University-Moscow, Московская сельскохозяйственная академия)
	俄罗斯人民友谊大学(Peoples' Friendship University of Russia, Российский университет дружбы народов)
比利时	安特卫普大学(University of Antwerp)
	自由大学(法语区)(University Libre De Bruxelles)
白俄罗斯	白俄罗斯大学(Belarussian state University)
	白俄罗斯科学院电子研究所(Institute of Electronics, Academy of Science of Belarus)
	白俄罗斯国际科学院物理技术研究所(National Academy of Sciences of Belarus)
马耳他	马耳他大学(University of Malta)
瑞典	隆德大学(Lund University)
波兰	华沙大学(University of Warsaw)
	弗罗茨瓦夫大学(University of Wroclaw)
捷克	奥斯特拉瓦技术大学(Technical University Ostrava)

续表

国家/地区	学校
台湾地区	成功大学
	新竹交通大学
	台湾大学
	东华大学
	政治大学
	高雄中山大学
	高雄大学
	中正大学
	台湾科技大学
	台北大学
	台湾师范大学
	新竹清华大学
	中央大学
	中兴大学
	台湾艺术大学
	台湾海洋大学
	阳明大学
	高雄应用科技大学
	淡江大学
	东海大学
	静宜大学
	中国文化大学
	义守大学
	东吴大学
	逢甲大学
	辅仁大学
	铭传大学
	世新大学
	元智大学
	长庚大学
	昆山科技大学
	中国医药大学

续表

国家/地区	学　校
香港地区	香港大学
	香港理工大学
	香港城市大学
	香港科技大学
	香港中文大学
	香港浸会大学
澳门地区	澳门大学
	澳门城市大学
	澳门何鸿燊医疗拓展基金

境内交流项目

学校与境内知名高校签订了交换学生协议，如昆山杜克大学、中国政法大学、大连理工大学、山东大学、吉林大学、中国海洋大学等。选拔时间约为每年 5 月中下旬、11 月。

联合培养项目

按照厦门大学和国(境)外高校签订的协议，厦门大学的本科生在标准学制内赴国(境)外大学学习，方式可以是“2＋2”(国内两年＋境外两年)，或“3＋1”(国内三年＋境外一年)，及其他协议所规定的方式。按照两校间协议，双方学校互认学分，达到双方学校获取学位规定的学分要求，获得双方学校的毕业证书和学士学位证书。参加联合培养项目的学生经所在院系、国际处和教务处共同遴选。经学校批准参加联合培养项目的本科生在国(境)外高校学习期间保留我校学籍，派出学生在国(境)外高校学习期满，须按学校规定按时返校，并于开学初办理复学手续。

SAF 海外名校交流学生项目

“SAF 海外名校交流生项目”是厦门大学正式的校际学生交流项目之一，为学生提供三种类型的交流学习。

• 专业课程学习：学生可以前往美国哥伦比亚大学、普渡大学、英国牛津大学、爱丁堡大学和澳大利亚昆士兰大学等近 50 所名校进行一学期或一学年的交流学习，专业不限，并可跨系科选课。学生可成为名校注册学生，获得官方成绩单。厦门大学承认学生在海外院校就读期间所修的相关课程学分，可冲抵各类学分，包括专业必修，确保学生顺利毕业并获得国内大学学位。

• 高端实习：四年级学生和研究生更有机会参加美国首都华盛顿地区的高端实习项目，提升个人竞争能力。

• 语言文化学习：低年级学生可以参加在寒假或暑假举办的短期语言文化学习，进一步提高英语并且近距离的接触当地文化。

大多数院校都给予 SAF 项目学生学费减免或专项奖学金。

优秀本科生公派出国留学项目(CSC 项目)

2012 年，国家留学基金委启动实施优秀本科生国际交流项目(简称优本项目)。优本项目的实施是基于各校与国外合作高校(不含台港澳地区高校)的交流项目(一般为学历交换项目)基础上，针对其项目执行的可行性、必要性，由高校提出申报资助，基金委组织专家评审，确定项目资助规模。资助规模确定后，各高校负责根据《优秀本科生项目选派办法》选拔优秀学生，向基金委申报资助。基金委负责审核、录取。被录取的学生享受国家公派身份及待遇，一般须与基金委签署协议后派出，违约须赔偿。留学回国后，须在国内服务(含学习、工作)2 年。毕业后继续深造的，服务期顺延。

相关流程介绍

国内外交流流程：

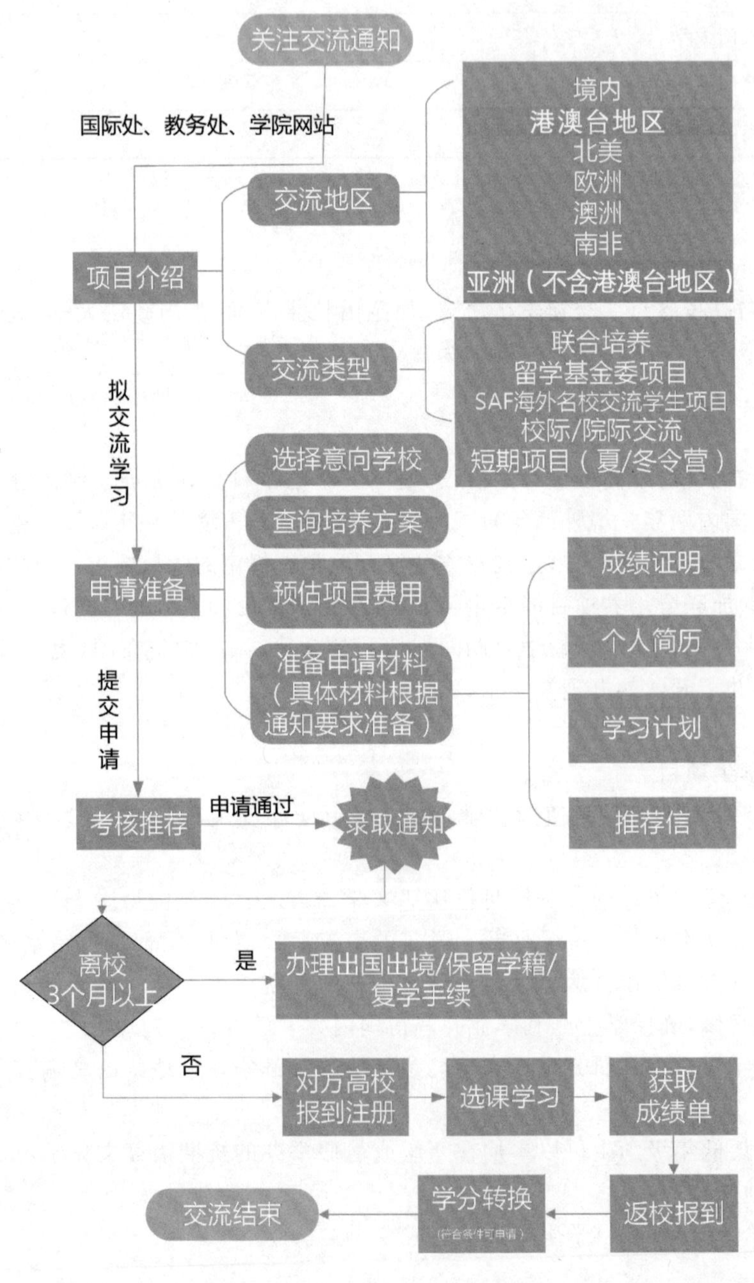

相关文件：《厦门大学本科生派出交流学习学分认定与转换实施办法（修订）》

优秀本科生公派出国留学(CSC 项目)选拔流程：

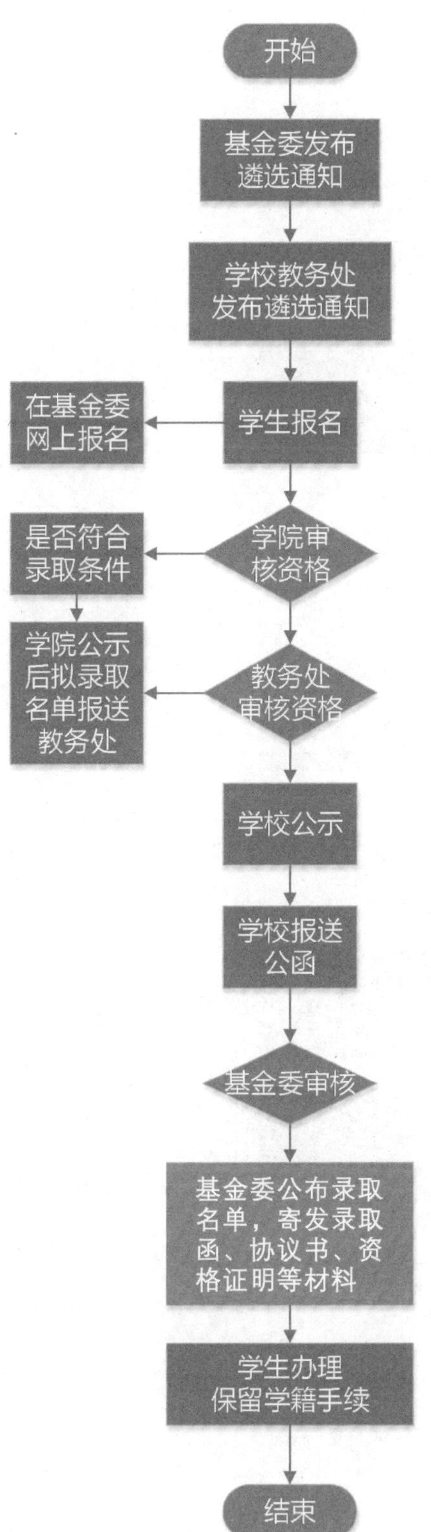

相关管理规定：

1. 国家留学基金委员会公布的优秀本科生国际交流项目选派办法

2. 学校公布的优秀本科生公派出国留学的遴选办法

3. 厦门大学本科生学籍管理规定

境内校际交流、剑桥学术体验课程选拔流程：

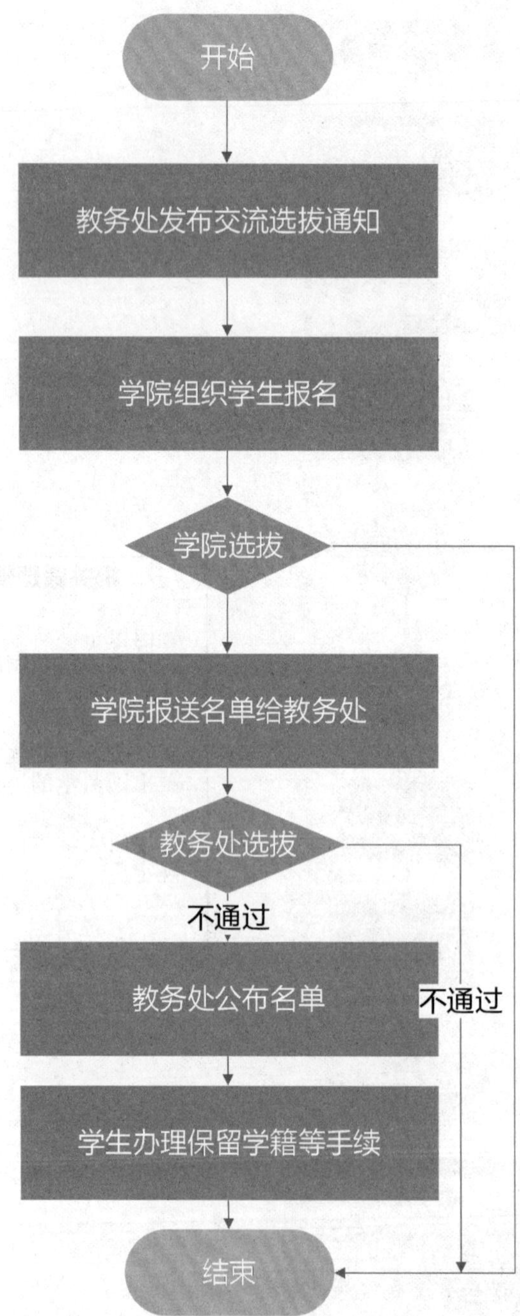

厦大讲座

讲座信息网

讲座信息网(lecture.xmu.edu.cn)是由本校学生发起、厦门大学图书馆支持建设的服务型公益网站。它的使命是“整合校园信息,使人人受益”。通过讲座信息网,活动主办方或热心同学可以自主提交、发布、传播最新校园活动信息,同学们也可以通过网站、微博、微信获得最新校园活动信息。

翔安校区“人文大讲堂”

为营造新校区的校园学术文化氛围,由厦门大学教务处、厦门大学通识教育中心在翔安校区举办“人文大讲堂”系列讲座,并由厦门大学人文学院承办。“人文大讲堂”系列讲座在每周一至周四晚上围绕不同主题开展,由学术造诣深厚的知名教授和学有专攻的中青年学者主讲,并根据不同的主题安排课程。学生可以根据选课系统中的开课情况,选择自己感兴趣的课程。

“翔安讲坛”

“翔安讲坛”分专业学术类讲座和业务宣讲类讲座。专业学术类讲座主要聘请校内外学术造诣深厚的知名专家学者,就当今政治、经济、人文、自然、社会、科学、技术、管理等诸多领域共同关注的课题进行广泛探索;业务宣讲类讲座主要聘请机关部处或其他相关工作人员根据业务的工作时间安排和学生需求,就具体工作业务或项目宣讲举行讲座。

本科生科创竞赛

进入大学,只要你敢想,只要你敢于尝试,只要你有想做的一颗心,厦门大学便是你充分展现自我、发掘自我才能的一个平台。为进一步深化学校创新创业教育改革,推行大众创业、万众创新,培养本科生创新精神、创业意识和创新创业能力,鼓励积极参加科创竞赛活动,引导学生自主性、探索性、实践性学习,学校精心打造了本科生早期科研训练平台和学业竞赛平台。即使零基础,亦可成为科创竞赛牛人。各种各样多层次、多方面、跨领域的竞赛,类别繁多,精彩纷呈,相信必定有你的兴趣之所在。

创新学分

学校设立本科生创新学分,纳入本科人才培养方案。2015 级起创新学分作为必修要求,每名本科生应至少取得 2 个学分。本科生创新学分是指全日制本科生在读期间,在学校认定的各级各类竞赛、科学研究、发明创造、发表论文等方面取得成果,通过申请和认定后所获得的相应学分。

重要文件:学生手册《厦门大学本科生创新学分认定办法(试行)》。

申请时间:创新学分申请在每年春季学期进行。当年度第二批毕业的学生,如在毕业前取得了新的创新学分,可以在 9 月初进行补申请。

超出部分可冲抵全校性选修课学分:创新学分累计超过 2 学分的,超过部分可冲抵全校性选修课学分,累计冲抵不超过 4 学分。

评奖评优时同等条件下优先考虑:对于创新能力突出、取得较多创新学分的学生,在评奖评优时,在同等条件下优先考虑。

科创竞赛单列推免指标:未达正常推免条件的,如满足以下条件之一,可不受综合排名限制,专业排名可放宽至前 70%,申请科创竞赛推免单列指标:文科类学生,以第一作者身份在一类核心期刊发表文章 1 篇及以上或二类核心期刊发表文章 2 篇及以上。理工类学生,本科在读期间以第一作者或通讯作者发表 1 篇及以上文章于 JCR1 区或 JCR2 区,或发表 2 篇及以上文章于 JCR3。

本科在读期间以第一作者身份获得国家级发明专利一项及以上。

满足学校认定的国际级竞赛二等奖及以上或国家级竞赛一等奖及以上。团体竞赛项目至多有3名核心团队成员可获得推免生资格。

本科生早期科研训练平台

学校层面,我们有大学生创新创业训练计划(简称"大创计划")和校长基金本科生项目,一些学院还设有院级科创项目,通过项目驱动,为学生提供基金支持和导师指导。

大学生创新创业训练计划:

大学生创新创业训练计划是教育部直接面向本科生设立的项目,旨在促进高等学校转变教育思想观念,改革人才培养模式,强化创新创业能力训练,增强高校学生的创新能力和在创新基础上的创业能力,培养适应创新型国家建设需要的高水平创新人才。

该计划是国家"本科教学工程"重要部分,内容包括创新训练项目、创业训练项目和创业实践项目三类。项目一般在每年上、下半年分两批立项。具体时间安排以教务处网站通知为准。

校长基金本科生项目:

为了加强本科生创新意识、实践能力的培养,鼓励学生参加富有创新性的科研课题研究,在中央高校基本科研业务费专项资金的支持下,设立厦门大学校长基金本科生项目。

项目一般每年申请一次。获准立项的项目,执行期限2～3年,按照《厦门大学中央高校基本科研业务费专项基金管理暂行办法》管理执行。项目经费实行专户管理,专款专用。项目在导师的指导和管理下开展研究工作。

(学姐学长经验谈　略——编者)

学业竞赛平台

学校整合资源,打造跨学院、学生参与面广、受益大的校级学业竞赛。通过专项经费,资助具有潜质的竞赛项目参加国内外重大赛事,鼓励我校本科生与哈佛、MIT等世界一流高校的学生同台竞技。

2016年竞赛项目精彩集锦:

◇国际遗传工程机器设计竞赛(iGEM)

合成生物学领域主要面向本科生的国际顶级科研赛事。2016年共270多支队伍参赛,我校来自化学化工学院等23名学生的代表队获世锦赛金奖。

◇2016年中美青年创客大赛

由教育部主办,中国(教育部)留学服务中心、清华大学、英特尔公司、北京歌华文化发展集团承办。大赛共吸引中美两国3000多名队员、近800支团队参赛,我校学生获一等奖(第一名)、最佳人气奖。

◇"西门子杯"中国智能制造挑战赛

由教育部高等学校自动化类专业教学指导委员会、西门子(中国)有限公司和中国系统仿真学会联合主办,是针对智能制造发展所需的技术及创新人才进行培养及选拔的学生竞赛。2016年我校学生团队获特等奖(总成绩第一)、一等奖。

◇2016年第五届中国WTO模拟法庭竞赛

我国目前唯一由国家部委(商务部)和知名高校共同主办的全国性模拟法庭比赛。比赛分书状和口头两个部分,全英文进行。我校代表队获一等奖、正方最佳书状奖。

◇全国大学生"恩智浦"杯智能汽车竞赛

面向全国大学生的工程实践活动,是教育部倡导的大学生科技竞赛之一。我校代表队获全国总决赛一等奖4项,华南赛区一等奖6项。

◇厦门大学"景润杯"数学竞赛

由厦门大学学校主办、数学科学学院协办的竞赛，每年举行一届。竞赛一般在每年 5 月底至 6 月底之间举行。每届大约有 1000 名的在校大学生积极报名参赛，竞赛分数学专业组、理工类专业组、经管类专业组 3 个组别进行竞赛。

以上介绍，仅为学生科创竞赛的几个典例，经不完全统计，2016 年，厦大学子共参加省市级以上赛事 195 项，涵盖数学类、语言学类、信息科学类、经济管理类等多个学科类别。2017 年，亦立项 86 项校级学业竞赛，外出参加各级各类竞赛，精彩连连。

2017 年校级学业竞赛列表

序号	组织单位	竞赛名称	竞赛时间
1	人文学院	"发现葫芦山"：葫芦山考古发掘策展计划竞赛	2017 年 5 月
2	人文学院	第四届"美美与共：中国传统村落文化景观保护与发展方案大赛"	2017 年 7 月—9 月
3	人文学院	厦门大学 2017 中文有戏演出季暨金凤凰花奖	2017 年 5 月—6 月
4	人文学院	厦门大学逻辑思维能力竞赛	2017 年 10 月—11 月
5	人文学院	第三届人文社科经典读书报告大赛	2017 年 11 月—12 月
6	人文学院	校园辞典大赛	2017 年 4 月
7	公共事务学院	厦门大学行政综合能力大赛	2017 年 11 月
8	公共事务学院	厦门大学社会科学学术论文大赛	2017 年 4 月—9 月
9	公共事务学院	厦门大学社会实践调研报告大赛	2017 年 5 月—12 月
10	外文学院	外文好戏	2017 年 10 月
11	外文学院	海峡两岸口译大赛（俄语）首届邀请赛暨首届中俄高校俄语口译邀请赛	2017 年 4 月 22 日—24 日
12	外文学院	第七届海峡两岸口译大赛（厦大选赛）	2017 年 9 月—2018 年 3 月
13	外文学院	2017"外研社杯"大学生英语挑战赛（Uchallenge）	2017 年 6 月—12 月
14	外文学院	"博学杯"英语专业诵读、写作比赛	2017 年 5 月—6 月
15	法学院	首届厦门大学法律仲裁文书写作邀请赛	2017 年 3 月
16	法学院	第九届厦门大学"联合信实杯"模拟法庭辩论赛	2017 年 5 月
17	法学院	厦门大学第七届"重宇合众杯"法律情景剧大赛	2017 年 2 月 27 日—3 月 24 日
18	法学院	厦门大学第五届法律英语翻译大赛	2017 年 4 月
19	法学院	厦门大学第三届"律师杯"班级辩论赛	2017 年 11 月
20	法学院	第八届法律知识竞赛	2017 年 4 月
21	法学院	"巨人杯"演讲比赛	2017 年 11 月
22	法学院	厦门大学三人辩	2017 年 3 月
23	法学院	厦门大学秋冬季辩论赛	2017 年 9 月—11 月
24	经济学院	厦门大学第五届税务精英挑战赛	2017 年 3 月—7 月
25	经济学院	厦门大学"汇迪杯"WISER CLUB 大数据竞赛	2017 年 3 月—6 月
26	经济学院	"国际银行杯"厦门大学"经济之星"大赛	2017 年 3 月—6 月

续表

序号	组织单位	竞赛名称	竞赛时间
27	经济学院	“国际银行杯”厦门大学公共经济与政策论文大赛	2017 年 4 月—11 月
28	管理学院	第七届全国大学生电子商务“创新、创意、创业”挑战赛	2017 年 4 月—7 月
29	管理学院	2018 年厦门大学“毕马威杯”管理案例分析全国十强邀请赛(校内竞赛)	2017 年 11 月—2018 年 3 月
30	管理学院	2017 年“正保网中网杯”财务决策全国十强邀请赛厦门大学选拔赛	2017 年 11 月
31	管理学院	2017 年厦门大学商战模拟大赛	2017 年 4 月—7 月
32	新闻传播学院	2016 年度厦门大学传媒文化艺术节	2017 年 4 月—2018 年 3 月
33	新闻传播学院	厦门大学第九届广告设计大赛(原公益广告大赛)	2017 年 4 月—10 月
34	国际关系学院	第九届“我是外交官”外交风采大赛	2017 年 4 月
35	数学科学学院	全国高校密码数学挑战赛	2017 年 9 月—2018 年 3 月
36	数学科学学院	第十四届“景润杯”数学竞赛	2017 年 5 月
37	物理科学与技术学院	《大学物理》学业竞赛	2017 年 2 月—7 月
38	物理科学与技术学院	厦门大学 CUPT 竞赛	2017 年 12 月—2018 年 5 月
39	化学化工学院	第十一届“育苗杯”化学知识竞赛	2017 年 3 月—5 月
40	化学化工学院	“欧倍尔杯”第一届厦门大学本科生化工实验竞赛	2017 年 6 月—7 月
41	化学化工学院	化工技术经济知识竞赛	2017 年 7 月—10 月
42	生命科学学院	厦门大学第十一届“嫩苗杯”生物知识竞赛	2017 年 10 月—11 月
43	生命科学学院	厦门大学医学与生命科学学部“生命医学”主题辩论赛	2017 年 3 月—5 月
44	海洋与地球学院	全国大学生海洋知识竞赛厦门大学模拟赛	2017 年 4 月—5 月
45	海洋与地球学院	厦门大学第八届“走进海洋”实验技能大赛	2017 年 11 月
46	环境与生态学院	厦门大学第六届环保知识竞赛	2017 年 5 月 1 日
47	环境与生态学院	厦门大学第三届节能减排社会实践与科技竞赛	2017 年 5 月 1 日
48	信息科学与技术学院	厦门大学创客大赛	2017 年 11 月—12 月
49	信息科学与技术学院	数字校园行之电子设计大赛	2017 年 3 月—5 月
50	信息科学与技术学院	数字校园行之程序设计竞赛	2017 年 3 月—5 月
51	信息科学与技术学院	数字校园行之 TI 微控制器应用系统设计大赛	2017 年 3 月—5 月
52	信息科学与技术学院	数字校园行之网络空间安全竞赛	2017 年 3 月—5 月
53	信息科学与技术学院	数字校园行之机器人足球赛	2017 年 3 月—5 月
54	信息科学与技术学院	飞行器障碍竞速赛	2017 年 6 月—7 月
55	信息科学与技术学院	太阳能小车擂台对抗赛	2017 年 6 月—7 月
56	软件学院	软件设计大赛	2017 年 3 月—9 月
57	软件学院	数字媒体艺术大赛	2017 年 3 月—9 月

续表

序号	组织单位	竞赛名称	竞赛时间
58	医学院	厦门大学第四届中医知识竞赛	2017 年 7 月 1 日—16 日
59	医学院	厦门大学第一届校园急救知识竞赛	2017 年 4 日—5 月
60	医学院	第一届两岸大学生舌诊知识竞赛(校内竞赛)	2017 年 5 月 6 日—13 日
61	医学院	厦门大学第三届中药识别大赛	2017 年 12 月 4 日—17 日
62	医学院	厦门大学第四届"光前杯"医学知识竞赛	2017 年 11 月 27 日
63	医学院	厦门大学第三届临床技能大比拼	2017 年 4 月—6 月
64	药学院	厦门大学第五届医药知识竞赛	2017 年 12 月 20 日—24 日
65	公共卫生学院	厦门大学"爱健康,爱生活"健康知识竞赛	2017 年 4 月—6 月
66	建筑与土木工程学院	厦门大学第十三届大学生结构设计竞赛	2017 年 3 月—4 月
67	建筑与土木工程学院	南强建筑设计大赛	2017 年 3 月—5 月
68	材料学院	厦门大学第八届材料设计大赛	2017 年 4 月 24 日—5 月 21 日
69	材料学院	厦门大学第五届材料知识竞赛	2017 年 4 月 24 日—5 月 19 日
70	能源学院	厦门大学能源科技创意大赛	2017 年 5 月—8 月
71	能源学院	厦门大学能源知识竞赛	2017 年 9 月—10 月
72	航空航天学院	厦门大学第六届飞行器设计大赛	2017 年 4 月 1 日—9 日
73	航空航天学院	厦门大学第二届小型无人机技术创新赛	2016 年 5 月—2016 年 10 月
74	航空航天学院	"龙净杯"第十一届福建省大学生机械创新竞赛校内预赛	2017 年 4 月 29 日—30 日
75	航空航天学院	厦门大学第八届机器人创意设计大赛	2017 年 4 月—2018 年 1 月
76	航空航天学院	厦门大学第五届智能汽车竞赛	2017 年 8 月—2018 年 1 月
77	航空航天学院	厦门大学第五届工业自动化挑战赛	2017 年 9 月—2018 年 1 月
78	航空航天学院	厦门大学第五届虚拟仪器设计大赛	2017 年 9 月—2018 年 1 月
79	现代教育技术与实践训练中心	全国大学生工程训练综合能力竞赛(校内选拔)	2017 年 8 月—9 月
80	现代教育技术与实践训练中心	2017 年福建省首届高校大学生教育技术技能大赛(校内选拔)	2017 年 8 月—9 月
81	现代教育技术与实践训练中心	第十七届全国多媒体课件大赛(校内选拔)	2017 年 8 月—9 月
82	校团委	第三届"互联网＋"厦门大学学生创新创业大赛	2017 年 4 月—6 月
83	校团委	第三届"创青春"厦门大学学生创业大赛	2017 年 7 月—12 月
84	校团委	第二十届"外研社杯"全国大学生英语辩论赛校园选拔赛	2017 年 2 月—3 月
85	校团委	第三届厦门大学大学生节能减排社会实践与科技竞赛	2017 年 2 月—5 月
86	校团委	厦门大学实验室安全与卫生知识竞赛	2017 年 11 月—12 月

“过来人“答疑

◇ 我什么都不懂,参加这些科创竞赛,能行吗?

不会没关系,很多牛人开始都是零基础,但是在参与过程中,经过自己的认真观察,多动手实践,慢慢地,也都很擅长了。因此,只要你有想做的一颗心,这里就是你的舞台。

◇参加科创竞赛会影响学习吗?

这个嘛,也是看自己的啰。大学的学习时间其实很充裕的,只要自己平时在学习上稍稍用心一点,就会有很多时间来处理其他的事情。在学习搞好的同时,科创竞赛也做得很棒嘛,何乐而不为呢! 并且创新学分是必修要求,有了成果的话还有很多创新学分可以拿的。

◇科创竞赛有相关的老师指导吗?

这个肯定会有的,就“大创计划”来说,很多老师都有一些科研项目,学生可以进入老师的实验室,在老师的指导下,完成这些项目,不断开发,不断创新,从而更好地提高自己。可以与导师制结合起来,请自己的导师指导研究课题。

◇参加科创竞赛会有收获吗?

当然会有收获,除了可以认定创新学分外,还能大大提升自己的科创能力、团队合作能力。来听听学姐学长怎么说的吧:

信息科学与技术学院计算机科学与技术专业 2013 级袁璐璐(2016 中美青年创客大赛):比赛不仅要有过硬的技术、精湛的技能,还要有过硬的心理素质、良好的团队协作能力,还要有较强的自学能力、灵活应变能力。由此,平时的练习要脚踏实地,既不能图快,更不能懒散,勤练多练;遇到问题时要互相讨论,互相交流;敢于动手、勤思考勤,坚持不懈。只有这样,才能让自己进步,超越自我,战胜困难。

航空航天学院测控技术与仪器专业 2013 级郑天宇(第三届台达杯高校自动化设计大赛):我们的团队分工明确,各司其职。机械专业的张喆同学负责作品的机械设计;电气专业的林鹏同学负责作品的电气设计;而我擅长使用高级语言编写程序,便承担起高级语言编程工作。我们三人之间仅依靠指令数据配合调试,没有重叠的技术性工作,这样一来,我们各自的能力得到了最大限度的发挥,表现出最高的团队执行效率。所以我很幸运拥有靠谱给力的队友,正是因为每个人扎实的专业基础和刻苦的钻研精神,团队才整天能够按照进度有条不紊地进行,最终斩获特等奖殊荣。

海洋与地球学院海洋物理专业刘炎堃(2016 年国际水中机器人大赛):好的结果值得我们欣喜,而准备比赛的过程,却更是充实而有趣。在机器鱼教室里,总是能听见杨晨在机器人、无人机上的话题上侃侃而谈,总是能看见任露露在鼓捣着无人小车上的零件。何汶峰总是认真刻苦的,我也看见谢其宸摆弄着他的以肌腱为原理的机器鱼,从只有一个骨架到成型,伴随着一次又一次 3D 打印机的嗡鸣声。我曾和赵振华一起,在凌晨讨论着我们能对鱼做的改进。我曾脱了鞋站在小水池里,懊恼地看着胡乱游动的机器鱼;任露露在旁边看着,成功了她仿佛比我还高兴。还有黄汝辉、俞旭鹏,还有科信的同学们,他们都为这个比赛付出了很大的努力,无论比赛结果如何,这都是我们的一笔宝贵的财富。

数学科学学院数学与应用数学专业 2014 级卢齐洁(高教社杯全国大学生数学建模竞赛):在学习建模的过程中,我们失去了很多,但也得到了很多。参加数学建模后,我们的视野更加开阔了,看待问题的角度不同,遇到问题,我们总是与别人有不一样的见解,同时我们学会了用数学来解决实际问题,又体会到了数学的博大精深。

本科生科创竞赛,等你来战

厦门大学本科生创新网(http://cxw.xmu.edu.cn/)是学生进行科创竞赛活动的重要网络平台,所有科创竞赛项目的通知发布、学生申报、指导教师意见、学院审核推荐、专家评审、学校立项、师生交流、成果展示等都在该网站完成。

同时，也欢迎关注厦门大学本科生科创竞赛微信号“jwccxw”。该平台提供了厦门大学本科生科创竞赛工作通知、咨询、交流、宣传、展示。

相关工作流程介绍

厦门大学暑期社会实践申报流程：

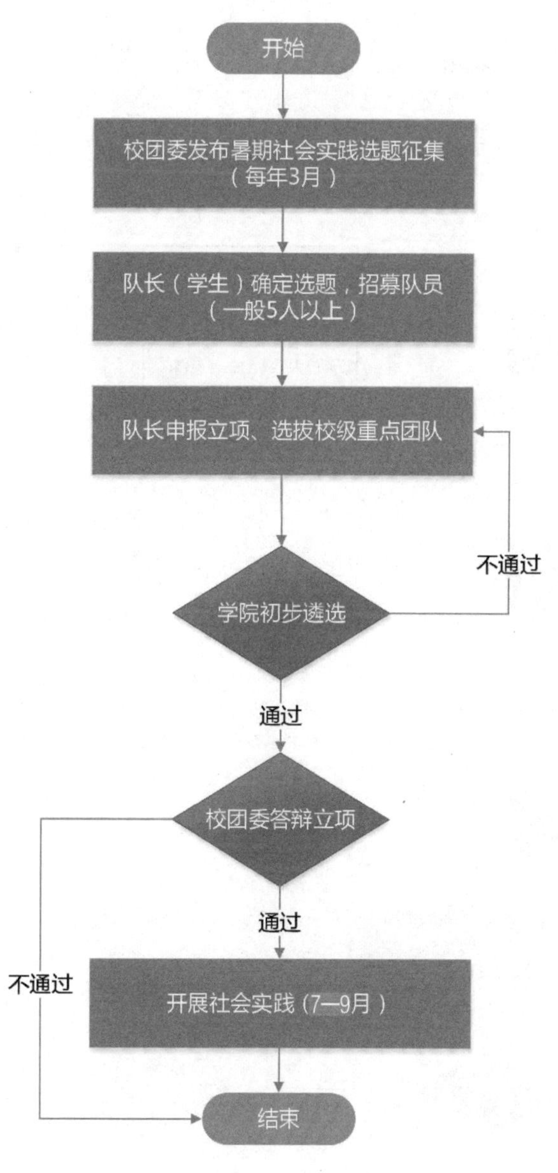

参考文件
1. 厦门大学社会实践评优管理办法（试行）
2. “i厦大”APP——社会实践操作指南.pdf

厦门大学校长基金本科生项目申报流程：

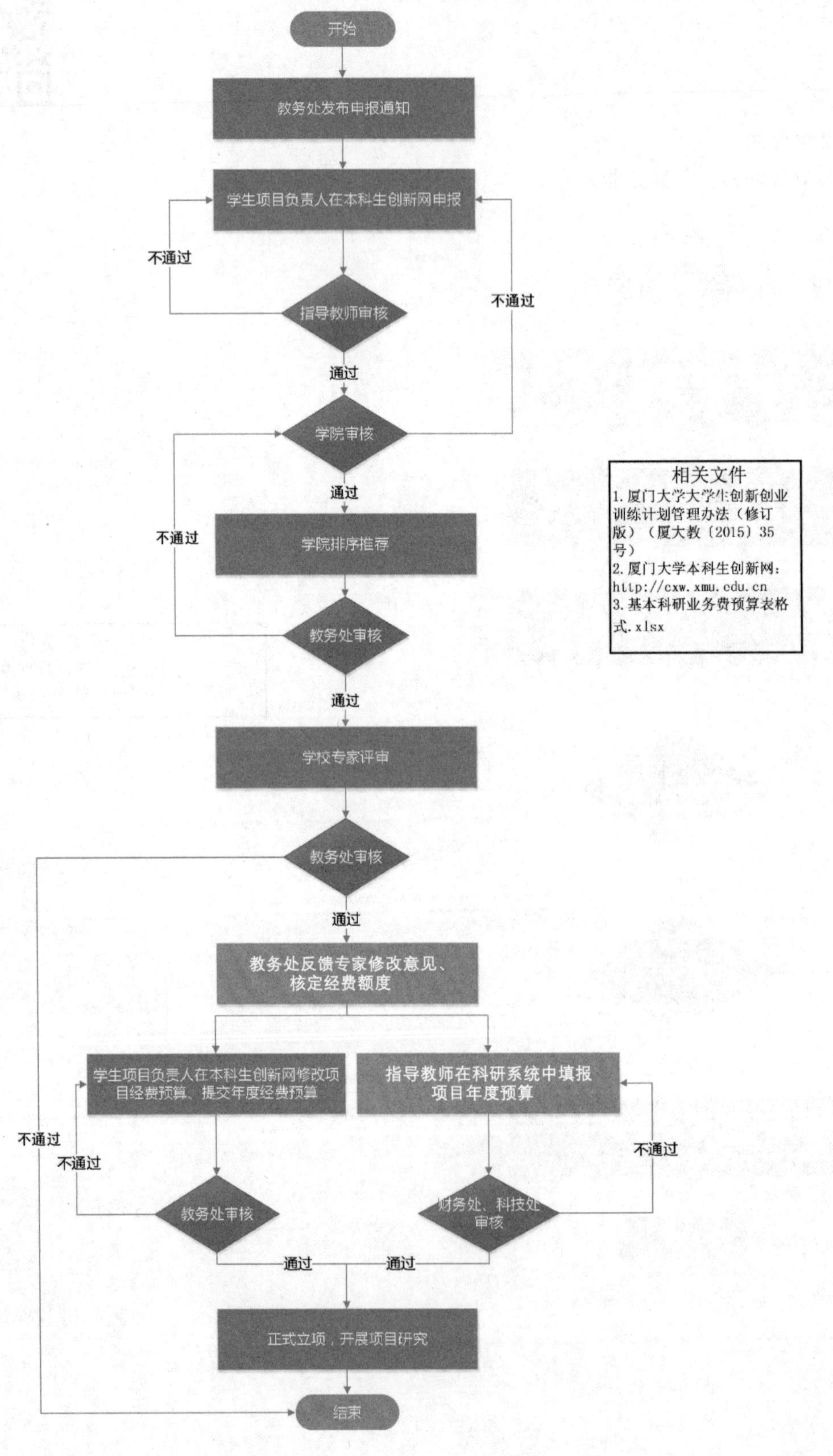

大创项目申报流程：

开始
教务处发布申报通知
学生项目负责人在本科生创新网申报
不通过
指导教师审核
通过
不通过
学院审核
通过
不通过
学院排序推荐
教务处审核
通过
学校专家评审
教务处审核
通过
教务处反馈专家修改意见、
核定经费额度
学生项目负责人修改申报书
不通过
不通过
教务处审核
通过
正式立项，开展项目研究
结束
相关文件
1. 厦门大学大学生创新创业训练计划管理办法（修订版）（厦大教〔2015〕35号）
2. 厦门大学本科生创新网：
http://cxw.xmu.edu.cn

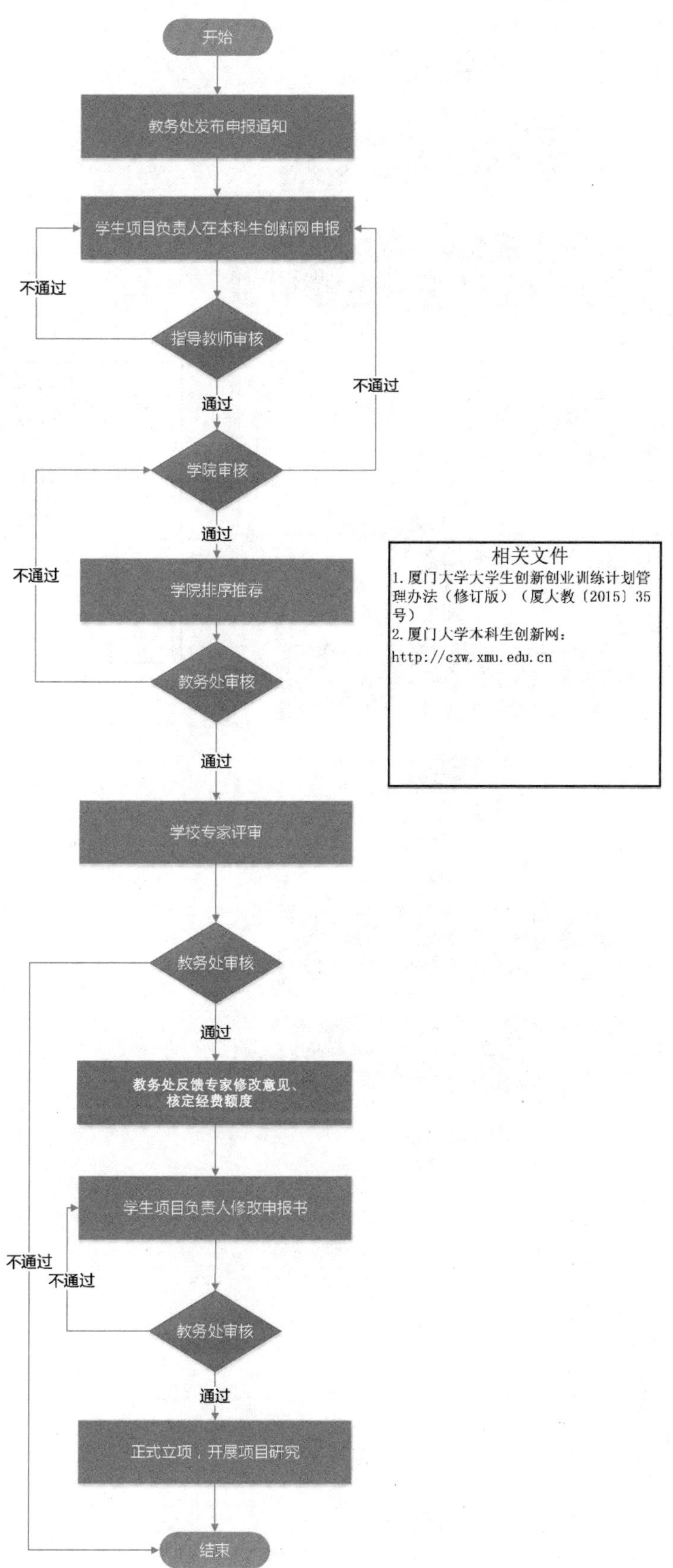

创新学分认定流程：

开始
教务处发布认定通知
学生在本科生创新网申报
不通过
指导教师审核
通过
不通过
学院审核
通过
不通过
学院公示
教务处审核
通过
学校公示
毕业班学生成绩导入教务系统；
非毕业班学生成绩在创新网累计
结束
相关文件
1.厦门大学本科生创新学分认定办法（试行）（厦大教〔2015〕33号）
2.厦门大学木科生创新网：
http://cxw.xmu.edu.cn

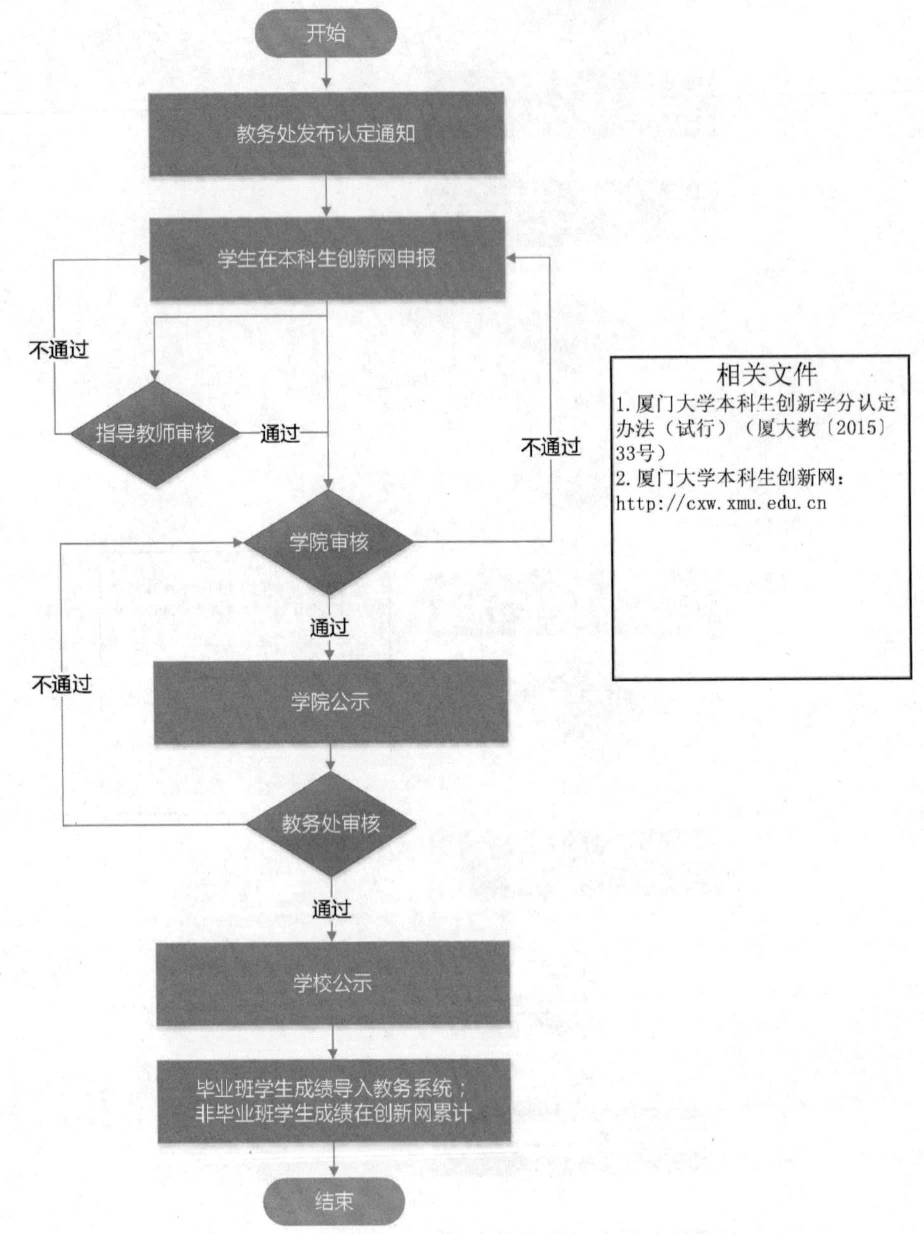

推荐免试攻读硕士学位研究生

普通高等学校推荐优秀应届本科毕业生免试攻读硕士学位研究生（以下简称推免生）制度，是全国硕士研究生招生工作的重要组成部分，旨在激励亲们勤奋学习、积极创新、全面发展。免试，是指我校应届本科毕业生（以入学时招生计划与注册年限计算，下同）不经过全国硕士研究生入学统一考试的初试，直接进入复试；推荐，是指我校按照规定对本校优秀应届本科毕业生进行遴选，确认其推免生资格并向招生单位推荐。

推免工作时间

每年 6 月初启动，到 10 月下旬（推荐工作为 9 月下旬）结束。

推免要求

《厦门大学推荐优秀应届本科毕业生免试攻读硕士学位研究生工作管理办法（修订）》是目前学校最新的推免工作管理文件。有意向的同学要关注该文件和教务处主页发布的相关通知。以下为该文件对推免生条件的要求：

拥护党的领导，遵纪守法、积极向上、身心健康、学习成绩良好的应届本科毕业生。经学院初审，在预定学制年限能正常毕业，在参加推免当年（截止为推免工作报名时）没有需要重修的课程。

学习勤奋、刻苦，专业基础扎实。学业成绩的具体要求：专业排名为前 40%（基地班为前 70%）。综合排名成绩由学业成绩（含外校单位修习、经学院认定可转换学分之课程成绩，占 80%）和考核成绩（含学业竞赛、科研成果、面试得分等，占 20%）组成。即综合排名成绩＝学业成绩×80%＋考核成绩×20%。学业成绩排名统一采用我校学分绩点计算方法，考核成绩的组成及比例由学院制定操作细则时确定。

外语水平优秀。全国大学英语四级（含网考）成绩≥500 分，或六级（含网考）成绩≥425 分，或 TOEFL 成绩≥600 分（托福网考≥90 分，两年有效），或 GRE 成绩≥1100 分（五年有效），或雅思≥6.0 分（两年有效）。艺术类考生要求英语四级成绩≥425 分。第一外语为其他语种的，需提供等同全国大学外语四、六级考试的成绩证明。

本科毕业后无出国留学或参加就业的计划。

本学院的推免生细则。推免资格是怎样获得的呢？这一点在不同学院是不同的，要严格遵守各学院的相关规定。一般来讲，一个学生是否能获得推免资格，由以下三个指标决定：第一，前三年的学业成绩总排名；第二，大三下学期末学院组织的保研资格考试（包括专业课笔试、中英文面试）成绩；第三，前三年的综合测评排名。各学院或专业会对以上三项加权求和以确定最终的保研资格排名。至于三项各自的权重没有统一的标准，因此，同学们需要清楚地知道本学院的政策规定，不可盲听盲从。

其中，学业成绩排名统一采用“GPA 绩点排名”计算方法。其中：重修通过的成绩按及格计算绩点，辅修成绩不计算绩点，转专业前的专业课程及任意选修课程不计算绩点，学生转学或参加过境内外校际交流的课程成绩与学分经认定后与学生在校内修读的课程同等看待，其绩点标准由各学院参照我校有关标准执行。

保研资格考试的内容、形式、时间要根据各学院各系的规定而定。笔试主要是考察专业核心科目，面试着重考察学生的创新能力、实践能力和科研潜质，面试成绩组成及比例由学院制定推免生工作实施细则时确定。

综合测评排名由每学年开学初所填写并经学院审核通过的综合测评表确定。因此，学生在填写测评表时一定要认真对待，自己的加分项一定要开具证明、及时申报以免影响最终的测评排名。

“过来人”攻略

• 准备阶段

大三下学期即可搜集各大高校历年推免政策，确定自己的目标院校；重点关注目标院校相关专业的暑期夏令营活动以及9、10月份的正式推免工作的相关通知，准备申请材料；根据自己的专业偏好，联系目标院校和导师（一般是通过邮件）。

• 申请阶段

常规地讲，各高校的推免政策在9月份公布；但是，目前越来越多的名校为了抢夺优秀生源，会在暑期通过开展夏令营活动提前开展推免工作。因此，同学们必须要及时关注目标院校的推免活动。

暑期夏令营时间一般在7月份，为期不超过一周。其间，前面两三天过得比较轻松，如参观校园与重点学科、听讲座等，后面两三天是考核，包括师生交流、就专业问题讨论展示、笔试、中英文面试等。通过后面几天的考核环节，每位同学的能力得以展示。举办方会就各位参加者的表现打成绩并排名，并于夏令营结束后公布预录取名单。同学们要及时关注各高校的官网，切勿错过回函确认就读的时间。

参加暑期夏令营活动实际上会增加推免成功的可能性，相当于多了一次参加推免考核的机会。如果在暑期夏令营中没有拿到目标院校目标专业的预录取资格，同学们可以尝试在9、10月份的常规推免阶段再次提出申请。当然，暑期夏令营活动的申请条件会比较高。

• 后续工作

如果你已经在暑期夏令营活动中获得了目标院校的预录取资格，那么接下来几个月你要做的工作有：第一，认真准备保研资格考试，争取拿到推免资格。第二，及时地寄出相关材料到目标院校，一般包括申请表、导师推荐信、大学期间成绩单、成绩排名证明、获奖证书复印件、英语等级证书复印件、自荐信等，请按照申请学校要求准备。第三，登录推免服务系统完成网上报名、录取、缴费确认等工作。从2014年起，推免生无须进行现场确认。

如果你没有参加暑期夏令营，那么接下来几个月你要做的工作有：第一，认真准备保研资格考试，争取拿到推免资格。第二，准备申请材料，向目标院校目标专业提出推免申请，申请材料同上。第三，申请被接受后，及时赶赴目标院校参加考核，一般包括笔试、中英文面试。第四，登录推免服务系统完成网上报名、录取、缴费确认等工作。

• 注意事项

了解相关本科专业的培养方案，注意是否对推免生提出了部分先修课程要求。如果你对某高校或某专业比较感兴趣，请尽可能地了解相关专业领域的知识和学术动态，比如选修相关课程、旁听学术讲座、翻阅学术期刊、参加跨学科的本科生科研项目，甚至与该校或该专业的师生增加交流等。你的辅导员、学院教务员老师、学长学姐等都可以为你提供咨询服务。有关支教计划事宜，可咨询学校团委老师。

在确定被录取的消息之后，同学们需要抓住时间认真复习基础知识、预习一些研究生阶段的课程，也可以选修学校研究生课程。学校研究生课程面向本科生开放选课，经学院推荐的高年级优秀本科生，学业成绩一般在同专业同年级同学中名列前30%（基地班为前60%）均可选修研究生课程，机会优先满足已获得保研资格的本科生。课程考核合格后，可以作为研究生阶段成绩与学分认定。

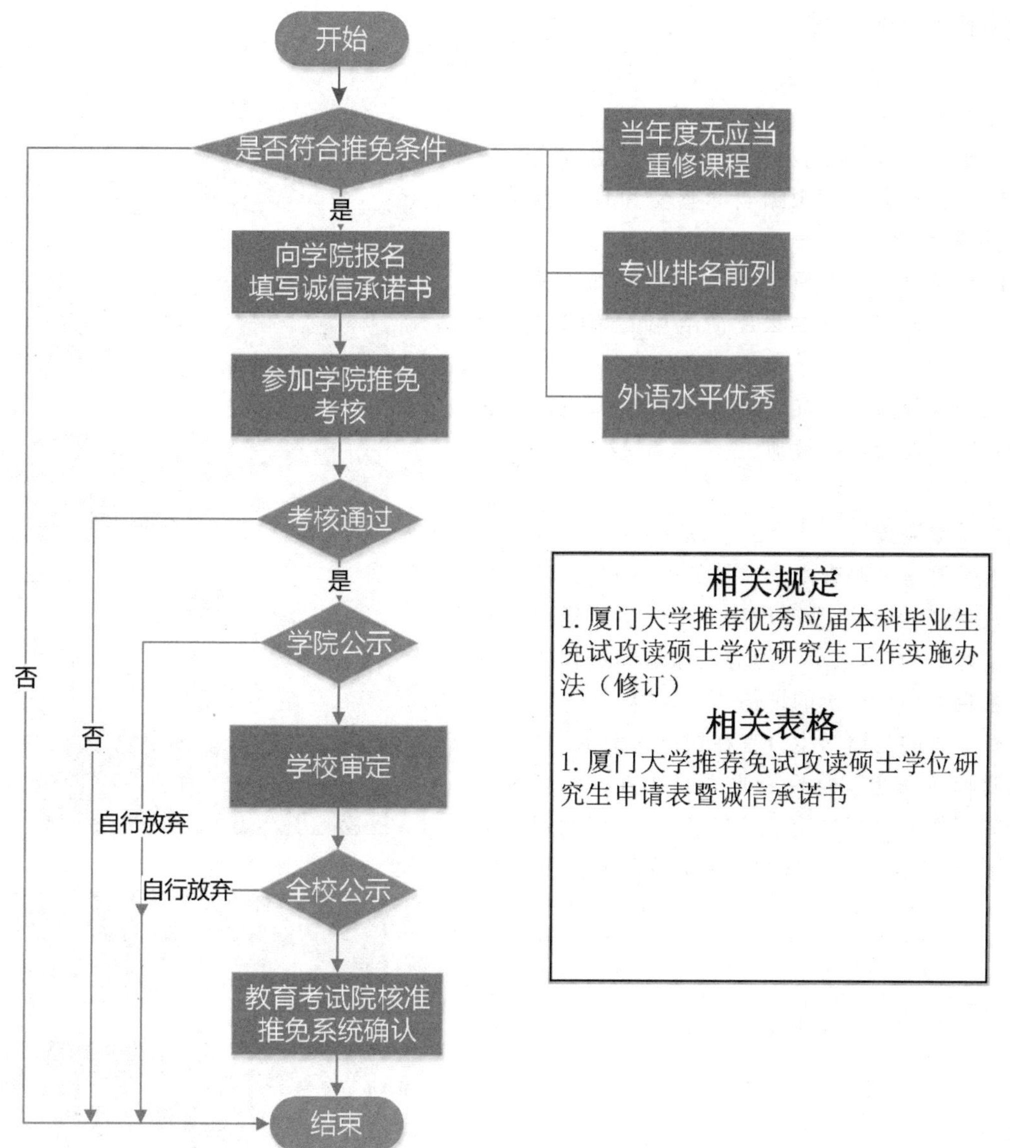
开始
是否符合推免条件
当年度无应当重修课程
专业排名前列
外语水平优秀
是
向学院报名
填写诚信承诺书
参加学院推免考核
考核通过
是
学院公示
学校审定
全校公示
教育考试院核准
推免系统确认
结束
否
否
自行放弃
自行放弃
相关规定
1. 厦门大学推荐优秀应届本科毕业生免试攻读硕士学位研究生工作实施办法（修订）
相关表格
1. 厦门大学推荐免试攻读硕士学位研究生申请表暨诚信承诺书

本科教育质量保障

教学测评

在查看教师对你的学业评分时,学生也有权给任课教师的教学打分。请根据实际感受和真实想法认真、客观填写。

你的意见对于加强师生互动、促进教师改进教学非常重要。学校将测评结果反馈给相关学院和任课老师。

如对任课教师教学有好的建议和意见,也可以通过测评系统反馈给任课教师。

本科教育质量调查

本科教育质量调查由学校教务处发起、各学院组织完成,主要针对新生和应届毕业生的学习经历和学习满意度开展调查,注重学生对人才培养过程的满意度及学生自我成长评价的评估。

调查的目的是请学生分享在校学习时光,告诉学校你们对什么满意以及希望改进的地方。你们所有的回应将仅作为研究之用,学院将结合你们的回应采取各种形式的学院教育质量自评,寻求解决问题的措施。

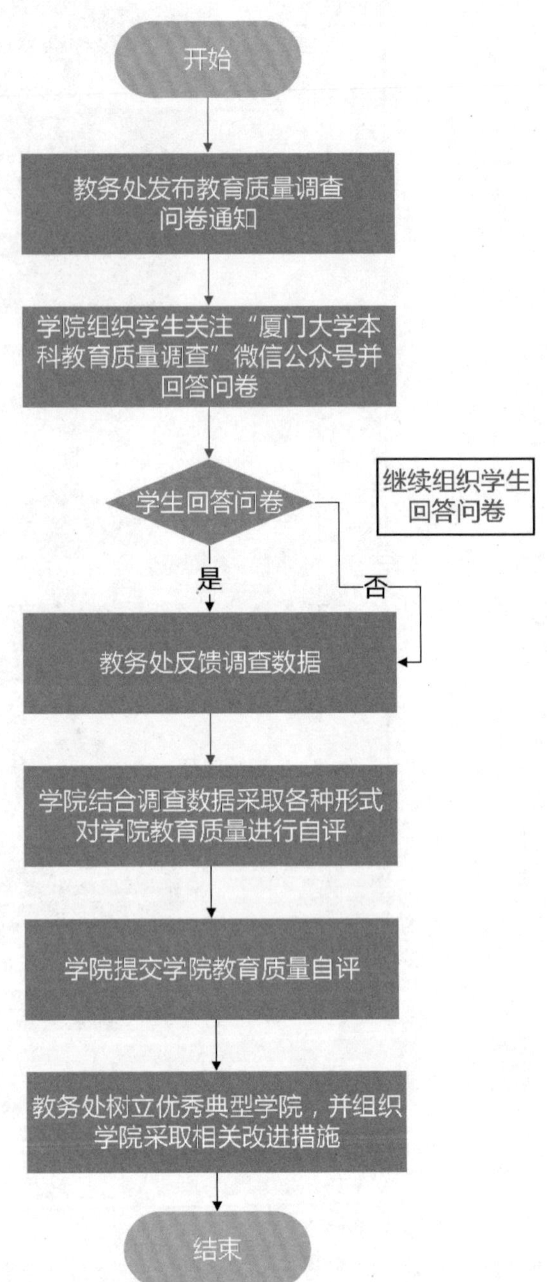

语言考试流程

大学英语四、六级考试

雅思考试

托福考试

普通话考试

大学英语四、六级

大学英语四、六级考试(CET)是教育部主管的一项全国性的英语考试，其目的是对大学生的实际英语能力进行客观、准确的测量，为大学英语教学提供测评服务。在校生均可报考四级，四级成绩 425 分以上的在校生可报考六级。考试时间一般是 6 月、12 月的第二周或第三周周六。报名时间一般在每学期学期初，一开学就可以关注教务处主页通知。

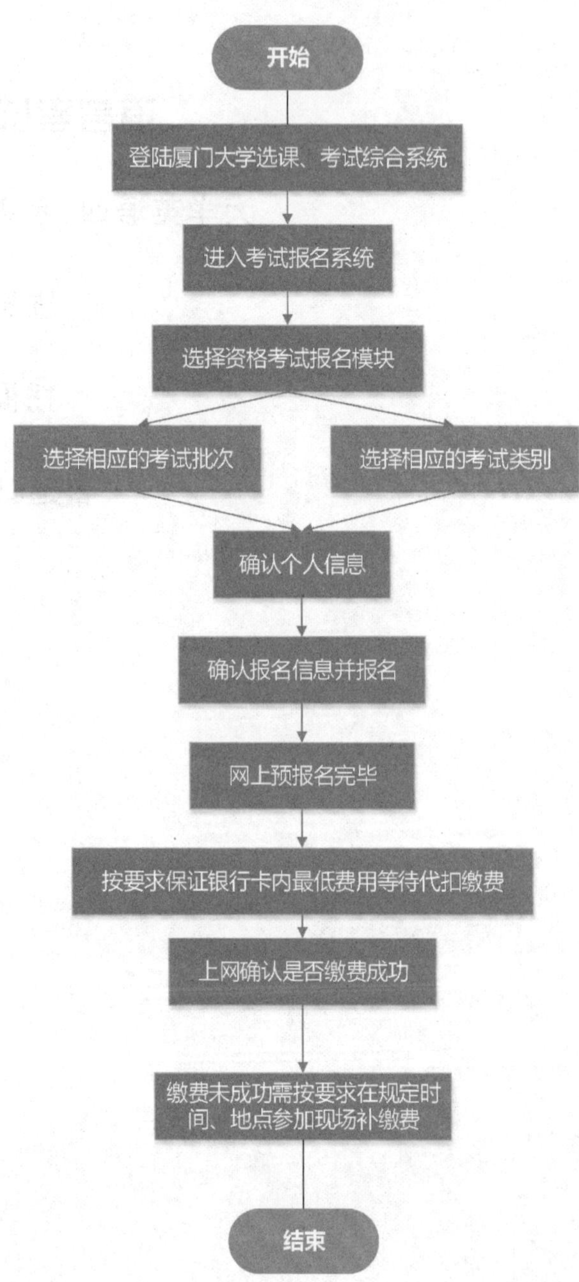

注意事项

1. 请同学在报名前熟读四六级考试的报名通知及考试须知。

2. 考生在报名前需按照要求，在规定时间内上传本人照片，审核通过后方可报名。

3. 考生只能选择参加所在校区考试，禁止同时报考四级和六级。

4. 自2016年上半年起，报名参加六级考试但缺考的考生，在考试结束后半年内不允许报考。

相关网址

1. 英语四六级考试报名与本科生选课综合系统:http://bkxk.xmu.edu.cn/xsxk/login.html

雅思考试

雅思考试(国际英语语言测试系统)是听说读写四项英语交流能力的测试。雅思考试是为那些打算在以英语作为交流语言的国家和地区留学或就业的人们设置的英语水平考试。

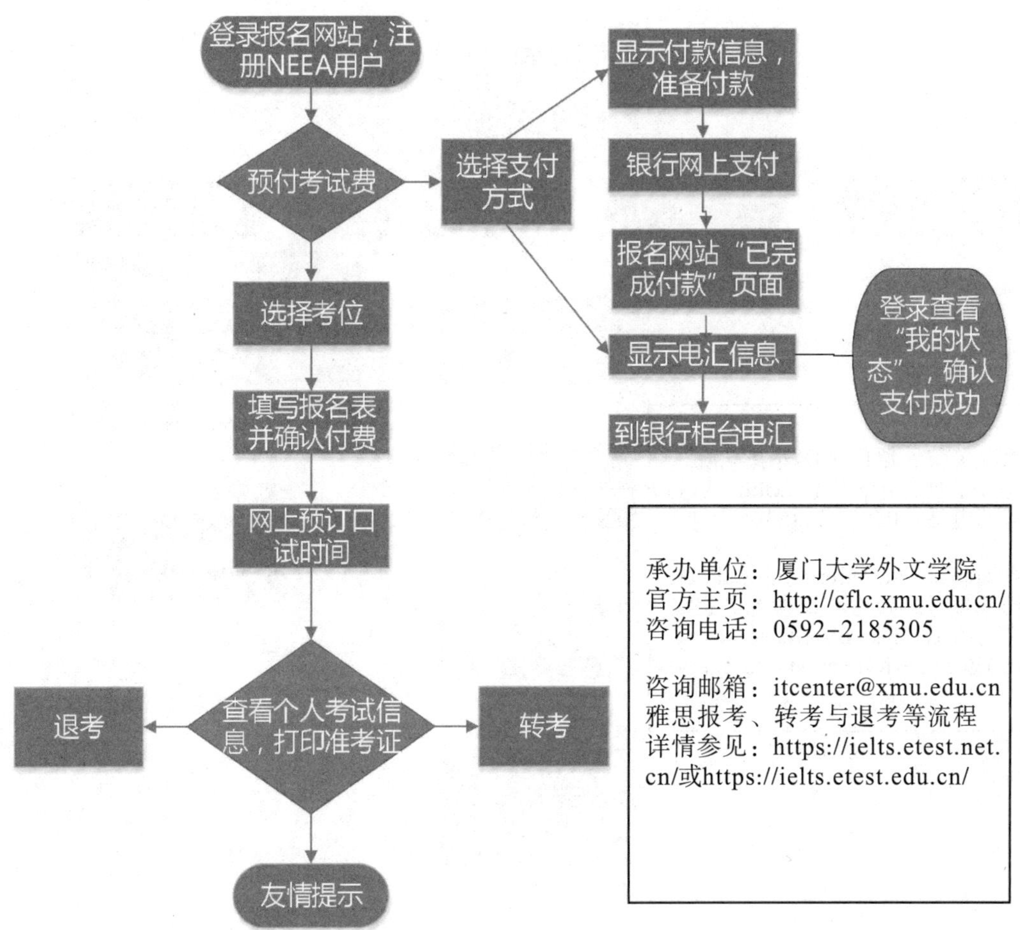

托福考试

托福是由美国教育测验服务社(ETS)举办的英语能力考试,全名为“检定非英语为母语者的英语能力考试”,中文由 TOEFL 而音译为“托福”。

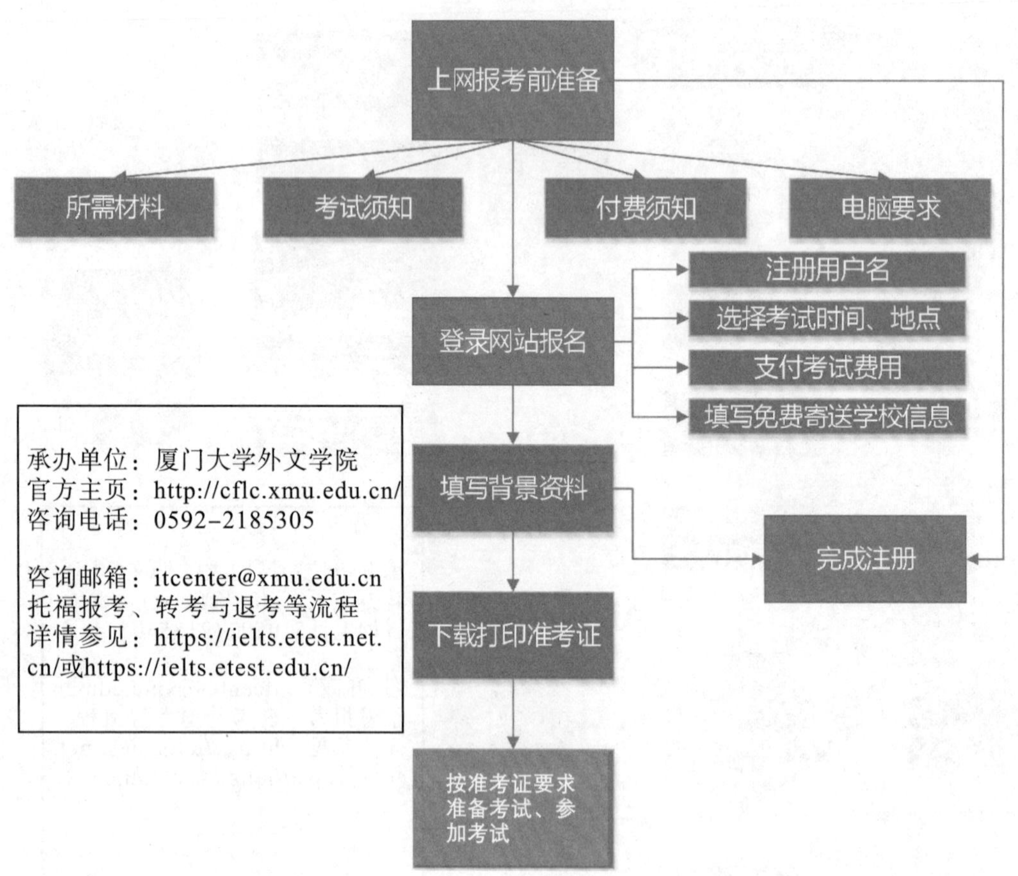

普通话考试

普通话水平测试(PSC:PUTONGHUA SHUIPING CESHI)是对应试人运用普通话的规范程度、熟练程度的口语考试。考试形式为口试。普通话水平等级分为三级六等,即一、二、三级,每个级别再分出甲乙两个等次;一级甲等为最高,三级乙等为最低。普通话水平测试不是口才的评定,而是对应试人掌握和运用普通话所达到的规范程度的测查和评定,是应试人的汉语标准语测试。应试人在运用普通话口语进行表达过程中所表现的语音、词汇、语法规范程度,是评定其所达到的水平等级的重要依据。

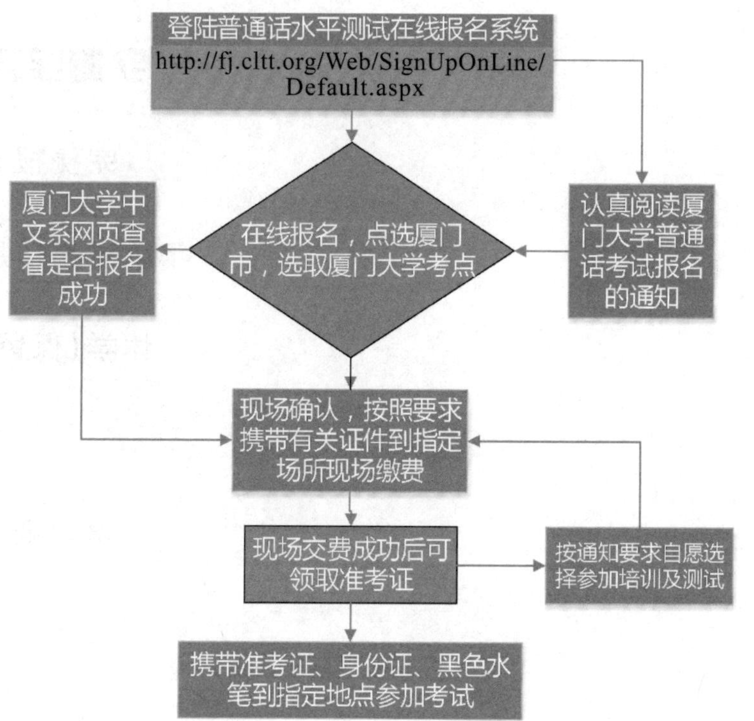

特别注意

1. 请注意关注厦门大学中国语言文学系网页:http://chinese.xmu.edu.cn,这是唯一的校内普通话考试信息发布渠道。

学籍学务手续

完费报到注册

年度学籍信息检查

休学(保留学籍)

复学

学习证明办理

完费报到注册

根据《厦门大学各类学生完费注册管理暂行规定》，注册前未缴清学费或办理绿色通道的，不予办理注册手续。所有在读本科生办理注册手续后，方可取得本学期学习资格。

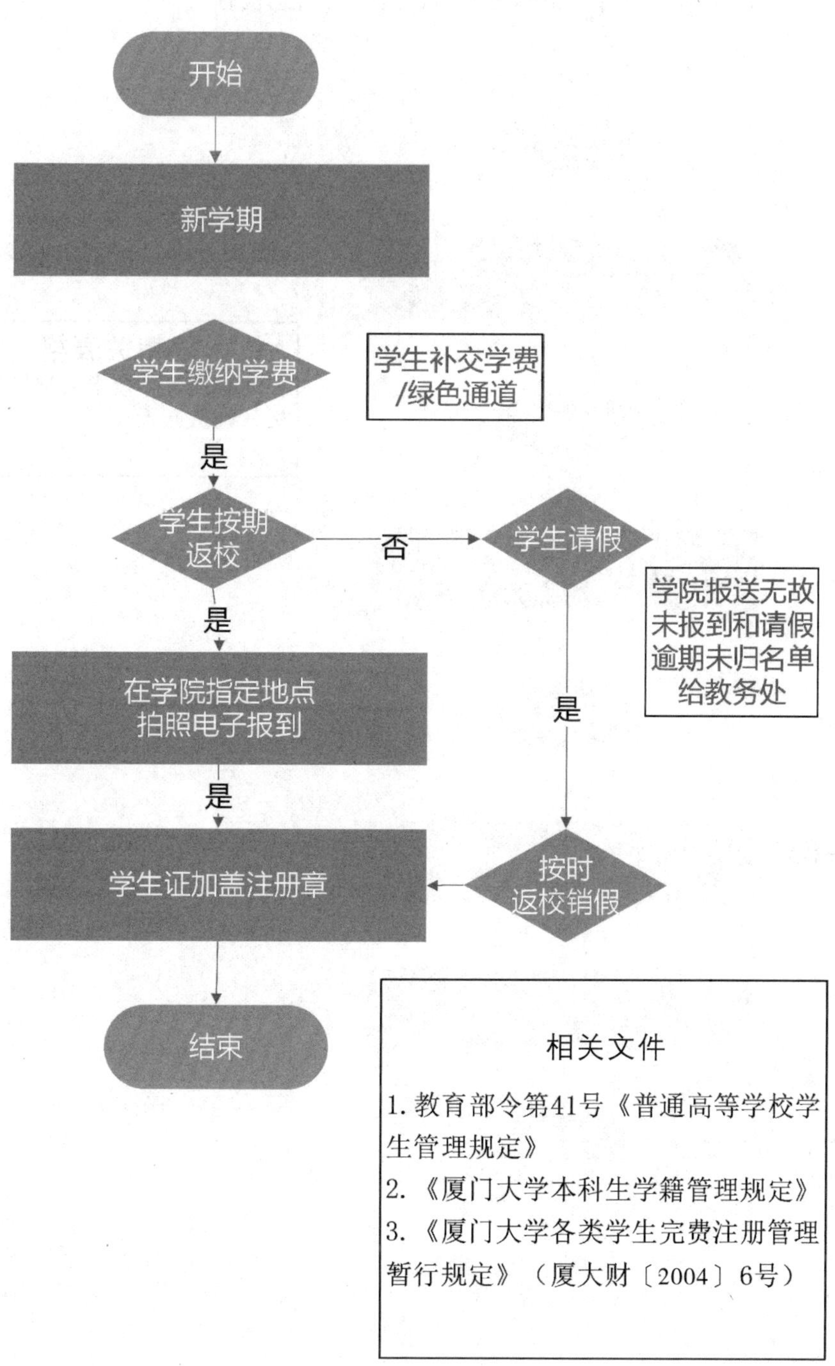

相关文件

1. 教育部令第41号《普通高等学校学生管理规定》
2. 《厦门大学本科生学籍管理规定》
3. 《厦门大学各类学生完费注册管理暂行规定》（厦大财〔2004〕6号）

年度学籍信息检查

学籍是对学生在校学习资格的认可，取得学生身份和获得学习资格首先要取得学籍。学籍信息是成绩单、各种证明、毕业证书和学位证书的身份标识，包含姓名、身份证号、民族、性别、入学年月等信息。如果身份标识出错，会影响到成绩单、各种证明、毕业证书和学位证书的使用。如与身份证件记载不符，请按规定向教务处提交修改申请。请每年报到注册后进行学籍信息检查。

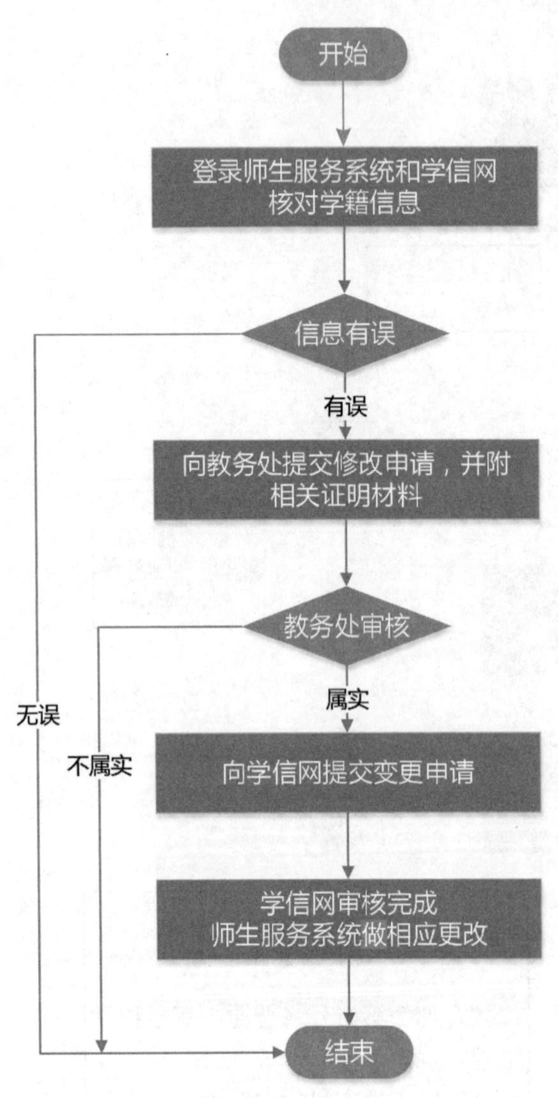

相关表格

福建省高等学校学生学籍信息变更（确认）表

休学(保留学籍)

在规定的最长学习年限内,学生可以分阶段完成学业。学生申请休学(保留学籍)或者学校认为应当休学(保留学籍)的,经学校批准,可以休学(保留学籍)。未办理休学(保留学籍)手续而擅自离校者,学校可予退学处理。

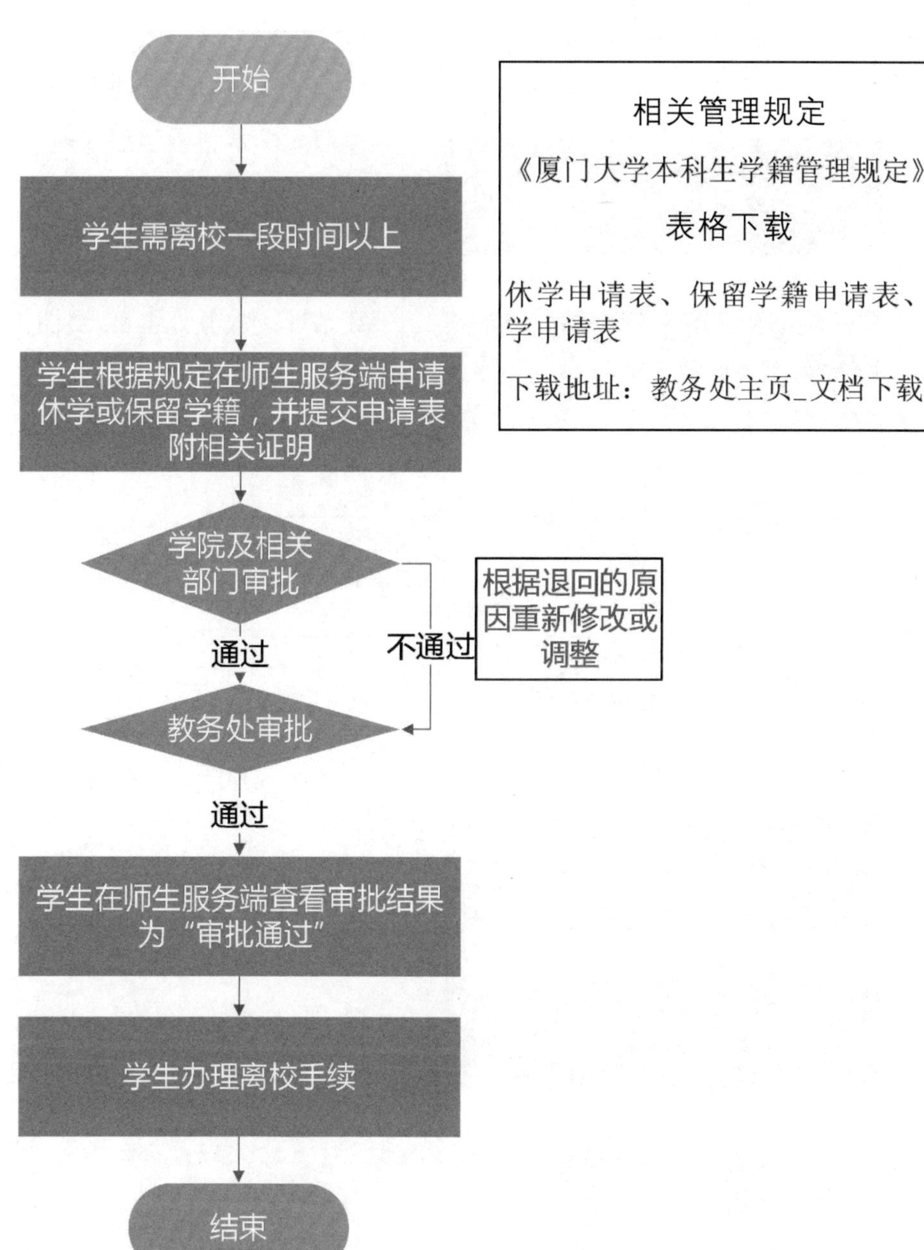

复学

学生休学(保留学籍)期满前应当在学校规定的期限内提出复学申请,经学校复查合格,方可复学。休学(保留学籍)期满不办理复学手续者,学校可予退学处理。

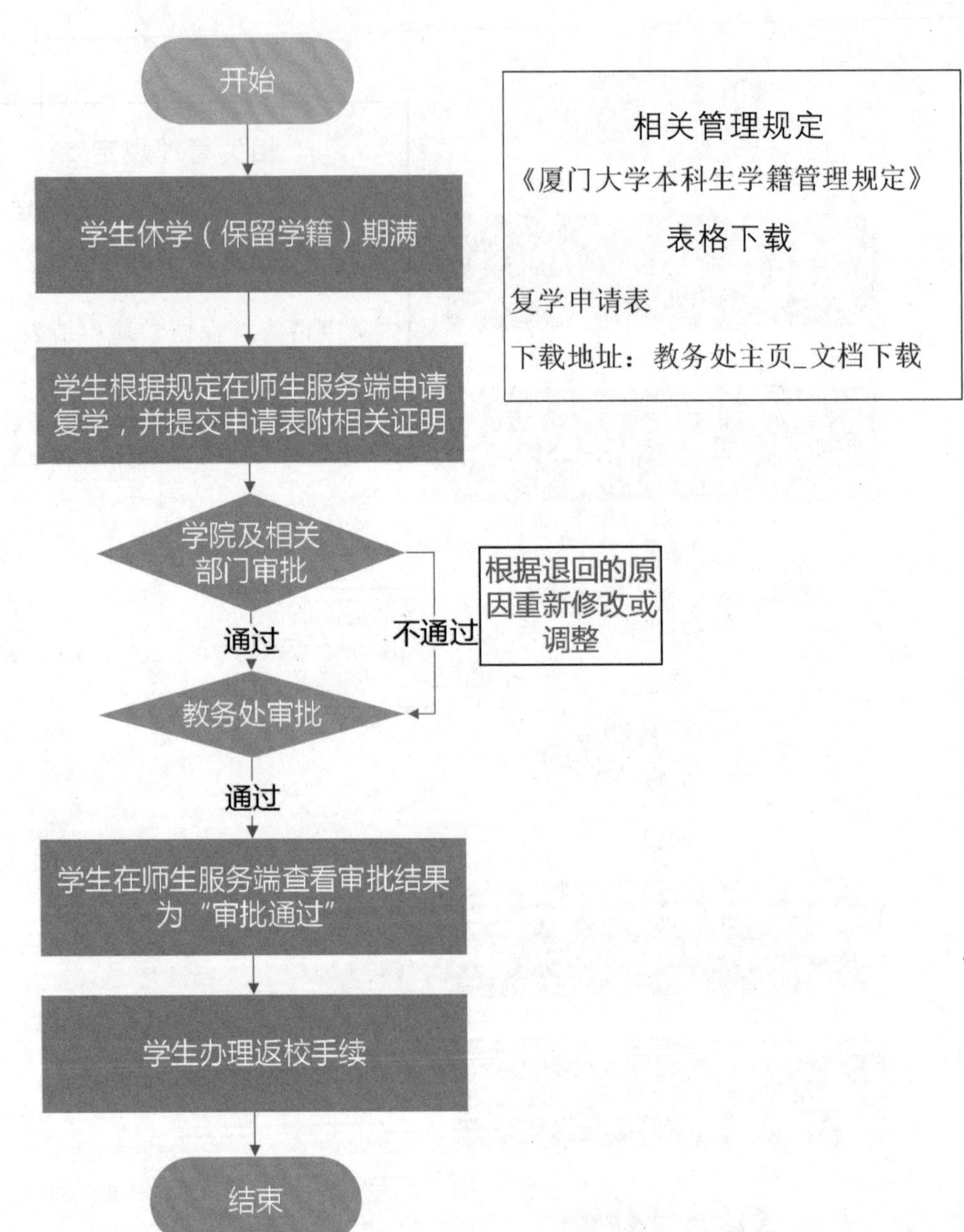

学习证明办理

在学证明、辅修证明、中文成绩单、在读生出国成绩单、四六级成绩证明

（1）自助查看或打印（每周一至周五的 8:00—11:30,14:30—17:00）

备注：①自助打印机放置在思明校区嘉庚三号楼（颂恩楼）1 楼学生事务大厅、翔安校区学生活动中心 1 楼，学生可根据校区选择使用。②目前可刷学生卡进行身份识别，如需缴费也从学生卡直接扣费。③打印出来的证明或成绩单已印有“厦门大学教务处证明专用章”的电子印章，可直接使用。④各种证明材料有打印份额限制，请酌情打印。

（2）人工开具（每周二、周三、周五的 8:00—11:30）

在学证明、辅修证明

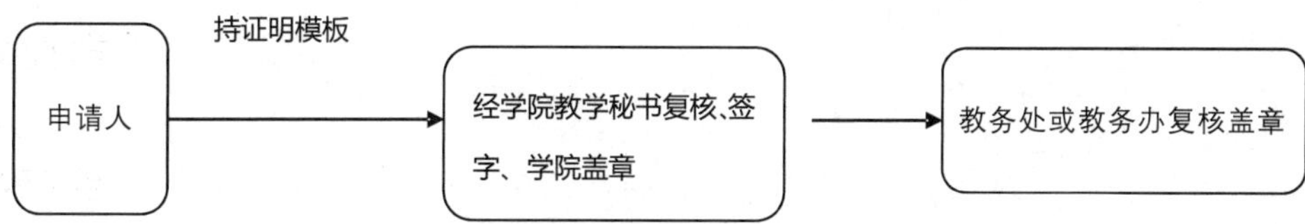

中文成绩单

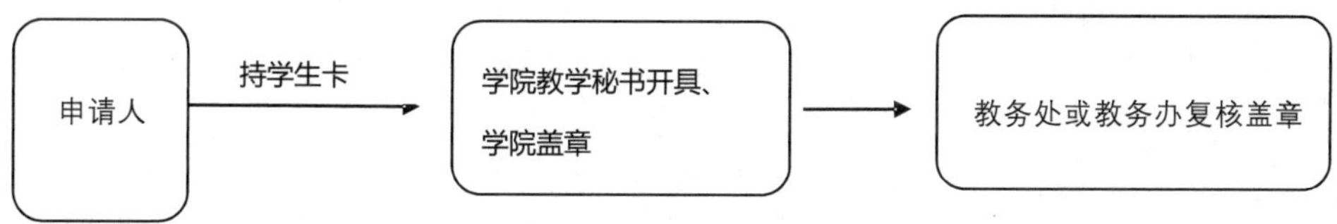

备注：证明模板可在“厦门大学教务处主页_文档下载_学务科”网上下载。

四六级成绩证明

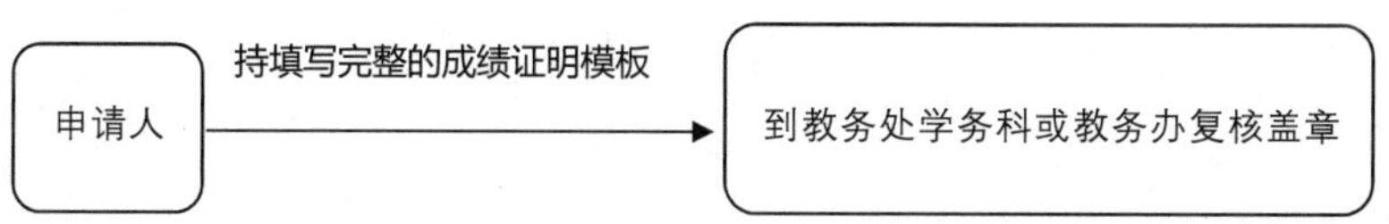

备注：四六级成绩证明模板可以在“教务处主页_文档下载_学务科”下载，并可进入模板里指定网址查询成绩。

我要毕业啦

核对学籍信息

毕业图像采集及校对

学业审查

学位获得

辅修证书

核对学籍信息

为确保学籍信息、毕业证书及学位证书及学信网学历学位电子注册信息的准确性，请在学历学位申请前再次核对学籍信息，确保无误。

毕业图像采集及校对

请参加教务处统一组织的毕业图像采集。采集的照片用于毕业证书、学位证书等的贴照。同时，电子图像信息经本人在中国高等教育学生信息网核对确认后作为毕业证书、学位证书电子注册图像。

学业审查

参阅重要文件：《厦门大学本科生学籍管理规定》

如果你已进入毕业班，建议对照毕（结）业条件，及时检查自己的学业情况。

• 毕业条件：学生在学校规定学习年限内，修完培养方案规定内容，成绩合格，达到学校毕业要求的，准予毕业，并发给毕业证书。受到留校察看处分的毕业生，处分未解除前，不能获得毕业资格。学生提前完成培养方案规定内容，获得毕业所要求的学分，经本人申请，学院和教务处审核，校长批准，准予提前毕业。提前毕业学生待遇与其他毕业生相同。

• 结业条件：学生在学校规定学习年限内，修完培养方案规定内容，所获学分达到培养方案总学分数 90%者准予结业。未修、或已修不及格课程在结业后一年内可申请自费重修，合格者可以换发毕业证书。对合格后颁发的毕业证书，毕业时间按发证日期填写。符合学士学位条件的可以申请学士学位。

• 肄业条件：学满一学年以上退学且所修学分数达 8 学分以上的学生，按其实际完成的学业年限发给肄业证书，以后不再换发毕业证书。

• 延长学习年限：尚未修满教学计划规定的学分要求，可申请延长学习年限，但须在规定的最长学习年限。

学位获得

符合学位授予条件的，学校可以颁发学位证书。学院学位评定分委员会按照学校相关规定进行审查，提出学位授予、不授予的建议名单，报学校学位评定委员会审议。

辅修证书

参阅重要文件：学生手册《厦门大学双学位教育（主辅修制）试行办法》。

修满辅修专业学分要求（不低于 30 学分）的，在获得主修专业毕业资格的条件下，可以获得辅修专业证书（可与主修专业学历证书配合使用，一般不单独作为学历证书使用）。如跨学科门类完成辅修本科专业教学计划规定的全部课程、毕业论文（毕业设计）和其他教学环节（总学分不低于 45 学分），成绩合格者，在获得主修专业授予学士学位资格的条件下，还可申请辅修本科专业的学位证书。

辅修本科专业须与主修专业同年结业。学生在主修专业学制年限内未能完成辅修本科专业教学计划的，如本人愿意，可以提出延迟本科毕业的申请，以继续完成辅修本科专业。学生因为辅修本科专业申请延迟本科毕业以一年为限，而且不能超出本科生在校的最高年限（四年制为六年，五年制为七年）。

——本文摘录自《关于印发〈2017 年厦门大学新生学业导航〉的通知》，（2017）厦大教 112 号，档号 2017-XZ12-12

厦门大学少数民族预科班结业生转升本科专业安排实施办法(2017年修订)

(2017年9月30日)

第一条　为调动少数民族预科生学习积极性,引导少数民族预科班结业生(以下简称"学生")理性选择本科专业,根据《普通高等学校少数民族预科班、民族班管理办法(试行)》(教民〔2005〕5号)、《普通高等学校少数民族预科班、高层次骨干人才硕士研究生基础强化班管理办法》(教民〔2010〕11号),并结合我校实际情况,制定本办法。

第二条　学生本科专业安排坚持如下原则:坚持学生自主选择、学校引导和调控相结合原则;坚持学生个性发展需求和民族地区经济建设、社会发展对人才需求相结合的原则;坚持公平、公正、公开原则。

第三条　学校为学生选择专业提供必要的支持和指导,通过新生入学教育、课堂教学、教师指导等形式,让学生充分了解学科专业的发展前景、民族地区经济建设和社会发展对人才需求等,引导学生结合个人实际情况理性选择专业。

第四条　学校根据民族地区经济社会发展,尤其是产业结构调整升级需求,一般于每年5月份编制本科生分省分专业计划时,确定并公布少数民族预科转本科招生专业和计划。

第五条　学生填报少数民族预科转本科专业志愿时间一般安排在每年6月份进行。

第六条　学生专业安排依据:预科阶段大学语文、高等数学、英语、计算机基础、民族理论与民族政策五门课程第一、二学期的课程成绩。

在涉及成绩排名计算时,补考通过的成绩按60分(百分制)计算。

第七条　学生专业安排排序规则:

(一)按普通文史类、普通理工类、新疆文史类、新疆理工类四个序列进行排序。

(二)按成绩总分从高分到低分进行排序。当成绩总分相同,文史类按大学语文、高等数学、英语单科成绩排序,理工类以高等数学、大学语文、英语单科成绩排序。

第八条　学生专业安排程序:

(一)学生根据预科阶段学习成绩和兴趣爱好等自身实际情况,参考学校公布的当年度预科转本科招生专业和计划,填报相应专业志愿。

(二)学校根据学生预科阶段成绩排名、专业志愿填报情况进行专业安排,并报福建省教育厅批准备案。

(三)学校发放少数民族预科转本科录取通知书。学生凭持结业证书和录取通知书报到并按有关要求办理入学手续。

第九条　本办法由少数民族预科生管理中心负责解释。

第十条　本办法自公布之日起施行。原《厦门大学少数民族预科班结业生转升本科专业安排实施办法》(厦大学〔2016〕92号)同时废止。

——本文摘录自《关于印发〈厦门大学少数民族预科班结业生转升本科专业安排实施办法(2017年修订)〉的通知》,厦大学〔2017〕87号,档号2017-XZ11-3

厦门大学学生就业签约暂行管理办法(修订)

(2017年10月9日)

第一章　总　则

第一条　为规范我校学生在就业过程中的签约行为,维护《就业协议书》(以下简称"协议书")严肃性以及学校、学生的声誉,加强学生诚信教育,培养学生的诚信意识,结合学校实际,制定本管理办法。

第二条　学校予以发放协议书的所有学生,在就业过程中必须严格遵守此规定。

第三条　学生与用人单位签约后应信守诚信履行协议,原则上不得与用人单位解约。

第二章　签约行为认定

第四条　学生有下列情形之一的,应当认定为学生与用人单位签约:

(一)学生与用人单位达成就业意向后,将协议书交予用人单位,单位盖章的;

(二)学生获得用人单位录用相关证明材料后,经学生申请,学校根据录用证明在协议书上盖章的;

(三)学生与用人单位达成就业意向后,不签订学校发放的协议书,以单位录用证明、录取函件等书面材料作为开具报到证依据的(空白就业协议书需上交学校)。

第三章　履　约

第五条　学生签约前要与用人单位进行充分沟通,经慎重考虑后再进行签约,签约后应信守诚信履行协议,学校原则上不允许调整就业单位,不受理解约手续办理。

第六条　学生在履行协议期间,有以下情形之一的,经所在学院、学生工作处审批后,可进行就业单位调整并办理相关手续:

(一)录取为境内外高校、科研机构研究生,获得公派出国留学资格,或进入博士后流动站的;

(二)被机关、事业单位、部队、国际组织录取,参加国家和地方基层项目,录取为孔子学院汉语教师志愿者,或应征入伍的(前签约单位为此类单位的除外);

(三)被学校战略合作单位、重点用人单位录取的;

(四)被新疆、西藏、青海、内蒙古地区用人单位,或甘肃、陕西、宁夏、四川、贵州、重庆、广西、云南地区县级以下用人单位录取的;

(五)自主创业的;

(六)学生未按期取得毕业资格,用人单位不同意其入职的;

(七)签约单位被撤销、进入破产清算程序或依法宣告破产的;

(八)签约单位单方面原因不能履约的;

(九)由于各类不可抗力导致协议无法履行的。

第四章　违纪行为处理

第七条　学生在办理签约过程中有以下行为的,由院系或学校有关部门进行批评教育,情节严重的将根据《厦门大学学生违纪处分规定》(厦大学〔2014〕34号)进行处理:

(一)将本人协议书借与他人使用或使用他人协议书的,经告诫不改的;

(二)自行翻印协议书或复印空白协议书并使用的;

(三)谎报协议书遗失申请补发的;

(四)对学校故意隐瞒签约实情,造成不良影响和损失的;

(五)对用人单位故意隐瞒实情,骗取单位签订或解除协议的,对学校造成不良影响或损失的;

(六)其他给学校声誉或学生整体利益带来不利影响的。

第八条　属于第七条中(四)、(五)两种情形的,学校将不予办理协议书、推荐表更换,毕业时报到证开回生源地(档案户口一并随转),也不能享受当年度学校发放的就业创业相关奖励。

第五章　附　则

第九条　本管理办法解释权归厦门大学学生工作处。

第十条　本管理办法自下发之日起开始执行,《厦门大学毕业生就业协议书管理办法》[(2009)厦大学30号]与本办法相抵触的,以本办法为准。

——本文摘录自《关于印发〈厦门大学学生就业签约暂行管理办法(修订)〉的通知》,(2017)厦大学9号,档号2017-XZ11-6

厦门大学关于深化医学教育改革发展的实施方案

（2017年10月16日）

为认真贯彻落实全国卫生与健康大会精神、全国医学教育改革发展工作会议精神、《"健康中国2030"规划纲要》及《国务院办公厅关于深化医教协同进一步推进医学教育改革与发展的意见》(国办发〔2017〕63号)，进一步加强医学人才培养，全面提升医学教育整体水平，为健康中国建设提供人才保障，结合我校实际，现就新形势下深化医学教育改革发展提出如下实施意见。

一、指导思想

认真贯彻落实党的十八大和十八届三中、四中、五中、六中全会精神，以推进健康中国建设为目标，以党的教育方针和卫生与健康工作方针为统领，以遵循医学教育规律和医学人才成长规律为原则，以建立健全适应基本国情和行业特点的医学人才培养制度为重点，全面实施医学教育教学改革，全面深化医学人才培养模式创新，全力推进医学教育内涵发展，全力提升医学教育现代化水平和医科核心竞争力，为国家推进健康中国建设提供更有力的人才支撑。

二、主要目标

创新医学教育模式，培养高素质创新型人才，建立和完善高层次、国际化的卓越医学人才培养体系；加强教师队伍建设，完善教师评估及激励机制，不断提升医学教育队伍整体水平；遵循发展规律、促进学科交叉融合、打破资源共享壁垒，推进协同创新，实现医学及相关学科整体科研能力与水平的提升；以全面提升医学教育质量和科研水平为重点，进一步转变发展观念、创新发展模式，以新思路、新办法、新体制破解医科发展中的难题，不断推动医学教育实现内涵发展和质量提升，努力走出一条具有厦大特色的医学教育新路子。

三、改革措施

(一)创新培养模式，提高医学人才培养质量

1.提高生源质量，吸引优秀生源。为了吸引优秀生源报考医学专业，能更大范围地招收到有学习医学专业兴趣的人才，我校继续将医学专业单独分医学大类，采用单独招生代码招生。建立招生计划与学科水平、人才培养质量、实际贡献等密切联系的指标分配办法，不断提高医学生源质量。

2.优化医学人才培养结构。根据社会需求和办学条件，稳定医科本科生规模，适度增加硕士研究生特别是临床医学硕士专业学位研究生规模，积极争取博士生招生指标，逐步提高医学类博士生占全校博士生总数的比例，提升人才培养与社会需求的适应度。

3.深化医学本科教育教学改革。

加强医学伦理、医疗法律、社会学、心理学等职业素质教育和人文教育，强化人际沟通能力和人文关

怀精神的培养,把思想政治教育和医德培养贯穿教育教学全过程,推动人文教育和专业教育有机结合,引导医学生将预防疾病、解除病痛和维护群众健康权益作为自己的职业责任。优化医学人才培养方案,深入实施"卓越医生教育培养计划",加大对临床医学本硕博一体化十年制"大医班"的支持力度,确保"大医班"推荐免试攻读研究生名额指标单列。

继续加强以器官系统为模块的课程体系教学改革,继续推进PBL、翻转式课堂、慕课、情景式、混合式等教学模式,推动临床医学与基础医学教育、科研训练与医学实践紧密结合,推进课程体系改革,构建个性化、多样化的医学教育新型课程体系。促进生命科学等基础学科与基础医学和临床医学相结合,把相关基础学科的新发现、新技术更加直接有效地转化为临床医学教育资源,实现基础课与临床课教学的有机融合渗透,培养医学生科研创新意识和创新能力。

加强中医学专业教育改革,积极申报教育部"卓越中医生教育培养计划",将中医学专业本科教育与研究生推免结合,探索"5+3"模式,促进中医学专业的医学教育与中医住院医师规范化培训的衔接。完善中医师承教育制度,加强师承导师、学科带头人、中青年骨干教师的培养,建立以名老中医专家、教学名师为核心的教师团队,加快推进中医高层次人才的培养。

4.加强医学实践教学。强化医科实践教学环节,深化临床实践教学改革,规范临床实习管理,创新实践教学内容和实践模式,不断提高医学生临床综合思维能力和解决临床实际问题的能力。注重临床思维能力、临床实践能力评价,积极推进以问题为导向的启发式、研讨式教学方法改革,探索以能力为导向的学生评价方法。加强临床医学教育质量保障体系建设,健全多方质量评估机制,推进临床医学专业认证工作。加大力度支持实验教学中心、社区和公共卫生等基层实践教学基地建设,更好地解决医学生在实习、实践、实训中遇到的现实问题。

5.推进国际化培养。加强与国际知名高校、医疗机构的交流合作,推动暑期交流、学生互换、联合培养,引进国际先进医学教育体系和优质医学教育资源,培养具有国际视野的医学人才。到2020年,力争50%以上的医科学生有到海外知名大学学习与交流的经历。

(二)深化研究生教育改革,提高研究生教育质量

1.优先发展临床医学专业学位研究生教育。确立多样化的人才培养目标,不断扩大专业学位研究生在研究生教育中的规模和比重。正确处理专业学位研究生教育发展的规模与速度、质量与管理、改革与建设的关系,在发展中逐步形成鲜明的特色和优势。在改革与教学管理上,建立健全多规格、多层次的专业学位研究生教育体系和评估体系,创新培养模式,完善学位授予机制,加快建立专业学位研究生教育发展保障体系,全面提高专业学位研究生的综合素质,培养厚基础、宽口径、强能力、高素质的"具有初步研究基础的应用型"高级医药卫生人才。

2.培养目标与住院医师规范化培训衔接。继续完善临床医学专业学位研究生培养对接住院医师规范化培训,使专业学位研究生具有研究生和住院医师规范化培训学员的双重身份。根据"四证合一"的培养要求,使临床专业学位研究生教育与住院医师规范化培训有机结合,既可实现临床专业学位研究生教育规定的培养目标,又可达到住院医师规范化培训的质量要求。

3.继续改革招生模式与考试内容。为了更好地适应临床医学类专业学位特点和选拔培养要求,推进分类考试,我校从2017年起已全面实现临床医学类专业学位与医学学术学位分类考试。为了促进科学选才,针对临床医学类专业学位培养要求和临床医生职业特点,继续深化改革考试内容,进一步突出职业素质和专业能力考查,加强考查实效性,促进优秀临床医学专门人才脱颖而出。

继续规范招生范围。随着执业医师考试资格的严格规范,我校自2015年起在招生简章中规定,继续严格执行报考临床医学硕士专业学位的考生必须符合住院医师规范化培训的学历要求和专业要求,不接收跨专业报考考生。

4.加强临床能力培训,重视学位课程学习和临床研究及教学能力的全面培养。为使专业学位研究生培养与住院医师规范化培训接轨,使学位课程设置既符合专业学位研究生培养的要求,也符合住院医师

规范化培训和考核的要求，在课程设置上，增加医学法律法规、临床思维与人际沟通课程，以适应住院医师规范化培训的要求；同时要求硕士研究生掌握文献检索、资料收集、病例观察、医学统计、循证医学等科学研究方法，并具备一定的临床研究能力和临床教学能力。加强硕士专业学位研究生的临床科研思维和分析运用能力培养，按期完成开题报告、严格中期考核。专业学位硕士研究生的学位论文可以是研究报告、临床经验总结、临床疗效评价、专业文献循证研究、文献综述、针对临床问题的实验研究等。

5.加强导师队伍建设，配备专业学位硕士研究生指导导师。发挥学位评定委员会的作用，配备专业学位硕士研究生导师，加强对培训基地医院指导，在专业学位硕士研究生导师评审中给予培训基地医院适当倾斜，与培训基地医院共同开展硕士研究生培养、医学硕士专业学位授予工作。硕士研究生的指导教师包括学位论文指导教师和临床能力训练指导医师，分别负责学位论文指导和临床带教工作。培训基地各轮转科室需成立指导小组，负责指导硕士研究生的临床能力训练。

6.推进一级学科博士点建设。统筹考虑，采取有效措施，积极向国务院学位委员会申请临床医学、基础医学、药学、公共卫生与预防医学一级学科博士学位授权点，或通过实施校内博士学位点评估调整，实现我校医学一级学科博士学位授权点建设新的突破。

(三)深化人事制度改革，提升医学教育队伍整体水平

1.实施“人才强医”战略。进一步做好高层次人才项目推荐申报工作，落实特殊人才政策和配套措施，力争每年医科新增上述高层次人才 10～20 人。争取新增一批医学一级学科博士后科研流动站，壮大医科博士后研究人员队伍，争取博士后招收人数实现逐年较大幅度递增，力争 5 年后省部级以上的重大项目研究团队中博士后占比达到 10%以上。在未来 5～10 年，帮助各附属医院引进国内外医学领军人才 30 人、临床科室带头人 90 人、医疗骨干 380 人，以及护理骨干、医院管理骨干等高水平人才，逐步将临床编制的使用落到实处。进一步加强对有潜力的学术骨干及医疗骨干的培养力度，重点面向已进入国家卫计委临床重点专科建设项目、已有省级以上科研平台支撑的医疗团队或学术团队，每年选送 30 人左右到国内外知名医科院校、医学中心、医院及研究机构进行为期 3 年的重点培养，为医科可持续发展做好人才储备。

2.改革教师聘任办法和引才机制。整合校内师资力量，实行校内合聘制度，大力推行双聘或多聘模式，在交叉学科、平台引入“虚拟编制”，调动全校教师参与基础医学教学科研的积极性，促进医学教育优秀人才的流动与融合。完善人才引进机制，简化人才聘任工作流程，建立高层次医学教育人才引进的“绿色通道”。实行“优劳优酬”分配机制，对临床学科知名医学专家实施协议工资制，在科研经费和设备、研究生名额等资源分配上向高层次医学人才倾斜。

3.完善人才考核评价体系。尽快建立适应学校发展需求、符合医科发展规律的卫生系列职称评审体系。遵循医学各学科间的差异性，进一步完善现有医科人才考核评价机制，逐步建立适合基础研究、临床医疗、应用转化等不同人才的评价体系，将学术业绩、医疗水平、转化应用、社会效益及团队贡献等纳入评价体系，培养造就一支高素质卫生专业技术人员队伍。建立教师发展示范中心，对新任职教师(含临床教师)逐步实施岗前培训制度。

(四)加强医教协同，不断提升临床教学基地水平

1.规范附属医院和临床教学基地建设。加强附属医院和临床教学基地建设，制定和完善各类附属医院和临床教学基地标准和准入制度，于今年颁布新的厦门大学附属医院和临床教学基地管理条例，严格附属医院和临床教学基地的认定审核和动态管理。对于不符合标准的附属医院和临床教学基地实行淘汰退出机制。

临床教学任务为附属医院的主体职能，医学人才培养为附属医院的重大使命，学校将教学作为附属医院考核评估的重要内容，各附属医院要为每学期有理论课的教师进行脱产教学。各附属医院要处理好医疗、教学和科研工作的关系，健全教学组织机构，加大教学投入，加强临床学科建设，落实教学任务。

完善与附属医院之间的管理体制和运行机制，加强附属医院的建设和管理，把附属医院的教学、科研建设纳入学校发展整体规划。加大对附属医院在医学科学研究、教育改革、研究生培养机制改革、研究生教育创新计划、医学专业学位工作等方面的支持和指导，提升附属医院标准化、规范化管理水平。

2.加快建设直属附属翔安医院。在人才队伍、创新团队、学术研究、科研平台、学科建设、国际交流以及实施“统筹推进一流大学和一流学科建设计划”等方面给予重点支持。依托附属翔安医院建设临床教学培训示范中心，充分发挥附属翔安医院在本科生临床实践教学、研究生培养、住院医师规范化培训及临床带教师资培训等方面的示范作用。

3.进一步促进附属医院之间的合作。加强顶层设计，统筹协调医学院与各附属医院的关系，建立健全联席会议制度，推动建立长期稳定的多方合作机制。发挥学校医科和附属医院各自资源优势，突出共建合作重点，建立学术牵引机制，通过联合开展学术研讨、科研攻关、交流培训等形式，促进附属医院重点学科(科室)之间的交叉合作与资源共享，提升人才培养质量与科研水平，实现基础医学与临床医学的深度融合。

(五)发展远程教育，健全终身教育学习体系

支持建立以国家健康医疗开放大学为基础、中国健康医疗教育慕课联盟为支撑的健康教育培训云平台。2016年10月，国家健康医疗大数据中心及产业园建设试点工程落地厦门，2017年4月，国家健康医疗厦门开放大学授牌成立。我校作为大学联盟单位，发挥师资、专业和课程资源优势，积极推荐我校优质课程参与开放大学共享课程，利用新型教学手段，借助医学慕课、数字教材等数字化医学教育资源，推动教学模式改革与人才培养模式改革，提升国家健康医疗厦门开放大学的办学能力和服务水平，全面促进国家健康医疗厦门开放大学建设和厦门市“医学教育慕课”平台建设。

(六)重视专业认证，强化医学教育质量评估

1.高度重视教育部的专业认证工作。提前对迎检工作进行安排，准确把握认证的精神实质和目标要求，营造良好的认证工作氛围和工作机制，加大认证专项经费投入，确保顺利通过2019年即将开展的教育部临床医学专业、中医学和护理学的专业认证工作。

2.加强我校医学类博士、硕士学位授权点合格评估工作，重在加强评估过程管理，以评估为手段、以诊断为目的，重在发现问题、解决问题，为学位授权点的改进提供依据，确保评估取得实效，加强学位授权点建设，保证人才培养质量。

(七)理顺体制机制，加强医学教育的组织保障

加强对医学教育的组织领导。由生物医学背景的副校长兼任医学与生命科学学部主任、医学院院长，进一步发挥医学与生命科学学部统筹、协调和管理医学教学科研的功能，汇聚全校与医学相关专业的力量，促进各学部与医学相关专业、附属医院、临床医学专业的统筹协调发展，提升资源利用率、人才培养质量和协同创新能力，推进医科更好更快发展。成立医科建设与管理办公室(简称“医管办”)，医管办主任兼任医学院党委书记，遵循医学教育的特殊性和规律性，对医学相关学院和附属医院的教学、科研、学科建设等工作进行统筹、协调和管理。加强对管理服务队伍的培养培训和交流锻炼，使各项管理服务工作更加符合医学管理规律和实践需要。

(八)加大资源投入，促进医科持续发展

1.多渠道争取资金资源。通过学校投入、争取专项资金、地方政府支持、社会捐赠、社会资本投入、增加运营收入等多种方式，千方百计筹集医科建设资金资源，重点用于附属医院、新兴学科和人才队伍的建设。积极争取与厦门市共建医学院资金实现逐年较大幅度增长。

2.加大现有临床教学与科研投入。加强对临床教学与科研基础平台建设的资金支持，与附属医院合

作，共建符合国家标准并具有区域特色的临床模拟医院、标准化病人项目、临床资源库、大动物研究设施、标本库、医学信息技术系统、疾病生物标志物检测、干细胞库、细胞组织和再生医学技术系统、医学图书文献数据库等项目。

——本文摘录自《关于印发〈厦门大学关于深化医学教育改革发展的实施方案〉的通知》，厦大综〔2017〕27 号，档号 2017-XZ09-14

厦门大学本科教学管理办法

(2017年10月24日)

为了加强本科教学管理、规范本科教学工作、提升本科教学质量,特制定本办法。

第一章　教师任课的基本条件

第一条　教师一般应当取得中华人民共和国高等学校教师资格或外国人来华工作许可,符合国家和学校规定的有关任职条件。

第二条　因教学需要,学院可以聘请政治立场坚定、学术造诣深厚、教学经验丰富的校外专家学者、政府部门及行业企业事业人士等参与教学,但应事先经过学院分管本科教学院长和学院党委审批,授课时应当有我校教师全程陪同。

第三条　教师首次主讲前应当有试用期,试用期至少半年,学院应当安排教师于试用期内担任助教、观摩教学并试讲,考核合格后方可开课。

第四条　严格执行教授为本科生上课制度。

第五条　对学生反映教学水平低、质量不高且经教育改进不明显,或出现其他较严重教学问题的教师,学院应当暂停其授课资格,督促其切实改进后方可重新上岗,未改进或问题特别严重者应当按照有关规定处理。

第二章　培养方案

第六条　每个专业都应当制订培养方案。培养方案应当保持相对稳定,并在学校统一部署下,若干年进行一次全面修订。

第七条　制订培养方案的基本原则是:

(一)以立德树人为根本,符合社会主义办学方向,坚持培育和弘扬社会主义核心价值观;

(二)适应国家战略发展需求和社会经济发展需要;

(三)体现学科优势、培养特色和国际化培养;

(四)遵循教育教学规律,坚持因材施教,支持学生个性化成长;

(五)注重学生知识、能力、素质的协调发展和实践创新能力的培养。

第八条　培养方案包括专业培养目标、规格要求、修读说明、学制、修读学分、授予学位、各模块课程设置、教学进程总体安排及其他必要说明等。

第九条　学院应当在广泛调研、认真论证的基础上制订培养方案,经过学院教学委员会审议、学院分管本科教学院长和学院党委审批后报教务处,教务处提请学校教学委员会审定并报学校审核后执行。

第十条　培养方案一经确定,应当认真组织实施,不得随意改动。执行过程中需要调整的,应当参照第九条进行学院论证,并报教务处备案后执行。

第十一条　培养方案应当包括中英文两个版本。学院应当于每年新生入校前将新生培养方案录入厦门大学相关管理系统平台并向学生公开。

第三章　新开课程

第十二条　除短学期聘请校外专家开设的课程外，凡未列入培养方案，或已列入培养方案但连续三年未开设的课程应当列入新开课程范围。

第十三条　新开课程的基本原则是：

(一)符合社会主义办学方向，坚持培育和弘扬社会主义核心价值观；

(二)符合培养目标要求，有利于学生综合素质培养，有相对完整的知识体系，其核心教学内容与现有课程内容不能重复；

(三)遵循教育教学规律，在兼顾知识基础性、系统性基础上，突出学科前沿知识，注重培养学生的实践创新能力；

(四)有完整的教学大纲；

(五)有政治立场坚定、熟悉教学内容且有较深学术造诣的师资队伍；

(六)课程如含实践(实验)教学环节，应具备相关的支撑条件。

第十四条　新开课程由教师或课程组提出，学院应当在认真论证的基础上，经过学院教学委员会审议、学院分管本科教学院长和学院党委审批后，报教务处备案。教师存在严重师德师风问题或违背学术诚信行为的，实施“一票否决”。

第十五条　学院应当将获准开课的新课程录入厦门大学教务管理系统。

第十六条　学院应当在新课程开设一轮后，对课程教学质量进行评估。评估形式可采用听课、学生测评、问卷调查、召开学生座谈会等多种方式相结合，评估结果报教务处备案。凡达不到开课人数要求或开课效果不好的课程，应予取消开课。

第四章　教学大纲

第十七条　每门课程都应当制定教学大纲。修订培养方案或课程内容有较大变动时，应当修订教学大纲。

第十八条　制定教学大纲的基本原则是：

(一)符合社会主义办学方向，坚持培育和弘扬社会主义核心价值观；

(二)参照教育部教学指导委员会的指导性意见，符合培养方案对本门课程的要求；

(三)服从课程结构及教学安排整体需求，贯彻“少而精”原则，注重知识点及相互关系，及时跟踪科学研究和学科发展前沿动态；

(四)注意相邻课程的有机联系，互补互促，循序渐进，避免单纯追求格局体系完整或出现知识点遗漏；

(五)在课程教学注重学生知识、能力和素质全面发展和培养学生的实践创新能力，促进学生自主学习、研究性学习。

第十九条　教学大纲内容包括课程名称、培养目标、授课对象、课程简介、教学方法、教学内容及学时安排、考核方式与要求、教材、参考书目与文献、先修课程等。

第二十条　教学大纲由教师或课程组提出、学院教学委员会审议，学院分管本科教学院长和学院党委批准后执行。

第二十一条　任课教师应当按照教学大纲安排教学进度和教学内容，开展教学活动。学院应当建立集体备课制度，同一学院开设的同一门课程原则上执行同一教学大纲(教学改革试点课程除外)。执行过程中，允许教师根据教学情况适当加以变动和修正，但应当经过学院分管本科教学院长和学院党委审批。学院应当定期检查任课教师执行教学大纲情况。

第二十二条　任课教师应当于每学期上课前将本科课程信息及教学进度表中英文版录入相关管理系统平台并向学生公开。

第五章　教材选用

第二十三条　每门课程都应当有相应的教材,教材选用严格按照学校教材选用管理规定执行。

第二十四条　学院应当把好教材选用质量关和导向关,确保高水平教材进课堂。

第二十五条　学院应当组织教师加强对教材的研究,将教材内容结合实际应用和最新科研成果,融会贯通于教学全过程,提高教学效果。

第二十六条　教师在使用教材时,应当把教材的科学性和思想性有机统一,既要完整表达教学内容,也要坚持培育和弘扬社会主义核心价值观。

第二十七条　教师用书一般由学院采购。学生用书由学生自行购买,有条件的学院可以予以适当资助。任何单位和个人不得以各种名义强制学生购买教材。

第六章　开课排课

第二十八条　学院每学期应当根据培养方案编制分年级开课计划,并根据开课计划编排课表。

第二十九条　课程、实验、实训、实习、毕业论文(设计)、社会实践等各项教学活动均应当列入开课计划,其学分、学时、先后顺序等原则上不做变动。如确需变动的,应经学院分管本科教学领导审批、报教务处批准后变动。

第三十条　编制开课计划应当把好主讲教师关。安排教学责任心强、教学经验丰富、业务素质好、教学效果佳的教师主讲公共课、基础课。鼓励教授、副教授主讲公共课、基础课。试讲不合格的教师,不得安排主讲任务。

第三十一条　编排课表时应当充分考虑师生身心健康、学生接受能力、课程的性质、上课效果,努力优化教学资源配置,提高教学质量和教学资源使用率。

第三十二条　开课、排课一般在前一学期中期启动,考试周前完成。学院分管本科教学领导主持开课、排课工作。课程组负责相关课程及任课教师的计划安排。教学秘书协助开课、排课及开展具体协调工作,并负责将开课计划录入厦门大学教务管理系统。教务处负责审核全校开课计划并组织排课。

第三十三条　排课结束后,学院应当组织核对课表,无误后正式公布执行。教务处通知相关管理部门履行管理服务职责。教学秘书应当于课前将校历和课表等通知有关单位、教师、学生。教师、学生应当于课前登录厦门大学师生服务端查看课表。教师应当按照学校有关规定及时将课程上传至课程中心平台。

第三十四条　开课计划、课表一经确定,应保持相对稳定,如确需调整的,应经学院分管本科教学领导审批、报教务处批准后调整。

第七章　考　勤

第三十五条　任课教师应当严格遵守课堂教学纪律,按课表在规定的时间、地点上课,确需调课或请人代课的,应事先经学院分管教学领导审批,并报教务处备案。教学秘书应当及时将调课或代课信息通知学生。教师事后应当根据调课计划安排补课。

第三十六条　教师负责对学生进行考勤。对于课程缺勤率(含请假)或实验课缺做实验达 1/3 的学生,不允许其参加课程考核。

第三十七条　学院应当加强考勤管理,对于经常出现调课、请人代课、缺课、停课、早退、迟到的教师,或经常出现请假、旷课、早退、迟到的学生,应当深入了解情况,及时进行批评教育,情节严重者,按照学校相关规定给予处理。

第八章　课堂教学

第三十八条　任课教师应当严格执行学校课堂教学相关规定。

第三十九条　学院应当加强课堂教学管理，加强教风学风建设，营造有序的教与学氛围。应当坚持不懈培育和弘扬社会主义核心价值观，引导师生做社会主义核心价值观的坚定信仰者、积极传播者、模范践行者。

第九章　作业和实验

第四十条　任课教师应当根据课程教学目标和要求布置足量课外作业，及时批改和课堂讲评，并根据普遍存在的问题调整教学内容和教学方法。原则上，每个教学单元应当安排 1～2 次作业，并在两周内完成批改，返还学生。同一学院在同一学期开设的同一门课程，原则上应有统一的作业要求（教学改革试点课程除外）。

第四十一条　任课教师应当对学生平时作业或实验进行评分。同一学院在同一学期开设的同一门课程，原则上应有统一的评分标准。

第四十二条　对于作业量特别大的课程，学院可以为任课教师配备助教，由助教批改作业。但任课教师应当提供评分标准，抽改或抽查作业批改结果，同时向助教了解学生完成作业情况，并进行讲评。

第十章　课程考核

第四十三条　所有课程都应当进行考核。

第四十四条　任课教师应当加强课程过程考核，把考勤、课堂表现、作业完成情况、期中考核成绩等作为评定学生平时成绩的重要依据。

第四十五条　学院应当根据学校本科课程考核管理规定认真组织课程考核，加强考前教育和指导，严肃考风考纪，营造良好的考试氛围。

第四十六条　任课教师应当在规定时间内如实登记学生课程考核成绩。

第四十七条　课程考核结束后，任课教师应当做好课程教学总结，针对教学存在的问题提出今后改进本课程教学、提高教学质量的措施。任课教师可在考核后安排时间讲评。

第十一章　教学研究

第四十八条　开展教学研究是全体教学管理人员、教育研究人员及教师的共同任务。

第四十九条　学校建立教学质量持续提升制度，开展教师培训、教学咨询服务、教学改革研究、教学质量评估，提升教师思想政治素质、教学能力和业务水平。

第五十条　学院应当充分发挥课程组教学研究作用。应当组织相关人员结合教育及教学管理的实际，深入开展教学研究活动。应当建立青年教师的“传帮带”制度。应当组织相关人员申报教学研究和教学改革项目，开展教学改革试点。应当定期开展课堂教学观摩活动，对优秀的教学典型案例及时加以总结推广。

第五十一条　教师应当加强思想政治学习。应当正确处理教学与科研的关系，以教学促进科研，以科研反哺教学。应当加强教学内容、教学方法、教学手段的研究，努力提高教学能力。

第十二章　质量保障

第五十二条　教师是教学的第一责任人，应当严格自我把关。学院是教学的第一监管主体，学院党委是意识形态的第一责任主体，应当对教学的质量和导向把关。

第五十三条　学院应当建立教学质量常态监测制度，及时、准确采集教学基本状态数据，通过科学分析数据实时监测教学基本状态，依此完善教学管理、推进教学改革。

第五十四条　学院应当根据学校相关规定组织党政管理干部及教师到课堂听课，及时了解课堂教学执行情况，对检查中发现的或学校反馈的问题及时了解与核实，并督促相关教师及时加以整改。

第五十五条　学院应当建立期中教学检查制度，通过学生座谈会、问卷调查等形式及时了解任课教师的教学质量,向任课教师反馈教学意见和提出建议。

第五十六条　学校建立"自我检查、相互观摩、典型示范、及时整改"的自我评估机制,每年开展校内自我评估,学院应当积极开展自我评估,及时发现问题并予以整改。

第五十七条　学校定期开展课堂教学评估,每学期开展学生评教,建立学生评教、同行评价和专家评价相结合的综合评教制度。

第五十八条　学校领导、相关部门管理干部和教学督导组根据有关规定到课堂听课、进行教学检查,应当及时反馈听课建议或检查结果,但不得影响正常教学秩序和教学活动。

第五十九条　学校定期开展本科生教育质量调查。学院应当积极组织学生回答问卷,并结合调查数据采取各种形式对学院教育质量进行自评。

第十三章　教学档案

第六十条　任课教师应当积极配合本单位教学秘书做好教学档案的收集与归档工作。

第六十一条　教学档案包括上级教育主管机关教学相关文件、学校教学相关规章制度和统计表、培养方案、课程档案、实践教学方面材料、听课记录表、教研活动记录、教学总结、学生期末答题卷(或课程考核论文)、毕业论文、其他教学相关材料等。

第六十二条　教学档案建档应当与教学工作同步,确保其完整、真实、准确、系统和安全。

第十四章　附　则

第六十三条　各学院可以根据本办法,结合本单位实际情况制定相关实施管理细则。

第六十四条　本办法自公布之日起实施,原《厦门大学本科教学基本规范(试行)》(厦大教〔2005〕26号)、《厦门大学制定开课计划的实施细则》、《厦门大学编排课表原则及管理办法(试行)》(厦大教〔2003〕43号)同时停止执行。

第六十五条　本办法由教务处负责解释。

——本文摘录自《关于印发〈厦门大学本科教学管理办法〉的通知》,厦大教〔2017〕82号,档号2017-XZ12-3

厦门大学课堂教学“八做到”

（2017年10月24日）

一、课堂讲授守纪律，公开言论守规矩
二、上课下课须守时，课程调整要报批
三、衣着言行要得体，不接手机勿闲谈
四、课前准备须充分，教材选用须审慎
五、教研结合促创新，师生互动拓思维
六、课外学习要抓实，课程考核重能力
七、课堂纪律严把关，刚柔并济有爱心
八、止于至善育桃李，四有老师永崇尚

——本文摘录自《关于印发〈厦门大学课堂教学“八做到”〉等相关规定的通知》，厦大教〔2017〕83号，档号2017-XZ12-4

厦门大学实验教学“八做到”

(2017年10月24日)

一、实验规章须严守,课前准备要充分
二、整理整顿须常态,清扫清洁要做到
三、实验安全须做实,人员素养要养成
四、仪器设备常检护,操作程序要严谨
五、目标要求须明确,实验内容巧设计
六、全面培训勤指导,拓展思维促成效
七、创新创业深推进,师生协力创精品
八、时刻牢记己使命,实践育人求真知

——本文摘录自《关于印发〈厦门大学课堂教学“八做到”〉等相关规定的通知》,厦大教〔2017〕83号,档号2017-XZ12-4

厦门大学学生学习“八做到”

（2017 年 10 月 24 日）

一、树立核心价值观，勤学修德重诚信
二、尊师重教懂礼貌，衣着言行要得体
三、课堂纪律须遵守，请假手续得提前
四、餐饮零食勿带入，关闭手机往前坐
五、勤做笔记多思考，参与互动拓思维
六、课外学习要扎实，勇于探索多实践
七、课程考核要重视，温故知新创佳绩
八、四种精神永传承，止于至善成栋梁

——本文摘录自《关于印发〈厦门大学课堂教学“八做到”〉等相关规定的通知》，厦大教〔2017〕83 号，档号 2017-XZ12-4

厦门大学监考"八做到"

(2017年10月24日)

一、监考守则早熟悉,提前到场做准备
二、考生入场凭证件,随机排位防串联
三、考前清场要仔细,违纪物品早清理
四、考生须知要宣读,考试信息详写明
五、手机关闭保清净,坚守考场常巡查
六、不良倾向早劝阻,违纪作弊立取证
七、考场报告须翔实,试卷回收要点齐
八、忠于职守勇担当,一流考风我做起

——本文摘录自《关于印发〈厦门大学课堂教学"八做到"〉等相关规定的通知》,厦大教〔2017〕83号,档号2017-XZ12-4

厦门大学课堂教学基本规范

（2017年10月24日）

第一章　总　则

第一条　课堂教学是人才培养的基本组织形式，是培育和践行社会主义核心价值观、落实立德树人根本任务的重要途径。为加强课堂教学管理，建设优良的教风和学风，提高教学水平和人才培养质量，特制定本规范。

第二章　教师课堂教学基本要求

第二条　教师应当坚定中国特色社会主义理想信念，按照有理想信念、有道德情操、有扎实知识、有仁爱之心的标准，带头践行社会主义核心价值观，自觉增强立德树人、教书育人的荣誉感和责任感，学为人师，行为世范，努力成为先进思想文化的传播者、党执政的坚定支持者，做学生健康成长的指导者和引路人。

第三条　教师在课堂教学中不得出现以下言行：

（一）违背党的路线、方针、政策；

（二）违反宪法、法律和职业道德；

（三）损害国家利益，损害学生和学校合法权益；

（四）传播宗教、迷信思想；

（五）大量与教学无关的言行。

第四条　教师应当坚持教书和育人相统一，把社会主义核心价值观贯穿于课堂教学全过程。思想政治理论课教师应当加强马克思主义理论研究，坚持不懈传播马克思主义科学理论。其他课程应当与思想政治理论课同向同行，充分发掘和运用各学科知识体系蕴含的思想政治教育资源，形成合力育人的协同效应。

第五条　教师应当坚持言传和身教相统一，坚持以德立身、以德立学、以德施教；在课堂上应当紧紧围绕课程内容启发学生、关心学生、关爱学生，尊重并公平地对待每个学生。应当重视学生的学习反馈，及时关注学生学习难点和疑点，客观公正地评价学生学业成绩。

第六条　教师应当严格遵守课堂教学纪律。按课表在规定的时间、地点上课、下课，不得迟到、早退或擅自离岗，不得缺课、停课，不得擅自调课或请人代课。确需调课或请人代课的，应当按学校有关规定事先办理手续。

第七条　教师上课时应当衣着整洁，仪表端庄，举止得体，教态自然大方，站立授课（身体原因除外），用普通话教学（外文授课除外）；不得在课堂上吸烟、喝酒（特殊课程除外），不得在课堂上推销商品或从事商业活动，非教学需要不得使用手机等电子设备。

第八条　教师应当按照教学大纲要求，安排教学进度和教学内容，认真备课，写好教案；应当逐轮备课，及时更新教学内容和改革教学方法，努力增进教学效果。

第九条　教师应当按照规定的教学进度和教学内容组织教学。教学内容应当正确严谨、容量适当、突出重点，及时跟踪科学研究和学科发展前沿动态，将最新科研成果、企业先进管理与技术等转化为教学内容。使用马克思主义理论研究和建设工程重点教材时,应当深入研究,将教材体系转化为教学知识体系、将教材语言转化为课堂教学语言、将最新理论成果转化为课堂知识。使用引进教材时,应当注重学术体系和话语体系创新,自觉批判各种错误观点和思潮,坚持正确价值导向。

第十条　教师应当根据学校规定主动公开课程信息。在第一堂课把课程教学基本要求以书面或PPT形式明确告知学生,包括教学目标要求、教学内容和安排、阅读参考资料、参考网站、实验和作业要求、成绩构成、考勤要求、考核方式、评分标准等,及时更新并上传到教务处或研究生院教务管理系统和相应的课程资源平台。

第十一条　教师课堂教学应当用语规范、表述准确,注重应用多种教学模式,激发学生学习兴趣,启发学生思维,避免照本宣科,注重培养学生分析、解决问题的能力。

第十二条　教师应当主动适应现代教育技术发展趋势,积极采用在线开放课程、翻转课堂、混合学习等现代教学方法,加强师生互动,提高课堂教学效率和教学效果。禁止长时间播放视频或让学生在课堂上自学。

第十三条　实践教师应当严格实践过程管理,注重培养学生严谨的科学精神和实践动手能力。应当开足全部实践项目,预做实践项目,做好准备工作。应当加强学生安全教育和实践规程教育。实践过程中应当加强指导和巡查,保证学生安全和实践顺利进行。应当认真批改实践报告,并根据学生表现及实践报告综合评价学生成绩。应当积极推进实验教学改革,开设设计性、研究性、创新性实践项目。

第十四条　教师应当引导学生开展自主性、探索性、研究性学习。应当安排足量课外作业,拓展课外学习活动形式,提升课外学习活动的挑战性。应当安排课外辅导和答疑,每月至少安排一次师生见面时间。

第十五条　教师应当严格课堂教学纪律管理,维护课堂教学秩序;应当对缺勤、迟到、早退、做与课堂教学无关的事情的学生及时劝诫、批评教育,注意方式方法,不得打骂或侮辱学生。发现学生违规违纪,应当及时上报相关部门。

第十六条　教师应当自觉接受学校(学院)安排的包括课堂听课、课程测评、课程评估等在内的各类教学检查。

第十七条　听课人员应当在课前5分钟进入教室,听课期间应当关闭手机等通信工具,不得做与听课无关的事情,不得随意离开教室,不得影响教师正常的教学活动。听课结束后,应当及时与任课教师交流并反馈信息。

第三章　学生课堂学习基本要求

第十八条　学生应当坚定中国特色社会主义理想信念,自觉树立和践行社会主义核心价值观;应当把学习作为首要任务,勤学修德,明辨笃实,志存高远,德才并重,情理兼修,勇于开拓,做中国特色社会主义事业的合格建设者和可靠接班人。

第十九条　学生应当自觉遵守课堂教学纪律,按时上下课,不得迟到、早退,不得旷课或请人代上课。因病或其他原因不能按时参加课程学习的,应当按照有关规定事先办理请假手续并获得批准。未经教师允许,不得在课堂上使用手机等电子设备,不得在课堂上走动,不得做与课堂教学无关的事情。

第二十条　学生在课堂上应当衣着整洁,举止得体。应当爱护公物,保持教室整洁、安静。不得故意破坏教室多媒体等设备,不得在课堂上抽烟、喝酒(特殊课程除外)、进食,不得随意丢弃垃圾。

第二十一条　学生应当尊敬师长,遵从课堂教学安排。在课堂上集中注意力,专心听讲,勤做笔记,认真思考,主动回答问题和提出疑问,积极参与教学互动。

第二十二条　学生应当养成良好的实验室工作方法与科学素养。在进入实验室实际操作前,应当充分预习。应当自觉接受实验室安全教育,提高防范各种安全隐患的意识。在实验室上课或从事其他实验工作(如课外科研训练等)时,应当严格遵守实验室安全与管理的各项规定和实验操作规程,在教师指导下完成各项实验工作。未经教师许可,不得擅自改变实验程序,不得擅自使用实验室仪器设备。实验中做到认真观察,实事求是,详细记录。实验后及时整理数据,归纳结果,写出实验报告。

第二十三条　学生应当自觉开展自主性、探索性、研究性学习。应当按时保质完成学习任务,将课堂学习和日常积累有机结合,改进学习方法,提高学习效率;应当注重把知识内化于心,外化于行,勇于挑战自我,积极参与学术前沿研究,养成批判思维和创新创业能力。

第二十四条　学生应当增强团队协作意识,主动开展小组学习、团队合作,主动与教师交流,增强表达、沟通和协作能力。应当主动关心同学,开展朋辈互助,共同成长进步。

第二十五条　学生应当恪守学术道德,遵守学术规范,养成学术诚信,不抄袭、不作弊,不剽窃。应当尊重教师劳动成果,未经教师许可,不得传播教师教学内容。

第二十六条　学生对教师有违学术道德和职业道德的言行,有义务向学校有关部门反映。对课堂教学有意见,可以通过当面陈述或其他正常渠道反映,不得以任何形式对教师进行人身攻击。

第四章　附　则

第二十七条　凡有违反以上课堂教学规范者,将根据有关文件规定进行处理。

第二十八条　本规范由教务处、研究生院负责解释。

第二十九条　本规范自公布之日起执行。

——本文摘录自《关于印发〈厦门大学课堂教学基本规范〉的通知》,厦大教〔2017〕84号,档号2017-XZ12-4

厦门大学“第二课堂成绩单”制度管理实施办法

(2017年12月10日)

为深入贯彻落实全国高校思想政治工作会议精神和党中央关于群团工作部署,贯彻落实《共青团中央改革方案》部署要求,切实推动我校共青团深化改革,现将我校共青团“第二课堂成绩单”制度(以下简称“第二课堂成绩单”)实施办法制定如下:

一、实施意义

在共青团深化改革的形势和背景下,作为高校共青团改革的龙头项目和创新举措,“第二课堂成绩单”是高校共青团顺应高等教育综合改革潮流,围绕中心、服务大局,找准定位、彰显价值的“牛鼻子”;是吸引凝聚青年学生,扩大组织覆盖面和影响力,发挥基础性、源头性、战略性作用的“指挥棒”;是直接联系服务引领青年学生,帮助青年学生提高综合素质、获得社会认可的“通行证”;是促进高校共青团优化工作理念,推动机制创新和工作创新,提升工作专业化、规范化、科学化水平的“发动机”。

二、目标要求

坚持以学生需求为中心,以社会需求为导向,强调客观性、价值性、简便性,通过客观记录、有效认证、科学评价学生参与第二课堂活动的经历和成果,形成一张“第二课堂成绩单”,使其成为学校人才培养评估、学生综合素质评价、社会单位选人用人的重要依据。

三、功能定位

第二课堂是第一课堂的有机补充,也是高校人才培养的重要组成部分。“第二课堂成绩单”将具有“客观记录、科学评价、促进成长、服务大局、提升工作、融入社会”等六方面功能。

1.客观记录。通过设置覆盖面广、内容模块全的课程体系,真实、客观地记录学生在校期间参加各项课外活动、从事团学工作等情况和取得的各类成绩。

2.科学评价。通过对学生在校期间的综合能力表现进行专业化的准确评价,帮助学生正确了解自身优势、弥补自身不足。

3.促进成长。通过“第二课堂成绩单”的反馈,激励学生广泛参与各类活动,促进能力素质的均衡发展,提升就业竞争力。

4.服务大局。通过开展“第二课堂成绩单”有关工作,促进共青团融入学校立德树人工作全局,同时通过网络平台对大数据进行收集分析,为学校党政决策提供科学依据。

5.提升工作。通过推行“第二课堂成绩单”,倒逼共青团工作转型升级,推进工作的科学化标准化系统化建设,提升共青团组织的覆盖面和影响力。

6.融入社会。通过“第二课堂成绩单”,为社会用人单位选人、用人提供科学参考,搭建学生、学校、社会三者之间的有效连接平台。

四、具体内容

围绕立德树人的核心任务，坚持全员全过程全方位育人，在引导学生坚持学业为主的同时，针对学习就业创业、创新创造实践、身体心理情感、志愿公益和社会参与等普遍需求，借鉴“第一课堂”的做法，通过对工作内容、项目供给、评价机制等进行整体设计，探索规范化、课程化、制度化的工作模式，形成全方位培养大学生综合能力素质的制度机制。

1.课程项目体系。课程项目体系是“第二课程成绩单”的事实基础。学校的“第二课堂成绩单”的课程项目体系分为 7 个类别：思想成长、实践实习、志愿公益、创新创业、文体活动、工作履历、技能特长。

（1）“思想成长”模块主要记载学生入党、入团情况，学生参加党校、团校培训经历，学生参加思想引领类活动经历，以及获得的相关荣誉。

（2）“实践实习”模块主要记载参与“三下乡”社会实践活动、就业实习、岗位见习及其他实践活动的经历，参加与港澳台地区及国际交流访学的经历，以及获得的相关荣誉。

（3）“志愿公益”模块主要记载参与“大学生志愿服务西部计划”及支教助残、社区服务、公益环保、赛会服务、海外服务等各类志愿公益活动的经历，以及获得的相关荣誉。

（4）“创新创业”模块主要记载参与各级各类学术科技、创新创业竞赛和活动的经历及获得的相关荣誉，以及发表论文、出版专著、取得专利等情况。

（5）“文体活动”模块主要记载参与文艺、体育、人文素养等各级各类校园文化活动的经历，以及获得的相关荣誉。

（6）“工作履历”模块主要记载在校内党团学（含学生社团）组织的工作任职履历、在校外的社会工作履历，以及获得的相关荣誉。

（7）“技能特长”模块主要记载参加各级各类技能培训的经历，以及获得的相关荣誉。

2.记录评价体系。记录评价体系是“第二课堂成绩单”的实施核心。坚持“客观为主，兼顾主观”的原则，以科学的量化标准为依据，根据既定的“第二课堂成绩单”课程体系，对学生的课程参与过程和成果进行真实客观的记录，同时依据活动种类、等级、参与方式的不同，在记录中予以反映；并对学生进行综合能力的描述性评价，形成评价报告。

3.数据管理体系。网络数据管理系统是“第二课堂成绩单”的实施手段。依托 i 厦大 App、学生工作信息平台、教务处和研究生院管理系统等网络平台，记录、评价、审核学生参与第二课堂活动情况，通过大数据分析、评估、调整各类第二课堂活动的实施方式，以贴合学生需求、实现更大成效。网络数据管理系统应具备以下基本功能：

（1）学生用户可通过网络数据管理系统，观察、选择、记录、评价、反馈第二课堂的课程及实施情况，并通过系统自主选择形成本人的“第二课堂成绩单”。

（2）学校管理用户可通过系统进行课程发布、过程管理、收集反馈，监督、考核、评价、认证学生参与第二课堂情况。

（3）社会用人单位用户可通过专门的学生信息查证入口，为在招聘用人中选择学生、评价学生提供重要参考依据。

五、职责分工

“第二课堂成绩单”是一项系统性、长期性工程，要坚持“学校为主、统筹规划、部门协调、分头实施”的原则，既要明确学校的工作职责，又要加强基层学院的工作部署。

1.“第二课堂成绩单”在学校层面的推进工作由学校学生发展指导委员会统筹，委员会下设由学生工作处和校团委具体负责同志组成的工作组，校团委负责具体实施和推进，办公室设在校团委。学生工作处负责系统开发，宣传部、教务处、研究生院等单位负责重点支持和保障，校团委负责牵头并协调其他各有关职能部门以及学院、社会组织等各方力量，为工作提供各类保障，共同推进相关工作。

2.“第二课堂成绩单”在学院层面的具体执行由学院学生发展指导委员会负责，具体负责学院“第二课堂成绩单”的实施推进。

六、操作模式

可计入“第二课堂成绩单”的活动至少为院级的活动。校级活动由主办单位发布并审核，院级活动由学院团委发布并审核；其他小型活动(如班级活动)则不计入成绩单。各级学生组织职务由相应的负责指导的团委审核后直接导入。学生所获荣誉由负责评审的部门审核后直接导入，无法直接导入的由学生在网上学生事务大厅申报，学院辅导员审核。其他各项具体操作规范及流程详见操作手册。

七、工作要求

1.思想上要提升认识。各单位要从思想认识、责任意识、落实力度等方面给予高度重视，严格实行项目责任人负责制，以从严的态度、从实的作风完成好工作。

2.行动上要有序有力。各学院要形成“有制度、有人员、有机制、有合作”的工作格局，建立学院层面“第二课堂成绩单”的制度规范和操作细则，做到有章可循，有序开展；建立运转有力的工作队伍，明确学院学生组织、社团、班级各层级的职责分工；建立校院二级信息沟通渠道，共同研讨运行过程中出现的各类问题，并提出切实可行的解决方案。

——本文摘录自《关于印发〈厦门大学“第二课堂成绩单”制度管理实施办法〉的通知》，厦大学〔2017〕110号，档号2017-XZ11-4

厦门大学本科生考勤与请假管理暂行办法

(2017年12月10日)

第一条　为进一步规范我校本科生在校学习的活动,加强学风建设,根据《普通高等学校学生管理规定》(教育部令41号)和《厦门大学本科生学籍管理规定》(厦大教〔2017〕67号),结合我校本科教学的实际情况,制定本办法。

第二条　学生应当按时参加学校培养方案规定的活动,自觉遵守各项学习规章制度。因病或其他原因不能按时参加正常学习或规定活动的,应当按照本办法办理请假手续,否则视为无故旷课。应当事前办理请假手续,原则上不允许事后请假。

第三条　学院具体负责对本单位学生进行考勤,考勤结果是对学生进行考核、评奖、评优的依据。

第四条　学生应当在国家及学校规定的节假日时间内离校或返校。因故不能及时返校时,应当按照本办法事先向所在学院请假并获得批准。每学期开学时未请假或未准假逾期两周以上的学生,视为放弃学籍,按自动退学处理。

第五条　擅自缺课、未请假或未准假而导致旷课的,根据学校有关规定给予批评教育,情节严重的,给予相应的纪律处分。一学期内旷课累计10学时以内,学生本人做书面检查;20学时以内,给予通报批评;30学时以内,视情节给予警告处分;40学时以内,给予严重警告处分;50学时以内,给予记过处分。超过50学时,或者未经批准,一学期内连续离校天数达4天以上,经告诫不改的,视情节轻重给予留校察看以下处分。

第六条　学校教学活动应坚持考勤制度,由任课教师负责。任课教师应及时将考勤缺勤情况报告开课单位,由开课单位负责向学生所在学院通报。

第七条　学生请假,应当提交"厦门大学本科生请假单",并附请假事由,请假条须经签字批准后方能生效。学生请假事由应当如实报告,不得捏造或者夸大,否则视情节轻重给予批评教育直至纪律处分。

第八条　因病请假的,应附学校指定的二级甲等及以上医院证明。因参加学校组织的重大活动而须离校、无法参加课程学习时,应提交有关单位或组织出具的证明办理事假手续。如因参加就业面试、家中变故等确需请假的,应提供相关证明材料。

第九条　原则上,请假均应报班主任批准。其中,请假天数在一天以上(含一天)三天以下的,由辅导员批准,学院备案;请假三天以上(含三天)七天以下的,由分管教学副院长批准,学院备案;七天以上(含七天)一个月以内的,由分管教学副院长和学院党委副书记共同批准,报学院、学生处备案。一个学期内连续请假超过一个月,或累计超过5周者,应当根据学校学籍管理有关规定办理休学手续。

第十条　在外参加比赛、社会实践、田野调查等活动期间的请假,由带队老师或责任人批准。

第十一条　学生请假期满应当及时销假。如需续假,其办理手续与请假手续相同。

第十二条　本办法所称"以上""以内"等,除特别说明外,均不包含本数。

第十三条　各学院可根据本办法,结合本学院特点制定实施细则,并报教务处、学生处备案。

第十四条　本办法由教务处、学生处负责解释,自发布之日起施行。

厦门大学本科生请假单

<table>
<tr><td>学院</td><td></td><td>专业</td><td></td></tr>
<tr><td>学号</td><td></td><td>姓名</td><td></td></tr>
<tr><td>手机</td><td></td><td>电子邮箱</td><td></td></tr>
<tr><td>请假天数</td><td colspan="3">从______月______日起至______月______日止,共计______天。</td></tr>
<tr><td>请假事由</td><td colspan="3">(可另附页)</td></tr>
<tr><td>诚信承诺</td><td colspan="3">本人承诺,以上请假事由属实。准假离校后,通过自学等方式保持学习进度。离校期间,不做有损学校声誉的事情,保持与学校的联系。期满后及时销假返校,完成学业。
申请人:　　　日期:</td></tr>
<tr><td rowspan="2">审批意见</td><td colspan="2">班主任:</td><td>辅导员:</td></tr>
<tr><td colspan="2">分管教学副院长:</td><td>党委副书记:</td></tr>
</table>

1.根据请假规定,不同的天数,由学院相关人员签字后生效。

2.病假须附学校指定二级甲等以上医院证明。事假须另附有关证明材料。

3.本假条获批准后,应根据规定复印后送相关部门和任课老师备案。

4.学生获准假离校后,应保持通信畅通,及时与学校保持联系。

——本文摘录自《关于印发〈厦门大学本科生考勤与请假管理暂行办法〉的通知》,厦大教〔2017〕99号,档号2017-XZ12-4

厦门大学校内 SPOC 应用管理办法(试行)

(2017 年 12 月 31 日)

第一条　根据《教育部关于加强高等学校在线开放课程建设应用与管理的意见》(教高〔2015〕3 号)和有关文件精神,为规范学校在线开放课程应用管理工作,促进信息技术与教育教学深度融合,推动教学方式方法改革,加强优质教育资源开放与共享,提高本科人才培养质量,特制定本办法。

第二条　本办法所指的校内 SPOC(Small Private Online Courses,即小规模限制性在线课程),包括:

(一)我校教师在经学校认定的在线开放课程平台上开设的 SPOC;

(二)经学校同意,我校教师引进国内外优质 MOOC 资源,在校内开展线上线下混合式教学的 SPOC。

第三条　学校鼓励和支持教师充分利用我校及国内外优质 MOOC 资源,开展线上线下相结合的混合式教学,激发学生学习自主性及积极性,真正做到教学过程以"生"为本,提高教学质量。

第四条　职责范围

(一)教务处负责校内 SPOC 立项、应用、工作量认定等管理工作,协调学校专家组开展工作。

(二)现代教育技术与实践训练中心负责 SPOC 在平台的开课与运行,提供技术支持与服务等工作。

(三)学校专家组负责研究与制定校内 SPOC 有关政策、课程建设规划、遴选评价标准,监督日常课程教学管理,指导学院等工作。

(四)学院负责组织校内 SPOC 应用、引进国内外优质 MOOC 等工作。

第五条　应用流程

(一)开课。校内 SPOC 应为纳入培养方案的课程,应在规定学期内完成授课,不允许跨学期授课。学院及课程负责教师在规定时间内在教务系统和课程平台提交开课申请。教务处和现代教育技术与实践训练中心分别在教务系统和课程平台审核开课申请。

(二)选课。课程开课后,学生在规定时间内在学校教务系统办理选课等手续,未在教务系统办理选课等手续的学生名单无效。选课结束后,学校平台管理员将学生名单导入在线开放课程平台。

(三)课程运行。课程教学团队负责课程的运行管理,组织线上测验、作业、考试、答疑、讨论等教学活动,及时开展在线指导与测评。

(四)课程考核。学生参与 SPOC 课程混合式课堂学习,通过考核后,可获得该课程对应的学分。结课后,课程负责人应及时在教务系统填报提交成绩。

(五)课程归档。学期结束之后,课程负责人应根据学校有关规定做好课程材料归档工作,做好课程教学自我评价工作,及时发现和总结教学过程中的缺点和优点,改进教学模式。

第六条　课程负责人可根据教学需要灵活设置线上线下课时比例,但线下实体课堂授课课时应不低于课程学分对应的学时要求,且第一堂课应为线下实体课堂授课,必须把课程信息详细告知学生,包括教学基本信息、教学目标、教学方法、主要教学内容和安排、参考资料、线上线下学习的详细说明、考勤要求、考核方式详细说明、成绩构成详细说明等。

第七条　课程应按照学校有关规定制定详细的考核标准,考核标准应侧重于学生学习过程性评价。一般成绩构成应至少包含:线上网络教学与线下课堂教学的考勤情况;线上线下教学过程中发言讨论与主动交流状态;日常作业完成情况;线上线下考核成绩等。线上考核成绩占比由课程负责人灵活制定,但不得超过40%。

第八条　课程纳入学校统一教学运行日常管理与监督,对于评估不合格的SPOC,学校将暂停课程负责人SPOC开课资格,并要求整改直至通过。

第九条　教学工作量认定

(一)教师利用SPOC开展校内翻转课堂教学模式改革,经教务处立项,首轮上线开课按对应常规课程的2倍教学工作量计,第二轮及以后开课按对应常规课程的1.5倍教学工作量计;学校每年组织翻转课堂教学模式改革研究项目立项。

(二)未立项为翻转课堂教学模式改革项目的校内SPOC按常规课程工作量计。

(三)未经学校同意,在其他MOOC平台上运行的在线开放课程,不予认定教学工作量。

第十条　本办法自发布之日起执行,由教务处负责解释。

——本文摘录自《关于印发〈厦门大学校内SPOC应用管理办法(试行)〉的通知》,厦大教〔2017〕101号,档号2017-XZ12-4

厦门大学在线开放课程建设管理办法(试行)

(2017年12月31日)

第一条　根据《教育部关于加强高等学校在线开放课程建设应用与管理的意见》(教高〔2015〕3号)和有关文件精神,为规范学校在线开放课程建设管理工作,推动信息技术与教育教学深度融合,促进教学方式方法改革,加强优质教育资源开放与共享,提高本科人才培养质量,特制定本办法。

第二条　本办法所称在线开放课程包括经学校审核通过的大规模在线开放课程(Massive Open Online Courses,即MOOC)、小规模限制性在线课程(Small Private Online Courses,即SPOC)以及其他形式的在线开放课程。未经学校审核通过的课程,不得以“厦门大学在线开放课程”的名义开展教学和宣传。

第三条　组织机构

(一)教务处负责组织制定政策文件,组织在线开放课程立项、协调专家组等工作。

(二)现代教育技术与实践训练中心下设在线开放课程建设与应用推进办公室(以下简称推进办),具体负责在线开放课程建设、应用与服务,提供技术支持等工作。

(三)专家组负责研究与制定在线开放课程有关政策、课程建设规划、遴选评价标准,负责项目的评审、检查、验收、上线审核、指导学院等工作。

第四条　学校鼓励学院结合学科专业优势,利用现代教育技术,引导教师积极参与在线开放课程建设与应用,重塑课程结构,改革教学内容,建设一批以在线开放课程为代表、课程应用与教学服务相融通的优质课程。

第五条　学校重点支持公共基础课、专业基础课以及大学生文化素质教育课、创新创业教育课等本科课程建成在线开放课程。

第六条　课程立项后应严格按照进度安排,参照《厦门大学在线开放课程建设标准》文件,坚持高标准进行课程建设。

1.课程内容

(1)导向正确,弘扬社会主义核心价值观。遵循教育教学规律,体现现代教育思想。反映学科最新发展成果和教改教研成果,具有较高的科学性水平。无危害国家安全、涉密及其他不适宜网络公开传播的内容,无侵犯他人知识产权内容。

(2)课程资源应包括课程介绍、负责人介绍、教学大纲、授课视频、演示文稿、教学课件、课程公告、测验和作业、考试等教学活动必需的资源,以及满足学校教学和学习者自主学习需求的参考资料。

2.课程团队

(1)课程负责人应为学校正式聘用的教师,具有丰富教学经验和较高学术造诣。课程负责人与主讲教师师德师风好,教学能力强。

(2)课程团队积极投身信息技术与教育教学深度融合的教学改革,团队结构合理、人员稳定,除课程负责人和主讲教师外,还应配备必要的助理教师,保障线上线下教学的正常有序运行。

(3)课程团队能够按照规范的教学计划和要求,持续为学习者提供有效的教学服务,及时对课程内容进行更新和完善。

3.课程教学设计

注重探索以学生为中心的课程教学组织新模式，构建教与学新型关系，积极开展课程内容重构，课程知识体系科学，资源配置合理，适合在线学习和混合式教学。

第七条　申报及上线流程

(一)课程申报。课程负责人提交申报材料，包括：《厦门大学在线开放课程建设项目申报书》、“厦门大学在线开放课程内容设计表”及至少两周的授课视频等。

(二)学院初审。学院对符合立项要求的课程予以排序推荐，报送至推进办。人文哲学社会科学类、意识形态较强和涉及国家主权、安全、民族、宗教的在线开放课程还须经过学院党委审核。

(三)学校评审。学校组织专家评审，确定拟立项名单，经公示无异议后，正式发文公布。

(四)上线申请。课程建设完成后，课程负责人填写“厦门大学在线开放课程上线申请表”。各学院对课程内容(文字和影像等)逐字、逐句、逐帧审核，不得存在政治性、思想性、科学性和规范性问题以及侵犯知识产权、肖像权的问题。学院党委对课程团队成员情况进行审查，对课程政治导向严格审查把关，确保课程正确的政治方向、价值取向。学院审核通过后，提交推进办。

(五)上线审核。学校组织专家组对课程进行审核。

(六)平台开课。课程通过上线审核后，教师发布开课通知，及时开课。

第八条　经费管理

1.学校设立在线开放课程专项经费，纳入年度经费预算，实行项目管理，专款专用。

2.课程立项后拨付建设经费，由课程负责人科学合理安排使用。经费管理严格按照学校财务管理有关规定执行，项目验收后进行决算，并接受审计部门监督。

第九条　在线开放课程是教师受学校政策支持和经费资助完成的职务作品，课程的知识产权归学校所有，收益权归学校和教师共同所有。学校为在线开放课程建设积极争取外部资源支持，并通过有积极社会意义的增值服务创造收入，课程获得的相关收入由学校统一管理与分配，具体分配方案由推进办制订并报学校审批后执行。

第十条　条件支持

1.学校定期开展在线开放课程建设与应用培训，每位课程团队成员应至少参加一期培训。

2.学校建设录播教室、拍摄基地、智慧教室等，为在线开放课程建设提供条件支持。

3.学校构建安全、稳定的硬件运行环境和网络通道。

第十一条　本办法自发布之日起执行，由教务处和现代教育技术与实践训练中心负责解释。

——本文摘录自《关于印发〈厦门大学在线开放课程建设管理办法(试行)〉的通知》，厦大教〔2017〕102号，档号2017-XZ12-4

·管理与服务工作·

厦门大学国内差旅费管理办法(修订)

(2017年3月27日)

第一章　总　则

第一条　为进一步加强和规范学校国内差旅费管理,推进厉行节约反对浪费,根据《中共中央办公厅国务院办公厅印发〈关于进一步完善中央财政科研项目资金管理等政策的若干意见〉》(中办发〔2016〕50号)等有关文件和要求,结合学校实际情况,特制定本办法。

第二条　差旅费是指学校各类人员因教学、科研和管理等工作需要临时到常驻地以外地区出差所发生的城市间交通费、住宿费、伙食补助费和市内交通费。

第三条　各单位应建立健全出差审批管理制度,根据工作需要确定出差人数和天数;严格差旅费预算管理,控制差旅费支出规模;严禁无实质内容、无明确目的的差旅活动;严禁异地单位间无实质内容的学习交流和考察调研。

学校各类人员出差前应按"五定"原则(即定任务、定人数、定地点、定时间及定交通工具等)执行出差审批,具体审批程序如下:

(一)教职员工出差、学生调研由单位经费负责人审批。

(二)课题组成员使用课题经费出差,由课题组长审批;课题组长出差由各单位主管科研的领导审批。

(三)如各单位经费负责人是副职领导,其出差由该单位行政正职领导审批。

(四)各单位正职领导出差,须提前报分管校领导审批,如分管校领导外出,由学校办公室主任请示领导后代批。

(五)学生外出生产实习,需按照教学计划的安排,拟订实习计划及实习经费预算并经学院相关负责人审批后,报单位经费负责人审批。

第四条　出差结束后应及时办理报销手续。差旅费报销应遵循"一事一报"的原则,不在同一时间段出差,需分别填写不同的差旅费报销单;对于同一时间段(趟/次)出差,有两项以上任务的,可按时间顺序填写同一差旅费报销单。出差人员在出差期间所发生的费用,应连同当次差旅费同时报销,原则上事后不予补报。

报销时应当提供厦门大学出差"五定"审批表、厦门大学差旅费报销单、机票、车票、船票、住宿费发票及付款记录等凭证。

(一)城市间交通费按乘坐交通工具的等级凭据报销;交通意外保险费、火车订票费、经批准发生的签转或退票费凭据报销;住宿费在标准限额之内凭据报销;伙食补助费、市内交通费实行定额包干。

(二)机票款等城市间交通费、住宿费等支出应按规定使用公务卡结算。

(三)出差人员购买机票应按照财政部、中国民用航空局印发的《关于加强公务机票购买管理有关事项的通知》(财库〔2014〕33号)的规定购买公务机票。出差人员也可购买低于公务机票价格的优惠机票,但购票时应当保留同一购票时点在航空公司官网或政府采购机票管理网站(www.gpticket.org)截取的同时刻同航班舱位价格截图等材料,作为报销凭证的附件。

(四)未经批准出差以及超范围、超标准开支的费用不予报销。

第二章　城市间交通费

第五条　城市间交通费是指学校各类人员因公到常驻地以外地区出差乘坐火车、轮船、飞机、长途汽车等交通工具所发生的费用。

(一)出差人员(包含在职人员、离退休人员等)乘坐交通工具等级标准见下表:

<table>
<tr><th rowspan="2">对应人员</th><th colspan="5">交通工具</th></tr>
<tr><th>火车(含高铁、动车、全列软席列车)</th><th>轮船(不包括旅游船)</th><th colspan="2">飞机</th><th>其他交通工具(不包括出租小汽车)</th></tr>
<tr><td>70周岁及以上院士、文科资深教授和二级(副部级)及以上管理岗位人员</td><td>火车软席(软座、软卧),高铁/动车商务座,全列软席列车一等软座</td><td>一等舱</td><td colspan="2">头等舱</td><td>凭据报销</td></tr>
<tr><td>70周岁以下院士、文科资深教授和二级(副部级)及以上管理岗位人员</td><td>火车软席(软座、软卧),高铁/动车商务座,全列软席列车一等软座</td><td>一等舱</td><td colspan="2">公务舱</td><td>凭据报销</td></tr>
<tr><td rowspan="2">55周岁及以上特聘教授、二级教授</td><td rowspan="2">火车软席(软座、软卧),高铁/动车一等座,全列软席列车一等软座</td><td rowspan="2">二等舱</td><td>使用以公开竞争方式从校外取得的科研经费出差并且乘坐飞行时间超过4小时(含)的国内航班</td><td>公务舱</td><td rowspan="2">凭据报销</td></tr>
<tr><td>其他情况</td><td>经济舱</td></tr>
<tr><td>正高级职务人员;五级及以上专业技术岗位和管理岗位人员</td><td>火车软席(软座、软卧),高铁/动车一等座,全列软席列车一等软座</td><td>二等舱</td><td colspan="2">经济舱</td><td>凭据报销</td></tr>
<tr><td>其余人员</td><td>火车硬席(硬座、硬卧),高铁/动车二等座、全列软席列车二等软座</td><td>三等舱</td><td colspan="2">经济舱</td><td>凭据报销</td></tr>
</table>

(二)到出差目的地有多种交通工具可选择时,出差人员在不影响工作、确保安全的前提下,应当选乘经济便捷的交通工具。

(三)院士、文科资深教授,二级(副部级)及以上管理岗位人员出差,若乘坐飞行时间超过 4 小时(含)的国内航班,因工作需要,随行一人可乘坐同等级交通工具。

(四)既在管理岗位又有专业技术职称的人员,可以按照“就高”原则乘坐相应交通工具。国外引进人才可参照同类级别人员标准执行。

(五)各类人员级别以学校人事处认定为准。特殊情况经学校批准同意后报人事处、财务处备案执行。

(六)出差人员要按照规定等级乘坐交通工具,凭据报销城市间的交通费。未按规定等级乘坐交通工具的,超支部分原则上不予报销。对于乘坐高于规定等级的交通工具所发生的费用,按照实际购买票价和自身对应等级全价票“就低”的原则报销。

(七)由于健康原因、突发事项、携带军工设备、保密要求等特殊情况,出差人员超标准乘坐交通工具的,经学院(部门)、业务主管部门、分管校领导审批后可实报实销。

第六条　乘坐夕发朝至的全列软席火车,乘坐普通软席时,不受出差人员级别限制。出差人员原则上乘坐全列软席列车软座,但在晚 8 时至次日晨 8 时期间乘车时间 6 小时以上的,可在不超过相应城市间飞机经济舱全价票的范围内,据实报销软卧车票。

第七条　乘坐飞机的民航发展基金、燃油附加费可凭据报销。乘坐飞机、火车、轮船等交通工具的,每人每次可购买交通意外保险一份。一次性购买全年旅客人身意外伤害险或所在单位统一购买交通意外保险的,不再重复报销。

第八条　对于到偏远、边境地区开展考察、调研和测试监测等科研工作,受地理环境和当地条件限制,必须要自驾车或者租车前往的,出差人员除提供厦门大学出差“五定”审批表外还需书面说明并附相关凭据,事先报学院分管科研领导审批并加盖公章后报销相应的费用。

在目的地租车的,视同市内交通费,在按规定发放的市内交通费内统筹解决,不再另外报销。从常驻地到目的地租车往返的,视同城市间交通费,租车费可凭票据及租车合同据实报销,凭住宿费发票(须在发票或清单上注明住宿天数、人数)按规定报销伙食补助费,不再发放市内交通费。

在以公开竞争方式从校外取得的科研项目中,需要自驾车开展科研活动的,报销的汽油费和过桥过路费原则上控制在城市间交通费最低标准内,凭住宿费发票(须在发票或清单上注明住宿天数、人数)和过桥过路费发票发放伙食补助费和市内交通费。

对由于自驾车或者租车所引起的安全等问题,由出差人员所在学院(研究院)等二级单位和出差人员承担。

第九条　因海洋科学考察等教学、科研工作需要,必须租用船舶的,应事先制订航次计划并按规定程序进行出差审批。为保证海上作业期间出海人员的人身安全,应选择租用具有相应资质、符合工作任务需求的船舶并与船舶所有者签订租船合同(协议)并为出海人员购买保险。

出海人员完成工作任务返航后应及时完成出海总结。出海期间的船舶租赁费须使用银行汇款或公务卡方式结算,凭发票及合同据实报销;出海期间的保险费可凭保险费发票据实报销。

第三章　住宿费

第十条　住宿费是指各类人员出差期间入住宾馆(包括饭店、招待所,下同)发生的房租费用。

(一)学校参照国家有关文件确定分地区、分级别住宿费限额标准(见附表 1)。对于住宿价格季节性变化明显的城市,限额标准在旺季可适当上浮一定比例。

(二)出差人员应当坚持勤俭节约原则,根据职级对应的住宿费标准自行选择安全、经济、便捷的宾馆住宿(不分房型),在限额标准内据实报销。

第十一条　出差人员无住宿费发票,原则上不予报销住宿费。对于开展野外调研、社会调查、考古挖掘、写生采风、环境监测、气象观测、地质调查、工地勘察、学生实习、海洋科学考察等工作,住在帐篷、农户、船舶、厂矿、科研基地、考察站、监测站、农场、林场、学生宿舍和教室等实际发生住宿费无法取得住宿费发票的,可请收款人协助到当地税务部门开具税务发票后在标准内据实报销;受地理环境和当地客观条件限制,确实无法在当地税务部门开具税务发票的,可由师生提供住宿情况说明、对方签收的收据(须注明收款人姓名、身份证号码、联系方式、地址等)和身份证复印件,经单位"财务一支笔"审批(科研经费由学院分管科研领导审批)后在标准内据实报销。

根据《关于印发〈厦门大学本科生实习工作管理规定(修订)〉的通知》(厦大教〔2015〕20 号)规定,出差人员担任实习指导教师期间的住宿费用自理但无法取得住宿费发票的,可凭对方出具的收款票据(须注明收款人姓名、身份证号码、联系方式、地址等)和身份证复印件,按 60 元/(人・天)的定额包干报销。

第四章　伙食补助费和市内交通费

第十二条　伙食补助费是指对各类人员在因公出差期间给予的伙食补助费用。市内交通费是指各类人员因公出差期间发生的市内交通费用。

第十三条　出差人员的伙食补助费和市内交通费以城市间交通费和住宿费票据为凭据,按出差自然(日历)天数计算,按规定标准包干使用。

(一)出差途中城市间交通费票据应保持完整。如不完整,除能够提供有效证明外,原则上不发放伙食补助费和市内交通费。

(二)实际发生住宿而无住宿费发票的,除以下情况外,原则上不能报销住宿费以及城市间交通费、伙食补助费和市内交通费:

1.受邀参加学术会议、研讨会、评审会、座谈会等,凭邀请方负担住宿费的有效证明,据实报销城市间交通费,按第十八条相关规定发放伙食补助费和市内交通费。

2.与其他单位开展教学科研合作,对方单位提供住宿的,凭合作方提供食宿情况的有效证明,据实报销城市间交通费,按规定发放伙食补助费和市内交通费。

3.对于上述第十一条所列情况不能取得住宿费发票或不收取住宿费的,由师生提供食宿情况说明并依据有关凭据,经所在单位"财务一支笔"审批(科研经费由学院分管科研领导审批)后,据实报销城市间交通费,按规定发放伙食补助费和市内交通费。

4.对于其他无住宿费发票或属于上述情况但无法提供有效证明的,出差人在确保真实性的前提下,写明情况并经项目负责人和所在单位"财务一支笔"审批(科研经费由学院分管科研领导审批)后,可以报销城市间交通费,发放在途伙食补助费和市内交通费。

第十四条　教职员工出差伙食补助费执行财政部公布的分地区伙食补助费标准:西藏、新疆、青海三省市自治区每人每天伙食补助费 120 元,其他地区每人每天伙食补助费 100 元。在途期间的伙食补助费按当天最后到达目的地的标准报销。

第十五条　市内交通费每人每天 80 元包干使用。也可选择实报实销,不再领取交通补贴。

第十六条　出差人员已由校外单位负担伙食费用或市内交通费的,不得重复领取伙食补助费或市内交通费。

第十七条　确因工作业务需要邀请学者、专家或有关校外人员来校开会、交流、访问或赴外地参加调研,可按以下情况对照学校相应标准报销差旅费:

(一)邀请来校开会的,可按差旅费规定报销受邀人员城市间交通费,按会议费规定报销住宿费、伙食费、市内交通费等。

(二)邀请来校交流、访问的,可按差旅费规定报销受邀人员城市间交通费,在住宿费定额标准范围内凭票报销住宿费,据实报销市内交通费,不再发放伙食补助费和市内交通费。

(三)邀请赴外地参加调研的,可按差旅费规定报销受邀人员城市间交通费、住宿费、伙食补助费和市内交通费。

第五章 参加会议、学习(培训)等的差旅费

第十八条 教职员工外出参加会议和培训，举办方统一安排食宿并且不收取食宿费用的，参会人员不得报销和发放会议期间的住宿费、伙食补助费和市内交通费。在途期间的城市间交通费、住宿费、伙食补助费和市内交通费按照差旅费规定报销。其中，伙食补助费和市内交通费按往返实际在途天数计发，当天往返的按一天计发。

举办方不承担伙食费用、会议期间食宿自理的，凭举办方出具的有效证明，参会人员的城市间交通费、住宿费、伙食补助费和市内交通费按照差旅费规定标准报销。

对于参加其他单位举办的会议和培训，举办方统一安排住宿且费用自理的，凭举办方出具的有效证明，据实报销住宿费。会议和培训期间缴纳的会议费、培训费等应凭会议、培训通知及其注明的收费标准凭票据实报销。

第十九条 经组织批准，抽调(含挂职)到省里、中央部门工作的干部，往返途中(仅指首次前往和期满返回)的住宿费、伙食补助费和市内交通费按照差旅费开支规定报销；抽调工作期间因公或探亲发生的差旅费由抽调(挂职)人员商接收单位解决或所在单位解决。

借调教育部等中央部门工作期间的伙食补助费和市内交通费，以城市间交通费为依据，按补贴标准总和的50%发放。住宿费凭租房合同(由学校统一办理租赁)及房租发票据实报销。

挂职干部挂职期间补贴和抽调到重大开发建设项目指挥部工作人员补贴，其发放标准及开支渠道按现有规定执行。

援藏援疆人员休假及配偶探亲差旅费的报销，按照中共中央组织部、人力资源和社会保障部《对口支援新疆干部和人才管理办法》(组通字〔2011〕6号)和学校援藏援疆干部有关待遇规定执行。

第二十条 出差人员到食宿条件比较艰苦、流动性大的地区进行观测、采集、发掘、测量、试验、写生采风等野外工作或开展农业基本原材料、动植物、矿产标本等采购工作，为保障科研工作需求、保护科考人员身体健康，野外考察的差旅费按以下规定执行：

(一)科考人员外出开展此类野外考察前，应事前编制野外考察计划，经单位“财务一支笔”审批(科研经费由学院分管科研领导审批)并加盖公章后作为报销凭据。

(二)科考人员在野外考察期间的城市间交通费，根据差旅费规定的标准据实报销。

在以公开竞争方式从校外取得的科研项目中，科考人员自驾或租用车辆进行考察的，应在野外考察计划中注明。科考计划审批通过后，科考工作发生的燃油费、过路过桥费、租车费等，可据实报销。出差期间全程使用车辆的，将不再发放市内交通费；出差期间未全程使用车辆的，扣除使用车辆的天数后可发放市内交通费。

(三)考察期间发生住宿能取得住宿发票的，在住宿费限额标准内据实报销；无法取得住宿发票的，按第十一条规定办理。

在以公开竞争方式从校外取得的科研项目中，因工作需要只能在帐篷、汽车等处过夜，无法取得住宿发票的，可提供相应的证明(科考报告、连续的工作日志等)，由项目负责人、课题负责人签字证明有效并经学院分管科研领导审批加盖公章后，住宿费可实行定额包干。定额标准在不超过住宿费标准50%的范围内，由课题组根据实际工作情况确定。

(四)伙食补助费和市内交通费按不高于250元/(人·天)发放。

(五)科考人员在条件恶劣地区进行野外考察，如所处环境可能会对人身及健康造成损害及伤害的，应为科考人员购买野外工作期间的人身意外伤害保险或商业医疗保险。

(六)各单位应将非涉密的野外考察的主要内容、地点、人数、经费开支等情况在单位的网站或公告栏公示。未按规定公示的，将不予报销相关旅费。

第二十一条 各类海上作业人员出海补贴(含伙食补助费和市内交通费)不高于320元/(人·天)。参加海上作业的学生的补贴标准由课题组根据出海时长、工作量等实际情况在上述标准范围内核定。

参与国外海上作业、南北极科学考察期间获得其他单位提供的出海补贴的，将不再重复发放补贴。在国(境)外陆地停靠期间发生的国际差旅费的管理和报销标准可按《厦门大学出国(境)差旅费管理办法》执行。

第六章　工作调入、搬迁、探亲费用管理

第二十二条　高层次引进人才来校工作报到所发生的城市间交通费、住宿费、伙食补助费和市内交通费，按差旅费管理办法一次性报销。

高层次引进人才的行李托运费按照《关于印发〈关于引进高层次人才行李托运费报销办法的暂行规定〉的通知》(厦大人〔2006〕101号)规定的额度凭行李托运票据报销。随迁家属和搬迁家具发生的费用由调动人员自理。

第二十三条　教职员工报销探亲差旅费应提供经人事处审批的厦门大学教职工探亲报销通知单。

(一)未婚教职员工探望父母或已婚教职员工探望配偶，路费按照规定标准凭票报销。已婚教职员工探望父母，路费需由个人承担基本工资的30%。

(二)教职员工探亲期间的伙食费、市内交通费、通信费、人身意外伤害险、行李物品寄存费、托运费，以及趁便参观、游览等开支，均由本人自理，不得报销。

(三)探亲人员使用个人交通工具的，城市间交通费一律不予报销。探亲期间，个人交通工具发生的费用均由个人负责。

第二十四条　探亲往返城市间交通费，按下列标准开支：

(一)乘火车(包括高铁、动车、全列软席列车)的，不分职级，一律报硬席卧铺费。

(二)乘轮船的，报三等舱位(或比统舱高一级舱位)费。

(三)乘长途公共汽车及其他民用交通工具的，凭据报销，但出租机动车辆票据一律不予报销。

(四)探亲不得报销飞机票。因故乘坐飞机的，可按火车硬席卧铺费报销。多支部分由个人自理。

第二十五条　教职员工探亲往返途中住宿费，按下列标准开支：

(一)限于交通条件，必须中途转车、转船并在中转地点住宿的，每中转一次，可按差旅费规定凭据报销一天的住宿费。如中转住宿费超过规定天数的，其超过部分由个人自理。

(二)连续乘长途汽车及其他民用交通工具，夜间停驶必须住宿的，其住宿费按差旅费规定标准凭据报销。

(三)遇到意外交通事故(如塌方道路受阻，洪水冲毁桥梁)造成交通暂时停顿，其等待恢复期间的住宿费，可按差旅费规定标准凭据报销。

第七章　学生差旅费

第二十六条　学生出差旅费

(一)学生出差期间，城市间交通费按照以下标准执行：火车硬座，高铁/动车二等座、全列软席列车二等软座，轮船三等舱。学生出差乘坐硬卧的，需由经费负责人审批后方可报销；因路途较远或出差任务紧急，需乘坐飞机的，必须事先提出申请，并按程序审批后方可报销。

(二)学生出差期间，住宿费、伙食补助费和市内交通费等在其余人员的标准范围内由经费负责人确定报销额度。

(三)学生由单位或项目组派出参加会议、学习(培训)及科研合作等，其在途及工作期间的住宿费、伙食补助费和市内交通费在规定的标准范围内由经费负责人确定报销额度。

第二十七条　学生实习教学差旅费

(一)赴外地实习

1.城市间交通费按以下标准执行：学生按火车硬座、轮船最低舱位和大巴车等标准，凭票据报销。

2.根据《关于印发〈厦门大学本科生实习工作管理规定(修订)〉的通知》(厦大教〔2015〕20号)，学生在

外地实习期间住宿费按以下标准执行:实习单位统一安排住宿且不收取住宿费的,不得报销住宿费。实习期间住宿费用自理的,取得住宿费发票的,按 50 元/(人 · 天)的标准之内凭票据据实报销;无法取得住宿费发票的,可凭对方出具的收款票据(须注明收款人姓名、身份证号码、联系方式、地址等信息)和身份证复印件,按 30 元/(人 · 天)的定额标准包干使用。

3.伙食补助费及市内交通费在每人每天 60 元的标准范围内包干使用。

(二)在本市实习:

1.在岛内实习的,伙食补助费及市内交通费在每人每天 30 元的标准范围内包干使用。

2.在岛外实习的,伙食补助费及市内交通费在每人每天 50 元的标准范围内包干使用。

第八章 监督问责

第二十八条 出差人员不得向接待单位提出正常公务活动以外的要求,不得在出差期间接受违反规定用公款支付的宴请、游览和非工作需要的参观,不得接受礼品、礼金和土特产品等。

第二十九条 出差人员是差旅费的直接负责人,对差旅费使用的合规性、合理性、真实性和相关性承担直接责任。出差人应了解并遵守有关财经法律法规和差旅费管理制度,依法、据实报销差旅费。

第三十条 各单位应当加强对本单位教职员工出差活动和经费报销的内控管理,对本单位出差审批制度、差旅费预算及规模控制负责。单位财务负责人或项目负责人对差旅费报销审批时要严格把关,确保票据来源合法,内容真实完整、合规。

第三十一条 各单位应当自觉接受各级监督审计机构对出差活动及相关经费支出的审计监督。

第九章 附 则

第三十二条 教职员工出差期间因私前往其他城市的,城市间交通费按不高于从出差目的地返回单位按规定乘坐相应交通工具的票价予以报销,超出部分由个人自理。伙食补助费和市内交通费发放天数扣除因私前往其他城市的天数。

第三十三条 学校中层以上党政领导干部外出应按《关于印发〈厦门大学党政领导干部外出请假暂行办法〉的通知》(厦大委综〔2015〕42 号)规定请假。

第三十四条 各类人员出国(境)费用的管理和报销按《厦门大学出国(境)差旅费管理办法》规定执行。

第三十五条 本办法适用于全校各单位,资产经营公司、校医院及后勤集团等独立核算单位可参照执行。

第三十六条 住宿费、伙食补助费、市内交通费等差旅费标准参考财政部制定的差旅费标准,考虑物价等因素进行动态调整。

第三十七条 本办法从发布之日起执行,《厦门大学差旅费管理办法》(厦大财〔2016〕50 号)同时废止。

第三十八条 本办法由财务处负责解释。

附表 1

国内差旅住宿费标准表

单位:元/(人·天)

<table>
<tr><th rowspan="2">序号</th><th rowspan="2">省份(市)</th><th colspan="3">住宿费基准</th><th rowspan="2">旺季地区</th><th rowspan="2">旺季期间</th><th colspan="3">旺季上浮价</th></tr>
<tr><th>一类</th><th>二类</th><th>三类</th><th>一类</th><th>二类</th><th>三类</th></tr>
<tr><td>1</td><td>北京市</td><td rowspan="2">1100</td><td rowspan="2">700</td><td rowspan="2">500</td><td></td><td></td><td></td><td></td><td></td></tr>
<tr><td>2</td><td>上海市</td><td></td><td></td><td></td><td></td><td></td></tr>
<tr><td>3</td><td>三亚市</td><td>1000</td><td>600</td><td>500</td><td>三亚市</td><td>10 月—次年 4 月</td><td>1200</td><td>750</td><td>600</td></tr>
<tr><td>4</td><td>江苏省</td><td rowspan="7">900</td><td rowspan="7">600</td><td rowspan="7">500</td><td></td><td></td><td></td><td></td><td></td></tr>
<tr><td>5</td><td>浙江省</td><td></td><td></td><td></td><td></td><td></td></tr>
<tr><td>6</td><td>福建省</td><td></td><td></td><td></td><td></td><td></td></tr>
<tr><td>7</td><td>河南省</td><td>洛阳市</td><td>4—5 月上旬</td><td>1200</td><td>750</td><td>600</td></tr>
<tr><td>8</td><td>广东省</td><td></td><td></td><td></td><td></td><td></td></tr>
<tr><td>9</td><td>四川省</td><td></td><td></td><td></td><td></td><td></td></tr>
<tr><td>10</td><td>云南省</td><td></td><td></td><td></td><td></td><td></td></tr>
<tr><td>11</td><td>天津市</td><td rowspan="16">800</td><td rowspan="16">500</td><td rowspan="16">400</td><td></td><td></td><td></td><td></td><td></td></tr>
<tr><td rowspan="3">12</td><td rowspan="3">河北省</td><td>张家口市</td><td>7—9 月、11 月—次年 3 月</td><td rowspan="3">1200</td><td rowspan="3">750</td><td rowspan="3">600</td></tr>
<tr><td>秦皇岛市</td><td>7—8 月</td></tr>
<tr><td>承德市</td><td>7—9 月</td></tr>
<tr><td>13</td><td>山西省</td><td></td><td></td><td></td><td></td><td></td></tr>
<tr><td rowspan="2">14</td><td rowspan="2">内蒙古</td><td>海拉尔市、满洲里市、阿尔山市、二连浩特市</td><td>7—9 月</td><td rowspan="2">1200</td><td rowspan="2">750</td><td rowspan="2">600</td></tr>
<tr><td>额济纳旗</td><td>9—10 月</td></tr>
<tr><td>15</td><td>辽宁省</td><td>大连市</td><td>7—9 月</td><td>960</td><td>600</td><td>480</td></tr>
<tr><td>16</td><td>吉林省</td><td>吉林市、延边州、长白山管理区</td><td>7—9 月</td><td>960</td><td>600</td><td>480</td></tr>
<tr><td rowspan="2">17</td><td rowspan="2">黑龙江省</td><td>哈尔滨市</td><td>7—9 月</td><td rowspan="2">960</td><td rowspan="2">600</td><td rowspan="2">480</td></tr>
<tr><td>牡丹江市、伊春市、大兴安岭地区、黑河市、佳木斯市</td><td>6—8 月</td></tr>
<tr><td>18</td><td>安徽省</td><td></td><td></td><td></td><td></td><td></td></tr>
<tr><td>19</td><td>江西省</td><td></td><td></td><td></td><td></td><td></td></tr>
<tr><td>20</td><td>山东省</td><td>青岛市、烟台市、威海市、日照市</td><td>7—9 月</td><td>960</td><td>600</td><td>480</td></tr>
<tr><td>21</td><td>湖北省</td><td></td><td></td><td></td><td></td><td></td></tr>
<tr><td>22</td><td>湖南省</td><td></td><td></td><td></td><td></td><td></td></tr>
</table>

续表

<table>
<tr><th rowspan="2">序号</th><th rowspan="2">省份(市)</th><th colspan="3">住宿费基准</th><th rowspan="2">旺季地区</th><th rowspan="2">旺季期间</th><th colspan="3">旺季上浮价</th></tr>
<tr><th>一类</th><th>二类</th><th>三类</th><th>一类</th><th>二类</th><th>三类</th></tr>
<tr><td>23</td><td>广　西</td><td rowspan="13">800</td><td rowspan="13">500</td><td rowspan="13">400</td><td>桂林市、北海市</td><td>1—2 月、7—9 月</td><td>1040</td><td>650</td><td>520</td></tr>
<tr><td rowspan="2">24</td><td rowspan="2">海南省(不含三亚市)</td><td>海口市、文昌市、澄迈县</td><td>11 月—次年 2 月</td><td rowspan="2">1040</td><td rowspan="2">750</td><td rowspan="2">520</td></tr>
<tr><td>琼海市、万宁市、陵水县、保亭县</td><td>11 月—次年 3 月</td></tr>
<tr><td>25</td><td>重庆市</td><td></td><td></td><td></td><td></td><td></td></tr>
<tr><td>26</td><td>贵州省</td><td></td><td></td><td></td><td></td><td></td></tr>
<tr><td>27</td><td>西　藏</td><td>拉萨市</td><td>6—9 月</td><td>1200</td><td>750</td><td>600</td></tr>
<tr><td>28</td><td>陕西省</td><td></td><td></td><td></td><td></td><td></td></tr>
<tr><td>29</td><td>甘肃省</td><td></td><td></td><td></td><td></td><td></td></tr>
<tr><td rowspan="2">30</td><td rowspan="2">青海省</td><td>西宁市</td><td>6—9 月</td><td>1200</td><td>750</td><td>600</td></tr>
<tr><td>玉树州、海北州、黄南州、海东市、海南州、海西州</td><td>5—9 月</td><td>960</td><td>600</td><td>480</td></tr>
<tr><td>31</td><td>宁　夏</td><td></td><td></td><td></td><td></td><td></td></tr>
<tr><td>32</td><td>新　疆</td><td></td><td></td><td></td><td></td><td></td></tr>
</table>

备注：

一类人员：院士、文科资深教授；二级(副部级)及以上管理岗位人员。

二类人员：正高级职务人员；五级及以上专业技术岗位和管理岗位人员。

三类人员：其他人员。

附表 2

厦门大学野外考察出差计划审批表

单位：　　　　　　　　　　　　　　　　　　　　　　　　　　　　日期：　　　　年　月　日

<table>
<tr><td>出差人</td><td colspan="3"></td></tr>
<tr><td>出差人数</td><td></td><td>出差领队姓名</td><td></td></tr>
<tr><td>出差时间</td><td colspan="3">年　月　日至　年　月　日</td></tr>
<tr><td rowspan="2">出差地点及路线</td><td colspan="3">地点：＿＿＿省＿＿＿市＿＿＿县＿＿＿村</td></tr>
<tr><td colspan="3">计划路线：</td></tr>
<tr><td>交通工具</td><td colspan="3">1.飞机□　2.火车□　3.轮船□
4.租车□　5.自驾车□　其他(请注明)：</td></tr>
<tr><td>野外考察内容及与项目的相关性</td><td colspan="3"></td></tr>
<tr><td>依托项目</td><td></td><td>经费卡号</td><td></td></tr>
<tr><td>项目负责人审批</td><td colspan="3"></td></tr>
<tr><td>学院意见</td><td colspan="3">分管科研领导(签字)：
(盖章)
年　月　日</td></tr>
<tr><td>此栏考察结束后填列</td><td colspan="3">是否已经完成公示？ □ 是　□ 否
学院科研秘书或教学秘书(签字)：
年　月　日</td></tr>
</table>

——本文摘录自《关于印发〈厦门大学国内差旅费管理办法(修订)〉的通知》，厦大财〔2017〕17 号，档号 2017-XZ18-2

厦门大学出国(境)差旅费管理办法(修订)

(2017 年 3 月 27 日)

第一章 总 则

第一条 为进一步规范和加强学校出国(境)人员的差旅费管理,推进厉行节约反对浪费,根据《财政部 外交部关于印发〈因公临时出国经费管理办法〉的通知》(财行〔2013〕516 号)和教育部相关文件精神,结合我校实际情况,制定本办法。

第二条 各单位出国(境)经费应全部纳入预算管理。各单位应务实高效、精简节约地安排因公出国(境)活动,不得超预算或无预算安排出访。

第三条 各单位要按照学校的有关规定,加强出国(境)团组的审批管理,严格控制出国(境)团组规模,控制出国(境)人数、国家数和在外停留天数。认真贯彻"勤俭办外事"的方针,严格执行各项费用开支标准,不得擅自突破。

第四条 出国(境)人员必须事先按国际合作与交流处/台港澳事务办公室的规定办理出国(境)审批件,根据前往国家(或地区)发出的邀请函或会议通知提前将出国线路、国家数、停留天数等报国际合作与交流处/台港澳事务办公室,未经审批的出国(境)费用不得报销。

根据出访任务需要在一个国家城市间旅行的,应事先在审批材料中列明。确因科学考察、学术调研等需要临时增加访问城市的,须通过学校办公自动化系统等方式事先向国际合作与交流处/台港澳事务办公室提出申请,未经审批的城市间交通费不得报销。

第五条 出国(境)人员须凭出国审批件、护照(包括签证和出入境记录)复印件、邀请函、合法有效票据及付款记录回国报销。各种境外取得的报销凭证须用中文注明开支内容、日期、数量、金额等,并由当事人签字。

第二章 国际旅费及国外城市间交通费

第六条 出国(境)人员的国际旅费是指出境口岸至入境口岸旅费,按以下办法执行:

(一)出国(境)人员应当优先选择由我国航空公司运营的国际航线并选择经济合理的路线。出国(境)人员应当选择直达目的地国家(地区)的国内航空公司航班出入境,没有直达航班的,应当选择国内航空公司航班到达的最邻近目的地国家(地区)进行中转。不得以任何理由绕道旅行,或以过境名义变相增加出访国家和时间。

(二)因中转 1 次以上(不含 1 次)等特殊原因或按照经济适用原则确需选择非国内航空公司航班,以及因最邻近目的地国家(地区)中转需办理过境签证而选择其他邻近中转地的,应当事先填写"乘坐非国内航空公司航班和改变中转地审批表",并提供相关证明材料经各单位"财务一支笔"审核后,报国际合作与交流处/台港澳事务办公室和财务处审批同意。

(三)购买国际机票应通过政府采购等方式,选择优惠票价,并尽可能购买往返机票。

(四)机票款必须通过公务卡或银行转账方式支付,不得以现金支付。

(五)出国(境)人员应当严格按照规定安排交通工具,不得乘坐民航包机或私人、企业和外国航空公司包机,乘坐交通工具等级标准见下表:

<table>
<tr><th rowspan="2">对应人员</th><th colspan="4">交通工具</th></tr>
<tr><th>火车</th><th>轮船(不包括旅游船)</th><th colspan="2">飞机</th></tr>
<tr><td>70周岁及以上院士、文科资深教授和省部级人员</td><td>火车高级软卧或全列软席列车的商务座</td><td>一等舱</td><td colspan="2">头等舱</td></tr>
<tr><td>70周岁以下院士、文科资深教授和省部级人员</td><td>火车高级软卧或全列软席列车的商务座</td><td>一等舱</td><td colspan="2">公务舱</td></tr>
<tr><td>司局级人员</td><td>火车软卧或全列软席列车的一等座</td><td>二等舱</td><td colspan="2">公务舱</td></tr>
<tr><td rowspan="2">特聘教授</td><td rowspan="2">火车软卧或全列软席列车的一等座</td><td rowspan="2">二等舱</td><td>使用以公开竞争方式从校外取得的科研经费出差并且乘坐飞行时间超过4小时(含)的国际航班</td><td>公务舱</td></tr>
<tr><td>其他情况</td><td>经济舱</td></tr>
<tr><td rowspan="2">教授等正高级职称人员、岗位工资在五级(含五级)以上其他具有高级职称的专业技术人员</td><td rowspan="2">火车软卧或全列软席列车的一等座</td><td rowspan="2">二等舱</td><td>使用以公开竞争方式从校外取得的科研经费出差并且乘坐飞行时间超过8小时(含)的国际航班</td><td>公务舱</td></tr>
<tr><td>其他情况</td><td>经济舱</td></tr>
<tr><td>其余人员</td><td>火车硬席(硬座、硬卧)</td><td>三等舱</td><td colspan="2">经济舱</td></tr>
</table>

(六)所乘交通工具未设置上述规定中本级别人员可乘坐舱位等级的,应乘坐低一等级舱位。出国(境)人员所发生的国际旅费在上述标准内据实报销。

(七)出国(境)人员乘坐国际列车,国内段按国内差旅费的有关规定执行;国外段超过6小时的按自然(日历)天数计算,每人每天补助12美元。

(八)出国(境)人员应合理规划出国路线,在同一出差任务中只能报销一趟国际旅费,因工作需要确需报销两趟以上(含两趟)的须事先通过办公自动化系统等方式报国际合作与交流处/台港澳事务办公室审批,否则不予报销。

第七条　国(境)外城市间交通费是指为完成工作任务所必须发生的,在出访国家的城市与城市之间的交通费用。出于安全因素考虑,国(境)外城市间交通原则上应采用公共交通工具,不得包车或租车。因教学、科研工作实际需要确需包车或租车的,应事先提出申请经学院“财务一支笔”或学院分管科研领导审核并报国际合作与交流处/台港澳事务办公室审批后,凭合法有效票据、付款记录及租车(包车)合同据实报销。

未列入出国(境)计划、未经国际合作与交流处/台港澳事务办公室批准的国(境)外城市间交通费不得报销。

第八条　往返驻地和机场(火车站、码头)的交通费、城市间交通费及出国(境)的国际旅费可凭合法有效票据(机票、火车票、轮船票等,乘坐飞机还需提供电子客票行程单或出入境记录)及付款记录据实报销。

第三章　因公临时出国住宿费

第九条　出国(境)人员在国(境)外的住宿费按以下标准执行:

(一)院士、文科资深教授、省部级人员据实报销;其他人员在规定的住宿标准之内予以报销(具体标准详见附表1)。住宿费凭合法有效票据及银行付款凭证报销。

(二)参加大型国际会议或活动的出国(境)人员,原则上应按住宿费标准执行。对方组织单位有指定或推荐酒店的,应当严格把关,通过询价方式从紧安排,在住宿标准范围内选择,超出费用标准的,应事先提交学院或项目负责人审核并报国际合作与交流处/台港澳事务办公室审批。经批准后住宿费可据实报销。

(三)除上述情况外,出国(境)人员应严格执行住宿费标准,超出标准的住宿费将不予报销。因出访目的地特殊情况或客观条件限制等原因,确需报销超出标准的住宿费的,出差人应说明情况并提供外方的有效证明,经学院"财务一支笔"(分管科研领导)、国际合作与交流处/台港澳事务办公室审批后,报分管外事和财务的学校领导批准后方可报销。

第四章　因公临时出国伙食费、公杂费、培训费和其他费用

第十条　出国(境)人员在国(境)外的日常伙食费、公杂费(指用于市内交通、邮电、办公用品和必要的小费等项目),按以下标准执行:

(一)除特殊情况外,出国(境)人员伙食费、公杂费均按规定的标准发给个人包干使用,包干天数按离、抵我国国境之日计算。具体标准详见附表1。

(二)根据工作需要和特点,不宜个人包干的代表团组,其伙食费和公杂费由代表团组统一掌握,包干使用。

(三)外方以现金或实物形式提供伙食费和公杂费接待我代表团组的,出国(境)人员不再领取伙食费和公杂费。

(四)出国(境)人员因教学、科研工作实际需要包车或租车的,包车或租车的费用应与其他出国(境)费用同时报销,不再发放公杂费。

第十一条　培训费是指出国(境)人员在国(境)外培训所发生的必须费用,主要包括授课、翻译、场租、资料、课程设计、对口业务考察或业务实践活动等费用。

(一)培训费的开支应在规定的标准之内凭票据实报销,具体标准详见附表2。国外高阶培训期间所发生的所有费用可实行综合定额标准,分项核定、总额控制。综合定额标准为各国家和地区住宿费、伙食费、公杂费、培训费开支标准的总和,是培训期间所有费用开支的上限,各项费用之间可以调剂使用,但应在综合定额标准以内报销。

(二)出国(境)培训人员应与培训项目的境外承办机构签订培训协议,明确培训费的明细支出项目。

(三)外方资助出国(境)培训费的,我方不再重复支付;外方对费用开支有明确规定的,按其规定执行;没有规定的,参照规定的标准和要求执行。外方资助金额不足以弥补规定培训费开支的,可以按照开支标准补足差额部分。

第十二条　其他费用主要指出国(境)签证费用、保险费、防疫费用、国际会议注册费等,该部分费用凭合法有效票据据实报销。根据到访单位要求,出国(境)人员必须购买保险的,应当事先报国际合作与交流处/台港澳事务办公室批准后,按照要求购买,凭合法有效票据据实报销。

报销国际会议注册费、培训费等还应提供注明的收费标准的会议、培训通知。

第十三条　出国(境)人员在外原则上不搞宴请,确需宴请的,应当连同出国计划事先报国际合作与交流处/台港澳事务办公室审批同意,宴请标准按照所在国家一人一天的伙食费标准掌握。

第十四条　出国(境)人员在国(境)外期间,原则上不对外赠送礼品。确有必要赠送的,应当事先报国际合作与交流处/台港澳事务办公室审批同意,并按照厉行节俭的原则选择师生作品或具有民族特色的纪念品、传统手工艺品和实用物品,金额标准参照《厦门市市直机关外宾接待经费管理办法》(厦财行〔2014〕18号)执行:对外赠礼以赠礼方或受礼方级别较高一方的级别确定赠礼标准。赠礼方或受礼方为正、副部长级人员的,每人次礼品不得超过400元;赠礼方或受礼方为司局级人员的,每人次礼品不得超过200元;其他人员,可以视情况赠送小纪念品。对于著名友好人士、社会名流、专家学者,确有必要赠礼的,可按照正、副部长级人员标准执行。

第五章　中长期合作研究、访问及公派出国留学

第十五条　赴境外进行中长期合作研究、访问及公派出国留学人员须严格按《财政部　教育部关于调整国家公派留学人员奖学金资助标准的通知》(财教〔2010〕286号)的规定执行。

第十六条　赴境外进行中长期合作研究、访问及公派出国留学资助费用包括:伙食费、住宿费、注册费、交通费、电话费、书籍资料费、医疗保险费、一次性安置费、签证延长费、零用费和学术活动补助费等。具体标准详见附表3。

第十七条　赴境外进行中长期合作研究、访问及公派出国留学人员获得对方单位提供的资助,其数额高于国家资助标准的,不再给予补助;低于国家资助标准的,派出单位可按国家资助标准补齐其差额。

第十八条　根据赴境外进行中长期合作研究、访问及公派出国留学人员实际出国时间,按月或季度发放补贴。不足一个月的,按实际天数发放。

第十九条　赴香港、澳门、台湾地区进行中长期合作研究、访问及公派进修、交流人员按以下标准执行:赴台湾地区资助标准为新台币40000元/月;赴香港、澳门地区资助标准为人民币7000元/月。不足一个月的,按实际天数发放。

第六章　附　则

第二十条　根据《财政部关于印发〈因公临时出国用汇管理办法〉》(财预〔2002〕314号)规定,赴国(境)外参加培训、访问及开展合作研究的,出访时间在三个月以内(含三个月)的按因公临时出国经费管理办法执行;出访时间在三个月以上的按中长期合作研究、访问及公派出国留学管理办法执行。

第二十一条　对与我国新建交或未建交的国家,相关经费开支标准暂按照经济水平相近的邻国标准执行。

第二十二条　参与国外海上作业,在国(境)外陆地停靠期间发生的国际差旅费的管理和报销标准可按上述规定执行。参与南北极科学考察的可参照邻近国家的标准执行。

第二十三条　各单位应加强对出国(境)人员行前财经纪律教育,对违反规定的开支一律不予报销,并按照有关规定严肃处理。

第二十四条　福建省出国留学奖学金专项资金资助的出国(境)人员的费用管理按照该专项资金管理办法执行。

第二十五条　本办法适用于全校各单位,资产经营公司、校医院及后勤集团等独立核算单位可参照执行。

第二十六条　本办法自发布之日起执行,《厦门大学出国(境)差旅费管理办法》(厦大财〔2016〕51号)同时废止。

第二十七条　本办法由财务处和国际合作与交流处/台港澳事务办公室负责解释和修订。

附表1

各国家和地区住宿费、伙食费、公杂费开支标准表

序号	国家(地区)	城市	币种	住宿费(每人每天)	伙食费(每人每天)	公杂费(每人每天)
一、亚洲						
1	蒙古		美元	90	50	35
2	朝鲜		美元	90	40	30
3	韩国	首尔、釜山、济州	美元	180	70	35
4		光州、西归浦	美元	160	70	35
5		其他城市	美元	150	70	35
6	日本	东京	日元	20000	10000	5000
7		大阪、京都	日元	18000	10000	5000
8		福冈、札幌、长崎、名古屋	日元	14000	10000	5000
9		其他城市	日元	9000	10000	5000
10	缅甸		美元	90	50	35
11	巴基斯坦	伊斯兰堡、拉合尔、卡拉奇	美元	135	30	30
12		奎达	美元	70	30	30
13		其他城市	美元	60	30	30
14	斯里兰卡		美元	110	40	30
15	马尔代夫		美元	160	50	30
16	孟加拉国		美元	150	50	40
17	伊拉克		美元	170	50	40
18	阿拉伯联合酋长国		美元	200	50	40
19	也门	萨那	美元	110	50	35
20		亚丁	美元	90	50	35
21		其他城市	美元	80	50	35
22	阿曼		美元	150	50	40
23	伊朗		美元	95	50	40
24	科威特		美元	200	70	40
25	沙特阿拉伯	利雅得	美元	200	70	40
26		吉达	美元	140	70	40
27		其他城市	美元	120	70	40
28	巴林		美元	160	55	40
29	以色列		美元	200	70	40
30	巴勒斯坦		美元	180	70	40
31	文莱		美元	130	40	35

续表

序号	国家(地区)	城市	币种	住宿费（每人每天）	伙食费（每人每天）	公杂费（每人每天）
32	印度	新德里、加尔各答	美元	175	50	35
33		孟买	美元	200	50	35
34		其他城市	美元	155	50	35
35	不丹		美元	160	50	35
36	越南	河内	美元	90	40	30
37		胡志明市	美元	80	40	30
38		其他城市	美元	70	40	30
39	柬埔寨		美元	100	40	30
40	老挝		美元	90	40	30
41	马来西亚		美元	110	50	35
42	菲律宾		美元	130	50	35
43	印度尼西亚		美元	125	50	35
44	东帝汶		美元	130	40	35
45	泰国	曼谷	美元	140	50	35
46		宋卡	美元	110	50	35
47		清迈、孔敬	美元	90	50	35
48		其他城市	美元	80	50	35
49	新加坡		美元	220	55	40
50	阿富汗		美元	100	38	30
51	尼泊尔		美元	140	50	35
52	黎巴嫩		美元	150	50	35
53	塞浦路斯		美元	100	40	35
54	约旦		美元	120	50	35
55	土耳其	安卡拉	美元	105	45	30
56		伊斯坦布尔	美元	150	45	30
57		其他城市	美元	90	45	30
58	叙利亚		美元	110	50	35
59	卡塔尔		美元	160	60	40
60	香港地区		港币	1500	500	300
61	澳门地区		港币	1200	500	300
62	台湾地区		美元	150	60	40

续表

序号	国家(地区)	城市	币种	住宿费（每人每天）	伙食费（每人每天）	公杂费（每人每天）
二、非洲						
63	马达加斯加	塔那那利佛	美元	130	38	30
64		塔马塔夫	美元	100	38	30
65		其他城市	美元	90	38	30
66	喀麦隆		美元	120	50	35
67	多哥		美元	110	48	35
68	科特迪瓦		美元	120	50	35
69	摩洛哥		美元	130	50	40
70	阿尔及利亚		美元	180	55	35
71	卢旺达		美元	130	32	30
72	几内亚		美元	130	55	35
73	埃塞俄比亚		美元	210	50	35
74	厄立特里亚		美元	110	50	35
75	莫桑比克		美元	170	50	35
76	塞舌尔		美元	240	50	35
77	肯尼亚		美元	195	50	35
78	利比亚		美元	160	50	35
79	安哥拉		美元	400	60	40
80	赞比亚		美元	150	45	35
81	几内亚比绍		美元	135	45	35
82	突尼斯		美元	100	40	35
83	布隆迪		美元	150	40	35
84	莱索托		美元	100	35	30
85	津巴布韦		美元	120	45	33
86	尼日利亚	阿布贾	美元	270	60	35
87		拉各斯	美元	300	60	35
88		其他城市	美元	250	60	35
89	毛里求斯		美元	155	50	35
90	索马里		美元	180	50	35
91	苏丹		美元	130	40	32
92	贝宁		美元	150	35	30
93	马里		美元	150	50	35
94	乌干达		美元	170	50	35
95	塞拉里昂		美元	155	50	35

续表

序号	国家(地区)	城市	币种	住宿费（每人每天）	伙食费（每人每天）	公杂费（每人每天）
96	吉布提		美元	160	60	35
97	塞内加尔		美元	165	50	35
98	冈比亚		美元	170	50	35
99	加蓬		美元	180	60	35
100	中非		美元	140	50	35
101	布基纳法索		美元	140	50	35
102	毛里塔尼亚		美元	130	55	35
103	尼日尔		美元	145	50	35
104	乍得		美元	220	50	35
105	赤道几内亚		美元	200	50	35
106	加纳		美元	200	50	35
107	坦桑尼亚	达累斯萨拉姆	美元	180	50	35
108		桑给巴尔	美元	210	50	35
109		其他城市	美元	160	50	35
110	刚果(金)		美元	220	50	35
111	刚果(布)		美元	170	50	35
112	埃及		美元	170	50	35
113	圣多美和普林西比		美元	170	50	35
114	博茨瓦纳		美元	170	50	35
115	南非	比勒陀尼亚、约翰内斯堡	美元	170	50	35
116		开普敦	美元	210	50	35
117		德班	美元	150	50	35
118		其他城市	美元	130	50	35
119	纳米比亚		美元	140	35	30
120	斯威士兰		美元	150	50	35
121	利比里亚		美元	195	50	35
122	佛得角		美元	120	50	35
123	科摩罗		美元	120	40	35
124	南苏丹		美元	160	40	32
125	马拉维		美元	130	50	35
三、欧洲						
126	罗马尼亚	布加勒斯特	美元	120	45	40
127		康斯坦察	美元	90	50	40
128		其他城市	美元	80	50	40

续表

序号	国家(地区)	城市	币种	住宿费(每人每天)	伙食费(每人每天)	公杂费(每人每天)
129	马其顿		美元	120	50	35
130	斯洛文尼亚		欧元	90	30	25
131	波黑		美元	100	40	35
132	克罗地亚		美元	120	40	35
133	阿尔巴尼亚		美元	150	35	30
134	保加利亚		美元	110	45	35
135	俄罗斯	莫斯科	美元	285	45	40
136		哈巴罗夫斯克	美元	200	45	40
137		叶卡捷琳堡、圣彼得堡	美元	170	45	40
138		伊尔库茨克	美元	150	45	40
139		其他城市	美元	140	45	40
140	立陶宛		美元	120	45	35
141	拉脱维亚		欧元	90	35	25
142	爱沙尼亚		欧元	90	35	25
143	乌克兰	基辅	美元	100	45	40
144		敖德萨	美元	130	45	40
145		其他城市	美元	80	45	40
146	阿塞拜疆		美元	150	45	40
147	亚美尼亚		美元	120	45	40
148	格鲁吉亚		美元	150	45	40
149	吉尔吉斯斯坦	比什凯克	美元	230	45	40
150		其他城市	美元	80	45	40
151	塔吉克斯坦		美元	210	45	40
152	土库曼斯坦		美元	120	45	40
153	乌兹别克斯坦	塔什干	美元	120	40	32
154		撒马尔罕	美元	100	40	32
155		其他城市	美元	90	40	32
156	白俄罗斯		美元	180	45	40
157	哈萨克斯坦	阿斯塔纳	美元	160	45	40
158		阿拉木图	美元	200	45	40
159		其他城市	美元	140	45	40
160	摩尔多瓦		美元	90	45	40

续表

序号	国家(地区)	城市	币种	住宿费（每人每天）	伙食费（每人每天）	公杂费（每人每天）
161	波兰	华沙	美元	150	50	40
162		革但斯克	美元	130	50	40
163		其他城市	美元	120	50	40
164	德国	柏林、汉堡	欧元	150	60	38
165		慕尼黑	欧元	130	60	38
166		法兰克福	欧元	180	60	38
167		其他城市	欧元	120	60	38
168	荷兰	海牙	欧元	150	60	38
169		阿姆斯特丹	欧元	170	60	38
170		其他城市	欧元	130	60	38
171	意大利	罗马	欧元	160	65	38
172		米兰	欧元	140	65	38
173		佛罗伦萨	欧元	120	65	38
174		其他城市	欧元	110	65	38
175	比利时		欧元	160	60	38
176	奥地利		欧元	140	60	38
177	希腊		欧元	110	55	35
178	法国	巴黎	欧元	150	60	40
179		马赛、斯特拉斯堡、尼斯、里昂	欧元	130	60	40
180		其他城市	欧元	120	60	40
181	西班牙		欧元	125	60	38
182	卢森堡		欧元	160	55	38
183	爱尔兰		欧元	120	60	38
184	葡萄牙		欧元	130	60	38
185	芬兰		欧元	145	60	40
186	捷克		美元	160	45	50
187	斯洛伐克		欧元	90	35	30
188	匈牙利		美元	180	45	45
189	瑞典		美元	280	80	50
190	丹麦		美元	200	80	50
191	挪威		美元	200	80	50
192	瑞士		美元	200	70	50
193	冰岛		美元	200	65	50
194	马耳他		欧元	90	38	25

续表

序号	国家(地区)	城市	币种	住宿费（每人每天）	伙食费（每人每天）	公杂费（每人每天）
195	塞尔维亚		美元	120	40	30
196	黑山		欧元	90	30	22
197	英国	伦敦	英镑	160	45	35
198		曼彻斯特、爱丁堡	英镑	140	45	35
199		其他城市	英镑	125	45	35
四、美洲						
200	美国	华盛顿	美元	210	55	45
201		旧金山	美元	250	55	45
202		休斯敦	美元	180	55	45
203		波士顿	美元	230	55	45
204		纽约	美元	245	55	45
205		芝加哥	美元	220	55	45
206		洛杉矶	美元	200	55	45
207		夏威夷	美元	195	55	45
208		其他城市	美元	160	55	45
209	加拿大	渥太华、多伦多、卡尔加里、蒙特利尔	美元	210	55	45
210		温哥华	美元	240	55	45
211		其他城市	美元	190	55	45
212	墨西哥	墨西哥	美元	150	50	45
213		蒂华纳	美元	120	50	45
214		其他城市	美元	100	50	45
215	巴西	巴西利亚	美元	160	50	45
216		圣保罗	美元	240	50	45
217		里约热内卢	美元	260	50	45
218		其他城市	美元	150	50	45
219	牙买加		美元	160	50	45
220	特立尼达和多巴哥		美元	180	50	45
221	厄瓜多尔		美元	120	40	32
222	阿根廷		美元	130	50	45
223	乌拉圭		美元	135	50	45

续表

序号	国家(地区)	城市	币种	住宿费（每人每天）	伙食费（每人每天）	公杂费（每人每天）
224	智利	圣地亚哥	美元	135	47	45
225		伊基克	美元	120	47	45
226		安托法加斯塔、阿里卡	美元	110	47	45
227		其他城市	美元	100	47	45
228	哥伦比亚	波哥大	美元	190	40	35
229		麦德林	美元	110	40	35
230		卡塔赫纳	美元	120	40	35
231		其他城市	美元	100	40	35
232	巴巴多斯		美元	250	60	45
233	圭亚那		美元	160	50	45
234	古巴		美元	135	40	37
235	巴拿马		美元	135	45	45
236	格林纳达		美元	190	45	45
237	安提瓜和巴布达		美元	150	60	45
238	秘鲁		美元	140	40	40
239	玻利维亚		美元	110	36	30
240	尼加拉瓜		美元	120	45	45
241	苏里南		美元	110	50	45
242	委内瑞拉		美元	230	45	45
243	海地		美元	180	45	43
244	波多黎各		美元	150	45	45
245	多米尼加		美元	150	45	45
246	多米尼克		美元	120	45	45
247	巴哈马		美元	220	45	45
248	圣卢西亚		美元	200	45	45
249	阿鲁巴岛		美元	200	45	45
250	哥斯达黎加		美元	120	45	40
五、大洋洲及太平洋岛屿						
251	澳大利亚	堪培拉、帕斯、布里斯班	美元	180	60	50
252		墨尔本、悉尼	美元	200	60	50
253		其他城市	美元	160	60	50
254	新西兰		美元	180	60	45
255	萨摩亚		美元	170	47	45

续表

序号	国家(地区)	城市	币种	住宿费(每人每天)	伙食费(每人每天)	公杂费(每人每天)
256	斐济	苏瓦	美元	190	45	50
257		楠迪	美元	120	45	50
258		其他城市	美元	110	45	50
259	巴布亚新几内亚		美元	350	55	50
260	密克罗尼西亚		美元	120	40	30
261	马绍尔群岛		美元	120	55	35
262	瓦努阿图		美元	150	55	35
263	基里巴斯		美元	195	55	35
264	汤加		美元	160	60	35
265	帕劳		美元	180	60	35
266	库克群岛		美元	180	60	35
267	所罗门群岛		美元	200	60	35
268	法属留尼汪		美元	140	60	35
269	法属波利尼西亚		美元	240	60	35

附表 2

因公短期出国培训费开支标准表

序号	国家(地区)	币种	培训费(每人每天)
		亚洲	
1	韩国	美元	80
2	日本	日元	8400
3	印度	美元	51
4	以色列	美元	65
5	泰国	美元	41
6	新加坡	美元	80
7	香港地区	港币	500
		欧洲	
8	德国	欧元	66
9	英国	英镑	56
10	荷兰	欧元	57
11	瑞典	美元	90
12	丹麦	美元	79
13	挪威	美元	90
14	意大利	欧元	48
15	比利时	欧元	67
16	奥地利	欧元	48
17	瑞士	美元	95
18	法国	欧元	60
19	西班牙	欧元	48
20	芬兰	欧元	66
21	爱尔兰	欧元	59
22	匈牙利	美元	63
23	俄罗斯	美元	67
		美洲	
24	美国	美元	87
25	加拿大	美元	80
26	巴西	美元	65
		大洋洲	
27	澳大利亚	美元	86
28	新西兰	美元	81
		非洲	
29	南非	美元	65

附表3

国家公派留学人员奖学金标准

单位:外币元/(人·月)

序号	国家和地区	币种	高级研究者	访问学者	研究生	本科生
一、大洋洲						
1	澳大利亚	澳元	2100	1800	1700	1600
2	新西兰	新元	2200	2000	1900	1700
二、非洲						
3	阿尔及利亚	美元	1100	600	550	500
4	肯埃及	美元	1100	760	720	620
5	布隆迪	美元	1100	600	550	500
6	肯尼亚	美元	1100	600	550	500
7	摩洛哥	美元	1100	600	550	500
8	莫桑比克	美元	1100	600	550	500
9	南非	美元	1100	760	720	620
10	尼日利亚	美元	1100	600	550	500
11	塞内加尔	美元	1100	600	550	500
12	坦桑尼亚	美元	1100	600	550	500
13	突尼斯	美元	1100	600	550	500
14	埃塞俄比亚	美元	1100	600	550	500
15	安哥拉	美元	1100	600	550	500
16	贝宁	美元	1100	600	550	500
17	博茨瓦纳	美元	1100	600	550	500
18	赤道几内亚	美元	1100	600	550	500
19	多哥	美元	1100	600	550	500
20	厄立特里亚	美元	1100	600	550	500
21	佛得角	美元	1100	600	550	500
22	刚果(布)	美元	1100	600	550	500
23	刚果(金)	美元	1100	600	550	500
24	吉布提	美元	1100	600	550	500
25	几内亚	美元	1100	600	550	500
26	加纳	美元	1100	600	550	500
27	加蓬	美元	1100	600	550	500
28	津巴布韦	美元	1100	600	550	500
29	喀麦隆	美元	1100	600	550	500
30	科摩罗	美元	1100	600	550	500

续表

序号	国家和地区	币种	高级研究者	访问学者	研究生	本科生
31	科特迪瓦	美元	1100	600	550	500
32	利比亚	美元	1100	600	550	500
33	马达加斯加	美元	1100	600	550	500
34	马里	美元	1100	600	550	500
35	毛里求斯	美元	1100	600	550	500
36	纳米比亚	美元	1100	600	550	500
37	尼日尔	美元	1100	600	550	500
38	苏丹	美元	1100	600	550	500
39	赞比亚	美元	1100	600	550	500
40	乍得	美元	1100	600	550	500
三、美洲						
41	美国(一类地区)	美元	2000	1800	1700	1600
	美国(二类地区)	美元	2000	1700	1600	1500
	美国(三类地区)	美元	2000	1400	1300	1200
42	加拿大	加元	2600	1700	1600	1500
43	哥伦比亚	美元	1100	600	550	500
44	墨西哥	美元	1100	600	550	500
45	古巴	美元	1100	600	550	500
46	巴西	美元	1100	600	550	500
47	智利	美元	1100	600	550	500
48	哥斯达黎加	美元	1100	600	550	500
49	阿根廷	美元	1100	600	550	500
四、欧洲						
50	阿尔巴尼亚	美元	1100	700	600	500
51	阿塞拜疆	美元	1100	700	600	500
52	爱尔兰	欧元	1800	1300	1200	1000
53	爱沙尼亚	美元	1100	800	700	600
54	奥地利	欧元	1800	1300	1200	1000
55	白俄罗斯	美元	1150	800	700	600
56	保加利亚	美元	1100	800	700	600
57	比利时	欧元	1800	1300	1200	1000
58	波兰	美元	1400	950	800	650
59	丹麦	克朗	12000	9500	8500	7500
60	德国	欧元	1800	1300	1200	1000

续表

序号	国家和地区	币种	高级研究者	访问学者	研究生	本科生
61	俄罗斯	美元	1400	1100	950	800
62	法国	欧元	1800	1300	1200	1000
63	芬兰	欧元	1800	1300	1200	1000
64	格鲁吉亚	美元	1100	700	600	500
65	哈萨克斯坦	美元	1100	700	600	500
66	荷兰	欧元	1800	1300	1200	1000
67	塔吉克斯坦	美元	1100	700	600	500
68	吉尔吉斯斯坦	美元	1100	700	600	500
69	捷克	美元	1100	700	600	500
70	克罗地亚	美元	1100	700	600	500
71	拉脱维亚	美元	1100	700	600	500
72	立陶宛	美元	1100	700	600	500
73	罗马尼亚	美元	1100	700	600	500
74	马其顿	美元	1100	700	600	500
75	摩尔多瓦	美元	1100	700	600	500
76	塞尔维亚	美元	1100	700	600	500
77	挪威	克朗	13000	11000	9800	8000
78	葡萄牙	欧元	1800	1100	1000	800
79	瑞典	克朗	15000	13000	12000	10000
80	瑞士	瑞郎	2500	2000	1900	1700
81	斯洛伐克	美元	1100	700	600	500
82	斯洛文尼亚	美元	1100	800	700	600
83	土库曼斯坦	美元	1100	700	600	500
84	乌克兰	美元	1150	800	700	600
85	乌兹别克	美元	1100	700	600	500
86	西班牙	欧元	1800	1100	1000	800
87	希腊	欧元	1800	1100	1000	800
88	匈牙利	美元	1100	800	700	600
89	亚美尼亚	美元	1100	700	600	500
90	意大利	欧元	1800	1100	1000	800
91	英国(伦敦地区)	英镑	1400	1150	1100	950
	英国(其他地区)	英镑	1400	1000	950	850
92	冰岛	欧元	1800	1100	1000	800
93	塞浦路斯	欧元	1800	1100	1000	800

续表

序号	国家和地区	币种	高级研究者	访问学者	研究生	本科生
94	马其他	欧元	1800	1100	1000	800
95	卢森堡	欧元	1800	1300	1200	1000
五、亚洲						
96	韩国	美元	2000	1400	1300	1100
97	日本	日元	200000	160000	150000	130000
98	泰国	美元	1100	600	550	500
99	阿联酋	美元	1100	900	800	700
100	巴基斯坦	美元	1100	600	550	500
101	朝鲜	美元	1100	600	550	500
102	菲律宾	美元	1100	600	550	500
103	卡塔尔	美元	1100	750	700	600
104	科威特	美元	1100	750	700	600
105	老挝	美元	1100	600	550	500
106	马来西亚	美元	1100	600	550	500
107	蒙古	美元	1100	600	550	500
108	孟加拉国	美元	1100	600	550	500
109	缅甸	美元	1100	600	550	500
110	尼泊尔	美元	1100	600	550	500
111	斯里兰卡	美元	1100	600	550	500
112	土耳其	美元	1100	600	550	500
113	新加坡	新元	2200	2100	2000	1800
114	叙利亚	美元	1100	600	550	500
115	也门	美元	1100	600	550	500
116	伊朗	美元	1100	600	550	500
117	以色列	美元	1200	1000	900	800
118	印度	美元	1100	600	550	500
119	印度尼西亚	美元	1100	600	550	500
120	约旦	美元	1100	600	550	500
121	越南	美元	1100	600	550	500
122	阿曼	美元	1100	600	550	500
123	巴林	美元	1100	600	550	500
124	柬埔寨	美元	1100	600	550	500
125	黎巴嫩	美元	1100	600	550	500
126	马尔代夫	美元	1100	600	550	500

续表

序号	国家和地区	币种	高级研究者	访问学者	研究生	本科生
127	沙特阿拉伯	美元	1100	900	800	700
128	伊拉克	美元	1100	600	550	500
129	文莱	美元	1100	600	550	500

——本文摘录自《关于印发〈厦门大学出国(境)差旅费管理办法(修订)〉的通知》,厦大财〔2017〕18号,档号 2017-XZ18-2

厦门大学返聘退休教授的暂行办法(修订)

(2017年4月25日)

为进一步加强优秀退休教授返聘工作,提升教育教学水平,提高人才培养质量,结合学校实际,现对《厦门大学返聘退休教授的暂行办法》(厦大人〔2010〕40号)进行修订。

一、返聘条件

1.在职期间受聘为我校教授;

2.身体健康,年龄不超过65周岁;

3.返聘期间,每年(长学期)能实际独立讲授一门本科生课程。

二、返聘程序

1.返聘手续一学年办理一次,每年提交申请时间截止到7月15日。如学年尚未结束但达到退休年龄,可以临时办理。

2.申请人填写返聘申请表,由学院(单位)审核并经教务处会审后报送人事处审批。

3.人事处与返聘教授签订返聘协议,并为其购买意外伤害险。

三、津贴标准

1.返聘教授承担本科生课程的课时费标准为400元/课时。

2.担任主讲课程的返聘教授参照在职教师标准发放午餐补贴(440元/月)。

3.指导学制内博士生的导师享受每月500元博导津贴。

4.在学制内,指导完成一篇博士论文,一次性支付6000元;指导完成一篇硕士论文,一次性支付2500元;指导完成一篇本科论文,一次性支付1000元。

四、发放办法

1.课时费、午餐补贴和博导津贴按月发放,其中博导津贴随月工资发放。

2.论文指导费按完成篇数每学年发放一次。

3.各有关学院(单位)于每月10日前将教务处审核后的返聘教授实际授课课时数报人事处审批发放课时费和午餐补贴。

4.每学年末,各有关学院(单位)报送论文指导完成情况,经教务处、研究生院审核后报人事处审批发放论文指导费。

五、返聘退休教授承担博士生、硕士生课程授课任务的,学院(单位)可参照本办法标准发放返聘费用,经费从学院(单位)经费中统筹列支。

六、本暂行办法从2017年2月12日起施行,《关于印发〈厦门大学返聘退休教授的暂行办法〉的通知》(厦大人〔2010〕44号)同时废止。其他文件与本暂行办法不符的,以本暂行办法为准。

七、本暂行办法由人事处负责解释。

——本文摘录自《关于印发〈厦门大学返聘退休教授的暂行办法(修订)〉的通知》,厦大人〔2017〕46号,档号2017-XZ10-1

厦门大学学生工作系统防洪防台风应急预案(试行)

(2017 年 5 月 16 日)

一、总则

(一)编制目的

充分认识学校防洪防台风安全工作的重要性,克服麻痹思想,提高快速反应和应急处理能力,保障学校正常教育教学秩序。

(二)编制依据

依据《厦门大学防洪防台风应急预案(2016 年 10 月修订)》制定。

(三)工作原则

工作中必须遵从以下原则:

1.以人为本,师生安全放在首位;

2.以防为主,加强安全知识教育;

3.防抗结合,领导干部靠前指挥;

4.群防群控,政工干部靠前工作;

5.系统联动,保障信息渠道畅通。

(四)适用范围

本预案适用于台风、暴雨、洪水灾害及其次生灾害的预防和处置。

二、组织机构和职责

厦门大学防洪防台风工作领导小组负责指挥全校防洪防台风工作。学生工作部(处)(以下简称“学生处”)、校团委是学校防洪防台风工作领导小组的成员单位,单位主要领导为校领导小组成员。

(一)学生处负责全校学生防洪防台风工作的组织、协调和处理,其主要职责是:

1.传达上级机关和学校的指示精神,完善工作预案;

2.组织各学院(研究院)学生工作组开展学生防洪防台风教育和预防工作;

3.协调处理学生口的防洪防台风准备及抢险救灾工作;

4.第一时间向学校报告学生伤亡情况;

5.在学生公寓中开展防洪防台风安全教育,作为牵头单位指导公寓学生做好防洪防台风准备,协调职能部门、各学院(研究院、教学部)学生工作组做好学生公寓的防洪防台风工作,并共同做好学生公寓的险情监测、人员疏散和抢险救灾工作。

(二)校团委主要负责组织青年学生骨干突击队,培养和发展校级常备抢险救灾志愿者队伍,做好抢险救灾志愿者的注册、培训、使用、管理等工作。

(三)各学院(研究院)学生工作组负责本单位学生防洪防台风工作的组织实施和处理,组长为主要负

责人。主要职责是:

1.组织日常的防洪防台风教育,开展安全检查。

2.确定学院学生防汛第一和第二负责人(A、B角)。两位负责人在汛期不得同时外出,第一负责人(A角)外出时,应向第二负责人(B角)做好交接工作。

3.组织领导本单位学生防洪防台风的抗灾工作。

4.协助学校职能部门处理各种灾害事件。

5.及时报告学生抗灾、受灾信息。

三、应急准备、处置和处理

(一)平时应急准备

1.学生处、校团委和各学院(研究院)学生工作组,要采取多形式、多渠道加强宣传教育,增强学生的安全防范意识,提高应对突发自然灾害的自我保护能力。

2.校团委和学生处根据学校安排,分别组织青年学生骨干突击队,培养和发展校级常备抢险救灾志愿者队伍,并开展必要的培训。

3.各学院(研究院)学生工作组,结合本单位的学科专业特点,有针对性地组建一批具有防灾、减灾专业技能的志愿者队伍。

4.各学院(研究院)学生工作组和公寓学生办,要定期检查安全隐患,加强整改;需学校解决的报学生处,由学生处协调其他部门采取措施,消除安全隐患。

5.在汛期,各学院(研究院)学生工作组如组织学生参加校外集体活动的,须有教师或干部带队,并严格按照要求组织确保安全的情况下组织实施。

6.接到学校的自然灾害预报后,学生处立即安排领导带班,专人值班,并将信息和学校工作布置及时传达给各学院(研究院)学生工作组和公寓学生办;各学院(研究院)学生工作组和公寓学生办要组织得力教师干部深入学生中进行针对性教育。同时,做好各种抗灾准备工作。对一些安全隐患,提请学校安排有关部门采取紧急防护措施。

(二)事中应急处置措施

1.各单位政工干部和公寓学生办工作人员要深入一线,随时向学生处报告受灾情况;学生处及时向校办和主管领导报告受灾情况,并按学校要求做好各项工作的布置、实施和落实。

2.学生处会同校团委认真研究出现的各类情况,提出解决方案,向学校报告,请求其他部门采取抗灾措施,配合其他部门做好抗灾工作。

3.出现灾害事故,所在单位应及时向"120"和校医院报告,组织现场抢救;学生处应及时向学校报告事故情况,学生处、校团委领导会同单位领导在第一时间赶到现场,组织领导抗灾工作,采取措施保护现场,安抚受灾学生,做好受灾学生的安置工作。

4.及时平息谣传、误传,稳定学生情绪,恢复学校秩序。

(三)事后处理措施

1.认真总结抗灾工作经验,检查灾害发生原因,检查工作是否存在漏洞,向学校报告追究有关人员责任。

2.学生处、校团委、各学院(研究院)学生工作组到医院看望受伤学生,慰问参加抗灾的工作人员和受灾学生。

3.学生出现死亡、重伤情况,要迅速组织调查组,查明原因,分清责任,向学校报告,并通知死亡、重伤学生家长到校,做好接待、安抚和解释工作。

4.组织开展校园秩序恢复工作,协助做好校园环境消杀和疫情防范,加强监测。

5.按学校安排做好其他善后工作,尽快恢复学校正常的工作、生活、学习秩序。

附件:厦门大学学工系统防洪防台风工作响应措施及任务分解表

(附件略——编者)

——本文摘录自《关于印发〈厦门大学学生工作系统防洪防台风应急预案(试行)〉的通知》,(2017)厦大学 6 号,档号 2017-XZ11-6

厦门大学委托社会中介机构审计管理办法

(2017年5月25日)

第一章　总　则

第一条　为充分履行高校审计职责,规范委托社会中介机构参与内部审计工作的行为,根据《教育系统内部审计工作规定》(教育部令2004年第17号)、审计署《聘请外部人员参与审计工作管理办法(试行)》(审法发〔2006〕第39号)、教育部转发《财政部关于印发〈委托会计师事务所审计招标规范〉的通知》(教财司函〔2006〕70号)和《厦门大学内部审计工作规定》(厦大综字〔2015〕第11号)等规定,结合我校实际,制定本办法。

第二条　本办法所称社会中介机构(以下简称中介机构),是指依法设立并按照一定的业务规则和程序,运用专门知识和技能,为委托人提供有偿中介服务并承担相应法律责任的会计师事务所、工程造价咨询公司等专业机构。

第三条　本办法所称委托社会中介机构审计(以下简称委托审计),是指审计处在专业力量不足或者缺乏专业资质等情况下,将审计工作联席会议审议通过的审计业务委托中介机构参与审计的行为。

第四条　委托审计程序:

(一)确定委托审计项目。

(二)确定委托中介机构。

(三)签订委托审计合同。

(四)受托中介机构实施审计。

(五)出具审计报告。

(六)支付委托审计费用。

对学校独立核算单位组织实施的委托审计项目,审计费一般由被审计单位承担并直接支付;工程项目的委托审计费用在建设工程项目成本中列支;其他项目委托审计费用在专项预算经费中列支。

第二章　委托中介机构

第五条　委托的中介机构应具备下列条件:

(一)在厦门地区注册或具有分支机构;

(二)具有开展相关业务的资质资格;

(三)具有一定的权威性和良好的社会信誉;

(四)具有承担相应审计风险的能力;

(五)依法维护委托方的权益,并保守秘密。

第六条　通过公开招标方式建立拟委托中介机构库。根据《中华人民共和国政府采购法》《教育部政府采购管理暂行办法》及学校相关规定,由学校归口管理部门负责中介机构招标工作,并确定入库中标机构。

对中标候选中介机构实行动态管理,原则上有效期3年,不能胜任工作或出现相关责任问题的随时淘汰。

第七条　根据委托审计费用预算和项目情况，在中介机构备选库中通过二次报价、随机抽取或直接委托方式选定受托中介机构。

委托审计费用预算100万元(含)以上的项目(含一个月内立项打包的工程审计项目)，或者不到金额起点的重大审计项目，由学校归口管理部门负责从中介机构备选库中通过二次报价方式选定受托中介机构。

委托审计费用预算20万元(含)以上、100万元以下的项目(含一个月内立项打包的工程审计项目)，或者不到金额起点的重要审计项目，由学校归口管理部门负责从中介机构备选库中随机抽取选定受托中介机构。

委托审计费用预算20万元以下的项目，由审计处负责从中介机构备选库中选定受托中介机构。

第八条　受托的中介机构，应当遵守国家法律法规，具有较高专业素质和良好的职业道德，并且在近3年内没有违纪、违法执业行为。

受托的中介机构应当保守被审计对象的商业秘密。

第九条　受托的中介机构应自行完成约定的工作量，不得转包或由其他中介机构协助审查工作(合同另有约定的除外)，负责全部审查工作的质量控制，并按审计处的要求出具审计结果。

第十条　受托的中介机构在承担委托项目审计期间应接受审计处的监督、管理、指导，同时承担相应的审计责任。

第三章　委托审计实施

第十一条　按照“法律规范、政府监督、行业自律”的要求，受托中介机构必须保证其独立、客观、公正的执业立场，遵守审计准则和职业道德规范，严格按照协议完成审计项目，切实维护学校的合法权益。

第十二条　在委托审计项目实施过程中，审计处应参与相关工作，协调各方关系，监督审计质量，确保审计结果真实、客观、公正。审计处应主要从以下方面加强对委托审计业务工作的监督、管理、指导：

(一)中介机构是否履行委托审计协议约定的义务；

(二)中介机构派出人员是否符合具体项目审计目的要求的专业素质；

(三)中介机构是否严格按照审计程序进行审计；

(四)中介机构的审计结论是否真实、合理、正确；

(五)中介机构是否按照其质量控制程序严格控制其审计成果；

(六)中介机构的审计工作底稿的格式是否符合委托要求；

(七)中介机构的审计证据是否充分、可靠、合理、合法、真实；

(八)能有效控制审计工作质量的其他方面。

第十三条　受托中介机构在结束审计业务后，按照合同要求，向审计处提交审计结果，同时将审计工作底稿、工程量计算底稿等审计证据材料原件或复印件及相关电子文件送交审计处存档。

第十四条　审计处对受托中介机构提交的审计结果进行审核，出具审计报告，按规定报经批准后，发送被审计单位等。

第四章　罚　则

第十五条　受托中介机构未按委托审计合同实施审计或提供审计结果时，审计处要求其补充相关资料或者重新审计。

第十六条　受托中介机构提供的审计结果严重失实、审计结论不准确，且拒绝进行重新审计或纠正的，审计处终止委托审计业务，停止支付委托审计费用。

第十七条　审计处必要时可对受托中介机构的审计结果进行质量检查或复审。若项目复审结果与合同约定的不符，审计处将依法追究其责任并责成其赔偿经济损失。

第十八条　对存在以下问题的中介机构，审计处应进行相应处理：

(一)审计工作不规范、审计结论避重就轻,且拒绝纠正的,1 年内不得委托其从事审计业务;

(二)提供的审计结果存在严重失实、结论不准确,且拒绝进行重新审计或纠正的,2 年内不得委托其从事审计业务;

(三)未按委托审计合同的要求实施审计或提供审计结果、存在未披露应当披露的重大财务事项等重大错漏的,3 年内不得委托其从事审计业务;

(四)通过弄虚作假、串通作弊等不正当手段取得委托审计业务,审计结果未真实、客观反映情况或揭露问题,泄露国家秘密、商业秘密,给学校造成损失和不良影响的,5 年内不得委托其从事审计业务。

第十九条　校内审计人员滥用职权、徇私舞弊、玩忽职守或泄露国家秘密、商业秘密的,按照有关规定追究责任,给予党纪政纪处分;涉嫌犯罪的,移送司法机关依法处理。

第五章　附　则

第二十条　国家法律、法规和有关政策对委托审计另有规定的,从其规定。

第二十一条　学校独立核算单位内部组织实施委托审计业务可参照本办法执行。

第二十二条　本办法由审计处负责解释。

第二十三条　本办法自发布之日起施行。

——本文摘录自《关于印发〈厦门大学委托社会中介机构审计管理办法〉的通知》,(2017)厦大审 1 号,档号 2019-SJ19-002

厦门大学教职工代表大会实施细则

（2017年6月7日）

第一章　总　则

第一条　为保障我校教职工依法通过教职工代表大会(以下简称教代会)参与学校民主管理,充分发挥教职工在学校建设和发展中的作用,促进依法治校,更好地维护教职工的合法权益,根据《中华人民共和国教育法》《中华人民共和国教师法》《中华人民共和国工会法》等法律法规,按照教育部《学校教职工代表大会规定》和《厦门大学章程》有关规定,制定本实施细则。

第二条　教代会是教职工依法行使民主权利,参与学校民主管理和实行民主监督的基本形式,是学校领导广泛听取教职工意见,促进决策科学化、民主化的重要渠道。

第三条　教代会应当高举中国特色社会主义伟大旗帜,全面贯彻执行党的基本路线和教育方针,遵守国家法律法规,遵守学校规章制度,正确处理国家、学校、集体和教职工的利益关系,充分调动教职工的积极性、主动性和创造性,为实现建设世界一流大学的目标和促进教职工全面发展发挥重要作用。

第四条　教代会在学校党委的领导下开展工作。教代会的组织原则是民主集中制。

第二章　教代会职权

第五条　教代会行使下列职权:

(一)听取学校章程草案的制订和修订情况报告,提出修改意见和建议;

(二)听取学校发展规划、教职工队伍建设、教育教学改革、校园建设以及其他重大改革和重大问题解决方案的报告,提出意见和建议;

(三)听取学校年度工作、财务工作、工会工作报告以及其他有关专项工作报告,提出意见和建议;

(四)讨论通过学校提出的与教职工利益直接相关的福利、校内分配实施方案以及相应的教职工聘任、考核、奖惩办法;

(五)审议学校上一届(次)教代会提案的办理情况报告;

(六)按照有关工作规定和安排评议学校领导干部;

(七)通过多种方式对学校工作提出意见和建议,监督学校章程、规章制度和决策的落实,提出整改意见和建议;

(八)讨论法律法规规章规定的事项以及学校与学校工会商定的其他事项。

第六条　学校应当建立健全沟通机制,全面听取教代会提出的意见和建议,并合理吸收采纳;不能吸收采纳的,应当做出说明。

第三章　教代会代表

第七条　凡与学校签订聘任聘用合同、具有聘任聘用关系的教职工,均有资格参加教代会代表的选举,享有选举权和被选举权。

教代会代表占全体教职工的比例,根据上级有关规定确定。

第八条　教代会代表以二级教代会(或教职工全体大会)为单位,直接选举产生。教代会代表的构成应有广泛的代表性和群众性,其中教师代表不得少于代表总数的60%,女教职工、青年教职工应占适当比例。

第九条　教代会代表实行任期制,任期与教代会届期相同,到期改选,可以连选连任。代表接受选举单位教职工的监督。在任期内,代表退休或调出学校,自办理上述手续之日起代表资格即行停止;代表因工作需要在校内调动时,其代表资格保留,参加新调入单位代表团活动,原选举单位代表原则上在任期内不予增补。教代会主席团成员在校内调动,保留其成员资格。

第十条　教代会代表享有以下权利:

(一)在教代会上有选举权、被选举权、审议权和表决权;

(二)按照规定的程序,提出提案和议案;

(三)在教代会上充分发表意见和建议,就学校工作向学校领导和有关机构反映教职工的意见和要求;

(四)对学校和教代会的工作提出询问、意见、建议和批评,对教代会决议和提案落实情况进行质询和监督;

(五)因履行代表职责受到压制、阻挠和打击报复时,有权向有关部门申诉和控告。

第十一条　教代会代表应履行以下义务:

(一)努力学习贯彻党的路线方针政策和国家的法律法规,不断提高自身素质和参与民主管理的能力;

(二)遵守职业道德和学校的各项规章制度,认真做好本职工作;

(三)积极参加教代会的活动,认真宣传、贯彻教代会的决议,完成教代会交给的各项任务;

(四)办事公正,为人正派,密切联系教职工群众,认真听取和如实反映群众的意见与要求;

(五)及时向本部门教职工通报参加教代会活动和履行职责的情况,接受评议监督。

第十二条　教代会代表要对选举单位的教职工负责。选举单位的教职工有权按规定监督或撤换本单位的代表。代表在任期内出现下列情况之一的,其代表资格应予以终止。

(一)违反国家法律法规,受到刑事处罚;

(二)违反规章制度,受到学校记过及以上处分;

(三)离职、退休或与学校终止聘任聘用关系;

(四)因各种原因(出国、外借、外派、病假、事假等)十八个月以上不能参加教代会活动;

(五)经常无故不参加教代会活动。

撤换代表资格,由选举单位提出书面报告送校工会,说明撤换代表的原因;经校工会核实同意后,经原单位二级教代会代表(或全体教职工)会议讨论并表决,过半数同意后方为有效。同时,允许被撤换者到会申辩。

代表资格撤销后造成的代表缺额,可按民主程序补足。撤销与补选代表结束后,由选举单位书面报告校工会。经代表资格审查后,予以公布。

第十三条　教代会根据需要,可邀请离退休教职工等非教代会代表,作为特邀或列席代表参加会议。特邀和列席代表均无选举权、被选举权和表决权。

第四章　组织规则

第十四条　学校建立教代会制度,每5年为一届,期满进行换届选举。学校每学年至少召开一次教代会,每次会议须有2/3以上代表出席方为有效。遇有重大事项,经学校、学校工会或1/3以上教代会代表提议,可以临时召开教代会。

第十五条　教代会由大会主席团主持会议。大会主席团成员必须是教代会正式代表,主席团成员中应包括学校党政工团主要领导和教师及其他代表性人员。由校工会在征求意见和民主协商的基础上,提出大会主席团人数、构成比例、候选人建议名单等,报校党委同意后,提交大会预备会举手表决。

第十六条　教代会闭会期间的领导机构为教代会主席团。教代会闭会期间，遇有急需解决的重要问题，由主席团与学校有关机构协商处理，其结果向下一次教代会报告。

教代会主席团会议每学年至少召开二次。

第十七条　教代会主席团职责：

（一）负责大会的各项筹备工作；

（二）主持大会期间的各项活动；

（三）听取讨论各代表团、专门委员会对各项议题、议程的审议意见；

（四）讨论提交大会表决的方案，处理与大会有关问题；

（五）协商处理教代会闭会期间临时出现的其他重大问题。

第十八条　教代会的议题，应当根据学校的中心工作和教职工的普遍要求，由校工会提交学校研究确定，并提请教代会表决通过。教代会的选举和表决，须经教代会代表总数半数以上通过方为有效。

第十九条　教代会在职权范围内所做出的决议，应认真执行，非经代表大会同意不得修改。每次教代会应对上次大会的决议和提案的执行情况提出报告，教代会的工作应接受群众监督。

第二十条　教代会根据代表人数及二级单位情况设立代表团，并推选出团长。

第二十一条　教代会根据需要可以设立若干专门工作委员会，制定各专门委员会工作制度。专门工作委员会成员一般从教代会代表中产生，经教代会表决通过。

专门工作委员会委员调离本校、退休或不能履行职责时，应依照规定程序及时替补。

专门工作委员会行使以下职权：

（一）对教代会要讨论的有关议题和代表提出的重要提案进行调查研究，提出建议；

（二）检查有关部门贯彻教代会决议和处理提案的情况；

（三）办理大会交办的有关事项；

（四）根据工作需要组织召开有关人员的专题会议。

第二十二条　各基层单位根据实际情况可建立本单位教代会制度或者教职工大会制度，实行民主管理和监督。具体实施办法可参照本细则。

第五章　工作机构

第二十三条　学校工会为教代会的工作机构，承担以下与教代会相关的工作职责：

（一）做好教代会的筹备工作和会务工作，组织选举教代会代表，征集和整理提案，提出会议议题、方案和主席团建议人选；

（二）教代会闭会期间，组织传达贯彻教代会会议精神，督促检查教代会决议的落实，组织专门委员会的活动，主持召开主席团会议；

（三）组织教代会代表的培训，接受和处理教代会代表的建议和申诉；

（四）就学校民主管理工作向学校党委汇报，与学校沟通；

（五）完成教代会委托的其他任务。

第二十四条　学校应当为校工会承担教代会工作机构的职责提供必要的工作条件和经费保障。

第六章　附　则

第二十五条　本实施细则自教代会通过之日起施行。

第二十六条　本实施细则由校教代会主席团负责解释。

——本文摘录自《关于印发〈厦门大学教职工代表大会实施细则〉的通知》，厦大委综〔2017〕32 号，档号 2017-XZ09-9

厦门大学校园经营性场所活动管理办法

(2017 年 6 月 21 日)

第一条　为维护学校正常的教育教学秩序和生活秩序，进一步规范校园经营性场所举办的各类活动，创建和谐文明校园，根据教育部《高等学校校园秩序管理若干规定》及我校的有关规章制度，制定本办法。

第二条　校园经营性场所是指租用学校房产资源为经营场所，通过签订承租合同，开展商品批发、零售、配送、服务等商业经营行为。

第三条　校内所有经营性场所使用必须符合国家法律法规，符合学校的各项有关规定。不得危害国家安全、影响社会稳定及校园秩序，不得生产、销售、传播黄色淫秽、反动、封建迷信等制品，不得违法违规进行经营活动，不得影响校园正常教学生活秩序。此条款列入营业合同，学校资产管理部门应在签订合同前明确告知承租方。

第四条　按照属地管理、分级负责和“谁主管谁负责、谁主办谁负责”的原则，明确校内经营性场所意识形态工作责任，各经营性场所主管单位党委、党总支负主体责任，确保各经营性场所可管可控。

第五条　在校内经营性场所举办报告会、研讨会、讲座、论坛、读书会、培训和沙龙等群体活动，主办方须严格执行“一会一报制”，至少提前 3 个工作日填写“厦门大学校园经营性场所使用申请表”，提交场所主管单位党委、党总支书记签署意见及盖章，并报意识形态工作职能部门审核备案，获批准后方可举办上述活动。经营场所承租方未经报备审核擅自举办以上活动的，参照本办法第六条进行处罚。

第六条　凡在校内经营性场所举办的报告会、研讨会、讲座、论坛、读书会、培训和沙龙等群体活动在意识形态方面有严重错误导向的，发表否定党的领导、攻击中国特色社会主义制度言论，造成严重影响的，视情节轻重给予承租方警告、限期整改、停业整顿、终止合同(停止营业)等处罚；给予经营性场所主管单位党委、党总支负责人批评教育、诫勉谈话、责令做出书面检查，进行通报批评，给予组织处理或纪律处分。

第七条　本办法由党委宣传部负责解释。

第八条　本办法自公布之日起实施。

厦门大学党委宣传部

2017 年 6 月 21 日

厦门大学校园经营性场所使用申请表

填表时间：　　　年　　月　　日

申请单位		
申请活动	时间：	地点：
活动内容及形式	（附活动策划书）	
活动参与人数		
经办人及联系方式		
主办单位负责人 （签章）		
申请单位党委负责人 （签章）		
党委宣传部审批 （签章）		

——本文摘录自《关于印发〈厦门大学校园经营性场所活动管理办法〉的通知》，(2017)厦大委宣5号，档号2017-DQ03-2

厦门大学科研财务助理管理办法

(2017年6月21日)

第一章　总　则

第一条　为贯彻落实中共中央办公厅国务院办公厅《关于进一步完善中央财政科研项目资金管理等政策的若干意见》(中办发〔2016〕50号)精神,加强财务管理与科研工作的有效衔接,减轻科研人员负担,规范学校科研财务助理管理,现结合我校科研、财务工作实际,制定本办法。

第二条　本办法所指科研财务助理是指为学校科研项目服务的以科研经费使用和管理为主要服务内容的辅助性财务管理人员。

第三条　科研财务助理由各学院(研究院)按照“按需设岗、依法用工、规范管理”的原则统一管理。项目负责人对所聘用财务助理人员工作的真实性和合规性负责。

第二章　工作职责

第四条　科研财务助理工作职责如下:

(一)熟悉并严格遵守国家各级各类科研项目经费管理规定,认真贯彻执行国家财经法律法规、学校各项财务制度。

(二)协助本单位科研项目负责人按照有关财经法律法规和科研经费管理制度,科学合理、规范地编制科研项目预算并按有关财务制度规定编报科研项目决算;按照批复预算和合同(任务书)使用经费,确保经费执行进度。

(三)对本单位科研人员宣传有关财经法律法规和科研经费管理制度。

(四)积极配合财务、审计、纪检监察等部门或由其委托的社会中介机构,依据国家有关法规政策和学校规章制度对本单位科研项目执行、科研经费使用和管理情况等进行的检查监督。

(五)负责科研项目经费使用的全过程(包括项目预算编制和调剂、经费支出、财务决算和验收等)管理与服务。

(六)科研财务助理对所承担的科研任务负有保密义务,具体要求按有关保密规定执行。

第三章　聘用管理

第五条　科研财务助理岗位可根据实际需要由各学院(研究院)在单位现有学校核定的岗位中统筹解决,或采用劳务派遣方式用工。其中,项目主管部门有明确要求的必须设置科研财务助理岗位。

第六条　使用学校岗位聘用的科研财务助理必须符合学校聘任标准,按照学校现有的规定和程序进行招聘。使用劳务派遣岗位的科研财务助理按照现有劳务派遣用工的有关程序招聘。科研财务助理须符合以下条件:

(一)认真贯彻执行党的路线方针政策,遵守国家法律法规,有较高的政策水平、业务能力和职业道德水准,具有本科及以上学历,具备一定的财会专业知识背景。

(二)热爱财会工作,坚持原则,依法办事,廉洁奉公。

(三)忠实履行监督职责,自觉维护学校利益,严格执行各项财经纪律。

(四)具有较强的组织协调能力和团队合作精神,熟悉并掌握有关财经法律法规、科研项目(基地)管理和科研经费管理等制度。

第七条 各学院(研究院)应在学校规定的基础上制定本单位科研财务助理的聘用、考核与奖惩等管理办法,并建立档案管理制度。

第八条 科学技术处、社会科学研究处负责对科研财务助理进行科研项目实施中相关过程管理与服务等科研业务的培训。财务处负责对科研财务助理进行财务业务培训。

第四章 薪酬与考核

第九条 使用学校岗位聘用的科研财务助理薪酬按学校和学院(研究院)的薪酬管理规定执行。

第十条 以劳务派遣方式用工的科研财务助理薪酬、绩效根据所签订的劳务派遣合同,按照学院有关管理规定由科研经费中劳务费预算、间接费用以及学院(研究院)科研管理费等渠道解决。

第十一条 使用学校岗位聘用的科研财务助理考核按学校有关考核管理办法执行。以劳务派遣方式用工的科研财务助理由各学院(研究院)根据聘用合同约定的岗位职责和任务自行组织考核。

第五章 附 则

第十二条 科研财务助理岗位人员应遵守学校和本单位各项规章制度。工作期内出现违法违纪行为的,按国家及学校有关规定处理。

第十三条 本办法自印发之日起执行,由人事处、科学技术处、社会科学研究处、财务处负责解释。

——本文摘录自《关于印发〈厦门大学科研财务助理管理办法〉的通知》,厦大科〔2017〕38号,档号2017-XZ13-6

厦门大学科研项目信息公开管理办法

(2017年6月21日)

第一章 总 则

第一条 为进一步推进和规范学校科研项目信息公开工作,提高学校科研工作的透明度,根据中共中央办公厅、国务院办公厅《关于进一步完善中央财政科研项目资金管理等政策的若干意见》(中办发〔2016〕50号),结合学校实际,制定本办法。

第二条 科研项目信息公开应遵循合法、真实和公正的原则,不得侵犯国家秘密、商业秘密,不得损害学校利益,不得违反党和国家有关保密规定和纪律。

第三条 本办法适用于除涉密和其他按规定不能公开的财政科研项目。

第二章 信息公开内容

第四条 科研项目信息公开是指学校相关部门和学院依照本办法,向全校公开科研项目立项、资金管理、验收情况,落实知情权、参与权、监督权的管理制度。

第五条 科研项目信息公开的责任主体是科学技术处、社会科学研究处、财务处以及各学院(研究院)。

第六条 科研项目信息公开的主要内容包括:

(一)项目基本信息(项目组成员及项目合作单位情况等);

(二)项目预决算及预算调剂;

(三)项目资金使用情况(间接费用、外拨资金、结余资金使用等);

(四)项目研究成果;

(五)其他应公开事项。

第三章 信息公开方式和程序

第七条 科研项目信息公开采用学校公开和学院公开相结合的方式。学校公开为通过科研管理系统定期公开;学院公开为通过学院(研究院)公告栏一季度公开一次。

第八条 科研项目信息公开按以下流程进行操作:

(一)项目基本信息、项目预决算及预算调剂和项目研究成果情况由科研管理部门负责审核并以学校公开的方式公开。

(二)项目资金使用情况(间接费用、外拨资金、结余资金使用)由财务处负责审核并以学院公开的方式公开。

第四章 附 则

第九条 如拟公开的信息可能涉密,由信息拥有单位报请学校保密办进行保密审查后,根据学校保密办的要求执行。

第十条　本办法由科学技术处、社会科学研究处和财务处负责解释，自发布之日起实施。

——本文摘录自《关于印发〈厦门大学科研项目信息公开管理办法〉的通知》，厦大科〔2017〕39号，档号2017-XZ13-6

厦门大学财政科研项目经费预算调整管理办法

(2017年6月21日)

第一章　总　则

第一条　为进一步规范我校财政科研项目经费预算调整，按照《关于进一步完善中央财政科研项目资金管理等政策的若干意见》(中办发〔2016〕50号)的要求，根据《国家重点研发计划资金管理办法》(财科教〔2016〕113号)、《国家自然科学基金资助项目资金管理办法》(财教〔2015〕15号)、《高等学校哲学社会科学繁荣计划专项基金管理办法》(财教〔2016〕317号)、《国家社会科学基金项目资金管理办法》(财教〔2016〕304号)等国家、省、市财政科研项目经费管理办法，结合我校实际，制定本办法。

第二章　预算调整原则和范围

第二条　为维护预算的严肃性，财政科研项目经费预算一般不予调整，确需调整的，遵循“先报批、后使用”的原则，在任务执行周期内进行。原则上每个项目在整个执行周期内每年预算调整不超过一次。

第三条　预算调整分为一般调整事项和重大调整事项。一般调整事项由学校审批，若我校作为项目参与单位，还应报项目牵头单位备案。重大调整事项应报项目主管部门或其指定的专业机构审批后执行。

(一)一般调整事项

1.在项目总预算不变的情况下，直接费用中的材料费、测试化验加工费、燃料动力费、出版/文献/信息传播/知识产权事务费、印刷费/宣传费(人文社科类)、资料费和数据采集费(人文社科类)、设备费(人文社科类)及其他支出可根据实际情况进行预算调整；

2.直接费用中的会议费、差旅费、国际合作与交流费三项支出之间可以调剂使用，但不得突破三项支出预算总额，三项支出预算总额如需调减，可调剂用于其他方面支出；

3.直接费用中的设备费(自然科学类)、劳务费、专家咨询费等预算不得调增，如需调减，可调剂用于其他方面支出。

(二)重大调整事项

1.项目预算总额调剂，项目预算总额不变、课题间预算调剂，课题预算总额不变、课题参与单位之间预算调剂以及增减参与单位的。

2.一般调整事项中规定不能调增，但有特殊情况确需调增的。

第四条　间接费用不得调剂。

第三章　预算调整审批程序

第五条　一般调整事项审批程序：

(一)项目负责人根据科研活动实施过程中的实际需要，通过预算申报系统提出预算调整申请，附相关调整事由材料，经学院(研究院)、科研管理部门审核后执行。

(二)自然科学类项目单项科目单次调整幅度不超过30%且调整额度低于50万元(含)的、人文社科类项目单项科目单次调整幅度不超过30%且调整额度低于10万元(含)的预算调整事项，由科研管理部门审批。自然科学类项目单项科目单次调整幅度超过 30%且调整额度高于 50 万元的、人文社科类项目单项科目单次调整幅度超过 30%且调整额度高于 10 万元的预算调整事项，须经所在学院召集至少 3 位非本课题组的同领域专家(副教授及以上)召开论证会，对调整事项的必要性、经济合理性、调整方案的可行性等进行论证，并填写“厦门大学财政科研项目经费预算调整专家论证意见表”(附件 1)。

(三)预算调整审核通过后，项目负责人通过预算申报系统打印“厦门大学科研项目经费预算申报/调整表”一式两份，学院、科研管理部门签署具体意见并盖章后，分别由项目负责人和科研管理部门留存，以备在项目主管部门中期财务检查或财务验收时予以确认，并作为项目材料立卷归档。

第六条　重大调整事项审批程序：

(一)我校为项目牵头单位申请重大调整事项审批的，由项目负责人填写项目主管规定的预算调整申请表，如项目主管部门无规定表格，填写“厦门大学财政科研项目经费预算调整申请表”(附件 2)，附相关调整事由材料，经学院和科研管理部门审核后，函报项目主管部门或其指定的专业机构批准。

项目主管部门或其指定的专业机构批准后，项目负责人通过预算申报系统填写预算调整额度，经学院(研究院)、科研管理部门审核后执行。

(二)我校为非牵头单位的，由校内项目负责人参照上述流程填写预算调整申请表，经学院、科研管理部门审核，报项目牵头单位，由项目牵头单位函报项目主管部门或其指定的专业机构批准。

第四章　附　则

第七条　本规定适用于财政支持的各类科研项目。科研项目主管单位另有预算管理规定的按其规定执行，没有规定的参照本规定执行。

第八条　本办法由科学技术处、社会科学研究处负责解释。自发布之日起执行。

附件 1

厦门大学财政科研项目经费预算调整专家论证意见表

<table>
<tr><td>项目名称</td><td colspan="5"></td></tr>
<tr><td>承担学院</td><td></td><td>负责人</td><td></td><td>项目编号</td><td></td></tr>
<tr><td>经费卡号</td><td></td><td>专项经费</td><td>万元</td><td>执行期限</td><td></td></tr>
<tr><td>论证会召开时间</td><td colspan="2"></td><td>论证会召开地点</td><td colspan="2"></td></tr>
<tr><td>申请预算
调整事项</td><td colspan="5"></td></tr>
<tr><td rowspan="4">论证专家信息</td><td>专家姓名</td><td colspan="2">工作单位</td><td>职称</td><td>研究领域</td></tr>
<tr><td></td><td colspan="2"></td><td></td><td></td></tr>
<tr><td></td><td colspan="2"></td><td></td><td></td></tr>
<tr><td></td><td colspan="2"></td><td></td><td></td></tr>
<tr><td>专家组意见</td><td colspan="5">[对调整事项与项目(课题)研究内容的相关性、必要性、经济合理性、调整方案的可行性等进行论证]

结论:
□经论证,调整内容和方案合理,建议调整
□经论证,调整内容和方案不合理,建议不予调整

专家签名:

年　　月　　日</td></tr>
</table>

附件 2：

厦门大学财政科研项目经费预算调整申请表

（重大调整事项适用）

<table>
<tr><td colspan="2">项目(课题)名称</td><td colspan="4"></td></tr>
<tr><td colspan="2">承担学院</td><td colspan="2"></td><td>负责人</td><td></td></tr>
<tr><td colspan="2">项目(课题)来源</td><td colspan="2"></td><td>项目(课题)编号</td><td></td></tr>
<tr><td colspan="2">项目(课题)起止期</td><td colspan="2"></td><td>经费卡号</td><td></td></tr>
<tr><td rowspan="11">预算调整内容</td><td>预算科目</td><td>原预算金额</td><td>调整金额</td><td>调整后金额</td><td>调整事由</td></tr>
<tr><td>设备费</td><td></td><td></td><td></td><td></td></tr>
<tr><td>材料费</td><td></td><td></td><td></td><td></td></tr>
<tr><td>测试化验加工费</td><td></td><td></td><td></td><td></td></tr>
<tr><td>燃料动力费</td><td></td><td></td><td></td><td></td></tr>
<tr><td>出版/文献/信息内传播/知识产权事务费</td><td></td><td></td><td></td><td></td></tr>
<tr><td>会议/差旅/国际合作交流费</td><td></td><td></td><td></td><td></td></tr>
<tr><td>劳务费</td><td></td><td></td><td></td><td></td></tr>
<tr><td>专家咨询费</td><td></td><td></td><td></td><td></td></tr>
<tr><td>其他支出</td><td></td><td></td><td></td><td></td></tr>
<tr><td colspan="5"></td></tr>
<tr><td colspan="4">项目(课题)负责人意见：

签字：
年　月　日</td><td colspan="2">承担学院意见：

签字：　(公章)
年　月　日</td></tr>
<tr><td colspan="4">承担单位科研管理部门意见：

签字：　(公章)
年　月　日</td><td colspan="2">项目(课题)牵头单位意见：

签字：　(公章)
年　月　日</td></tr>
<tr><td colspan="6">项目主管单位意见：

签字：　(公章)
年　月　日</td></tr>
</table>

注：1.本表适用于预算重大调整事项；2.此表双面打印；3.预算调整理由不够写的可单独附页；4.如我校是作为合作单位参与课题研究，预算调整须先报项目(课题)牵头单位，由牵头单位报项目主管部门审批。

——本文摘录自《关于印发〈厦门大学财政科研项目经费预算调整管理办法〉的通知》，厦大科〔2017〕40号，档号 2017-XZ13-6

厦门大学显示屏、夜景工程安全管控工作方案

(2017年6月22日)

根据《中华人民共和国网络安全法》《信息安全等级保护管理办法》等法律法规的规定,为切实做好我校显示屏、夜景工程安全管控工作,特制订本方案。

一、目标任务

围绕"坚决防止发生重大网络安全事件"的总体目标,按照"严之又严、细之又细、实之又实"的工作要求,充分发挥各方职能作用,充分发挥各部门职能作用,积极调动各方力量,按照所属单位管理和"谁管理谁负责、谁使用谁负责、谁收益谁负责、谁维护谁负责"的原则严格落实网络安全主体责任,做好我校显示屏、夜景工程等重要宣传设施的安全管控工作,确保我校重要宣传设施的安全稳定运行,为我校创造良好的网络环境。

二、组织指挥

在校党委的领导下,设立显示屏、夜景工程安全领导小组。

(领导小组成员名单略——编者)

领导小组主要负责监督、指导全校各显示屏、夜景工程等重要宣传设施的运营使用单位落实网络安全主体责任,协调相关职能单位落实各项网络安全防护措施,确保我校重要宣传设施的正常安全运行。

三、职责分工

(一)党委宣传部:密切关注全校显示屏、夜景工程等重要宣传设施的运行状况;加强对全校显示屏、夜景工程的内容监管,协同相关部门加强网络安全监督指导工作。

(二)党委保卫部:牵头组织开展显示屏、夜景工程摸底工作。监督、指导各责任单位落实网络安全主体责任;督促并指导各单位制订应急预案;指导协调各单位做好突发网络安全事件应急处置工作;配合公安机关做好网络犯罪案件的取证和侦破工作。

(三)信息与网络中心:制订应急预案,开展应急演练,做好对全校显示屏和夜景工程的防攻击、防篡改、防插播等安全防范工作。加强对全校显示屏、夜景工程的技术监管,确保发生网络安全事件时第一时间处置。

(四)资产后勤处:与网络技术中心联系沟通,根据其指导对全校不符合安全管理规范的显示屏、夜景工程予以重新施工安装,对新建和在建建筑中的显示屏、夜景工程建设项目予以科学规划合理安装,使全校的显示屏、夜景工程都具备较强的防攻击、防篡改和防插播性能。按照《厦门大学网络安全承诺书》的内容,严格落实归属本单位,包括全校的夜景工程、各个超市以及其他经营场所的所有显示屏的管理责任。

(五)后勤集团:按照《厦门大学网络安全承诺书》的内容,严格落实归属本单位,包括所有食堂、校门

的显示屏、夜景工程的管理责任。

（六）全校各单位：及早做好本单位显示屏、夜景工程的摸底工作，并按照《厦门大学网络安全承诺书》的内容，严格落实归属本单位显示屏、夜景工程网络安全的主体责任。

四、工作措施

（一）全面摸清底数。各单位要立即开展本单位显示屏、夜景工程摸底工作，于5月30日前完成，将本单位所属的显示屏、夜景工程相关台账报送领导小组办公室。

（二）加强规范管理。各单位要逐一签订网络安全责任承诺书，确保本单位按照“谁管理谁负责、谁使用谁负责、谁收益谁负责、谁维护谁负责”的原则落实网络安全主体责任。明确本单位责任领导，本单位一把手为网络安全责任人，负责落实本单位系统运行安全。此项工作于2017年6月30日前完成。

（三）落实安全保护。校内所有显示屏、夜景工程等重要宣传设施禁止接入互联网、不得播放广播电视节目。各单位要根据信息安全等级保护相关制度和标准，全面组织开展网络安全自查自纠和风险评估工作，对发现的问题和隐患要立即整改，不能立即整改到位的，要制订应对方案，采取防护措施，确保重大活动期间网络安全。各单位要按照《信息安全等级保护管理办法》，对本单位的重要宣传设施信息系统开展等级保护定级备案，凡定级为第二级及以上的信息系统，应定期开展信息安全风险评估和信息安全等级测评工作，并根据评估报告和测评报告开展安全建设整改，整改情况及时报领导小组办公室。此项工作于2017年6月30日前完成。

（四）开展网络安全技术检测和专项检查工作。各单位要开展安全自查，必要时与网络技术中心联系对显示屏、夜景工程等重要宣传设施信息系统进行现场检查和渗透性测试，全面查找发现各类安全漏洞和突出问题，立即进行整改加固。7月1日至7月31日，各单位要联络网络技术中心对本单位重要宣传设施信息系统开展复测，进一步查漏补缺，督促整改。

（五）开展实时监测工作。逢重要会议、重大活动，各单位要对所属宣传设施开展实时监测，严密防守，监测发现重大、紧急情况及时报领导小组办公室。8月1日至重要会议结束，实行每日“零报告”制度，每日17时前汇总当日情况，突发情况随时报告。

（六）详细制订应急预案。网络技术中心要开展网络安全事件应急处置演练工作，备建应急处置技术团队，建立应急处置机制，指导督促重要宣传设施运营使用单位制订完善应急预案，做好随时处置各类网络安全突发事件的准备。各单位要有针对重要宣传设施信息系统的应急预案，建立一套应急机制、一支应急处置队伍，确保与网络技术中心之间无缝对接，高效运转，一旦发生重大网络安全事件能够第一时间响应，第一时间处置恢复。7月中下旬，通过组织抽查、演练来验证重要宣传设施运营使用单位应急处置工作准备情况。

五、工作要求

（一）高度重视，加强领导。各单位要从维护国家安全和国家形象的高度，切实增强做好重要宣传设施运行安全保卫工作的责任感和使命感，落实专门力量，确定专人负责，组织开展重要宣传设施安全保卫工作。各单位责任领导及联络员名单于6月10日前报送领导小组办公室。各单位要根据本方案制订网络安全子方案，于6月15日前报送领导小组办公室。

（二）统一指挥，密切协作。各单位要按照领导小组的统一部署和工作要求，强化重要宣传设施保卫各项工作的协调、监督、检查、指导，完善统一、高效的工作制度和机制，切实加强协作配合，真正形成工作合力。

（三）各负其责，狠抓落实。各单位要按照任务分工，各司其职、各负其责，切实抓好各项既定工作的落实。同时，要结合我校实际，明确目标任务、细化措施要求、完善工作机制，确保重要宣传设施保卫各项工作真正落到实处。对工作措施不落实、不到位的单位,由显示屏、夜景工程安全领导小组启动问责机制进行问责。

(四)统筹力量,值班守夜。重要会议、重大活动期间,全校各单位要明确值班值守制度,确保值守力量充足,应急处突准确及时。其中,8 月 25 日至重要会议结束,各单位要采取 7×24 小时值班制度,保持通信联络畅通。

——本文摘录自《关于印发〈厦门大学显示屏、夜景工程安全管控工作方案〉的通知》,厦大综〔2017〕13 号,档号 2017-XZ09-13

厦门大学国家助学贷款学生还款救助暂行办法

（2017年7月16日）

第一条 为落实国家关于精准资助的工作要求，进一步提升国家助学贷款政策实施效果，确保我校国家助学贷款工作持续健康发展，根据《教育部、财政部、中国人民银行、银监会关于完善国家助学贷款政策的若干意见》（教财〔2015〕7号）有关要求，学校决定设立国家助学贷款还款救助基金，专门用于救助还款特别困难的国家助学贷款（暂限于经我校在中国银行办理的校园地国家助学贷款）学生。为规范资金管理，提高资金使用效益，特制定本办法。

第二条 经厦门大学向中国银行申请获得国家助学贷款的借款学生遇有以下情形之一，确实无法按期偿还贷款的，可申请还款救助：

（一）借款学生死亡、失踪。

（二）借款学生因故丧失劳动能力、无民事行为能力。

（三）借款学生本人或家庭遭遇重大自然灾害，经济损失严重。

（四）借款学生本人或家庭成员患有重大疾病致家庭经济困难。

（五）借款学生经济收入特别低，确实无力按期偿还贷款。

（六）其他经学校确认符合还款救助情形的借款学生。

第三条 学校重点救助第一至第四类借款学生。第一、第二类借款学生，原则上必须给予救助。第三、第四类借款学生，原则上优先给予救助。

第四条 符合还款救助条件的借款学生可向原所在学院提交还款救助申请，学院负责受理并初审后，报学校进行审批并划付资金。

（一）还款救助申请人可以是助学贷款的借款学生或者亲属。因死亡、失踪、丧失劳动能力、无民事行为能力或重病等原因无法自行提交申请的学生，可由其亲属凭关系证明或授权书代办。

（二）还款救助申请。还款救助由借款学生（或亲属）自愿提出申请，填写“国家助学贷款还款救助申请表”（附件），持身份证、国家助学贷款合同以及其他有关证明的原件和复印件向原所在学院提出救助申请。

（三）还款救助受理。学院常年受理还款救助申请，无正当理由的不得拒绝受理。在日常工作中，学院发现符合救助条件但未提出申请的借款学生，应主动联系并协助有关当事人申请办理还款救助。

学院受理后应采取实地走访、入户调查、电话访问、校地联动等方式进行初审，调查核实申请人提供的申请理由和证明材料，做好相关记录。如有必要，可根据实际情况，在适当范围内对申请人情况进行公示。

（四）还款救助审批。学院完成审查后应及时将材料报送校学生资助管理中心，中心交银行复核后报校领导审批核定是否救助以及救助金额。

（五）还款救助资金划付。校学生资助管理中心将最终审批确定的救助申请提交财务处，由财务处将助学贷款还款救助金额拨付至经办银行指定账户，然后将相关资料提交经办银行进行代偿操作，救助资金不发放给被救助人或申请人。

第五条 还款救助申请人应对所提交材料的真实性负责，对于虚构救助理由，伪造相关要件，骗取助学贷款还款救助资金的行为，一经查实，学校可在适当范围内进行通报，并将有关情况函告申请人所在单位;经办银行可将申请人纳入失信人执行名单;对于骗取金额较大,涉嫌犯罪的,移交有关部门处理。

第六条　完成救助后,还款救助申请人可向经办银行申请变更借款学生个人征信的不良记录,具体办法以银行相关规定为准。

第七条　学校鼓励被救助人待经济状况好转后,根据本人经济能力,全额或部分返还代偿资金,返还资金将全部存入学校国家助学贷款还款救助基金专账,专项用于以后救助工作。

第八条　各学院可在学校还款救助基础上,结合本院实际情况,加大还款救助力度,具体办法由各学院制定。

第九条　本办法由厦门大学学生资助管理中心负责解释。

第十条　本办法自公布之日起实施。

(附件略——编者)

——本文摘录自《关于印发〈厦门大学国家助学贷款学生还款救助暂行办法〉的通知》,厦大学〔2017〕62号,档号2017-XZ11-2

厦门大学图书资料采购工作实施细则

（2017年7月28日）

第一章　总　则

第一条　为了规范我校图书资料的采购工作，根据《中华人民共和国招标投标法》、《中华人民共和国招标投标法实施意见》、教育部《关于加强各类高等学校教材和图书采购管理工作的通知》及《厦门大学采购管理办法（试行）》，结合我校实际情况，制定本实施细则。

第二条　本管理办法所称的图书资料主要包括国内外各类出版社出版的中外文纸本图书、期刊及电子图书、电子期刊、数据库、光盘和声像资料等。

第三条　图书资料是高等学校办学条件的重要组成部分，其质量关系到学校的教学、科研、社会服务和文化传承与创新水平，图书资料的选择与入藏必须秉持学术价值优先的原则。

第四条　图书资料的采集活动包括采购、交换、受赠等形式，有其自身的专业特点。图书资料采购应该根据各类型文献的具体情况选择集中采购方式。

第五条　学校的图书资料采购活动，应在学校集中采购管理部门的指导下，依照《厦门大学采购管理办法（试行）》等相关规定执行。

第二章　图书资料采购的组织

第六条　学校政府采购管理办公室（以下简称“采购办”）是全校的政府采购归口管理部门，负责对全校的图书资料采购活动进行管理和监督。学校招投标中心（以下简称“招投标中心”）是学校招投标采购活动的组织实施部门。

第七条　图书馆是学校图书资料采购的业务主管单位。其主要职责为：

（一）负责市场调研、商家服务评价和可行性论证等；

（二）负责集中采购项目申请、提供技术参数、参与合同拟订；

（三）负责自行采购项目的采购组织、合同签订、验收及付款结算等。

第八条　图书馆馆长对学校的图书资料建设承担主体责任，负责图书资料建设中发展规划与政策的制订。图书馆采访部（以下简称“采访部”）是学校图书资料采购的主要执行部门（预算金额20万元人民币以下），负责与中标供应商之间的日常采购活动和业务往来，负责采购资料的整理和立卷归档等。

第九条　学院院长具有批量5万元人民币以下限额的图书资料自主采购的审批权，采购完成后须向图书馆进行资产备案。人民币额度5万～20万元的批量采购需报图书馆馆长审批后方可执行采购。学科所需的数据库的新订或续订，原则上由图书馆进行全校统筹安排。

第三章　图书资料采购方式

第十条　图书资料集中采购包括公开招标、邀请招标、竞争性谈判、比价采购、单一来源采购和集团联合采购等方式，可根据文献资源类型、出版发行状况等因素选择适当的采购方式。

第十一条　中外文书刊和数据库的采购一般采用公开招标方式，由招投标中心公开招标，各中标供应商和代理商通过招投标获得供货资格。

第十二条　大型图书和外文原版期刊在公开招标获得供货资格的供应商范围内，按批次采用库内比价方式进行采购。库内比价一般由图书馆的学科采访馆员担任。

第十三条　集团联合采购也称联盟采购，是指图书馆行业的全国性、地区性组织或校际联合体就某一特定图书资料与供应商进行集团谈判，以获得符合采购价格低于市场平均价格、采购效率更高、采购质量优良和服务良好的产品与服务。高校图书馆数字资源联盟采购(Digital Resource Acquisition Alliance of Chinese Academic Libraries，以下简称“DRAA”)是我校引进数据库的主要渠道。

第十四条　二手图书采购、民间文献征集、非邮发期刊订购、现场采购、代购、教师自购、网店采购适用于特定情况的图书资料采购，应执行学校采购限额标准的规定。

第四章　招标采购

第十五条　招标材料的准备

招标前，图书馆或需要进行图书资料采购的学院应负责招标材料的准备，便于招投标中心了解和掌握图书资料招标采购的各项业务要求。招标材料包括：

(一)采购业务基本情况说明：采购量、该类型图书资料采购业务特性、往年采购情况等；主要供应商的基本情况和业务能力，拟推荐供应商名单及近年采购业务往来等。

(二)招标说明书的相关内容：向投标人提出任务、条件和要求，作为评标的依据和订立合同的基础。

(三)评标建议：对评标方式、评标标准、划分标段的理由及具体划分情况等提出建议。

第十六条　图书资料采购招标评估依据可包括：

(一)学术资料的综合供货能力。可提供适合高校的现货品种量和特色资源保障水平，以及订购目录的规范性和可操作性。

(二)相关业务单位对既往合作供应商提供服务的评估报告。

(三)适当的折扣率。折扣率不作为中标的主要依据。

(四)供应商之间的互补性。中标商之间能达到优势学科的互补、采购模式的互补、特色资源的互补。

第十七条　图书资料采购评审委员会中，图书馆可以推荐评审专家，推荐专家人数和用户代表之和不超过成员总数的三分之一。

第五章　数据库采购的管理

第十八条　年度计划的形成。每年初由图书馆提出数据库年度订购计划，说明各需要续订的数据库的必要性和经费预算，报分管校领导审批。

第十九条　论证报告的形成。新增数据库由相关的学科馆员牵头，联络相关学科的教授形成论证报告。其中，如属DRAA组团的数据库，采访部提供DRAA组团方案、评估报告等，作为论证报告的附件。

(一)具备DRAA组团文件的数据库，40万元以下实行馆内论证，具备副高级以上专业技术职务的论证专家三人；40万元以上进行校内论证，论证专家组须至少包括三个专任教授或研究员。

(二)不具备DRAA组团文件的，10万元以下实行馆内论证；10万～40万元实行校内论证，论证专家组须至少包括三个专任教授；40万元以上的亦实行校内论证，论证专家组必须至少包括五个专任教授或研究员，并至少有一名学院院长，其中年度预算超过100万元的数据库，论证专家组需至少有两名来自不同学院的院长。

第二十条　不同采购渠道引进数据库的集中采购。

(一)单项或批量预算金额20万元人民币以下的数据库采购，由图书馆主管领导主持，采用竞价、比价等采购方式。

(二)单项或批量预算金额20万元人民币以上的数据库采购，由学校招投标中心根据不同的采购来源组织公开招标或者采用单一来源方式采购的，由图书馆出具论证报告，以书面形式报学校招投标中心，并经采购办审核，报分管校领导批准后方可实施。预算超过法律规定公开招标数额标准的还需按相关规定上报教育部、财政部审批通过后实施。

(三)DRAA和其他集团采购数据库的采购,应进行国内代理商的招标。

第二十一条　数据库引进可采用买断或租用两种方式,如属租用的数据库则不计入学校的固定资产。

第六章　合同管理与法律责任

第二十二条　采购合同的签订。经招投标后,由资产与后勤事务管理处负责与代理商签订代理合同,由图书馆负责签订各个数据库的订购协议。

第二十三条　图书管理单位每年应对上一年度采购工作进行总结,对本年度正在履约的合同情况进行跟踪。如发现中标单位有违约情况的,应以书面通知中标单位,若三个月内中标单位对提出问题无相应的明显改进措施,除按合同约定的条款处理外,可在今后的招标中将其履约情况作为考量的因素。对曾发生过严重供应质量、服务问题和商业贿赂等不正当行为的供应商,应取消其投标资格。

第二十四条　合同执行期内,若项目的技术、时间、服务等方面发生问题,图书管理单位应及时取证,并约请供应商协商、索赔;若协商未果,应按合同约定的法律途径解决。

第二十五条　招标过程中,有关工作人员必须严格遵守国家、学校的有关法规和纪律。有标底的严禁泄露标底。在确定中标人前,招标方不得与投标方就投标价格、投标方案等实质性内容进行谈判。开标和评标过程中,招标方任何人员不得私下与投标商接触,更不准接受礼物和其他馈赠。如有违规,应上报学校给予相应处分。构成犯罪的,依法追究刑事责任。影响中标结果的,中标无效。

第七章　书刊订购、验收和报账管理

第二十六条　书刊订购、验收和报账管理

(一)图书单价500元以上的,需报部主任审批;单价超过5000元以上的,由副馆长审批;单价超过10000元以上的,需经馆长审批后,方可发订。根据教育部"文科研究生专款图书"管理办法,文科专款订单需由主管馆领导审批后方可发订。

(二)期刊订购需经由经办人员、部主任和主管馆领导在订单上签字审批后,方可发订。

(三)图书验收人员验收完毕后,填写图书验收结算汇总表,要求汇总表中书店清单、退书和验收结算图书的种数、册数、金额必须相互一致,特殊情况在备注栏中加以说明。

(四)财务报账人员收到验收结算汇总表后,核对书商折扣率,通知供应商开具实洋发票报账。发票上需标明种数、册数、总码洋、折扣率和实洋等事项。

第二十七条　图书采购一般执行验收后付款方式,期刊订购则执行预付款方式。订购的期刊确实因停刊等原因而无法到刊的,应要求供应商返还期刊款或扣减下年度期刊款。

第二十八条　书刊采购以折扣后实洋结算。书刊验收后,由验收人员开出"验收结算单",采访部核对书商合同折扣率后,根据"验收结算单"计算出实付码洋,通知书商开具实洋发票报账。

第二十九条　书刊订未到小额退款应及时上缴学校财务处。

第三十条　采购图书资料需要支付外汇的,按照国家外汇管理部门公布的当时的基准汇率,将采购价换算成人民币后,按照合同约定的时间、方式支付。

第八章　采购档案的管理

第三十一条　各采购项目的申请报告、论证报告及相关资料,各级领导批件和学校下发的相关文件,标书及供货合同,集团采购项目的组团及谈判情况的说明、数据库订购合同、代理付款合同等资料,均需进行归档管理。

第三十二条　图书馆办公室和采访部对图书资料采购的各种档案的管理负有直接责任,应对涉及采购的各种文件和材料进行妥善保管。

(一)年度文献购置费预算计划、专项经费预算计划、数据库续订计划及其审批文件、馆长办公会议纪要等由图书馆办公室负责存档。

(二)普通书刊合同签订后,合同和大套书库内比价采购审批表原件交由图书馆办公室归档管理,并返回一份复印件给采访部备案。

(三)数据库采购档案由论证报告、集团联合采购组团资料、订购(续订)合同、学校批文等组成,其中订购合同连同发票在报账时交由学校财务处归档管理,返回一份合同复印件交采访部归档。

(四)招投标采购、库内比价采购、单一来源谈判采购、文科研究生专款图书采购、购书审批表等相关业务资料由采访部负责管理。

第九章　附　则

第三十三条　本规则如与《中华人民共和国政府采购法》等法律或与校内相关规定不符,应及时予以修正。

第三十四条　本规则由 2017 年 8 月 1 日起执行,学校原有相关规定与本实施细则不一致的,以本实施细则为准,未尽事宜由学校招标工作领导小组研究决定。本实施细则由图书馆负责解释。

——本文摘录自《关于印发〈厦门大学图书资料采购工作实施细则〉的通知》,厦大资产〔2017〕22 号,档号 2017-XZ27-1

厦门大学校长办公会议议事规则

（2017 年 8 月 7 日）

第一章　总　则

第一条　为实施依法治校，贯彻落实党委领导下的校长负责制，根据《中华人民共和国教育法》、《中华人民共和国高等教育法》、《关于坚持和完善普通高等学校党委领导下的校长负责制的实施意见》（中办发〔2014〕55 号）、《厦门大学章程》和有关政策法规，结合我校实际，制定本规则。

第二章　会议的举行

第二条　校长办公会议是学校行政议事决策机构，主要研究提出拟由党委讨论决定的重要事项方案，具体部署落实党委决议的有关措施，研究处理教学、科研、行政管理工作。校长办公会议由校长（或由校长委托的副校长）召集和主持。

第三条　校长办公会议成员由校长、副校长，党委书记、副书记，纪委书记，校长助理组成；学校办公室主任、监察处长列席。其他列席人员根据需要由校领导或校长助理决定，由学校办公室负责通知。

第四条　校长办公会议原则上每周举行一次，时间定为每周五上午。如果校长认为必要，可临时召开校长办公会议。

第五条　校长办公会议应有半数以上成员出席方能召开，研究或决策某一问题时，分管校领导应到会。

第六条　校长办公会议成员如因特殊情况不能到会的，应事先向会议主持人请假。

第三章　会议议题的确定

第七条　校长办公会议的议题范围包括：

（一）传达、贯彻执行党和国家的路线、方针、政策，落实上级部门有关行政工作的重要指示、决定和会议精神。

（二）研究决定学校党委关于学校改革发展重大问题决议的实施意见。

（三）讨论学校年度工作计划和工作总结，并提请学校党委常委会审定。

（四）研究决定学校重要行政规章制度的制定、修改、废止。

（五）讨论教学、科研、行政机构的设置和重大调整，并提请学校党委常委会审定。

（六）研究决定教学、科研、行政管理等方面的重大活动和计划。

（七）研究决定学科建设和队伍建设的重大事项。

（八）讨论国家重大专项建设规划和资金总体安排原则，并提请学校党委常委会审定；研究决定国家重大专项年度建设任务及资金安排方案。

（九）讨论学校年度经费的预决算方案，并提请学校党委常委会审定；研究决定年度预算调整方案。

（十）研究决定未列入学校预算且单项支出在人民币 100 万元以上（含 100 万元）500 万元以下的资金款项的支出。

（十一）研究决定学校年度招生计划。

(十二)研究决定学校年度基本建设计划(包括重大基本建设项目和大额度基建修缮项目)。

(十三)研究决定大宗物资、大型仪器设备的采购和购买服务。

(十四)研究决定学校对外科学技术文化交流与合作项目。

(十五)研究决定推荐校级以上表彰集体和个人,以及教职员工和学生的相关奖惩。

(十六)研究决定校长认为需要讨论的其他行政问题。

第八条　校长办公会议议题由办公会议成员提出,学校办公室收集和汇总后,报经校长(或会议主持人)审定后,正式确定为校长办公会议议题。

第九条　讨论决定学校重大问题,应在调查研究基础上提出建议方案,经领导班子成员沟通酝酿且无重大分歧后提交会议讨论决定。对专业性、技术性较强的重要事项,应经过专家评估及技术、政策、法律咨询。对事关师生员工切身利益的重要事项,应通过教职工代表大会或其他方式,广泛听取师生员工的意见建议。

第十条　校长办公会议议题一经确定,原则上不再变动。因特殊情况需临时增加或减少议题,必须经校长(或会议主持人)同意。

第十一条　议题提出后,有关领导应事先组织有关职能部门负责人,就提出的议题做好充分的调研和论证,提出具体建议或备选方案,于每周三前由职能部门将相关材料提交至学校办公室。

第四章　会议议题的审议

第十二条　审议校长办公会议议题时,首先由分管校领导或部门负责人对议题做出说明,并提出具体意见提请校长办公会议研究决定。会议成员要紧紧围绕议题充分发表自己的意见。在此基础上,由校长(或会议主持人)根据讨论结果正式做出会议决定。

第十三条　校长办公会议应做到有议有决。如果对议题意见分歧较大,会议可授权校长(或会议主持人)根据实际情况做出决定,或授权校长和党委书记在会后协商做出决定,在下一次会议上做出说明;或由校长(或会议主持人)提出暂缓决定的意见。

第十四条　校长办公会议讨论的议题如涉及会议成员个人或其亲属,有关与会人员应回避。

第五章　会议决议的执行

第十五条　校长办公会议的决议由分管校领导或校长助理负责组织实施。在执行过程中,如有特殊情况,经校长同意,可提请校长办公会议复议。

第十六条　学校办公室负责校长办公会议决定或决议执行的督办和检查工作,并及时将落实情况向校长报告。

第六章　会议纪要

第十七条　校长办公会议的会务工作由学校办公室承担。每次校长办公会议后由学校办公室整理并形成《校长办公会议纪要》。

第十八条　《校长办公会议纪要》应包括下列内容:

(一)校长办公会议时间、地点、主持人、出席人、列席人、缺席人、缺席原因、记录人;

(二)综述审议议题时的讨论情况;

(三)议题审议结果和决定;

(四)会议主持人认为应该记录的事项。

第十九条　《校长办公会议纪要》须经有关成员审阅后由校长(或会议主持人)签发,分送校领导、校长助理和相关部门或学院,并送学校档案馆存档。

第二十条　《校长办公会议纪要》与学校文件具有同等的效力。

第七章　附　则

第二十一条　凡经校长办公会议做出的决定，必须坚决执行，任何单位或个人不得以任何理由拒绝执行。已经校长办公会议决定的事项如需修改，应经校长办公会议再次研究通过后方为有效。

第二十二条　会议成员均有保密的义务和责任。校长办公会议所做出的决定或决议，何时、以何种方式、在何种范围内公布，应按会议决定或决议执行，不允许擅自将会议内容和与会人员的观点外传。对违反保密规定的应按有关规定和纪律追究当事人的责任。

第二十三条　本规则由校长办公会议授权学校办公室负责解释。

第二十四条　本规则自公布之日起施行，2012年3月6日发布并施行的《厦门大学校长办公会议议事规则》同时废止。

——本文摘录自《关于印发〈厦门大学校长办公会议议事规则〉的通知》，厦大办〔2017〕4号，档号2017-XZ09-15

厦门大学贵重实验仪器设备有偿占用费收取与使用管理办法

(2017年8月9日)

第一条　为了加强对学校贵重实验仪器设备的管理,提高贵重实验仪器开放共享程度和总体使用效率,鼓励贵重实验仪器设备开放共享,根据《高等学校仪器设备管理办法》、《教育部直属高等学校国有资产管理暂行办法》以及《高等学校贵重仪器设备效益年度评价表》,制定本办法。

第二条　贵重实验仪器设备有偿占用费(以下简称占用费)收取范围为已验收入账单价在40万元以上(含)且年使用机时少于标准机时(800时/学年)的科研实验仪器设备。

第三条　本办法采取动态管理原则,即依据实验仪器设备上一学年度使用机时情况核算当年占用费。

第四条　实验仪器设备从验收入账后下一年度起征收占用费。实验仪器设备按上一学年度使用机时情况分类,单价在40万元以上(含)且年使用机时为0 h的仪器设备,当年占用费按单价的1%收取;单价在40万元以上(含)且年使用机时大于0 h且小于400 h的仪器设备,当年占用费按单价的0.5%收取;单价在40万元以上(含)且年使用机时大于等于400 h且小于800 h的仪器设备,当年占用费按单价的0.1%收取。

单台实验仪器设备占用费计算公式:

年使用机时=0 h:占用费=单价×1%

400 h>年使用机时>0 h:占用费=单价×0.5%

800 h>年使用机时≥400 h:占用费=单价×0.1%

第五条　每年10月30日前实验室与设备管理办公室根据上一学年度贵重实验仪器设备使用机时情况计算各学院(研究院)的贵重实验仪器设备占用费,学校从各学院(研究院)公用经费卡中统一划转占用费至学校实验仪器设备占用费专用账户,作为校长基金的实验仪器设备维修专项。

第六条　特殊类实验仪器设备由所在学院(研究院)申请,经实验室与设备管理办公室核实审批后可适当调整占用费额度,特殊类实验仪器设备总台数不超过本学院(研究院)征收实验仪器设备总台数10%。

第七条　对不按期交纳占用费的学院(研究院),学校将暂缓该学院(研究院)新购实验仪器设备。

第八条　实验室与设备管理办公室调配使用效率低的实验仪器设备至急需的学院(研究院)。

第九条　实验仪器设备在收取占用费期间进行校内调配的,当年的占用费从调出学院(研究院)收取。

第十条　学校将公布学院(研究院)有偿占用费缴交情况。

第十一条　本办法自发文之日起生效,本办法由实验室与设备管理办公室负责解释。

——本文摘录自《关于印发〈厦门大学贵重实验仪器设备有偿占用费收取与使用管理办法〉的通知》,厦大设备〔2017〕3号,档号2017-XZ38-1

厦门大学人文社科核心学术刊物目录及相关规定(2017 年版)

(2017 年 8 月 9 日)

一、人文社科一类核心学术刊物(共 174 种)

序号	刊物名称	序号	刊物名称
1	北京大学教育评论	25	公共管理学报
2	北京大学学报(哲学社会科学版)	26	公共行政评论
3	北京电影学院学报	27	古汉语研究
4	北京师范大学学报(社会科学版)	28	管理工程学报
5	北京体育大学学报	29	管理科学
6	比较教育研究	30	管理科学学报
7	财贸经济	31	管理评论
8	财政研究	32	管理世界
9	大学图书馆学报	33	光明日报(理论版)
10	当代世界与社会主义	34	国际金融研究
11	当代外国文学	35	国际贸易问题
12	当代亚太	36	国际问题研究
13	当代语言学	37	国际新闻界
14	档案学通讯	38	国际政治研究
15	档案学研究	39	国家行政学院学报
16	读书(学术类)	40	国外社会科学
17	法律科学	41	国外文学
18	法学	42	会计研究
19	法学家	43	吉林大学社会科学学报
20	法学研究	44	江海学刊
21	法制与社会发展	45	教育发展研究
22	方言	46	教育学报
23	复旦学报(社会科学版)	47	教育研究
24	高等教育研究	48	教育与经济

续表

序号	刊物名称	序号	刊物名称
49	金融研究	84	社会科学战线
50	近代史研究	85	社会学研究
51	经济管理	86	审计研究
52	经济科学	87	史学理论研究
53	经济学(季刊)	88	世界汉语教学
54	经济学动态(学术类)	89	世界经济
55	经济学家	90	世界经济与政治
56	经济研究	91	世界历史
57	开放时代	92	世界民族
58	考古	93	世界哲学
59	考古学报	94	世界宗教研究
60	科学社会主义	95	数理统计与管理
61	科学学研究	96	数量经济技术经济研究
62	科研管理	97	税务研究
63	课程・教材・教法	98	台湾研究集刊
64	历史研究	99	体育科学
65	马克思主义研究	100	体育学刊
66	马克思主义与现实	101	天津社会科学
67	美国研究	102	统计研究
68	美术研究	103	图书情报工作
69	民族文学研究	104	外国文学
70	民族研究	105	外国文学评论
71	民族语文	106	外国文学研究
72	南京大学学报(哲学・人文科学・社会科学版)	107	外国语
73	南京社会科学	108	外语教学与研究
74	南开管理评论	109	文史哲
75	南开学报(哲学社会科学版)	110	文物
76	农业技术经济	111	文献
77	农业经济问题	112	文学评论
78	情报学报	113	文学遗产
79	求是	114	文艺理论研究
80	人口研究	115	文艺研究
81	人民日报(理论版)	116	武汉大学学报(人文科学版)
82	上海体育学院学报	117	西北民族研究
83	社会	118	戏剧艺术

续表

序号	刊物名称	序号	刊物名称
119	系统工程理论与实践	147	中国管理科学
120	系统工程学报	148	中国行政管理
121	厦门大学学报(哲学社会科学版)	149	中国教育学刊
122	现代传播	150	中国经济史研究
123	现代法学	151	中国农村观察
124	现代外语	152	中国农村经济
125	心理科学	153	中国人口、资源与环境
126	心理学报	154	中国人口科学
127	新华文摘(全文转载)	155	中国人民大学学报
128	新美术	156	中国软科学
129	新闻大学	157	中国社会科学
130	新闻与传播研究	158	中国史研究
131	学术研究	159	中国体育科技
132	学术月刊	160	中国图书馆学报
133	音乐研究	161	中国土地科学
134	语言教学与研究	162	中国外语
135	语言文字应用	163	中国现代文学研究丛刊
136	哲学动态	164	中国音乐学
137	哲学研究	165	中国语文
138	政法论坛	166	中国哲学史
139	政治学研究	167	中山大学学报(社会科学版)
140	中共党史研究	168	中外法学
141	中国比较文学	169	中央民族大学学报(哲学社会科学版)
142	中国法学	170	“中央研究院”近代史研究所集刊
143	中国翻译	171	“中央研究院”历史语言研究所集刊
144	中国高校社会科学	172	中央音乐学院学报
145	中国工业经济	173	自然辩证法通讯
146	中国公共卫生	174	*China Daily*(理论版)

二、人文社科二类核心学术刊物

未被列为上述一类核心学术刊物的CSSCI(“中文社会科学引文索引”)来源期刊(不含扩展版)、CSSCI来源集刊原则上均为二类核心学术刊物,根据上述期刊(集刊)的变动情况实行动态调整。所发学术论文的有效期根据上述来源期刊(集刊)目录公布的时间范围执行。

三、相关规定

1.在未列入本目录的原人文社科核心学术刊物上发表的学术论文有效期截至2018年6月30日。

2.在学术刊物上发表或被《新华文摘》等转载的中文学术论文字数要求不少于4000字,外文学术论文字数要求不少于6000个单词。在《人民日报(理论版)》、《光明日报(理论版)》和*China Daily*(理论版)上发表的中文学术论文字数要求不少于2000字,外文学术论文字数要求不少于3000个单词。

3.在我校主办的一类核心学术刊物、《人民日报(理论版)》、《光明日报(理论版)》和*China Daily*(理论版)上发表的学术论文,同一本刊物最多只能计算1篇为一类核心学术刊物发表的学术论文,其余只能作为二类核心学术刊物发表的学术论文计算。

4.被SSCI、A&HCI等检索的刊物及其他国际刊物的级别分类按照各单位的细则规定执行。相关刊物应具有与中文一类核心刊物同等的学术水平,经教授委员会和学院(单位)专业技术职务聘任委员会评议、学院(单位)党委及学校党委部门意识形态审查、学部委员会审议通过后,由学校专业技术职务聘任委员会审查批准。

5.各学院(单位)可在人文社科一类核心学术刊物目录中遴选最优刊物,作为考核聘任的业绩要求。

6.本目录及规定自公布之日起开始执行,此前文件与本目录及规定不符的,以本目录及规定为准。

7.本目录及规定由学校人事处和社科处负责解释。

——本文摘录自《关于印发〈厦门大学人文社科核心学术刊物目录及相关规定(2017年版)〉的通知》,厦大人〔2017〕93号,档号2017-XZ10-2

厦门大学贵重实验仪器设备有偿占用费收取与使用管理办法的补充规定

（2017 年 8 月 11 日）

第一条　贵重实验仪器设备有偿占用费（以下简称占用费）收取范围为已验收入账单价在 40 万元以上（含）且年使用机时少于标准机时（800 时/学年）的科研贵重实验仪器设备（03 类）。

第二条　本办法采取动态管理原则，即依据实验仪器设备上一学年度使用机时情况核算当年占用费。学院（研究院）应于每年 9 月 30 日前填报完成教育部高等学校实验室信息统计报表基表三（以下简称基表三），学校将依据基表三中的使用机时情况核算占用费。

第三条　已建设“厦门大学实验室资源管理校级系统”的学院（研究院）依据系统记录的实际使用机时汇总情况填报基表三，尚未建设校级系统的学院（研究院）依据学校发放的“厦门大学（贵重）仪器设备运行记录本”或仪器自带的机时汇总情况填报基表三，务必严格按照要求如实填报，严禁弄虚作假。

第四条　实验室与设备管理办公室将随机抽查核实使用机时情况，对虚报机时的学院（研究院）将给予严肃处理，对涉及的仪器设备将按照零机时征收占用费。

第五条　每年 10 月 30 日前实验室与设备管理办公室依据基表三中的使用机时情况核算各学院（研究院）应缴占用费，校财务处从相应学院（研究院）公用经费卡中统一划转占用费至学校实验仪器设备占用费专用账户，作为校长基金的实验仪器设备维修专项。学校（研究院）不得从贵重仪器设备开放共享专项经费支出此费用。

第六条　特殊类实验仪器设备由所在学院（研究院）于每年 10 月 15 日前提出申请（“特殊类实验仪器设备申请表”见附件），经实验室与设备管理办公室审批核实后可适当调整占用费额度。特殊类实验仪器设备总台数不超过本学院（研究院）应征收占用费实验仪器设备总台数 10%。以下情况不属于特殊类：(1)未到报废年限且可修复，故障后半年以上处于待维修状态的仪器设备；(2)购置一年后不投入使用的仪器设备；(3)未经申请审批不开放共享的仪器设备；(4)未经申请确认放置校外的仪器设备。

（附件略——编者）

——本文摘录自《厦门大学贵重实验仪器设备有偿占用费收取与使用管理办法的补充规定》，(2017)厦大实 3 号，档号 2017-XZ38-1

厦门大学采购评审专家及专家库管理办法(试行)

(2017年8月16日)

第一章　总　则

第一条　为加强学校采购评审专家的管理,规范采购评审专家评审行为,根据《中华人民共和国政府采购法》、《中华人民共和国政府采购法实施条例》和《政府采购评审专家管理办法》等有关法律法规和规定,结合我校实际情况,制定本办法。

第二条　本办法所称采购评审专家(以下简称"评审专家")是指符合本办法规定的条件和要求,以独立身份从事和参加学校采购项目评审工作的人员。

本办法所称采购评审专家库(以下简称"评审专家库")是指依照本办法所组建的,能够基本满足学校采购工作需要的专家人员库。

第三条　凡属于学校集中采购范围内的采购项目,预算金额人民币40万元以上的科研仪器设备,其评审专家主要从评审专家库中抽选;预算金额人民币20万元以上的其他货物和服务采购项目及预算金额人民币120万元以上的工程,其评审专家主要从厦门市政府采购评审专家库抽选。因项目特殊,需要使用评审专家库以外的评审专家,可以由具体采购单位提出评审专家人选,报采购办审批确定。

第四条　学校政府采购管理办公室(以下简称"采购办")负责评审专家库的建设和管理,采购办采用公开征集、推荐与自我推荐相结合的方式选聘评审专家,并负责专家入库的初审工作。

第二章　评审专家选聘

第五条　评审专家应具备以下基本条件:

(一)具有良好的职业道德,廉洁自律,遵纪守法,无行贿、受贿、欺诈等不良信用记录;

(二)具有中级专业技术职称或同等专业水平且从事相关领域工作满8年,或者具有高级专业技术职称或同等专业水平;

(三)熟悉政府采购相关政策法规;

(四)承诺以独立身份参加评审工作,依法履行评审专家工作职责并承担相应法律责任;

(五)不满70周岁,身体健康,能够承担评审工作;

(六)申请成为评审专家前三年内,无本办法第十九条规定的不良行为记录;

(七)采购管理部门要求的其他条件。

对评审专家数量较少的专业,前款第(二)项、第(五)项所列条件可以适当放宽。

第六条　凡符合本办法第五条规定的人员,均可通过自我推荐或者由所在单位或本行业其他专家推荐等方式,自愿申请加入评审专家库,申请时应提供以下材料:

(一)本人签署的"厦门大学采购评审专家申请表";

(二)学历学位证书、专业技术职称证书或者具有同等专业水平的证明材料;

(三)证明本人身份的有效证件;

(四)本人认为需要申请回避的信息。

第七条　采购办将符合入库条件的专家名单报分管校领导审批,并将审批结果报学校纪委监察部门备案。

第八条 评审专家工作单位、联系方式、专业技术职称、需要回避的信息等发生变化的，应当及时向采购办申请变更相关信息。

第三章 评审专家的权利义务

第九条 评审专家在采购活动过程中享有以下权利：

（一）接受采购办邀请，担任采购项目评审专家；

（二）对政府采购制度及相关情况的知情权；

（三）按照采购文件规定的评审标准和方法对投标文件进行独立评审，评审过程不受任何单位或个人的干预；

（四）推荐中标（成交）候选供应商的表决权；

（五）按有关规定获得相应的评审劳务报酬；

（六）国家法律、法规和规章规定的其他权利。

第十条 评审专家在采购活动中承担以下义务：

（一）受邀担任评审专家后，对其身份和评审项目保密，严格遵守学校采购评审工作纪律；

（二）客观、公正地进行评审，为学校采购工作提供真实、可靠的评审意见，在评审报告上签字，对自己的评审意见承担法律责任；

（三）在评审结果公布前，不得私下接触供应商，不得收受供应商的请客、送礼，不得透露评审会的内容以及与评审有关的其他情况；

（四）发现供应商在学校采购活动中有不正当竞争或恶意串通等违规行为，应及时向具体采购单位或采购办报告并加以制止；

（五）配合答复供应商的询问和质疑；

（六）接受监督部门的监督。

第十一条 具有下列情形之一，评审专家应当主动向具体采购单位或采购办说明情况并申请回避：

（一）参加采购活动前三年内，与供应商存在劳动关系，或者担任过供应商的董事、监事，或者是供应商的控股股东或实际控制人；

（二）与供应商的法定代表人或者负责人有夫妻、直系血亲、三代以内旁系血亲或者近姻亲关系；

（三）与供应商有其他可能影响政府采购活动公平、公正进行的关系。

第十二条 具体采购单位或者采购办发现评审专家与参加采购活动的供应商有利害关系的，应当场要求其回避，采购办应做好记录并及时变更相关信息。

第四章 评审专家库及评审专家的使用与管理

第十三条 评审专家库分为科研仪器设备评审专家库和非科研仪器设备评审专家库，其中非科研仪器设备包括家具、音视频设备等。

第十四条 评审专家抽取

（一）评审专家由采购办采用随机抽取方式确定。

（二）科研仪器设备采购项目可由项目（经费）负责人自行推荐符合条件的专家，推荐人数不超过专家总数的三分之一。若被推荐的专家非评审专家库成员，经本人同意后，采购办可将其选聘入库。

（三）非科研仪器设备评审专家可由采购办从学校评审专家库中抽取，抽取人数不得超过专家总数的三分之一。

第十五条 除采用竞争性谈判、竞争性磋商方式采购，以及异地评审的项目外，抽取评审专家的开始时间原则上不得早于评审活动开始前2个工作日。

第十六条 参加评审专家抽取的有关人员对被抽取专家的姓名、单位和联系方式等内容负有保密的义务。评审专家的名单在评审结果公告前应当保密。评审活动完成后,招投标中心应当随中标、成交结果一并公告评审专家名单,并对自行选定的评审专家做出标注。

第十七条　出现评审专家缺席、回避等情形导致评审现场专家数量不符合规定的,采购办应当及时补抽评审专家。无法及时补足评审专家的,具体采购单位应当立即停止评审工作,妥善保存采购文件,依法重新组建评标委员会、谈判小组、磋商小组进行评审。

第十八条　采购办建立评审专家信息反馈制度,听取有关各方对评审专家业务水平、工作能力、职业道德等方面的意见,核实并记录有关内容。对评审专家库实行动态管理,按本办法的规定定期或不定期调整、充实评审专家库。对评审专家进行必要的采购法律法规和政策等知识的培训。

第十九条　评审专家有下列情形之一的,列入不良行为记录:

(一)未按照采购文件规定的评审程序、评审方法和评审标准进行独立评审;

(二)泄露评审文件、评审情况;

(三)与供应商存在利害关系未回避;

(四)收受采购人、采购代理机构、供应商贿赂或者获取其他不正当利益;

(五)提供虚假申请材料;

(六)拒不履行配合答复供应商询问、质疑、投诉等法定义务;

(七)以评审专家身份从事有损政府采购公信力的活动。

第二十条　评审专家有下列情形之一的,将解除其评审专家资格:

(一)在评标工作中有违法、违纪、违规行为的;

(二)因身体健康、业务能力及信誉等原因不能胜任评标工作的;

(三)因工作调动或某种特殊原因长期不能履行评标义务的;

(四)本人提出不再担任评标专家申请的;

(五)其他应当予以取消资格的情形。

第二十一条　评审专家累计有两次不良记录的,将取消其一年以上参与学校采购项目的评审资格,累计三次以上者将不得再从事学校采购项目的评审工作。涉及违纪违规行为的,上报学校纪委监察部门。

第二十二条　采购办、具体采购单位在抽取和使用评审专家工作中,违反操作要求予以指定或进行暗箱操作的,或故意对外泄露被抽取评审专家有关姓名、单位、联系方式等内容的,可根据具体情况,由其上级部门或纪委监察部门给予相应的行政处分。

第二十三条　由于评审专家个人的违法违规行为给有关单位造成经济损失的,相关评审专家应当承担经济赔偿责任;构成犯罪的,移送司法机关依法追究其刑事责任。

第五章　附　则

第二十四条　国家相关法律法规和规章对评审专家管理另有规定的,从其规定。

第二十五条　本办法由采购办负责解释。

第二十六条　本办法自发布之日起实施。

——本文摘录自《关于印发〈厦门大学采购评审专家及专家库管理办法(试行)〉的通知》,(2017)厦大资产4号,档号2019-XZ27-001

厦门大学货物和服务验收管理办法

（2017年8月17日）

第一章　总　则

第一条　为进一步加强学校采购验收管理，保证学校采购的货物和服务符合国家标准，达到规定的性能指标，特制定本办法。

第二条　本办法所称货物，是指各种形态和种类的物品，包括仪器仪表、设备、材料、耗材、家具、计算机成品软件及其他物品等；所称服务，是指除工程和货物以外的其他采购对象。

第三条　验收是货物和服务购置工作的重要环节，是保证合同履约质量的关键，使用单位及相关部门应积极维护学校合法权益，切实把好验收关。

各类货物和服务，不论其经费来源及获得渠道（自制、接受捐赠等）都纳入本办法管理范围。

第四条　货物和服务验收工作坚持"用户主导、多方参与、相互监督、权责明确"的原则。各单位应积极维护学校利益，切实把好验收关，资产与后勤事务管理处（以下简称"资产后勤处"）监督验收过程中的各项工作。

第二章　验收方式及依据

第五条　验收分为自行验收和监督验收。

1.自行验收指货物由采购人向所在单位提出，由单位组织人员与供应商一起进行的验收。采购人和实际使用人或者受益者分离，验收时应当邀请服务对象参与。

自行验收适用于各单位自行采购的货物、学校集中采购的专业科研仪器设备、服务类项目、20万元以下通用货物。

资产后勤处不定期参与各单位自行验收项目，对已验收完成的项目进行抽查。

2.监督验收指使用单位组织使用者、供应商、资产后勤处、相关专家，组成验收小组共同验收。

监督验收适用于学校集中采购的20万元（含本数）以上通用货物及其他按规定应由学校监督验收的项目。

第六条　货物和服务验收依据"厦门大学货物申购清单"（以下简称"申购单"）、签订的采购合同或技术协议、招投标材料、样品、供货清单、产品说明书、样品等进行。

第七条　相关供应商如对采购项目存在异议的，在验收时可邀请其共同参加验收。

第三章　验收内容

第八条　货物类项目，验收内容包括外观、数量验收和技术质量验收。

1.外观、数量验收指对合同、到货清单和实物（含样品）三者进行数量、型号、材质、配置等的核对，检查三者是否相符。检查外包装是否完好，拆箱后货物的外观有无破损，合格证、说明书、保修单等是否齐备。

2.技术质量验收指检查货物是否按规范进行安装，并通过运行调试（包括功能调试、技术指标调试、整机统调等）和仪器检测等方法，检查仪器设备的性能指标、技术质量以及提供的人员培训等是否符合合同规定的要求。

第九条　服务类项目,根据项目特点对服务期内的服务实施情况进行整体或分期考核,结合考核情况和服务效果进行验收。

第四章　验收程序

第十条　自行验收程序:由各使用单位自行验收,即对货物进行开箱清点、安装调试和试运行,对服务内容、标准及供应商履约情况进行确认。在确认货物符合要求后,办理资产登记和入库手续,其中境外采购货物应填写《进口货物验收报告》并该报告递交外贸公司;对服务类项目出具验收证明材料等。

通过学校招标、谈判方式采购的货物和服务,各使用单位组织自行验收前,需将拟组织验收的日期报资产后勤处。

第十一条　监督验收程序:货物到货后,由各单位使用者与供应商或代理公司等共同开箱检查,进行外观与数量验收;安装调试完毕、试运行正常后,由供应商向使用单位提出验收申请;使用单位在确定前期初步验收符合相关要求后,向资产后勤处联系,确定最终验收人员及时间,组织监督验收。最终验收合格后,各使用单位必须填写《厦门大学货物验收报告》(其中境外采购货物应填写《进口货物验收报告》),并附上验收资料(包括验收清单、技术性能指标、技术测试报告等)交资产后勤处,办理资产登记和入库手续。

第十二条　学校贵重仪器验收参照《厦门大学贵重仪器设备管理办法》(厦大资产〔2000〕8号)相关规定执行。

对国家规定由指定机构检测、检验或合同中约定由有资质的第三方验收的货物,参照自行验收或监督验收程序并按国家和地方的相关规定执行。

第五章　验收期限、结论和异常处理

第十三条　国内采购的货物原则上应在到货之日起15日内进行验收(另有约定的除外);境外采购的货物应在到港之日起60日内完成验收。服务类采购按合同约定时限进行。

第十四条　资产后勤处应根据合同督促办理验收工作。如不能如期验收的,各使用单位应提交报告说明原因,并拟定计划验收的时间。

第十五条　验收时各单位如发现与合同、技术协议等不符合的,应及时报告资产后勤处,共同做好处理工作:

1.仪器设备或配件数量缺少、技术资料不齐全或货物(如仪器设备)外观破损,各使用单位应做好点收记录并及时与供应商或外贸代理公司确定补充或更换货物的时间。

2.货物达不到技术指标要求的,应及时与供应商沟通,并要求供应商提供再次调试、测试的技术支持和协助;再次调试、测试后,技术指标仍达不到要求的,应予退货;对于不影响使用并决定不退货的,要及时就补偿形式与供应商商定。

3.货物名称、型号与合同要求不符的,各使用单位应予拒收,并要求供应商按合同约定提供符合要求的货物。

4.服务项目,在履约过程中不符合合同约定的,应当通知供应商限期采取措施以达到合同约定的要求。

5.进口仪器设备,发现有数量或质量问题,使用单位应在索赔期前30天内,书面报告资产与后勤事务管理处。

第十六条　验收结论为:验收合格或验收不合格。

第十七条　验收未通过时,应视具体情况做出处理:

1.限期整改。

2.限期整改达不到合格的,按本章第十五条第三款执行。验收报告中注明供应商违约情节,视情节轻重进行索赔。

3.限期整改达不到合格且无法按本章第十五条第三款执行的，按合同约定进行索赔。

第六章　责　任

第十八条　对于验收过程中发现的供应商存在不诚信行为或未按合同履约的，相关单位应及时报资产后勤处。

第十九条　凡因工作失误影响验收工作进度而造成损失的，要追究相关单位当事人的责任。因把关不严或不按时验收导致超过索赔期而给学校利益造成损失的，参照相关规定追究相关单位当事人的责任。

第七章　附　则

第二十条　本办法由资产后勤处负责解释。

第二十一条　《厦门大学物资验收管理办法》(厦大资产〔2011〕33 号)自本办法颁布后废止。

第二十二条　本办法自 2017 年 9 月 1 日起实施。

——本文摘录自《关于印发〈厦门大学货物和服务验收管理办法〉的通知》，厦大资产〔2017〕27号，档号 2017-XZ27-2

厦门大学基本建设项目招标、采购管理办法(修订)

(2017年8月19日)

第一章 总 则

第一条 为规范学校基本建设项目(以下简称“基建项目”)招标、采购活动,提高投资效益,根据《中华人民共和国政府采购法》《中华人民共和国招标投标法》及教育部、福建省、厦门市的相关规定,结合学校基本建设实际,制定本办法。

第二条 本办法适用于厦门大学基建项目的招标、采购工作。基建项目的招标、采购包含与基本建设工程相关的勘察、设计、监理、施工以及重要设备、材料等的招标、采购。

第三条 基建项目招标应在招标需要的各项准备工作完成后进行。

第四条 学校基建项目招标活动接受地方政府建设行政主管部门的依法管理和监督部门的依法监督。

第二章 组织机构及职责

第五条 基建项目招标由学校招投标中心组织实施,并组成招标工作组,招投标中心主任任组长。招标工作组的主要职责为:

(一)根据项目的实际情况,确定项目的招标方式,并报学校审批;

(二)编制招标文件,并报学校审批;

(三)根据学校审批的招标方式,开展招标相关工作;

(四)组织开标、评标会议,并向学校报告评标结果;

(五)向中标人发出中标通知书;

(六)负责与中标单位商务洽谈,商定合同并报学校审批;

(七)收集整理招投标资料,归档备查。

第六条 学校审计处按照国家和地方招投标法律法规以及学校审计相关管理规定对招标、采购工作进行监督,主要职责包含:

(一)对招标文件进行会稿;

(二)对项目合同文本进行会稿;

(三)参与招标工作相关问题的讨论研究,对相关文件进行会稿;

(四)按照学校审计和内控需要进行其他相关方面的监督。

第三章 招 标

第七条 招标根据招标方式分为公开招标和邀请招标。

公开招标,是指公开发布招标信息的招标活动,包含通过地方政府建设工程交易中心或政府采购机构进行的招标和学校在政府指定网站上发布招标信息的招标。

邀请招标,是指邀请潜在投标单位进行投标的招标活动。

第八条　基建项目的勘察、设计、监理招标方式：

(一)单项合同估算价在50万元人民币以上的勘察、设计、监理项目，采用公开招标的方式招标。

(二)单项合同估算价在50万元以下(不含50万元)、10万元以上的勘察、设计、监理项目，采用公开招标或邀请招标方式招标。

第九条　基建项目的施工招标方式：

(一)单项合同估算价在200万元人民币以上的基本建设、改扩建施工项目，采用公开招标的方式招标。

(二)单项合同估算价在200万元以下(不含200万元)、10万元以上的基本建设施工项目，采用公开招标或邀请招标方式招标。

第十条　基建项目的重要设备、材料采购招标方式：

(一)单项合同估算价在100万元人民币以上的重要设备、材料采购项目，采用公开招标的方式招标。

(二)单项合同估算价在100万元以下(不含100万元)、10万元以上的重要设备、材料采购项目，采用公开招标或邀请招标方式招标。

第十一条　基建项目符合公开招标规定的原则上应进行公开招标。通过政府建设工程交易中心或政府采购机构进行公开招标的项目经学校办公会议讨论并经地方政府建设行政主管部门审批同意的，可以按审批的招标方式确定勘察、设计、监理、施工单位或设备、材料供货单位；通过学校在政府指定网站上发布招标信息进行公开招标的项目经学校审批的，可以采用学校审批的招标方式确定勘察、设计、监理、施工单位或设备、材料供货单位。

第十二条　公开招标的项目按国家和地方有关招投标法规和管理办法执行。

第十三条　学校在政府指定网站上发布招标信息的招标项目，应在规定的时限内接受符合条件要求的投标人报名。招标工作组将报名情况以书面形式，报分管校领导审批。招标工作组根据审批意见向投标人发放招标材料。

第十四条　采取邀请招标的，应向三家及以上具备承担招标项目能力、资质、信誉良好的单位发出投标邀请书，并至少有三家单位参加投标。

第十五条　招标工作应按下列程序进行：

(一)招标工作组根据工程需要，向学校提出项目招标报告，报告的内容包括：

1.招标项目的名称、性质及其他基本情况；

2.概算经费；

3.招标方式；

4.采取邀请招标方式时，应提出拟邀请的投标人名单，如需组织考察的应组织相关人员进行考察。

(二)根据学校批准的招标方式组织招标活动：

1.编制招标文件，报学校审批；

2.发布招标信息，发售招标文件；

3.接收投标人的投标文件；

4.如需组织考察的，招标工作组应组织考察，并向学校提交考察工作报告；

5.组织开标、评标会；

6.向学校报告评标结果；

7.公示中标结果，发送中标通知书；

8.签订合同。

第十六条　根据本办法必须进行招标的项目有下列情形之一的，应当重新招标：

(一)资格审查合格的潜在投标人不足三个的；

(二)在投标截止时间届满时提交投标文件的投标人少于三个的；

(三)所有投标均被作为废标处理的；

(四)经评审,有效投标不足三个且明显缺乏竞争的或评标委员会决定否决所有投标的。

经过连续两次招标失败的项目,经报有关部门批准后,可以采用其他方式确定勘察、设计、监理、施工或供货单位。

第十七条　在招标过程中,应加强对招投标文件的管理并做好保密工作。与招标相关的人员不得向他人透露已获取招标文件人的名称、数量以及其他可能影响公平竞争的有关情况。

第十八条　单项合同估算价在本办法规定限额(10 万元)以上的项目,原则上应根据本办法进行招标,但经有关部门批准的,可以根据《中华人民共和国政府采购法》采用其他采购方式,其他采购方式包含竞争性谈判、单一来源采购(或直接委托)、询价等。

(一)竞争性谈判

1.符合下列情形之一的,可以采用竞争性谈判方式:

(1)招标后没有单位投标或没有合格投标人的或重新招标未能成立的;

(2)技术复杂或性质特殊,不能确定详细规格或具体要求的;

(3)采用招标所需时间不能满足紧急任务需要的;

(4)不能事先计算出价格总额的;

(5)招标限额以下的。

2.采用竞争性谈判方式的,应遵循以下程序:

(1)成立谈判小组:谈判小组由招标工作组和有关专家 3 人及以上(含 3 人)的单数组成;

(2)谈判准备:谈判小组在谈判前明确谈判程序、谈判内容等事项;

(3)确定邀请参加谈判名单:谈判小组从符合相应资格条件的名单中确定不少于三家的单位参加谈判,并向其提供谈判文件;

(4)谈判:谈判小组所有成员集中与各单位分别进行谈判,在谈判中,谈判的任何一方不得透露与谈判有关的另一单位的相关信息,谈判文件有实质性变动的,谈判小组应当以书面形式通知所有参加谈判的单位;

(5)确定成交单位:谈判结束后,谈判小组应当要求所有参加谈判的单位在规定时间内进行最后报价,招标组从谈判小组提出的成交候选人中根据符合需求、质量和服务相等且报价最低的原则确定成交单位,并将结果通知所有参加谈判的未成交的单位。

(二)单一来源采购

1.符合下列情形之一的,可以采用单一来源采购方式:

(1)只能从唯一单位采购的;

(2)发生了不可预见的紧急情况不能从其他单位采购的;

(3)必须保证原有采购项目一致性或者服务配套的要求,需要继续从原单位添购的。

2.采用单一来源采购的,招标组与供应单位应当遵循本办法规定的原则,在保证采购项目质量和双方商定合理价格的基础上进行采购。

(三)询价

1.采购的项目规格和标准统一、货源充足且价格变化幅度小的采购项目,可以采用询价方式采购。

2.采取询价方式采购的,应当遵循下列程序:

(1)成立询价小组:询价小组由招标工作组和有关专家 3 人及以上(含 3 人)的单数组成,询价小组应当对采购项目的价格构成和评定成交的标准等事项做出规定;

(2)确定被询价的单位名单:询价小组根据需求,从符合相应资格条件的名单中确定不少于三家的单位,并向其发出询价通知书让其报价;

(3)询价:询价小组要求被询价的单位一次报出不得更改的价格;

(4)确定成交单位:招标组根据性价比最优的原则确定成交单位,并将结果通知所有被询价的未成交单位。

第四章　开标、评标、定标

第十九条　在地方政府建设工程交易中心或政府采购机构进行招标的，开标、评标、定标工作应在建设项目所在地政府建设行政主管部门或政府采购机构指定的场所，按政府主管部门或政府采购机构规定的程序、方法和要求执行。

第二十条　由学校在政府指定网站发布信息进行招标或邀请招标的，开标、评标、定标工作参照建设项目所在地政府建设行政主管部门或政府采购机构规定的程序、方法和要求进行。

第二十一条　评标由评标委员会负责。评标委员会由有关技术、经济等方面的专家组成。评标委员会成员名单在中标结果确定前应当保密。

在地方政府建设工程交易中心或政府采购机构进行招标项目的评标委员会人员组成按建设项目所在地政府行政主管部门或政府采购机构的相关规定执行。

学校在政府指定网站发布信息进行招标或邀请招标项目的评标委员会由5人及以上单数组成，重大项目的评标委员会由7人及以上单数组成，其中技术、经济等方面的专家不得少于成员总数的2/3。

第二十二条　在地方政府建设工程交易中心或政府采购机构进行招标项目的评委抽取办法按建设项目所在地政府建设行政主管部门或政府采购机构的规定进行；学校在政府指定网站发布信息进行招标或邀请招标项目的评委由学校专业技术人员或向政府采购机构随机借取的人员组成。

第二十三条　评标应在严格管理和保密的情况下进行。

第二十四条　评标委员会确定的第一中标候选人原则上应为中标人，但有下列情况之一者，招标组经报学校审批后可以按排名顺序依次确定中标人。

(一)排序在前的中标候选人放弃中标或因不可抗力不能履行合同或在规定的时间内不能提交履约保证金的；

(二)排序在前的中标候选人经查实有围标、串标或弄虚作假行为的；

(三)经查排序在前的中标候选人没有相应资格的。

第二十五条　评标结束后，评标委员会向招标组递交完整的评标报告，招标组将相关的评标情况报学校审批。

第二十六条　通过招标、评标确定的中标单位，以及在招标工作中按相关程序决定的事项，原则上不得更改。

第五章　工作纪律

第二十七条　基建项目招标活动遵循公开、公平、公正和诚信的原则。与招标工作无直接关系的任何单位和个人，不得以任何理由、采取任何方式干扰学校的招标活动。

第二十八条　参加基建项目招标工作的相关人员必须遵守国家的法律、法规和有关规章制度，公正廉洁、保守秘密、按章办事、不徇私情，积极努力地做好本职工作，严格遵守下列规定：

(一)不得向他人透露可能影响正常招标活动的有关信息和情况；

(二)不得私下或单独与潜在的投标单位谈判、讨论涉及项目招标的相关情况；

(三)不得接受投标单位的宴请、钱物、馈赠及接待旅游等活动；

(四)参与考察、询价活动的相关人员，应严格遵守有关规定和纪律，不得单独活动；

(五)参加评标、议标活动的相关人员，应对评标、议标过程及内容严格保密，不得泄露有关情况；

(六)所有考察、谈判和评议等活动，必须有三人以上同时参加。

第二十九条　参加基建项目招标工作的相关人员违反国家、地方招投标法律法规及本办法第二十八条相关规定的，学校将予调离工作岗位，并根据情节按国家法律、法规及党纪、政纪进行处理。

第六章　附　则

第三十条　本办法由学校招投标中心负责解释,凡属招标工作相关的未尽事宜,以国家、福建省和厦门市等相关法规和教育部有关规定为准。

第三十一条　本办法自公布之日起施行。

——本文摘录自《关于印发〈厦门大学基本建设项目招标、采购管理办法(修订)〉的通知》,厦大基〔2017〕22 号,档号 2017-XZ17-1

厦门大学督促检查工作办法

（2017年9月4日）

第一章 总 则

第一条 为进一步加强学校督促检查工作（以下简称督查工作），提高学校各级党政干部的执行力、落实力和履职水平，推动过程监督、效能管理的科学化、规范化、制度化，确保上级决策部署和学校改革发展稳定的重大决策、重要工作部署得到及时、全面、准确、高标准、高质量的执行落实，根据国家有关法律法规以及上级有关加强督查工作的文件精神，结合我校实际，特修订本办法。

第二条 督查工作实行党政合一、督促检查和效能监察并举，督查事项包括：

（一）上级领导机关批示学校办理的公文和交办的事项；

（二）学校党委常委会、校长办公会等重要会议决议、决定、重要工作部署，以及学校年度工作计划和任务的落实情况；

（三）学校党委、行政重要文件的贯彻落实情况；

（四）学校党委、行政领导重要批示和交办、转办事项的办理落实情况；

（五）学校党委、行政领导召开的专题会议、协调会议做出的决定事项的执行情况；

（六）学校专项工作领导机构做出的会议决议、决定、专项工作部署的执行情况；

（七）经学校党委、行政领导批示的信访事件及师生员工反映强烈的热点、难点问题的解决落实情况；

（八）其他需要督查的事项。

第三条 督查工作应紧紧围绕党和国家以及学校的中心任务、重点工作，坚持实事求是、重在落实、注重时效的原则，始终在大局下行动、处处为大局服务，全面、客观、公正地评价工作完成情况，敢于较真碰硬，加强督促整改，既督任务、督进度，又查责任、查作风，畅通决策落实“神经末梢”，确保决策部署落实到位。

第四条 督查工作应在督促检查工作完成情况的基础上，坚持着眼长远、重在提升、注重实效的原则，加强对决策部署落实工作的节点管理、过程监控、绩效评估，增强督查工作的系统性、科学性、预见性，督导受督促检查对象创新思路举措、优化工作流程、提高工作标准、提升工作质量，着力发现问题、解决问题、推动工作、促进发展。

第二章 组织领导和工作机构

第五条 学校成立督查工作领导小组（以下简称领导小组），由一名校领导任组长，成员由机关党委书记、学校办公室主任、纪委办公室主任、组织部部长、人事处处长、监察处处长组成；领导小组主要负责对学校督查工作的组织领导和检查指导。

第六条 领导小组下设督查工作办公室，主任由学校办公室主任担任，副主任由监察处处长、学校办公室副主任担任，成员由组织部、人事处、监察处有关负责人组成，主要职责是对督查事项落实情况进行督查、催办、协调、指导，汇总传达有关信息，编发通知通报等事务，定期召开会议会商研讨有关工作；督查工作办公室内设专门工作组（设在学校办公室），建立健全专职工作队伍，选配若干名专职督查工作人员负责日常工作；选聘若干名学校教代会代表、党建特邀员作为兼职督查员。各职能部门的办公室秘书、各学院(研究院)和直属单位的办公室主任为督查工作联络人,主要职责是负责传递反馈有关督查工作信息,督促落实督查事项。将督查干部和工作人员培训纳入干部教育培训工作计划。

第七条　学校机关职能部门、直属单位正职领导,各学院党委(党总支)书记、院长为本部门(单位)督查工作第一责任人。各单位要选配专人参与督查工作。

第三章　工作方式、工作程序和时限要求

第八条　督查工作主要包括专项督办、催办提醒和督查指导、责令整改等,采取专门立项、一事一督、一事一改的方式进行。

第九条　工作方式

(一)全程督查。对于所有督查事项,督查工作办公室原则上要予以督查催办、定期分析、调研评估、跟踪问效,核查复核,做到件件有着落、事事有回音。

(二)协调督查。对于督查中出现的问题和矛盾,一般由督查工作办公室进行协调、指导解决;必要时可由督查工作办公室报请领导小组组长和相关校领导同意后,召开专题工作会议或部门联席会议进行沟通协调和研究分析,联合督促指导,共同推动落实。

(三)现场督查。对于重要督查事项或问题突出的部门、单位,督查工作办公室报请领导小组组长同意后,会同有关部门到现场进行调研核查、暗访抽查,也可约谈相关责任人,开展有针对性的督促检查和监督指导。

(四)催办督查。督查工作办公室通过约谈交办、电话催办等方式,督促承办单位按规定期限和要求反馈任务落实情况。

第十条　工作程序

(一)任务确立。对纳入督查范围内的事项,由督查工作办公室提出拟办意见,进行专门立项和任务分解,拟定工作阶段要求,报领导小组审定。任务分解应突出重点,对承办单位、办结时限、工作标准、整改提升等提出明确要求。

(二)通知发出。督查事项一般由督查工作办公室向承办单位发出《厦门大学督促检查事项通知书》,由承办单位派专人签领;也可根据实际情况进行书面、电话通知或口头交办,并做好有关记录。

(三)过程管理。承办单位接到督查通知后,应结合实际制定工作任务书,按照要求认真及时反馈落实情况。督查工作办公室要加强与承办单位沟通联系和监督指导,及时开展调查研究,了解进展、发现问题、研提建议、推动工作,跟踪复查执行落实情况。

(四)督办催办。督查工作办公室根据工作阶段要求,在督查事项落实过程中负责催促有关承办单位及时报告阶段性落实进展情况,并对督查事项落实办理结果进行核查,对未能按时完成或不符合标准、质量要求的,应退回承办单位重新办理、责令整改;有关承办单位应及时对交办的督查事项进行认真落实办理,并在规定的时限内向督查工作办公室报告办结情况;对逾期不报、整改不力或在办理中弄虚作假、敷衍了事的,学校将予以严肃处理。

(五)核查复核。督查工作办公室可结合实际需要,对督查事项的办理和落实情况,有针对性地进行核查和复核,确保问题妥善解决、工作真正落实。

(六)督促整改。督查工作办公室对督查中发现的问题和提出的整改建议,要盯住不放、加强协调、回访调研,督促承办单位列出整改清单、挂账整改,防止整改落实走过场、打折扣。

(七)办结报告。督查事项办结后,督查工作办公室及时撰写办结报告,报经领导小组组长审定后上报主管校领导。

(八)立卷归档。督查工作办公室需对全程材料,包括领导批示、交办材料、办结报告等,进行立卷归档,妥善保管。

第四章 工作要求及考核

第十一条 督查工作办公室采用《厦门大学督促检查工作通报》的形式，对督办反馈情况和督办事项办理情况定期进行统计、总结和内部通报。

第十二条 督查工作办公室对本办法第二条第一项规定的督查事项在我校的贯彻落实进行督办催办，并负责向上级部门反馈或者报告情况。

第十三条 督查工作办公室对学校领导授权开展的其他督查事项进行催办提醒、跟踪推进。

第十四条 督查的时限要求：

(一)督查事项有时限要求的，按规定时限办理完毕。

(二)督查事项未做具体时限要求的，原则上1个月内办结。

(三)确因特殊情形无法及时办结的，有关承办单位应向督查工作办公室报告原因并做反馈说明，报请领导小组研究后再做出调整决定。

第十五条 督查工作办公室可以对督查事项的执行落实情况开展相关后续调查研究，举一反三、由点及面，将调研情况加以分析综合，查清问题症结和原因，推动同类问题的解决，充分运用好督查结果，为学校完善决策、科学管理、抓好落实提供有价值的对策建议。

第十六条 督查工作人员有权阅读与工作相关的文件资料、旁听有关会议，但应严格遵守保密纪律。

第十七条 学校机关职能部门、直属单位、学院(研究院)负责人要增强“一分部署、九分落实”的意识，将督查工作纳入重要议事日程，将做决策部署、抓督促检查、保落实执行一体部署、一体推进。健全督查工作考核机制，将督查结果纳入学校干部考评指标体系和干部选拔任用的综合考核评价内容，纳入绩效考核单位或个人的年度考核内容。

第十八条 对在督查工作中做出突出成绩的单位和个人，学校将予以表彰和宣传；对工作敷衍推诿、不敢担责、不按要求办理或报告贯彻落实情况、不认真纠正整改甚至拖延不办、贻误工作的单位和个人，或因失职、渎职而造成严重后果的，视情节轻重，学校将依据有关问责条例进行严肃问责，对典型案例在一定范围内予以通报。

第五章 附 则

第十九条 本办法由学校督查工作办公室负责解释。

第二十条 本办法自公布之日起施行。原《厦门大学督促检查工作暂行办法》(厦大办〔2007〕63号)同时废止。

——本文摘录自《厦门大学督促检查工作办法》，厦大委综〔2017〕63号，档号2017-XZ09-11

厦门大学房屋出租出借管理办法

(2017 年 9 月 20 日)

第一条　为规范学校房屋出租出借行为,防止国有资产流失,保障和推进学校各项事业发展,根据《教育部直属高等学校国有资产管理暂行办法》(教财〔2012〕6 号)、《教育部直属高等学校、直属单位国有资产管理工作规程(暂行)》(教财函〔2013〕55 号)、《厦门大学国有资产使用和处置管理工作规程(暂行)》(厦大资产〔2013〕36 号)、《厦门大学国有资产管理暂行办法》(厦大资产〔2016〕5 号)等文件要求,结合我校实际,制定本办法。

第二条　本办法所称房屋是指产权或使用权属于厦门大学的建筑物、构筑物、车位、场地等场所。

第三条　房屋使用应首先保证学校高等教育事业发展的需要,以自用为主。房屋的出租出借行为,应确保国有资产安全和完整。

第四条　资产与后勤事务管理处(以下简称资产处)代表学校统一管理房屋出租出借行为。未经学校批准,任何单位不得擅自出租出借房屋,不得擅自将房屋改为经营场所。

第五条　资产处在房屋出租出借管理工作中,履行以下职责:

(一)负责制定学校房屋出租出借的相关管理办法,确保学校房屋资产保值、增值;

(二)负责制定房屋的招租文件,包括确定房屋的经营范围、底标价、经营期限、评分标准等内容;

(三)负责房屋出租出借合同的签订,负责对出租出借的房屋进行跟踪管理,确保房屋资产安全使用;

(四)负责监督后勤集团对房屋出租出借的相关管理工作。

第六条　资产处委托后勤集团管理出租房屋,后勤集团履行以下职责:

(一)负责做好代收租金、开具发票的工作,每年年底根据资产处核定的年应收租金向学校财务处缴纳 100%租金收入,相关税费从租金中扣除,未收取租金的风险自行承担;

(二)负责出租房屋的日常管理工作;

(三)负责出租房屋的安全管理责任。

第七条　出租出借房屋必须不影响校园教学科研秩序、校园规划建设工作和基本建设工作,严格按照国家及学校国有资产管理部门的有关规定执行。

第八条　房屋的出租出借行为原则上以有偿使用为主,下述特殊情况可采用出借的形式:

(一)借用对象为服务师生的行政事业单位,如派出所、社区居委会等;

(二)校内单位因工作需要可向学校申请短期借用房屋,借用期限原则上不超过 1 年。

第九条　房屋出租以公开招投标的方式为主,必要时可按评价出租或采取竞争性谈判的方式出租。除银行、电信营业厅、校办企业所需用房及教职住宅配套车位等可采用按评估价出租外,其余房屋均应采用公开招租的形式。

第十条　房屋首次进行出租时,原则上应委托评估,以不低于评估价的价格招租。租赁期限到期的店面,可用当年租金作为底标价公开招租;也可以根据市场情况,重新委托评估,以不低于评估价的价格招租。

第十一条　房屋出租出借收入必须纳入学校预算,统一核算,统一管理,按照政府非税收入规定,实行“收支两条线”管理。

第十二条　房屋的出租出借行为应严格按照规定权限报批或报备。

第十三条　本规定由资产处负责解释。

第十四条　本规定自发布之日起施行。

——本文摘录自《关于印发〈厦门大学房屋出租出借管理办法〉的通知》，厦大资产〔2017〕32号，档号2017-XZ27-2

厦门大学漳州校区管委会公务用车管理办法

(2017年9月21日)

第一章　总　则

第一条　为加强和规范公务用车管理,确保公务用车合理使用和行车安全,结合漳州校区实际,制定本办法。

第二条　本办法中的公务用车是指厦门大学所有,漳州校区管委会管理使用的机动车辆。

第二章　管理机构和原则

第三条　校区公务用车由校区办公室负责管理。

第四条　校区办公室主任负责车辆调度,根据公务的轻重缓急妥善派车,严格公车使用范围,用车范围为重要公务、师生紧急事务。严禁公车私用。

第五条　校区办公室建立公务用车日常使用登记制度。建立公务用车档案制度,车辆购置、维修保养、保险等均记录在案,保证公务用车支出的可追溯性。

第三章　用车程序

第六条　校区管委会、校区相关单位用车前须报校区办公室,由校区办主任审批。

第七条　驾驶员不得私自出车。漳州开发区以外用车须按照指定的路线行车并按时返回,不得随意改变行程。特殊情况,需要改变行程或延长出车时间,须报校区办主任审批。

第八条　校区办要及时准确地了解公务用车行驶情况,并定期向校区管委会主任汇报。

第四章　费用结报

第九条　驾驶员出车期间的费用须及时结报。一般每月结报一次。

第十条　驾驶员购置车用器具或支付大额费用应事先经过审批。

第十一条　车辆加油实行油卡充值定点加油制度,无特殊情况不得使用现金加油。驾驶员依据车辆百公里油耗指标、车辆使用频率及行驶里程等因素指标,适时向加油卡充值。

第十二条　车辆出现故障要及时报告,经校区办主任同意并报校区管委会主任批准后送定点修理厂维修。车辆修好后,由校区办主任与驾驶员逐一核对,报批维修费用。车辆大修预算价格在5000元以上的,采取不少于3家定点修理厂报价招标修理。车辆在外出途中发生故障需要维修时,必须先向校区管委会主任报告,再进行必要的维修。

第五章　安全管理

第十三条　驾驶员要有强烈的责任感,精心保养车辆,使车辆始终保持整洁完好状态。

第十四条　驾驶员须随身携带通信工具,并处于开机状态,听到呼叫及时应答,接到任务立即做好出车准备。车辆必须按指定地点停放,严禁开车上下班。

第十五条　不定期组织驾驶员开展业务学习,参加安全培训,接受安全教育,不断强化安全意识,自觉遵守安全法规,杜绝各类违章。驾驶员严禁酒后开车,不开故障车,行车途中不得接拨通信工具。驾驶员违反交通规则,应负担违规处理费用;如系本身操作不当或违章操作发生交通事故的,应负担全部事故损失。

第十六条　按规定及时办理车辆保险和年检。

第六章　附　则

第十七条　本办法由校区办公室负责解释。

第十八条　本办法自颁布之日起施行。

——本文摘录自《关于印发〈厦门大学漳州校区管委会公务用车管理办法〉的通知》,厦大漳综〔2017〕1号,档号2017-XZ36-1

厦门大学咖啡厅管理暂行办法

(2017年9月21日)

第一条　为了规范学校咖啡厅的管理,创造温馨、宽松的师生交流平台,合理配置和严格管理国有资产,根据国有资产管理有关规定,结合我校实际,制定本办法。

第二条　本办法所称咖啡厅,是指校内各单位使用学校场地、房屋且用于经营用途的咖啡厅(包括茶室等,下同)。由国际学术交流中心直接经营或者由学校公开招租且对外经营的咖啡厅另行制定管理办法。

第三条　咖啡厅原则上仅对本校师生开放,不对外经营。经营范围主要为咖啡、饮品、糕点、简餐等。

第四条　资产与后勤事务管理处(以下简称资产处)代表学校负责咖啡厅的监管工作。各单位开设咖啡厅必须经资产处审批同意。

第五条　咖啡厅可以采用出租经营、单位自行经营、由学生团队经营等经营管理方式。

第六条　咖啡厅采用出租经营方式的,原则上应当由资产处按学校招投标管理办法进行统一招租,租赁期限不得超过5年。各单位可以根据本单位的实际情况,在咖啡厅公开招租之前,向资产处提交相关需求条款。未经学校批准,学校各单位不得擅自出租出借其所管理的场地、房屋。

第七条　统一招租后,由资产处代表学校与咖啡厅经营者签订租赁合同,租金收益统一上交学校。

第八条　咖啡厅由单位自行经营的,咖啡厅的财务管理活动应当遵守学校财务管理规定。咖啡厅的收入、支出应当全额纳入学校财务统一核算。咖啡厅的消费只能通过学校一卡通系统结算,不得使用现金、内部消费卡、签单记账等方式消费。

第九条　咖啡厅可以由学生团队经营(创新创业或勤工俭学),但该咖啡厅应当先由校团委认定其为学校的创新创业基地。该咖啡厅所在单位应当公开招募学生团队进行经营,招募的经营团队成员必须为全日制在校学生,招募过程应当坚持公平、公开、公正的原则。该咖啡厅可以免缴租金。

第十条　各单位不得使用公款补贴咖啡厅的消费。对符合学校有关管理规定的开支,应当严格按照学校有关规定办理财务报销手续,做到一事一结算。

第十一条　咖啡厅运营过程中产生的水电费用由经营者承担。

第十二条　为确保咖啡厅服务质量,各单位应当承担咖啡厅的日常管理与监督职责。

第十三条　本办法由资产处负责解释。

第十四条　本办法自公布之日起实施。

——本文摘录自《关于印发〈厦门大学咖啡厅管理暂行办法〉的通知》,厦大资产〔2017〕31号,档号2017-XZ27-2

厦门大学校友接待管理实施办法

（2017年10月10日）

第一条　为更好地开展校友工作，规范学校校友接待管理，根据《关于改进工作作风、密切联系群众的八项规定》《党政机关厉行节约反对浪费条例》《党政机关国内公务接待管理规定》，参照《教育部国内公务接待管理实施办法》《厦门大学国内公务接待管理实施办法》《厦门大学深化落实中央八项规定精神的实施办法》，结合学校校友工作实际，制定本办法。

第二条　本办法适用于学校各机关部处、教学科研单位、群众团体及直属单位的校友接待活动。

第三条　本办法所称校友，依据《厦门大学章程》第八章第六十七条“学校校友包括在学校学习过的学生或工作过的教职员工，被学校授予荣誉博士学位或各种荣誉职衔的中外各界人士”界定。

第四条　校友接待应坚持简朴节约、严格标准、便利公务、注重实效的原则，严格执行审批控制制度，严禁超标准、超范围接待。不属于校友接待范围的活动不予接待，不得将休假、探亲、旅游等活动纳入校友接待范围。

第五条　有公函或邀请函的校友，按照学校国内公务接待标准接待；无法提供公函或邀请函但又确需接待的校友，由各单位主要负责人审批后，方可按照学校国内公务接待标准接待。

第六条　为加强与母校情感联系，重温校园生活，日常校友接待可安排在校内食堂、教工餐厅或咖啡厅用餐。严禁以会议、培训等名义组织宴请或大吃大喝，不用高档菜肴，不提供香烟、高档酒水，会议用餐提倡自助餐。需要安排桌餐的校友接待，可依照有关用餐标准安排桌餐一次。

严格控制陪餐人数，接待对象在10人以内的，陪餐人数不超过3人；超过10人的，陪餐人数不得超过接待对象人数的1/3。

如需校领导参与接待，相关单位应联系学校办公室或校友总会秘书处予以协助。

第七条　校友接待不得组织旅游和与公务活动无关的参观，不得组织到营业性娱乐、健身场所活动，不得举办师生专场文艺演出，不得以任何名义赠送礼金、礼品、纪念品和土特产等。

第八条　校友接待住宿安排、活动出行、接待报销等，均参照学校国内公务接待相关标准执行。

第九条　涉及海外校友接待的，参照学校国际合作与交流处涉外公务接待规定和标准执行。

第十条　本办法由校友总会秘书处负责解释。

第十一条　本办法自发布之日起施行。

——本文摘录自《关于印发〈厦门大学校友接待管理实施办法〉的通知》，厦大综〔2017〕25号，档号2017-XZ09-14

厦门大学年薪制人员薪酬管理办法(暂行)

(2017年10月10日)

第一条　为进一步落实中央“八项规定”精神，严肃财经纪律，引导年薪制人员增强遵守中华人民共和国法律和法规、高等学校教师职业道德规范、财务制度意识，促进年薪制人员潜心钻研、铸造精品，根据国家有关法律法规，结合学校实际，制定本办法。

第二条　本办法适用于与学校签订年薪制合同的在编在职教职工。

第三条　年薪制人员年薪包含工资、各类津补贴和合同约定纳入的其他收入项目等。

第四条　年薪由基本年薪和业绩年薪构成，其中，基本年薪占年薪的70%。

第五条　年薪制人员不得领取其他报酬，下列项目除外：

1.国家、省、市及学校各类人才计划规定的补贴补助，其中未计入年薪总额的部分。

2.学校规定的翔安校区、漳州校区工作补贴和因兼任党政领导职务学校发放的机关超工作量补贴。

3.国家、省、市、学校和学院发放的教学和科研成果奖励收入。

4.经批准，在完成聘用合同约定任务外，利用寒暑假、节假日上课获得的报酬；加班加点从事社会服务(含成果转让、咨询、办学和科研项目组织协调等)工作获得的额度合理的报酬。

5.完成合同约定科研项目和科研经费任务外获得的科研绩效收入。

6.国家规定可以领取的报酬以及聘用合同约定可以领取的其他收入项目。

第六条　有关职能部门、所在单位不得违反中央关于改进工作作风、密切联系群众的“八项规定”和本办法规定向年薪制人员发放劳务酬金等。

第七条　年薪制人员担任学校中层及以上领导干部的，应严格按照上级部门和学校关于领导干部收入和兼职及取酬的有关规定执行。

第八条　人事处及时将年薪制人员名单送财务处，财务处按照本办法规定严格审核发放给年薪制人员的所有现金性收入，违反规定的，不予发放。

第九条　加强年薪制合同管理，年薪制人员的聘用合同应明确约定年薪总额、年薪结构等相关内容。年薪的发放按照聘用合同约定执行，若要调整年薪，需在合同中明确规定年薪调整办法。

第十条　基本年薪按月以现金形式发放；业绩年薪结合年度工作情况和年度考核结果，于每年年底或次年年初以现金形式一次性发放，年度考核不合格者不予发放。学校按有关规定从个人年薪中代扣代缴个人所得税。

第十一条　符合缴存住房公积金规定的年薪制人员按同职务人员标准按月缴存住房公积金，缴交费用由学校从其年薪中代扣代缴；年薪制人员的社会保险和职业年金按照国家、省、市及学校有关规定办理，缴交费用由学校从其年薪中代扣代缴。

第十二条　年薪制人员年薪的经费分别由学校和所在单位提供的，财务处分别从相应的经费账户中列支。

第十三条　年薪制人员必须严格考核，具体办法参照《厦门大学教职工绩效考核评价体系改革方案》的原则和精神执行。聘期考核未达到年薪制要求的，所在单位应严格按照聘任管理规定处理，或将其转入学校统一的岗位聘任和薪酬体系管理。

第十四条　年薪制人员请假及缺勤的，其薪酬按照教职工请假及缺勤规定进行相应调整。

第十五条　本办法由学校人事处负责解释。

第十六条　本办法自发布之日起施行。

——本文摘录自《关于印发〈厦门大学年薪制人员薪酬管理办法(暂行)〉的通知》,厦大人〔2017〕107号,档号2017-XZ10-3

厦门大学人才工作领导小组议事规则(暂行)

(2017年10月10日)

第一章　总　则

第一条　为充分发挥党的思想政治优势、组织优势和密切联系群众优势，进一步加强党对人才工作的领导，健全党管人才领导体制和工作格局，完善宏观指导、科学决策、统筹协调、督促落实机制，根据中共中央《关于深化人才发展体制机制改革的意见》和有关政策法规，结合学校实际，制定本规则。

第二章　会议的举行

第二条　人才工作领导小组成员由学校党政领导、相关职能部门负责人组成。党委书记和校长任组长，分管组织、人事、教学、科研等工作的校领导任副组长。人才工作领导小组下设立秘书组，由相关职能部门的负责人组成，分管人事的校领导任组长，秘书单位设在人事处。

第三条　人才工作领导小组会议原则上每月召开一次，由组长或组长委托的副组长主持。如遇重要情况或者组长认为有必要召开时，可随时召开。

第四条　人才工作领导小组会议至少应有半数成员出席方能举行，如遇重大问题，必须有三分之二以上成员出席方能举行。成员因故不能出席会议的，应履行请假手续。

第三章　会议议题的确定

第五条　人才工作领导小组的议事范围包括：

(一)贯彻落实中共中央、国务院及教育部有关人才工作的重大决策和会议精神，指导和协调人才工作任务的落实；

(二)坚持社会主义办学方向，落实立德树人根本任务，做好新形势下思想政治工作，加强对人才的政治引领和政治吸纳；

(三)统筹全校人才工作，研究审定人才队伍建设规划和各项人才政策，协调保障高层次人才引进、薪酬、住房、科研启动费等事宜；

(四)研究学校人才工作其他重要事宜。

第六条　人才工作领导小组议题由学校有关领导提出，学校办公室收集和汇总，报组长审定后，正式确定为会议议题。国家级人才项目申报、高层次人才引进事宜等议题需由秘书组会议研究并提出具体建议后提请领导小组会议研究。

第七条　议题提出后，学校有关领导应事先组织相关职能部门做好充分的调研和论证，提出具体建议或工作方案，由相关职能部门将材料提交学校办公室。

第四章　会议议题的审议

第八条　人才工作领导小组的决策须认真贯彻民主集中制原则，遵循“集体领导、民主集中、个别酝酿、会议决定”的规则，按照规范的程序进行。

第九条　会议表决时，以赞成票超过应到会人数的半数为通过。表决可根据讨论事项的实际情况，分别采取举手表决、无记名投票、记名投票或其他方式进行。

第十条 如遇需提交人才工作领导小组决策的重大突发性事件,可由组长召集碰头会研究处理,但事后应及时向人才工作领导小组会议汇报。

第五章 会议决议的执行

第十一条 人才工作领导小组会议的决议由学校分管领导负责组织实施。在执行过程中,如有特殊情况,经组长同意,可提请人才工作领导小组会议复议。

第十二条 秘书组负责人才工作领导小组会议决议执行的督办和检查工作,并及时将落实情况向组长报告。

第六章 会议纪要

第十三条 人才工作领导小组会议的会务工作由学校办公室承担。每次会议后由人事处整理并形成《人才工作领导小组会议纪要》。

第十四条 《人才工作领导小组会议纪要》经有关成员单位审阅后,由组长(或会议主持人)签发,分送校领导、校长助理和相关单位,并送学校档案馆存档。

第七章 附 则

第十五条 会议成员均有保密的义务和责任。不允许擅自将会议内容和与会人员的观点外传。对违反保密规定的,按有关规定追究当事人的责任。

第十六条 秘书组会议根据实际需要召开,至少应有半数成员出席方能举行。秘书组的决策根据民主集中制的原则进行,表决时以赞成票超过应到会人数的半数为通过。

第十七条 本规则由人才工作领导小组负责解释。

第十八条 本规则自公布之日起执行。

——本文摘录自《关于印发〈厦门大学人才工作领导小组议事规则(暂行)〉的通知》,厦大人〔2017〕108 号,档号 2017-XZ10-3

厦门大学思想政治理论课专职教师任职资格规定(暂行)

(2017年10月10日)

第一条　为进一步加强思想政治理论课教师队伍建设,提升思想政治理论课教师队伍素质,根据《中共中央、国务院关于加强和改进新形势下高校思想政治工作的意见》精神和中宣部、教育部等有关部委文件要求,结合学校实际,制定本规定。

第二条　思想政治理论课专职教师任职资格如下:

1.坚持正确的政治方向,有坚定的理想信念和扎实的马克思主义理论基础,在事关政治原则、政治立场和政治方向的问题上与党中央保持一致。

2.具有良好的思想品德、职业道德、责任意识和敬业精神,无学术不端、教学违纪行为。

3.新任专职教师原则上应是中共党员,并具备马克思主义理论相关学科背景博士学位。

4.教学、科研和社会服务等方面的能力和业绩符合学校和学院规定的任职条件。

第三条　严格思想政治理论课专职教师管理,在事关政治原则、政治立场和政治方向的问题上不能与党中央保持一致的,或理论素质、教学水平达不到相应课程要求的,不得继续担任思想政治理论课教师。

第四条　本规定由学校党委教师工作部和人事处负责解释。

第五条　本规定自公布之日起施行。

——本文摘录自《关于印发〈厦门大学思想政治理论课专职教师任职资格规定(暂行)〉的通知》,厦大人〔2017〕120号,档号2017-XZ10-3

厦门大学校内教工住宅房屋装修管理规定(试行)

(2017 年 10 月 26 日)

第一条　为进一步规范校内教工住宅房屋装修工作,根据相关法律法规、学校有关规定要求,制定本管理规定。

第二条　本规定所指"校内教工住宅"系指在厦门大学思明校区校园范围以内,产权已归个人所有或个人向学校租赁使用的住宅。本规定所称"业主"系指校内住宅产权所有人,或学校分配的住宅使用人。产权为学校所有且未分配使用的住宅,由资产与后勤事务管理处履行本规定"业主"义务。

第三条　资产与后勤事务管理处代表学校对物业服务单位监督检查,依照学校有关房屋修缮、校园绿化、建筑的保护和管理等政策规定,宏观协调校内教工住宅房屋装修工作;行政执法大队依照法规规定对房屋装修工作履行行政监管职责;物业服务单位具体负责校内教工住宅房屋装修管理。

第四条　住宅房屋装修应符合国家、福建省和厦门市有关法规规定,禁止下列行为:

(一)未经原设计单位或者具有相应资质等级的设计单位提出设计方案,变动建筑主体和承重结构;

(二)改变原有房间的属性和用途;

(三)扩大原有的门窗尺寸,拆除连接阳台的砖、混凝土墙体;

(四)破坏外立面外观的整体性,防盗窗凸出外立面平面;

(五)设有空调安装位置但未在指定位置安装;

(六)损坏房屋原有节能设施,降低节能效果;

(七)其他影响建筑结构和使用安全的行为。

第五条　业主对校内教工住宅进行装修需提前申报,物业服务单位按流程受理:

(一)业主到物业服务单位报备申请,填写"业主装修申请表",并提交相关资料;

(二)物业服务单位受理申请后,对业主装修资料、图纸进行审核,在两个工作日内反馈审核意见;

(三)物业服务单位审核通过后,业主与物业服务单位签订《厦门大学教工住宅房屋装饰装修管理协议》,并缴交装修保证金,物业服务单位向业主发放"装修许可证",业主按规定张贴公布;

(四)装修变更需重新报备申请并审核材料。

第六条　装修施工应严格遵守厦门市城市管理行政执法局、环保局等部门制定的施工时间规定或临时性禁止施工要求。

第七条　业主及装修施工单位应遵守施工安全操作规程及环境保护相关要求:

(一)按照规定采取相应的安全防护、防尘防噪、文明施工及消防保卫措施,动用明火需申请报备,确保安全;

(二)不得侵占公共空间,不得损害公共部位和设施;

(三)建筑废土、装修垃圾及废弃家具应根据实际情况采取袋装等方式避免污染环境,并堆放到指定地点,在堆放之日起 2 日内外运清理完毕,超时未清理,将由物业服务单位实施清运,从装修保证金扣取清运费用。

第八条　业主装修期间,物业服务单位安排日常巡查,发现违规装修立即纠正,不服从物业管理人员纠正的,物业服务单位报行政执法大队依照法规和学校规定处理。

第九条　装修完毕后,物业服务单位按审核通过的施工方案进行查验。符合本规定管理要求的,业主凭收据领取退还的装修保证金;不符合本规定管理要求的,限期整改。

第十条　未遵照本规定擅自装修施工的,一经发现即勒令停工,责令三日内补办手续,否则依照法律法规进行处罚。

第十一条　业主针对物业服务单位在住宅房屋装修管理中工作行为有异议的,可向厦门大学校园综合治理领导小组办公室反映或投诉。

第十二条　漳州校区、翔安校区校园内住宅房屋装修管理分别由相关部门参照本办法执行。

第十三条　本规定由厦门大学校园综合治理领导小组负责解释。未尽事宜按相关规定执行。

第十四条　本规定自公布之日起施行。

——本文摘录自《关于印发〈厦门大学校内教工住宅房屋装修管理规定(试行)〉的通知》,厦大资产〔2017〕35号,档号2017-XZ27-2

厦门大学采购评审专家劳务报酬管理规定

（2017 年 11 月 2 日）

为了规范厦门大学政府采购评审专家劳务报酬支付行为，维护政府采购评审专家的合法权益，根据《中华人民共和国政府采购法》、《中华人民共和国政府采购法实施条例》和财政部《政府采购评审专家管理办法》（财库〔2016〕198 号）等法规，参照《关于规范福建省政府采购评审专家劳务报酬标准的通知》（闽财购函〔2017〕64 号），现就厦门大学组织的采购过程中评审专家劳务报酬标准规定如下：

一、适用范围

凡参与由厦门大学招投标中心组织的采购项目评审工作的，应按本规定标准支付劳务报酬。

评审专家出席采购活动有关的采购文件论证或咨询、进口产品论证、单一来源论证、投诉质疑答复及履约验收等事项，参照本规定标准。

二、政府采购评审专家劳务报酬计算方法及支付标准

（一）劳务报酬应当以参与采购评审或实际参与政府采购活动的工作时间作为支付依据，评审时间从通知专家到达评审现场集中时间起计算，到评审报告签署完成时结束，用餐、休息时间不计入工作时间。评审专家早于约定时间到达的，从约定时间开始计算；迟到的以实际到达时间开始计算。

（二）评审专家劳务报酬标准

1.评审专家工作时间 4 小时以内的，支付劳务报酬 400 元/人次（不论采购项目）。

单个采购项目，评审专家工作时间超过 4 小时，每小时增加 100 元/人次；超出时间不足 30 分钟的，支付劳务报酬 50 元；超出时间 30 分钟以上不足 1 小时的，按照 1 小时计算。

多个采购项目，评审专家工作时间超过 4 小时，每小时增加 150 元/人次；超出时间不足 30 分钟的，支付劳务报酬 100 元；超出时间 30 分钟以上不足 1 小时的，按照 1 小时计算。

2.外地专家按 800 元/天计，不足一天按一天计算。专家劳务报酬最高累加不超过 1000 元/天。

3.评审活动开始后，因资格审查不足 3 家、采购文件存在重大缺陷等原因导致废标或评审停止的，评审专家工作时间不足 2 小时的，支付劳务报酬 200 元/人次。

4.对接到通知已到达评审现场但非专家个人原因（如回避等）未能参加评审的专家，支付 100 元交通与误工费。

5.用户单位代表以采购人身份作为评标委员会成员参与评审的，不予发放劳务报酬，用户单位推荐的评审专家除外。

（三）评审专家未按照约定集中时间到达，影响评审活动正常开展的，按照每小时 100 元/人次的标准扣除迟到专家的部分报酬。评审专家未完成评审工作擅自离开评审现场或者在评审活动中有违法违规行为的，不得获取劳务报酬和报销异地评审差旅费。

评审专家不得以劳务报酬低为由拒绝评审或拒绝签署评审报告，若发现上述行为，将记录在案，并向相关采购监管部门反映。

(四)评审专家应在合理时间内完成评审工作。如有意拖延而超出合理评审时间的,可只按合理时间支付专家评审费。

三、交通等其他费用

本地(市)评审专家交通费包含在劳务报酬中,如评审专家自驾车的,由招投标中心协调免费进出校园。

如评审期间需要用餐的,由招投标中心按学校标准统一安排,不再另行支付费用。

邀请外地评审专家参与评审的,如提供车辆接送,不向专家支付交通费;未提供接送的,应支付往返交通费用和合理的住宿费等实际发生的费用(参照厦门大学差旅费管理相关规定的标准据实报销)。

四、其他事项

1.评审专家劳务报酬由学校财务处统一发放,校内专家统一发放至工资卡,校外专家发放至本人银行卡,除此外,不得以其他任何形式发放。

2.采购监督部门在处理政府采购投诉过程中,要求投诉项目的原评审专家对其评审内容进行核对和说明的,不再支付劳务报酬。

3.费用报销按学校相关财务制度执行。

4.专家评审费用根据上级财政部门通知或视物价水平及相关行业协会指导标准调整时做相应调整。

5.本规定自发布之日起执行。

——本文摘录自《关于印发〈厦门大学采购评审专家劳务报酬管理规定〉的通知》,厦大资产〔2017〕37号,档号2017-XZ27-2

厦门大学关于建立健全师德建设长效机制的实施办法(2017 年修订)

(2017 年 11 月 26 日)

第一章 总 则

第一条 为进一步加强教师队伍思想政治建设,建立健全学校师德建设长效机制,从根本上遏制和杜绝师德失范现象,切实提高学校师德建设水平,全面提升教师思想政治素质和品德学风素养,根据《中共中央、国务院关于加强和改进新形势下高校思想政治工作的意见》、《教育部关于建立健全高校师德建设长效机制的意见》、《高等学校教师职业道德规范》和《厦门大学章程》的有关精神,结合学校实际,制定本实施办法。

第二章 指导思想

第二条 建立健全师德建设长效机制的指导思想是:全面贯彻党和国家的教育方针,以立德树人为根本,遵循价值引领、师德为上、以人为本、改进创新的基本原则,进一步弘扬厦门大学优良传统,着力健全体制机制,大力加强和改进师德建设,积极引导广大教师以德立身、以德立学、以德施教,坚持教书和育人相统一,坚持言传和身教相统一,坚持潜心问道和关注社会相统一,坚持学术自由和学术规范相统一,做有理想信念、有道德情操、有扎实学识、有仁爱之心的党和人民满意的好教师,做学生锤炼品格的引路人、做学生学习知识的引路人、做学生创新思维的引路人、做学生奉献祖国的引路人,努力培养造就一支师德高尚、业务精湛、结构合理、充满活力的高素质专业化教师队伍,为建设世界一流大学提供坚强保障。

第三章 师德宣传

第三条 学校将师德宣传纳入宣传思想工作大局中统一部署,推进师德宣传制度化、常态化。

第四条 深入开展师德宣讲活动。在学校理论宣讲计划中开设师德专题,系统宣讲党中央有关高校思想政治工作的精神和要求,系统宣讲国家重要法律法规中有关师德的要求,宣传普及《高等学校教师职业道德规范》,广泛宣传以“四种精神”为代表的厦门大学精神和优良传统。

第五条 积极培育师德典型。建立健全教书育人奖励和荣誉制度,开展“优秀教师”“我最喜爱的教师”等评选活动,积极组织参加国家、省、市师德先进典型推荐评选活动,充分展现学校教师的良好形象;举办教师节表彰大会、师德建设经验交流会、师德论坛等活动,充分发挥先进典型的示范和带动作用。

第六条 营造师德文化氛围。把培育良好师德师风作为校园文化建设的核心内容,发动师生员工和校友力量,挖掘和提炼名家名师为人为学为师的大爱师魂;通过举办师德文化作品大赛、出版书刊、拍摄专题片、建立专题网站等形式,宣传和推广师德建设优秀成果;依托校园网、校报、广播电视等校内媒体及微博、微信等新媒体,努力营造崇尚师德、尊师重教的良好氛围。

第七条 健全舆情反应机制。加强师德舆情搜集工作,建立师德重大问题报告和定期会商研判制度,及时提出引导意见;建立师德舆情快速反应机制,明确相关部门在各应急处置环节中的职责和任务。

第四章　师德教育

第八条　学校将政治理论学习、师德教育摆在教师培养首位，纳入教师培训体系，贯穿于教师聘任、考核、激励、发展等职业生涯的全过程。

第九条　开展师德引航专题活动。在新教师入职培训中开设师德专题，加强对新入职教师的思想政治引领和法律法规教育；以教师聘用合同为载体，激励教师模范遵守高等学校教师职业道德规范；举行老教师荣休仪式，建立新老教师“结对子”制度；建立院长引领新教师“上讲台”制度，开展“第一节课”仪式教育活动，强化新教师的职业荣誉感、责任感和使命感，引导新教师树牢师德观念。

第十条　健全政治理论学习和品德学风教育培训制度。充分发挥校院两级党委党校的阵地作用，以青年教师为重点，定期组织教师政治理论和品德学风专题培训。进一步优化师德教育课程体系，重点加强理想信念教育、社会主义核心价值观教育和立德树人教育，扎实推进理想信念教育、党风廉政教育、法律法规教育、宗教政策教育、心理健康教育和学术规范教育，提高教师教书育人的质量和水平。建立师德教育专家库，定期邀请马克思主义理论研究和建设专家、全国教书育人楷模、一线优秀教师等开设专题讲座，用他们的理论见解和感人事迹诠释社会主义高校师德内涵。

第十一条　创新师德教育培训形式。积极组织教师，特别是青年教师、海归教师和外籍教师深入基层、走进社会、奔赴长汀等红色圣地和革命老区，开展调查研究、挂职锻炼、志愿服务、考察学习等实践活动，在国情教育中提升师德素养；将师德教育融入学校教学科研、社会服务和各项教职工文体活动中，切实增强教育实效。

第五章　师德考评

第十二条　健全师德考评制度。制定并完善《教师思想政治和师德师风考评实施办法》，把思想政治表现和课堂教学质量作为师德考评的首要标准，在教育教学全过程和各环节中强化思想价值引领、强化教学纪律约束；建立个人自评、教师互评、督导评价、学生评价、学院党委考评相结合的师德综合考评机制，进一步丰富师德考核评价程序。

第十三条　严把教师“入口关”。坚持政治标准和学术标准相统一，制定并完善《引进人才思想政治考察实施办法》，严格教师准入制度。将学院(单位)党委思想政治、品德学风考察及学校意识形态主管部门审查环节作为教师新聘工作的必备程序，考察合格方可作为教师引进，确保引进和聘任的每一位教师政治合格、业务精良。

第十四条　强化师德考核结果的运用。将师德考核结果作为教师聘任考核、导师遴选、人才项目推荐、课题申报、评奖评优、出国研修等工作的重要依据。对于师德表现突出的，在上述方面予以优先考虑；对于师德考核不合格的，年度考核评定为不合格，并在上述方面严格实行一票否决。

第十五条　建立师德档案制度。将师德考核结果及因违反师德行为而受到处分的结果存入个人档案。

第六章　师德约束

第十六条　完善师德监督体系。坚持自律为主、监察为辅的原则，通过设立师德监督邮箱、召开专题座谈会等形式，搭设沟通交流平台，吸收师生、家长和社会各界共同参与；定期开展师德调研，依托教学督导组和学风建设委员会开展教风学风督查督导，加强教学质量的评估和监控，及时掌握师德信息动态，及时纠正不良倾向和问题。

第十七条　完善师德惩处制度。认真落实《厦门大学教师职务聘任条例》《厦门大学教职员工处分暂行规定》《厦门大学教师学术不端行为处理办法》《厦门大学本科教学事故认定与处分暂行办法》《厦门大学研究生指导教师工作条例》等师德建设有关文件，进一步规范教师教育教学行为、科研学术行为、兼职兼薪行为及其他各项职务行为。

第十八条　健全责任追究制度。加大违纪惩处力度，对触犯教育部明令禁止的七种违反教师职业道德的行为坚决予以查处，并根据违规情节的严重程度给予相应的处分；建立师德问责机制，对严重违反师德行为监管不力、处置拖延或推诿隐瞒，造成不良影响或严重后果的，追究所在单位和相关部门主要负责人的责任。

第七章　教师权益保障

第十九条　充分激发教师遵守师德规范的自觉性。引导教师充分认识所承担的教书育人使命，自觉弘扬职业精神、维护职业尊严、珍惜教师声誉；自觉将师德修养纳入职业生涯规划，并融入教育教学、科学研究和社会服务的实践中，提高师德践行能力，养成师德自律习惯。

第二十条　健全教师职业发展制度。鼓励并支持教师参加培训、出国研修、开展学术交流合作，为教师开展人才培养、科学研究、社会服务等活动提供必要的条件和保障；把加强师德建设同解决教师实际困难结合起来，不断改善教师的工作、学习和生活条件，为教师教书育人、履行职责创造更加和谐的环境。

第二十一条　维护教师合法权益。建立教师权益保护机制、申诉机制和信息沟通反馈机制，保障教师依法行使学术权利和履行教育职责；搭建多渠道校师沟通交流平台，保障教师知悉学校改革、建设和发展及关涉切身利益的重大事项的权益，保障教师参与民主管理、民主监督的权益。

第二十二条　完善教授治学制度。健全和维护以学术委员会为核心的学术管理体系和组织架构，充分发挥教授在职务聘任、学术评价等学术事务中的重要作用。学校各级学术组织要将师德师风建设纳入重要议事日程。

第八章　组织领导

第二十三条　健全师德建设领导体制。学校成立教师工作委员会，由校党委书记、校长担任主任，分管组织、宣传、人事、教学等工作的校党委负责人担任副主任；成立党委教师工作部，作为委员会的秘书处单位。建立委员会统筹指导、工作部协调落实的运行机制。党委教师工作委员会在学校党委的领导下，统筹指导全校教师队伍思想政治建设、师德师风建设和教育管理工作，通过工作例会制度，充分发挥委员会把方向、管大局、谋大事、做决策、统筹推进工作的重要作用。建立党委教师工作部统筹协调工作制度，充分发挥委员会秘书处单位贯彻执行、沟通协调、统筹落实工作的作用，推动各院党委(党总支)切实承担并落实教师思想政治建设和师德师风建设工作。

第二十四条　形成分工协作、合力推进的工作机制。学校办公室、党委组织部、党委教师工作部、党委宣传部、党委统战部、党委离退休工作部、党委党校、党委保卫部、纪委办公室、翔安校区党工委、漳州校区党工委、人事处、研究生院、教务处、科技处、社科处、监察处、国际合作与交流处、校工会、教师发展中心等部门作为党委教师工作委员会的成员单位，要根据职责分工，将教师思想政治工作和师德师风建设工作作为本单位的核心工作之一，认真部署、抓好落实，切实做到守土有责、守土负责、守土尽责。

第二十五条　建立齐抓共管的工作格局。全校各级党政领导班子要高度重视师德建设工作，做好教师思想政治和品德学风的教育、考察和把关工作，主要领导要亲自抓，切实负起责任；进一步加大师德建设保障力度，在经费投入、资源配置等方面予以重点支持。各系(所)、实验室、课题组、课程组等教学科研一线组织也是师德建设的主体单位，其负责人要带头抓好有关工作。学校非教师系列的工作人员要自觉遵守思想政治和品德学风要求，在工作中贯彻育人为本的理念，努力形成全员育人、全过程育人、全方位育人的格局。

第二十六条　抓好师德建设任务落实。各教学科研单位及有关职能部门要根据本实施办法制订年度师德建设工作方案，将师德建设纳入单位工作的整体布局，统一部署、抓好落实。各教学科研单位要定期组织开展师德建设情况自查；各相关职能部门要把定期开展师德专项检查与不定期抽查结合起来，抓好师德建设相关责任的落实。学校把师德建设成效作为对各教学科研单位开展巡察工作的重要内容，作为各教学科研单位和有关职能部门考核的重要指标及评价各级领导班子及其主要负责人的重要依据。

第九章　附　则

第二十七条　本实施办法由学校党委教师工作部负责解释。

第二十八条　本实施办法自公布之日起施行。

——本文摘录自《关于印发〈厦门大学关于建立健全师德建设长效机制的实施办法(2017 年修订)〉的通知》,厦大委综〔2017〕76 号,档号 2017-XZ09-12

厦门大学老年大学章程

（2017 年 12 月 4 日）

第一章　总　则

第一条　学校名称为厦门大学老年大学，是一所面向厦门大学离退休教职工、家属及社会老年群体的非营利、公益性教育机构，办学性质为老年非学历教育，办学地址在厦门大学思明校区。

第二条　老年大学坚持社会主义办学方向，全面贯彻党的教育方针，遵守国家有关法律法规，遵循老年教育事业发展规律，秉承“自强不息，止于至善”的校训，坚持改革创新、开拓进取，不断提高办学质量和办学实效，努力满足离退休职工接受教育的需求。

第三条　老年大学办学宗旨是：坚持以人为本、增长知识、丰富生活、陶冶情操、增进健康、服务社会，积极为学校建设世界一流大学营造和谐氛围，努力为老年教育事业做出积极贡献。

第二章　教　师

第四条　老年大学教师应热爱老年教育事业、关心老年大学建设，有较高的学术造诣和丰富的教学经验，承认并遵守老年大学各项规章。

第五条　老年大学对应聘者进行考核和试讲，对所有任课老师实行聘任制，按需择优聘用，对符合条件者通过签订聘用协议的形式予以聘用。

第六条　教师享有自主开展教学与研究活动、公平使用学校公共资源、参与老年大学民主管理、享受一定劳动报酬和获得相关荣誉与奖励等方面的权利。

第七条　教师应履行遵守法律法规与职业道德、坚持爱岗敬业与为人师表、执行教学计划与完成岗位任务、关爱老年学员和维护老年大学权益等方面的义务。

第八条　老年大学聘用一批具有工作经验、具备奉献精神、工作认真负责的学员担任各教学班的班主任，协助老年大学和教师组织教学工作和班级管理工作。

第三章　学　员

第九条　老年大学主要招收厦门大学离退休教职工及教职工家属。在条件允许的情况下，可以招收校外其他单位离退休人员和社区老年人。学员应具有一定文化程度，品行端正，遵纪守法，身体健康，能坚持正常学习。

第十条　学员享有使用老年大学各种教学资源、接受各门课程老年教育、参加老年大学组织的各种活动、对老年大学工作提出意见与建议和获得相关荣誉与奖励等方面的权利。

第十一条　学员应该履行遵守老年大学规章与学员守则、按规定缴纳费用、认真完成规定学业、维护正常教学秩序、参加班级集体活动、关心年长学员和节约学校资源等方面的义务。

第十二条　老年大学坚持以学员自我教育、自我管理和自我服务为主的原则，不断健全和完善学员管理与服务体系。

第四章　教学工作

第十三条　老年大学坚持以教学为中心,通过建立健全评教评学、检查考核等各项制度,强化日常教学管理工作,不断提高全校的教育教学质量,努力彰显本校鲜明的办学特色。

第十四条　老年大学根据社会发展和老年人的实际需求,确定课程设置内容。目前可按文史、美术、语言、音乐、舞蹈、武术健身、器乐、棋牌、医学保健和实用技术等十大类设置课程。

第十五条　老年大学每年分为春季和秋季两个学期,实行春、秋两季招生制度。全校目前每学期安排16周教学时间。所有课程都要按照教学大纲在每学期内完成32课时的教学任务。老年大学也可以根据需要举办短期培训班和第二课堂教学。

第十六条　老年大学严格规范各门课程的教学要求,加强课程和教材建设,努力促进教学相长,不断提高全校的教学质量。

第十七条　老年大学积极组织开展各层次多形式的老年教育理论研究工作,促进全校办学水平的不断提升。

第五章　管理体制

第十八条　老年大学在厦门大学党委、行政的领导下,在厦门大学离退休工作委员会的直接指导下开展工作。

第十九条　老年大学成立校务委员会,作为本校的决策咨询与工作指导机构。校务委员会由学校办公室、组织部、宣传部、离退休工作部(处)、人事处、教务处、财务处、资产处、后勤集团、校工会、校团委、体育教学部、艺术学院等相关院系单位负责人、离退休教职工代表及老年大学领导班子成员组成,主任由老年大学校长担任。校务委员会设立顾问,顾问由厦门大学党政分管领导和老年大学老领导担任。校务委员会委员每届任期5年,可以连任,连任一般不超过两届。校务委员会组成人员及其调整,由厦门大学发文确定。校务委员会一般每年召开一次全体会议。

第二十条　老年大学建立由校长、副校长等组成的领导班子,由校长牵头,负责老年大学全面工作。老年大学领导班子成员由厦门大学离退休工作委员会提名,并报经厦门大学党委、行政同意,由厦门大学发文确定。领导班子成员每届任期5年,可以连任,连任一般不超过两届。

第二十一条　老年大学设立办公室,办公室主任由1名副校长兼任,下设秘书。办公室负责制订、实施教学计划和教学管理工作,办理招生工作和财务收支等行政管理工作。

第二十二条　老年大学建立校长办公会议、班主任例会等会议制度,以研究决定老年大学发展的重大问题和重要事项,推进老年大学各项工作的积极开展。

第六章　资源与经费

第二十三条　老年大学依托厦门大学现有的资源条件开展办学活动,积极争取各有关方面的支持,切实加强办学硬件设施和软件组织的建设,不断提升老年大学办学实力,努力为学员创造更好的学习条件。

第二十四条　老年大学办学经费主要由厦门大学每年固定拨款、学员缴纳的学费收入、上级政府部门临时专项经费、社会资助或捐赠等组成。经费的主要用途包括任课教师酬金、各种教学设备购置、教材与资料编印、学员班级各种活动开支、老年大学管理人员劳务报酬和绩效、对外交流和老年大学日常办公费用等。

第二十五条　老年大学贯彻勤俭办学、量力而行的方针,财务工作纳入厦门大学财务处统一管理。设立老年大学独立经费账号,实行经费年度预决算管理制度,执行厦门大学财务管理的各项规定。单项三千元以上的资金开支由老年大学校长办公会议研究决定。

第七章　附　则

第二十六条　本章程修改经本校校务委员会讨论通过后，报厦门大学审定并颁布实施，2009 年版厦门大学老年大学章程同时废止。

第二十七条　本章程的解释权和未尽事宜处置权归属于老年大学校长办公会议。

——本文摘录自《关于印发〈厦门大学老年大学章程〉的通知》，厦大离退休〔2017〕1 号，档号 2017-XZ32-1

厦门大学教师思想政治与师德师风考评实施细则(暂行)

(2017年12月20日)

第一章　总　则

第一条　为进一步健全学校教师思想政治与师德师风考评工作机制,全面提升教师思想政治素质与师德素养,为建设世界一流大学提供坚实的人才保障,根据《厦门大学章程》《厦门大学教职工绩效考核评价体系改革方案》等有关规定,制定本细则。

第二条　本办法适用于学校全职、非全职聘用的教师。

第二章　指导思想和基本要求

第三条　教师思想政治与师德师风考评的指导思想是:坚持正确的政治方向,弘扬社会主义核心价值观,以立德树人为根本,把思想政治表现和课堂教学质量作为考评的首要标准,在教育教学全过程和各环节中强化思想价值引领、强化教学纪律约束,积极引导广大教师以德立身、以德立学、以德施教,坚持教书和育人相统一,坚持言传和身教相统一,坚持潜心问道和关注社会相统一,坚持学术自由和学术规范相统一,做有理想信念、有道德情操、有扎实学识、有仁爱之心的党和人民满意的好教师,做学生锤炼品格的引路人、做学生学习知识的引路人、做学生创新思维的引路人、做学生奉献祖国的引路人。

第四条　教师思想政治与师德师风考评工作应充分尊重教师主体地位,坚持公平、公正、公开的原则。

第三章　考评标准及等次

第五条　教师思想政治与师德师风考评的标准是:

1.热爱中华人民共和国,忠诚于党和人民的教育事业,全面贯彻党的教育方针,遵守中华人民共和国宪法和各项法律、法规。

2.有理想信念、有道德情操、有扎实学识、有仁爱之心,爱岗敬业、诚实守信、严谨治学、为人师表。

3.热爱学校,自觉维护学校声誉,遵守《厦门大学章程》和学校各项规章制度。

第六条　教师思想政治与师德师风考评结果分为合格和不合格两个等次。

第七条　教师有下列情形之一者,思想政治与师德师风考评结果确定为不合格:

1.损害国家利益,损害学生和学校合法权益的行为;

2.在教育教学活动中有违背党的路线方针政策的言行;

3.进行传教活动或其他违反国家法律法规的宗教活动;

4.在科研工作中存在弄虚作假、抄袭剽窃、篡改侵吞他人学术成果等学术不端行为,违规使用科研经费以及滥用学术资源和学术影响;

5.影响正常教育教学工作的兼职兼薪行为;

6.在招生、考试、学生推优、保研等工作中徇私舞弊;

7.索要或收受学生及家长的礼品、礼金、有价证券、支付凭证等财物;

8.对学生实施性骚扰或与学生发生不正当关系；

9.其他违反高校教师职业道德的行为。

第八条　教师有违反国家法律法规、校规校纪的其他行为，并受到相应处分的，思想政治与师德师风考评结果确定为不合格。

第四章　组织实施

第九条　教师思想政治与师德师风考评工作于每年年度考核及聘期考核工作开展时同步进行，由各学院（单位）负责组织实施。

第十条　教师思想政治与师德师风考评采取个人自评、教师互评、督导评价、学生评价、学院（单位）聘委会综合评价相结合的程序。学院（单位）党委（党总支）在综合评价的基础上，研究确定考评结果。

第十一条　教师互评环节由各学院（单位）根据本单位实际情况组织实施。

第十二条　学生评价和督导评价环节由学校教学管理部门组织实施。教师当年度无授课或指导学生任务的，可免予进行学生评价和督导评价。

第十三条　各学院（单位）、各有关部门要高度重视、精心组织本单位考评各项工作。学校建立考评工作监督检查机制，对考评过程中有徇私舞弊、监管不力、推诿隐瞒等行为，造成不良影响或严重后果的，将根据情况，给予严肃处理，并追究主要负责人的责任。

第五章　考评结果应用

第十四条　教师在年度考核中，思想政治和师德师风考评不合格的，其当年度考核结果确定为不合格；教师在聘期内有思想政治和师德师风考评不合格记录的，其聘期考核结果不能确定为合格及以上等次。

第十五条　教师思想政治与师德师风考评结果是教师聘任考核、导师遴选、人才项目推荐、课题申报、评奖评优、出国研修等工作的重要依据。上述工作开展时，有关部门要对候选人的思想政治表现与师德师风情况进行全面核查，严格实行一票否决。

第十六条　对于在思想政治与师德师风考评中涌现出来的教师先进典型，学校和有关学院（单位）积极推荐其参与有关奖励或荣誉称号的评选。

第十七条　学校建立教师思想政治和师德师风考评档案制度，将考评结果及因违反思想政治和师德师风要求而受到处分的结果存入个人档案。

第六章　附　则

第十八条　本细则由学校党委教师工作部、人事处负责解释。

第十九条　本细则自公布之日起施行。

——本文摘录自《关于印发〈厦门大学教师思想政治与师德师风考评实施细则（暂行）〉的通知》，厦大人〔2017〕141 号，档号 2017-XZ10-3

厦门大学教师职务聘任条例(2017年修订)

(2017年12月21日)

第一章 总 则

第一条 为进一步加强教师队伍思想政治建设和师德师风建设,深化我校教师职务聘任制度改革,规范教师职务聘任工作,着力提升教师思想政治素质和业务能力,提高学校教学科研工作水平,打造世界一流教师队伍,根据教育部《关于深化高校教师考核评价制度改革的指导意见》及《厦门大学章程》、《厦门大学教职工绩效考核评价体系改革方案》,制定本条例。

第二条 本条例适用于厦门大学专任教师。厦门大学专任教师指在厦门大学专职从事教学科研工作的专业技术人员。

第三条 教师职务聘任制遵循按需设岗、公开招聘、平等竞争、择优聘任的原则,学校与教师通过平等协商、双方自愿签订聘用合同的方式建立聘任关系。

第四条 教师职务聘任制坚持尊重劳动、尊重知识、尊重人才、尊重创造的方针,保障教师的劳动积极性和学术创造力得以充分发挥。

第二章 岗位设置

第五条 教师岗位分为教学科研并重型岗位和教学为主型岗位。

第六条 教学科研并重型岗位教师职务设助教、助理教授、副教授、教授;教学为主型岗位教师职务设助教、讲师、副教授。其中,助教为初级职务,讲师、助理教授为中级职务,副教授和教授为高级职务。

第七条 按照"人尽其才,才尽其用"的原则,对教师实行岗位分类管理。

承担全校性公共英语课程、公共体育课程、公共实验课程、军事理论课程等四类全校性公共课程和对外汉语课程的教学任务的教师,可以选择应聘教学为主型教师岗位。

除上述岗位外,其他教师岗位(含上述四类公共课程和对外汉语课程所属学科设置的教授岗位)均为教学科研并重型岗位。

第八条 教师职务岗位根据教学科研和学科建设的需要设置,一般按二级学科或本科专业设置。

第九条 学校鼓励教师资源在全校范围内充分共享,相关学院(直属教学科研单位,以下简称"单位")可以联合聘用教师,一个教师在同一聘期最多可以接受3个单位的聘任,并确定1个主聘单位。合聘的教师占主聘单位相应职务岗位数。

第十条 学校保障担任管理职务的教师认真履行管理职责,受聘教师担任学校机关部处正职以上管理职务或担任各学部主任、各学院副院长、副书记以上职务(含研究院、直属教学部党政正职领导职务)的,不占本单位教师岗位数。

担任学校、机关部处、直属单位处级及以上党政职务的教师以及兼任教学科研单位处级党政职务的教师,其考核要求按照学校有关规定执行。

第十一条 根据国家及地方省一级政府规定年满60周岁可不办理退休手续的教师,受聘教师职务不占本单位的教师岗位数。

经学校批准可延长退休年龄的教授,延聘期间不占本单位的教授岗位数。

第十二条　学校鼓励优秀人才的引进。凡属空缺岗位，必须面向海内外公开招聘，同台竞技、择优聘任。引进优秀人才的岗位应给予优先保证。

第三章　基本任职条件

第十三条　受聘教师的思想政治表现和课堂教学质量是教师职务聘任的首要标准。受聘教师应在教育教学全过程和各环节中强化思想价值引领、强化教学纪律约束，做到以德立身、以德立学、以德施教，具体要求如下：

1.热爱中华人民共和国，忠诚于党和人民的教育事业，全面贯彻党的教育方针，遵守中华人民共和国宪法和各项法律、法规。

2.有理想信念、有道德情操、有扎实学识、有仁爱之心，爱岗敬业、诚实守信、严谨治学、为人师表。

3.热爱学校，自觉维护学校声誉，遵守《厦门大学章程》和学校各项规章制度。

第十四条　受聘教师一般应取得中华人民共和国高等学校教师资格或外国人来华工作许可，符合国家和学校规定的有关任职条件。

第十五条　受聘教师必须严格遵守高校教师职业道德。学校严格实行师德"一票否决"，对有下列情形之一的，学校将按照有关规定给予劝诫、警示和必要处分；情节严重的，按照有关程序取消其教师职务聘任资格：

1.损害国家利益，损害学生和学校合法权益的行为；

2.在教育教学活动中有违背党的路线方针政策的言行；

3.进行传教活动或其他违反国家法律法规的宗教活动；

4.在科研工作中存在弄虚作假、抄袭剽窃、篡改侵吞他人学术成果等学术不端行为，违规使用科研经费以及滥用学术资源和学术影响；

5.影响正常教育教学工作的兼职兼薪行为；

6.在招生、考试、学生推优、保研等工作中徇私舞弊；

7.索要或收受学生及家长的礼品、礼金、有价证券、支付凭证等财物；

8.对学生实施性骚扰或与学生发生不正当关系；

9.其他违反高校教师职业道德的行为。

第十六条　教学科研并重型教师岗位任职基本条件：

1.担任教授职务，应当具备下列基本条件：

(1)具有博士学位或本学科最高学位，担任副教授岗位工作5年以上，近两年年度考核没有不合格的记录。新聘教师年龄原则上不超过45周岁。

(2)除学校认定的个别学科外，须具有一年以上(可累计)相关学科领域国(境)外学习工作经历或国内政府、企事业单位、农村及艰苦边远地区等的挂职经历。

(3)思想政治与师德师风、教学任务、教学科研业绩、教学科研业绩等效选项和社会服务等要求见《厦门大学专任教师岗位绩效考核评价指标》教授一档(职务聘任)。

(4)能熟练地运用1门外国语进行学术研究和交流。

(5)具备学校和单位规定的其他任职条件。

2.担任副教授职务，应当具备下列基本条件：

(1)具有博士学位或本学科最高学位，其中具有博士学位者在获得博士学位后担任助理教授岗位工作3年以上或从事博士后研究2年以上且已出站，其他人员担任助理教授岗位工作6年以上，近两年年度考核没有不合格的记录。新聘教师年龄原则上不超过40周岁。

(2)具有相关学科领域国(境)外学习工作经历或国内政府、企事业单位、农村及艰苦边远地区等的挂职经历者在同等条件下优先考虑。

(3)思想政治与师德师风、教学任务、教学科研业绩、教学科研业绩等效选项和社会服务等要求见《厦门大学专任教师岗位绩效考核评价指标》副教授一档(职务聘任)。

(4)能熟练地运用1门外国语进行学术研究和交流。

(5)具备学校和单位规定的其他任职条件。

3.担任助理教授职务,应当具备下列基本条件:

(1)具有博士学位,最高学位为硕士学位者担任助教岗位工作3年以上,最高学位为学士学位者担任助教岗位工作6年以上,近两年年度考核没有不合格的记录。新聘教师年龄原则上不超过35周岁。

(2)思想政治与师德师风、教学任务、教学科研业绩、教学科研业绩等效选项和社会服务等要求见《厦门大学专任教师岗位绩效考核评价指标》助理教授一档。

(3)可以运用1门外国语进行学术研究和交流。

(4)具备学校和单位规定的其他任职条件。

4.担任助教职务,应当具备下列基本条件:

(1)具有硕士学位,新聘教师年龄原则上不超过35周岁。除体育和艺术等个别学科外,其他学科不选聘助教。

(2)思想政治与师德师风、教学任务、教学科研业绩、教学科研业绩等效选项和社会服务等要求见《厦门大学专任教师岗位绩效考核评价指标》助教一档。

(3)可以运用1门外国语进行学术研究和教学资料的搜集。

(4)具备学校和单位规定的其他任职条件。

第十七条　教学为主型教师岗位任职条件:

1.担任副教授职务,应当具备下列基本条件:

(1)具有博士学位或本学科最高学位,其中具有博士学位者在获得博士学位后担任讲师岗位工作3年以上或从事博士后研究2年以上且已出站,其他人员担任讲师岗位工作6年以上,近两年年度考核没有不合格的记录。新聘教师年龄原则上不超过40周岁。

(2)思想政治与师德师风、教学任务、教学科研业绩、教学科研业绩等效选项和社会服务等要求见《厦门大学专任教师岗位绩效考核评价指标》副教授一档(职务聘任)。

(3)能熟练地运用1门外国语进行学术研究和交流。

(4)具备学校和单位规定的其他任职条件。

2.担任讲师职务,应当具备下列基本条件:

(1)具有博士学位或本学科最高学位,最高学位为硕士学位者担任助教岗位工作3年以上,最高学位为学士学位者担任助教岗位工作6年以上,近两年年度考核没有不合格的记录。新聘教师年龄原则上不超过35周岁。

(2)思想政治与师德师风、教学任务、教学科研业绩、教学科研业绩等效选项和社会服务等要求见《厦门大学专任教师岗位绩效考核评价指标》讲师一档。

(3)可以运用1门外国语进行学术研究和交流。

(4)具备学校和单位规定的其他任职条件。

3.担任助教职务,应当具备下列基本条件:

(1)具有硕士学位。新聘教师年龄原则上不超过35周岁。除体育学科外,其他学科不选聘助教。

(2)思想政治与师德师风、教学任务、教学科研业绩、教学科研业绩等效选项和社会服务等要求见《厦门大学专任教师岗位绩效考核评价指标》助教一档。

(3)可以运用1门外国语进行学术研究和教学资料的搜集。

(4)具备学校和单位规定的其他任职条件。

第十八条　经学校专业技术职务聘任委员会(以下简称"学校聘委会")认定的特别优秀人才,可以不受学历、学位、履职年限、年龄等条件的限制予以破格聘用。

第四章 聘任组织与聘任程序

第十九条 学校聘委会负责全校教师职务的考核聘任工作，其职责具体包括：(1)组织制定并实施涉及学校教师职务考核聘任的各项规章制度；(2)组织审定教师编制和岗位设置方案；(3)审批确定相关教师职务聘任人选；(4)审查各级考核聘任程序的规范性；(5)处理或指定处理聘任过程中发生的争议；(6)研究决定并实施涉及教师职务考核聘任的其他政策。

学校聘委会由9～13人组成，设主任2名、副主任2～3名，主任由校长和校党委书记担任。其他委员由分管组织、宣传、纪检监察、人事、教学、科研等工作的校领导，以及学校相关职能部门的负责人组成，具体人选由学校校长办公会议研究确定。

人事处作为学校聘委会的秘书处单位，具体负责：(1)公布教师聘用岗位；(2)经学校聘委会指定具体负责审查相关聘任程序的规范性；(3)受理或经学校聘委会指定处理聘任过程中发生的争议；(4)形成聘任报告提交学校聘委会；(5)办理学校聘委会交办的其他事项。

第二十条 学部委员会作为本学部所涉及学科教师职务考核聘任中学术评价的终审组织，在教师职务考核聘任方面的职责具体包括：(1)研究制定本学部所涉及学科的师资评价标准；(2)审议本学部所涉及各单位教师职务考核聘任实施细则和岗位设置方案，并经由人事处报学校聘委会审批；(3)审议并推荐本学部所涉及学科教师职务拟聘人选。

研究生院作为学部委员会的秘书处单位，在教师职务考核聘任方面的职责包括：(1)协助学部会议召集人组织召开会议；(2)负责会议相关资料的收集、整理与归档工作；(3)办理学校聘委会交办的其他事项。

第二十一条 单位教授委员会的职责主要包括：(1)讨论本单位聘委会制定的教师职务考核聘任工作细则和岗位设置方案，经单位教代会通过后报相关学部委员会审议；(2)评议应聘人员的学术水平和能力，并向学部委员会提出聘任建议。

单位教授委员会由11～15人组成，设主任1人，副主任2～3人。具体遴选办法及议事规则另行规定。

第二十二条 单位聘委会负责本单位教师职务考核聘任的初评工作，其职责具体包括：(1)根据学校有关规定制定本单位教师职务考核聘任工作实施细则和岗位设置方案，提交教授委员会讨论；(2)按规定权限负责本单位教师的考核及合同管理等工作；(3)按规定权限负责研究讨论本单位教师职务聘任候选人，并由院长(单位负责人)提名，提交教授委员会审议。

单位聘委会一般由7～9人组成，设主任1人，副主任1～2人。

单位聘委会以院长、院党委(总支)书记、副院长和党委副书记为主要成员，若人数不足，系主任等也可参加。院长担任主任，院党委(总支)书记担任副主任。各单位聘委会成员由单位党政联席会议研究确定，并报学校校长办公会议审批。

第二十三条 教师职务聘任的基本程序：

1.公布聘任岗位信息

学校聘委会授权人事处每年向海内外公布聘任岗位信息。所有岗位均应对校内外应聘人员开放。

各单位经人事处批准后可以发布本单位聘任岗位信息。

2.个人申请应聘

符合应聘条件者，均可提出应聘申请。校外应聘人员除按聘任要求提交申请表及证明材料外，原则上还应向相关单位提交3位专家提供的推荐信。

3.资格审查

各单位聘委会对应聘申请人资格进行真实性审查，向本单位所有教职员工公开展示应聘人的材料，并且接受教职员工对应聘人员的教学与科研能力发表的评价意见。

4.同行专家评审

所有高级职务的应聘人员均应由5位校外同行专家进行评审。同行专家评审主要针对应聘人员的研究能力以及未来研究潜力进行评议。

各单位聘委会需建立校外同行评审专家库。评审结果在两年内有效。凡半数以上评审专家认为应聘人员学术能力、潜力不具备相应职务或应聘条件,不再进行下一步的聘任工作。

5.院长提名

院长(单位负责人)组织召开单位聘委会,结合学科建设及发展情况、同行专家的评审意见、基层教学与科研单位(系/研究所/教研室等)提交的推荐意见等,对应聘申请人进行初评,形成院长(单位负责人)提名意见,并在单位内公布。

院长(单位负责人)应该把提名意见,连同上述推荐意见、讨论意见,以及公布期间收到的异议,一并提交单位教授委员会评议。

单位党政联席会议应当就院长提名制定具体细则,并提交单位教代会通过。

对于首次应聘厦门大学教师职务的人员,各单位应当进行面试,并组织应聘人所涉学科中不少于3位教授与应聘人员谈话,形成明确的面试意见及谈话意见。面试可以采取讲授课程、学术报告等方式。

6.教授委员会评议

各单位教授委员会按照岗位要求,结合同行专家评审意见,采取面试、述职、答辩等方式对院长提名的聘任候选人进行评议表决。

7.单位党委(党总支)思想政治考察

单位党委(党总支)通过函调、实地走访、发表言论审查、与本人谈话等形式,对拟聘人员的思想政治表现、意识形态有关情况、遵纪守法及奖惩情况、道德品行及协作精神等进行综合考察,形成思想政治考察意见。在思想政治考察过程中,单位党委(党总支)书记、院长、教授委员会主任须与拟聘人员进行面对面谈话。

各单位应当将通过的推荐人选名单、应聘资料、评议结果向本单位教职员工公示,公示期为一周。在公示期结束后一周内,单位应当向人事处提交评议结果和相关评审材料,包括申请者应聘材料、同行专家评审意见、院长提名意见和教授委员会评议意见;向党委教师工作部提交思想政治考察意见。

8.学部委员会审议

学部委员会结合同行专家和教授委员会的评议意见,对助理教授以上职务应聘人员的学术水平与能力进行最终审查,并做出聘任决议,聘任决议在本学部范围内进行公布。

9.学校党委部门审查

学校党委教师工作部牵头并会同党委宣传部、党委保卫部(处)、人事处、国际合作与交流处、台港澳事务办公室等有关部门,对各单位党委(党总支)出具的拟聘教师思想政治考察意见进行审核,提出具体审核意见。

10.学校聘委会审查批准

学校聘委会对整个聘任过程进行程序审查,并在确认应聘者无剽窃、弄虚作假等违反学术规范的行为和思想政治考核无异议后,对各学部委员会提交的聘任决议做出批准决定。

经学校聘委会批准确定的聘任人员名单,由学校聘委会秘书处通过学校信息门户进行公示,公示期为一周。

11.确立聘任关系

校长或其授权代表与受聘人员签订聘用合同并颁发聘书。学校或其他主管部门对于确立聘任关系另有规定的,从其规定。

第二十四条　议事规则:

1.会议召集

各级委员会会议由主任委员负责召集和主持。主任委员因故不能召集和主持会议的,可以委托其他委员代为召集和主持。

各级委员会会议出席人员不足全体成员三分之二的,所做决议无效。

学校聘委会会议每年召开4次,分别在3月、6月、9月和12月召开;确有需要的,也可以随时召开。

各学部委员会会议和各单位教授委员会会议根据需要召开。

提交各级委员会审议的议题及相关材料至少应在会议前一周提交给各级委员会秘书处,秘书处应当及时把相关材料送达本级委员会委员。

2.议事规则

各级委员会委员以实名方式表明意见,意见包括同意推荐(聘任)、不同意推荐(聘任)以及弃权等三种。未出席会议的委员不得委托他人投票。

聘任意见或决议获得到会委员的三分之二以上同意票的,视为通过。

院长有权针对教授委员会做出的决定提请重新审议。教授委员会应当对上述异议进行重新审议。对于重新审议后做出的决定,教授委员会不接受再次进行审议,但应当作为异议提交学部委员会。单位应当就重新审议事项制定细则,并提交单位教代会通过。

各级委员会委员应当严守工作纪律,不得对外披露审议过程。各级委员会的委员与议题讨论人员存在近亲属关系的,应当回避。

3.会议记录

各级委员会秘书处或秘书负责记录会议的组织、进程、议题、报告与发言的主要内容和议定的有关事项,并经整理后形成会议纪要。

第二十五条　对于学校急需引进的高层次特殊人才,学校聘委会视必要可以简化聘任程序。

第二十六条　在公示期内,对审议结果或决定有异议的应聘人员或相关教职员工有权向直接负责审议的委员会提出书面意见,提请进行复审。在提出异议时,应聘人员或相关教职员工应当同时提供相关证据或线索。对于超出规定期限的异议,各级委员会可以不予受理。

应聘人员或相关教职员工对于各级委员会的复审结果不服的,可根据《厦门大学教职工申诉办法(暂行)》提出申诉。

第五章　聘用合同与合同管理

第二十七条　受聘教师须与学校签订聘用合同。有关聘用合同的条款和聘用合同的订立等事宜,按《厦门大学教职员工聘用制度试行办法》的相关规定执行。

第二十八条　教师聘用合同分为固定期限合同和无固定期限合同。固定期限合同期限届满,聘用合同终止。受聘人员到达退休年龄的,无固定期限合同终止。

中级以下职务教师的聘用合同为固定期限合同,每一聘期一般为3年。中级以下职务教师在2个固定期限合同聘期内未能受聘高一级职务岗位,学校不再续聘。

高级职务教师固定期限合同,每一聘期一般为5年。担任副教授职务的教师在2个固定期限合同聘期内2次应聘教授职务岗位未获通过,若非岗位限制,学校不再续聘。

担任教授职务连续受聘2个以上聘期的教师,经考核合格,可以与学校签订无固定期限合同。

凡工作累积已满25年(其中须在本校工作5年以上)或者在本校连续工作已满10年且年龄距国家规定的退休年龄已不足10年的教师,可与学校签订无固定期限合同。

学校需要的优秀特殊人才,可以直接与学校签订无固定期限合同。

如有特殊情况,经一方提出要求,双方协商同意,也可订立两年以下期限的聘用合同。

第二十九条　新招聘的教师的试用期包括在聘用合同期限内。在试用期满之前,用人单位应按岗位要求,对受聘人员是否胜任岗位要求进行考评。经确认能够胜任岗位要求的,按规定程序上报学校确认其相应教师职务。如经考评不能胜任岗位要求的,学校与其解除聘用合同。

第三十条　受聘教师在聘期内承担国家重大科研课题或重大横向科研课题,科研任务特别重的,可向所在单位提出适当减少教学工作量的申请,单位聘委会审议同意后报学校聘委会研究决定。

为营造宽松的学术环境,确保部分教师能按照科学研究的内在规律潜心从事创造性研究,学校允许部分教师免予考核。此类人员由单位聘委会推荐并报学校聘委会研究确定。

第三十一条　学校和各单位根据聘用合同对受聘教师履行合同的情况进行考核。除根据有关规定可免予考核的人员外,所有受聘教师均应参加考核。无正当理由不参加考核的,考核结果可直接确定为不合格等次。

考核分为年度考核和聘期考核。年度考核由各单位聘委会组织实施,考核结果报学校人事处备案;聘期考核由学校人事处组织实施。与学校签订无固定期限合同的教师,每5年由学校人事处根据合同任务要求组织进行综合考核。

第三十二条　考核结果作为调整受聘教师岗位、工资以及续订聘用合同的依据。

年度考核不合格的,学校有权调整其工作岗位。年度考核不合格且不同意调整岗位,或者连续两年年度考核不合格的,学校有权解除聘用合同。聘期考核不合格的,学校有权不予续聘。

与学校签订无固定期限合同的教师经综合考核被确定为不合格等次的,学校有权调整其工作岗位。

第三十三条　受聘教学为主型岗位的教师,在合同期满后(签订无固定期限合同的教师履约满1年后),经考核合格,并符合教学科研并重型教师岗位相应职务任职条件要求,可申请转聘教学科研并重型岗位教师职务,但应聘高一级教师职务需该学科公布有相应的教师招聘岗位。

第六章　附　则

第三十四条　对于1964年7月31日以前出生的教师在教师职务聘任上可放宽对学位的要求;对于1964年8月1日以后出生的教师,职务聘任的学位要求严格按照本条例有关规定执行。

第三十五条　本条例中所称“以上”“以下”“以前”“以后”,如无特别说明,均含其本数(级)。

第三十六条　本条例中关于教师职务聘任、聘任期间的待遇、合同管理和解聘、辞聘等规定的未尽事宜,均按《厦门大学教职员工聘用制度试行办法》及本条例配套文件的相关规定执行。

第三十七条　本条例由学校人事处负责解释。

第三十八条　本条例自2018年8月1日起施行。学校此前颁布的其他相关文件中有与本条例不符的,以本条例为准。

——本文摘录自《关于印发〈厦门大学教师职务聘任条例(2017年修订)〉的通知》,厦大人〔2017〕143号,档号2017-XZ10-3